江苏高校品牌专业建设工程资助项目

总主编 王冬冬

江苏高校品牌专业教材

财务管理系列

INVESTMENT

投资理论与实务

Investment Theory and Practice

马忠民 主 编

吴丽君 王嘉歆 副主编

东北财经大学出版社 Dongbei University of Finance & Economics Press | 大连

图书在版编目（CIP）数据

投资理论与实务 / 马忠民主编. —大连：东北财经大学出版社，2018.7
（江苏高校品牌专业教材）
ISBN 978-7-5654-3111-1

Ⅰ. 投…　Ⅱ. 马…　Ⅲ. 投资理论-高等学校-教材　Ⅳ. F830.59

中国版本图书馆CIP数据核字（2018）第042015号

东北财经大学出版社出版
（大连市黑石礁尖山街217号　邮政编码　116025）
网　址：http：//www.dufep.cn
读者信箱：dufep@dufe.edu.cn
大连天骄彩色印刷有限公司印刷　东北财经大学出版社发行

幅面尺寸：185mm×260mm　字数：635千字　印张：26.25
2018年7月第1版　2018年7月第1次印刷

责任编辑：孙　平　责任校对：周　晗
封面设计：冀贵收　版式设计：钟福建

定价：54.00元

前言

从教学实践及学生的反馈信息中，我们认为既有针对性又有实践性的教材方能实现教学过程的有的放矢。为了更好地满足我国投融资体制改革的要求以及当前“双创”战略的实施要求，同时在编写思路方法上避免讲解、灌入式的教学方式，突出案例的针对性和时效性，我们力求编写一本集理论教学和案例实践教学于一体的实用性较强的教材。本书突出了项目投资分析内容，将项目投资、证券投资、宏观投资融合，体现了从微观投资到宏观投资、从实体经济投资到虚拟经济投资的融合性分析过程，思路上是宏观投资、虚拟经济投资管理服务于微观投资。

“投资学”作为财经类专业课程，是一门极具理论高度和实践广度的学科，并且始终处于动态发展之中。本书基于编者多年的教学实践，结合应用型本科人才培养目标，按照投资分析内在的逻辑关系，对其知识模块进行了重新组合与安排，着眼于理论与实践的结合。全书紧紧围绕这一目标，系统地阐述了投资的基本理论知识，重点介绍了实务的操作流程，并且紧密结合中国改革开放构建现代化经济体系、解决不平衡不充分发展矛盾的最新实践，努力捕捉投资分析的新动态。

（1）本书理论与实践相结合，重实务，案例新颖。投资分析内容广阔，沿项目投资、证券投资、宏观投资线路，重点突出微观项目投资，为投资实践教学提供支持，集合了投资实务所需的实践性、操作性和综合性教学资源，突出强调全面提高学生实践能力、创业能力建设。

（2）本书按投资学的内在联系，对各知识模块进行了重新组合与安排，构建了相对结构完整、逻辑性强的体系。在编写过程中不是简单地分为理论和实践部分，而是始终把握明确的研究对象和贯穿全课程的逻辑主线，准确地描述投资的基本概念和原理，全面系统地反映投资学的教学科研新动态。在对各项目投资技术与经济合理性综合评价中，本书更加侧重于经济性的分析。

（3）本书即使在理论的阐述中也始终把握应用型本科的培养目标，尽可能用准确、活泼的文字和图表来加以阐述，力求做到简明扼要。本书注重教学，尽可能地为教与学提供方便，同时立足于学生自主学习、自我建构。

（4）对于一些最新的实践，教材虽然提供了素材，但它所能提供的毕竟有限。所以，从某种程度上讲，教材不是编写者完成就结束了，还要给学生留出思考与实践的空间，成为编写者以及其他教师与学生共同完成、教与学共同实施的过程。

本书由马忠民担任主编，吴丽君、王嘉歆担任副主编，成兵、戴理达、魏洁云、李勇、赵海霞、徐建波、张广凤为编写组成员。各章的编写分工如下：魏洁云编写第三章、第四章；王嘉歆编写第五章、第十七章；吴丽君编写第六章、第九章；成兵编写第七章；戴理达编写第八章；徐建波编写第十二章；李勇第十四章；张广凤编写第十五章；赵海霞编写第十六章。所有的案例导读以及其余章节由马忠民编写。

值本书付梓出版之际，感谢陈建明教授、赵红梅教授给予的指导，感谢东北财经大学出版社孙平先生的支持和鼓励，感谢所有引用文献的作者。

由于作者水平所限，加之时间仓促，本书仍有一些不尽如人意之处，敬请广大读者惠予指正。

作　者

2017年12月

目录

第一章　投资导论 …… 1

第一节　项目的内涵 …… 1
第二节　投资项目与投资决策 …… 5
第三节　项目投资的价值 …… 11
第四节　项目投资可行性分析 …… 15
本章小结 …… 19
本章能力训练 …… 20

第二章　投资环境与市场分析 …… 21

第一节　投资环境 …… 21
第二节　项目投资市场分析 …… 27
本章小结 …… 38
本章能力训练 …… 38

第三章　投资建设规模与技术选择 …… 39

第一节　项目生产规模分析 …… 39
第二节　项目技术分析 …… 47
本章小结 …… 53
本章能力训练 …… 54

第四章　项目投资的选址与环保节能分析 …… 55

第一节　项目投资选址分析 …… 56
第二节　环保分析 …… 58
第三节　节能分析 …… 62
本章小结 …… 64
本章能力训练 …… 64

第五章　投资估算 …… 66

第一节　概述 …… 66
第二节　建设投资估算 …… 73
第三节　建设期利息估算 …… 82
第四节　流动资金估算 …… 85
第五节　项目投入总资金及分年投入计划分析 …… 88
本章小结 …… 89
本章能力训练 …… 90

第六章　投资方案的决策分析 …… 91
第一节　投资方案的静态分析方法 …… 91
第二节　投资方案的动态分析方法 …… 94
第三节　互斥型项目投资方案的决策分析 …… 98
第四节　独立型项目投资方案的决策分析 …… 104
第五节　资本约束、项目群与项目投资优化 …… 108
本章小结 …… 111
本章能力训练 …… 112
第七章　投资项目融资分析 …… 113
第一节　项目资金来源分析 …… 113
第二节　融资成本分析 …… 122
第三节　项目融资环境分析 …… 125
第四节　投资使用与资金筹措计划的编制 …… 137
第五节　项目融资的实施步骤 …… 138
本章小结 …… 140
本章能力训练 …… 141
第八章　项目融资风险及融资模式分析 …… 142
第一节　项目资金结构分析 …… 142
第二节　项目融资风险分析 …… 145
第三节　项目融资模式分析 …… 147
本章小结 …… 157
本章能力训练 …… 157
第九章　项目财务效益与成本费用估算 …… 159
第一节　估算基本问题 …… 159
第二节　计算期的估算 …… 162
第三节　总成本费用估算 …… 163
第四节　营业收入与税金及附加和增值税估算 …… 170
第五节　利润总额及其分配估算 …… 173
第六节　借款还本付息估算 …… 175
本章小结 …… 177
本章能力训练 …… 177
第十章　投资项目财务分析 …… 181
第一节　财务分析概述 …… 181
第二节　财务分析报表的编制 …… 185
第三节　项目财务效益指标分析 …… 189
本章小结 …… 199
本章能力训练 …… 200

第十一章　不确定性与风险分析 …… 206
第一节　不确定性及风险分析概述 …… 206
第二节　盈亏平衡分析 …… 210
第三节　敏感性分析 …… 215
第四节　风险分析 …… 219
本章小结 …… 229
本章能力训练 …… 230
第十二章　项目投资的经济分析 …… 231
第一节　投资项目经济分析概述 …… 232
第二节　经济分析基本原理 …… 237
第三节　费用与效益的鉴别与度量 …… 241
第四节　项目经济分析参数与价格调整 …… 245
第五节　经济分析报表和指标 …… 252
本章小结 …… 254
本章能力训练 …… 255
第十三章　项目经济影响分析与社会评价 …… 259
第一节　项目经济影响分析概述 …… 260
第二节　项目经济影响分析的原则和方法 …… 263
第三节　项目社会评价概述 …… 269
第四节　项目社会评价方法 …… 277
本章小结 …… 282
本章能力训练 …… 282
第十四章　基础设施项目的融资模式 …… 284
第一节　BOT融资模式 …… 285
第二节　PPP融资模式 …… 292
第三节　PFI融资模式 …… 296
第四节　ABS融资模式 …… 297
本章小结 …… 300
本章能力训练 …… 301
第十五章　证券投资分析 …… 302
第一节　证券投资的作用 …… 303
第二节　证券的种类 …… 305
第三节　证券投资的主体、目的及类型 …… 312
第四节　证券投资分析 …… 314
本章小结 …… 341
本章能力训练 …… 341

第十六章　宏观投资总量分析 …… 343
第一节　投资与储蓄 …… 344
第二节　投资需求及其形成 …… 346
第三节　投资供给及其形成 …… 350
第四节　投资需求与投资供给的平衡 …… 354
本章小结 …… 357
本章能力训练 …… 358
第十七章　宏观投资结构 …… 359
第一节　投资结构概述 …… 359
第二节　投资结构的决定因素 …… 364
第三节　投资结构的演变规律 …… 372
第四节　规划投资结构的方法 …… 376
第五节　我国投资结构的演变与优化 …… 378
本章小结 …… 384
本章能力训练 …… 385
第十八章　投资体制与投资的宏观管理 …… 386
第一节　投资体制的含义 …… 387
第二节　我国投资体制的历史演变过程 …… 388
第三节　完善我国投资体制的方向 …… 391
第四节　投资的宏观管理 …… 395
本章小结 …… 406
本章能力训练 …… 407
主要参考书目 …… 408

第一章

投资导论

案例情景

共享单车达70万辆，武汉公共自行车项目停止营运

2017年11月17日，武汉环投公共自行车服务有限公司（以下简称武汉环投）发布了一则《关于武汉公共自行车停止营运的公告》。公告称：武汉公共自行车项目自2014年运营以来，有效引导和推动了武汉慢行交通系统的建设。目前，共享单车快速发展，70余万辆自行车遍布武汉三镇大街小巷，已能较好地满足市民短途出行的需要。为实现城市资源的合理配置和利用，经充分论证研究，决定停止营运武汉公共自行车，自2017年11月25日零时起，武汉公共自行车停止营运。公共自行车用户可通过各种方式来退费。据武汉环投官网介绍，公司成立于2014年11月，是由武汉环境投资开发集团有限公司投资组建的国有独资企业，全权负责武汉市公共自行车项目的建设运营及管理工作。截至2017年3月底，累计开通运营站点2 000个，投放4万辆自行车，累计骑行6 000万人次。项目二期工程拟定3年内新建公共自行车站点1 000余座，实现全市中心城区基本全覆盖，基本实现公共自行车与其他公共交通无缝对接，基本解决交通末端最后1 000米出行问题。然而，在城区四处建起运营站点后，项目突然宣布停止营运。投入如此巨大资金建起的站点、投放的自行车，该如何处理？

资料来源　周琦，万嘉琳. 共享单车达70万辆　武汉耗资数亿元公共自行车停止营运［EB/OL］.［2017-11-19］. http：//hb.sina.com.cn/news/b/2017-11-19/detail-ifynwnty5036283.shtml.

由该案例资料引出什么是项目，什么是投资项目？投资决策应该如何科学做出？如何对项目投资进行可行性研究？本章将从项目、项目投资、投资决策、可行性分析系统介绍投资的基本概念、投资决策的含义与投资决策程序、可行性研究的内容与程序。

第一节　项目的内涵

项目的概念在社会经济活动中频繁使用，随着人们对项目管理实践认识的不断深入，其边界逐渐被扩大而趋于广义化，由原来狭义的诸如建筑物或设施的建设项目，拓宽至诸如开发一种新产品、新服务，进行一场组织变革，设计一套新型运输工具，建造一套新型水利系统，进行一次政治竞选活动和实施新的商业模式等。究其内涵，不同的学术组织与学者基于不同视角给出了不同的观点与看法，而呈现出多样性的特征。目前引用比较多的定义主要有：

美国项目管理学会（Project Management Institute，PMI）认为，项目是为完成某一种独特的产品、服务或任务所做的一次性努力。英国项目管理协会（Association of Project Management，APM）认为，项目是为了在规定的时间、费用和性能参数下满足特定目标，由个人或组织实施的具有规定的开始和结束日期、相互协调的独特的活动集合。德国标准化学会认为，项目是指在整体上符合下面三个条件的唯一性任务：具有预定的目标；具有时间、财务、人力和其他限制条件；具有专门的组织。

威索基、贝克和克兰认为，项目是一些独特的、复杂的和相关的活动组成的一个序列，它有一个必须在特定时间内、在预算之内根据规范完成的目标或目的。波特尼认为，一个项目无论大小，一般包括下列要素：具体的结果（产品或服务）、明确的开始与结束日期、既定的预算（人员、资金、设备、设施和资料总额）。莱文认为，项目是一群人在规定时间、预算内，完成某个特殊产品或者取得某个具体结果，以达到一个具体绩效标准的过程。特纳认为，项目是一种在独特的工作范围内和时间、成本约束下，采用新的方式组织人力、物力、财力资源的努力，其目的是取得由一些定性与定量指标所确定的有效的变化。吉多和克莱门斯认为，项目是一种通过一系列独特的相互关联的任务完成某个具体目标的努力，其目标是由范围、规划和成本限制的预期结果或产品。

国际清算银行认为，项目是一种独特的过程，由一系列有确定起始与结束时间的协调与控制活动构成，其目标是满足某种特殊的具体需求，并受到时间、成本和资源的约束。

这些定义从不同的视角对项目的内涵进行了说明，但相对于项目复杂、多样的内涵，都不甚全面，并且随着项目管理的实践变化，人们又赋予了项目更多、更新的内涵。综合上述观点，本书认为：

一、项目是一个临时性组织

传统观点认为，项目是实现系统目标的工具与手段，如产品开发项目是取得企业市场份额目标的手段，工程项目是建设大楼为建筑企业提供现金流的工具。与此不同的是，本书赞同项目组织说，因为项目是具有动机和目的性的人参与的活动，其运作不论是涉及某个单独部门，还是以联营体和合伙形式跨越多个组织或部门，都需要通过组织活动将分散的资源加以整合，使之相互协调，才能实现项目赋予的任务。因此，项目是一种组织。

虽然项目大多存在于企业之中，但项目活动与生产经营活动的不同特点决定了项目组织与企业组织存在本质的区别。尽管两者都需要由个人或组织机构来实施；受制于有限的资源；可分解成不同部分，划分成不同阶段；都需要进行规划、执行和控制，遵循某种工作流程等，但生产经营活动都具有日常性、重复性、周期性，其组织形式相对固定。尽管不同项目在规模和复杂性上存在差异，且项目持续时间也可能从几十天到几年甚至十几年不等，但项目活动都是临时、非重复、一次性的，两者的比较见表1-1。任务一旦完成，或因任务不能完成而导致项目被中止，项目活动随之结束。

表 1-1　　项目活动与生产经营活动的特性比较

项目活动	生产经营活动
提供一种新的、具体的可交付物	交付一些产品
确定的起始与结束时间	连续过程
多学科的团队	专业技能
临时组织	固定组织
独特性	重复与易于理解
在成本约束下完成计划	在年度预算内工作
如果目标不能完成，项目将被取消	不能完成目标，组织继续存在
预测与管理项目完成的时间与成本皆具挑战性	基于过去的经验，可以计算年度花费

因项目而组建的团队也随着项目完成或终止而解散，人员被解散或重新分配。简言之，项目都有一个明确的开始和结束时间，必须在有限的时间内完成，是一个临时性组织。例如，历时近20年的三峡工程全部完成后，围绕三峡工程而建立的各种组织机构都随三峡工程任务的完成而被撤销，工程相关人员有些就地转化，从事三峡公司的生产运营工作，有的则回到原来的单位继续其以前的工作。

二、项目是价值创造的过程

项目是价值创造的过程，包括项目建设活动与生产运营活动两个子过程。前者在时间、资源等方面的约束下，通过建设活动将投入的各种资源转化为可交付的产出，如新的工厂、新的资产、新的资源等。这些资产可以是有形的工程建筑，也可以是无形组织变化的社会建构。后者是将前者提供的资产、系统等，通过生产经营活动而形成项目的最终结果——满足客户需要的产品或者服务等（如图 1-1 所示）。

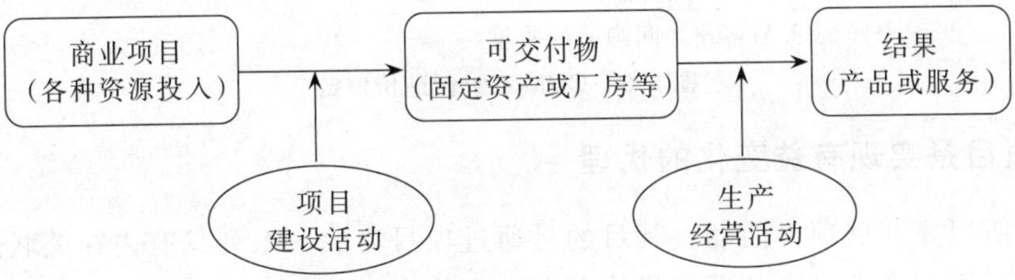

图 1-1　项目建设与生产经营活动链

项目建设与生产经营活动链包括项目建设单位、项目使用单位及其客户三个主体以及三个主体之间形成的两层关系。前者是项目建设单位与项目使用单位之间的关系，它们关注的焦点是产品创造（可交付物），后者是项目使用者与其客户之间的关系，关注的焦点是价值创造。就项目整个过程而言，总体关注的焦点是价值创造。建设单位建设的项目本身不为最终客户创造价值，但它为最终客户创造价值提供载体，并且通过动员项目使用单位一起借助于项目提供的交付物为自己创造价值。因为项目使用单位不再是单纯被动的产品接受者，而是价值创造的合作生产者与设计者，围绕着项目的生产活动形成资源-产品（可交付物）-价值的价值创造链，如图 1-2 所示。

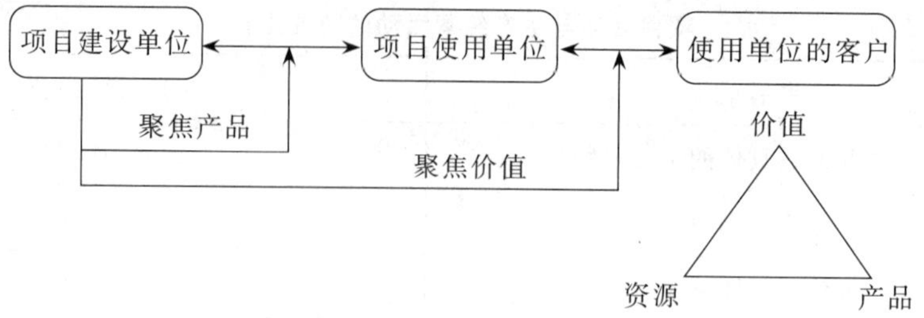

图1-2 项目创造价值链

现代项目都带有某种创新和创业性质，实施结果的预期的和不可预期的社会、经济和环境影响可能会比项目本身持续的时间要长得多，且其成果又具有不可挽回性。例如，港珠澳大桥关系国计民生，不可能有“试验田”式的“缓冲区”，因而具有较高的风险性。

与传统项目聚焦产品不同，现代项目影响的长期性与风险性决定了现代项目管理更加关注项目创造价值的全过程，并聚焦价值创造及第二层次客户关系。因为只有解决了项目交付物能够创造价值、实现价值的问题，才能真正实现项目本身的价值。

例如，某集团公司面对客户需求不断增加和竞争日益激烈的市场形势，准备开发并实施CRM系统，需要花费300万元。项目本身的产出就是一套软件，如果项目仅仅关注软件，则该项目的价值非常有限。但CRM系统的真正价值在于借助于这套系统，通过商业运营，能够促使企业提高其与客户之间沟通的质量，改善企业服务水平，增加客户的满意度与忠诚度，进而提高企业的市场份额。所以，项目更加关注的是后者。CRM系统创造价值链如图1-3所示。

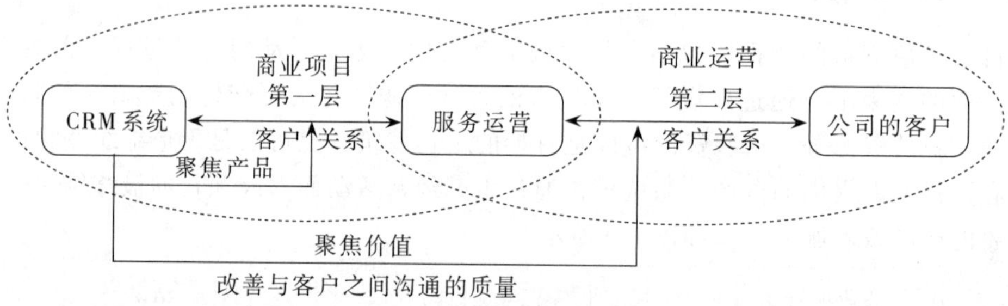

图1-3 CRM系统创造价值链

三、项目是实现有益变化的代理

企业之所以要开展项目活动，其目的是通过项目完成一系列具有内在关联的变化目标与使命。这是因为企业已有的职能机构既存在官僚主义的作风，又不乏惯例的惰性，面对复杂多变的外部环境，这种超稳定的组织难以完成以变应变的使命，难以确保企业的生存与持续发展，而作为临时性组织的项目则具有克服这种惰性的天然优势、动力和灵活性，能很好地适应这些变化，应对目标的不确定性，为企业带来有益的变化。这些变化要么体现为企业提供更新或优质的资源，要么获得新的或者改善的组织能力，要么直接改变组织的绩效。

一般来说，驱动项目实现有益变化的因素是PSO，即人（People）、系统（System）和组织（Organization），能否取得最终的有益变化则依赖于这些因素的协同。如IT一直被认为是企业的使能器，ERP系统的实施也被认为是提高企业竞争力的利器，但信息化建设的绩效不尽如人意是不争的现实。造成这种困境的原因在于，ERP项目成功的关键不仅仅在于软件系统本身，更在于领导与员工对于信息化认识的深化和信息技术运用能力的提高，以及组织流程的改善与再造。只有这些因素协同一致，才能实现企业绩效与竞争力的相应提升。当然，这些因素的协同不仅存在于这些增量因素之间，还存在于增量因素与企业既有的存量因素之间，同时，这种协同还是动态的。因此，项目不仅是产生有益变化的载体，还是各种关系的协同机制，它对于管理人员的素质提出更高的要求，既需要勇于变革的精神与能力，还要具有很强的人际协调能力。

综上所述，可以将项目定义为：项目是通过价值创造过程实现有益变化的临时性组织。

第二节 投资项目与投资决策

一、投资概述

（一）投资的本质

投资是指经济主体为未来获得收益而现时投入生产要素，以形成资产的一种经济活动；投资的另一层含义也可解释为经济主体为未来获得收益而现时投入的资金或资本。这些认识与当代西方经济学家对投资本质的表述大致相似。

当然，从不同的角度来看，投资的内涵还是存在一定差异的。由中国大百科全书出版社与美国不列颠百科全书公司合作编译的权威工具书《简明不列颠百科全书》对投资的解释是"指在一定的时期内期望在未来能产生收益而将收益变换成资产的过程"。"如从个体的观点来看，投资可分为生产资料投资和纯金融投资。就个体而言，二者均对投资者提供货币报酬；但就整体而论，纯金融投资仅表现为所有权的转移，并不构成生产能力的增加；生产资料投资能增加一国经济生产的能力，它是反映经济增长的因素。"这里所讲的生产资料投资，亦即经济意义上的投资，即直接投资；纯金融投资，亦即金融意义上的投资，即间接投资。保罗·萨缪尔森和威廉·诺德豪斯对投资的解释是："投资是一年内一国的建筑物、设备和库存等资本货物的增加部分。投资意味着牺牲当前消费以增加未来消费。""经济学家将'投资'（有时称为实际投资）定义为耐用资本品的生产。而在一般用法上，'投资'通常是指诸如购买通用汽车公司的股票或去开个存款户头这类东西。为了不致混淆，经济学家将后者称为金融投资。""只有当有形的资本品生产发生时，经济学家才认为形成投资。"在项目评价中的投资指的是直接投资，或者说是实际投资。

就实际投资或直接投资而言，还有宏观投资、中观投资和微观投资之分。宏观投资是指整个国民经济的投资，包括一定时期内全社会的投资规模、投资方向、投资结构和投资效益等。这些问题是一国政府根据其现有的资源条件、经济发展状况和未来的社会经济发展规划而确定或进行测算的，属于宏观经济范畴。中观投资是指一个部门或一个地区在一定时期内的投资规模、投资方向、投资结构和投资效益等，是由一个部门或一个地区根据整个宏观经济形势、该部门或地区的现有资源条件、经济优势和未来一定时期的社会经济发展规划进行确定或测算的，属于中观经济范畴。微观投资一般是指项目投资，尽管有时项目所包括的范围比较大，涵盖一系列项目，包括横向的项目和纵向的项目（如"上联"和"下联"项目)，但都作为一个投资项目（可以作为一个“综合体”项目）来考虑。在项目评价中，投资指的是微观投资，亦即投资项目。

（二）投资的作用

投资的作用可以从宏观和微观两个层面进行分析。

1.宏观作用

（1）影响社会总需求水平，从而在短期内影响产出和就业水平。投资增加，会相应地扩大内需，从而提高社会总需求水平；投资减少，会相应地减少内需，从而降低社会总需求水平。从短期来看，产出和就业水平的变化也决定于投资水平，投资增加，会增加社会的产出水平，同时提供更多的就业机会。

（2）通过投资能够增加社会的资本积累，提高潜在的生产能力，从而促进长期的经济增长。

2.微观作用

（1）增强投资者的经济技术实力。投资者通过投资项目的实施，不但实现了资本积累，而且提高了获取收益的能力，同时也增强了抵御风险的能力。

（2）提高投资者不断创新的能力。投资者通过自主研发或购买知识产权，并通过实施投资项目实现科技成果的商品化和产业化，就可以不断地取得创新利润或垄断利润，从而具备长期的经济发展潜力。

（3）增强投资者的市场竞争能力。经验表明，企业的市场竞争能力不但体现在技术创新上，而且取决于企业的规模，通过实施投资项目，可以扩大投资者的生产规模，达到规模经济，或者增加产品的种类，实现范围经济，从而在市场竞争中立于不败之地。投资者只有预期其投资活动能带来利润，也即带来大于投资成本的收益时，才会进行投资。投资的决定因素可以归结为收益、成本和经济发展预期。

①收益。投资活动可以是新建一个工厂，可以是扩大现有工厂的生产规模（扩建），也可以是对现有工厂进行更新改造，但不论哪一种形式，投资者都追求收益的增加。新建工厂和扩建工厂，有助于投资者生产和销售更多的产品，以增加收益；对现有工厂进行更新改造，有利于投资者提高产品的市场竞争力，以此增加收益。

②成本。决定投资的第二个因素是投资的成本。投资成本包括资本品的价格、借款利息和投资者为其收入所缴纳的税金。资本品的价格是指投资者购买土地、设备及其他资本品和建造建筑物所支出的费用，是投资成本中的主要部分，也是投资者最为关心的成本。投资者进行一项投资活动，经常需要外部资金的支持，或者向银行借款，或者在债券市场上发行债券，但不论银行借款还是发行债券，都要支付利息，一定时期的利率水平决定投资者的利息成本，从而决定投资支出。政府的税收也会影响投资的成本，政府运用税收政策可以直接或间接影响投资行为。当政府鼓励某些部门或某些项目的发展时，可以采取税收的减免优惠措施，以增加这些部门或这些项目的投资。不同部门、不同项目或不同国家的税收政策，对于追求利润最大化的投资者的投资行为都会产生深远的影响。

③经济发展预期。决定投资的第三个因素是预期和投资者的信心。投资是为了在未来的一定时期取得预期的收益，未来的经济发展预期就显得非常重要。如果估计未来的经济不景气，投资者的投资欲望就会大大降低；相反，如果认为经济有可能在近期迅速恢复，投资者就可能大规模地进行投资。

正因为投资活动有上述三个决定因素，因此，投资决策取决于：对新投资所生产出的产品的需求状况、影响投资成本的利率和税收、企业对未来经济状况的预期。

二、投资项目

（一）投资项目的界定

关于投资项目尚无一种公认的解释。按照世界银行的解释，投资项目是指在规定的期限内，为完成一项（或一组）开发目标而规划的投资、政策、机构以及其他各方面的综合体。

一个投资项目一般包括以下因素或其中的几个因素：①具有能用于土建工程和（或）机器设备及其安装等投资的资金；②具备提供有关工程设计、技术方案，实施施工监督，改进操作和维修等业务的能力；③拥有一个按集中统一原则组织起来的，能协调各方面关系，促进各类要素合理配置，高效、精干的组织机构；④改进与项目有关的价格、补贴、税收和成本回收等方面的政策，使项目能与所属部门和整个国民经济的发展目标协调一致，并提高项目自身的经济效益；⑤拟定明确的项目目标以及项目的具体实施计划。

（二）投资项目的类型

根据不同的分类标准，投资项目可以划分为不同的类型。

1.根据项目性质不同，可划分为基本建设项目和更新改造项目

（1）基本建设项目，简称建设项目，它是指通过增加生产要素的投入，以扩大生产能力（或工程效益）为目的的投资项目。建设项目又可划分为新建项目、扩建项目、恢复项目和迁建项目等不同的类型。

（2）更新改造项目是指以新的设备、厂房、建筑物或其他设施替换原有的部分，或以新技术对原有的技术装备进行改造的投资项目。建设项目与更新改造项目的主要区别在于：前者主要是固定资产的外延扩大再生产，后者主要是固定资产的简单再生产和以内涵为主的扩大再生产。但在现实经济生活中，某些项目的性质是很难明确划分的。

2.根据项目内容不同，可划分为工业投资项目和非工业投资项目

（1）工业投资项目，简称工业项目，即国民经济中各工业部门的投资项目，主要包括钢铁、有色金属、煤炭、石油、化学、电力、机械、建材、轻工、纺织等工业部门的投资项目。

（2）非工业投资项目，简称非工业项目，即工业投资项目之外的所有投资项目，主要包括农业、水利、林业、水产、铁路、公路、民航、邮政、电信、公用事业等部门的投资项目。

3.根据项目用途不同，可划分为生产性投资项目和非生产性投资项目

（1）生产性投资项目是指能为社会提供中间产品和最终消费产品的投资项目，如投资于生产机械设备的项目和生产耐用消费品的项目，这类项目的收益主要体现为产品的营业收入。

（2）非生产性投资项目是指能为社会提供服务的投资项目，其成果主要是满足人们的物质文化生活需要，如投入到文化、教育、卫生、体育领域及非营利性基础设施上的投资项目。

4.根据项目投资管理形式不同，可划分为政府投资项目和企业投资项目

政府投资项目是指使用政府性资金的投资项目。政府性资金包括财政预算投资资金（含

国债资金），利用国际金融组织和外国政府贷款的主权外债资金，纳入预算管理的专项建设资金和法律、法规规定的其他政府性资金。政府按照资金来源、项目性质和宏观调控需要，分别采用直接投资、资本金注入、投资补贴、转贷和贴息等方式进行投资。

不使用政府性资金的投资项目统称企业投资项目。

5.根据项目产品性质和行业差别，可划分为竞争性投资项目、基础性投资项目和公益性投资项目

（1）竞争性投资项目是指项目所属的行业基本上不存在进入与退出障碍，行业内存在众多企业，各企业产品基本上具有同质性和可分性，项目以追求利润最大化为目标，如加工工业项目、商业项目和服务业项目等。

（2）基础性投资项目是指投资于为其他产业的发展提供基本生产资料和生产条件的基础产业的项目，包括农业项目、基础工业项目和基础设施项目。

（3）公益性投资项目是指投资于为满足社会公众公共需要的项目。公益性投资项目又可分为两类：一类是免费供社会公众消费的项目，如城市道路、公园和社会安全等投资项目；另一类是有偿供社会公众消费的项目，如公立学校、文化设施和新闻广播等投资项目。

6.根据项目投资主体不同，可划分为国内投资项目和外商投资项目

（1）国内投资项目，即全部由国内投资者投资兴建的项目。其资金来源可以是投资者的自有资金，也可以是在国内外筹集的资金。

（2）外商投资项目，具体又包括三类：中外合资经营投资项目、中外合作经营投资项目和外商独资项目。中外合资经营投资项目，简称合资项目，是一种股权式合营项目，即由一个或几个中国的公司、企业或其他经济组织与一个或几个外国的公司、企业或个人共同出资而兴建的项目，合资各方按股权比例分配收益和承担风险；中外合作经营投资项目，简称合作项目，是一种契约式合营项目，一般是指由中方合作者提供土地、厂房、劳动力等，由外方合作者提供设备、资金和技术等而共同兴建的项目，合作各方按契约规定的比例分配收益和承担风险；外商独资项目，即由外商独自出资兴建的项目。

7.根据项目融资主体不同，可划分为新设法人项目和既有法人项目

（1）新设法人项目，即由新组建的项目法人为项目进行融资，其特点是：①项目投资由新设法人筹集的资本金和债务资金构成；②由新设项目法人承担融资责任和风险；③从项目投产后的财务效益情况考查偿债能力。

（2）既有法人项目，即要依托现有法人为项目进行融资，其特点是：①拟建项目不组建新的项目法人，由既有法人统一组织融资活动并承担融资责任和风险；②拟建项目一般是在既有法人资产和信用的基础上进行的，并形成增量资产；③从既有法人的财务整体状况考察融资后的偿债能力。

此外，还可根据其他不同的标准，将项目划分为不同的类型，如根据投资目的的不同，将其划分为经营性项目和非经营性项目；根据项目的设计生产能力，将其划分为大型项目、中型项目和小型项目等。

三、投资决策

（一）投资决策的含义

如上所述，无论是在宏观方面还是微观方面，无论是政府还是企业（或称做厂商），在

其经济发展或经营过程中，投资都发挥着重要的作用。政府通过投资，提供公共物品，满足社会需求，提高效率；企业通过投资，提供私人物品，满足市场需求，取得利润。但在一定时期，政府或企业的可利用资源都是有限的，合理配置资源、提高资源的利用效率就显得非常重要。而投资是利用资源的一种重要方式，怎样在投资活动中充分利用有限的资源就成为投资者首先关心的问题。一方面，投资者要审慎地选择项目，以实现资源的最佳配置，使生产最有效率。这就需要在拟建项目之前，进行科学的分析论证，分析该项投资能给投资者带来什么好处，给整个社会经济带来什么影响，在权衡利弊的基础上来决定是否实施该项投资。另一方面，投资项目不但具有收益性、长期性和不可逆性的特点，而且在未来具有很大的不确定性，投资者能否取得预期的利润取决于未来社会经济发展的条件、环境和趋势等，即所有的投资都建立在对未来收益的预测上，这也需要投资者和资金的供给者在拟建项目之前进行科学的投资决策，充分估计未来的不确定性，使一定的投入取得最佳的回报。所以，投资决策就是根据预期的投资目标，拟订若干个有价值的投资方案，并用科学的方法或工具对这些方案进行分析、比较和遴选，以确定最佳实施方案的过程。

（二）投资决策的程序

当前存在的投资决策程序有很多种，我们主要介绍以下三种：

1.投资决策的一般程序

进行投资决策一般都要遵循以下程序：

（1）调查研究，搜集信息，提出问题，在此基础上确定预期目标。一般来讲，投资项目是投资者在充分调研和分析的基础上提出来的。作为一个政府，为了充分发挥其经济职能，必然要投资于项目建设，而一项投资总是为实现一定的目标服务的，或者是为了更多地提供公共品，满足社会需求；或者是为了充分发挥城市的功能；或者是为了消除外部不经济性和垄断。同样，一个企业，无论是老企业还是新建企业，为了企业的生存和发展，都要进行项目投资，而一项投资也是为一定的目的服务的。企业投资的主要目的有：①高科技成果的商品化和产业化；②扩大市场份额，提高市场竞争力；③扩大生产规模，实现规模经济；④开发与企业目前正在生产产品相关的产品（如“上游”和“下游”产品），达到范围经济；⑤平衡企业的生产能力，增加产量；⑥进行产品的更新换代，保证市场占有率；⑦为实施替代进口战略服务；⑧把资源优势转化为经济优势等。

（2）根据宏观环境和现有条件拟订若干个有价值的方案。一般来讲，要实现预期目标，可能存在诸多可实施方案。投资者或受投资者委托的中介咨询机构可根据预期的目标和现有的市场、资源、技术等条件，拟订若干个有价值的方案。所谓有价值的方案，是强调拟订的方案要具有可实施性。在拟订方案时，可能只有实施和不实施两个方案（后者称为“零方案”），也可能是若干个实施方案和不实施方案。这里需要我们牢记：不实施项目本身也是一个有价值的方案。

（3）对拟订的方案进行分析、比较，遴选出最满意的实施方案。拟订出一系列有价值的方案以后，还要用科学的方法对这些方案进行全面的分析、比较，以遴选出投资者最为满意的方案。所谓科学的方法，是指可行性研究和项目评价，它们都是投资决策的重要手段和工具。作为政府投资的项目，可主要进行经济分析，遴选出既可以保证项目的可持续性，又有利于政府财政和利益相关者的可实施方案；作为企业投资的项目，可以利用可行性研究和项目评价对这些方案的市场、规模、建设条件、生产条件、技术工艺、财务效益以及经济效益等进行分析、比较，遴选出具体实施的方案。所谓投资者满意的方案，是指在各个方面都基本满足了投资者的要求。实施一项投资项目，需要满足各方面的条件，项目可行与否取决于诸多方面的因素。从某一个方面讲，实施某方案可能是最佳的，但从另一方面看，可能是次佳方案，甚至是不可行的，所以，几乎不存在从各个方面来看都是最佳的方案，所选择的方案只能是使投资者最满意的方案。

（4）确定实施的计划，提出合理化的建议。确定了实施方案以后就要制订实施计划，或者是细化可行性研究和项目评价中的实施计划；或者是修改实施计划；或者根据论证的结果，重新制订实施计划。之所以要提出合理化建议，是因为在实施项目中，不是所有的条件都能满足要求，需要有关部门或有关人员为项目的顺利实施提出建议，使项目按照预期的目标和时间完成并投入使用，发挥应用的效益。

2.一些国际金融机构的投资决策程序

各个国家和国际组织对投资决策程序都有自己的规定。世界银行和一些地区性的开发银行如亚洲开发银行、非洲开发银行的项目投资决策程序如下：①明确问题和目标；②研究项目的背景；③搜集有关信息资料；④安排项目分析的步骤；⑤对项目进行经济分析；⑥衡量非经济因素的影响；⑦进行不确定性分析；⑧综合权衡；⑨提出项目评价报告及其他建议；⑩最终做出投资决策。

这只是这些国际金融机构一般的投资决策程序，实际上，不同规模、不同性质的投资项目具有不同的特点，从而在决策程序的繁简上也有所区别。

3.我国现行的投资项目决策程序

根据2016年《国务院关于深化投融资体制改革的意见》的要求，我国正在推进以下工作：

（1）建立投资项目“三个清单”管理制度。及时修订并公布政府核准的投资项目目录，实行企业投资项目管理负面清单制度，除目录范围内的项目外，一律实行备案制，由企业按照有关规定向备案机关备案。建立企业投资项目管理权力清单制度，将各级政府部门行使的企业投资项目管理职权以清单形式明确下来，严格遵循职权法定原则，规范职权行使，优化管理流程。建立企业投资项目管理责任清单制度，厘清各级政府部门企业投资项目管理职权所对应的责任事项，明确责任主体，健全问责机制。建立健全“三个清单”动态管理机制，根据情况变化适时调整。清单应及时向社会公布，接受社会监督，做到依法、公开、透明。

（2）坚持企业投资核准范围最小化，原则上由企业依法依规自主决策投资行为。在一定领域、区域内先行试点企业投资项目承诺制，探索创新以政策性条件引导、企业信用承诺、监管有效约束为核心的管理模式。对极少数关系国家安全和生态安全、涉及全国重大生产力布局、战略性资源开发和重大公共利益等项目，政府从维护社会公共利益角度确需依法进行审查把关的，应将相关事项以清单方式列明，最大限度缩减核准事项。

（3）实行备案制的投资项目，备案机关要通过投资项目在线审批监管平台或政务服务大厅，提供快捷备案服务，不得设置任何前置条件。实行核准制的投资项目，政府部门要依托投资项目在线审批监管平台或政务服务大厅实行并联核准。精简投资项目准入阶段的相关手续，只保留选址意见、用地（用海）预审以及重特大项目的环评审批作为前置条件；按照并联办理、联合评审的要求，相关部门要协同下放审批权限，探索建立多评合一、统一评审的新模式。

(4) 规范企业投资行为。各类企业要严格遵守城乡规划、土地管理、环境保护、安全生产等方面的法律、法规，认真执行相关政策和标准规定，依法落实项目法人责任制、招标投标制、工程监理制和合同管理制，切实加强信用体系建设，自觉规范投资行为。

(5) 改进和规范政府投资项目审批制，采用直接投资和资本金注入方式的项目，对经济社会发展、社会公众利益有重大影响或者投资规模较大的，要在咨询机构评估、公众参与、专家评议、风险评估等科学论证基础上，严格审批项目建议书、可行性研究报告、初步设计。经国务院及有关部门批准的专项规划、区域规划中已经明确的项目，部分改扩建项目，以及建设内容单一、投资规模较小、技术方案简单的项目，可以简化相关文件内容和审批程序。加强政府投资项目建设管理，严格投资概算、建设标准、建设工期等要求。严格按照项目建设进度下达投资计划，确保政府投资及时发挥效益。严格概算执行和造价控制，健全概算审批、调整等管理制度。进一步完善政府投资项目代理建设制度。在社会事业、基础设施等领域，推广应用建筑信息模型技术。鼓励有条件的政府投资项目通过市场化方式进行运营管理。完善政府投资监管机制，加强投资项目审计监督，强化重大项目稽查制度，完善竣工验收制度，建立后评价制度，健全政府投资责任追究制度。建立社会监督机制，推动政府投资信息公开，鼓励公众和媒体对政府投资进行监督。

第三节 项目投资的价值

项目投资的价值，按照项目测度的层次与范围，分为企业价值、对利益相关者的价值和经济价值三个方面。商业项目在满足国家政策法规要求的前提下，侧重于其企业价值的分析，而公共项目则侧重于其经济与社会价值的分析。

一、项目的企业价值

项目的企业价值主要体现在财务价值与非财务的战略价值。财务价值主要是因项目投资及其运营活动所产生的销售收入形成的增量现金流而新增的企业价值，可以从项目投资的盈利能力、偿债能力、生存能力、抗风险能力等予以体现。项目的企业价值分析需要在财务辅助报表的基础上编制财务报表，计算财务分析指标，考察和分析项目的盈利能力、偿债能力、财务生存能力和抗风险能力，判断项目的财务可行性，明确项目对财务主体的价值以及对投资者的贡献，为投资决策、融资决策以及银行审贷提供依据。对于经营性项目，应进行全面的财务分析；对于非经营性项目，财务分析主要分析项目的财务生存能力。

财务价值只是项目为企业创造的有形、可计量的部分，相比之下，项目所产生的无形、不可计量的战略价值也是企业价值不可缺少的部分。尤其是高科技，如新能源汽车、新型材料和生物技术产品、R&D项目、信息技术项目更是如此。与一般项目不同，这些项目往往初期成本太高，有形的财务价值并不高，但它对企业未来取得更大的市场份额，获得竞争优势具有很高的战略价值。

项目是创造价值的过程，项目提供物包括三个层次，无论是优化的资源，还是改善的能力，都将对企业产生战略效益，即项目对企业全局和长远利益做出新的贡献，如图 1-4 所示。项目创造价值主要体现为创造新的产品或者服务、提高行业竞争对手进入壁垒、提高市场应变与竞争能力等。其战略价值具体体现在如下几个方面：

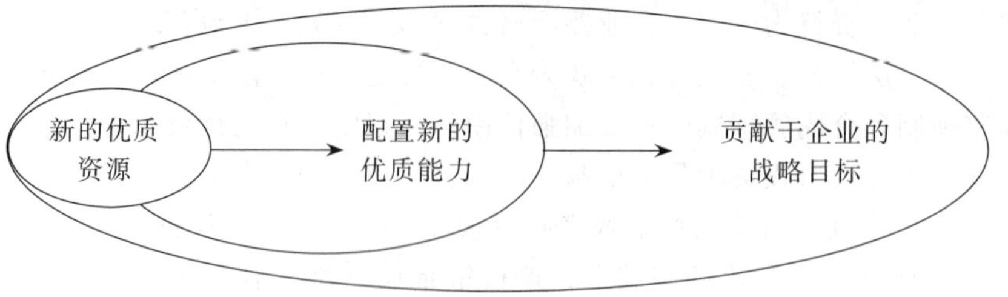

图 1-4　投资项目产出价值链

①重组核心价值活动和改变竞争的基础，重构供应链上供应商、经销商、顾客及价值链上的其他相关者进行的交易活动。改变公司结构和促进信息化时，所获得的利益就会显著增加。利用信息技术重新设计价值链，彻底改变费用结构和产品或服务，从而使得市场份额发生大规模转变时，改变竞争基础。

②为客户提供其他竞争对手无法达到的价格与质量标准的商品与服务，或实现与价值链上下游及合作者建立战略联盟，从而提高竞争者的进入壁垒；开发具有独特价值的服务，增加客户“黏性”，增加客户的转换成本，保持市场竞争地位。

③增加原有产品和服务的价值或者创造新的产品和服务，如过去只销售袋装食品和新鲜食品，因为信息技术项目的实施，开始提供相关产品的信息——出售信息。

④改变企业与价值链上下游之间联系的本质以及和购买者、供应商、商业合作者之间的力量对比，获得更有利的合作条件，提高销售渠道效率，显著降低成本费用，提高订货准确性以及提高供应商与购买者达成交易的速度，而参与者数目的增加和网络使用的扩展，极大地提高了与供应商讨价还价的能力。

⑤效率的提高可以缩短设计、制造周期，增加计划、调度的灵活性，实现柔性生产，提高市场应变能力。

⑥提高设备与工艺技术水平、技术人员技术素质和积累技术开发与技术管理经验，整体地提高技术水平；在市场竞争中建立或保持技术领先的优势，获得更高的市场份额和利润。

⑦可以大大提高企业各级组织搜集、传递、处理各种信息的效率，提高信息的准确性和及时性。提高各级管理者的决策水平、计划水平以及协调与控制能力，减少决策失误，提高各种资源的利用效率，增强企业的市场竞争能力。

⑧通过培训和系统开发实践的锻炼，提高企业员工的知识与技能水平；改善员工的工作条件，增强员工的工作自豪感，从而提高员工队伍的士气。

⑨有效地提高产品的设计质量和制造质量，及时地根据用户反馈信息改进产品，减少不按时供货情况的发生，提高用户的满意程度，提高企业信誉。

二、项目对利益相关者的价值

项目作为众多利益相关者的契约结合点，又是价值创造过程，它为利益相关者创造价值。作为项目的资金提供者，融资者获得项目的部分净现金流及项目合同所规定的利息回报。而被项目直接雇用的人员可以获得与以前工作岗位相比更多的收入及相应的技能培训。项目还为其客户提供了先前在市场上难以得到的新产品和新服务，以及更多质优价廉的产品。项目产品的生产必然带来互补品的生产，给互补品生产厂商带来商业利益，从而增加直接的社会效益。如公路建设增加必然导致汽油的需求增加，从而增加加油站的收益。

项目供应商的利润和收益也必将随着项目产品和服务需求的增加而增加，至少为非负，同时使得供应商对劳动力的需求增加，而增加工人的工资。另外，项目还帮助供应商提高其产品质量。与供应商相比较，在新项目的建设中，竞争者看到的是需求的减少和更低的产品价格。但从整个社会的观点来看，这样的竞争不是一种损失，因为消费者可以享受到更多的消费者剩余，而竞争者则受益于项目的示范与网络效应。新项目可能示范新技术、新的业务管理与组织方式的可行性和盈利性，或者一些细分市场的生存性，并且竞争者可以复制。这种示范效应可以鼓励更多的竞争者进入，一些竞争者可能从与供应商之间的网络效应中获益。

如果项目建设是用一个新工厂替代原有的老的、落后的工厂，那么其获得正效应，新项目也可能因为基础设施拥挤而产生负面效应。如果项目能够改善道路、水、电网等设施，使居民不需要付费或少付费，则获得正面的价值。

政府不仅从项目产出中获得所得税和增值税（随着销售额的增加，增值税相应增加），同时获得相应的进出口关税等。为了支持某些项目的建设，政府将会给予补贴。

三、项目的经济价值

项目的经济价值主要是从资源合理配置的角度来讲的，是指项目投资对经济效率的提高、经济结构的优化升级、经济福利的增加所做出的贡献。

从经济学的角度来看，经济活动的目的是通过配置稀缺经济资源用于生产产品和提供服务，尽可能地满足社会需要。当经济体系功能发挥正常，社会消费的价值达到最大时，就认为是取得了“经济效率”，达到了帕累托最优。在现实中，市场机制本身存在的缺陷以及政府不恰当的干预，往往导致市场配置资源的失灵，市场价格难以反映投资项目的真实经济价值，所以客观上需要通过经济费用效益分析来反映建设项目的真实经济价值，判断投资的经济合理性，为投资决策提供依据。因此，与财务价值分析采用实际价格不同，在项目经济价值的评价中，投入物或产出物均采用能够真实反映项目投入物或产出物真实经济价值的影子价格，即资源的机会成本进行计算。

项目尤其是特大型建设项目的经济价值体现在区域、宏观经济两个层面。项目的区域经济价值主要体现在项目的建设对所在区域的现存发展条件、经济结构、城镇建设等方面所产生的现实与长远的贡献。对其进行分析可以促进资源的有效开发与利用，资源在区域的合理配置，可以提高区域经济发展的竞争力。

宏观经济价值是指在宏观上以国民经济整体作为视角，特大型项目的建设对国家宏观经济，诸如国民经济总量增长、产业结构调整、生产力布局、自然资源开发、物价变化等方面产生的影响。具体言之，主要体现在以下几个方面：

（1）不可再生资源与能源的节约。采用先进的制造系统可以节约生产过程中的不可再生资源和能源，这种节约不仅可使企业节省费用，对国民经济与社会发展也是有益的。

（2）技术示范与技术扩散效果。开发与应用先进的制造系统有可能对其他企业起到技术示范作用，推动先进技术的转移与扩散，从而促进更大范围内的技术进步。

（3）产品出口创汇。采用先进的制造系统有可能促进产品出口，获得外汇收入，这有利于国民经济的发展。

四、项目的社会价值

随着社会发展观从以经济增长为中心向以人为中心的转变，尤其绿色经济、生态保护的呼声的逐渐增强和企业社会责任意识的提高，投资项目也更加关注对人类社会可持续的生存和发展所产生的影响和做出的贡献。尤其对于那些涉及社会因素较为复杂、社会影响较为久远、社会效益较为显著、社会矛盾较为突出、社会风险较大的公益性、基础性和大中型国家骨干项目与扶贫项目，则更加关注。

项目社会价值分析通过对项目给社会所带来的各种社会效应进行全面而系统的分析，分析投资项目对社会的影响因素，确定各种效应及影响因素的量与质，从而判别投资项目的社会有益性。所谓社会效应，其内涵是非常广泛的，它不仅包括经济性的（如收入、费用等），也包括非经济性的（如生态、环境、技术进步、国防、社会安全、人的精神状态等）。但这里取其狭义，只包括其非经济性的内涵，即包含其对社会环境和自然、生态环境产生的影响（如时间节约、教育、健康、技能开发、信息透明和社会性别平等），新增就业机会，缩小社会差距（地区、民族、性别差异），解决社会公平，维护社会稳定等。社会价值有正负和大小之分，主要有以下几个方面：

（一）生态环境价值

投资项目的环境影响，或是通过减少污染、提高资源的开发利用效率及改善生态系统增加环境服务的数量和质量，从而提高个人的福利；或是由于污染、降低资源的开发利用效率及生态破坏减少环境服务的数量和质量，从而降低个人的福利。据此，环境影响的经济价值可以定义为其引起的福利变化，具体地说，就是环境变化对生产能力（生活水平）、健康状况、舒适愉悦性服务（生活质量）和选择价值的影响。对于一个投资项目来说，它能够产生的提高生产能力、改善健康状况和增强环境舒适愉悦性的环境影响，即增加福利的环境影响，称为项目环境效益；反之，它产生的降低生产能力、损害健康状况和减少环境舒适愉悦性的环境影响，即降低福利的环境影响，称为项目环境费用。

对环境资源的价值可以进行多种分类，从总体上一般分为两大类：一类是与人类的存在、利用和偏好无关的价值，是环境资源自身所具有的价值，如一种动植物对另一种动植物具有的价值、一种动植物对生态系统所具有的价值、一种生态系统对另一种生态系统所具有的价值，这种价值被称为环境资源的内在价值（Intrinsic Value），这属于生态伦理学范畴内的价值；另一类是与人类的生存和发展相关的价值，既可能是一种认识价值，也可能是一种赋予价值，被称为社会价值（Social Value），也称为工具价值、手段价值和外在价值，主要包括经济价值、文化价值、伦理价值、生理价值、心理价值以及生态价值（与人类的生存和发展相关的生态服务价值）等内涵。对投资项目的环境影响进行货币量化分析，所关注的就是这种社会价值。

例如，在城市郊外建设垃圾发电厂可以减少城市化过程中带来的垃圾污染，改善附近工厂的生产环境和居民的生活环境，同时，垃圾发电变废为宝还具有节约资源的价值。相反，一些企业乱砍滥伐木材，从事木材加工等项目，虽然给相关企业、所在区域带来了一定经济价值，但破坏了生态环境，带来了负面的生态价值。

（二）解决社会就业价值

促进就业创业、解决就业与社会发展不和谐问题是投资项目深入履行社会责任、最大化实现企业社会价值的体现，一直得到社会各界的深切支持与关注。投资项目的社会贡献总额包括为国家或社会创造或支付的价值总额，如工资、劳保退休统筹及其他社会福利支出，利息支出净额，增值税、消费税、有关销售税金及附加，所得税及有关费用和净利润等。先进的制造系统的采用会对当地的就业机会与就业结构产生影响，从而影响就业收入分配。

（三）维护国家安全价值

一些投资项目有利于开发与生产某些对国防建设和国家安全有重要意义的产品。例如，图们江的开发打开了我国进入太平洋的通道，对于确保东北亚的安全具有战略价值。

（四）时间价值

我国高速铁路、城市地铁的社会价值在于，不仅可以减少交通事故和地面交通费用等，更重要的是能够节约时间，因为在快速变化的今天，时间是人们最稀缺的资源。

（五）心理价值

项目的实施可以对人们的现行行为方式和价值观念产生影响，改变人口、社会、经济不平等现象。2011年9月，我国依靠自身创新能力而研制的天宫一号项目，使我国成为继美、俄之后第三个掌握空间交会对接技术的国家，通过航天项目的研制大大增强了国人的民族自豪感，增强了国人的自信心和民族的凝聚力。再如，中国铁路总公司于2012年6月组织启动中国标准动车组研制项目，2017年6月26日中国标准占比高达84%的中国高铁“复兴号”正式投入京沪线运营，在北京南站和上海虹桥站双向首发。中国标准动车组由中国铁路总公司牵头组织研制、设计，具有完全自主知识产权，试验速度达400千米/小时。“复兴号”令中国高铁从此迈向新时代，“中系技术”与欧日技术并称“三强”。

项目投资价值分解图如图1-5所示。

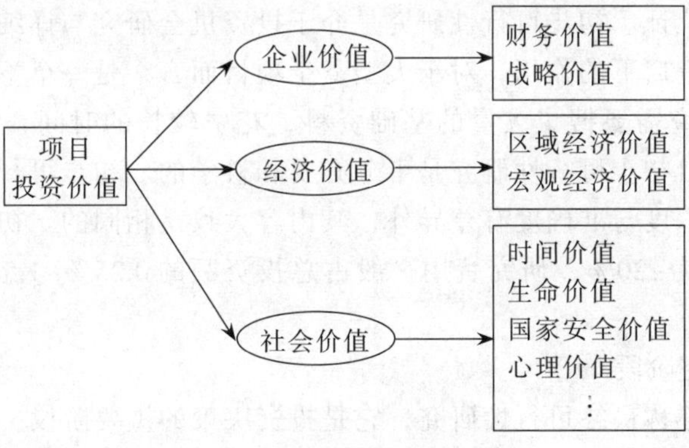

图1-5 项目投资价值分解图

第四节 项目投资可行性分析

一、可行性研究的阶段划分及其作用

可行性研究是在投资项目拟建之前，通过对与项目有关的市场、资源、工程技术、经济和社会等方面的问题进行全面分析、论证和评价，从而确定项目是否可行或选择最佳实施方

案的一项工作。可行性研究在国外被广泛采用，其理论和方法也日臻完善，我国于20世纪70年代末80年代初在投资项目决策中引入可行性研究方法。

（一）可行性研究的阶段划分

国外大型投资项目的可行性研究一般包括投资机会研究、初步可行性研究和详细可行性研究三个阶段。

1.投资机会研究阶段

投资机会研究亦称投资鉴定，亦即寻求最佳投资机会的活动。投资机会研究可分为一般机会研究和具体机会研究。一般机会研究又可划分为三种：一是地区研究，旨在通过研究某一地区自然地理状况，这一地区在国民经济体系中的地位以及自身的优势、劣势而寻求投资机会；二是部门（或行业）研究，旨在分析某一部门（或行业）由于技术进步、国内外市场变化而出现的新的发展和投资机会；三是以资源为基础的研究，旨在分析由于自然资源的开发和综合利用而出现的投资机会。在进行一般机会研究时，可参考国内外同类项目、同类地区和同类投资环境的成功案例。在发展中国家，一般机会研究通常由政府部门或专门机构进行，作为中央政府制定社会经济长远发展规划的依据。

根据一般机会研究的结论，当某项目具有投资条件时，就可进行具体机会研究，即具体研究某一项目得以成立的可能性，将项目设想转变为投资建议。

投资机会研究是可行性研究的第一阶段，如果机会研究的结论表明投资项目是可行的，则可进入下一阶段，即进行更深一步的研究。机会研究是比较粗略的，投资费用和生产（或营业）成本一般根据同类项目加以推算，误差一般要求为±30%，研究费用一般占总投资额的0.2%~1.0%，时间一般为1~3个月。

2.初步可行性研究阶段

初步可行性研究亦称预可行性研究，是指在投资机会研究的基础上，对项目可行与否所作的较为详细的分析论证。初步可行性研究是介于投资机会研究与详细可行性研究之间的一个中间阶段，起着承上启下的作用，对于大型复杂项目而言，是一个不可缺少的阶段。一般来讲，详细可行性研究需要搜集大量的基础资料，花费较长的时间，支出较多的费用，因此，在此之前进行项目初步可行性研究是十分必要和科学的。初步可行性研究与详细可行性研究相比，除研究的深度与准确度有差异外，其内容大致是相同的。初步可行性研究得出的投资额误差一般要求为±20%，研究费用一般占总投资额的0.25%~1.5%，时间一般为4~6个月。

3.详细可行性研究阶段

详细可行性研究亦称最终可行性研究，它是投资决策的重要阶段。在该阶段，要全面分析项目的全部组成部分和可能遇到的各种问题，并最终形成可行性研究的书面成果——可行性研究报告。详细可行性研究得出的投资额误差一般要求为±10%，研究费用一般占总投资额的1.0%~3.0%（小型项目为0或0.2%~1.0%），时间一般为8~10个月或更长。

此外，对某些特定的大型复杂项目，还要进行辅助研究。辅助研究亦称功能研究，是指对项目某一个或几个方面的关键问题进行的专门研究。辅助研究并不是一个独立的阶段，而是作为初步可行性研究和详细可行性研究的一部分。辅助研究一般包括以下几类：产品市场研究、原材料和其他投入物研究、实验室和中间试验研究、厂址选择研究、规模经济研究、设备选择研究等。

（二）可行性研究的作用

可行性研究的最终成果是形成可行性研究报告，它是投资者在前期准备工作阶段的纲领性文件，是进行其他各项投资准备工作的主要依据。对投资者而言，可行性研究有如下作用：

1.为投资者进行投资决策提供依据

进行可行性研究是投资者在投资前期的重要工作，投资者需要委托有资质的、有信誉的投资咨询机构，在充分调研和分析论证的基础上，编制可行性研究报告，并以可行性研究的结论作为其投资决策的主要依据。《国务院关于投资体制改革的决定》颁布以后，取消了对企业投资项目编制可行性研究报告的要求，只规定投资者提交项目申请报告。实际上，这只是审批体制的变化，并不等于投资者不需要编制可行性研究报告。无论从理论上，还是从国内外的实践经验上讲，在拟建项目之前，投资者都应当进行可行性研究，为自己的投资决策把关。

2.为投资者筹措资金提供依据

投资者筹措资金包括寻找合作者投入资金和申请金融机构贷款。在寻找合作者，特别是国外的合作者时，往往需要提供可行性研究报告。如到国外去招商，在向外商提供项目资料时，可行性研究报告是主要的资料之一，外商会根据项目的可行性研究报告，与国内的投资者签订合作意向书。对于申请金融机构贷款，无论是国外的金融机构，还是国内的金融机构，它们在受理项目贷款申请时，首先要求申请者提供可行性研究报告，然后对其进行全面细致的审查和分析论证，并在此基础上编制项目评估报告，评估报告的结论是银行确定贷款与否的重要依据。世界银行等国际金融机构也都将提交可行性研究报告作为申请贷款的先决条件。

3.为商务谈判和签订有关合同或协议提供依据

有些项目可能需要引进技术和进口设备，如与外商谈判时要以可行性研究报告的有关内容（如设备选型、生产能力、技术先进程度等）为依据。有时，外商会要求在项目的可行性研究报告被批准之后才与之签约。在项目实施与投入运营之后，都需要与供电、供水、供气、通信和原材料供应等单位或部门协作配合，因此，要根据可行性研究报告的有关内容与这些单位或部门签订有关协议或合同。

4.为工程设计提供依据

在可行性研究报告中，对项目的场址选择、总图布置、生产规模、产品方案、生产工艺、设备选型等都进行了方案比选和论证，确定了最优方案。投资者可依据可行性研究报告进行工程设计。

此外，可行性研究报告还可为设备订货、施工准备、机构设置和人员培训等提供依据。

二、可行性研究的内容和程序

（一）可行性研究的内容

可行性研究的内容和编写格式随项目的不同而有所差异。联合国工业发展组织（UNIDO）编写的《工业可行性研究编制手册》（最新修订及增补版）提供了一般工业项目可行性研究的内容，主要包括以下几个方面：

1.实施纲要

在实施纲要中，简要描述可行性研究的结论，并归纳出研究报告中各个关键性问题。实施纲要的结构与可行性研究的正文相一致。归纳的关键性问题主要包括：有关商业环境的数据及可靠程度；项目的投入物和产出物；对市场、供应和工艺技术趋势所作预测的误差（不确定性和风险）的幅度和范围以及项目的设计等。

2.项目的背景和基本设想

在项目的背景和基本设想部分，主要考察项目的设想是否与国家总的经济结构布局相一致，是否符合工业发展现状。对项目要详细地加以叙述，对项目发起人（投资者）及他们对项目感兴趣的原因都要加以审定。

3.市场分析与销售设想

市场分析与销售设想部分是可行性研究的重点之一，要求对项目的市场供求量进行预测和分析，判断项目产品是否有市场潜力，然后确定销售产品的规划和设想，为实现预期利润奠定基础。

4.原材料和供应品

原材料和供应品部分阐明企业生产所需的不同的投入物、各种投入物的来源和供应情况，以及估算最终生产成本的方法，为进行财务基础数据估算打好基础。

5.建厂地区、厂址和环境

建厂地区、厂址和环境部分说明项目建厂地区、厂址的分析方法和选择方法，并就项目对环境的影响进行深入的分析和评价。

6.工程设计和工艺

工程设计的任务是设计工厂生产规定的产品所必需的功能布置图和各单项工程的布置图。工艺选择及技术的取得也是工程设计的一个必要组成部分。在工艺选择和技术取得中会涉及工业产权问题。工程设计和工艺选择要考虑整个建筑工程的布置和设计、生产能力的确定、工艺的遴选、设备的选型和安装及各项投资支出与生产运营支出的估算。

7.组织和管理费用

组织和管理费用部分涉及管理和控制工厂整体运行所需组织和管理机构的发展与设计，以及相关的费用支出情况。

8.人力资源

人力资源部分主要是制订人力资源计划，包括：项目对人力资源的质量和数量要求、人员来源和培训的需要、工资和其他与人员有关的费用及培训成本的估算方法等。

9.实施计划和预算

实施计划和预算部分论述项目实施计划和预算的目标，叙述实施工作的主要特点和主要的限制因素，并介绍编制实施计划的技术。

10.财务分析和经济分析

在上述投资估算和有关财务基础数据（如投资额、经营收入、税金和总成本费用等）的基础上，还要编制一系列带有汇总性质的表格，并根据这些表格计算相应的指标，进行项目的财务分析和经济分析，以及各层面的不确定性分析。

（二）可行性研究的程序

在可行性研究的三个阶段中，除了机会研究阶段（类似于我国的项目建议书阶段）比较简单，没有固定的程序外，初步可行性研究和详细可行性研究一般都有相对比较固定的程序。

1.组织工作小组

对拟建项目进行可行性研究，首先要确定工作人员，成立可行性研究小组。工作小组的人员结构要尽量合理，不同规模和不同行业的项目，工作小组的人员构成有一定的区别。以工业投资项目可行性研究小组为例，一般可包括工业经济学家（一般担任组长）、市场分析专家、财务分析专家、土木建筑工程师、专业技术工程师和其他辅助人员等。根据我国的实际情况，编制可行性研究报告实行资质制度，投资者一般要委托有资质的中介机构（如工程咨询公司、各类设计院等）编制可行性研究报告。工作小组成立以后，可按可行性研究的内容进行分工，并分头进行调研，分别撰写详细的提纲，然后由组长综合工作小组各成员的意见，编写可行性研究报告的详细提纲，并要求根据提纲展开下一步的工作。

2.数据调研

根据分工，工作小组各成员分别进行数据调查、整理、估算、分析以及有关指标的计算等。在可行性研究过程中，数据的调查和分析是重点。可行性研究需要的数据来源于三个方面：一是投资者提供的资料。因为投资者在进行投资项目的初步决策时，已经对与项目有关的问题进行过比较详细的考查，获取了一定量的信息，这可以作为中介咨询机构的重要信息来源。二是中介咨询机构本身拥有的信息资源。一般来讲，中介咨询机构都是有资质的从事投资项目咨询的机构，拥有丰富的经验和专业知识，同时也占有大量的历史资料、经验资料和关于可行性研究方面的其他相关信息。三是通过调研获取信息。一般来讲，投资者提供的资料和中介咨询机构占有的信息不可能完全满足编制可行性研究报告的要求，还要进行广泛的调研，以获取更多的信息资料。必要时，也可委托专业调研机构进行专项信息调研，以保证获得更加全面的信息资料。

3.形成可行性研究报告初稿

在取得信息资料后，要对其进行整理和筛选，并组织有关人员进行分析论证，以考察其全面性和准确性。在掌握了所需信息资料以后即可进入可行性研究报告的编写阶段，首先编写出可行性研究报告的初稿。报告的编写要求工作小组成员进行很好的衔接，因为可行性研究报告的各项内容是有联系的，需要各成员的衔接和联合工作才能完成。

4.论证和修改

编写出可行性研究报告的初稿以后，首先要由工作小组成员进行分析论证，形式是：由工作小组成员介绍各自负责的部分，大家一起讨论，提出修改意见。对于可行性研究报告，要注意前后的一致性、数据的准确性、方法的正确性和内容的全面性等，提出的每一个结论都要有充分的依据。有些项目还可以扩大参加论证的人员的范围，可以邀请有关方面的决策人员、专家和投资者等参加讨论。在经过充分的讨论以后，再对可行性研究报告进行修改，并最后定稿。

本章小结

1.项目是通过价值创造过程实现有益变化的临时性组织。

2.投资是指经济主体为未来获得收益而现时投入生产要素，以形成资产的一种经济活动。

3.投资的宏观作用：(1) 影响社会总需求水平，从而在短期内影响产出和就业水平；(2) 通过投资能够增加社会的资本积累，提高潜在的生产能力，从而促进长期的经济增长。投资的微观作用：(1) 增强投资者的经济技术实力；(2) 提高投资者不断创新的能力；(3) 增强投资者的市场竞争能力。

4.投资项目是指在规定的期限内，为完成一项（或一组）开发目标而规划的投资、政策、机构以及其他各方面的综合体。

5.投资决策就是根据预期的投资目标，拟订若干个有价值的投资方案，并用科学的方法或工具对这些方案进行分析、比较和遴选，以确定最佳实施方案的过程。

6.投资决策一般都要遵循以下程序：(1) 调查研究，搜集信息，提出问题，在此基础上确定预期目标；(2) 根据宏观环境和现有条件拟订若干个有价值的方案；(3) 对拟订的方案进行分析、比较，遴选出最满意的实施方案；(4) 确定实施的计划，提出合理化的建议。

7.项目投资的价值，按照项目测度的层次与范围，分为企业价值、经济价值和社会价值三个方面。项目的企业价值主要体现在财务价值与非财务的战略价值。项目的经济价值从资源合理配置的角度，是指项目投资对经济效率的提高、经济结构的优化升级、经济福利的增加所做出的贡献。项目的社会价值指投资项目的社会有益性。

8.可行性研究是在投资项目拟建之前，通过对与项目有关的市场、资源、工程技术、经济和社会等方面的问题进行全面分析、论证和评价，从而确定项目是否可行或选择最佳实施方案的一项工作。

9.可行性研究一般包括投资机会研究、初步可行性研究和详细可行性研究三个阶段。

10.可行性研究的最终成果是可行性研究报告，它是投资者在前期准备工作阶段的纲领性文件，是进行其他各项投资准备工作的主要依据。

本章能力训练

一、名词解释

项目　项目投资　项目投资价值　投资决策　可行性研究　可行性研究程序

二、思考分析

1.项目的特征有哪些？

2.投资的本质是什么？你参加过投资吗？

3.如何理解项目投资的含义？

4.如何理解项目投资决策的含义？项目投资决策的程序有哪些？

5.简要分析项目投资的价值。

6.什么是项目投资可行性研究？

7.应该从哪些方面进行项目投资可行性研究？

第二章

投资环境与市场分析

案例情景

大众集团：拟在华投资逾百亿欧元，8年内推出40款电动汽车

2017年9月，工信部等五部委印发《乘用车企业平均燃料消耗量与新能源汽车积分并行管理办法》，其中规定，2019年度、2020年度，新能源汽车积分比例要求分别为10%、12%。2017年11月16日，据彭博社报道称，大众集团将与合资企业携手投资逾100亿欧元，在中国研制并推出一系列新能源汽车。大众中国CEO海兹曼称，2025年前，大众集团将陆续在中国推出40款车型。路透社报道称，大众集团旗下大众汽车和奥迪汽车计划在未来2~3年内推出15款新能源汽车（NEV），并计划在2025年以后再推出25款新能源汽车。这是大众集团逐步转向电动汽车制造商战略的一部分。在增加在中国投放新能源汽车的同时，大众集团还拓展了新的合作伙伴。2017年5月22日，江淮汽车晚间发布公告，公司目前收到发改委批复，同意建设江淮汽车与大众汽车（中国）合资生产纯电动乘用车项目。2017年11月16日，海兹曼称，大众与安徽江淮汽车的合资工厂将于2018年上半年启动生产，首款产品预计于下半年开始销售。

资料来源　李晢寅．大众集团：拟在华投资逾百亿欧元，8年内推出40款电动汽车［EB/OL］．［2017-11-17］．http：//www.thepaper.cn/newsDetail_forward_1868303.

由该案例引出，如何理解投资环境？对投资环境如何分析？如何对项目投资的未来市场进行分析？本章将介绍投资环境基本概念、投资环境内容与评估的基本方法、投资项目市场分析的内容与方法。重点是投资环境分析的内容、市场分析的内容。

第一节　投资环境

一、投资环境概述

（一）投资环境的含义

投资环境（Investment Environment）是指影响和制约投资行为及投资活动全过程的外部因素和条件的总和，是影响项目投资的各种政策、自然及社会经济因素相互作用而形成的统一体，是投资赖以进行的前提。

投资环境有狭义与广义之分。狭义的投资环境一般是指经济环境，它是由与项目投资直接相关的各子环境构成的；广义的投资环境一般是指自然环境、经济环境、社会环境等，其涵盖的范围较广，是由与项目直接、间接相关的各子环境构成的。

在项目的投资过程中，投资环境对项目的影响有时会是决定性的，因为它关系到项目能否顺利进行，影响着项目的经济效益状况，关系到项目的成败。为此，要对项目的投资环境进行认真细致的分析。

（二）投资环境的分类

投资环境可根据不同的标准分为以下几类：

（1）按构成因素，可划分为政治环境、经济环境、自然环境和社会环境四类。政治环境，主要包括政局是否稳定、政体是否合理、政策是否具有连续性、涉外经济法律法规是否齐备与公允；经济环境，主要包括社会基础设施（如邮电通信、交通运输、生产与生活设施等）和经营环境（如原材料的供应、产品的销售渠道、办事机构的效率、劳动力的供给等）；自然环境，主要包括地理位置、自然条件和自然资源等；社会环境，主要包括文化教育水平、传统风俗习惯等。

（2）按投资环境的表现形态，可分为软环境和硬环境。软环境是指投资环境中无形的非物质条件，一般为吸引投资的政策、措施，政府对投资的态度，政府机构的设置与办事效率，科学文化及技术的发展与水平，以及法律、经济制度、经济结构等社会经济、政治环境；硬环境是指投资环境中有形的物质条件，是投资环境的物质基础，一般是指与项目相关的交通运输条件、邮电通信设施、城市基础设施、自然资源等。项目的投资环境评估就是对影响项目投资的各种自然、经济及社会因素进行系统综合的分析。

二、投资环境的内容

项目的投资环境分析是对影响项目投资的各种自然、经济及社会因素进行系统综合的分析，为投资者提供对投资环境的总体认识和意向性的分析，其内容主要包括以下三个方面：

（一）经济环境分析

在投资环境的众多组成因素中，经济环境是一个涵盖面最广、内容最为丰富、与项目联系最为紧密的环境因素，它广泛涉及与项目投资相关的各种经济内容。经济环境分析主要是对经济发展水平、经济结构、经济体制的健全完善程度和生产要素市场及其结构的分析，即分析与考察整个国家、地区的经济发展现状与趋势、经济增长水平及趋势、物价水平、行业竞争状况、经济发展的稳定性与持续性，项目所在地的资金、人力资源、生产资料和土地供应市场机制、市场规模与发展趋势、专业化协作水平等，并且将其与交通运输条件、信贷政策与税收优惠程度等条件结合起来进行综合分析。

（二）自然、技术和物质环境分析

自然、技术和物质环境分析主要包括对自然环境、技术环境和基础设施的分析，即分析与考察项目所在地的地理位置、气候、交通运输、通信、公用设施和地质等条件；分析与考察各种可满足项目投资需要的物质资源的品种、产量与品位、分布状况、可供应期限与条件等；分析与考察人力资源的素质、文化水平、技术水平和可供应量；分析与考察科技发展水平、技术规范与政策、科技人员的素质与数量、科技结构与组织结构等。

（三）社会政治环境分析

社会政治环境是投资环境中影响项目最敏感的因素，主要包括政治环境、社会意识形态和法制建设等内容。其中，对政治环境的分析主要是分析与考察国家或地区的政局稳定性、政策的连续性和社会安定情况，政府对投资者的态度，政府及其机构的办事效率等，其中政局稳定性和政策连续性是衡量政治环境优劣的实质性因素，应重点加以分析。对社会意识形态的分析主要是分析与考察项目所在地区的风俗习惯、宗教信仰，人们的价值观、生活习惯与生活方式、社会关系和文化素质等。对法制建设的分析应考察与项目实施相关的法律的完善性与有效性，能否保证投资者的权益等。由于法律因素起着调整投资关系、调节投资行为、保障投资者的利益与安全的作用，所以应不断健全法律法规，并保持其相对稳定性，以期增强投资者的投资意愿，坚定其投资信心与决心，并为其提供充分的法律保护。

三、投资环境的评估方法

（一）投资环境评估指标系统的构建原则

对一个区域的投资环境进行评估分析，指标选择与指标系统的构建非常重要，它直接关系到研究结论的科学性、客观性、准确性与可靠性，关系到能否为决策部门提供一个量化的、具有可操作性的依据。考虑到我国的国情及各个地区的区情，根据目前国内外投资理论与影响我国及各个地区投资的因素，按照系统论的思想，为了便于支撑投资评估研究方法，并科学、客观、公正、全面地反映区域投资环境的状况和衡量区域投资环境质量优劣及水平的高低，在研究、选取和构建评估指标系统时，应该遵循和贯彻以下原则：

1.全面性

投资环境系统是由多因素构成的多层次的组织系统，同时又受到系统内外众多因素的影响和制约。投资环境指标系统具有范围广、信息量大的特点，要求我们在遴选指标时尽量全面、完整地选择各级各类指标，要将投资硬环境指标和软环境指标，总量指标、相对指标和平均指标，定性指标和定量指标相结合。这样做的目的是尽量从各个侧面、各个层次去揭示、描述和反映投资环境系统的整体状况的优劣程度，去衡量投资环境水平的高低和质量的好坏，以免遗漏某些重要的信息，造成片面性，从而导致评估结果的非科学性。

2.简洁性

选择投资环境指标系统要遵循全面性原则，但这并不是说选择指标时必须面面俱到。相反，指标的遴选和设置需要考虑典型性和代表性，尽量使含义相同或相关度较大的指标不被选入，用尽可能少但信息量尽可能大的指标去反映多方面的问题，把全面性和简洁性有机地结合起来，以避免重复、烦琐而造成评估时的多重共线或序列相关。

3.科学性

投资环境系统中的每一个指标都应具有确定的、科学的深刻内涵。指标系统的建立应该根据投资环境本身及经济社会发展的内在联系，依据投资环境评价理论和统计指标系统建立的科学理论和原则，选择含义准确、便于理解、易于合成计算及分析的具体、可靠和实用的指标，以客观、公正、全面、科学地反映区域投资环境的本质和规律性。

4.系统性

投资环境系统是一个由具有一定结构和功能的要素构成的有机整体。指标和指标系统并不是一个静止和绝对的概念，而是一个相对的、不断动态发展变化的概念。因此，在选择和确定具体指标来构建指标系统时，要综合考虑投资环境的整体性、动态性和系统性，既要选择反映和衡量系统内部各个子系统发展状况的指标，又要包含反映各个系统相互协调以及系统外部的环境指标（如政策变量等）；既要有反映和描述投资环境系统状况的静态指标，又要有反映和衡量系统质量改善和素质提高的动态指标。同时，还要随着时间的推移、地点的变化和实际情况的不同，指标系统能够适应动态发展变化的需要而进行相应的适当调整。

5.可比性

指标系统的构建应该通过借鉴和吸取国内外的研究经验和成果，便于国内各个地区对比，又能经过恰当的调整而方便进行国际比较，同时又可以进行动态对比。这就要求在选择指标时，必须考虑指标的历史延续性，同时考虑支撑分析和预测的可能性。因此，为了加强各个区域投资环境的可比性，必须准确地分析和研究统计资料及其含义，参考统计年鉴和其他相关年鉴及文献，选用范围和口径相对一致的相对指标和平均指标，同时也选用一些总量指标，一方面可以确保因素变量不会因为经济规模、人口多寡或面积大小等因素的影响而使分析结果产生偏差；另一方面也可以增加指标体系的综合性和关联性。

6.可操作性

投资环境系统评估指标应该具有实用性和可行性，指标数据的选择、获得、计算或换算，必须立足于现有统计年鉴或文献资料，至少容易获得、计算或换算，并采取国际认可或国内通行的统计口径，指标的含义必须十分明确，便于有效地进行定量分析和评估。

（二）投资环境评估方法及其指标体系的种类

投资环境评估的方法大致可以分为以下几类：

（1）因素分析方法。它通过对构成投资环境的各种因素进行划分，形成由粗到细的投资环境指标体系，然后对各因素指标进行打分，最终得到对整个投资环境的评价结果。因素分析方法包括层次分析法（Analytic Hierarchy Process，AHP）、投资环境冷热比较分析法、等级尺度法（多因素评分法、关键因素评分法）、千分制评分法、抽样评估法等。

（2）综合评价类方法。这类方法既考虑了影响投资环境的各种因素，又考虑了各因素对整个投资环境的影响程度。最常见的方法有综合评价法、系统计量评价法等。

（3）相对指标类方法。这类方法是通过制定相对指标对投资环境进行定量分析。其包括相似度法等。

（4）其他方法。这类方法多借鉴其他学科的理论来对投资环境进行研究，常见的有地理信息系统（Geographic Information System，GIS）方法、国家风险评级法。

（三）多因素评分法

目前，关于投资环境评估的方法有很多，在综合了解的基础上，应重点掌握多因素评分法。投资环境多因素评分法，又称为投资环境等级尺度法或投资环境等级评分法，是由美国经济学家罗伯特·斯托伯提出来的，主要是从东道国政府对国外投资者的鼓励与限制政策的视角，重点考察投资环境的微观方面，将影响投资环境的因素分为八大类，并对其赋予一定分值，再按每一因素中的有利或不利的程度给予不同的评分，最后把各因素的等级得分进行加总，作为对投资环境的总体评价。总分越高，表示其投资环境越好，越低则表示其投资环境越差（见表2-1）。

表 2-1　　投资环境多因素评分法的计分表

投资环境因素	等级评分
一、资本外调	0～12分
1.无限制	12
2.只有时间上的限制	8
3.对资本有限制	6
4.对资本和利润收入都有限制	4
5.严格限制	2
6.完全不准外调	0
二、外商股权	0～12分
1.准许并欢迎全部外资股权	12
2.准许全部外资股权但不欢迎	10
3.准许外资占大部分股权	8
4.外资最多不得超过股权半数	6
5.只准外资占小部分股权	4
6.外资不得超过股权的三成	2
7.不准外资控制任何股权	0
三、歧视和管制	0～12分
1.对外商和本国企业一视同仁	12
2.对外商略有限制但无管制	10
3.对外商有少许管制	8
4.对外商有限制并有管制	6
5.对外商有限制并严加管制	5
6.对外商严格限制和严格管制	2
7.禁止外商投资	0
四、货币稳定性	4～20分
1.完全自由兑换	20
2.黑市与官价差距小于一成	18
3.黑市与官价差距在一成与四成之间	14
4.黑市与官价差距在四成与一倍之间	8

续表

投资环境因素	等级评分
5.黑市与官价差距在一倍以上	4
五、政治稳定性	0～12分
1.长期稳定	12
2.稳定但因人而异	10
3.内部分裂但政府掌权	8
4.国内外有强大的反对力量	4
5.有政变和激变的可能	2
6.不稳定，政变和激变极可能	0
六、给予关税保护的意愿	2～8分
1.给予充分保护	8
2.给予相当保护，以新工业为主	6
3.给予少许保护，以新工业为主	4
4.保护甚少或不予保护	2
七、当地资金的可供程度	0～10分
1.完善的资本市场，有公开的证券交易所	10
2.有少量当地资本，有投机性证券交易所	8
3.当地资本少，外来资本不多	6
4.短期资本极其有限	4
5.资本管制很严	2
6.高度的资本外流	0
八、近五年的通货膨胀率	2～14分
1.小于1%	14
2.1%～3%	12
3.3%～7%	10
4.7%～10%	8
5.10%～15%	6
6.15%～35%	4
7.35%以上	2
总　计	8～100分

从斯托伯提出的这种投资环境多因素评分法的表格中可以看出，其所选取的因素都是对投资环境有直接影响的、为投资决策者最关切的因素，同时又都具有较为具体的内容，评价时所需的资料易于取得又易于比较。在对具体环境的评价上，采用了简单累加计分的方法，使定性分析具有了一定的数量化内容，同时又不需要高深的数理知识，简单易行，一般的投资者都可以采用。在各项因素的分值确定方面，采取了区别对待的原则，在一定程度上体现出了不同因素对投资环境作用的差异，反映了投资者对投资环境的一般看法。

在分析的八项内容中，首先是币值稳定程度和通货膨胀率，占评定总分的34%，说明投资者十分重视东道国的币值稳定程度。严重通货膨胀指两位数值以上的通货膨胀，严重的通货膨胀会使投资者的投资贬值，有很大的投资风险，甚至会让投资者却步。其次是资本外调、政治稳定性、允许外国投资者的所有权比例和外国企业与本地企业之间的差别待遇，这四项各占评定总分的12%。这四项关系到资本能否自由出境、跨国公司和东道国企业之间的竞争条件以及对企业所有权与经营权能否控制，对投资者来说，实际上是投资的安全程度和对企业所有权与经营权的控制程度，因此这四项共占评定总分的48%。最后是给予关税保护的态度和当地资本市场的完善程度，这两项分别占评定总分的8%和10%，所占比重较小。

多因素评分法由于具有定量分析和对不同因素的详细分析等优点，广受投资决策者和学术研究界欢迎，是一种运用较普遍的投资环境评价方法。

第二节 项目投资市场分析

一、市场分析的目的和内容

市场分析需要解决的问题包括项目产品是否有市场、有多大市场，如何将项目产品有效推向市场等问题，即“做什么、做多少和为谁做”等问题，考查的是项目产品按照预先设想的方案生产出来后将会面临的问题，即估计产品的市场供求、竞争情况，并考查如何将生产出来的产品顺利地按既定的价格销售出去这一过程。

具体而言，“做什么”回答的是投资项目应当提供什么样的产品和服务；“做多少”则是对整个市场容量、供求关系和竞争状况进行分析和预测，从而确定项目产品的最佳生产规模，继而为总体建设方案、投资规模的确定提供依据；“为谁做”则解决在确认了目标细分市场后，针对不同目标客户群体的不同需要提供不同产品的问题。

为了达到上述目的，市场分析应当包括如下内容：市场环境分析（宏观经济环境分析、政策环境分析、自然和资源环境分析）、市场供求分析、市场现状分析、市场预测、项目竞争力分析和项目产品分析等。在分析上述内容时，需要掌握市场分析的研究方法，主要是市场调研和市场预测的方法。

二、市场分析的作用

（一）确定合理的生产规模

一般情况下，可以根据规模经济理论和市场供求分析及预测确定生产规模，即在考察了市场供求缺口及未来市场供求情况预测、未来竞争者情况、产品的竞争能力等因素后，结合规模经济理论和投资者的资金情况，确定合理的生产规模。

（二）初步确定投资规模

通过市场分析，在确定生产规模的基础上，对厂房建设、设备购买、流动资金投入等进行测算，从而基本确定项目的总体投资规模。

（三）确定产品生产方案

通过目标市场分析，能够根据不同目标消费者的消费行为特征，把握消费者的需求倾向，找到市场潜在供求存在缺口的产品类别，由此选择满足更多消费者需求、市场竞争力更强的产品进行生产，并且对生产产品的品种、数量、质量标准、技术参数指标等的确定也具有直接的指导意义。

（四）为财务分析提供合理的数据分析基础

市场供求现状及预测和营销策略分析是确定产品价格的重要基础。通过市场分析可以确定产品营销的策略，制定产品的销售价格；通过市场分析确定生产规模，有助于确定项目聘用人员数量、直接原材料和燃料动力的消耗、流动资金的需求量等，对财务基础数据的估算和财务效益分析也有重要意义。

（五）为市场风险分析提供客观的判断依据

在前期影响项目产品市场销售的因素中，可以客观、准确评价的因素越多（某些情况下更多的是保守估计），则未来收益预测的不确定性（达不到预期收益的概率）就会越小。这些因素包括：对市场分析的数据是否准确，对竞争者的竞争能力和未来发展潜力的评价是否客观，影响市场预测的各方面因素考虑是否全面，市场环境是否稳定等。上述因素分析得越透彻，则市场分析对风险分析具有的价值越大。

三、市场分析的内容

市场分析包括市场环境分析、市场现状分析、市场预测、细分市场和目标市场确定、项目竞争力分析、项目产品分析和市场营销策略分析等内容。

（一）市场环境分析

环境对项目的影响往往是持久、深远而且难以改变的，分析环境是为了更好地适应环境。项目评价的市场环境分析包括对政策、经济、自然和资源等多方面环境的分析和评估。

1.政策环境分析

首先，要分析政策（宏观）环境，把握国家目前和今后一段时间内的主要政策导向，分析对项目的建设是否有利。如近年来国家提出振兴东北老工业基地的战略，为做大做强东北地区工业特别是装备制造业，相应出台了许多政策支持老工业基地的企业改制和技术设备更新。所以，可以预期，在东北地区兴建符合这项战略的项目，将会面临较好的宏观政策环境。又如，国家实施宏观调控，严格控制土地资源供应以及加息等宏观政策相继出台，一是直接影响项目建设用地、资金筹措等；二是可以预计，今后几年内，国家为了抑制固定资产投资过热，还可能出台一系列相关政策，间接融资环境将相对偏紧。因此，受到上述因素影响的项目投资决策应当更加审慎。

其次，分析产业（中观）环境，分析该项目所处行业中哪些项目受到国家支持，哪些受限制或禁止；哪些政策有利于项目的实施，哪些将给项目带来不利的影响。如钢铁、电解铝均为国家限制性行业，不符合国家产业布局规划、规模达不到国家规定标准的项目就不能上马；而环保产业项目，附加值高、污染小，符合可持续发展战略思路，就能够得到政策的支持。

再次，区域性（微观）政策分析也很重要。区域性政策分析主要分析拟建项目所在地区的地方政府所制定的政策和法规是否有利于项目的建设。例如，地方政府实行哪些招商引资政策？引入项目所属产业在该地是否受到扶持？是否为重点发展的方向？对项目实施有哪些地方优惠和限制政策？由此，判断地方政策环境对企业经营产生的影响。

最后，通过上述三个层面政策环境的分析，综合判断拟建项目的整体政策环境是否适合项目的建设。

2.经济环境分析

经济环境分析是对项目所在国家或地区的整体宏观经济发展情况，项目所处行业（产业）和相关行业（产业）的发展状况等的分析。分析内容包括项目所在地（国、省、市）的生产总值、人口、人均收入水平、消费水平、物价指数等，以及上述指标的同比增长情况。通过上述指标的分析，可以判断项目所在国家或地区所处的历史阶段是否为经济发展繁荣期，经济环境是否有利于项目的发展，从宏观和微观的层面上考察影响项目产品供给和需求的各种因素。国民经济发展状况对项目产品的供求所造成的影响是全方位的，企业只能依靠自身的战略调整来适应所面临的宏观环境状况。

反映宏观和微观经济发展状况的数据可通过各级政府、行业的统计公告和权威部门的综合评估报告获得。

3.自然和资源环境分析

与项目相关的自然和资源环境包括原材料的供应、交通运输、人力资源及相关产业发展状况等诸多方面。项目发展的自然和资源环境分析与评价需要明确：项目所需的原材料供给是否充足而且价格低廉，大宗货物的交通运输是否便利，当地人才能否满足项目对人员素质的要求，相关（上、下游）产业的发展水平是否足以支持项目的建设等。例如，对于水泥生产项目而言，由于水泥属于大宗产品，运输成本较高，其产品辐射半径一般不应超过500千米（超过此距离，运输成本的上升将使企业产品的市场竞争力大大降低），因此，对项目原材料（石灰石矿）占有量的考察非常重要。另外，项目所在地的铁路、公路或水运是否方便、快捷，对项目产品的市场竞争力影响巨大。因此，只有原材料储备充分、运输方便、运输成本低廉，产品才可能具有竞争力。

不同项目所面临的市场不同，项目产品辐射的范围不同，因而其市场分析的重点、方法和角度均应有所不同。例如，对于提供区域性产品和服务的项目，其市场分析的重点就应当放在区域市场上，如房地产、酒店、休闲娱乐项目等大多属于这一类；对于达到一定生产规模的工业项目，其产品辐射范围一般可覆盖全国，市场环境分析就需要从全国范围入手，再回到周边地区（省、市）和本地市场；对既有国内销售又有出口的产品，还需要对国际市场上该类产品的产业发展环境进行分析。

（二）市场现状分析

市场现状分析包括市场需求现状分析、市场供给现状分析和市场供求现状综合分析。

1.市场需求现状分析

市场需求是指在一定时期、一定条件下，在一定的市场范围内消费者购买某种产品或劳务的总量。市场需求现状分析就是分析产品现阶段的市场销售总量，销售量的历史水平及变化趋势，有效需求和潜在需求，消费偏好的改变对产品类别、特点更新的影响，分析影响目前销售量变化的主要因素，为需求预测提供依据。

在进行市场需求现状分析时，一般先分析项目产品的国内市场需求情况，再分析其国外市场需求情况，最后进行综合平衡分析。具体而言，了解国际、国内市场需求现状，需要获得项目产品的国际、国内市场消费总量、地区分布，不同消费群体对产品的品种、性能和服务质量的要求等方面的数据。通过广泛的调查，可获得过去一定时期内某种产品需求的变化趋势，作为推测未来市场需求的主要依据。同时，通过调查可判断目前是否有部分市场需求未得到满足，估计市场潜量有多大等。

潜在需求可能转化为有效需求，因此，需要对潜在需求转化为有效需求的主要约束条件予以分析，即分析促使潜在需求转化为有效需求的各种因素，以及这些因素发生变化之后，可能给市场新增需求量造成的影响。例如，以前汽车在我国属于高档奢侈消费品，有购买意愿的人数远大于市场销售总量，但考虑到汽车价格和个人可支配收入之间的差距，该群体中大部分人并不具备支付能力，因此只属于潜在需求。但随着近几年国产汽车价格大幅下降，居民个人收入水平的不断增长，对汽车的潜在需求转化为有效需求，汽车销售量出现迅猛增长的势头。可见，影响汽车潜在需求向有效需求转化的主要因素是汽车的价格和居民的个人收入水平，其他因素可能还有政策变化，如购买、使用汽车需要缴纳的各种税费政策的变化，交通状况，个人的价值取向（消费观念），相关产品（如汽油）的价格变化等。

2.市场供给现状分析

市场供给是指在一定时期、一定条件下，在一定市场范围内可提供给消费者的某种商品或劳务的总量。市场供给现状分析是行业生产能力现状的分析。这里所指的生产能力不仅包括原有企业的生产能力，还包括正在兴建企业的潜在生产能力及产品供应的增长。换句话说，就是既要把握产品供给企业的最大生产能力和实际产量，又要考察影响潜在供给的主要因素，为预测未来供给提供依据。

供给现状分析的具体内容有：国内外市场的总体供给能力，供给地区的分布状况，主要生产企业的生产能力、产量、品种、性能及质量水平，影响供给变化的主要因素等。

一般而言，如果项目产品所在行业内企业的生产能力可以满足市场上全部需求，即市场处于饱和或过饱和状态，而新建项目产品在性能方面没有较大程度的创新，在成本、价格方面也没有绝对优势，那么就难以在市场竞争中获得预期的市场份额，项目的投资决策就更要审慎。

3.市场供求现状综合分析

市场供求现状综合分析是在了解了项目产品的市场容量和供求现状后，根据历史数据分析目前的供求平衡状况。第一，分析市场是供不应求还是供大于求，其形成的原因和发展趋势、行业平均利润水平、行业竞争水平等。第二，需要获取并分析产品目前的价格水平，包括产品价格的历史走势、影响价格波动的主要因素等。第三，分析价格的形成机制，是市场定价还是行政控制价格，有无行业垄断或倾销；价格对行业利润率和行业竞争度的影响；国际国内市场价格变化有无相关性，关联程度的大小等。

一般而言，如果产品供不应求，那么项目产品的市场前景看好，需要分析形成这种状况的原因，是新产品（替代产品）的产能不够，还是技术、资源被垄断，其他厂商进入的门槛高，致使产量上不去。如是供大于求，要分析目前行业产品的整体产品构成，是否还有较大的市场潜力可挖；是否目前产品存在缺陷，有无更新换代的可能或趋势；拟建项目产品在创新程度、技术含量、资源占用等方面是否具有市场竞争优势；确定项目能否获得预期的市场份额，从而确定项目有无足够的市场生存空间。

对产品价格变动的趋势需要结合供求关系进行分析。通过对目前产品的价格水平和近年来产品价格的波动状况的分析，确定价格与市场供求的相关性，并找出导致价格变化的其他主要因素，如新产品和替代品的出现、技术更新、消费者习惯改变、原材料供应的变化等，为未来（项目建设和运营期内）产品价格和供求变化趋势也即市场预测提供数据和依据。

（三）市场预测

市场现状分析的基础数据和结论是市场预测的前提和基础，市场预测是市场现状分析的进一步拓展和深入，是得出项目评价结论的主要依据之一。

市场预测是在客观、全面的数据调研基础上，采用科学、严谨的方法，对未来市场发展趋势进行分析和预测。市场预测的原则是：以历史数据为基础，以国内外经验数据为参考，以经济预测模型分析为主要手段，定性和定量分析相结合。

市场预测的内容包括：产品未来的供应量、需求量，产品价格变化趋势，主要原材料供应价格，市场容量和产品饱和度，市场分布情况，主要竞争对手的竞争力和市场份额，项目实施后预计所占的市场份额以及项目产品预计的市场价格等。其中，产品价格预测和市场供求预测是关键环节，其他预测内容主要是为这两个目标服务的，通过这一环节的预测，有助于确定产品的价格和生产规模。

1.市场供求预测

对市场需求进行预测，不但要参考历史增长率，还要分析影响需求变化的其他因素，能定量分析的就定量分析，不能定量分析的可作定性分析。另外，在某些情况下，还应考虑相关产品（包括互补产品和替代产品）的需求增长情况。对于新产品上市，由于没有历史数据作为预测依据，预测时可根据同类产品情况，结合新旧产品在质量、性能、价格等方面的差异进行预测。若仅仅是区域新产品，则可以参考该产品在其他区域的历史数据，剔除由于社会环境（如收入水平、消费习惯、人口等因素）的不同可能带来的影响后，作为市场预测的依据之一。

对产品供给量进行预测，既需要对现有竞争对手未来的发展潜力进行预测，也需要考虑潜在竞争对手进入后新增的生产能力；既要预测国内企业的生产供给能力，也要预测国外同类产品进入中国市场的替代能力。需要注意的是，有些新产品在刚投入市场时，表现为严重的供不应求，而且市场需求预测的前景很好，但这并不足以说明项目（特别是大项目）上马就具备充分的市场可行性。如果该项目产品技术含量不高，进入门槛较低，短期的高利润率会吸引大量资本在短时间内进入，使市场供给激增。这样，市场供给增长速度将远快于市场需求增长速度，市场在短时间内就会达到饱和，而激烈的低水平竞争将使行业的高利润很快消失，行业利润很快就会回归到正常利润的水平，甚至还可能导致全行业亏损。因此，对此类项目进行评估，应当更多地评估企业、产品的综合竞争能力，更加客观地分析产品的生命周期，谨慎地进行投资决策。

另外，原材料供应也是影响市场供给的主要因素之一，因此，市场预测还包括对产品主要原材料供应情况进行预测，从而可以初步确定拟建项目的主要原材料成本支出，为财务分析奠定基础。对原材料供应的预测可以比项目产品的市场供求及价格预测更加简化，但至少要对项目运营期间原材料供应的保障程度及价格变化趋势有一个基本判断。

2.产品价格预测

产品价格预测需要以市场现状分析的数据和结论为基础，结合供求关系和市场竞争情况等因素的变化，预测项目计算期内项目产品的价格走势，为产品定价和财务效益分析提供依据。

3.预测注意事项

第一，虽然根据项目评价的有关约定，一般情况下，假定项目在价格、产量和原材料成本方面都保持不变，但这并不说明市场预测没有意义，相反，通过进行科学的市场预测，可以较好地评价理论计算和市场可能变化之间的差别，从而减小投资决策的失误，降低投资决策风险。

第二，项目评价中的市场预测，一般需要预测整个项目计算期（多为10~20年）内的市场变化情况。由于预测时间越长，市场不可预见因素的影响越大，预测难度也就越大，因此，市场预测存在偏差是必然的。一般认为，只要预测模型选择是合理的，历史数据是真实可靠的，其长期预测的结果就是可信的，就可以作为项目投资决策的依据。

第三，不可预见因素的存在，导致市场经常发生变化，因此，在进行市场预测时，应当善于使用假设条件，降低市场预测难度。例如，项目决策一般遵循谨慎性原则和重要性原则，如果有些影响市场需求的积极因素的不确定性较大，而其对于项目整体决策的影响又较小的话，就可以忽略其对市场需求的影响，从而简化预测模型。

（四）细分市场和目标市场确定

在目前买方市场占主导，又崇尚个性化的时代，对于消费需求的满足不再是如当年福特T型汽车那样的大众化营销，而是注重根据需求的不同细分市场，以提供能更好地满足消费需求的产品，也即目标营销，一般需要经过细分市场、目标市场选定、市场定位等几个步骤来实现。在细分市场之前，先要进行消费者行为分析。

1.消费者行为分析

消费者行为分析是研究个人、集团和组织怎样选择、购买、使用和处置商品或服务以满足他们的需要和愿望的活动。消费者行为既是形成供求市场现状的基本因素之一，又是造成未来供求关系变化的主要诱因之一。消费者行为的变化可以直接导致产品供应、需求，产品结构、品种、性能和定价，以及生产能力分布等多个方向的变化。

消费者的购买行为一般经过五个阶段：

第一，生成消费需求。由于个人和周围环境的变化，消费者习性、偏好的变化等产生新的消费需求。

第二，产生购买动机。由于消费者不同的消费需求，产生不同的购买目标，如追求低价、实用或是奢华等目标，以满足不同消费者的不同需求。

第三，搜集商品信息。消费者通过广告、传媒、经验等，了解商品的性能、价格等多方面信息。

第四，评价待购商品。评价待购商品的性能、价格、品牌形象、服务等。

第五，购买决策。消费者做出购买决策会受文化、社会、个人、心理等多个因素的影响。其中，文化因素包括文化、亚文化、社会阶层等方面；社会因素包括参考群体、家庭、角色与地位等；个人因素包括年龄、生命周期阶段、职业、经济环境、生活方式、个性和自我概念等；心理因素包括激励、知觉、学习、信念和态度等。

因此，通过对消费者的消费层次、心理状况、消费动机、消费方式等进行调查和分析，如调查和分析消费者对产品档次、规格、样式、包装、性能与结构等的要求，对价格的敏感度和接受程度，对目前产品未能满足的功能需求等，可以针对消费者的需求特点及变化趋势，确定在多大的市场中提供怎样的产品。

2.市场细分和目标市场的确定

由于购买者对产品的各种性能、样式、价格等因素存在不同的偏好和敏感度，因此，可以根据特定方法进行市场细分，使项目产品能更好地服务于特定消费者。市场细分通过考察地理、人文、心理和行为等多个变量来进行。一般情况下，每一个细分市场应该满足：有足够的规模和需求；细分市场内消费者偏好相似并具有一定的购买力；细分市场之间具有相斥性。一般细分市场的相斥性越高，细分越成功。如汽车市场，按行为变量进行细分，可以划分为寻求基本交通运输工具者、寻求高性能汽车者、寻求豪华汽车者和寻求安全型汽车者等多种。生产者可以根据市场分析和预测，选择其中一个或几个最看好的细分市场进行投资。

通过市场细分，可以清楚目前行业产品的各细分市场的供求和竞争状况，哪些属于供不应求，哪些已经供过于求；哪些细分市场的发展潜力较大，是否还有更合理的市场细分，可以帮助项目寻求到市场缝隙；结合产品自身的特点和对消费者行为的分析，发现市场供求缺口或是找到消费者未能满足的需求，从而为项目的建设确定目标市场。

目标市场的确定是细分市场评估和选择的过程。项目的实施必须有明确的目标市场，并且对目标消费者的行为有比较充分的了解。例如，新上一条日产2 500吨的窑外分解技术水泥生产线，其产品以高标号水泥为主，且以新方法生产，有别于传统水泥。如果根据地理区划来细分市场，由于水泥产品辐射半径不超过500千米，那么，如果该项目拟建于大连，则辽南地区市场将是项目最重要的目标市场，同时兼顾沈阳周边地区；若根据水泥产品的特性来划分，产品为高标号水泥，则目标消费者就应主要集中在企业客户特别是建筑企业，装修市场（个人）就基本没有这方面的需求。经过上述分析，可以有效地确定项目产品的目标市场。

（五）项目竞争力分析

项目竞争力分析能够帮助企业明确目前行业和项目自身的竞争状况，预测未来竞争力的变化趋势，从而正确估计行业及项目自身的市场地位和面临的市场风险大小；帮助企业了解市场形势，确定项目的市场竞争战略，扬长避短，在市场竞争中找到自己的立足之地。

1.项目竞争力分析方法

对于项目的竞争力分析，目前较常用的有以下三种方法：

（1）波特的五种竞争力模型。

迈克尔·波特认为，由于外部作用力通常影响着产业内的所有企业，因此，项目的竞争力强弱关键在于这些公司（项目）对外部影响的应变能力，因而，需要从产业结构的角度考察项目所处行业的竞争力状况。由此，他提出了五种竞争力模型，如图2-1所示。

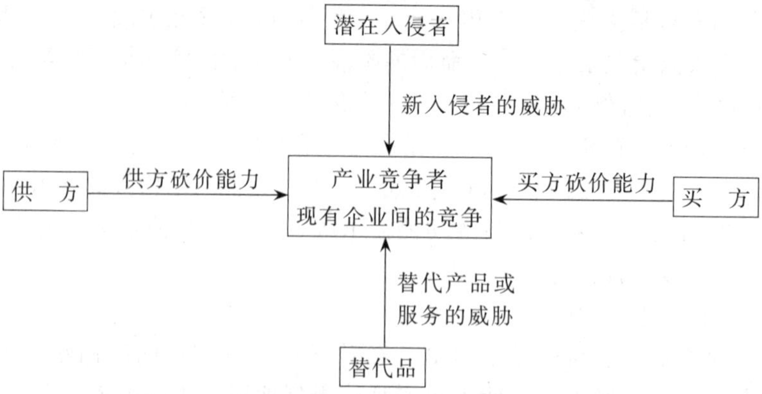

图2-1　五种竞争力模型图

该模型认为，一个产业的竞争者大大超出了现有参与者的范围，顾客、供应商、替代品、潜在的进入者均为该产业的“竞争对手”，这五种竞争力共同决定了产业竞争的强度及产业利润率，其中一种或几种作用力将起到关键性的主导作用。例如，若一个项目有很强的市场控制力，也没有潜在竞争对手的威胁，但存在一个先进的、低成本的替代品，那么该项目仍旧仅能获得低收益。因此，考查项目产业竞争情况，可以从更高层次把握项目的竞争状况和潜在收益能力（行业平均收益水平）。

（2）SWOT分析。

企业或项目的内外部环境分析，称为SWOT分析。SWOT分析更多的是从项目自身内外部环境考察市场竞争状况。

外部环境分析包括机会（Opportunity）与威胁（Threats）分析，内部环境分析包括优势（Strengths）和劣势（Weakness）分析。外部环境分析主要分析宏观环境、产业（经济）环境、自然和资源环境等给项目建设带来的机会和威胁，该部分可以结合前述的市场环境分析内容进行；内部环境分析主要考查项目实施具备的优势和劣势条件。SWOT分析通过建立机会、威胁、优势和劣势分析矩阵，有针对性地提出抓住机会、规避威胁、发扬优势、弥补劣势的策略。

（3）项目市场进入障碍分析。

就项目自身而言，项目建成后，作为市场的新进入者，将面临与原有企业的竞争。新进入企业在和已有企业竞争时，存在若干不利的因素，原有企业可以利用这些因素阻碍新企业的进入，从而对新进入企业形成市场壁垒。

如果该项目产品所属产业存在规模经济的话，新进入企业必须具备一定的规模，否则利润水平将会很低甚至无利润。若项目产品的市场存在较高的进入壁垒，那么项目产品进入市场就存在较大的风险，但进入障碍同时也保证了该产品市场上合理的盈利水平；如果市场的进入障碍低，存在超额利润，就会吸引众多厂商纷纷进入该市场，市场的供给量增加，从而使市场竞争加剧，直至超额利润丧失。如果消费者对原有企业的产品已形成偏好，新进入企业必须花费大量时间进行宣传推销，这无疑也构成了新企业进入的市场壁垒。

此外，法律法规的约束、新进入企业进入市场的初始费用的大小，都可能构成企业进入市场的壁垒。

因此，新建项目需要充分估计可能的市场进入壁垒，并提出相应的措施。

2.项目市场竞争战略的选择

通过对项目市场竞争状况的分析，结合项目自身的优劣势，可以初步确定项目的市场竞争战略。根据对项目产品性能、价格的定位，可以选择如下七种战略。各种战略相对应的产品性能和价格特点如图2–2所示（图中数字代表各种竞争战略）。

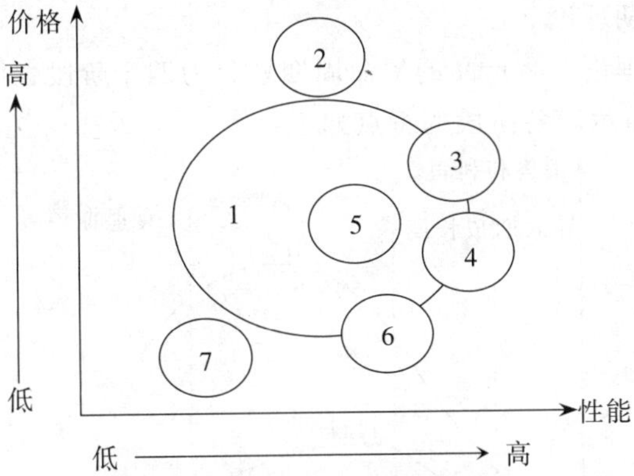

图2–2　项目市场竞争战略

（1）领导者战略。产品市场占有率最大的企业即领导者，其产品性能和价格成为市场规范。其他企业可以根据自己的特点，选择其他六种竞争战略之一或其中的几种与之竞争。

（2）声望竞争者战略。声望竞争者由于历史或其他原因，产品的市场形象较好，品牌深入人心，如中国企业海尔，较高的声望使其无论进入哪个领域，其产品均可以处于较高的定价水平，能以高于其他相同性能的产品甚至"领导者"产品的价格出售。

（3）性能竞争者战略。此类竞争者的产品因性能好，故价格也高于领导者产品。如汽车工业中的不少顶级品牌，纯手工制造，订单生产，性能为全球所认可，使其价格也远高于普通品牌汽车的价格。

（4）价值竞争者战略。价值竞争者的产品性能好，但价格与领导者产品相同。

（5）跟随者战略。跟随者产品的价格和性能都与领导者产品相同。

（6）价格竞争者战略。价格竞争者产品的性能和领导者产品一致，但价格较低。

（7）经济竞争者战略。经济竞争者产品的价格和性能都比领导者产品低。

（六）项目产品分析

根据消费者行为分析和目标市场的确定，需要制订符合消费者需求和项目市场竞争战略的产品方案。一方面需要分析项目产品具备的功能特点；另一方面通过项目产品生命周期的分析，明确项目产品所处的阶段及特点，为确定项目产品方案和生产规模提供依据。

1.产品的功能和特性

产品的功能和特性研究主要考察的内容有：与同类产品比较，在功能上有哪些改进，具有什么独特优势？能否完全或部分替代现有产品？该部分研究可以使投资者通过对拟建项目产品在功能上与市场原有产品的比较，做到知己知彼。

2.项目产品的生命周期

产品的生命是有限的，产品从投入市场到退出市场所经历的时间就是产品的生命周期。作为项目前期的决策，分析和预测项目产品的生命周期是非常有必要的。一方面要分析和预测项目产品生命周期的长短，另一方面需要确定目前所处产品生命周期的阶段，从而可以有针对性地制定投资策略，由此控制项目建设的风险，选择适度的生产规模。

（1）产品的生命周期理论。

根据产品生命周期理论，将产品的生命周期划分为四个阶段，即导入期、成长期、成熟期和衰退期，如图2-3所示。各阶段的特点如下：

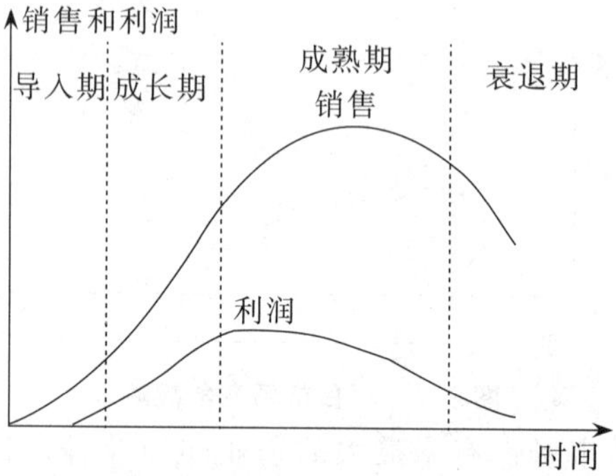

图2-3 产品生命周期图

导入期（问题产品）：产品刚刚进入市场，未能被大多数消费者所认知，而此时产品技术、设计等还未成熟，作为市场开拓者的投入很大，因此风险较高，属于亏损阶段，一般没有或很少有竞争者。

成长期（明星产品）：产品逐渐为市场所接受，产品的供应和需求均呈现快速增长态势；利润贡献同步增长，利润率较高；市场竞争者迅速加入，竞争逐渐激烈起来。

成熟期（金牛产品）：产品销售量可能增长，但增长率常呈递减趋势，市场供求呈现基本平衡态势；市场竞争非常激烈，导致市场营销费用增加，平均利润率保持稳定或开始下降，但由于规模经济效应，即便在市场销量稍减或不变的情况下，企业利润仍存在增长空间。该阶段产品对企业的利润贡献最大。

衰退期（瘦狗产品）：技术进步、消费者偏好改变等因素导致产品进入衰退期，产品的销售总量急剧下降，产品出现积压，价格下跌，利润迅速减少，市场上出现了更好的替代品，市场大量萎缩，过度竞争使大量企业亏损，最终退出市场。

（2）产品生命周期理论在项目投资中的应用。

根据产品的生命周期理论，产品在生命周期各阶段的特点不同，只有正确地理解和分析产品所处阶段的特点，才有可能做出正确的投资决策。产品的生命周期与相应阶段的投资所呈现的特点见表2-2。

就一般工业项目而言，于产品成长期投资较为理想，因为这一阶段市场销量增长快，产品利润高，而市场竞争相对不太激烈。若处于成熟期，则需要预测产品成熟期到衰退期可能经历的时间跨度，更加审慎地考查项目建设的必要性和建设规模。导入期和衰退期一般是在特定条件下的选择，在大型项目投资决策中很少予以考虑。

表2-2 产品生命周期与相应阶段的投资特点

序号	内容	导入期	成长期	成熟期	衰退期
1	阶段特点	设计尚来完全定型，基本无需求，成本高	设计已定型，销量增长迅速，出现竞争者	增长缓慢，利润大，市场饱和，竞争激烈	负增长，利润减少，竞争者陆续退出
2	投资优点	易抢占市场，为发展打下基础	竞争不激烈，易获利	推销和研制费用低，获利丰厚	为企业特殊需要服务
3	投资缺点	风险大，且开始时无利，容易导致亏本	起步迟，市场份额易被竞争企业抢走	竞争中易处于劣势，获利期短	利润迅速减少，甚至亏损
4	投资目的	加速产品定型，引导需求	进行速度和产量竞争，提高市场占有率	提高质量、信誉，形成特色，以挤占市场	降低成本，改型换代，增加功能，延长生命周期

应用生命周期理论时需要注意的是，产品所处的阶段并不是判断是否适宜投资的唯一因素，应用该理论进行投资决策分析时还应考虑如下几方面问题：

首先，产品生命周期中各阶段所经历的时间长短是不同的。如某些产品的成熟期可能比其他三个阶段之和还长很多，需要经历成长中的成熟、稳定中的成熟和衰退中的成熟等阶段。因此，即使在成熟期投产，仍然有足够长的时间获得投资收益。

其次，生命周期的发展也并非是一成不变的，不少产品在进入了成熟期以后，由于应用领域的拓展，又可以进入新的生命周期。如美国杜邦公司对于尼龙应用领域的拓展就是很好的例证。尼龙最早是被用作降落伞的合成纤维，然后用作妇女丝袜的纤维，接着作为男女衬衣的主要原料，再后来，又应用于制作汽车轮胎、沙发椅和地毯等，每一种新用途都使得该产品进入新的生命周期。与此相反，现阶段各领域的技术、知识更新极快，大部分产品的生命周期越来越短，对此更要有充分的认识。例如，有的项目投产时的确处于成长期，但由于行业利润率高，进入门槛又较低，导致短期内大量资本涌入，使得项目从成长到成熟、衰退只有很短的时间。

最后，同样产品在不同地区、不同经济发展水平下，所处生命周期的阶段是不同的。有些项目在经济发达地区已经进入成熟期、衰退期，而在相对落后地区却还是成长期。例如，近年来发达国家的基础制造业大范围地向中国、印度等发展中国家转移，而我国如海尔等家电企业又纷纷投资海外（主要是欠发达地区），都是出于类似的战略考虑，这样不但可使产品的生命周期得以延续，又会给企业增添新的利润。

综上可见，正确应用生命周期理论需要考察多方面因素，应根据具体情况灵活运用。

（七）市场营销策略分析

市场营销阶段是将项目产品以正确的途径和合理的成本投入消费领域的过程，是实现产品向现金流转化的关键环节。根据产品、环境、战略选择的不同，市场营销策略可谓千差万别，分析方法也是五花八门。一般认为，传统的4P营销理论具有较好的代表性和实用性，通过对4P环节的分析，可以有效地确定产品的市场营销策略。

4P营销理论包括：产品（Product）分析、价格（Price）分析、渠道（Place）分析和促销（Promotion）分析。具体而言，产品分析需要结合消费者行为、项目产品功能特性进行，对产品的分类、产品线的长度等进行探讨，提出产品的组合决策；价格分析一方面要结合有关供求分析和价格预测的内容，另一方面要从企业战略目标出发，考虑具体的营销战略和策略，以及促销手段等因素，确定一个适合项目产品自身特点的市场价格，并将其作为财务基础数据中的产品参考价；渠道分析一般需要初步架构项目产品的各级分销渠道，并明确各级分销商之间的职能分工和隶属关系；促销分析的重点应放在对产品市场拓展的战略方向和促销方式的选择上，而具体实施时应当专门制订详细的营销计划。

项目评价中的市场营销策略分析，虽然不是项目投产后具体的营销策略，但是，仍然体现出项目产品在营销环节上的思路、方针和策略，为具体实施营销策略提供有益的借鉴。

本章小结

1.投资环境是指影响和制约投资行为及投资活动全过程的外部因素和条件的总和，是影响项目投资的各种政策、自然及社会经济因素相互作用而形成的统一体，是投资赖以进行的前提。

2.投资环境按构成因素，可划分为政治环境、经济环境、自然环境和社会环境四类。按投资环境的表现形态，可分为软环境和硬环境。

3.项目的投资环境分析是对影响项目投资的各种自然、经济及社会因素进行系统综合的分析，为投资者提供对投资环境的总体认识和意向性的分析。

4.市场分析需要解决的问题是项目产品是否有市场、有多大市场，如何将项目产品有效推向市场等问题。

5.市场分析的作用：确定合理的生产规模；初步确定投资规模；确定产品生产方案；为财务分析提供合理的数据分析基础；为市场风险分析提供客观的判断依据。

6.市场分析包括市场环境分析、市场现状分析、市场预测、细分市场和目标市场确定、项目竞争力分析、项目产品分析和市场营销策略分析等内容。

本章能力训练

一、名词解释

投资环境　硬环境　软环境　投资环境评价 市场分析　目标市场　产品生命周期　市场竞争战略

二、思考分析

1.什么是投资环境？

2.项目投资环境的内容包括哪些方面？

3.如何分析投资环境？

4.市场分析的内容包括哪些？如何对市场进行预测？

5.投资项目如何进行市场竞争战略选择？

6.如何结合项目产品生命周期分析投资机遇？

7.如何分析项目产品的市场进入障碍？

第三章

投资建设规模与技术选择

案例情景

支线机场的合理建设规模

近年来，我国基本构建成了以枢纽机场和干线机场为主的机场网络，支线机场的建设迎来了蓬勃发展。与此同时，支线机场建设和运营中存在的布局不合理、定位不明确、发展不平衡、政策措施不配套等诸多问题也日益凸显。2011年，全国180座民用机场中有135座亏损，亏损额达16.8亿元（不含地方航班补贴）。在亏损的机场中，支线机场占到了87%。现在，地方政府投资修建机场的热情依然高涨，越来越多的城市“跟风”建机场。在机场建设规模上，一味地求大求全，用以提升城市的美誉度，当成对外招商引资的广告牌。立项时缺乏科学规划及风险投资分析，忽略了最为重要的支撑支线机场发展的地区经济和其他交通方式的影响。事实上，相较于铁路、公路等交通运输方式，航空在价格上处于弱势，原有的安全性、快捷性、舒适性竞争优势也在被淡化。相对民航来说，长途大巴的价格低廉，高铁的省时，相对减弱了民航的竞争优势。特别是在支线机场，由于航线较少，旅客选择受限，加之受地面交通日益便捷的冲击，真正留给支线机场的发展空间已相当有限。因此，各地在修建机场时，应适当控制其规模，力争在机场远期社会效益与近期经济效益、经济实力与机场规模之间寻找到一个平衡点，才能让建成后的支线机场步入正常运营的轨道。

资料来源　张世元. 支线机场也有中心机场概念［EB/OL］.［2012-12-17］. http://finance.china.com.cn/roll/20121217/1192670.shtml.

由该案例引出，什么是项目规模？其制约因素有哪些？如何确定项目的起始规模？本章将介绍项日规模的含义，项日规模的制约因素以及确定方法，如何对项目进行技术分析，设备选型的方法，如何确定工程设计方案。重点是项目规模的制约因素以及设备选型的经济性分析方法。

第一节　项目生产规模分析

规模问题是项目规划与投资决策中一个十分重要的课题。拟建项目规模的大小，不仅关系到项目产品市场需求的满足程度、技术方案的选择、原材料及能源供应的满足程度，而且还会长期影响着投资项目的经济合理性。

一、项目规模的界定与影响因素

（一）项目建设规模的概念

建设规模也称生产规模，生产规模的概念是指项目在设定的正常生产运营年份达到的生产或者服务能力。生产规模的确定是在产品方案的基础上，结合工艺技术、原材料和能源供应、协作配套、项目投融资以及规模经济等研究而进行的。从工业项目的角度看，规模经济中的规模一般是指工业企业的生产规模。工业企业生产规模是指生产要素在企业中的集中程度，其衡量指标主要有产量、生产能力、产值、职工人数和资产价值等，其中，产量和生产能力指标应用较多。产量是指企业在一定条件下和一定时期内实际生产的产品数量。生产能力是指企业在一定生产技术条件下和一定时期内可能生产某种产品的最大能力。产量和生产能力通常按年计算，用实物量或标准实物量表示。有些企业使用原材料的成分对产量或生产能力有较大影响，其产量和生产能力可以用能加工处理的原材料数量来表示（如豆油加工厂）；有的企业用装机容量（如发电厂）、设备能力（如毛纺厂）来表示其产量和生产能力；有的企业产品种类繁多，差异性较大，一般可换算成标准实物量来表示产量和生产能力。

相关知识链接3-1

大中小微型企业划分办法

表3-1是国家统计局于2011年9月2日制定、公布的《统计上大中小微型企业划分办法》。

表3-1　　统计上大中小微型企业划分标准

行业名称	指标名称	单位	大型	小型	小型	微型
农林牧渔业	营业收入（Y）	万元	Y≥20 000	500≤Y < 20 000	50≤Y < 500	Y < 50
工业	从业人员（X）	人	X≥1 000	300≤X < 1 000	20≤X < 300	X < 20
	营业收入（Y）	万元	Y≥40 000	2 000≤Y < 40 000	300≤Y < 2 000	Y < 300
建筑业	营业收入（Y）	万元	Y≥80 000	6 000≤Y < 80 000	300≤Y < 6 000	Y < 300
	资产总额（Z）	万元	Z≥80 000	5 000≤Z < 80 000	300≤Z < 5 000	Z < 300
批发业	从业人员（X）	人	X≥200	20≤X < 200	5≤X < 20	X < 5
	营业收入（Y）	万元	Y≥40 000	5 000≤Y < 40 000	1 000≤Y < 5 000	Y < 1 000
零售业	从业人员（X）	人	X≥300	50≤X < 300	10≤X < 50	X < 10
	营业收入（Y）	万元	Y≥20 000	500≤Y < 20 000	100≤Y < 500	Y < 100
交通运输业	从业人员（X）	人	X≥1 000	300≤X < 1 000	20≤X < 300	X < 20
	营业收入（Y）	万元	Y≥30 000	3 000≤Y < 30 000	200≤Y < 3 000	Y < 200
仓储业	从业人员（X）	人	X≥200	100≤X < 200	20≤X < 100	x < 20
	营业收入（Y）	万元	Y≥30 000	1 000≤Y < 30 000	100≤Y < 1 000	Y < 100
邮政业	从业人员（X）	人	X≥1 000	300≤X < 1 000	20≤X < 300	X < 20
	营业收入（Y）	万元	Y≥30 000	2 000≤Y < 3 000	100≤Y < 2 000	Y < 100

续表

行业名称	指标名称	单位	大型	小型	小型	微型
住宿业	从业人员（X）	人	X≥300	100≤X < 300	10≤X < 100	X < 10
	营业收入（Y）	万元	Y > 10 000	2 009≤Y < 10 000	100≤Y < 2 000	Y < 100
餐饮业	从业人员（X）	人	X≥300	100≤X < 300	10≤X < 100	X < 10
	营业收入（Y）	万元	Y≥10 000	2 000≤Y < 10 000	100≤Y < 2000	Y < 100
信息传输业	从业人员（X）	人	X≥2 000	100≤X < 2 000	10≤X < 100	X < 10
	营业收入（Y）	万元	Y≥100 000	1 000≤Y < 100 000	100≤Y < 1 000	Y < 100
软件和信息技术服务业	从业人员（X）	人	X≥300	100≤X < 300	10≤X < 100	X < 10
	营业收入（Y）	万元	Y≥10 000	1 000≤Y < 10 000	50≤Y < 1 000	Y < 50
房地产开发经营	营业收入（Y）	万元	Y≥200 000	1 000≤Y < 200 000	100≤Y < 1 000	Y < 100
	资产总额（Z）	万元	Z≥10 000	5 000≤Z < 10 000	2 000≤Z < 5 000	Z < 2 000
物业管理	从业人员（X）	人	X≥1 000	300≤X < 1 000	100≤X < 300	X < 100
	营业收入（Y）	万元	Y≥5 000	1 000≤Y < 5 000	500≤Y < 1 000	Y < 500
租赁和商务服务业	从业人员（X）	人	X≥300	100≤X < 300	10≤X < 100	X<10
	资产总额（Z）	万元	Z≥120 000	8 000≤Z < 120 000	100≤Z < 8 000	Z < 100
其他系列行业	从业人员（X）	人	X≥1 300	100≤X < 300	10≤X < 100	X < 10

（二）不同生产规模企业的特点

生产规模大的企业，有利于采用先进的设备和技术，合理有效地利用原材料等生产要素，便于实行大批量生产，提高劳动生产率，降低生产成本，取得最大的经济效益。但是大型企业要求投入大量的资金，并且建设周期长、建设条件复杂，在技术更新越来越快的条件下，大型企业不能很快地转产，市场适应性较差。中小型企业相对于大型企业而言，具有投资少、建设周期短、生产灵活性大、市场适应性强和便于管理等优点，但它缺少大型企业所具有的技术经济实力。在生产力不断发展的经济条件下，一方面社会化大生产水平不断提高，使生产过程的速度加快，生产的连续性加强，使得企业平均规模日益扩大；另一方面由于社会分工越来越细，各部门、各企业之间的经济联系、协作关系日益密切，又急需专业化较强的中小企业与大企业协作或联合。因此，在相当长的一段时间内，企业规模会是大、中、小并存的局面。综上所述，在进行项目规划和投资决策时，不能简单地评价一个项目的大小，或随意确定其规模的大小，而必须根据每个项目的具体情况，采用科学的方法，合理地确定项目的生产规模。

（三）影响投资项目规模的制约因素

在项目评价中，确定拟建项目的生产规模，旨在为拟建项目规划合理的规模，使其达到规模经济。一般来讲，制约和决定项目生产规模的因素主要包括政府经济发展规划、国家产业政策、市场需求量、工艺设备、资金和基本投入物、专业化分工与协作条件、其他建设因素和经济效益等。

1.国家宏观调控

国家为了保证社会稳定，经济持续发展，制定了一定时期内的国民经济发展规划，来协调国民经济各部门发展。在经济发展规划中，安排了各个产业和地方区域的投资结构，其中包括投资项目的生产规模，特别是关系国计民生的项目的生产规模。因此，在确定拟建项目的生产规模时，必须充分考虑所处时期的国家经济发展规划，如规划中要求重点建设的项目，生产规模可以大一些，对于在一定时期内不宜集中建设生产的项目，生产规模可以小一些。为了加强和改善宏观调控，有效调整和优化产业结构，提高产业素质，促进国民经济持续、快速、健康地发展，国家还制定了产业政策。产业政策包括产业结构、产业技术政策、产业布局以及其他对产业发展有重大影响的政策和法规。在确定拟建项目生产规模时，要充分考虑所处时期国家的产业政策，主要是将政策规定的项目生产规模作为拟建项目生产规模的最低标准。如国家产业政策规定新建轻型客车生产厂年生产能力应该在5万辆以上，新建重型货车年生产能力应该在1万辆以上，新建生产聚氯乙烯的化工厂单系列生产4万吨以上等，那么在建设这类项目时，生产规模就应在这个标准之上。

2.项目所处行业的技术经济特点

拟建项目所处行业的特点及技术特点，对拟建项目生产规模有很大的制约作用。通常情况下，水电、火电、核电等电厂的建设，金属冶炼及加工项目的建设，钢铁和基础化工等项目的建设，要求有一定的技术和工艺水平，而且专业化水平高，项目规模大，才能取得显著的经济效益；而医药、化妆品等精密化工项目，因为品种多，技术要求高，以中等生产规模为宜；食品、工艺品等项目以小型生产规模为宜。总之，应根据项目所处的具体环境和项目所处行业的技术经济特点，合理确定生产规模。

3.项目产品的市场需求状况

项目产品的市场需求状况是决定拟建项目生产规模的前提条件。没有需求的产品，无法为项目带来经济收益，那么项目就没有建设的必要性，生产规模也就无从谈起。市场需求的大小决定生产规模的大小，因此在确定项目生产规模前要充分研究项目产品的市场状况。产品供给与需求之间的缺口称为市场缺口。投资者应立足于市场，积极寻找供给与需求之间的缺口，主动弥补市场缺口，并根据缺口的大小选择生产规模。这种缺口越大，说明项目产品的市场需求越大，项目的生产规模可建设得大一些；反之，就应缩小生产规模。一般来讲，项目的生产规模不应大于市场空缺，如果生产规模大于市场缺口，就会出现生产力过剩，造成经济上的损失。

4.项目所需资金、资源的供应状况

项目所需资金、资源条件是确定项目生产规模的物质基础，它的好坏直接关系到拟建项目生产规模的大小。项目所需资金、资源供应状况是指项目在建设、生产、经营过程中资金、原材料、能源、劳动力等基本投入物的供应条件。项目所需资金、资源供应状况的好坏可以从供应的稳定程度，即数量的稳定和价格的稳定两方面评价。资金和资源是稀缺的，不可能同时满足各方面的需求。因此，不同的项目、不同的部门之间具有一定的竞争性。从资金来源方面看，如果拟建项目投资者有很强的融资能力，融资渠道畅通，融资方式多样，那么项目的生产规模可以大一些；从原材料、能源等的基本投入物的供应方面看，如果原材料及能源等投入物供应不足或不稳定，或存在价格高、运输困难、运费很贵等问题，即使是项目产品的市场需求很大，生产规模也不宜铺得过大。

5.项目采用的生产技术及设备装备状况

生产技术及设备装备状况是确定项目生产规模的关键因素。不同的生产技术水平和设备装备水平对项目的生产成本和生产能力有一定的限制标准。先进的生产技术和标准化、大型化设备可以降低生产成本、提高生产效率和生产能力，生产规模可以大一些；反之，如果与大规模生产相适应的先进技术及其装备的来源没有保障，获取技术的成本过高，则不仅预期的效益难以实现，还会给项目的生存和发展带来危机。所以，在确定拟建项目的生产规模时，要考虑现代化技术水平和设备装备水平，既要稳定可靠、成熟规范、有一定的先进性，又要与生产规模相适应。

6.其他因素

在确定项目生产规模时，除上述因素外，还应考虑其他一些因素，如专业化分工及协作配套条件。现代化大生产分工越来越细，专业化水平也越来越高，企业要想在竞争中生存下去，发展壮大，单靠自身的力量是很难办到的，往往需要其他企业和单位提供原材料、能源及交通运输方面相配套的条件。项目生产规模的大小要与之协调，如果规模过大，则会使项目自身的生产能力闲置；如果规模过小，则不能充分利用项目外的各项配套资源。另外，项目的经营管理水平高，决策、计划、组织、控制能力强，项目的生产规模也可以大一些。综上所述，生产规模的制约因素很多，项目的生产规模是否合理，应根据上述各项制约因素综合分析决定。同时还应考虑规模经济和适度规模问题，在多个可供选择的方案中，选择符合规模经济的方案。

二、规模经济理论

（一）规模经济

规模经济（Economies of Scale）是经济活动中的一种规律现象。项目规模过大，会因市场容量过小而导致产品滞销积压；规模过小，会导致原材料、能源等成本的浪费，无法获得最大的效益。随着经济的发展，追求规模经济效益的行为日益渗透到各种经济活动中。

规模指的是生产的批量，具体有两种情况：一种是生产设备条件不变，即生产能力不变情况下的生产批量变化；另一种是生产设备条件，即生产能力变化时的生产批量变化。规模经济概念中的规模指的是后者，即伴随着生产能力扩大而出现的生产批量的扩大，而经济则含有节省、效益、好处的意思。

规模经济是指在一定范围内，随着生产能力的扩大而使单位成本下降和收益递增的现象。也就是说，规模经济理论就是研究在现有技术经济条件下，要求达到什么样的规模，才能最大地提高效率，以取得最佳的经济社会效益。具体表现为长期平均成本曲线向下倾斜，从这种意义上说，长期平均成本曲线便是规模曲线。长期平均成本曲线的下降不是无限的，曲线最低点称为最终规模。随着技术进步和生产工艺水平的提高，最终规模不断变化，不同产业因其生产技术特性不同，工厂及企业规模经济的利用途径和形式亦有所不同。现代消费需求的多样化与个性化，并没有使规模经济丧失，而是通过产品的系列化和高度完整的标准化，使规模经济依然深刻地影响着企业的生产经营和发展。对规模经济的研究，是产业合理布局和对某一产业在大范围进行调整的重要依据。

人们根据生产要素数量组合方式变化规律的要求，自觉地选择和控制生产规模，求得生产量的增加和成本的降低，从而取得最佳的经济效益。图3-1反映了规模效果。

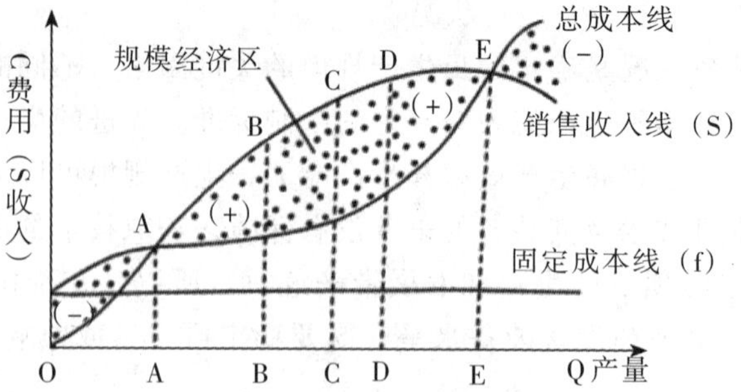

图3-1　规模效果曲线

由图3-1可见，当生产量达到一定数量时，企业开始产生盈利，而低于此数则亏损，这一点称为企业的最小产量盈亏点（A）；而随着生产量提高，当超过某一点时又会出现亏损，则这一点即为企业在现行条件下的最大产量盈亏点（E）。企业产品的产量规模在A与E之间都可以得到盈利，故“A—E”就是企业生产的经济规模区间。C点为最优生产规模点，在这一点，相对的生产成本最低，收入最高，利润最高。但由于客观具体条件所限，很难找到这个最佳点，只能在C点附近选择一个相对经济合理的生产规模区域（如“B—D”）。这个合理的经济规模区间的选定，也要取决于实际条件并综合考虑各种相关因素。

（二）规模经济与规模不经济的分类

1.规模经济分类

规模经济可以分为内在规模经济和外在规模经济。

内在规模经济是指因内部自身条件发生变化而引起的单位成本下降、经济效益增加的现象。引起内部规模经济的原因有很多，比方说，应用先进的技术，同时引入先进的设备，机器设备这类生产要素有其不可分割性，只有在大规模的生产中，大型的先进设备才能充分发挥作用，使得产量大幅度增加；还可以提高员工素质，实行专业化生产，有利于提高工人的技术水平，提高生产效率；引进具有高水平的管理人才，提高管理效率。在小规模生产中，许多副产品往往被作为废物处理，在大规模生产中可以对一些副产品充分利用，变废为宝；还有生产要素的购买和对产品的销售，大规模生产所需的各种生产要素很多，产品也多，这样，企业就会在生产要素与产品销售市场上具有一定的垄断地位，从而可以压低生产要素的收购价格，或提高销售价格，从中获益。以上这些都是引起企业内在规模经济的因素，因此要充分考虑这些因素。

外在规模经济则是指整个部门由于产量增加、规模扩大而引起的个别企业出现单位成本下降、经济效益上升的现象。引起外在规模经济的主要原因是：整个行业生产规模扩大后，个别厂商可以从中获得诸多便利，如获得低价优质的原料，吸纳优秀人才，利用便捷的交通运输设施，提高信息交流的效率等，从而增加产量和降低成本。

2.规模不经济分类

除了规模经济之外，当生产扩张到一定规模以后，厂商继续扩大生产规模，还会导致经济效益下降，这叫规模不经济。规模不经济可以分为内在规模不经济和外在规模不经济。

内在规模不经济是指规模扩大所引起的平均成本的上升和收益的减少。造成企业内在规模不经济是因为企业规模扩大，管理结构过于复杂，信息的传递时间过长导致失真度提高，使得整个企业管理效率降低，另外，生产要素价格与销售费用的增加同样会导致内在规模不经济。

如果厂商数量增加，从而整个行业的产量增加使得单个厂商的成本增加，则称该行业存在外在规模不经济。

三、项目生产规模的确定方法

（一）盈亏平衡分析法

盈亏平衡分析法又叫量本利分析法，是通过求解盈亏平衡点的位置，来确定合理经济规模的一种方法。计算产销量首先要研究项目的产销量与产品成本之间的关系。一般来说，在耗用水平不变的情况下，随着生产的产品数量增加，单位产品成本会逐渐降低。这是因为在产品总成本的构成中包含着不同成本：可变成本和固定成本。可变成本是指成本总额随着产量的变动而变动的成本，如产品中的材料费、燃料费等。固定成本是指在一定时期内，成本总额固定不变的成本，如固定资产折旧成本、制造成本和管理成本。因此。项目生产产品的总成本可以用下式表示：

产品总成本 = 固定成本总额 + 单位产品变动成本×产品生产数量

假设：项目产品的生产量等于销售量；在所分析的销售量范围内，固定成本不会发生变动，产品品种结构单一。

收入函数和成本函数用公式表示为：

总收入：$S = PQ$ (3-1)

总成本：$C = F + VQ$ (3-2)

式中：S——总收入；P——项目产品单价；Q——产量（即生产能力，假设产销相等）；C——总成本；F——固定成本；V——单位产品变动成本。

盈亏平衡点是总收入等于总成本时的产量，即$S = C$。

$$PQ_{BEP} = F + VQ_{BEP} \tag{3-3}$$

$$Q_{BEP} = F/(P - V) \tag{3-4}$$

式中：Q_{BEP}——盈亏平衡产量。

如图3-2所示，销售收入和总成本与产量成线性关系，并且销售收入线与总成本线只相交于一点A，这一点对应的产量Q就是盈亏平衡点的产量。$S = C$，项目既无盈利也无亏损；当生产规模大于盈亏平衡点的规模时，销售收入线在总成本线上方，$S > C$，项目可以获得利润；当生产规模小于盈亏平衡点的规模时，销售收入线在总成本线下方，$S < C$，项目就会发生亏损。所以，A点对应的产量Q就是项目的最小生产规模或起始生产规模，只有选择大于Q的生产规模，项目才能获得经济效益。

（二）分步法

分步法是指以运用盈亏平衡分析法为基础确定的起始规模作为所选生产规模的下限，以最大生产规模作为所选生产规模的上限，然后在此范围内通过比较，选出最合理生产规模的方法。它是一种由远而近、由粗至精，逐步分析确定项目最佳经济规模的方法。

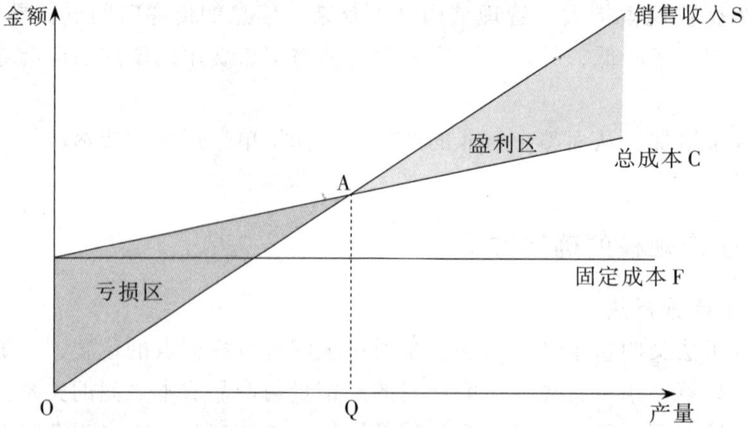

图3-2　盈亏平衡分析图

1.确定项目的起始经济规模

起始经济规模即项目盈亏平衡时的最小经济规模。确定起始规模的步骤为：①先制定产品的先进工艺过程。②按工艺条件选择并计算最低产量。③根据产品销售量、成本和合理利润水平，计算出最小规模。④如果最小规模超过最低产量，则必须增加设备、提高产量，作为起始规模；如果最小规模低于最低产量，则以最低产量作为起始规模。⑤最后计算出起始规模的经济效果。

确定起始规模的思路如下：(1) 按单机、单机组、单机群、单线确定综合生产能力；(2) 按获得的合理利润率确定最小规模。

确定起始规模的计算方法如下：

首先确定盈亏平衡点的产量（或销售量），单位产品需要缴纳的税金与附加为t，则：

$$PQ_{BEP} = F + VQ_{BEP} + tQ_{BEP} \tag{3-5}$$

$$Q_{BEP} = F/(P-V-t) \tag{3-6}$$

假设项目单位产品起始利润率为r，设起始规模产量为Q，则：

$$PQ = F + VQ + tQ + rQ \tag{3-7}$$

$$Q = F/(P-V-t-r) \tag{3-8}$$

不同的规模方案会存在不同的盈亏平衡点，分析比较时以较低的盈亏平衡点作为优选标准，Q_{I}规模方案为可选方案，如图3-3所示。

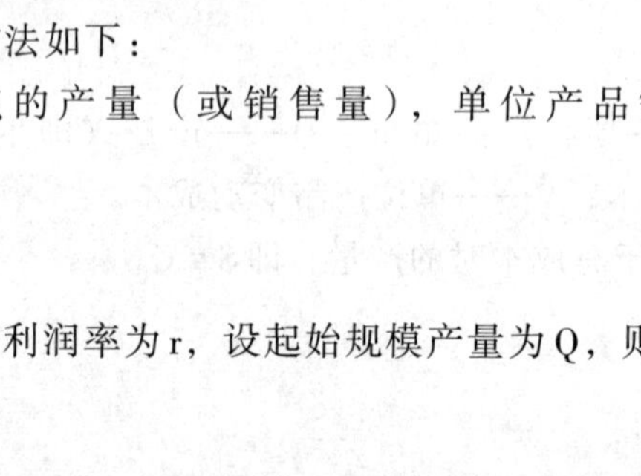

图3-3　不同规模方案的盈亏平衡点

【例3-1】某拟建项目有A、B两个方案，A方案采用先进的技术进行批量生产，年固定成本为2 000万元，产品的单位变动成本为5 000元/件；B方案采用常用技术装备，固定投资较低，年固定成本为1 700万元，产品的单位变动成本为6 000元/件。通过市场分析，该项目产品的市场平均销售价为1万元/件，请比选两方案。

解：盈亏平衡时的产量分别为：

$$Q_A = \frac{F}{P-V} = \frac{2\,000}{1-0.5} = 4\,000\text{(万元)}$$

$$Q_B = \frac{F}{P-V} = \frac{1\,700}{1-0.6} = 4\,250\text{(万元)}$$

所以，A方案优于B方案。

2.确定最大生产规模

经过第一步确定了起始经济规模作为拟建项目生产规模的下限后，需要确定其上限，即最大生产规模（或最大经济规模）。在现实经济生活中，项目的生产规模受诸多因素的影响（如市场需求、资源条件、资金来源、技术水平等），前面已有所阐述。在确定项目最大生产规模时，要充分考虑这些因素对生产规模的影响方式和程度，从中找出关键的影响因素，因为关键因素往往对项目生产规模的大小起决定性的作用。通过对关键因素的分析，确定在可行条件下的最大生产规模，作为拟建项目生产规模的上限。

3.确定最佳经济规模

起始经济规模和最大经济规模确定以后，就确定了拟建项目生产规模的上限和下限。在最小生产规模和最大生产规模之间可以依据影响生产规模的关键因素（如设备生产能力）来制订不同规模的比较方案，然后对不同规模方案的原材料投入、资金需求、能源消耗、产品价格等因素进行分析，应用最小费用法、盈亏平衡分析法等方法确定最佳经济规模。

（三）最小费用法

最小费用法是将单位产品的投资、生产成本和运输、销售费用结合起来考虑的一种方法，目标是使其总成本费用最小。其计算公式为：

$$A = (C_n + C_r) + E_n K \tag{3-9}$$

式中：A——单位产品年计算费用；C_n——单位产品生产成本；C_r——单位产品平均运输和销售费用；E_n——投资效果系数，为投资回收期的倒数；K——单位产品的投资额。

第二节 项目技术分析

技术分析是项目评价的重点和基本内容之一，是从技术上对项目的可行性所作的分析。技术是否可行是项目存在的前提，技术上的成功与否决定一个项目的成败。也就是说，一个项目是否可行，首先要看其技术上是否可行，如果在技术上不安全、不可靠，项目就缺少存在的基础和前提。同时，项目的技术方案又决定项目的经济效益。因此，在项目评价中，应正确处理好技术分析与经济效益评估和项目的必要性评估之间的关系。

一、技术分析的原则与内容

（一）技术分析的原则

1.技术的先进性

对项目而言，追求技术的先进性就是要求建设项目尽量多地采用新技术、先进工艺、节能设备，以提高项目的技术装备水平。具体来说，就是要求设计方案先进、生产工艺先进、设备先进、技术基础参数先进。在这里需要说明的是，先进技术虽不能要求在世界上领先，但至少应领先于国内同行业现有的技术水平。当然，项目在技术上的先进性主要是通过各种技术经济指标，如劳动生产率、单位产品的原材料消耗水平、能源消耗水平、产品的质量指标、占地面积和运输能力等来体现的。另外，由于不同的行业有不同的特点，其评价技术水平的指标也就不同，所以，评估中应分行业选用适当的指标，分行业衡量项目技术的先进性。

2.技术的适用性

适用性是指项目所采用的技术必须适应其特定的技术和经济条件，可以很快被项目消化，可以很快投产，并能取得良好的经济效益。讲求适用性就是要求实事求是、因地制宜、量力而行和注重实效，适应当时、当地的具体情况，而不能片面地追求先进性。一般来说，技术的适用性应符合下列几个条件：有利于综合利用本国、本地的资源；有利于提高能源和原材料的利用率；有利于维护生态平衡和环境保护；有利于充分发挥现有技术水平和技术力量；能取得良好的经济效益；能与当地的技术水平相适应。

3.技术的经济性

经济性是指项目所采用的技术应能在一定的消耗水平下获取最好的经济效益，或是在一定的收益水平情况下，其消耗水平最低。设备的经济性是拟建投资项目获取经济效益的基础，因此在评估中应加以重视。另外，技术的经济性在现实中往往是与合理性联系在一起的，如设备规模、产品产量的合理性，产品生产工艺流程的合理性，项目配套和协作的合理性等都是技术经济性的条件。

4.技术的可靠性

项目所采用的技术是否可靠和成熟，是项目成败的关键。也就是说，项目所采用的先进技术必须经过实践证明是可靠和成熟的技术，其“硬件”和“软件”的功能被证明是有效的。这就要求，项目如采用国内的科研成果和技术，必须是经过有关试验和技术鉴定的；如是引进的工艺、设备、技术，则必须符合国情，并且是成熟可靠的。

5.遵守国家有关的技术政策、法规、标准

在项目评价中，应评估项目所采用的技术是否遵守了有关国家标准、行业或地区标准及相关的政策法规。

在以上几项原则中，先进性是选择技术的前提，经济性是选择技术的目标，适用性是采用技术的条件，可靠性是选用技术的要求，国家有关的技术政策、法规、标准是对采用技术的一种规范。在项目的技术分析中必须处理好这几方面之间的关系。

（二）技术分析的内容

项目技术分析主要包括如下内容：从技术发展的角度论证项目建设的必要性；确定产品方案，即确定产品的规格、品种、技术性能以及产品的质量；生产工艺和技术设备选型的分析；工程设计方案的分析等。

二、生产工艺方案分析

工艺是指生产工人利用生产工具，对原材料、半成品进行加工或处理，使之成为产品的方法。生产工艺方案则是指项目采用的生产工艺流程及产品的制造方法。对项目生产工艺方案的评估是项目技术分析的核心内容。这是因为，项目采用的生产工艺，决定着项目需要的生产设备，影响着项目投资额的大小、建设期的长短、未来的产品质量、产品的生产数量及投资经济效益。所以，项目的工艺评估在项目的技术分析中占有十分重要的地位。

生产工艺方案分析的目的是确定产品生产全过程技术方法的可行性。它一般包括以下内容：

1.可靠性分析

可靠性是指项目的设计方案所采用的生产工艺必须是成熟的，而不能是实验阶段的技术。这是因为有一些工艺，其实验可行并不等于生产可行。

2.生产工艺对产品质量的保证程度分析

产品质量是产品的生命线，它直接关系到项目在投产后所生产的产品在市场上的竞争力和销售状况。因此，项目所采用的生产工艺必须保证产品的质量。一般情况下，产品质量也是由项目的生产工艺决定的。在评估中，一是要看生产工艺对项目使用价值的影响；二是要检验产品的技术参数是否符合要求。

3.经济性分析

主要采用对比方法对生产工艺技术方案进行经济性分析，即对其技术指标或经济指标进行对比。一般采用较多的是工艺成本对比法。

工艺成本是项目生产成本的重要组成部分，一般包括原材料消耗费用、能源消耗费用、设备运转维护费用、工人工资、设备及厂房的折旧费。在评估工艺的经济性时，将备选的工艺方案的各种费用（以年计）分别汇总比较，工艺成本最低或单位产品成本最低的方案即为经济性的工艺方案。

4.生产工艺对原材料的适应性分析

相同的产品，可能会由于采用的工艺不同，而对原材料的要求有所不同。一般来说，原材料的选择性要差于工艺条件，因此，在进行评估决策时，应尽量选择适应性强的生产工艺方案，以获取更为合理的经济效益。

5.生产工艺对实施条件的要求分析

有些项目的生产工艺在实施中对温度和环境有较高的要求，在评估中应加以注意。

6.生产工艺流程的均衡性分析

生产工艺流程的均衡性分析就是要注意前后工序的均衡协调性，保证项目整个工艺流程的合理性。

三、设备选型方案分析

项目的设备按其在生产过程中发挥的作用划分，可分为生产工艺设备、辅助设备和服务设备三类。生产工艺设备是指由于改变劳动对象的形状和性能使其成为半成品或成品的那部分设备；辅助设备是指直接保证工艺设备完成工艺目标要求的各种设备；服务设备是指间接为生产服务的管理、安全、生产、生活设备。

没有先进的工艺，先进的设备难以发挥其效用和功能；没有先进的设备，先进的工艺也无法实现。当然，需要特别指出的是设备是为工艺服务的，所以在设备评估时应首先明确工艺条件。在项目的设备选型方案分析中，要求在遵循技术先进、可靠和经济合理等基本原则的前提下，注意以下几个方面的问题：

（1）项目设备应与生产能力相吻合。设备与生产能力最好的吻合程度是各工序、工段设备的额定生产能力恰好等于拟建项目的设计生产能力。但在现实生活中，这种吻合程度是很难达到的。一般情况下，设备的配置是以主导或主要设备的额定生产能力为标准确定的。另外，各工序的设备配置不仅要考虑项目的设计生产能力，而且还要考虑市场的适应性及生产品种、生产能力的变化。所以，设备与生产能力很难完全吻合，只能尽量做到提高其利用率，使生产能力的浪费减少到最低限度。

(2) 项目设备应适应项目产品品种和质量的要求。一般来说，项目生产的产品品种越多，则所需要的设备种类也越多；项目产品的质量要求越高，则对设备质量的要求也越高，反之亦然。

(3) 经济性、适用性与配套性。设备的经济性、适用性是指在满足生产工艺对设备功能要求的前提下，设备所需活劳动和物化劳动消耗量最小。设备的配套性是指相关联的设备器具之间数量、各种技术指标参数的吻合程度，既包括量的吻合，也包括质的吻合。

(4) 项目设备的可靠性、成熟性及对生产质量的稳定性。项目设备的可靠性、成熟性是项目生产产品的必需条件，是项目能实现设计生产能力的关键，应加以必要的分析评估。

(5) 应满足降低物料单耗及环境保护的要求。降低物料单耗是项目节能降耗的要求，环境保护是实现可持续发展的前提，为此，项目在选用设备时，应考虑这方面的基本要求。

(6) 符合政府或专门机构发布的技术标准要求。国家或地方制定的一些关于机器设备的要求与标准，是项目选择设备时所需遵循的技术规范。除了上述因素外，在评估中还要考虑设备对产品质量的保证程度、使用寿命、灵活性、安全性等。

四、设备选型方案比选

在研究分析国内外设备制造、供应及运行状况的基础上，对所选的主要设备进行方案比选，提出推荐方案。

(一) 比选的内容

主要比选各设备方案对建设规模的满足程度、对产品质量和生产工艺要求的保证程度、设备使用寿命、物料消耗指标、备品备件供应保证程度、安装试车技术服务，以及所需设备投资等。

(二) 比选的方法

主要采用定性分析方法和定量分析方法。定性分析方法是将各设备方案的内容进行分析对比；定量分析方法通常需要计算运营成本、寿命周期费用和差额投资回收期等指标。具体的定量分析方法有运营成本比较法、寿命周期费用比较法、差额投资回收期比较法和设备经济性比较法等。

(1) 运营成本比较法。此法是对设备方案的原材料消耗、能源和运行维修费等运营成本进行比较。在功能相同的条件下，设备运营成本低的方案为优。

(2) 寿命周期费用比较法。此法包括年费用比较和现值比较。前者是将一次投入的设备费用，按使用寿命换算成每年的费用支出，加上年运营费用，进行比较，年费用少的方案为优。后者是将每年运营费用通过折现系数换算成一次性投资费用，加上设备投资，进行比较，现值小的方案为优。

(3) 差额投资回收期比较法。此法是将两个设备方案的运营成本的差额与设备投资的差额相比，计算差额投资回收期的年限，当少于预期（或基准）投资回收期时，投资大的方案为优。

（4）设备经济性比较法。经济性是指在选择的设备能满足生产工艺对设备功能的要求的前提下，使设备所需的活劳动和物化劳动的消耗量越少，这时设备的经济性越高。设备的经济性可采用运营成本比较法、费用效率分析法计算确定。费用效率分析法计算方法如下：

$$费用效率(CE)=\frac{系统效率(SE)}{寿命周期费用(LCC)} \tag{3-10}$$

系统效率（SE）指设备的运营效益，可用销售收入、利润和生产效率等价值指标或功能指标衡量；而寿命周期费用（LCC）包括设备购置安装费和生产运营费。经计算，应选择费用效率（CE）较高的设备，以保证设备的经济性。

SE的确定有两种方法：以一个综合要素如生产效率作为系统效率；用多个单一性要素作为系统效率，这时需要先确定各个因素的权重，然后加权平均计算求出系统效率，最后计算费用效率。

$$SE_j=\sum_{i=1}^{n} r_{ij} PF_{ij} \tag{3-11}$$

式中：SE_j——j设备要素综合得分值（系统效率）；r_{ij}——j设备第i要素权重值；PF_{ij}——j设备要素得分值；i=1，2，…，n，n为要素个数；j=1，2，…，m，m为设备（方案）数。

【例3-2】某投资项目有三种设备选择方案，各设备的寿命周期费用分别是：A设备9.8万元；B设备9万元；C设备9.4万元。系统由6个要素组成，各设备对应要素得分（按10分制评分）和要素权重经专家调查，结果如表3-2所示，请比较选择设备的经济性。

表3-2 设备系统要素得分

序号	系统要素	权重（%）	A设备		B设备		C设备	
			评价	得分	评价	得分	评价	得分
1	可靠性	30	95%	9	90%	7	92%	8
2	安全性	15	安全	10	较安全	8	一般	6
3	耐用性	20	13年	7	18年	10	15年	9
4	维修性	15	一般	6	较好	8	很好	10
5	环保性	10	很好	10	很差	0	很好	10
6	灵活性	10	良好	9	较好	8	一般	6
合计		100		51		41		49

解：根据系统效率公式计算得：

$SE_A=0.3\times9+0.15\times10+0.2\times7+0.15\times6+0.1\times10+0.1\times9=8.4$

同理：$SE_B=7.3$；$SE_C=8.2$

根据费用效率公式计算得：

$CE_A=8.4\div9.8=0.86$，$CE_B=7.3\div9=0.81$，$CE_C=8.2\div9.4=0.87$

因此，C设备费用效率最高，经济性最好。

四、工程设计方案分析

（一）工程设计方案的内容

工程设计方案一般包括如下内容：①地基工程，如对项目建设场地的平整、地基的处理等；②一般土建工程，它一般包括厂房、仓库、生活服务设施的建筑物工程，矿井、铁路、水塔等构筑物工程，各种设备基础工程，水利工程及其他特殊工程；③管道工程，如蒸汽、煤气等的管道工程；④卫生工程，主要是给排水工程、采暖工程和通风工程等；⑤电气及照明工程，包括线路架设工程、照明线路的安装工程等。

（二）工程设计方案分析的内容

工程设计方案分析主要包括以下内容：

1.对项目总平面布置方案的论证

对项目总平面布置方案的论证主要是分析总图的合理性，即应审查如下内容：要满足生产工艺的要求，保证工艺流程顺畅，使用方便；符合土地管理和城市规划的要求；布置紧凑，满足场内外运输的要求；注意节约用地、节约投资、经济合理。

2.对土建工程设计方案的论证

对土建工程设计方案的论证，主要是按照经济合理的原则，经过方案比选，选用合适的建筑结构方案和建筑标准。对建筑设计的一般规定和要求主要有：生产厂房平面和空间设计必须满足生产工艺要求，流程合理、方便操作、便于管理、利于设备安装维修；在满足生产要求的基础上，应符合防火、防爆、防震、防腐等安全要求；建筑形式的选择，应根据生产特点、建厂地区条件和其他各种因素综合考虑，并应力求外形简单、布置合理、充分利用空间和节约用地；在满足生产要求的前提下，创造良好的劳动卫生条件；要考虑生产车间内部对建筑的要求，为原料、半成品和成品的运输创造条件；坚持适用、经济原则，在可能的条件下注意美观，在满足生产要求和方便使用的前提下，努力降低建筑工程造价，并尽可能满足建筑艺术和所在地城市建设的要求。

另外，在结构设计中，结构选型应做到：根据生产工艺的特点，满足生产、采光、通风、运输等要求；保证结构有足够的强度、稳定性和耐久性；在保证适用和经济的原则下，力求经济合理，方便施工，注意结构的经常维修费用；必须因地制宜，充分考虑建厂地区的施工技术条件和建筑材料供应情况；结构布置和构造处理，必须有利于结构构件的标准化、定型化和通用化；根据需要和可能，积极合理地采用成熟可靠的新结构、新材料和新技术等。

3.对施工组织设计的分析

施工组织总设计是对工程从施工准备开始，经过工程施工、设备安装直到试生产的整个施工过程的规划与组织安排。对施工组织设计的分析的目的，主要是确保工程建设建立在切实可行的基础上，保证项目按期、保值、保量地完成。施工组织总设计分析的主要内容有：

（1）对施工方案的分析。施工方案分析是对主要单项工程、公用设施、配套工程的施工方法和工程量的分析。在施工方法分析中，应重点对影响施工进度和工程质量的关键工程部位的施工方法进行分析。对工程量的分析应以相应的额定标准为依据来进行。

（2）对施工顺序的分析。投资项目通常可划分为很多单项工程，而单项工程也可以划分为较多的分部、分项工程，如何安排它们之间的施工顺序并在此顺序的基础上安排时间，就构成了施工进度计划的主要内容。施工顺序安排一般应遵循如下原则：先准备，后施工；先地下工程，后地上工程；先主体工程，后装修工程；先先行工艺，后后继工艺；对给排水工程，先场外后场内等。

（3）对施工进度的分析。项目的施工进度常用网络图来表示，对施工进度的分析主要是分析各工序之间的时间安排和衔接是否合理、均衡，是否进行了相应的优化。

（4）对建设材料供应计划的分析。建设材料供应计划应主要根据施工进度计划的要求确定，即根据施工进度计划的要求，确定建筑材料、构配件、施工机械、设备、生产工艺设备以及各工种劳动力供应调配计划。

本章小结

1.规模问题是项目规划与投资决策中一个十分重要的课题。建设规模也称生产规模，生产规模的概念是指项目在设定的正常生产运营年份达到的生产或者服务能力。

2.在进行项目规划和投资决策时，不能简单地评价一个项目的大小，或随意确定其规模的大小，而必须根据每个项目的具体情况，采用科学的方法，合理地确定项目的生产规模。

3.制约和决定项目生产规模的因素主要包括政府经济发展规划、国家产业政策、市场需求量、工艺设备、资金和基本投入物、专业化分工与协作条件、其他建设因素和经济效益等因素。

4.规模经济是指在一定范围内，随着生产能力的扩大而使单位成本下降和收益递增的现象。规模经济还可以分为内在规模经济和外在规模经济。

5.盈亏平衡分析法又叫量本利分析法，是通过求解盈亏平衡点的位置来确定合理经济规模的一种方法。

6.分步法是指以运用盈亏平衡分析法为基础确定的起始规模作为所选生产规模的下限，以最大生产规模作为所选生产规模的上限，然后在此范围内通过比较，选出最合理生产规模的方法。

7.最小费用法是将单位产品的投资、生产成本和运输、销售费用结合起来考虑的一种方法，目标是使其总成本费用最小。

8.技术先进性是选择技术的前提，技术经济性是选择技术的目标，技术适用性是采用技术的条件，技术可靠性是选用技术的要求，国家有关的技术政策、法规、标准是对采用技术的一种规范。

9.工艺是指生产工人利用生产工具，对原材料、半成品进行加工或处理，使之成为产品的方法。生产工艺方案则是指项目采用的生产工艺流程及产品的制造方法。选择工艺方案应该注意的问题：（1）项目设备应与生产能力相吻合；（2）项目设备应适应项目产品品种和质量的要求；（3）经济性、适用性与配套性。

10.设备方案比选的方法：主要采用定性分析方法和定量分析方法。定性分析方法是将各设备方案的内容进行分析对比；定量分析方法通常需要计算运营成本、寿命周期费用和差额投资回收期等指标。

11.设备经济性是指在选择的设备能满足生产工艺对设备功能的要求的前提下，使设备所需的活劳动和物化劳动的消耗量越少，这时设备的经济性越高。设备的经济性可采用运营成本比较法和费用效率分析法计算确定。

本章能力训练

一、名词解释

生产规模　规模经济　最佳起始规模　技术分析　生产工艺方案　设备经济性　工程设计方案

二、思考分析

1.什么是项目建设规模?

2.不同生产规模企业有何特点?

3.项目规模的制约因素有哪些?

4.何谓规模经济?何谓规模不经济?

5.如何确定项目最佳规模?

6.技术分析的原则与内容有哪些?

7.如何对设备选型方案进行分析?

第四章

项目投资的选址与环保节能分析

案例情景

华能澜沧江水电公司：母亲河畔的"绿电先锋"

华能功果桥水电站位于云南省云龙县境内的澜沧江干流上，是华能集团在澜沧江布局的重要水电项目之一。从水电站观景台上一眼望去，壮美的澜沧江蜿蜒曲折，奔流不息，浓绿挺拔的树木遍布两岸，功果桥水电站"镶嵌"其中，俨然是一座"花园电站"。

"功果桥水电站自规划设计到开工建设，再到生产运行，始终坚持在保护中开发、在开发中保护的绿色发展理念。"华能澜沧江公司苗尾·功果桥电厂副厂长杨迪告诉记者，在建设阶段，功果桥电站用于生态建设和环境保护方面的投资约为8 726.65万元，实际完成投入13 696.9万元。2014年和2015年，公司生态环境保护相关投入连续两年保持在460万元以上，充足的资金投入有效地保障了电站各类环保、水保措施的落实。

在澜沧江，像功果桥水电站这样的"花园电站"并非特例。记者乘船沿澜沧江一路探访，从功果桥水电站到景洪水电站，再到糯扎渡水电站，所到之处，无一不是碧水奔流、绿林如海的美景。如此美景因何而生？"我们的标准，就是开工一片绿茵、竣工一片芳洲。"杨迪给出了这样的回答。要做到这点，离不开工程规划中对于环保的苛刻要求。"在项目设计中，公司坚持'环保优先'原则，认真开展环境影响评价和环保设计工作。项目选址尽可能避开环境敏感区和生态脆弱区，工程布置方案尽可能减少占用土地，特别是生态利用价值高的土地，规划专门的工程弃渣场，并做好渣场的挡护工程和绿化美化设计。同时，将环保工程纳入工程招标及施工图设计，按照国家环保部的要求和设计规范，积极开展并做好环保工程招标及施工图设计。"杨迪介绍说。

本着环保至上的理念，华能不但建成了一座座"花园电站"，也忍痛舍弃过开发项目。澜沧江上游云南段原规划建设的果念梯级电站，建坝条件好、造价低，但电站水库位置接近世界少有的低纬度、低海拔季风海洋性现代冰川——明永冰川。最终，为保护明永冰川生态，华能澜沧江公司决定取消果念梯级电站开发计划。

资料来源 袁勇. 华能澜沧江水电公司：母亲河畔的"绿电先锋"[EB/OL]. [2016-12-08]. http://yn.people.com.cn/n2/2016/1208/c378439-29432700.html.

由该案例引出，项目地址选择应考虑的因素有哪些？如何对项目选址进行分析？如何对项目进行环保分析？本章将讲解项目选址应考虑的因素，以及环境保护条件分析的含义、项目环保节能要求。重点是项目选址分析的内容、环保节能分析的内容。

第一节 项目投资选址分析

一、项目选址应考虑的因素

对多数大型项目来说，选址涉及因素较多，主要有社会、政治因素，经济技术因素，自然因素以及运费和地理位置因素等。

（一）社会、政治因素

在项目选址时，应首先遵循国家法规，投资指南，开发战略，鼓励、限制、禁止政策以及地方法规，了解项目审批权限和程序以及税费减免等鼓励和优惠政策，还要了解有关项目建设地区的政策，以便考虑是否可能获得各种特许，分析其能否满足项目建设要求。另外，当地管理机构以及合作伙伴的素质对项目能否正常运营也有很大影响，在选址时也应认真考虑。

（二）经济技术因素

经济技术因素包括拟选地区的经济实力、协作条件、基础设施、技术水平、市场潜力、人口素质与数量等。这些因素对项目选址会产生很大的影响。在经济实力强的地区建设项目，可以利用当地已有的基础设施、良好的协作条件，离消费地较近，有集聚效应等优势，但也可能远离原材料供应地。对于项目所需投入物，在选址时除了应当考虑数量的满足程度，还要注意供应的可靠性和质量要求。对于要在项目所在地进行融资的项目，选址时就要对地区融资能力加以考虑。高新技术项目对某些专业人才有特别要求，就应该注重人才可得性的分析。

（三）自然因素

自然因素包括自然资源和自然条件两个方面。

1.自然资源

自然资源包括矿产资源、水资源、土地资源、海洋资源、气象资源等。某些投资项目选址主要受某种或几种资源赋存状况的影响，如水力发电站项目的选址是水资源指向型的；还有些项目本身并不直接使用矿产资源，但也要了解项目所在地的矿产资源状况，因为按国家有关规定，不得覆盖重要矿床。用水量大的项目选址取决于水资源的开发条件、水量、水质以及可能对地区生态环境产生的影响。

2.自然条件

自然条件包括地形、地貌及占地面积、工程地质和水文地质等，这些条件对项目选址影响很大。例如，厂址的地形应力求平坦且略有坡度；地耐力要满足拟建项目的需求；应避免设在强烈地震带、断层、泥石流等不良地质地段。有些项目本身对环境并无不利影响，但对环境影响的结果甚为敏感。例如，农产品加工业项目，其原材料可能由于土壤被污染而无法使用；用水量大、对水质要求高的项目，如果水源受污染，项目将会受到影响。

（四）运费和地理位置因素

运费是生产成本的重要组成部分。选址时要综合研究原料、燃料和产品销售地的关系，从而寻求最小运费点。地理位置因素是指项目拟选地点与原材料产地、经济发达地区、水陆交通干线及港口、消费市场等的空间关系。有利的地理位置有助于取得良好的经济协作条件，能方便地获得原材料、燃料、技术和信息。

二、项目选址的原则及分析内容

（一）项目选址的基本原则

进行项目选址要考虑的因素很多，但都要遵循以下基本原则：

第一，符合国家、地区和城乡规划的要求。

第二，满足对原材料、能源、水和人力的供应，满足生产工艺和营销的要求。

第三，节约和效益的原则，尽力做到降低建设投资，节省运费，降低成本，提高利润。

第四，安全的原则，要防洪、防震、防地质灾害、防战争危害。

第五，实事求是的原则，对多个项目选址调查研究，进行科学的分析和比较、遴选。

第六，节约项目用地，尽量不占或少占农田。

第七，有利于环境保护，以人为本，减少对生态和环境的影响。

（二）项目选址的分析内容

1.位置

分析拟选项目地址的坐落位置是否符合当地发展规划，与周边村镇、工矿企业等关系是否协调，当地政府和群众对项目能否接受，以及项目地址能否满足项目建设和生产运营的要求。

2.占地面积

根据项目建设规模、主要建筑物和构筑物的组成，参照同类项目计算拟建项目需要占用的土地面积，分析拟选项目地址面积能否满足项目的要求。分期建设的项目，占地应考虑留有发展余地。

3.地形、地貌和气象

应分析拟选项目地址的地形、地貌、气象条件，如标高、坡度、降水量、日照、风向等，能否满足项目建设规模和建设条件的要求，并计算挖填土石方工程量及所需工程费用。

4.地震情况

分析拟选项目地址所在地区及其周围的地震活动情况，包括地震类型，地震活动频度、震级、烈度以及抗震设防的要求。

5.工程、水文地质条件

工程地质主要分析拟选项目地址的地质构造、地基承载能力、有无严重不良地质地段（如溶洞、断层、软土、湿陷土等）以及是否处于滑坡区、泥石流区等。水文地质主要分析拟选项目地址的水文地质构造，地下水的类型及特征，土壤含水性，地下水水位、流向、流量和涌水量等。

6.原材料供应

分析原材料品质和数量是否能够满足项目的要求，且供应是否可靠。

7.动力供应

项目地址是否靠近热电厂，供电、供气是否有可靠的来源。自设热电站或锅炉房时，燃料供应是否可靠，是否留有储煤、储灰场地。

8.交通运输

项目地址与铁路车站、水运码头、公路的距离是否适当；铁路、公路、水路的运输能力、接卸能力能否满足大宗物资的运输需要；铁路、公路的承载能力，桥梁、隧道的宽度和净空高度能否满足运输超大、超高、超重设备的要求。

9.给水、排水

项目地址是否靠近水源地，满足项目对水量、水质的要求，分析供水的可靠性。

10.人力资源

拟选项目地址所在地区是否具备项目生产经营所需要的人力资源及培训条件。

11.施工条件

拟选项目地址所在地区当地建筑材料是否充足，有无良好的施工队伍和施工机械设备条件，能否满足施工期用电、用水的需要。

12.征地拆迁移民安置方案

征地拆迁移民安置方案，包括移民数量、安置途径、补偿标准、移民迁入地情况，以及拆迁安置工作量和所需投资。

13.环境保护条件

分析拟选项目地址的位置能否被当地环境容量所接受，是否符合国家环境保护法规的要求。例如，不得在水源保护区、风景名胜区、自然保护区内建设项目；产生严重粉尘、气体污染的项目，项目地址应处于城镇的下风向；生产或使用易燃、易爆、辐射产品的项目，项目地址应远离城镇和居民密集区等。

14.法律支持条件

分析拟选项目地址所在地有关法规对项目建设和运营的支持程度及约束条件。境外投资项目选择地址时，应特别重视对所在国法律法规支持条件的研究。

15.生活设施依托条件

分析拟选项目地址所在地的生活福利设施（住宅、学校、医院、文化、娱乐、体育等）满足项目需要的程度。

技术改造项目应分析利用企业现有场地、公用设施和辅助设施的可能性，在此基础上再进行拟建项目地址方案的研究。

第二节 环保分析

投资项目一般会引起项目所在地自然环境、社会环境和生态环境的变化，对环境状况、环境质量产生不同程度的影响。环境保护条件分析主要是研究确定项目产生的污染物和污染源，并提出适当的治理措施，以达到排放标准。

一、环境保护概述

（一）环境保护和环境污染的概念

环境保护是指采取行政的、法律的、经济的、科学的等多方面措施，合理地利用自然资源，防止环境污染和破坏，以求保持和发展生态平衡，扩大自然资源的再生产，保障人类社会的发展。环境污染是指由于人类活动引起环境质量下降，从而有害于人类及其他生物的正常生存和发展的现象。危害自然环境的主要因素有废水、废气、废渣、粉尘、垃圾、放射性物质以及噪声等，其中对环境危害最大的是废水、废气和废渣，简称“三废污染”。

（二）工业项目是环境的重要污染源

工业生产所造成的环境污染已经严重地影响了人们的生活和生产。工业项目造成自然环境和生态平衡被破坏，主要原因可归结为三个方面：一是生产中投入的物料，如有毒或易爆的投入物，在没有密封和安全设施的情况下，会污染自然环境。二是生产过程中产生的污染，如生产过程中产生的“三废”或噪声，直接对空气、土壤和水质等自然环境产生污染或加大了噪声强度。三是来自于项目的产出物，有些产出物对周围环境产生有害影响，有些产出物对生态产生不良影响。如某些化肥和农药，在使用时若不遵守使用规则，将会对环境产生不良影响。

许多工业发达国家，已经明确提出了以预防为主的环保对策，变事后处理为事先排除，以达到从根本上保护自然环境平衡的目的。从我国目前的情况看，资源利用率低，综合利用也较差，这是我国工业生产污染严重的主要原因。

（三）环境保护条件分析的内容

在项目分析报告中，应对项目的环境保护情况作专题论述。论述的主要内容应包括：①建设地区的环境现状；②主要污染源和主要污染物；③资源开发可能引起的生态变化；④采用的环境保护标准；⑤控制污染和生态变化的初步方案；⑥环境保护投资估算；⑦环境影响评价的结论或环境影响分析；⑧存在的问题与建议。

二、环境保护方案设计的原则和要求

（一）环境保护方案设计的原则

为了保护人类赖以生存的环境，实施可持续发展战略，多年来我国相继制定了一系列法律法规，不仅便于环境影响评价，也为设计环境保护方案提供了政策依据。我国环境保护方面的法律法规主要有：2014年4月中华人民共和国主席令第九号发布的《中华人民共和国环境保护法》；2015年8月中华人民共和国主席令第三十一号发布的《中华人民共和国大气污染防治法》；1998年国务院发布的《建设项目环境保护管理条例》以及2017年7月《国务院关于修改〈建设项目环境保护管理条例〉的决定》；1999年国家环境保护总局发布的《关于建设项目环境影响评价制度有关问题的通知》，2002年10月第九届全国人民代表大会常务委员会第三十次会议通过的《中华人民共和国环境影响评价法》，2016年7月2日第十二届全国人民代表大会常务委员会第二十一次会议重新进行了修订；2012年2月中华人民共和国主席令第五十四号《中华人民共和国清洁生产促进法》等。

根据国家相关政策，在项目评价阶段进行环境保护方案设计应遵循如下原则：

1.预防为主和环境影响最小化原则

大多数的投资项目，对自然环境及其生态系统都或多或少地会产生负面影响。因此，在方案设计时就要借鉴成熟的经验和运用科学知识，防止负面影响的产生，或把负面影响降低到最小限度。

2.资源消耗减量化原则

项目建设一般要消耗大量的资源和能源，必须采取措施把资源和能源消耗，特别是不可再生资源的消耗降到最低限度，故应尽可能采用节能、节水设备和环保型材料等。

3.优先使用可再生资源原则

资源是有限的，特别是不可再生资源，一旦资源耗竭将威胁到整个人类的发展和生存。

因此，要尽可能地利用可再生资源，如用可再生能源代替石油和煤炭，用替代材料取代金属材料和木材。

4.资源循环利用原则

鉴于资源的稀缺性，对于可循环利用的资源应当重复利用。如建筑工程中大部分废弃物经过分选、加工和处理都是可以循环使用的，因此，拆除的建筑材料应在整理后重复使用。

5.工程材料无害化原则

在工程材料的选择上，必须选择无毒、无害、易处理、易回收的材料，而不要选择那些对人体和环境有害的材料。特别是装饰材料，要选择对人体健康无害或负面影响较小的材料。

（二）环境保护方案设计的要求

1.控制污染源，使污染物的产生降到最小限度

（1）新建、改扩建和技术改造项目，以及一切可能对环境造成污染的项目，必须坚持“三同时”原则，即环境治理设施应与项目的主体工程同时设计、同时施工、同时投产使用。

（2）凡是造成环境污染或产生其他公害的项目，要把消除污染、改善环境和节约资源作为加强经营管理的重要内容，推广清洁生产方式，尽量采用闭路循环工艺，大量减少“三废”的排放量。

（3）积极研究和采用无污染或低污染的先进工艺、技术和设备，推广使用环境保护新技术。

（4）从国外引进先进技术和设备的项目，必须遵守我国环境保护的法律法规和政策，不得损害我国的环境权益，严禁将国外、境外列入危险性清单中的有毒、有害废物和垃圾转移到我国境内处置，严格防止转移污染物。

2.控制污染排放

坚持污染物排放总量控制和达标排放的要求。污染物排放必须坚决执行相应的环境保护标准，达标后才允许排放。

3.综合利用，减少排放

从建设方案设计着手，应对废弃物中所含的有害物质或余能进行再利用，制成副产品回收或投入生产中循环使用。可采用下列积极措施：

（1）选择合理的燃料结构，改善燃烧方式，加强废渣和废水的综合利用，防止排放污染。

（2）对污水进行净化处理，循环使用，应提出回水处理和再利用方案。

三、环境保护方案的内容

（一）环境质量现状调查与分析

对项目建设地区环境质量现状进行调查、描述并进行原因分析，一般主要指调查地表水、空气和声学环境质量现状。对于依托原有企业改扩建的项目，还要调查、描述原有污染源及治理达标情况，一般包括废水、废气、噪声和固体废弃物的污染及治理情况。

（二）污染源和污染因素分析

污染源和污染因素分析主要是分析项目建设和生产运营过程中，有哪些污染环境或导致环境质量恶化的污染源和主要污染因素。

1.污染环境因素分析

这主要是分析生产过程中产生的各种污染源，计算其排放的污染物数量及对环境的污染程度。

（1）废气。分析可能的气体排放点，计算污染物的产生量、排放量、有害成分和浓度，分析其排放特征及对环境的危害程度。

（2）废水。分析工业废水（废液）和生活污水的排放点，计算污染物的产生量、排放量、有害成分浓度，分析其排放特征、排放去向及对环境的危害程度。

（3）固体废弃物。分析估算固体废弃物的产生量、排放量、有害成分及其对环境造成污染的程度。

（4）噪声。分析噪声源位置，计算声压等级，分析噪声特征及其对环境危害的程度。

（5）粉尘。分析粉尘排放点，计算其产生量、排放量，分析其成分、特征、排放方式及其对环境的危害程度。

（6）其他污染物。分析生产过程中产生电磁波、放射性物质等污染物的位置、特征，计算其所产生污染物的强度值及其对周围环境的危害程度。

2.破坏环境因素分析

这主要是分析项目建设施工和生产运营过程中可能对环境造成破坏的因素，预测其破坏程度，包括以下方面：

（1）对地形、地貌等自然环境的破坏。

（2）对森林、草地植被的破坏，如土壤退化、水土流失等。

（3）对社会环境、文物古迹、风景名胜区、水源保护区的破坏。

（三）环境保护和治理方案设计

1.明确环境保护和治理方案设计的标准

在对污染物和污染源进行详细分析的基础上，有针对性地明确环境保护和治理方案设计应执行的标准，作为进行环境保护和治理方案设计的依据。这些标准等同于环境影响评价的标准，主要包括环境质量标准、污染物排放标准和总量控制指标三类。

2.治理措施

应根据项目的污染源和排放污染物的性质，采用不同的治理措施：

（1）治理废气污染，可采用冷凝、吸附、燃烧和催化转化等方法。

（2）治理废水污染，可采用物理法（如重力分离、离心分离、过滤、蒸发结晶、高磁分离等）、化学法（如中和、化学凝聚、氧化还原等）、物理化学法（如离子交换、电渗析、反渗透、气泡悬上分离、汽提吹脱、吸附萃取等）、生物法（如自然氧池、生物滤化、活性污泥、厌氧发酵）等方法。

（3）治理固体废弃物污染，有毒废弃物可采用防渗漏池堆存；放射性废弃物可采用封闭固化；无毒废弃物可采用露天堆存；生活垃圾可采用卫生填埋、堆肥、生物降解或者焚烧方式处理；无毒害固体废弃物可加工制作成建筑材料或者作为建材添加物，进行综合利用。

（4）治理粉尘污染，可采用过滤除尘、湿式除尘、电除尘等方法。

（5）治理噪声污染，可采用吸声、隔音、减振、隔振等措施。

（6）治理因建设和生产运营造成的环境破坏，对岩体滑坡、植被破坏、地面塌陷、土壤劣化等，提出相应的治理方案。

最后，还应分析可行性研究报告的环境治理方案中是否列出了所需的设施、设备和相应的投资费用。

3.治理方案的比较、遴选

对环境治理的各局部方案和总体方案进行技术、经济比较，并做出综合评价。比较的主要内容有：

（1）技术水平对比：分析对比不同的环境保护治理方案所采用的技术和设备的先进性、适用性、可靠性和可得性。

（2）治理效果对比：分析对比不同的环境保护治理方案在治理前及治理后环境指标的变化情况，以及能否满足环境保护法律、法规的要求。

（3）管理及监测方式对比：分析对比各治理方案所采用的管理和监测方式的优缺点。

（4）环境效益对比：将环境治理和保护所需的投资及环保设施运行费用与所获得的收益相比较，效益费用比值较大的方案为优。

治理方案经比较、遴选后，即可提出推荐方案。

第三节 节能分析

在分析技术方案、设备方案和工程方案时，对能源消耗量大的项目，应提出节约能源措施并对能耗指标进行分析。

一、项目建设节能的原则与要求

当今能源建设已成为世界性的重大问题之一，各国对能源问题都给予了极大关注。合理利用能源、降低能耗被列为经济发展的重大课题。能源一般分为一次能源和二次能源。煤、石油、天然气等，没有经过加工或转换，称为一次能源；煤气、电力、汽油、煤油、焦炭等，是在一次能源基础上经过加工转换而来的，称为二次能源。所谓节约能源，是指通过技术进步、合理利用、科学管理和经济结构优化等，以最小的能源消耗取得最大的经济效益。节能的环节和表现尽管各不相同，但都以一次能源节约为最终目的。节能量一般以标准煤吨为计算单位。

我国解决能源问题的方针是开发与节约并举，把节约放在首位。节能工作是一种特定形式的“能源开发”，是解决我国能源供应紧张、保护能源资源、保护环境的有效途径。我国目前的能源利用水平远低于经济发达国家，节能工作的基础还很薄弱，节能潜力很大。

（一）项目建设方案要体现合理利用和节约能源的方针

节能是我国发展经济的一项长远战略方针。1997年公布、2016年7月进行修订的《中华人民共和国节约能源法》是我国关于节约能源的基本大法。《中华人民共和国节约能源法》明确了节约资源是我国的基本国策。我国实施节约与开发并举、把节约放在首位的能源发展战略。国务院和县级以上地方各级人民政府应当将节能工作纳入国民经济和社会发展规划、年度计划，并组织编制和实施节能中长期专项规划、年度节能计划。国务院和省、自治区、直辖市人民政府应当加强节能工作，合理调整产业结构、企业结构、产品结构和能源消费结构，推动企业降低单位产值能耗和单位产品能耗，淘汰落后的生产能力，改进能源的开发、加工、转换、输送、储存和供应，提高能源利用效率。国家鼓励、支持开发和利用新能源、可再生能源。国家鼓励、支持节能科学技术的研究、开发、示范和推广，促进节能技术创新与进步。国家实行固定资产投资项目节能评估和审查制度。不符合强制性节能标准的项目，建设单位不得开工建设；已经建成的，不得投入生产、使用。政府投资项目不符合强制性节能标准的，依法负责项目审批的机关不得批准建设。具体办法由国务院管理节能工作的部门会同国务院有关部门制定。国家对落后的耗能过高的用能产品、设备和生产工艺实行淘汰制度。淘汰的用能产品、设备、生产工艺的目录和实施办法，由国务院管理节能工作的部门会同国务院有关部门制定并公布。生产过程中耗能高的产品的生产单位，应当执行单位产品能耗限额标准。对超过单位产品能耗限额标准用能的生产单位，由管理节能工作的部门按照国务院规定的权限责令限期治理。对高耗能的特种设备，按照国务院的规定实行节能审查和监管。禁止生产、进口、销售国家明令淘汰或者不符合强制性能源效率标准的用能产品、设备；禁止使用国家明令淘汰的用能设备、生产工艺。

项目的建设方案（包括工艺、设备、公用辅助设施）应按照上述法规的要求，依据国家和行业有关节能的标准和规范合理设计，起到提高能源利用效率、促进国民经济向节能型发展的作用。在项目评价时，应分析项目可行性研究报告中是否包括合理用能的专题论证。

（二）项目可行性研究报告应遵守有关单列“节能篇（章）”的规定

早在1992年，国家计委、国务院经贸办、建设部就规定基本建设和技术改造工程项目可行性研究报告要增列“节能篇（章）”。1997年，国家计委、国家经贸委、建设部重新发布了《关于固定资产投资工程项目可行性研究报告“节能篇（章）”编制及评估的规定》，规定固定资产投资工程项目可行性研究报告必须包括“节能篇（章）”，“节能篇（章）”应经有资格的咨询机构评估，凡无“节能篇（章）”的可行性研究报告，建设项目的主管部门不予受理。在项目评价时，应分析项目可行性研究报告中是否必须单列“节能篇（章）”。

《关于固定资产投资工程项目可行性研究报告“节能篇（章）”编制及评估的规定》中，对“节能篇（章）”的内容和深度也做出了明确的规定：“节能篇（章）”在对节能措施进行综述的同时，应分析建设项目的建筑、设备、工艺的能耗水平和其所生产的用能产品的效率或能耗指标。所以，在项目评价时，应严格考察项目可行性研究报告中“节能篇（章）”的内容是否符合有关规定。

（三）节能方案应符合技术要求

节能方案应符合相关建设标准、技术标准和《中国节能技术政策大纲》中的节能要求。单位建筑面积能耗指标、工艺和设备的合理用能、主要产品能源单耗指标要以国内先进能耗水平或参照国际先进水平作为设计依据。

二、分析评价节能方案

（一）节能措施

项目的节能措施主要包括：①采用先进的技术和设备，提高能源利用效率，降低能源消耗。②回收利用生产过程中产生的余热、余压及可燃气体。③对炉窑、工艺装置及热力管网系统分别采取有效的保温措施。④合理利用热能，尽可能避免生产工艺中能量的不合理转换。例如，单台容量20吨/小时及以上、热负荷年利用大于4 000小时的工业锅炉应采用热电联产。关于热电联产应遵循原国家计委、原国家经贸委、原建设部和国家环保总局发布的《关于发展热电联产的规定》。

（二）能耗指标分析

采取节能措施后，还应对拟建项目的能耗指标进行分析，具体方法是：计算单位产品消耗各种能源的实物量，折算成标煤消耗量，进行分析对比。能耗指标一般应达到国内外同行业先进水平。另外，对于技术改造项目，还应详细说明企业能源利用现状，以及改造后合理利用能源、降低能耗的效果。

本章小结

1.对多数大型项目来说，选址涉及因素较多，主要有社会、政治因素，经济技术因素，自然因素以及运费和地理位置因素。

2.进行项目选址要考虑的因素很多，但都要遵循以下基本原则：第一，符合国家、地区和城乡规划的要求。第二，满足对原材料、能源、水和人力的供应，满足生产工艺和营销的要求。第三，节约和效益的原则，尽力做到降低建设投资，节省运费，降低成本，提高利润。第四，安全的原则，要防洪、防震、防地质灾害、防战争危害。第五，实事求是的原则，对多个项目选址进行调查研究，进行科学的分析和比较、遴选。第六，节约项目用地，尽量不占或少占农田。第七，有利于环境保护，以人为本，降低对生态和环境的影响。

3.环境保护条件分析主要是研究确定项目产生的污染物和污染源，并提出适当的治理措施，以达到排放标准。

4.污染源和污染因素分析主要是分析项目建设和生产运营过程中，有哪些污染环境或导致环境质量恶化的污染源和主要污染因素。

5.明确环境保护和治理方案设计应执行的标准，这些标准主要包括环境质量标准、污染物排放标准和总量控制指标三类。

6.对环境治理的各局部方案和总体方案进行技术、经济比较，并做出综合评价。

7.节能工作是一种特定形式的"能源开发"，是解决我国能源供应紧张、保护能源资源、保护环境的有效途径。

本章能力训练

一、名词解释

项目投资选址　项目投资选址原则　环境保护　环境保护方案设计　资源消耗减量化　工程材料无害化　治理措施　节能措施

二、思考分析

1.项目投资地址选择应考虑哪些因素?

2.对项目投资地址分析主要考虑哪些内容?

3.项目投资环保分析包括哪些内容?

4.环境保护方案设计应遵循的原则有哪些?

5.环境污染的因素有哪些?

6.环境污染治理措施有哪些?

7.项目节能措施有哪些?

第五章

投资估算

案例情景

从莞高速惠州段　拟调整建设规模

作为连接广州、惠州、东莞及深圳的交通要道，从化至东莞高速公路惠州段（简称“从莞高速惠州段”）一直备受外界关注。2017年11月13日，广东省发展改革委发布《关于从莞高速公路惠州段项目调整建设规模等事项审批前公示》，该项目投资估算拟由原批复的45亿元调整为52.96亿元，并增设石湾东互通立交连接线、园洲东互通立交连接线。公示期限为2017年11月13日至18日。

从莞高速公路是广东省的一条纵向高速公路（编号S29），线路由增从高速公路、从莞高速公路组成，起于广州从化区温泉镇，终于东莞凤岗镇，接深圳外环高速，途经广州、惠州、东莞，全长约120千米，是广东省高速公路网的重要组成部分。从莞高速惠州段经过博罗县福田镇、石湾镇、园洲镇，建成后将成为惠州一条全新的北上物流大通道，有利于完善惠州“七纵五横一联”高速公路网络。根据此次公示的信息，该项目投资估算由原批复的45亿元调整为52.96亿元（含建设期贷款利息7.15亿元），增加投资估算7.96亿元。项目资本金比例不低于25%，新增投资中的资本金由项目公司自筹，其余资金通过银行贷款等方式解决。建设期限为86个月。根据公示，从莞高速惠州段项目路线长度拟由原批复的31.09千米调整为30.9千米。全线设置桥梁15 589米/20座（含互通立交主线桥），其中特大桥12 042米/2座、大桥3142米/7座；隧道628米/1座。全线共设置福田、沙浦（枢纽）、石湾东、园洲东等4处互通立交。此外，项目业主单位由惠州市瑞峰置业有限公司和惠州市道路桥梁开发总公司，调整为六合环能投资集团有限公司和广东龙浩集团有限公司。

资料来源　周欢，余嘉敏. 从莞高速惠州段或年底建成　惠州去广州东莞将更方便［EB/OL］.［2017-11-14］. http://www.cnr.cn/gd/gdtt/20171114/t20171114_524024191.shtml.

由该案例引出，项目总投资包括哪些内容？如何对项目总投资进行估算？本章将讲解投资估算的内容、投资估算的要求、投资估算的依据。重点是投资估算的方法。

第一节　概述

投资估算是指在对项目的建设规模、产品方案、工艺技术、设备方案、工程方案及项目实施进度等进行研究并基本确定的基础上，估算项目所需资金总额（包括建设投资和流动资金），并测算建设期分年资金使用计划。投资估算是拟建项目编制项目建议书和可行性研究报告的重要组成部分，是项目决策的重要依据之一。

一、投资估算的内容

从费用构成来看，投资估算的内容应包括该项目从筹建、设计、施工，直至竣工投产所需的全部费用，分为建设投资（或称固定资产投资）和流动资金两部分。在投资估算中，尤其需要关注项目总投资。

（一）项目总投资

项目总投资是指投资主体为获取预期收益，在选定的项目上投入所需全部资金及其经济行为。具体而言，根据项目投资构成的内容来看，项目总投资亦可认为是从项目筹建开始到项目全部建成投产为止，全过程中所发生的各类费用的总和。

实践中，项目总投资的构成类型也因项目类型的不同而异。以生产性建设项目为例，总投资包括建设投资、建设期利息和流动资产投资（流动资金）三部分；而在非生产性工程项目中，总投资只有建设投资、建设期利息，不含流动资产投资（流动资金）。图5-1显示了生产性建设项目总投资估算的构成，表5-1显示了生产性建设项目总投资组成的结构。

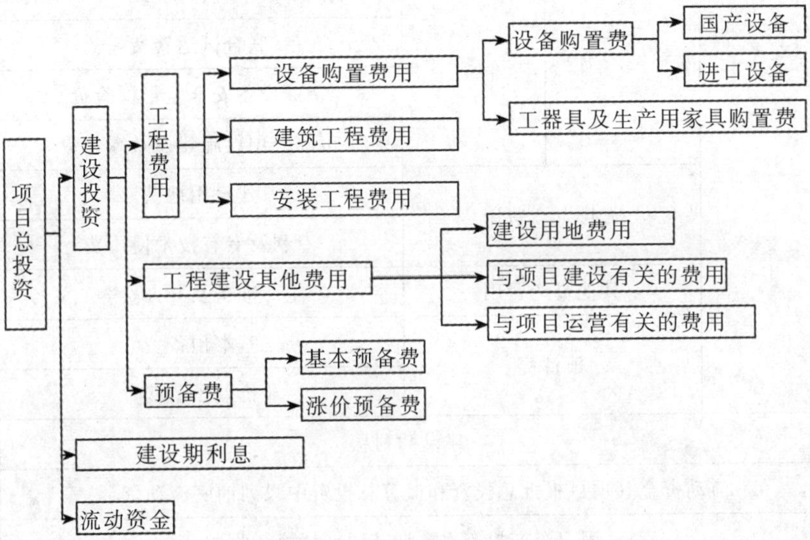

图5-1 项目总投资估算的构成

（二）项目总投资的基本计算公式

在项目投资中，对总投资金额的计算存在基本的共识，即将为保证项目建设和投资活动正常进行而发生的各项资金投入量相加，其中包括项目的固定资产投资及伴随着固定资产投资而发生的流动资产方面的投资额。这一点与前面的图5-1和表5-1所展示的内容相同。

因而，归纳后的项目总投资的基本计算公式如下：

（1）不包括建设期投资借款利息的总投资公式为：

项目总投资＝固定资产投资＋流动资金 (5-1)

（2）包含建设期投资借款利息的总投资公式为：

表5-1 **项目总投资组成的结构**

<table>
<tr><th>可研阶段</th><th colspan="4">费用组成</th><th>初设阶段</th></tr>
<tr><td rowspan="23">建设项目估算总投资</td><td rowspan="20">建设投资</td><td rowspan="15">固定资产费用投资</td><td colspan="2">建筑工程费</td><td rowspan="3">第一部分工程费用</td></tr>
<tr><td colspan="2">设备购置费</td></tr>
<tr><td colspan="2">安装工程费</td></tr>
<tr><td rowspan="12">固定资产其他费用</td><td>建设管理费</td><td rowspan="15">第二部分工程建设其他费用</td></tr>
<tr><td>可行性研究费</td></tr>
<tr><td>研究试验费</td></tr>
<tr><td>勘察设计费</td></tr>
<tr><td>环境影响评价费</td></tr>
<tr><td>劳动安全卫生评价费</td></tr>
<tr><td>场地准备及临时设施费</td></tr>
<tr><td>引进技术和引进设备其他费</td></tr>
<tr><td>工程保险费</td></tr>
<tr><td>联合试运转费</td></tr>
<tr><td>特殊设备安全监督检验费</td></tr>
<tr><td>市政公用设施建设及绿化费</td></tr>
<tr><td colspan="2" rowspan="2">无形资产费用</td><td>建设用地费</td></tr>
<tr><td>专利及专有技术使用费</td></tr>
<tr><td colspan="2">其他资产费用</td><td>生产准备及开办费等</td></tr>
<tr><td colspan="2" rowspan="2">预备费</td><td>基本预备费</td><td rowspan="2">第三部分预备费</td></tr>
<tr><td>价差预备费</td></tr>
<tr><td colspan="4">建设期利息</td><td rowspan="3">第四部分专项费用</td></tr>
<tr><td colspan="4">流动资金（项目报批总投资和概算总投资中只列铺底流动资金）</td></tr>
<tr><td colspan="4">固定资产投资方向调节税（暂停征收）</td></tr>
</table>

项目总投资 = 固定资产投资 + 建设期借款利息 + 流动资金　　　　(5-2)

式（5-1）和式（5-2）计算得到的项目总投资指标各有用途，前者可用于不考虑资金成本动态变化情况下的项目投资评价分析，即静态分析；后者考虑了投资成本动态变化的真实过程，其计算出的总投资大于前者，对项目投资的资金占用情况反映得更为准确科学，因而可视为动态投资分析的基本算式。

二、投资估算的要求

（一）投资估算的内容要求

项目投资估算的最终目标是实现期望回报，因此，估算人或机构在作投资估算时，必须严格满足项目投资估算书的撰写规范与内容要求。这就要求估算人与估算机构首先要确切了解投资项目的内容与回报要求，其次要合理划分投资估算的执行阶段，并制定精度要求。前者是一切项目投资估算活动的基础，它决定了项目建设的方向是否正确；后者则在前者基础上，对项目实施过程进行了解剖析，逐步逐段地依据建设进度进行项目投资情况估算，在满足精度要求的基础上，预测项目投资的可行性与收益性。

对比上面两项工作，投资者更为关注后者，即对项目投资估算的阶段划分与精度要求的制定。中国与国外关于项目投资估算的阶段划分与精度要求分别如表5-2、表5-3所示。

表5-2　**中国项目投资估算的阶段划分与精度要求**

阶段划分		精度要求
第一阶段	项目规划阶段	允许误差大于±30%
第二阶段	项目建议书阶段	误差要求控制在±30%以内
第三阶段	初步可行性研究阶段	误差要求控制在±20%以内
第四阶段	详细可行性研究阶段	误差要求控制在±10%以内

表5-3　**国外项目投资估算的阶段划分与精度要求**

阶段划分		备注	允许误差
第一阶段	投资设想阶段	又称为毛估阶段或比照估算	大于±30%
第二阶段	投资机会研究阶段	又称为粗估阶段或因素估算	控制在±30%以内
第三阶段	初步可行性研究阶段	又称为初步估算阶段或认可估算	控制在±20%以内
第四阶段	详细可行性研究阶段	又称为确定估算或控制估算	控制在±10%以内
第五阶段	工程设计阶段	又称为详细估算或投标估算	控制在±5%以内

项目投资建议书中，要求投资估算的结果数据应满足一定的精度要求，这是项目投资估算内容要求的重点。投资估算在具体数额上允许存在一定的误差，但必须达到以下要求：

（1）估算的范围应与项目投资方案所涉及的范围、所确定的各项工程内容相一致。

（2）估算的工程内容和费用构成齐全，计算合理，实事求是，不搞虚假数字，不提高或降低估算标准，不重复计算或者漏项少算，为决策提供客观的、真实的依据。

（3）估算应做到方法科学、基础资料完整、依据充分。

（4）估算选用的标准与具体项目之间存在标准或者条件上的差异时，应进行必要的换算或者调整。

（5）估算的准确度应能满足投资项目决策不同阶段的要求，在投资机会研究阶段，误差率应在±30%以内；在初步可行性研究阶段，误差率应在±20%以内；在详细可行性研究阶段，误差率应在±10%以内。

（二）投资估算的深度要求

投资决策过程是一个由浅入深、不断深化的过程，依次分为若干工作阶段，不同阶段决策的深度也不相同。投资估算是依据现有的资料和一定的估算方法对建设项目的投资数额进行的估计。由于在投资决策过程中，各个工作阶段所具备的条件、掌握的资料和工程技术文件不同，因而投资估算的准确程度也不相同。随着阶段的不断发展，调查研究的不断深入，掌握的资料越来越丰富，工程技术文件越来越完善，投资估算也逐步准确，其所起的作用也越来越重要。在对项目投资方案进行抉择时，项目投资可行性报告中的投资估算部分应能够具备足够深度。

在可行性研究阶段的建设方案中，项目投资估算设计应满足以下深度要求：

（1）各主要条件和数据应有文件或意向书作为依据。

（2）各层次建设方案设计经比选后提出倾向性意见。

（3）满足投资估算误差不超过±10%的要求。

（4）最终使项目决策分析与评价的结论能满足投资决策控制准确度的要求。

三、投资估算的依据与作用

（一）投资估算的依据与基础资料

投资估算是一项重要且烦琐的工作，其主要发生在项目生命周期的第一阶段。其结果将作为项目建议书和可行性报告的重要支撑材料，对项目投资决策的制定具有举足轻重的作用。为了避免估算失误，实践中能用于项目投资估算的依据和基础材料的选取办法一般都存在严格的行业界定。当然，在不同的行业内部，项目投资估算中所遵循的估算依据和材料会存在差异。

一般而言，在项目投资估算工作中涉及的估算依据与基础资料包括以下几个方面：

（1）项目的主体工程、辅助工程及项目生命周期内各阶段工程的建设内容及工程量。

（2）专门机构发布的同类项目建设工程造价及费用构成、估算指标、计算方法，以及其他有关估算工程造价的文件。

（3）由专门机构发布的工程建设其他费用计算办法和费用标准，以及由政府部门发布的物价指数。

（4）已建同类工程项目的投资档案资料。

（5）影响建设工程投资的动态因素，如利率、汇率、税率等。

（6）部门或行业制定的投资估算办法和估算指标。

（7）拟建项目所需设备、材料的市场价格。

（二）投资估算的作用

投资估算是工程项目建设前期从投资决策直至初步设计之前的重要工作环节，是项目建议书、可行性研究报告的重要组成部分，是保证投资决策正确的关键环节，也是实施全过程工程造价管理的“龙头”，其准确与否直接影响到项目的决策、工程规模，以及投资经济效果，并影响到工程建设能否顺利进行。对任何一个拟建项目，都要通过全面的技术经济论证后，才能决定其是否正式立项。在拟建项目的全面论证过程中，除考虑技术上能否可行外，还要考虑经济上的合理性，而建设项目的投资估算在拟建项目前期各阶段工作中，作为论证拟建项目的重要经济文件，有着极其重要的作用。具体可归纳为以下几点：

（1）项目建议书阶段的投资估算，是多方案比选、优化设计、合理确定项目投资的基础，是项目主管部门审批项目建议书的依据之一，并对项目的规划、规模的确定起参考作用，它从经济上判断项目是否应列入投资计划。

（2）项目可行性研究阶段的投资估算，是项目投资决策的重要依据，是正确评价建筑项目投资的合理性、分析投资效益、为项目决策提供依据的基础。当可行性研究报告被批准之后，其投资估算额就将作为建设项目投资的最高限额，不得随意突破。

(3) 项目投资估算对工程设计概算起控制作用。它为设计提供了经济依据和投资限额，设计概算不得突破批准的投资估算额。投资估算一经确定，即成为限额设计的依据，用以对各专业设计实行投资切块分配，作为控制和指导设计的尺度或标准。

(4) 项目投资估算是进行工程设计招标、优选设计方案的依据。

(5) 项目投资估算可作为项目资金筹措及制订建设贷款计划的依据，建设单位可根据批准的投资估算额进行资金筹措，向银行申请贷款。

(6) 投资估算是进行项目经济评价的基础。估算中涉及的项目投资成本、设备造价、资源配置、投资期长短、外部影响因素变化等估算指标在提供决策参考的同时，也可作为投资绩效评价的指标，从而提高投资项目对比、择优选择的准确度。

四、投资估算阶段的划分

投资估算贯穿于整个项目投资决策过程之中，投资决策过程可划分为项目的投资机会研究或项目建议书阶段、初步可行性研究阶段及详细可行性研究阶段。因此，投资估算工作也相应地分为三个阶段。不同阶段所具备的条件和掌握的资料不同，对投资估算的要求也各不相同，因而投资估算的准确程度在不同阶段也有所不同，每个阶段投资估算所起的作用也不同。

但是，随着阶段的不断推进，调查研究的不断深入，掌握的资料越来越丰富，投资估算将逐步准确，其所起的作用也越来越重要。

(一) 投资机会研究或项目建议书阶段的投资估算

这一阶段主要是选择有利的投资机会，明确投资方向，提出概略的项目投资建议，并编制项目建议书。该阶段工作比较粗略，投资额的估计一般是通过与已建类似项目的对比得来的，因而投资估算的误差率在±30%。

这一阶段的投资估算作为相关管理部门审批项目建议书、初步选择投资项目的主要依据之一，对初步可行性研究及与其相应的投资估算起指导作用。

(二) 初步可行性研究阶段的投资估算

这一阶段主要是在投资机会研究结论的基础上，进一步弄清项目的投资规模、原材料来源、工艺技术、项目选址、组织机构和建设进度等情况后，进行经济效益评价，判断项目的可行性，做出初步投资评价。该阶段是介于项目建议书和详细可行性研究之间的中间阶段，投资估算的误差率一般要求控制在±20%。

这一阶段的投资估算是决定进行详细可行性研究的依据之一，同时也是确定哪些关键问题需要进行辅助性专题研究的依据之一。在这个阶段中可对项目是否真正可行做出初步的决定。

(三) 详细可行性研究阶段的投资估算

详细可行性研究阶段也称为最终可行性研究阶段，主要是进行全面、详细、深入的技术经济分析论证，评价选择拟建项目的最佳投资方案，对项目的可行性提出结论性意见。该阶段研究内容详尽，投资估算的误差率应控制在±10%以内。

这一阶段的投资估算是进行详尽经济评价、决定项目可行性、选择最佳投资方案的主要依据，也是编制设计文件、控制初步设计及概算的主要依据。

每一工程在不同的建设阶段，由于条件不同，对估算准确度的要求也就有所不同，人们不可能超越客观条件，把项目投资估算编制得与最终实际投资完全一致。但可以肯定的是，如果能充分掌握市场变化信息，并全面加以分析，那么投资估算的准确性就能提高。一般来说，建设阶段愈接近后期，可掌握因素愈多，投资估算也就愈接近于实际投资，在设计前期，由于诸多因素的不确定性，所编投资估算偏离实际投资较远是在所难免的。

五、投资估算的编制

（一）投资估算编制的原则

投资估算是拟建项目前期可行性研究的一个重要内容，是经济效益评价的基础，是项目决策的重要依据。投资估算质量如何，将决定着拟建项目能否纳入建设计划的“前途和命运”。因此，在编制投资估算时应符合下列原则：

（1）实事求是的原则。从实际出发，深入地开展调查研究，掌握第一手资料，绝不能弄虚作假。

（2）合理利用资源、效益最高的原则。在市场经济环境中，利用有限的资源，尽可能满足需要。

（3）尽量做到快、准的原则。一般投资估算误差都比较大。通过艰苦细致的工作，加强研究，积累资料，尽量又快、又准地拿出项目的投资估算。

（4）适应高科技发展的原则。从编制投资估算的角度出发，在资料搜集，信息储存、处理、使用以及编制方法的选择和编制过程中应逐步实现计算机化、网络化。

（二）投资估算编制的程序

不同类型的工程项目选用不同的投资估算编制方法，不同的投资估算编制方法有不同的投资估算编制程序。本书从工程项目费用组成的角度考虑，介绍较为常用的投资估算编制程序：

（1）熟悉工程项目的特点、组成、内容和规模等。

（2）搜集有关资料、数据和估算指标等。

（3）选择相应的投资估算编制方法。

（4）估算工程项目各单位工程的建筑面积及工程量。

（5）进行单项工程的投资估算编制。

（6）进行附属工程的投资估算编制。

（7）进行工程建设其他费用的投资估算编制。

（8）进行预备费用的投资估算编制。

（9）计算贷款利息。

（10）汇总工程项目投资估算总额。

（11）检查、调整不适当的费用，确定工程项目的投资估算总额。

（12）估算工程项目主要材料和设备需用量。

第二节 建设投资估算

建设投资的估算采用何种方法取决于要求达到的精确度，而精确度又由项目前期研究以及资料数据的可靠性决定。因此，投资项目可以根据前期研究，采用详简不同、深度不同的估算方法。常用的估算方法有生产能力指数法、资金周转率法、比例估算法和综合指标投资估算法等。

一、建设投资简单估算

（一）单位生产能力投资估算法

单位生产能力投资估算法是指根据同类项目单位生产能力所耗费的固定资产投资额来估算拟建项目固定资产投资额的一种方法。生产能力是指拟建项目建成后每天达到的产量，单位生产能力投资是指每单位的设计生产能力所需要的建设投资。

一般来讲，生产能力越强，所需投资额越大，二者的关系用公式表示为：

$$P = P_0 \cdot N \cdot f \tag{5-3}$$

式中：P——拟建设项目投资额；P_0——同类企业单位生产能力投资额；N——拟建项目生产能力；f——价格调整指数。

值得注意的是，单位生产能力投资额也称为单位生产能力工程造价，是项目投资额与项目设计生产能力的比值，也就是新增单位生产能力所需的投资。单位生产能力投资额越少，从劳动消耗角度看投资效益越好。

该方法的特点是：它将同类项目的固定资产投资额与其生产能力的关系简单地视为线性关系，与实际情况的差距较大。运用该方法时，应当注意拟建项目与同类项目的可比性，尽量减少误差。

（二）生产能力指数法

生产能力指数法是估算生产装置投资的常用方法。这种方法是根据已建成的、性质类似的建设项目或装置的投资额和生产能力，以及拟建项目或装置的生产能力估算投资额。生产能力指数法主要应用于拟建装置或项目与用来参考的已知装置或项目的规模不同的场合。

这种方法起源于国外对化工厂投资的统计分析。据统计，生产能力不同的两个装置，它们的初始投资与两个装置生产能力之比的指数幂成正比。其计算公式为：

$$C_2 = C_1 \cdot \left[\frac{x_2}{x_1}\right]^n \times f \tag{5-4}$$

式中：C_2——拟建项目或装置的投资额；C_1——已建同类型项目或装置的投资额；x_2——拟建项目的生产能力；x_1——已建同类型项目的生产能力；f为价格调整系数；n——生产能力指数。

该方法中，生产能力指数n是一个关键因素。不同行业、性质、工艺流程、建设水平、生产率水平的项目，应取不同的指数值。选取n值的原则是：若拟建项目或装置与类似项目或装置的规模相差不大，生产规模比值为0.5～2，则指数n的取值近似为1；若拟建项目或装置与类似项目或装置的规模差距在50倍之内，且拟建项目或装置规模的扩大仅靠增大设备规格来达到时，则n取值为0.6～0.7；若是靠增加相同规格设备的数量来达到时，n取值为

0.8～0.9。

另外，拟建项目生产能力与已建同类项目生产能力的比值应有一定的限制范围，一般这一比值不能超过50倍，在10倍以内效果会更好。生产能力指数法多用于估算生产装置投资。

生产能力指数法的特点是：生产能力指数法与单位生产能力投资估算法相比精确度略高，其误差可控制在±20%以内。尽管估算误差仍较大，但它有独特的好处：首先，这种估算方法不需要详细的工程设计资料，只需要知道工艺流程及规模就可以；其次，对于总承包工程而言，可作为估价的旁证，在总承包工程报价时，承包商大都采用这种方法估价。

【例5-1】已知建设年产30万吨乙烯装置的投资额为50 000万元，现有一年产70万吨乙烯的装置，工程条件与上述装置类似。试估算该装置的投资额（生产能力指数 $n=0.6$，$f=1.2$）。

解：根据式（5-4），则有：

拟建项目的投资额 $=50\,000\times(70\div30)^{0.6}\times1.2=99\,755.6$（万元）

（三）比例估算法

比例估算法分为以下三种：

1.分项比例估算法

分项比例估算法是将项目的固定资产投资分为设备投资、建筑物与构筑物投资和其他投资三部分，先估算出设备的投资额，然后再按一定比例估算出建筑物与构筑物的投资及其他投资，最后将三部分投资加在一起。

（1）设备投资估算。

设备投资估算按其出厂价格加上运杂费、安装费等，其估算公式如下：

$$K_1=\sum_{i=1}^{n}Q_i\cdot P_i\cdot(1+L_i) \tag{5-5}$$

式中：K_1——设备的投资估算值；Q_i——第i种设备所需数量；P_i——第i种设备的出厂价格；L_i——同类项目同类设备的运输、安装费系数；n——所需设备的种数。

（2）建筑物与构筑物投资估算。

$$K_2=K_1\cdot L_b \tag{5-6}$$

式中：K_2——建筑物与构筑物的投资估算值；L_b——同类项目中建筑物与构筑物投资占设备投资的比例，露天工程取0.1～0.2，室内工程取0.6～1.0。

（3）其他投资估算。

$$K_3=K_1\cdot L_w \tag{5-7}$$

式中：K_3——其他投资的估算值；L_w——同类项目其他投资占设备投资的比例。

项目固定资产投资总额的估算值K为：

$$K=(K_1+K_2+K_3)\cdot(1+S) \tag{5-8}$$

式中：S——考虑不可预见因素而设定的费用系数，一般为10%～15%。

2.投资总额比例估算法

以拟建项目或装置的设备费为基数，根据已建成的同类项目的建筑安装工程费及其他费用等占设备价值的百分比，求出相应的建筑安装工程费用及其他有关费用，其总和即为拟建项目或装置的投资额。其计算公式为

$$C=E(1+f_1\cdot P_1+f_2\cdot P_2+f_3\cdot P_3)+I \tag{5-9}$$

式中：C——拟建项目的建设投资额；E——根据设备清单按现行价格计算的设备费（包括运杂费）的总和；P_1、P_2、P_3——已建成项目中的建筑、安装及其他工程费用分别占设备费的百分比；f_1、f_2、f_3——由于时间因素引起的定额、价格、费用标准等变化的综合调整系数；I——拟建项目的其他费用。

这种方法适用于设备投资所占比例较大的项目。

3.同类比例估算法

以拟建项目中主要的、投资比重较大的工艺设备的投资（含运杂费，也可含安装费）为基数，根据同类型已建类似项目的统计资料，计算出拟建项目各专业工程费占工艺设备投资的比例，求出各专业工程投资，加总得工程费用，再加上其他费用，求得拟建项目的建设投资。

（四）系数估算法

系数估算法主要有朗格系数法、设备及厂房系数法和主要车间系数法。

1.朗格系数法

朗格系数法是以设备费为基础，乘以适当的系数来推算项目的建设费用。这种方法比较简单，但没有考虑设备规格、材质的差异，所以精确度不高。

$$D = C(1+\sum K_i)(1+\sum K_c) = C \times K_L \tag{5-10}$$

式中：K_L为朗格系数；D为总建设费用；C为主要设备费用；K_i、K_c为项目费用的估算系数。

应用朗格系数法进行工程项目或装置估算的精确度不是很高，其原因如下；

（1）装置规模大小发生变化的影响。

（2）不同地区自然地理条件的影响。

（3）不同地区经济地理条件的影响。

（4）不同地区气候条件的影响。

（5）主要设备材质发生变化时，设备费用变化较大而安装费变化不大所产生的影响。

尽管如此，由于朗格系数法以设备费为计算基础，而设备费在一项工程中所占的比重对于石油、石化、化工工程而言为45%～55%，几乎占一半，同时一项工程中每台设备所含有的管道、电气、自控仪表、绝热、油漆、建筑等，都有一定的规律。所以，只要对各种不同类型工程的朗格系数掌握得准确，估算精确度仍可较高。朗格系数法估算误差为10%～15%。

2.设备及厂房系数法

这种方法主要是在进行厂房设备投资建设时用得比较多。一个项目，工艺设备投资和厂房土建投资之和占了整个项目投资的绝大部分。如果设计方案已确定生产工艺，初布选定了工艺设备并进行了工艺布置，这就有了工艺设备的重量及厂房的高度和面积，那么，工艺设备投资和厂房土建的投资就可以分别估算出来；其他专业，与设备关系较大的按设备系数计算，与厂房土建关系较大的则以厂房土建投资系数计算，两类投资加起来就得出整个项目的投资。这种方法在初步可行性研究阶段使用是比较合适的。

总的来看，设备及厂房系数法比较简单，但没有考虑设备规格、材质的差异，所以精确度不高。

3.主要车间系数法

对于生产性项目，在设计中若仅考虑了主要生产车间的产品方案和生产规模，可先采用合适的方法计算出主要车间的投资，然后利用已建类似项目的投资比例计算出辅助设施等占主要生产车间投资的系数，估算出建设总投资。

（五）综合指标投资估算法

综合指标投资估算法又称概算指标法，是指依据国家有关规定，国家或行业、地方的定额、指标和取费标准以及设备和主材价格等，从工程费用中的单项工程入手来估算初始投资。投资估算指标是各地建设主管部门编制和颁布的，一般以元/米、元/米^2、元/米^3、元/吨、元/千瓦等形式表示。根据这些投资估算指标，乘以相应的长度（米）、面积（米^2）、体积（米^3）、质量（吨）、容量（千瓦）等，就可以求出拟建项目相应的土建工程、给排水工程、电气照明工程、采暖通风工程、变配电工程等单位工程的投资估算额。

采用这种方法，还需要相关专业提供较为详细的资料，有一定的估算深度，其精确度相对较高。其估算要点有以下几个方面：

1.设备和工器具购置费估算

这是指分别估算各单项工程的设备和工器具购置费，需要主要设备的数量、出厂价格和相关运杂费资料。一般运杂费可按设备价格的百分比估算，主要设备以外的零星设备费可按占主要设备费的比例估算，工器具购置费一般也按占主要设备费的比例估算。

2.安装工程费估算

在可行性研究阶段，安装工程费一般可以按照设备费的比例估算。该比例需要通过经验判定，并结合该装置的具体情况确定；也可按设备吨位乘以吨安装费指标，或安装实物量乘以相应的安装费指标估算；条件成熟的，还可按概算法估算。

3.建筑工程费估算

建筑工程费的估算一般按单位综合指标法，即用工程量乘以相应的单位综合指标估算。在实际工作中，要根据国家有关规定、投资主管部门或地区颁布的估算指标，结合工程的具体情况编制。若套用的指标与具体工程之间的标准或条件有差异时，应加以必要的换算或调整。使用的指标应密切结合每个单位工程的特点，能正确反映其设计参数，切勿盲目地单纯套用一种指标。

（1）单位面积综合指标估算法。在单项工程的投资估算中，投资包括土建、给排水、采暖、空调、电气、动力管道等所需费用，这些费用可以汇总成单位面积造价。单项工程的投资估算计算式如下：

单项工程投资额＝建筑面积×单位面积造价×价格浮动指数±结构和建筑部分的价差

（2）单元指标估算法。该法在实际工作中使用较多，现分工业建筑项目和民用建筑项目两种情况，分别给出估算法。

工业建筑项目单元指标估算法：

项目投资额＝单元指标×生产能力×物价浮动指数　　(5-11)

民用建筑项目单元指标估算法：

项目投资额＝单元指标×民用建筑功能×物价浮动指数　　(5-12)

单元指标是每个估算单位的投资额。例如，啤酒厂单位生产能力投资指标、饭店单位客房投资指标、冷库单位储藏量投资指标、医院每个床位投资指标等。

采用这种方法估算建设投资时，要注意以下两方面的问题：一方面要注意所使用的估算指标若与拟建工程的标准或条件有差异时，应加以必要的换算或调整；另一方面要注意所使用的估算指标及单位，应符合拟建工程的特点，能反映其设计参数，切勿盲目乱用估算指标。另外，投资估算应在某一特定的时间内进行，一般是以开工前一年为基准年，并以这一年的单位价格作为计算依据，否则就会影响建设投资估算的准确性。

（六）资金周转率法

这种方法是用资金周转率来推测投资额的一种简单方法。

当资金周转率为已知时，则：

$$C = (Q \times P) / T \tag{5-13}$$

式中：C——拟建项目总投资；Q——产品年产量；P——产品单价；T——资金周转率（T=年销售总额/总投资）。

计算步骤：①根据已建相似项目的有关数据估算出资金周转率；②根据拟建项目预计的产品年产量及单价确定拟建项目的投资额。

该方法简单明了，方便易行，但误差较大，不同性质的工厂或生产不同产品的车间，资金周转率都不同，要提高投资估算的精确度，必须做好相关的基础工作。

二、建设投资分类估算法

建设投资由建筑工程费、设备及工器具购置费、安装工程费、工程建设其他费用、基本预备费、涨价预备费和建设期利息七部分构成。

（一）建筑工程费的估算

建筑工程费估算一般可采用以下三种方法。

1.单位建筑工程投资估算法

单位建筑工程投资估算法是以单位建筑工程量投资乘以建筑工程总量来估算建筑工程投资费用的方法。

2.单位实物工程量投资估算法

单位实物工程量投资估算法是以单位实物工程量的投资乘以实物工程总量来计算建筑工程投资费用的方法。

3.概率指标投资估算法

在估算建筑工程费时，对于没有上述估算指标，或者建筑工程费占建设投资比例较大的项目，可采用概率指标投资估算法。

（二）设备及工器具购置费的估算

设备及工器具购置费包括设备购置费、工器具购置费、现场自制非标准设备费、生产用家具购置费和相应的运杂费。设备购置费应按国内设备和进口设备分别估算，工器具购置费一般按占设备购置费的比例计取。

1.国内设备购置费的估算

（1）国产标准设备原价。

国产标准设备原价一般指的是设备制造厂的交货价，即出厂价。设备的出厂价分两种情况：①带有备件的出厂价；②不带备件的出厂价。在计算设备原价时，应按带备件的出厂价计算，如设备由设备公司成套供应，则应以订货合同价为设备原价。

（2）国产非标准设备原价。

非标准设备原价有多种估价方法，如成本计算估价法、系列设备插入估价法、分部组合估价法、定额估价法等。按成本计算估价法，国产非标准设备的原价由以下各项组成：

①材料费。其计算公式为：

材料费＝材料净重×（1＋加工损耗系数）×每吨材料综合价　（5-14）

②加工费，包括生产工人工资和工资附加费、燃料动力费、设备折旧费、车间经费等。其计算公式为：

加工费＝设备总重量（吨）×设备每吨加工费　（5-15）

③辅助材料费，包括焊条、焊丝、氧气、氩气、氮气、油漆、电石等费用。其计算公式为：

辅助材料费＝设备总重量×辅助材料费指标　（5-16）

④专用工具费，按①～③项之和乘以一定百分比计算。

⑤废品损失费，按①～④项之和乘以一定百分比计算。

⑥外购配套件费，按设备设计图纸所列的外购配套件的名称、型号、规格、数量、重量，根据相应的价格加运杂费计算。

⑦包装费，按①～⑥项之和乘以一定百分比计算。

⑧利润，按①～⑥项之和乘以一定利润率计算。

⑨税金，主要指增值税。其计算公式为：

增值税＝当期销项税额－进项税额

当期销项税额＝销售额×适用增值税税率

⑩非标准设备设计费。按国家规定的设计费收费标准计算。

因此，单台非标准设备原价为：

单台非标准设备原价＝{[（材料费＋加工费＋辅助材料费）×（1＋专用工具费率）×（1＋废品损失费率）＋外购配套件费]×（1＋包装费率）－外购配套件费}×（1＋利润率）＋增值税＋非标准设备设计费＋外购配套件费　（5-17）

（3）国内设备购置费。

国内设备购置费为设备原价加运杂费。

设备运杂费（运输费、装卸费、供销手续费和仓库保管费等）一般按运杂费率和设备出厂价的百分比计算。

设备运杂费＝设备原价×运杂费率　（5-18）

2.进口设备购置费的估算

进口设备购置费（到岸价）的计算公式为：

进口设备购置费＝进口设备货价＋进口从属费用＋国内运杂费　（5-19）

进口从属费用＝国际运费＋运输保险费＋进口关税＋增值税＋外贸手续费＋银行财务费＋海关监管手续费　（5-20）

（1）进口设备货价。

进口设备货价根据向有关生产厂商的询价、生产厂商的报价、订货合同价计算。

（2）进口从属费用。

①国际运费，即从装运港（站）到达我国抵达港（站）的运费。其计算公式为：

国际运费 = 离岸价（FOB）×运费率 (5-21)

或　国际运费 = 单位运价×运量 (5-22)

其中，运费率或单位运价参照有关部门或进出口公司的规定执行。

②运输保险费，其计算公式为：

运输保险费 = （离岸价 + 国际运费）×保险费率 (5-23)

其中，保险费率按照保险公司规定的进口货物保险费率计算。

③进口关税，其计算公式为：

进口关税=（进口设备离岸价 + 国际运费 + 运输保险费）×进口关税税率 (5-24)

其中，进口关税税率按我国海关总署发布的进口关税税率计算。

④增值税，其计算公式为：

增值税税额 = 组成计税价格×增值税税率 (5-25)

组成计税价格 = 关税完税价格 + 进口关税 + 消费税 (5-26)

其中，增值税税率根据规定的税率计算，目前进口设备适用税率为17%。

⑤外贸手续费，其计算公式为：

外贸手续费 = ［进口设备离岸价（FOB） + 国际运费 + 运输保险费］×外贸手续费率 (5-27)

其中，商务部规定的外贸手续费率一般为1.5%。

⑥银行财务费，一般指中国银行手续费。其计算公式为：

银行财务费=进口设备离岸价（FOB）×银行财务费率 (5-28)

其中，银行财务费率目前为0.4%～0.5%。

⑦海关监管手续费，对全额征收关税的货物不收海关监管手续费。其计算公式为：

海关监管手续费 = 进口设备到岸价×海关监管手续费率 (5-29)

其中，海关监管手续费率按目前有关规定一般取0.3%。

（3）国内运杂费。

国内运杂费通常由下列各项构成：运费和装卸费、包装费、设备供销部门的手续费、采购与仓库保管费。

设备运杂费按设备原价乘以设备运杂费率计算，设备运杂费率按各部门及省、市等的规定计取。

3.工具、器具及生产用家具购置费的估算

工具、器具及生产用家具购置费是指新建或扩建项目初步设计规定的、保证初期正常生产必须购置的、没有达到固定资产标准的设备、仪器、工卡模具、器具、生产用家具和备品备件等的购置费用。一般以设备购置费为计算基数，按照部门或行业规定的工具、器具及生产用家具购置费率计算。其计算公式为：

工具、器具及生产用家具购置费 = 设备购置费×定额费率 (5-30)

现场自制非标准设备费用，由材料费、人工费和管理费组成，按其占设备总费用的一定比例估算。

（三）安装工程费的估算

安装工程费通常按行业有关安装工程定额、取费标准和指标估算，具体计算可按安装费率、每吨设备安装费或每单位安装工程实物量的费用估算，即：

安装工程费 = 设备原价×安装费率 (5-31)

安装工程费 = 设备吨位×每吨设备安装费 (5-32)

安装工程费＝安装工程实物量×每单位安装工程实物量的费用 （5-33）

（四）工程建设其他费用的估算

按其他费用内容大体可分为三类：与土地使用有关的费用、与工程建设有关的其他费用、与未来企业生产经营有关的其他费用。

1.与土地使用有关的费用

（1）土地征用及迁移补偿费。它是指工程建设项目通过划拨的方式取得无限制的土地使用权，依据《中华人民共和国土地管理法》等规定所支付的费用，具体内容包括：①土地补偿费；②安置补助费；③地上附着物和青苗补偿费。

（2）土地使用权出让金。它是指建设单位为取得有限制的土地使用权，依照《中华人民共和国城镇国有土地使用权出让和转让暂行条例》，向国家支付的土地使用费。

2.与工程建设有关的其他费用

（1）建设单位管理费。它是指建设项目从立项至竣工验收、交付使用，这一建设全过程的管理所需费用，包括建设单位经费和建设单位开办费。

其计算公式为：

建设单位管理费＝工程费用×建设单位管理费率 （5-34）

工程费用＝建筑安装工程费用+设备工器具购置费用 （5-35）

（2）勘察设计费。它包括编制项目建议书、可行性研究报告、投资估算及为编制所需文件进行的勘察、设计、研究试验等所需费用，以及在规定的范围内由建设单位自行完成的勘察、设计工作所需费用。建设项目总投资估算额500万元及以上的工程勘察和工程设计收费实行政府指导价；建设项目总投资估算额500万元以下的工程勘察和工程设计收费实行市场调节价。实行政府指导价的工程勘察和工程设计收费，其基准价根据《工程勘察收费标准》或者《工程设计收费标准》计算；实行市场调节价的工程勘察和工程设计收费，由发包人和勘察人、设计人协商确定收费额。

（3）研究试验费。它主要指为本建设项目提供或验收设计参数、数据、资料等进行必要的研究试验以及设计规定在施工中必须进行试验、验证和支付国内专利、技术成果一次性使用费所需的费用。

（4）建设单位临时设施费。它是指建设期间建设单位所需临时设施的搭建、维修、摊销费用或租赁费。临时设施主要包括临时宿舍、文化福利及公用事业房屋与建筑物、仓库、办公室、加工厂，以及规定范围内的道路、水、电、管线等临时设施和小型临时设施。新建项目一般按建筑安装工程费用的1%计取，改、扩建项目一般按建筑安装工程费用的0.6%计取。

（5）工程建设监理费。它是指建设单位委托工程监理单位对工程实施监理工作所需费用。其取费有以下两种方法：①参照国家物价局、建设部《建设工程监理与相关服务收费管理规定》（发改价格〔2007〕670号），按所监理工程概预算的百分比计收；②按参与监理工作的人员工日计取监理费。对于不宜按以上两种办法收费的，由建设单位和监理单位按商定的其他方法，以上述两项规定的建设监理收费标准为指导性价格，具体的收费标准由建设单位和监理单位在规定的幅度内协商确定。对于中外合资、合作、外商独资的建设工程，工程建设监理费由双方参照国际标准协商确定。

（6）引进技术和进口设备等其他费用。它包括出国人员费用、国外工程技术人员来华费用、技术引进费、分期或延期付款利息、担保费及进口设备检验鉴定费。

3.与未来企业生产经营有关的其他费用

（1）联合试运转费。它是指新建企业或新增加生产工艺过程的扩建企业在竣工验收前，按照设计规定的工程质量标准，进行整个车间的负荷或无负荷联合试运转发生的费用支出大于试运转收入的亏损部分。

（2）生产准备费。它是指新建企业或新增生产能力的企业，为保证竣工交付使用进行必要的生产准备所发生的费用，包括生产人员培训费，生产单位提前进厂参加施工、设备安装、调试等，以及熟悉工艺流程及设备性能等人员的工资、福利、差旅交通等费用。生产准备费一般根据需要培训和提前进厂人员的人数及培训时间按生产准备费指标计算。

（3）办公及生活家具购置费。它是指为保证新建、改建、扩建项目初期正常生产、使用和管理所必须购置的办公和生活家具、用具的费用，一般按设计定员人数乘以综合指标计算。

工程建设其他费用的具体科目及取费标准处在变动之中，应根据各级政府物价部门的有关规定并结合项目的具体情况确定。

（五）基本预备费

基本预备费指在项目实施中可能发生的难以预料的支出，即需事先预留的费用，亦称不可预见费。它主要指：①在设计变更及施工过程中可能增加的工程量的费用；②自然灾害造成的损失及其预防所采取的措施费；③竣工验收时为工程质量鉴定所需的挖掘和修复工程费用。

基本预备费以建筑工程费、设备及工器具购置费、安装工程费及工程建设其他费用之和为基数，按行业主管部门规定的基本预备费率计算。

基本预备费=（工程费用+工程建设其他费用）×基本预备费率 （5-36）

其中，工程费用包括建筑工程费、设备及工器具购置费和安装工程费。

另外，通常把建筑工程费、设备及工器具购置费、安装工程费、工程建设其他费用、基本预备费称为静态投资，即：

静态投资=建筑工程费+设备及工器具购置费+安装工程费+工程建设其他费用+基本预备费 （5-37）

（六）涨价预备费

涨价预备费是对建设工期较长的项目，在建设期内价格上涨可能引起投资增加而预备的费用，亦称为价格变动不可预见费。

$$PC = \sum_{t=1}^{m} I_t[(1+f)^t - 1] \tag{5-38}$$

式中：PC——涨价预备费；m——建设期；I_t——第t年的静态投资（工程费用、工程建设其他费用、基本预备费）；f——建设期价格上涨指数。

（七）建设期利息

建设期利息是项目在建设期内因使用外部资金而支付的利息。建设投资借款的资金来源渠道不同，其建设期利息的估算方法也不同。估算公式为：

每年应计利息 =（年初借款本息累计 + 本年借款支用款×1/2）×年利率 （5-39）

三、估算步骤

在建设投资分类估算时，将按照以下步骤完成：①分别估算建筑工程费、设备购置费和安装工程费。②得出分装置工程费用，再加总得出项目建设所需的工程费用。③估算工程建设其他费用。④估算基本预备费。⑤估算涨价预备费。⑥加总求得建设投资。

第三节 建设期利息估算

在项目投资估算中，项目建设期的资金利息计算是项目投资成本估算的一个关键环节。

一、建设期利息估算的概念

建设期利息是指筹措债务资金时在建设期内发生，并按规定允许在投产后计入固定资产原值的利息，即资本化利息。简而言之，利息即投资建设项目在建设期间内应偿还的全部借款利息，是资金的融资成本。建设期利息包括银行借款和其他债务资金的利息，以及其他融资费用。其他融资费用是指某些债务融资中发生的手续费、承诺费、管理费、信贷保险费等融资费用，一般情况下，应将其单独计算并计入建设期利息；在项目前期研究的初期阶段，可作粗略估算并计入建设投资；对于不涉及国外贷款的项目，在可行性研究阶段，也可作粗略估算并计入建设投资。

估算建设期利息时，需要根据项目的投资生命周期、投资阶段性及时间跨度等属性，先制订项目建设分年计划。之后，在计划的基础上，列出各年投资额（明确其中的外汇和人民币），设定初步融资方案，并对采用债务融资的项目估算其建设期利息。

二、建设期利息估算的前提条件

由上面的论述可以归纳出建设期利息估算所需要的前提条件。

（一）建设投资估算及其分年投资计划

确认整个项目投资的总资金需求，可以估算出项目生命周期内的总利息成本值。同时，在对项目建设期进行分段分析的基础上，可以整理出不同阶段资金的需求量、回收量及流动资金充足情况。于是，可以得出在满足整个项目投资需求的情况下，项目建设期内需要的短期资金和长期资金的比例关系，进而对资金的机会成本和利息做出更准确的估测。

（二）确定项目资本金（注册资本）数额及其分年投资计划

该条件帮助估算机构了解项目投资中的外部资金需求量及需求年份，从而在估算中可以根据借款发生年份来估计利率情况，并凭借项目建设期内的负债率来设计其破产风险程度和风险概率下的借款人回报要求——借款利息。

（三）确定项目债务资金的筹措方式及债务资金成本率

根据项目建设方的财力状况和债务市场现状，对项目投资方可以采用的债务资金筹集方式进行判断，并根据其自身的偿债能力和债务市场的风险回报率等要求，来预测项目债务资金的利息成本。

在以上三个条件具备的情况下，估算机构即可对项目建设期内所占用和借来的资金利息进行较为准确的估算，从而降低误差。

三、投资估算应注意的问题

投资估算中最常见的问题是投资估算不足。

(一) 投资估算不足的主要表现

投资估算不足的主要表现为：①只估算主要工程项目投资，漏算辅助、配套工程投资。②只估算设备的货价、运杂费以及有关的从属费。③开办费的取费标准使用不当。④漏算开办费。⑤少算或多算建筑工程量。

(二) 克服投资估算不足的基本方法

克服投资估算不足的基本方法有：①熟悉合营项目工程，详细了解生产工艺，掌握合营项目单项和单位工程数量。②掌握合营项目所需的生产设备数量，了解设备从属费的内容和取费标准。③分析项目应开支的各项费用，掌握费用的计算方法，正确使用费率标准。

四、建设期利息的估算方法

(一) 借款利率的确定理论

项目建设期利息估算与一般的贷款利息计算相似，原理上都是按照借款金额使用期内的成本率（即利率）与借款金额相乘计算得出的。因而，在计算中需注意的关键即是利率的确定方法和真实性。下面是与利率相关的几个重要概念：

1.名义利率与实际利率

所谓名义利率，是央行或其他提供资金借贷的机构所公布的未调整通货膨胀因素的利率，即利息（报酬）的货币额与本金的货币额的比率。实际利率则是指物价水平不变，从而使货币购买力不变条件下的利息率。

例如，银行3年期贷款的利率为6%，而同期通胀率为3%，若客户按照6%的利率水平向银行借入资金，则其借款利率与名义利率相同，均为6%，那么客户在3年间保持自身盈利能力不变的情况下，获得的收入是拥有通货膨胀贴水的，即其每年收入金额都会多出3%，于是它的还债能力就相对增强了。在不严格计算的情况下，这相当于客户只是以3%（6%-3%）的实际利率获得了贷款。

因此，扣除通胀成分后的实际利率对建设期利息估算更具有实际意义，银行一般不会使用名义利率直接放贷，它们都会考虑通胀情况。

2.单利与复利

单利和复利都是计息的方式，单利与复利的区别在于利息是否参与计息。在单利计算方法下，在到期时段内利息不参与计息；在复利计算方法下，利息按照约定的计息周期参与计息。二者的计算公式也有所不同，分别为下面两式：

$$I = C \cdot i \cdot n \tag{5-40}$$

$$I = C \cdot (1+i)^2 - C \tag{5-41}$$

式中：I——借款利息；C——借款总金额；i——借款利率；n——借款年数。

例如，一项存款按单利计息，年利率为3.50%，金额为10 000元，如果选择存2年，那么2年后应得的利息为：

10 000×3.5%×2 = 700（元）

如果该项存款按年计复利，那么2年后应得的存款利息为：

$10\ 000\times(1+3.5\%)^2-10\ 000=712.25$（元）

由上例可知，在相同借款总额和相同利率下，复利需要耗费项目建设方更多的成本。

3.一年内的计息次数

每年的计息次数对年借款利率的影响是：每年计息次数越多，则年实际利息率越高，借款成本越高。根据计息次数计算的实际利率公式如下：

$$i'=\left(1+\frac{i}{n}\right)^2-1 \quad (5\text{-}42)$$

式中：i——名义年利率；n——年计息次数；i′——实际利率。

例如，有一笔借款，银行要求企业按照每个季度返还一次利息，在年利率为6%的情况下，季度利率为1.5%（6%÷4），实际利率为：

$$i'=(1+1.5\%)^4-1=6.136\%>6\%$$

对与计息次数有关的影响，项目建设方应该根据自身的情况合理选择。例如，项目建设方的流动资金充足，且不希望因年底一次付息而影响了建设进度，则可以选择多次付息。在正常情况下，借款方应尽量避免出现多次计息的情况。

（二）建设期内借款利息估算方法

此项计算需考虑借款发生的时间特征，是年初还是在年内均衡发生，这决定了贷款偿还时因时间差异而导致的利息起伏。当借款发生在建设期各年年初时，对建设期利息按照下式估算：

$$Q=\sum_{i=1}^{n}[(P_{t-1}+A_t)\times i] \quad (5\text{-}43)$$

式中：Q——建设期利息；P_{t-1}——建设期第t－1年年末借款本息累计，可按单利或复利计算；A_t——建设期第t年借款额；i——借款年利率；t——年份。

当借款均匀发生在建设期各年年内时，对建设期利息按照下式估算：

$$Q=\sum_{i=1}^{n}\left[\left(P_{t-1}+\frac{A_t}{2}\right)\times i\right] \quad (5\text{-}44)$$

式中变量的定义与式（5-43）相同。

【例5-2】某新建项目，建设期为4年，第一年借款2 000万元，第二年借款3 000万元，第三年借款3 000万元，第四年借款2 000万元，各年借款均在年内均衡发生，年利率为7%，每年计息一次，建设期内不支付利息，试计算该项目的建设期利息。

解：

第一年借款利息：$Q_1=(P_{1-1}+A_1/2)\times i=2\ 000/2\times 7\%=70$（万元）

第二年借款利息：$Q_2=(P_{2-1}+A_2/2)\times i=(2\ 000+70+3\ 000/2)\times 7\%=249.9$（万元）

第三年借款利息：$Q_3=(P_{3-1}+A_3/2)\times i=(2\ 000+70+3\ 000+249.9+3\ 000/2)\times 7\%=477.4$（万元）

第四年借款利息：

$$Q_4=(P_{4-1}+A_4/2)\times i=(2\ 000+70+3\ 000+249.9+3\ 000+477.4+2\ 000/2)\times 7\%=685.8\text{（万元）}$$

该项目的建设期利息为：

$$Q=Q_1+Q_2+Q_3+Q_4=70+249.9+477.4+685.8=1483.1\text{（万元）}$$

在建设项目决策阶段，一般采用借款额在各年年内均衡发生的建设期利息计算公式估算建设期利息。根据项目实际情况，也可采用借款额在各年年初发生的建设期利息计算公式估算建设期利息。

有多种借款资金来源、每笔借款的年利率各不相同的项目，既可分别计算每笔借款的利息，也可先计算出各笔借款加权平均的年利率，并以此年利率计算全部借款的利息。

第四节 流动资金估算

流动资金指的是为维持正常的生产经营活动，用于购买劳动对象、支付工资及其他生产经营费用所必不可少的周转资金，又称“营运资金”“周转资金”。它用于购置原材料、燃料等，形成生产储备，然后投入生产中，经过加工制成成品，再经过销售收回。伴随固定资产投资而发生的流动资金是工程投资项目前期工作中总投资估算的重要组成部分，流动资金的合理估算与及时、足额筹措是使固定资产发挥作用的保障。尽管不同的项目关联方从不同角度对流动资金有不同态度，但项目的顺利运转是各方共同关心和期望的，各方应该协调一致，共同促成项目的运作。在项目投资估算中，通常使用扩大指数估算法和分项详细估算法来进行流动资金估算。一般个别情况或者小型项目可采用扩大指标估算法，而多数的流动资金估算采用分项详细估算法。

一、扩大指数估算法

扩大指数估算法是一种简化的流动资金估算方法，一般可参照同类企业流动资金占销售收入、经营成本的比例，或者单位产量占用流动资金的数额估算。虽然扩大指数估算法简便易行，但准确度不高，一般适用于项目建议书阶段的流动资金估算。

扩大指数估算法的计算公式为：

流动资金＝年营业收入额×营业收入资金率 （5-45）

流动资金＝年经营成本×经营成本资金率 （5-46）

流动资金＝年产量×单位产量占用流动资金额 （5-47）

由上述公式可知，扩大指数估算法过于依赖同类企业或项目的参考指数，对于项目独特性的特征反映不及时，很容易产生巨大的偏差。流动资金估算偏差将直接产生机会成本，这种致命的缺点限制了扩大估算指数法的应用范围。

二、分项详细估算法

分项详细估算法是指对流动资金构成的各项流动资产和流动负债分别进行估算。在可行性研究中，为简化起见，仅对存货、现金、应收账款、预付账款和应付账款五项内容进行估算。

在流动资金估算中，应按照如下步骤进行：

（一）各项流动资产和流动负债最低周转次数的确定

先计算存货、现金、应收账款和应付账款的年周转次数，以便于之后分项估算各项流动资产和流动负债所占用的资金额。

周转次数的计算公式为：

周转次数＝360/最低周转天数 （5-48）

存货、现金、应收账款和应付账款的最低周转天数，参照类似企业的平均周转天数并结合项目特点确定，或按部门（行业）规定计算。

（二）各项流动资产和流动负债的估算

1.存货估算

存货是企业为销售或耗用而储备的各种货物，主要有原材料、辅助材料、燃料、低值易耗品、修理用备件、包装物、在产品、自制半成品和产成品等。为简化计算，仅考虑外购原材料、外购燃料、在产品和产成品，并分项进行计算。其计算公式为：

存货 = 外购原材料 + 外购燃料 + 在产品 + 产成品 （5-49）

外购原材料占用资金 = 年外购原材料总成本/原材料周转次数 （5-50）

外购燃料占用资金 = 年外购燃料总成本/按种类分项周转次数 （5-51）

$$\text{在产品占用资金} = \left(\text{年外购原材料总成本} + \text{年外购燃料总成本} + \text{年工资及福利费} + \text{年修理费} + \text{年其他制造费用}\right) / \text{在产品周转次数} \quad (5\text{-}52)$$

产成品占用资金 = 年经营成本/产成品周转次数 （5-53）

2.应收账款估算

应收账款是指企业已对外销售商品、提供劳务但尚未收回的资金，包括很多科目，一般只计算应收销售款。其计算公式为：

应收账款 = 年销售收入/应收账款周转次数 （5-54）

3.现金需要量估算

项目流动资金中的现金是指货币资金，即企业生产运营活动中停留于货币形态的那一部分资金，包括企业库存现金和银行存款。其计算公式为：

现金需要量 = （年工资及福利费 + 年其他费用）/现金周转次数 （5-55）

年其他费用 = 制造费用 + 管理费用 + 销售费用 （5-56）

4.流动负债估算

流动负债是指在1年或超过1年的一个营业周期内，需要偿还的各种债务。一般流动负债的估算只考虑应付账款一项。其计算公式为：

应付账款 = （年外购原材料总成本 + 年外购燃料总成本）/应付账款周转次数 （5-57）

根据流动资金各项估算结果，汇总编制流动资金估算表。

（三）流动资金估算

在确定了各项流动资产和流动负债之后，最终根据下列计算公式进行流动资金估算：

流动资金 = 流动资产 - 流动负债 （5-58）

流动资产 = 应收账款 + 预付账款 + 存货 + 现金 （5-59）

流动负债 = 应付账款 + 预收账款 （5-60）

流动资金本年增加额 = 本年流动资金 - 上年流动资金 （5-61）

三、流动资金估算应注意的问题

（1）在采用分项详细估算法时，应根据项目的实际情况分别确定现金、应收账款、存货和应付账款的最低周转天数，并考虑一定的保险系数。因为最低周转天数减少，将增加周转次数，从而减少流动资金需用量，因此，必须切合实际地选用最低周转天数。对于存货中的外购原材料和外购燃料，要分品种和来源，考虑运输方式和运输距离，以及占用流动资金的比例大小等因素。

（2）在不同生产负荷下的流动资金，应按不同生产负荷所需的各项费用金额，分别按上述计算公式进行估算，而不能直接按照100%生产负荷下的流动资金乘以生产负荷求得。

（3）流动资金属于长期性（永久性）流动资产，流动资金的筹措可通过长期负债和资本金（一般要求占30%）的方式解决。流动资金一般要求在投产前一年开始筹措，为简化计算，可规定在投产的第一年开始按生产负荷安排流动资金需用量。其借款部分按全年计算利息，流动资金利息应计入生产期间财务费用，项目计算期末收回全部流动资金（不含利息）。

【例5-3】某资源综合利用项目正常生产年份的经营成本数据如表5-4所示。根据该项目的实际情况确定其各项流动资产和流动负债的最低周转天数为：应收账款、应付账款均为30天；存货中各项原材料平均为45天，在产品为4天，产成品为15天；现金为5天；该项目不涉及预付账款和预收账款。试估算该项目正常生产年份所需的流动资金。

表5-4 **某资源综合项目正常生产年份的经营成本数据** 单位：万元

序号	成本项目	正常生产年份的金额
	经营成本（含进项税额）	17 170
1	外购原材料费（含进项税额）	13 098
2	外购动力费（含进项税额）	2 023
3	工资及福利费	323
4	修理费	386
5	其他费用	1 340
	其中：其他制造费用	386
	其他销售费用	470
	其他管理费用	484

解：第一步，计算各分项的年周转次数：

应收账款 = 360÷30 = 12（次）

外购原材料 = 360÷8 = 45（次）

在产品 = 360÷4 = 90（次）

产成品 = 360÷16 = 24（次）

现金 = 360÷15 = 24（次）

应付账款 = 360÷30 = 12（次）

第二步，分项估算占用资金额：

应收账款 = 17 170÷12 = 1 430.8（万元）

外购原材料 = 13 098÷8 = 1 637.3（万元）

在产品 =（13 098 + 2 023 + 323 + 386 + 386）÷90 = 180.2（万元）

产成品 =（17 170 − 470）÷24 = 695.8（万元）

存货 = 1 637.3 + 180.2 + 695.8 = 2 513.3（万元）

现金 = （323 + 1 340）÷24 = 69.3（万元）

流动资产 = 1 430.8 + 2 513.3 + 69.3 = 4 013.4（万元）

应付账款（即流动负债）=（13 098 + 2 023）÷12 = 1 260.1（万元）

该项目所需的流动资金 = 4 013.4−1 260.1 = 2 753.3（万元）

第五节 项目投入总资金及分年投入计划分析

一、项目投入总资金

将前面估算的各项投资进行汇总，分别编制项目投入总资金估算汇总表（见表5-5）和主要单项工程投资估算表（见表5-6），并对项目投入总资金构成和各单项工程投资比例的合理性以及单位生产能力（使用效益）投资指标的先进性进行分析。

表5-5 项目投入总资金估算汇总表 单位：万元

序号	费用名称	投资额		占项目投入总资金的比率（%）	估算说明
		合计	其中：外汇		
1	建设投资				
1.1	建设投资静态部分				
1.1.1	建筑工程费				
1.1.2	设备及工器具购置费				
1.1.3	安装工程费				
1.1.4	工程建设其他费用				
1.1.5	基本预备费				
1.2	建设投资动态部分				
1.2.1	涨价预备费				
1.2.2	建设期利息				
2	流动资金				
3	项目投入总资金（1 + 2）				

表5-6 主要单项工程投资估算表 单位：万元

序号	工程名称	建筑工程费	设备及工器具购置费	安装工程费	工程建设及其他费用	合计
1						
2						
3						

二、项目分年投入计划评估

（一）分年资金投入计划

在估算出项目投入总资金后，应根据项目实施进度的安排，编制其分年资金投入计划表（见表5-7）。

表5-7　　分年资金投入计划表

序号	名称	人民币（万元）			外汇（万美元）		
		第1年	第2年	…	第1年	第2年	…
	分年计划（%）						
1	建设投资（不含建设期利息）						
2	建设期利息						
3	流动资金						
4	项目投入总资金（1+2+3）						

（二）资金使用计划评估

对项目资金使用计划的分析包括三方面内容：

（1）项目的资金使用计划是否与项目的实施进度计划相吻合与衔接，是否与融资计划相适应，是否合理安排了各年的投资支出，用款计划是否与资金来源相适应，是否有必要调整与修改。

（2）根据项目投资估算确定的资金需要量与分年投入计划，评估其资金来源及资金使用计划是否合理，是否符合国家有关政策规定。

（3）评估投资使用计划的安排是否科学合理，是否能保证项目的顺利实施，是否能满足资金有效利用的要求。

本章小结

1.投资估算就是估算项目所需资金总额（包括建设投资和流动资金），并测算建设期分年资金使用计划。投资估算是拟建项目编制项目建议书和可行性研究报告的重要组成部分，是项目决策的重要依据之一。

2.从费用构成来看，投资估算的内容应包括该项目从筹建、设计、施工，直至竣工投产所需的全部费用。以生产性建设项目为例，总投资包括建设投资、建设期利息和流动资产投资三部分；而在非生产性工程项目中，总投资只有建设投资、建设期利息，不含流动资产投资。

3.可行性研究阶段的建设方案中，项目投资估算设计应满足以下深度要求：（1）各主要条件和数据应有文件或意向书作为依据。（2）各层次建设方案设计经比选后提出倾向性意见。（3）满足投资估算误差不超过±10%的要求。（4）最终使项目决策分析与评价的结论能满足投资决策控制准确度的要求。

4.投资估算是工程项目建设前期从投资决策直至初步设计之前的重要工作环节，是项目建议书、可行性研究报告的重要组成部分，是保证投资决策正确的关键环节。

5.投资决策过程可划分为项目的投资机会研究或项目建议书阶段、初步可行性研究阶段及详细可行性研究阶段。因此，投资估算工作也相应地分为三个阶段。

6.建设投资常用的简单估算方法有生产能力指数法、资金周转率法、比例估算法和综合指标投资估算法。

7.建设投资分类估算法：通过分别计算建筑工程费、设备及工器具购置费、安装工程费、工程建设其他费用、基本预备费、涨价预备费和建设期利息七部分汇总而成。

8.建设期利息是指筹措债务资金时在建设期内发生，并按规定允许在投产后计入固定资产原值的利息，即资本化利息。

9.在建设项目决策阶段，一般采用借款额在各年年内均衡发生的建设期利息计算公式估算建设期利息。根据项目实际情况，也可采用借款额在各年年初发生的建设期利息计算公式估算建设期利息。

10.在项目投资估算中，通常使用扩大指数估算法和分项详细估算法来进行流动资金估算。一般个别情况或者小型项目可采用扩大指标法，而多数的流动资金估算均可采用分项详细估算法。

本章能力训练

一、名词解释

投资估算　项目总投资　投资估算深度　投资估算阶段　建设投资　工程费用　设备及工器具购置费　安装费用　工程建设其他费用　基本预备费　涨价预备费　静态投资　动态投资　建设期利息　流动资金

二、思考分析

1.项目投资估算的内容有哪些？

2.项目投资估算的内容和深度要求有哪些？

3.项目投资估算的依据是什么？

4.项目投资估算有哪些阶段？

5.项目建设投资估算方法有哪些？什么是建设投资的分类估算法？

6.如何计算建设期借款利息？

7.流动资金的估算方法有哪些？什么是流动资金的分类详细估算法？

8.什么是静态投资？什么是动态投资？

第六章

投资方案的决策分析

案例情景

某万吨级铜矿扩建工程方案优选

某铜矿区是一座大型地下开采矿山，始建于1966年，经过多次挖潜扩产，采选生产规模由建矿时的1.5 kt/d逐步增加至5 kt/d。矿区分南、北两个矿带，采用分区开采（北矿带采矿规模3 kt/d，南矿带采矿规模2 kt/d）、集中提升、集中选矿的方式，并采用主、副竖井+斜坡道联合方式进行开拓。为做好与深部开采工程的合理衔接，并结合自身发展需要，矿山近年对矿区范围内矿产资源储量进行核实。历经2年多时间，地质勘查工作取得了巨大成果，探获的资源量是前期探明资源量的2倍，查明资源储量达到97 070 kt，铜金属量920 kt，硫量8 740 kt，为矿山扩产打下了扎实基础。为切实将资源优势转化为经济优势，形成合理的规模效应，降低生产成本（尤其是人工成本），使得矿山开采的利润最大化，从项目经济效益角度出发，拟将生产规模扩大至10 kt/d。有三种投资方案可供选择。

按贴现率10%，经营20年，考虑基建投资和年经营费用计算三种方案的费用现值。计算得出方案Ⅰ费用现值为131 698万元，方案Ⅱ费用现值为122 724万元，方案Ⅲ费用现值为122 212万元，方案Ⅰ费用现值最高，方案Ⅱ费用现值略高于方案Ⅲ，方案Ⅲ费用现值最低。由此实现对方案的比选。

资料来源　任建平，门建兵，成腾蛟．某万吨级铜矿扩建工程方案优选［J］．有色冶金设计与研究，2017（6）．

由该案例引出，如何对投资方案进行决策分析？有哪些对比分析指标？本章将讲解投资方案的静态与动态分析方法。重点是投资方案比选的指标。

第一节　投资方案的静态分析方法

静态经济效果评价方法主要根据其使用的评价指标不同而进行区分，常用的有静态投资回收期法、投资效益率法、累计现金流量图法等。

一、静态投资回收期法

投资者一般都十分关心投资的回收速度，为了减少投资风险，都希望越早收回投资越好。于是，资金回收的时间跨度就成了一项重要的指标，即被称为投资回收期。投资回收期就是通过资金回流累加来回收最初的投资资金的时间年限。

投资回收期分为静态投资回收期和动态投资回收期。静态投资回收期是指在不考虑资金时间价值的条件下，以项目的净收益回收其全部投资所需要的时间。动态投资回收期则是把投资项目各年的净现金流量按基准收益率折成现值之后，再来推算投资回收期，这就是它与静态投资回收期的根本区别。两种投资回收期都是以项目建设开始的年份算起，动态投资回收期则更为确切地将开始时间定义在项目开始年份的初始点。

静态投资回收期的计算公式为：

$$P_q = t + (A - \sum_{i=1}^{t} k_i) / k_{t+1} \tag{6-1}$$

式中：P_q——项目的静态投资回收期；A——项目总的投资金额；k_i为第i年的项目净收益；t——投资的第t年，其特征为项目开始建设至第t年年底，项目累计的年净收益之和小于项目总投资A，而第t+1年的项目净收益值大于项目总投资与已累计净收益之差。

若项目的年净收益（即净现金流量）均相同，均为k，则在项目总投资为A的情况下，式（6-1）可简化为：$P_q=A/k$。

使用该方法评价项目投资方案是否值得选择的标准为：①将计算出的静态投资回收期与投资方可接受的基准回收期相比较，剔除时间超过基准回收期要求的项目投资方案；②在资金回收期符合原则的项目投资方案中，优先选择投资回收期短的投资方案。

在应用中，投资回收期法存在以下优点与不足：

（1）优点。投资回收期指标容易理解、计算简便，回收期在一定程度上反映了资本的周转速度。很明显，具有快速资本周转能力的项目，其回收期短，风险相对小，累计盈利多。这对于那些技术上更新快，或资金相当短缺，或未来的情况很难预测而投资者又特别关心资金补偿之类的项目投资方案的分析是特别有用的。

（2）缺点。投资回收期法没有全面地考虑投资方案整个生命期内的现金流量，即忽略了对发生在投资回收期之后的净收益、追加投资等活动的考虑。仅关注资本回收的效果，而不估计回收之后项目发展、存续、获益等能力，这不利于衡量项目投资方案对项目目标实现的能力，也无法反映整个投资生命期内的经济效果。

考虑到投资回收期法存在以上的优缺点，仅使用投资回收期作为方案选择和项目排队的评价准则是不可靠的，它只能作为辅助评价指标，在作项目评价时，往往还需要运用其他方法与之结合应用。

二、投资收益率法

投资收益率又称为投资利润率，记作ROE。它是指投资收益（税后）占投资成本的比率，反映了投资方案的盈利程度。其计算公式为：

$$ROE = \frac{R}{I} \times 100\% = \frac{S - C - D - T}{I} \times 100\% \tag{6-2}$$

式中：R——年利润总额；I——项目总投资额；S——年销售收入；C——年经营成本；D——年折旧额；T——年销售税金。

投资收益率反映项目投资的收益能力。在决策中，当该比率明显低于一般企业净资产收益率时，说明对外投资是不利于企业账面价值提升的，应改善对外投资结构和投资项目；当该比率高于一般企业净资产收益率时，说明项目投资收益能力较好，投资方案可以接受；当该比率远高于一般企业净资产收益率时，则可能存在操纵利润的嫌疑，应进一步分析各项收益的合理性。

在使用该方法进行决策时，需注意以下几个问题：

（1）当投资收益率低时，项目投资方案并不一定是不可接受的。有些时候低收益率的项目可能具有社会福利性质或隐形的社会效应。例如，房地产企业投资建设中小学校的校舍时，其收益率极低，但可为企业带来正面的社会形象和地方政府的优待，这些是企业无形的价值增长。

（2）当投资收益率过高时，项目投资方案并不一定可以接受。高收益一般意味着高风险，一个收益率过高的项目会吸引较多的投资者参与和重复建设。在“羊群效应”的情况下，一个在预算方案中存在高收益率的项目，很可能在实施中会出现与预期完全相反的效果。

（3）一个高投资收益率的项目可能并不如一个低投资收益率的项目值得投资。例如，在项目均不可重复建设的情况下，一个3年期的总投资为1 000万元的项目年收益率为15%，而一个3年期的总投资为200万元的项目年收益率为30%，企业的日常经营收益率为12%。对待这两个方案，管理者很可能会选择前者。因为在收益率均高于企业日常水平的条件下，虽然第一个项目收益率仅为第二个项目的一半，但是第一个项目能获得的3年收益累计（450万元）比第二个项目（180万元）多出270万元。

与投资回收期法的应用情况相同，投资收益率法在应用中也无法完全独立使用。

三、累计现金流量图法

累计现金流量图法实际上是投资回收期法的一种图解法。把现金流量作为时间的函数，用一个二维的图形表示，叫做现金流量图。运用现金流量图，就可以全面、形象、直观地表达出资金运动状态。

首先，需要了解一下现金流量的概念。在项目生命周期中存在着复杂的资金运动，这种不断运动的资金流就称为现金流量。资金由外部进入企业的过程称为现金流入，而流出的过程则称为现金流出。现金流入用CI表示，现金流出用CO表示，同一时点现金流入与现金流出的差额叫做净现金流量，用NCF表示。

其次，需要了解一下如何做出现金流量图。现金流量图的绘制方法如下：

（1）横轴表示时间轴，将横轴分为n等份，注意第n-1期终点和第n期的始点是重合的，每一等份代表一个时间单位，可以是年、半年、季、月或天。

（2）与横轴垂直向下的箭头代表现金流出，与横轴垂直向上的箭头代表现金流入，箭头的长短与金额的大小成比例。

（3）代表现金流量的箭头与时间轴的交点即表示该现金流量发生的时间。

由此可知，要正确绘制现金流量图，必须把握好现金流量的三要素，即现金流量的大小、方向和时间点。在累计现金流量图中，流入流出的箭头代表着从项目开始建设至该时间点为止累计的项目净现金流量大小。如果该箭头的长度为零，则表示项目的总投资在该点已全部回收完毕。

最后，通过使用累计现金流量图来判断项目投资平衡点，即投资总金额被完全回收的时间点。图6-1为累计现金流量图的示意图。

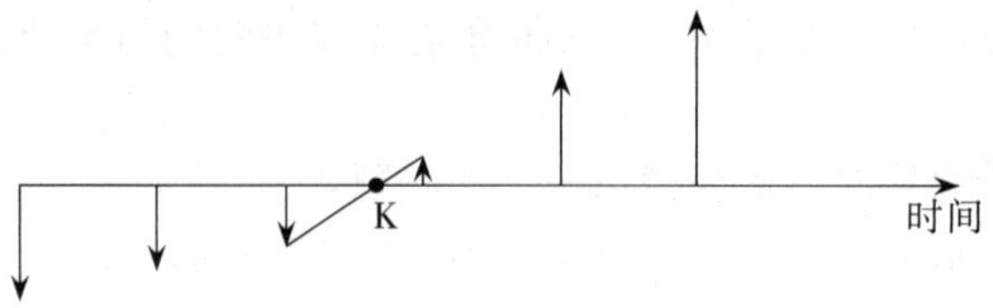

图6-1　累计现金流量图的示意图

观察图6-1可知，在该项目的第三年，项目的累计净现金流量为零，即达到了项目投资的平衡点（K）。

我们也可以通过累计净现金流量计算静态投资回收期：

$$P_q=(\text{累计净现金流量出现正值的年数}-1)+\frac{\text{上年累计净现金流量的绝对值}}{\text{出现正值年份的净现金流量}} \quad (6-3)$$

【例6-1】根据表6-1的净现金流量系列求静态投资回收期。

表6-1　净现金流量系列　单位：万元

年份	1	2	3	4	5	6	7	8	9	10	11	12~20
净现金流量	-180	-250	-150	84	112	150	150	150	150	150	150	150

解：构造累计净现金流量表如表6-2所示。

表6-2　累计净现金流量表　单位：万元

年份	1	2	3	4	5	6	7	8	9	10	11	12~20
净现金流量	-180	-250	-150	84	112	150	150	150	150	150	150	150
累计净现金流量	-180	-430	-580	-496	-384	-234	-84	66	216	366	516	1866

静态投资回收期 $P_q=8-1+84\div150=7.56$（年）

第二节　投资方案的动态分析方法

动态经济效果评价不仅考虑了资金的时间价值，而且考虑了项目在整个生命周期的全部经济数据，因此比静态经济效果评价更全面、更科学。

在动态经济效果评价中，最基本的经济学概念包括货币时间价值、折现率、现值与净现值、内含报酬率等。已知的动态经济效果评价方法均是在以上概念的基础上设计得到的。

一、动态投资回收期法

动态投资回收期的概念在上一节中已经介绍过，动态投资回收期法的决策标准、优点与不足也均与静态投资回收期法相同，故这里不再赘述。

同前所述，投资者都十分关心投资的回收速度，为了减少投资风险，都希望能尽早收回投资，而静态投资回收期中没有考虑货币时间价值的问题，即将现在投资的资金与未来某个时间获得的资金进行直接比较，忽视了现有资金的自然增值问题。于是，动态投资回收期法增加了对资金的时间价值的考虑，将未来的每笔收益都用折现率进行折现，然后计算投资回收期。按静态分析计算的投资回收期较短，决策者可能认为经济效果尚可以接受。但若考虑时间因素，用折现法计算出的动态投资回收期要比用传统方法计算出的静态投资回收期长些，该方案未必能被接受。

对静态投资回收期进行修正而得到的动态投资回收期计算公式为：

$$P'_q = t(A - \sum_{i=1}^{t} k'_i) / k'_{t+1} \tag{6-4}$$

式中：P'_q——项目的动态投资回收期；A——项目总的投资金额；k'_i——第i年项目净收益的现值；t——投资的第t年，其特征为项目开始建设至第t年年底，项目各年净收益的现值之和小于项目总投资A，而第t+1年的项目净收益现值大于项目总投资与已累计净收益现值之差。

我们也可以通过累计净现金流量折现值计算动态投资回收期：

$$P'_q = (\text{累计折现值出现正值的年数} - 1) + \frac{\text{上年累计折现值的绝对值}}{\text{出现正值年份的折现值}} \tag{6-5}$$

二、净年值法与净年值率法

（一）净年值法

净年值（Net Annual Value，NAV）是指按给定的折现率，通过等值换算将项目投资方案计算期内各个不同时点的净现金流量分摊到计算期内各年的等额年值。其计算公式如下：

$$NAV = NPV \cdot (A/P, i, n) \tag{6-6}$$

式中：NAV——净年值；NPV——净现值；（A/P，i，n）——年金系数，其中A为年金，P为现值，i为折现率，n为投资年数。

观察式（6-5）可以发现，净年值实际上就是将一个投资项目生命周期内的各个时期净现金流量折现，求得整个项目净现值之后，再将项目净现值使用年金化系数转变为一个等值普通年金序列。

净年值法就是通过净年值来判断项目是否可行。在应用中，净年值法的判别准则为：①对独立项目方案而言，若NAV≥0，则项目在经济效果上可以接受，否则项目在经济效果上不可接受；②在多项目投资方案比选时，净年值越大且非负的方案越优（净年值最大准则）。

需要指出的是，从计算原理上看，NAV与NPV的评价是等效的，因为年金系数（A/P，i，n）是非负数。与净现值所不同的是，净年值给出的信息是生命周期内每年的等额超额收益。在处理不同生命周期项目方案比选等问题时，净年值法要比净现值法更为实用和简便。另外，在使用中，NAV法与NPV法相同，均倾向于将投资额大和生命周期长的方案视为最优。这一点有时会产生决策偏差。

（二）净年值率法

为了克服净年值法有利于投资额大和生命周期长的方案的偏差，我们可以采用类似净现值率的动态决策指标——净年值率（Net Annual Value，NAVR）进行计算。其计算公式为：

$$NAVR = \frac{NVA}{C} \tag{6-7}$$

式中：NAVR——净年值率；NVA——净年值；C——项目投资总额的现值。

NAVR反映了项目单位投资现值获得的净年值。它表示单位投资除获得符合设定折现率要求的年净收益外，还可获得的超额净收益，亦可将其理解为单位原始投资的净现值所创造的净现值。净年值率法适用于有资金约束条件下多个方案的排队和优选。

但是，净年值率法也存在一个明显的不足：它的经济效益表达很不直观，常常使项目投资者或是经营者感到困惑，因此指标缺乏说服力，一般不用于单个方案的评价。即使用于多个方案的比较评价时，也只是作为辅助指标来考虑。

三、现值指数法

这种方法使用现值指数作为评价方案的指标。所谓现值指数，是指未来现金流入现值与现金流出现值的比率，亦称为现值比率、获利比例、折现后收益-成本比率等。

计算现值指数的公式为：

$$现值指数 = \sum_{k=0}^{n}\frac{I_k}{(1+i)^k} \div \sum_{k=0}^{n}\frac{O_k}{(1+i)^k} \tag{6-8}$$

式中：I——现金流入；O——现金流出；i——折现率；n——计算期。

【例6-2】设折现率为10%，有三个投资方案。有关数据如表6-3所示。计算现值指数并分析方案优劣。

表6-3 三个投资方案有关数据 单位：元

年份	A方案		B方案		C方案	
	净收益	现金净流量	净收益	现金净流量	净收益	现金净流量
0		（20 000）		（9 000）		（12 000）
1	1 800	11 800	（1 800）	1 200	600	4 600
2	3 240	13 240	3 000	6 000	600	4 600
3			3 000	6 000	600	4 600
合计	5 040	5 040	4 200	4 200	1 800	1 800

解：对于A方案现金流入为11 800×0.9091+13 240×0.8264=21 669（元），现金流出为20 000元；对于B方案现金流入为1 200×0.9091+6 000×0.8264+6 000×0.7513=10 557（元），现金流出为9 000元；对于C方案现金流入为4 600×2.487=11 440（元），现金流出12 000元。

A、B、C方案的现值指数分别为：

现值指数（A）=21 669÷20 000=1.08

现值指数（B）=10 557÷9 000=1.17

现值指数（C）=11 440÷12 000=0 .95

A、B两方案的现值指数大于1，说明其收益超过成本，即投资报酬率超过预定的折现率；C方案的现值指数小于1，说明其投资报酬率没有达到预定的折现率；如果现值指数为1，说明折现后现金流入等于现金流出，投资报酬率与预定的折现率相同。

现值指数法的主要优点是，可以进行独立投资机会获利能力的比较。在例6-2中，A方案的净现值是1 669元，B方案的净现值是1 557元。如果这两个方案之间是互斥的，当然A方案较好。如果两者是独立的，哪一个应优先给予考虑，可以根据现值指数来选择。B方案现值指数为1.17，大于A方案的1.08，所以B方案优于A方案。现值指数是一个相对数指标，反映投资的效率；而净现值是一个绝对数指标，反映投资的效益。

四、内含报酬率法

内含报酬率法是根据方案本身内含的报酬率来评价方案优劣的一种方法。所谓内含报酬率，是指能够使未来现金流入量现值等于未来现金流出量现值的折现率，或者说是使投资方案净现值为零的折现率。

净现值法和现值指数法虽然考虑了时间价值，可以说明投资方案高于或低于某一特定的投资报酬率，但没有揭示方案本身可以达到的具体的报酬率是多少。而内含报酬率是根据方案的现金流量计算的，是方案本身的投资报酬率。

内含报酬率的计算，通常需要运用“逐步测试法”。首先估计一个折现率，用它来计算方案的净现值。如果净现值为正数，说明方案本身的报酬率超过估计的折现率，应提高折现率后进一步测试；如果净现值为负数，说明方案本身的报酬率低于估计的折现率，应降低折现率后进一步测试。经过多次测试，寻找出使净现值接近于零的折现率，即为方案本身的内含报酬率。

根据例6-2中的资料，可以计算A方案的净现值为21 669-20 000=1 669（元），为正数，说明它的投资报酬率大于10%，因此，应提高折现率进一步测试。假设以18%为折现率进行测试，结果净现值为-499元。下一步降低到16%重新测试，结果净现值为9元，已接近于零，可以认为A方案的内含报酬率是16%，测试过程见表6-4。B方案的净现值为10 557-9 000=1 557（元），也为正数，同样用18%作为折现率测试，净现值为-22元，接近于零，可认为其内含报酬率为18%，测试过程见表6-5。

表6-4　**A方案内含报酬率的测试**　金额单位：元

年份	现金净流量	贴现率=18%		贴现率=16%	
		贴现系数	现值	贴现系数	现值
0	（20 000）	1	（20 000）	1	（20 000）
1	11 800	0.8 47	9 995	0.862	10 172
2	13 240	0.718	9 506	0.743	9 837
净现值			（499）		9

表6-5　**B方案内含报酬率的测试**　金额单位：元

年份	现金净流量	贴现率=18%		贴现率=16%	
		贴现系数	现值	贴现系数	现值
0	（9 000）	1	（9 000）	1	（9 000）
1	1 200	0.847	1 016	0.862	1 034
2	6 000	0.718	4 308	0.743	4 458
3	6 000	0.609	3 654	0.641	3 846
净现值			（22）		338

如果对测试结果的精确度不满意，可以使用内插法来改善：

内含报酬率（A）=16%+2%×9÷（9+499）=16.04%

内含报酬率（B）=16%+2%×338÷（22+338）=17.88%

C方案各期现金流入量相等，符合年金形式，内含报酬率可直接利用年金现值表来确定，不需要进行逐步测试。

设现金流入的现值与原始投资相等：

原始投资=每年现金流量×年金现值系数

12 000=4 600×（P/A，i，3）

（P/A，i，3）=2.609

查阅“年金现值系数表”，寻找n=3时系数2.609所指的利率。查表结果显示，与2.609接近的现值系数2.624和2.577分别指向7%和8%。用内插法确定C方案的内含报酬率为7.32%。

内含报酬率（C）=7%+［7%+1%×（2.624－2.609）÷（2.624－2.577）］

=7%+0.32%=7.32%

在计算出各方案的内含报酬率以后，可以根据企业的资本成本或要求的最低投资报酬率对方案进行取舍。假设资本成本是10%，那么A、B两个方案都可以接受，而C方案则应该放弃。

内含报酬率是方案本身的收益能力，反映其内在的获利水平。如果以内含报酬率作为贷款利率，通过借款来投资本项目，那么还本付息后将一无所获。这一原理可以通过C方案的数据来证明，见表6-6。

表6-6 **C方案还本付息表** 单位：元

年份	年初借款	利率=7.32%	年末借款	偿还现金	借款余额
1	12 000	878	12 878	4 600	8 278
2	8 278	607	8 885	4 600	4 285
3	4 285	314	4 599	4 600	-1

内含报酬率法和现值指数法有相似之处，都是根据相对比率来评价方案，而不像净现值法那样使用绝对数来评价方案。在评价方案时要注意：比率高的方案绝对数不一定大；反之也一样。这种不同类似于利润率与利润额的不同。A方案的净现值大，是靠投资20 000元获得的；B方案的净现值小，是靠投资9 000元获得的。如果这两个方案是互相排斥的，也就是说，只能选择其中一个，那么选择A有利。A方案尽管投资较大，但是在分析时已考虑到承担该项投资的应付利息。如果这两个方案是相互独立的，也就是说，采纳A方案时不排斥同时采纳B方案，那就很难根据净现值来排定优先次序。而内含报酬率法可以解决这个问题，应优先安排内含报酬率较高的B方案，如还有足够的资金，可以再安排A方案。

内含报酬率法与现值指数法也有区别。在计算内含报酬率时不必事先选择折现率，根据内含报酬率就可以排定独立投资的优先次序，只是最后需要一个切合实际的资本成本或最低报酬率来判定方案是否可行。现值指数法需要一个适合的折现率，以便将现金流量折为现值，折现率的高低将会影响方案的优先次序。

第三节 互斥型项目投资方案的决策分析

所谓互斥方案，是指同一项目的几个方案可以彼此相互代替，选择了其中一个方案，就意味着自动排斥其他方案。方案比较是寻求最优决策的必要手段，是项目经济评价的重要内容。在项目可行性研究过程中，各项主要经济和技术决策都要根据实际情况提出各种可能方案进行比选，计算各方案的经济效益，并结合其他因素详细论证、比较，选择最优方案。方案比选应注意在某些情况下使用不同指标导致相反结论的可能性。因此，应根据方案的实际情况（计算期是否相同、资金有无约束及效益是否相同等）选用适当的比较方法和指标。

一、寿命相等的互斥方案比选

寿命相等是指互斥项目方案的生命周期相同。在这种状况下，可视不同情况和具体条件分别选用差额投资内部收益率法、净现值法、年值法或净现值率法。在对效益相同或效益基本相同但难以估算的方案进行比较时，为简化计算，可采用最小费用法（包括费用现值比较法和年费用比较法）。在对多个互斥方案进行分析时，必须在前面所述分析方法的基础上，进行增量分析，也就是对增量投资大的方案与投资小的方案的投资差额所产生的增额效益进行分析。增量分析法也是一种在实践中广泛应用的方法。

（一）增量分析法的原理

在项目投资决策分析中，经常遇到对互斥方案进行经济效果评价的问题。其目的在于确定在多个备选互斥方案中，哪个方案经济效果最好。目前最常用的评价方法是增量分析法。该方法认为，对投资额不等的互斥方案进行经济效果评价选优，实质是判断其增量投资的经济合理性，即投资大的方案相对于投资小的方案多投入的资金能否带来满意的增量收益。若增量投资能够带来满意的增量收益，则投资额大的方案优于投资额小的方案；若增量投资不能带来满意的增量收益，则投资额小的方案优于投资额大的方案。

增量分析法是互斥方案分析过程的基本方法。一般而言，增加投资会增加收益，但所增加的收益是否在经济上合算，投资额的不断增加是否会带来效益的不断增加，这些问题是方案分析中必须解决的问题。

在增量分析中，一般可用绝对数指标（如净现值、净年值、回收期）和相对数指标（如内部收益率）相结合来判断衡量方案经济效果的高低。同时，为了更全面、更准确地反映所选方案经济效果的实际状况，还要分别考察各个方案本身的经济效果，即进行各方案的绝对经济效果评价，得出各方案是否达到经济效果水平的最低要求（即与基准收益率或项目收益目标相比较），若不能达到，则该方案便被放弃。然后再考察达到最低经济效果要求的各方案中哪个方案相对最优，即进行相对经济效果检验。

简而言之，增量分析法的分析判断过程为：①先进行各方案绝对经济效果指标的计算；②再进行各方案相对经济效果指标的计算；③做出决策判断。

应该明确的是，对投资项目的好坏判断应该从其自身的经济性如何来考虑。因此，投资方案间的优劣比较，应是方案自身各经济指标之间的比较。用增量分析法判断，只是一种理想化的简化，即假设投资大的方案可以被拆成投资小的方案与增额投资方案，并认为在设定投资小的部分经济性相同的条件下，只需要考察增额部分的经济性即可。但考察增额部分的经济性是否可行，以及如何进行判断，是值得讨论的问题。

（二）增量分析法及其使用的评价指标

根据反映增量经济效果的指标的不同，增量分析法可细分为静态分析法（差额投资收益率法、差额投资回收期法）和动态分析法（差额净现值法、差额净年值法、差额投资内部收益率法等）。由于资金时间价值是客观存在且不容忽视的，动态经济效果评价方法对互斥方案的评价更为客观、科学，因此，在实际工作中，主要应用差额净现值法和差额投资内部收益率法评选互斥方案，其中差额净现值导出了普遍遵循的净现值最大准则、净年值最大准则、差额投资内部收益率原则。净现值最大准则用于寿命期相同的互斥方案评选，净年值最大准则用于寿命期不同的互斥方案评选。

1.差额投资回收期法

差额投资回收期法是指将一个投资方案比另一个投资方案多投资的部分与由此带来的收益变化额进行比较，借助于标准投资回收期以决定方案之间相对优劣的判断方法。其主导思想是考察两个投资方案的投资额之差（即所谓的“增额投资”）的经济效益的好坏。如果增额投资部分判断可行，则值得在较小投资方案的基础上增加此部分投资，即投资大的方案较优；否则就不值得增加投资，即投资小的方案较优。

在计算中，差额投资回收期法在不计利息的条件下，用投资额大的方案比投资额小的方案所节约的经营成本来计算回收差额投资所需的期限。简单地说，就是两方案的投资差额比上两方案的年净收益差额，算出来的是投资差额的回收期。其计算表达式为：

$$T = \frac{K_2 - K_1}{P_2 - P_1} \tag{6-9}$$

当两个投资方案的收入相等，即 $R_1=R_2$ 时，式（6-9）也可以转化为：

$$T = \frac{K_2 - K_1}{C_2 - C_1} \tag{6-10}$$

式中：K_1、K_2——方案1、方案2的总投资额；P_1、P_2——方案1、方案2的净收益额；R_1、R_2——方案1、方案2的年总收入额；C_1、C_2——方案1、方案2的年总成本额。

式（6-10）和式（6-9）的隐含条件是：$K_2>K_1$，$P_2>P_1$，$C_2>C_1$。

设 T_0 是作为判断依据的标准投资回收期，则此方法的判断准则是：当 $T\leqslant T_0$ 时，方案2（投资大者）优于方案1（投资小者），因为增量投资回收得快；当 $T\geqslant T_0$ 时，方案1优于方案2，因为增量投资回收比基准回收还要慢，当然不能多投资。

差额投资回收期法的应用前提是各方案满足可比要求。当比较方案年产量不同时，以单位产品的投资费用和经营费用来计算增量投资回收期，也就是每项费用均除以相关的产量，再进行计算。特别是当有多个方案进行比较选优时，首先要将其排序，以投资总额从小到大排列，再两两比较选优。注意：差额投资回收期法只能用来衡量方案之间的相对经济性，不能反映方案自身的经济效益。

2.差额净现值法

差额净现值法是指通过比较多个项目之间的净现值差额来择优选取。差额净现值就是投资大的方案相对于投资小的方案的逐年增量净收益按基准收益率折算成现值的代数和，记为△NPV。假设A、B为两个互斥方案，A的投资大，则：

$$\begin{aligned}\Delta NPV_{A-B} &= \sum[(CI_A - CO_A)_t - (CI_B - CO_B)_t]\cdot(1+i_c)^{-t} \\ &= \sum(CI_A - CO_A)_t\cdot(1+i_c)^{-t} - \sum(CI_B - CO_B)_t\cdot(1+i_c)^{-t} \\ &= NPV_A - NPV_B\end{aligned} \tag{6-11}$$

式中：$(CI_A - CO_A)_t$——方案A第t年的净现金流；$(CI_B - CO_B)_t$——方案B第t年的净现金流。

判断标准：若 $\Delta NPV_{A-B}>0$，即 $NPV_A>NPV_B$，则A方案优于B方案；若 $\Delta NPV_{A-B}=0$，则两个方案等价。这个判断标准，实质上就是对比方案净现值最大准则，其结论不用计算差额净现值亦可得出。因此，差额净现值的计算是多余的。

【例6-3】某投资项目有两个备选方案A和B，其各自的净现金流如表6-7所示，基准折现率为10%，应选择哪个方案进行投资？

表6-7　**A和B方案的净现金流**　单位：万元

年份	0	1～10
A方案净现金流	-200	39
B方案净现金流	-100	20

解：计算A方案和B方案的净现值NPV，得：

NPV_A=-200+39（P/A，10%，10）=39.64（万元）

NPV_B=-100+20（P/A，10%，10）=22.89（万元）

由于$NPV_A>NPV_B$，所以应选择A方案进行投资。

3.差额投资内部收益率法

差额投资内部收益率是使增量投资所带来的逐年增量净收益折现值的代数和为零的折现率，也可以定义为使两个互斥方案的逐年净收益的现值累计相等的折现率，记为△IRR。在多个方案比较中，若采用收益率法来分析，则不能仅按内部收益率的大小来判断方案的优劣，而应以增量内部收益率来分析。

$$\sum_{t=1}^{n}[(CI_A - CO_A)_t - (CI_B - CO_B)_t]_t \cdot (1 + \Delta IRR)^{-t} = 0 \tag{6-12}$$

式中：$(CI_A - CO_A)_t$——方案A第t年的净现金流；$(CI_B - CO_B)_t$——方案B第t年的净现金流；△IRR——差额投资内部收益率；n——项目计算期。

用这种方法进行方案选择的原则是：若△IRR大于或等于给定的标准折现率，则选取投资额较大的方案；反之，投资额小的方案优于投资额大的方案。

值得注意的是，差额投资内部收益率反映的是增量投资的经济效益，它适用于比较投资额不等的方案之间的相对优劣。因此，要了解各备选方案的经济效益能否达到绝对检验标准，仍需用内部收益率或净现值指标进行衡量。

【例6-4】企业有两个投资项目可供选择，投资项目的差额净现金流量如表6-8所示。

表6-8　**投资项目差额净现金流量表**　单位：万元

年　份	0	1	2	3	4	5
甲项目的净现金流量	-200	128.23	128.23	128.23	128.23	128.23
乙项目的净现金流量	-100	101.53	101.53	101.53	101.53	101.53
△NCF	-100	26.70	26.70	26.70	26.70	26.70

假设行业基准贴现率为10%，应选择哪个项目？

解：用插值法计算可得出甲、乙两个投资项目的差额投资内部收益率△IRR=10.49%，高于行业基准贴现率，因而应选择甲项目。如果行业基准贴现率高于10.49%，则企业应该选择乙项目。

二、寿命不等的互斥方案比选

当几个互斥项目投资方案的寿命不等时，则不能直接进行比较。通常选择最小公倍数法和年值法进行比较，以保证时间的可比性。下面具体介绍计算期统一法、等额净回收额法和费用现值比较法。

（一）计算期统一法

计算期统一法是指通过对计算期不相等的多个互斥方案选定一个共同的计算分析期，以满足时间可比性的要求，进而根据调整后的评价指标来选择最优方案的一种方法。

该方法包括方案重复法和最短计算期法两种具体处理方法。

1.方案重复法

方案重复法也称计算期最小公倍数法，是将各方案计算期的最小公倍数作为比较方案的计算期，进而调整有关指标，并据此进行多方案比较决策的一种方法。此方法的缺点是若最小公倍数很大，计算起来很烦琐；更大的缺点还在于，由于技术进步，项目不可能原样重复。

例如，两个方案的计算期分别为3年、5年，则：

3的倍数为3、6、9、12、15…

5的倍数为5、10、15…

由此可以看出，最小公倍数是15。

在计算中有两种方式：第一种方式是重复净现金流量。将各方案计算期的各年净现金流量进行重复计算，直到与最小公倍数计算期相等；然后再计算在公倍数计算期内的有关评价指标（NPV、IRR等）；最后根据调整后的评价指标进行方案的比较选择。由于这个方法比较麻烦，因此不常使用。第二种方式是重复净现值。直接计算每个方案原计算期内的评价指标（主要指净现值），再按照最小公倍数原理对其折现，并求代数和，最后根据调整后的净现值指标进行方案的比较选择。

【例6-5】某工程公司面临一个购买竞争性机器设备的选择。两台机器的详细资料见表6-9，公司资本成本率为10%。

表6-9 **投资方案现金流量情况** 单位：元

项　　目	A机器	B机器
初始支出	（100 000）	（140 000）
现金流入：第1年	50 000	60 000
第2年	70 000	80 000
第3年	—	30 000

如果一定要选择两台机器中的一台，该如何选择？请给出依据。

思路：可假设设备可以不断循环充值，并采用最小共同寿命来进行净现值比较，即A机器的投资每两年重复一次，共重复3次，B机器的投资每三年重复一次，共重复2次，最小共同寿命为6年。

解：第一步，计算机器重置一次的净现值（见表6-10）。

第二步，基于最小共同寿命周期的假设，计算6年期间的净现值。

（1）A机器：$NPV_A=3\ 600+3\ 600\div(1+0.1)^2+3\ 600\div(1+0.1)^4=9\ 100$（元）

表6-10　**计算机器重置一次的净现值**　单位：元

A机器	现金流量	贴现率为10%	现值
初始支出	(100 000)	1	(100 000)
第1年	50 000	0.91	45 500
第2年	70 000	0.83	58 100
净现值			3 600
B机器	现金流量	贴现率为10%	现值
初始支出	(140 000)	1	(140 000)
第1年	60 000	0.91	54 600
第2年	80 000	0.83	66 400
第3年	32 000	0.75	24 000
净现值			5 000

（2）B机器：NPV_B=5 000+5 000÷（1+0.1）^{3}=8 800（元）

$NPV_B < NPV_A$，因而选择A机器进行投资。

2.最短计算期法

最短计算期法又称最短寿命期法，是指在将所有方案的净现值均还原为等额年回收额的基础上，再按照最短的计算期计算出相应的净现值，进而根据调整后的净现值指标进行多方案比较决策的一种方法。

该方法的计算步骤为：①计算每一个方案的净现值。②计算每一个方案的年等额净回收额。③以最短计算期计算调整净现值，调整净现值等于年等额净回收额按照最短计算期所计算出的净现值。④根据调整净现值进行决策，也就是选择调整净现值最大的方案。

值得注意的是，采用这种方法，对于具有最短计算期的方案而言，其调整净现值与非调整净现值是一样的。另外，在计算调整净现值时，只考虑最短计算期内的年等额净回收额，对于最短计算期之外的年等额净回收额则不予考虑。

（二）等额净回收额法

等额净回收额法，是年值法的一种应用，是指通过比较所有投资方案的年等额净回收额（年值）指标的大小来选择最优方案的方法。这种方法尤为适合原始投资不同，特别是项目计算期不同的多方案的比较决策。

等额净回收额法主要应用到净现值、年金现值系数两个概念。该方法实际上就是把每个方案的净现值平均分摊到项目计算期的各年，然后通过每年回收值的大小来比较项目的优劣。其计算公式为：

$$NA_t = NPV_t \cdot (A/P, i, n_t) \quad (6\text{-}13)$$

式中：NA_t——第t个方案的年等额净回收额；NPV_t——第t个方案的净现值；（A/P，i，n_t）——年金现值系数，其中，i为折现率，n_t为方案t的计算期。

净现值是反映一个项目总体盈利情况的指标，而年等额净回收额实际上就是把反映项目总体盈利能力的指标调整为每年盈利情况的指标，那么年盈利最高的项目必然是最好的项目。美中不足的是，这种方法对于项目有无重复性非常敏感。比如，A项目计算期3年，B项目计算期6年，两个项目初始投资相同，但两个项目都不能重复进行。在例6-5中，使用计算期统一法得知，A项目6年净现值等于9 100元，而B项目为8 800元。仅从理论决策看，需要选择A方案。但是在实践中，决策者还要考虑3年后的资金使用问题。如果3年后企业再没有投资机会了，那么现在选择A项目就意味着其后3年少收入2 458.8元（3 600÷（1+0.1)^4）。所以，在具体作决策时，还有一些情形需要额外考虑。

对例6-5中提出的问题，用等额净回收额法计算亦可，于是：

（1）A机器：相当于现值为3 600元，在两年内均匀回收，则：

A=P×（A/P，2，10%）=3 600×0.576 2=2 070（元）

（2）B机器：相当于现值为5 000元，在三年内均匀回收，则：

A=P×（A/P，3，10%）=5 000×0.4021=2 010（元）

综合来看，A机器优于B机器，因而选择A机器。

（三）费用现值比较法

这种方法适用于效益相同或效益基本相同但难以具体估算的方案比较，各方案费用现值通用表达式为：

$$PC=\sum_{t=1}^{n}(I+C-S_r-W)_t\cdot(P/F,i,t) \tag{6-14}$$

式中：PC——方案的费用现值；$(I+C-S_r-W)_t$——第t年的净费用支出值，其中，I、C、S_r、W分别为第t年的投资、经营成本、折旧（或残值）和流动资金回收额；（P/F，i，t）——折现系数。

由于比较指标为费用现值，因而该方案的判断标准为：具有最小费用现值的项目投资方案为最优。

在投资活动中，对效益相同或基本相同的方案进行比较是经常碰到的。比如，同样的运输项目选择交通工具的问题、发电量相同的水力发电方案和火力发电方案之间的比较、承重量相同的钢结构桥梁方案和钢筋混凝土桥梁方案的比较、产品产量和质量相同的不同生产方案之间的比较，等等。

在对不同寿命期的项目进行比选计算时，费用现值法的计算步骤可以归纳为：①用复利现值系数把各方案年费用折现成现值；②用资金回收系数把各方案年费用现值之和折算成等额年费用；③用年金现值系数把各方案等额年费用折算成现值，折现时各方案一律按诸方案中最短计算期计算，也即年金现值系数中的n值一律取各方案n值中最小值。

第四节　独立型项目投资方案的决策分析

在项目决策中，对于相互分离、互不排斥的独立方案进行比选比较容易，对于这方面的决策即是要判断某一个方案是否具备可行性。分析决策中用到的指标包括净现值、净现值率、获利指数、内部收益率、投资回收期、投资收益率等，抉择的依据主要有两个：一是企业是否具备实施项目建设的能力和条件；二是项目方案评价指标是否高于基准参考值。在这两个依据中，前者是约束条件，后者是判断标准。

一、无约束条件下独立方案的选择

无约束条件指的是企业对其即将开展的项目没有资金总量、人员、技术、设备等方面的限制。一般情况下，无约束条件主要指企业在资金总量上没有限制。在无约束条件下，对于独立方案来说，主要是通过经济评价指标的计算以权衡其经济上是否可行，以此作为决定方案取舍的重要因素，不存在方案之间的对比、选优问题。用到的主要指标有净现值（NPV）、净现值率（NPVR）、获利指数（PI）和内含报酬率（IRR）；次要指标有包括建设期的静态回收期（PP）、不包括建设期的静态回收期（PP′）和投资利润率（ROI）。

在对独立方案的可行性进行决策时，主要可得出以下四个结论：

（一）项目投资方案完全可行

经济指标计算结果需满足的条件：

主要指标：NPV≥0，NPVR≥0，PI≥1，IRR≥R_C。

次要指标：PP≤n/2，PP′≤p/2，ROI≥ROI_C。

上述判断条件中，R_C为基准收益率；n为项目计算期年数；p为项目的经营期年数；ROI_C为项目的基准投资利润率。

（二）项目投资方案完全不可行

经济指标计算结果需满足的条件：

主要指标：NPV≤0，NPVR≤0，PI≤1，IRR≤R_C。

次要指标：PP≥n/2，PP′≥p/2，ROI≤ROI_C。

（三）项目投资方案基本可行

经济指标计算结果需满足的条件：

主要指标：NPV≥0，NPVR≥0，PI≥1，IRR≥R_C。

次要指标：PP≥n/2，PP′≥p/2，ROI≤ROI_C。

（四）项目投资方案基本不可行

经济指标计算结果需满足的条件：

主要指标：NPV≤0，NPVR≤0，PI≤1，IRR≤R_C。

次要指标：PP≤n/2，PP′≤p/2，ROI≥ROI_C。

综合上述情况可知，只有完全具备或基本具备财务可行性的独立方案才是可接受的，而完全不具备或基本不具备财务可行性的独立方案应该被拒绝。

在判断无约束条件下的独立方案时，应注意的是，利用净现值、净现值率、获利指数和内部收益率指标对同一个独立项目进行评价，会得出完全相同的结论；当次要或辅助指标与主要指标的评价结论发生矛盾时，应当以主要指标的结论为准。

二、有约束条件下独立方案的选择

在企业资金有限的情况下，不可能全部接受所有经济上可行的方案。依据常理，企业会利用其有限的资金在可行方案中选择一个或多个项目，前提是所选择项目的收益最大且投资总额不超过企业的承受能力。选择方法主要有方案组合法、净现值指数排序法、双向排序均衡法三种。

（一）方案组合法

方案组合法，也称为项目组合法，是指当企业资金有限时，要以可利用资金总额为制约条件，在经济可行的投资方案中进行组合，确定最佳的项目投资方案组合，使有限的资金得到充分运用。方案组合法在进行方案选择时主要以方案自身的净现值为指标。

方案组合法的计算与决策步骤如下：

（1）确定企业可以接受的基准折现率。

（2）应用基准折现率计算出各被选投资项目的净现值，并剔除净现值不大于零的项目。

（3）将所有净现值大于零的投资项目在资金限额内进行组合。

（4）计算出各种组合的净现值总额。

（5）选择净现值总额最大的组合作为最优的项目组合。

方案组合法只使用了净现值指标进行组合方案比选，这一点决定了其应用的便利性。但净现值反映了企业投资的收益数额，而对企业投资的效率反映不足。例如，A、B两个投资组合方案，净现值$NPV_A>NPV_B$，而内含报酬率$IRR_A<IRR_B$。这种情况往往会影响投资者的决断力，可以使用线性规划的方法将两个投资组合方案在计算出经济评价指标后再进行综合比选。

（二）净现值指数排序法

所谓净现值指数排序法，是指将净现值指数大于或等于零的各个方案按净现值指数的大小依次排序，并依次序选取方案，直至所选取的组合方案的投资总额最大限度地接近或等于投资限额为止。

其计算与决策步骤如下：

（1）确定企业可以接受的基准折现率。

（2）计算各方案的净现值NPV和净现值指数NPVR。

（3）剔除净现值指数$NPVR<0$的方案，并将净现值指数$NPVR\geqslant 0$的方案按净现值指数大小由大到小排序。

（4）按照净现值指数由大到小降序，对对应的项目投资额进行累加，直至等于企业可投资总额为止。当资金约束恰好不分割项目时，选择投资累加额最大限度地接近企业资金约束的项目组合，此组合即为最优组合；当资金约束分割项目时，将处于临界的投资项目拆分，使得项目组合的累积投资额等于企业可投资总金额，此时处于临界之前的项目与被拆分的临界项目相加，构成了最优项目投资组合方案。

（5）按照净现值指数排序原则选择项目方案简便易算，其基本思想是单位投资的净现值越大，在一定投资限额内所能获得的净现值总额就越大。但是，由于投资项目的不可分性，在大多数情况下，资金约束分割项目，这时按照净现值指数排序法选优，并不能保证现有资金的充分利用，而是应该求其加权的净现值指数，找出最大的组合，这与互斥方案组合法相差不大，若独立项目数量越多，计算量将越大。

（三）双向排序均衡法

对于受资金限制的项目投资决策问题，日本学者千住镇雄、伏见多美雄等提出了按照效率指标排序的原则，利润指标为净现值，受制约的资源量为项目的投资，他们称之为“右下-右上”法，其实质是利用经济学的边际报酬递减（右下）和边际成本递增（右上）两条曲线的均衡点来决定投资项目的取舍，故又称为双向排序均衡法。

在双向排序均衡法中，从众多的互相独立的方案中选择几个方案时，采用的效率评价指标可用下式表达：

$$E = IN / RE \tag{6-15}$$

式中：E——效率；IN——项目的利润；RE——制约项目的资源数量。

这里受制约的资源是广义的资源，可以是资金，也可以是人、设备、技术、时间、空间等，要依问题内容而定。因而，上述表达式不仅仅对投资方案有效，对其他任何性质的独立方案选择都是有效的。例如，汽车制造商开发新型汽车，要求早建成早投入运营，则有限的资源就是时间；如果社会技术发展缓慢，那么受制约的是技术。对于投资方案，效率一般指投资方案的内部收益率。

双向排序均衡法的计算与决策步骤如下：

（1）选择资源约束下经济的产出率为效率指标（通常取IRR，若存在互斥关系，应选△IRR）。

（2）计算各项目的IRR并且按IRR大小排序作图，标注资金约束条件I_{max}和项目基准折现率i_0。

（3）依序选择IRR≥i_0，且$\sum I_j \leq I_{max}$的项目组合。

【例6-6】某公司有6个互相独立的投资方案（见表6-11）。各方案每期期末的净收益都相同，寿命期皆为8年。若基准收益率为10%，可利用的资金总额只有3 000万元，应选择哪些方案？若该公司所需资金必须从银行贷款，贷款数额为600万元时利率为12%，此后每增加600万元利率就增加4%，则应如何选择方案？

表6-11　**6个独立的投资方案**　单位：万元

投资方案	A	B	C	D	E	F
初期投资	500	700	400	750	900	950
每年净收益	171	228	150	167	255	159

解：首先求出各投资方案的内部收益率，见表6-12。

表6-12　**各投资方案的内部收益率（%）**

投资方案	A	B	C	D	E	F
内部收益率	28.19	26.17	32.18	12.51	20.77	4.12

将上述求得的内部收益率按由大到小的顺序排列（如图6-2所示）。

由图6-2可知，当资金的限额为3 000万元时，应取C、A、B、E四个方案。此时虽然资金尚有500万元的余额，但D方案需投资750万元，所以不能选D方案 。由于F方案的内部收益率仅为7%，因此即使资金足够也不宜采用。

若该公司所需资金全部由银行贷款，当利率递增时，将递增利率画在图6-2上（图中虚折线）。此时应取C、A、B方案，其他方案不宜采用。

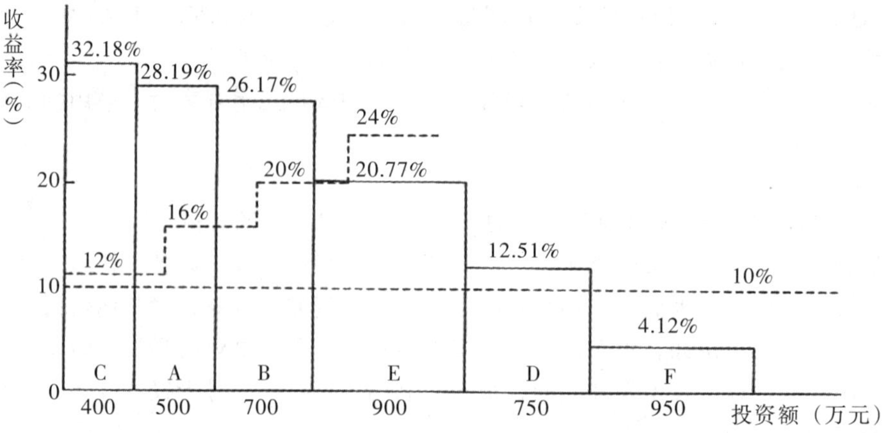

图6-2 投资方案的双向排序图

对于双向排序均衡法来说，如果资金约束条件不分割其中某一项目，则采用双向排序均衡法可以获得受资金限制的多方案投资的最优解。但是，加入资金约束条件分割了其中某一项目，双向排序均衡法的做法是切割的项目不选择，按照IRR递减的顺序依次往下选择，直到资金约束用完为止。此时由于项目的不可分割性，在资金约束条件下不同的项目组合的资金总量不一定是相同的，在资金总量不同的情况下，就可能导致采用双向排序均衡法获得的解为非最优解。

在实际的项目评价中，满足双向排序均衡法前提条件的项目并不多，即使存在也很难保证资金约束不切割项目，而资金约束切割项目应该是更为常见的。因此，在独立项目的选优中，双向排序均衡法是一种适用范围小、使用效果差的方法，在实际应用中只能作为一种近似的方法使用。

第五节 资本约束、项目群与项目投资优化

在前面对不同项目投资决策方法进行对比讲解之后，下面我们将对在项目决策中起到约束、修正等作用的因素进行论述。

一、资本约束概述

在了解资本约束概念之前，需要先了解投资项目资本金的概念。

投资项目资本金是指在投资项目总投资中，由投资者认缴的出资额，对投资项目来说是非债务性资金，项目法人不承担这部分资金的任何利息和债务，投资者可按其出资的比例依法享有所有者权益，也可转让其出资，但不得以任何方式抽回。

在投资过程中，所有的投入要素都可能存在约束问题。例如，可能没有足够的管理人员来管理所有净现值为正的项目。同样，技术工人或原材料短缺会使得公司不可能对所有能带来增值的项目进行投资。但是，公司最容易遇到的约束问题还是资本的约束。

如果没有资金总量约束，各方案具有独立性质，但在资金有限的情况下，接受某些方案则意味着不得不放弃另外一些方案，这就是资本约束，即资本约束是指公司投资所需的资金受到限制的一种状态。资本约束会导致公司没有充足的资金对所有净现值为正的项目进行投

资，而这些项目本来都是应该进行投资的。所以，资本约束要求我们不能直接应用净现值法进行投资评价。

二、硬约束和软约束

一般而言，导致出现资本约束的原因主要有两个：资本市场的不完善和公司的自我投资限制。不能从资本市场筹措到资金而导致的资本约束一般又被称为“硬约束”，而自我限制资本约束一般又被称为“软约束”。

这里，资本市场的不完善是指信息的不充分和过高的筹资成本，如果信息不够充分，公司就不能从资本市场筹措到所需要的资金。例如，资本市场之所以对公司在某一个项目上的“盈利能力”不够信任，不是出于公司本身或项目本身的内在原因，而恰恰是由于资本市场没有完全掌握公司和投资项目本身的有关信息。信息不充分的问题在新企业和小企业中更严重。另外是资金筹措成本，由于获得投资资金的交易成本可能非常高，所以也会导致公司无法筹措到所必需的资金。

另一个更常见的导致资本约束的原因是公司对投资的自我限制，即公司自行不对所有净现值为正的项目进行投资。多种原因都可能导致公司进行自我投资限制。首先，公司可能担心债权人提出一些不合理的条件进而不愿意过多负债。例如，债权人可能会限制公司在借款期内再借资金或处置主要资产。其次，权益所有者因为不希望削弱自己对公司的控制权力而不愿意发行新股票，尤其是新企业和小企业。但是，更为常见的原因是公司管理层的“欲速则不达”的信念：他们相信企业的成长存在一个最佳状态，如果发展过快反而会使企业遭受损失。比如，管理层可能会认为投资太多新项目会导致企业的运转失去控制，从而对公司长期生存能力产生负面影响。从本质上说，这个原因可以归结为公司因为缺乏管理专家而进行自我投资限制。

无论出现了“硬约束”还是“软约束”，公司都必须在净现值为正的项目中做出选择。但是，由于净现值不能直接给出每个项目所必需的投入资金，因此我们不能简单地按照项目净现值的排序而加以选择，还必须考虑每个项目所需要投入的资金。

三、资本约束与投资优化

为了讨论资本约束导致的问题，我们需要区分单时期资本约束和多时期资本约束。单时期资本约束是资本约束最简单的一种情况，即资金限制约束只在某一时期发生，尤其是在当期发生。

在许多情况下，公司面临着多个投资机会，同时，资本约束也不仅仅存在于某一个时期，而是存在于许多时期。如果投资项目都只需要在第一年发生现金净流出，那么多时期约束和单时期约束没有什么区别，因为这时只在第一年需要资金。但是，许多投资项目在每年都需要净投资。这样每年投入资金时都要考虑资本约束的问题。显然，为了选择能使公司净现值收益最大化的项目组合，公司在每一年都将面临资本约束。

资本约束对项目投资优化的影响表现在以下两个方面：

（一）独立项目的投资优化

当一系列方案中某一方案的接受并不影响其他方案的接受时，这些方案被称为独立方案。独立型备选方案的特点是诸方案之间没有排他性，各个投资方案的现金流量是独立的，某一方案的采用与否与自己的可行性有关，而与其他方案是否被采用没有关系。相互独立方案之间的效果具有可加性（即投资、经营费用与投资收益之间具有可加性）。如果企业可利用的资金是有限制的，企业在不超出资金约束的条件下，选择出最佳的方案组合。在这种条件下，独立关系转化为一定程度上的互斥关系，这样就可以参照互斥型项目的比选方法选择出最佳方案。

1.净现值指数排序法

我们先假定资本约束发生在当期，虽然这时候不能直接应用基本的净现值标准进行筛选，但是处理方法还是较简单的。

2.不可拆分项目

如果项目不可拆分（这是投资实践中比较普遍的情况），那么净现值指数排序法就不能给企业的决策提供合理建议。这时的决策思路是，列出满足（小于或等于）资本约束的所有的项目组合，从中选择总净现值最大的组合进行投资。

（二）互斥项目的投资优化

现在我们讨论项目相互排斥的情况。互斥关系是指各个项目之间具有排他性，因而在进行项目的比较和选择时，在多个备选项目中只能选择一个投资项目，其余项目均必须放弃。一般来说，工程技术人员遇到的多为互斥型项目的选择问题。

互斥组合法是将相互独立的方案组合成总投资不超过投资限额的组合方案，利用互斥方案的比较，选出最优的组合方案。其一般性步骤如下：

（1）列出所有各种可能的互斥方案组合，对于m个非直接互斥的项目方案，其全部的互斥组合方案为2m-1个。

（2）保留投资额不超过投资限额且净现值及净现值指数大于等于零的组合方案，淘汰其余的组合方案。

（3）在保留的组合方案中按净现值排序，净现值最大的方案即为最优可行方案。

四、项目群与投资优化

投资者在进行投资决策时，通常面临的是一个项目群，投资者追求的是项目群的整体最优。当项目群中各项目相互独立时，只要资金允许，投资者就可以任意选择项目群中的有利项目。如果投资者资金有限，那么他们只能从项目群中选择某些项目，并放弃另一些项目（而这另一些项目从其自身经济性来看是可行的）。投资者如何在资金有限的情况下，对不同投资规模的项目进行选优，这是一个亟待解决的问题。例如，在资源限制条件下，商业银行如何保证在给定资金预算总额的前提下，使商业银行取得最大的营业点多点布局优选布置效果（即实现净现值最大化）。

在对项目群进行投资优化组合时，需要遵循的基本分析原则如下：

（一）投资项目的不可分割性原则

在项目分析中，每个项目被当作一个功能实体，只能完整地实现，不考虑项目有分割的部分（如果需要考虑一个大项目中的一个部分或某几个部分，可把这个大项目分解成一些较小的单元，或分解成几个可分别实现的部分。这样处理以后，仍然可以运用整体实现原则）。这个假定条件在财务上的含义是：公司必须逐项地调拨资金，每一笔资金只表示某一个特定的投资项目（或联合项目）。

（二）资源优化配置原则

市场经济是资源高效配置的经济，金融资源作为一种稀缺性资源，只有通过市场才能实现高效配置。因此，要充分发挥金融在国民经济发展过程中的经济杠杆作用，合理分布和优化区域内的商业银行，促进布点地区经济资源、社会资源的优化配置和协调发展，提高全社会资源的配置和利用效率，实现经济社会全面协调可持续发展。

（三）准确预测原则

假设项目的经济评价是建立在预测的基础上的，投资、成本和收入是进行项目评价和投资决策的基础。商业银行的经济评价必须具有高度的准确性，投资、未来收入和成本的预测应该能为投资者决策提供准确的信息，可以使投资者根据预测的数据进行正确的判断，从而作出准确的投资决策。

（四）系统性原则

对于商业银行多点布局，需要运用系统的、整体的观点进行评价，并且要将商业银行这个金融子系统放在区域和社会大系统中进行评价。决定商业银行投资项目是否可行的因素包括诸多方面，从大方面讲，包括市场因素、经济因素和社会因素等。另外，决定商业银行项目是否可行，不但包括内部因素，如商业银行的管理水平、服务质量、预计贷款规模、贷款利率、预计存款规模和存款利率等；而且包括外部因素，即商业银行投资项目所需的外部配套条件，如国家的金融政策、税收政策和所在地区的区域规划等。所以，必须全面、系统地分析和评价项目的可行性，充分利用有限资金，合理规划商业银行网点布局，实现商业银行整体净现值最大化。

本章小结

1.投资方案的决策方法有静态分析方法及动态分析方法。

2.静态分析方法包括静态投资回收期、投资收益率、静态投资回收期等指标，可以通过这些指标进行项目的比选。

3.动态分析方法包括动态投资回收期、净年值、净年值、现值指数、内含报酬率等指标，可以通过这些指标进行项目的比选。

4.所有项目方案被分为两类：一类是互斥方案，即指互相关联、互相排斥的方案，只能选择其中之一；另一类是独立方案，又称单一方案，是指与其他投资方案完全互相独立、互不排斥的一个或一组方案，可以选多个。

5.寿命相等的互斥项目方案可选用差额投资内部收益率法、净现值法、年值法或净现值率法进行比较。

6.寿命不等的互斥项目方案通常选择最小公倍数法、年值法进行比较。

7.无约束条件指的是企业对其即将开展的项目没有资金总量、人员、技术、设备等方面的限制。

8.有约束条件独立方案的选择方法有方案组合法、净现值指数排序法、双向排序均衡法。

9.资本约束对项目投资优化的影响表现在以下两个方面：①独立项目的投资优化；②互斥项目的投资优化。

本章能力训练

一、名词解释

静态分析方法　动态分析方法　互斥方案　独立方案　无约束条件　有约束条件　硬约束　软约束　项目群　投资优化

二、思考分析

1.什么是静态分析方法?

2.什么是动态分析方法?

3.如何计算项目静态投资回收期、投资收益率?如何利用这些指标进行比选?

4.如何计算动态投资回收期、净年值、现值指数、内含报酬率?如何利用这些指标进行比选?

5.寿命相等的互斥方案比选方法有哪些?寿命不等的互斥方案比选方法有哪些?

6.说明独立型项目投资方案的决策分析方法。

7.什么是硬约束?什么是软约束?

8.在对项目群进行投资优化组合时,需要遵循的基本分析原则有哪些?

第七章

投资项目融资分析

案例情景

我国光热发电具备规模化发展条件

太阳能光热发电可以提供连续、可靠的电力且具有良好的调节性能，不仅可以替代化石能源发电，还可以发挥调峰和储能作用，提高电力系统接纳风电和光伏发电的能力，发展潜力巨大。2016年9月，国家能源局确定了第一批20个太阳能光热发电示范项目名单，部分项目已经开工建设。

“我国光热发电已具备规模化发展条件。”电力规划设计总院副院长孙锐介绍，经过10多年的研究，我国掌握了光热发电的技术特性，为工程应用奠定了基础；多家公司开发了专有技术和产品，已建成多个光热发电试验装置和试验工程。当前，在光资源条件较好的地区，地方政府部门积极组织编制了光热发电基地规划。例如，甘肃玉门花海百万千瓦级光热发电基地规划总装机规模达5.6GW；内蒙古阿拉善盟阿拉善左旗太阳能热发电示范基地规划总装机规模达16GW；新疆哈密市中长期光热开发规划总装机规模20GW，等等。

当前，距2018年年底首批20个光热发电示范项目建成的期限所剩不多，但项目进度并不乐观。孙锐认为，项目融资难是主要原因之一。“银行对光热发电了解有限，担心像光伏发电项目那样发生严重的弃光现象，影响还贷。另外，银行对民企贷款条件较严格，一些民企只好寻求与国企合作。鉴于国际上电站融资成本普遍低于国内，建议国内银行特别是政策性银行为光热发电提供优惠贷款，同时鼓励企业争取世界银行主权贷款，破解融资难题。”孙锐说。

资料来源　崔国强．我国光热发电具备规模化发展条件［EB/OL］．［2017-10-27］．http：//www.chinanews.com/cj/2017/10-27/8361883.shtml.

由该案例引出，项目投资所需要的资金有哪些筹资渠道？本章将讲解项目资金来源渠道和筹措方案、项目融资环境分析、投资使用与资金筹措计划的编制以及项目融资的实施步骤。重点是融资成本分析。

第一节　项目资金来源分析

项目资金需求主要是靠适当的资金来源渠道和筹措方案予以满足。资金来源分析，主要是分析可行性研究报告中提出的各种资金来源是否正当、合理、可靠，具体评估资金来源是否符合国家有关法规，各项资金来源是否能够落实，使用条件是否合理。从投资者角度来看，项目的筹资渠道主要有两大类：一类是投资者的自有资金，它可形成资本金；另一类是从外部筹资，即借入资金，通常采用借贷或发行债券的方式筹集。

一、自有资金

（一）自有资金的构成

自有资金（Equity Fund）指由企业所有者自筹的资金，可以自行支配使用并无须偿还的那部分资金。它包括资本金、资本溢价和接受捐赠。

资本金是指新建项目设立时在工商行政管理部门登记的注册资金。根据投资主体的不同，资本金可以分为国家资本金、法人资本金、个人资本金及外商资本金等。为了保证项目建成后顺利投产，同时减少银行项目贷款的风险，国家规定新建、扩建和技术改造项目必须将项目建成投产所需的30%铺底流动资金（以流动资金数额为基数）列入投资计划。如果铺底流动资金不落实，则该项目国家不予以批准立项，银行也不予贷款。

资本溢价是指在资金筹集过程中，投资者交付的出资额超出资本金的差额。

接受捐赠也是项目的资金来源之一，但仅限于极少数项目。捐赠款是一种投资，形成企业权益的增加，捐赠的资产价值作为投资各方的共有财产，与资本溢价一起构成资本公积，属于企业所有者权益。资本公积是一种资本储备形式，可以按照法定程序转赠资本金。

随着我国投资体制改革的逐步深化，需要建立投资风险约束机制和有效控制投资规模。从1996年开始，国家计委（现为国家发改委）规定对各种经营性项目，包括国有单位的基本建设、技术改造、房地产开发项目和集体投资项目，实行资本金制度，要求投资项目必须首先落实资本金后才能进行建设。也就是说，在投资项目的总投资中，除项目法人从银行或资本市场筹措的债务性资金外，还必须拥有一定比例的资本金。对公益性项目而言，由于资金来源主要由政府用财政资金安排，故不实行资本金制度。

（二）项目资本金的计算

影响项目资本金最低需要量的因素包括固定资产投资总额、铺底流动资金和最低资本金比例。

项目资本金最低需要量 =（固定资产投资总额 + 铺底流动资金）×最低资本金比例

其中：铺底流动资金=流动资金总额×30%

国务院国发〔2015〕51号《关于调整和完善固定资产投资项目资本金制度的通知》规定，不同行业项目的最低资本金比例是不同的。城市和交通基础设施项目：城市轨道交通项目由25%调整为20%，港口、沿海及内河航运、机场项目由30%调整为25%，铁路、公路项目由25%调整为20%。房地产开发项目：保障性住房和普通商品住房项目维持20%不变，其他项目由30%调整为25%。产能过剩行业项目：钢铁、电解铝项目维持40%不变，水泥项目维持35%不变，煤炭、电石、铁合金、烧碱、焦炭、黄磷、多晶硅项目维持30%不变。其他工业项目：玉米深加工项目由30%调整为20%，化肥（钾肥除外）项目维持25%不变。电力等其他项目维持20%不变。城市地下综合管廊、城市停车场项目，以及经国务院批准的核电站等重大建设项目，可以在规定最低资本金比例基础上适当降低。对于每个项目资本金的具体比例，应根据项目的经济效益及银行的贷款意愿和评估意见，在项目可行性研究报告审批时核定。

资本金的出资方式可以是货币资金、实物和工业产权、非专利技术、土地使用权等无形资产；无形资产作价出资的比例不得超过项目资本金总额的20%。但对于以高新技术成果出资入股的，作价总额可以超过公司注册资本的20%，但不得超过35%。

（三）项目资本金的来源渠道和筹措方式

1.新设法人项目资本金的来源渠道和筹措方式

新设法人项目资本金的来源渠道和筹措方式主要有如下几种：

（1）股东直接投资。股东直接投资包括政府授权投资机构入股的资金、国内外企业入股的资金、社会团体和个人入股的资金以及基金投资公司入股的资金，以上各项分别构成国家资本金、法人资本金、个人资本金和外商资本金。

新设法人融资项目，股东直接投资表现为项目投资者为项目提供资本金。合资经营公司的资本金由企业的股东按股权比例认缴，合作经营公司的资本金由合作投资方按预先约定的金额投入。

既有法人融资项目，股东直接投资表现为扩充企业现有的资本金规模，包括原有股东增资扩股和吸收新股东投资。

（2）股票融资。不管是新设法人融资项目还是既有法人融资项目，只要是符合规定条件的，均可以通过发行股票在资本市场上募集股本资金。股票融资可以采取公募和私募两种形式。其中公募又称公开发行，是指在证券市场上向不特定的社会公众公开发行股票。为了保障广大投资者的合法权益，国家对公开发行股票有非常严格的规定与要求。发行股票的公司要有较高的信用，符合证券监管部门规定的各项发行条件，并获得证券监管部门批准后方可发行。私募又称不公开发行或内部发行，是指将股票直接出售给少数特定的投资者。

股票融资一般具有以下特点：股票融资所筹集的资金是项目的股本资金，可作为其他筹资方式的基础，并增强融资主体的举债能力；股票融资所筹资金不存在到期偿还的问题，投资者一旦购买股票，便不得退股；普通股股票的股利支付，可视融资主体的经营状况及经营需要而定，因而融资风险较小；股票融资的资金成本较高，因为股利需从税后利润中支付，不具有抵税作用，而且发行费用也较高；上市公开发行股票，必须履行公开披露信息的职责，并接受投资者和社会公众的监督。

（3）政府投资。政府投资资金包括各级政府的财政预算内资金、国家批准的各种专项建设基金、统借国外借款、土地批租收入、地方政府按规定收取的各项费用及其他预算外资金等。政府投资主要用于关系国家安全和市场不能有效配置的经济和社会领域，包括加强公益性和公共基础设施建设，保护和改善生态环境，促进欠发达地区的经济和社会发展，促进科技进步和高新技术产业化。

对政府投资资金，国家根据资金来源、项目性质和调控需要，分别采取直接投资、资本金注入、投资补助、转贷和贷款贴息等方式，并按项目安排使用。

（4）优先股股票（Preferred Stock）。优先股股票是一种兼具资本金和全程资金特点的有价证券。从普通股股东的立场来看，优先股可视同一种负债；但从债权人的立场来看，优先股可视同资本金。

如同债券一样，优先股股息有一个固定的数额或比率，通常要大大高于银行的贷款利息，该股息不随公司业绩的好坏而波动，并且优先股股东可以先于普通股股东领取股息。如果公司破产清算，优先股股东对公司剩余财产有先于普通股股东的要求权。优先股一般不参加公司的红利分配，持股人没有表决权，也不能参与公司的经营管理。

优先股股票相对于其他债务融资，通常处于较后的受偿顺序，且股息在税后利润中支付，为此，在项目评价中应将优先股股票视为资本金。

（5）可转换债券（Convertible Bond，CB）。可转换债券是一种可以在特定时间、按特定条件转换为公司普通股股票的特殊企业债券，兼有债券和股票的特性。

可转换债券一般具有以下特点：债权性，与其他债券一样，可转换债券也有规定的期限和利率，债券持有人可以选择持有债券到期，收取本金和利息；股权性，可转换债券在转换成股票之前是纯粹的债券，但在转换成股票之后，原债券持有人就由债权人变成了公司的股东，可参与企业的经营决策和红利分配；可转换性，债券持有人有权按照约定的条件将债券转换成股票，转股权是投资者享有的而普通企业债券持有人所没有的选择权，可转换债券在发行时就明确约定，债券持有人可按照发行时约定的价格将债券转换成公司的普通股股票，如果债券持有人不想转换，则可继续持有债券，直到偿还期满并收取本金和利息，或者在流通市场出售变现。

由于可转换债券附有普通企业债券所没有的转股权，所以可转换债券利率一般低于普通企业债券利率，企业发行可转换债券有助于降低资金成本，但可转换债券在一定条件下可转换为公司股票，故也可能造成公司股权的分散，为此，在项目评价中，可转换债券应视作项目的债务资金。

2.既有法人项目资本金的来源渠道和筹措方式

投资项目采用既有法人融资方式，既有法人的资产也是项目投资资金的来源之一。既有法人资产在企业资产负债表中表现为企业的现金资产和非现金资产，它可能由企业的所有者权益形成，也可能由企业的负债形成。企业现有资产的形成主要来源于以下三个方面：①企业股东过去投入的资本金；②企业对外负债的债务资金；③企业经营所形成的净现金流量。

对于企业的某一项具体资产来说，我们无法确定它是由资本金形成的，还是由债务资金形成的。当企业采用既有法人融资方式，以企业的资产或资产变现获得的资金，投资于本企业的改扩建项目时，我们同样不能确定其属性是资本金还是债务资金。但当一个企业以现有资产投资于另一个具有独立法人资格的某项目时，则对此项目来说，此资产投资应视为资本金。

二、借入资金

相对于内部资金来源——自有资金而言，借入资金（Borrowed Funds）是指企业在金融市场上通过负债方式从资金提供者那里取得的资金，属于外部资金来源，它是需要还本付息的资金，亦称负债融资。借入资金是项目法人通过向金融机构申请贷款、经批准发行企业债券、进行融资租赁等方式筹集的用于项目建设的资金。

（一）商业银行贷款

商业银行贷款是我国投资建设项目获得短期、中长期贷款的重要渠道。国内商业银行贷款手续简单、成本较低，适用于有偿债能力的投资项目。

（二）政策性银行贷款

政策性银行贷款一般期限较长、利率较低，是为配合国家产业政策等的实施，对相关的政策性项目提供的贷款。目前我国开展政策性贷款的银行主要有国家开发银行、中国进出口银行和中国农业发展银行。

（三）外国政府贷款

外国政府贷款（Foreign Government Loans）是指一国政府向另一国政府提供的优惠贷款，为国家主权债务，其贷款对象一般是经济比较落后或缺乏资金的国家。它具有利率低、期限长、附加条件较多的特点。外国政府贷款的主要形式是混合贷款，即外国政府提供的低息优惠贷款或赠款和出口信贷结合使用。

（四）外国银行贷款

外国银行贷款是指为项目筹措资金而在国际金融市场上向国外银行借入的资金。外国银行贷款利率比外国政府贷款和国际金融机构贷款的利率要高，依据贷款国别、贷款币种和贷款期限的不同而又有所差异。

对于中长期贷款，一般采取加息的方法，即在伦敦银行同业拆放利率的基础上，加一个附加利率，附加利率由借贷双方商定。中长期贷款的利息在计息期末（即3个月或6个月的期末）支付一次。

外国银行贷款可划分为短期贷款、中期贷款和长期贷款。短期贷款的期限在1年以内，有的甚至为几天；中期贷款的期限为1～5年；长期贷款的期限在5年以上。外国银行贷款的偿还方法主要有到期一次偿还、分次等额偿还和提前偿还等几种方式。外国银行贷款所使用的货币是银行贷款条件的重要组成部分。就借款者而言，在其他因素不变的前提下，更倾向于使用趋向贬值的货币，以便从该货币未来的贬值中受益，而贷款者则相反。

银团贷款是指多家银行组成一个集团，由一家或几家银行牵头，采用同一贷款协议，按照共同约定的贷款计划，向借款人提供贷款的贷款方式。它除具有一般银行贷款的特点和要求之外，由于参加银行较多，需要多方协商，因而贷款过程周期长。使用银团贷款，除支付利息外，按照国际惯例通常还需支付管理费、承诺费、代理费等。银团贷款主要适用于资金需求量大、偿债能力较强的投资建设项目。

（五）出口信贷

出口信贷（Export Credit）是指一国政府为了支持和鼓励该国大型机械设备、工程项目等的出口，鼓励金融机构向本国出口商或外国的进口商提供的与商品进出口有关的优惠利率贷款。

1.出口信贷的特点

国际贸易中的出口信贷具有以下主要特点：

（1）贷款利率较低。出口信贷是出口国金融机构在政府的授权下，为了鼓励本国大型机械设备的出口而提供的一种优惠贷款，贷款利率一般比同等条件下的金融市场利率低，所损失的利差由出口国政府进行补贴。出口信贷期限较长，主要期限集中在1～5年或5年以上，属于中长期信贷。

（2）与信贷保险相结合。为了促进本国大型机械设备、成套设备的出口而发放的出口信贷期限长，金额大，导致贷款银行的风险较大。为了降低贷款银行的风险，许多国家都设立了政策性金融机构——信贷保险机构，对银行发放的出口信贷给予担保。当出口信贷无法收回时，由信贷保险机构对贷款银行进行赔偿，也就是说出口信贷的风险最终由出口方所在国承担。

（3）专门机构进行管理。在发达国家，出口信贷一般直接由商业银行发放，政府对出口信贷给予利息补贴。此外，对一些特定类型的中长期出口贸易融资，直接由国家专门成立的出口信贷机构（比如进出口银行）发放贷款。这样有利于弥补商业银行的资金不足，促进本国出口贸易的发展。

（4）贷款目的明确。不管是对进口商发放出口信贷，还是对出口商发放出口信贷，它的目的都非常明确，即这笔贷款必须与出口商的出口交易相联系，以支持本国出口为目的。

2.出口信贷的类型

出口信贷有两种基本形式，即卖方信贷和买方信贷。

（1）卖方信贷（Supplier Credit）是指为了促进本国大型机械设备和成套设备的出口，出口商所在国银行向本国出口商提供的中长期贷款，以便于出口商以延期付款方式或赊销方式向国外销售商品。出口商获得了卖方信贷后，资金能够周转开来，就可以允许进口商以延期付款方式支付进口货款。因此，卖方信贷实际上是出口商从出口商所在国银行取得中长期贷款后，再向进口商提供的一种商业信用。不过，出口商一般会将贷款利息、管理费用、保险费用等资金成本费用计入出口货价中，将贷款成本转移给进口商。因此，以延期付款方式进口商品所支付的货价一般要高于用现汇方式支付货价的3%～4%，有时甚至能达到8%～10%，加重了进口商的成本。

（2）买方信贷（Buyer Credit）是指为了促进本国大型机械设备和成套设备的出口，在出口国政府的支持下，出口商所在国的银行向进口商或进口商所在国的银行提供的中长期贷款。通过买方信贷，进口商获得了资金融通，有能力向出口商购买技术和设备，并支付有关费用。买方信贷中一般由出口国的信用保险机构提供信贷保险。

买方信贷主要有两种形式：一种是出口商所在国银行直接贷款给进口商，由进口商所在国银行出具担保。贷款金额一般不超过贸易合同金额的80%～85%，贷款期限根据实际情况确定，一般不超过10年。贷款利率参照经济合作与发展组织（OECD）确定的利率水平而定。在此种情况下，进口商用获得的贷款用现汇付款方式向出口商支付货款，并按协议分期偿还出口商所在国的银行贷款。另一种是出口商所在国银行将贷款发放给进口商所在国银行，再由进口商所在国银行转贷给进口商。

（六）国际金融组织贷款

国际金融组织贷款是国际金融组织按照章程向某成员国提供的各种贷款。目前与我国关系最为密切的国际金融组织有国际货币基金组织、世界银行和亚洲开发银行。国际金融组织一般都有自身的贷款政策，只有当这些组织认为应当支持的项目才能获得贷款。使用国际金融组织的贷款需要按照这些组织的要求提供必要的资料，并且需要按照规定的程序和方法来实施贷款。

（1）国际货币基金组织（International Monetary Fund，IMF）向国际收支出现困难的会员国提供不同类型的贷款。IMF最初只发放普通贷款，后来，它陆续增加了中期贷款、补偿贷款、缓冲库存贷款和一些临时性贷款。

普通贷款是IMF各类贷款中最基本的部分，其信贷条件主要有：①贷款对象为成员国政府，具体而言是会员国的财政部、中央银行、外汇平准基金等政府机构。②贷款用途最初以解决成员国中短期国际支付困难为主，但近年也增加了一些用于经济结构调整和经济改革的贷款。贷款期限为3～5年。贷款利率在总体上低于国际金融市场利率，但是两者的差距有缩小的趋势。③贷款本息均以特别提款权为计算单位。贷款的发放采用“购买”(Purchase)的特殊形式，即借款国在获得贷款时要用本国货币购买等值的外币或特别提款权；贷款的偿还采用“购回”(Repurchase)的形式，即在偿还贷款时要用外汇或特别提款权换回本币。包括其他的一些贷款在内，借款国均需依次交付0.5%的手续费。

IMF还给出现国际收支困难的成员国提供其他一些贷款，主要有：中期贷款，又称扩展贷款；补偿贷款；缓冲库存贷款；临时性贷款。

(2) 世界银行(World Bank)的贷款主要有项目贷款、部门贷款、结构调整贷款、联合贷款和第三窗口贷款五种类型，其中项目贷款是主要组成部分。项目贷款，又称特定投资贷款，是指贷款的发放用于资助会员国的某个具体的发展项目。联合贷款是世界银行同其他贷款者一起，共同为借款国的项目融资，以帮助缓和世界银行有限的资金来源与不断增长的会员国资金需求之间的矛盾。联合贷款的具体方式是：世界银行确定了借款国家的项目后，即与其他贷款人签订联合贷款协议；然后，世界银行和其他贷款人按自己通常的贷款条件分别与借款国签订贷款协议。

相对于世界银行集团的另一个机构，国际开发协会的贷款——世界银行项目贷款的信贷条件比较苛刻，所以，又被称为硬贷款。世界银行项目贷款的信贷条件主要包括：借款的费用包括利息和承担费。贷款利率采用浮动利率方式，利率适用期为3个月。对于在规定时间内未支用部分的贷款，世界银行收取年利率0.75%的承担费。贷款期限少则3~5年，多则20~30年。贷款的计价货币是美元，借款国可按其需要提取相应的货币，但汇率风险按特定的折算方法确定后由借款国承担。贷款的偿还通常采取宽限期的等额偿还法，宽限期后每半年还款一次。

(3) 亚洲开发银行(Asian Development Bank，ADB)发放的贷款按条件划分，有硬贷款、软贷款和赠款三类。硬贷款的贷款利率为浮动利率，每半年调整一次，贷款期限为10~30年(2~7年宽限期)。软贷款也就是优惠贷款，只提供给人均国民收入较低且还款能力有限的会员国或地区成员，贷款期限为40年(10年宽限期)，没有利息，仅有1%的手续费。赠款用于技术援助，资金由技术援助特别基金提供，赠款额没有限制。

亚洲开发银行贷款按方式划分有项目贷款、规划贷款、部门贷款、开发金融机构贷款、特别项目援助贷款和私营部门贷款等。

(七) 企业债券

企业债券(Enterprise Bond)是企业以自身的财务状况和信用条件为基础，依照《中华人民共和国证券法》《中华人民共和国公司法》等法律法规规定的条件和程序发行的、约定在一定期限内还本付息的债券，如三峡债券、铁路建设债券等。

企业债券表明发债企业和债券投资者之间的一种债权债务关系。债券投资者是发债企业的债权人，不是所有者，无权参与或干涉企业的经营管理，但有权到期收回本息。

企业债券一般具有以下特点：①筹资对象广、市场面广，但发行条件严格、手续复杂；②其利率虽低于银行贷款利率，但发行费用较高，需支付承销费、发行手续费、兑付手续费及担保费等费用；③适用于资金需求量大、偿债能力较强的投资项目。

目前我国企业债券的发行总量需纳入国家信贷计划，申请发行企业债券的企业必须经过严格的审核，只有实力强、资信好的企业才有可能被批准发行企业债券，还必须有实力很强的第三方提供担保。

（八）国际债券

国际债券（International Bond）是一国政府、金融机构、工商企业或国际组织为筹措和融通资金，在国际金融市场上发行的、以外国货币为面值的债券。国际债券的重要特征是债券发行者和债券投资者分属不同的国家，筹集的资金来源于国际金融市场。

按照发行债券所用货币与发行地点的不同，国际债券主要有外国债券和欧洲债券两种。发行国际债券的优点是资金规模巨大、稳定，借款时间较长，可以获得外汇资金；缺点是发债条件严格、信用要求高、筹资成本高、手续复杂。这种形式适用于资金需求量巨大且能吸引外资的投资项目。因国际债券的发行涉及国际收支管理，所以国家对企业发行国际债券进行非常严格的管理。

（九）融资租赁

融资租赁（Financial Leasing）也称金融租赁。根据国际统一私法协会《融资租赁公约》的定义，融资租赁是指这样一种交易行为：出租人根据承租人的请求及提供的规格，与第三方（供货商）订立一项供货合同，根据此合同，出租人按照承租人在与其利益有关的范围内所同意的条款取得工厂、资本货物或其他设备（以下简称设备）。并且，出租人与承租人（户）订立一项租赁合同，以承租人支付租金为条件授予承租人使用设备的权利。

融资租赁的特点是：①融资租赁是一项至少涉及三方当事人的交易。②拟租赁的设备由承租人自行选定，出租人只负责按用户的要求给予融资便利，购买没备，不负责设备缺陷、延迟交货等责任和设备维护的义务；承租人也不得以此为由拖欠和拒付租金。③金额清偿，即出租人在基本租期内只将设备出租给一个特定的用户，出租人从该用户收取的租金总额应等于该项租赁交易的全部投资及利润，换言之，出租人在此交易中就能收回全部或大部分该项交易的投资。④不可解约性，对承租人而言，租赁的设备是承租人根据其自身需要而自行选定的，因此，承租人不能以退还设备为借口而提前中止合同。⑤设备的所有权与使用权长期分离。⑥设备的保险、保养、维护等费用及设备过时的风险均由承租人负担。⑦基本租期结束时，承租人对设备拥有留购、续租或退租三种选择权。

（十）国际项目融资

1.国际项目融资的含义及特点

国际项目融资（International Project Financing）是指一国贷款人向另一国特定的工程项目提供的贷款融资，贷款方对于该项目所产生的现金流量享有偿债请求权，并以该项目资产作为附属担保的融资类型。它是一种以项目的未来收益和资产作为偿还贷款的资金来源和安全保障的融资方式。

项目融资中借款人用项目未来的现金流量和项目本身的资产作为偿还项目贷款的担保，它具有以下特点：

（1）项目导向。项目融资就是以项目为主体安排的融资。是否发放项目贷款，不是看借款人的资信实力，而是重点考察项目在贷款期间能够产生多少现金流量用于还款，项目贷款的数量、利息费用的高低以及融资期限等都是与项目的预期现金流量和资产价值直接联系在一起的。

（2）有限追索。追索是指在借款人不能按时足额偿还债务时，贷款人有权要求借款人用担保财产之外的其他财产来还债。在项目融资中，借款人只承担有限的债务责任，贷款银行一般可以在贷款的某个特定阶段（如项目的建设期）或特定范围对借款人实行追索，而一旦项目达到完工标准，贷款银行就失去追索权。因此，在项目融资中，债权人承担更大的风险。为了降低贷款风险，贷款银行一般要求由项目实体以外的第三方提供担保，贷款行有权向第三方担保人追索，但追索权仅限于担保金额。

（3）融资风险分散。项目融资承担的风险较高，因此需要借助某种形式在借款人、与项目开发有利益关系的其他主体和贷款人之间进行分担，以实现在项目中没有任何一方单独承担起全部项目债务的风险责任。在实际操作中，对债权人而言，一笔项目贷款的发放往往有多家银行参与其中，并通过书面协议明确各贷款银行承担风险的程度，一般还会形成结构严谨而复杂的担保体系。

（4）融资比例大，成本高。项目融资中主要衡量的是项目自身的风险大小和项目预期的现金流等因素，对借款人投入的权益资本金数量没有太多要求，因此绝大部分资金是依靠银行贷款来筹集的。由于项目融资的风险较高，项目融资的利息也比同等条件抵押贷款的利息高。此外，项目融资涉及面广，融资结构和担保体系复杂，参与者数量多，需要做好大量有关风险分担、资产抵押、税收结构等一系列技术性工作，因此需要承担各种融资顾问费、成本费、承诺费、律师费等，这使得项目融资的成本比其他融资方式要高。

（5）资产负债表外的融资。通过项目融资产生的债务不表现在借款公司的资产负债表中，这种债务最多只以某种说明的形式反映在公司资产负债表的注释中。资产负债表外的融资方式使某些财力有限的公司能够从事更多的投资，特别是一个公司在从事超过自身资产规模的投资时，这种融资方式的价值会更大。比如矿业开发项目建设周期和投资回收周期都比较长，如果项目贷款全部反映在借款公司的资产负债表上，很可能造成借款公司负债比例过高，影响其以后的筹资能力。

2.国际项目融资的运作程序

从项目的投资决策算起，到完成项目融资，一般要经历融资决策分析、融资结构分析、融资谈判和融资执行几个阶段。

（1）融资决策分析。在这个阶段，项目投资者将决定采用何种融资方式为项目开发筹集资金。是否采用项目融资，取决于投资者对债务责任分担上的要求、贷款资金数量上的要求、时间上的要求、融资费用上的要求以及诸如债务会计处理等方面要求的综合评价。如果决定选择采用项目融资作为筹资手段，投资者就需要选择和任命融资顾问，开始研究和设计项目的融资结构，有时，项目的投资者自己也无法明确判断采取何种融资方式为好，在这种情况下，投资者可以聘请融资顾问对项目的融资能力以及可能的融资方案进行分析和比较，在获得一定的信息反馈后，再做出项目的融资方案决策。

（2）融资结构分析。要实现项目融资结构的设计必须通过对项目深入而广泛的研究，完成对项目风险的分析和评估。能否采用以及如何设计项目融资结构的关键就是要求项目融资顾问和项目投资者一起对项目有关的风险因素进行全面的分析和判断，确定项目的债务承受能力和风险，设计出切实可行的融资方案，签订相关谅解备忘录、保密协议等，并成立项目公司。

（3）融资谈判。在初步确定了项目融资的方案之后，融资顾问将代表投资者同商业银行或其他金融机构接洽，提供项目资料及融资可行性研究报告。这一阶段可能会经过多次的反复，借款人在和贷款银行的多次谈判中，可能会对相关文件进行多次修订，包括融资结构和资金来源问题，以满足贷款银行的要求。经过多次的反复谈判和协商，在最终达成一致的基础上，贷款银行将与项目投资者共同起草融资的有关文件。同时，项目投资者还需要按照贷款银行的要求签署有关销售协议、担保协议等文件。在融资谈判过程中，融资顾问和法律顾问可以帮助加强项目投资者的谈判地位，最大限度地保护项目投资者的利益，并在谈判陷入僵局时，及时灵活地找出适当的变通办法，绕过难点解决问题。

（4）融资执行。当项目融资的法律文件签订后，融资的组织安排工作就结束了，项目融资就进入了执行阶段。一旦进入贷款执行阶段，借贷关系相对简单了，借款人按照贷款协议的规定提款和偿还贷款的本息。在这个阶段，贷款银行因承担了项目融资的风险，会对项目的执行过程进行监督与管理，以达到控制项目风险、保证银行贷款安全回流的目的。贷款银行通常会监督项目的进展，并根据贷款合同的约定参与部分项目的决策程序，管理和控制项目的贷款资金投入和现金流量。

第二节 融资成本分析

一、融资成本的概述

（一）融资成本的含义

融资成本也即资金成本，是指项目为筹集和使用资金而支付的费用，包括资金筹集费和资金占用费。其中资金筹集费是指在融资过程中发生的一次性支付的费用，如承诺费、手续费、担保费、广告费、评估费、印刷费和代理费等；而资金占用费是反映资金占用和使用期内应支付的经常性费用，如利息。

资金成本=资金筹集费+资金占用费

融资成本是拟建项目必须获得的最低投资收益水平，以补偿投资者为取得和使用资金所付出的代价。投资者将从各个渠道筹集的资金，在各个可供选择的、有时带有竞争性的投资项目中进行分配时，应选择综合融资成本最低的融资方案的项目，也就是说，在其他条件相仿的情况下，融资成本的高低就成了选择项目时需要考虑的主要因素，这是因为融资成本最低的融资方案是资金结构最合理的融资方案。同时，对投资者来说，融资成本不仅是选择资金来源和拟订融资方案的重要依据，而且还是评估项目投资效益、决定投资方案取舍的重要标准，是判断项目融资方案合理性的重要尺度与重要因素。

（二）融资成本的基本计算公式与计算程序

1.融资成本的基本计算公式

融资成本一般采用资金成本率这一相对数来表示。资金成本率亦称资本成本率，是指使用资金所负担的费用与筹集资金净额之比，其公式为：

$$资金成本率=\frac{资金占用费}{筹集资金总额-资金筹集费}\times 100\% \tag{7-1}$$

由于资金筹集费一般与筹集资金总额成正比，所以一般又用筹资费用率表示筹集费，因此资金成本率公式也可以用如下公式表示：

$$资金成本率=\frac{资金占用费}{筹集资金总额\times(1-筹资费用率)}\times 100\% \tag{7-2}$$

也可以表示为：

$$K=\frac{D}{P-F}\times 100\%=\frac{D}{P(1-f)}\times 100\% \tag{7-3}$$

式中：D——资金占用费；P——筹集资金总额；F——资金筹集费；f——筹资费用率（即资金筹集费占筹集资金总额的比率）。

2.融资成本的计算程序

（1）分别计算各种融资方式下的资金成本率，如发行债券、融资租赁、银行借款和发行股票等。

（2）计算各种融资方式的融资规模占项目融资总规模的比重，并以此作为计算项目综合资金成本的权重。

（3）根据各种不同融资方式的资金成本及融资比重，采用加权移动平均方法，计算出各融资方案的加权平均资金成本，即项目综合资金成本。

（4）通过分析比较各种融资方案的资金成本，合理调整资金结构，就可以达到以最低的资金成本筹集到项目所需全部资金的目的，从而也完成了最佳融资方案的选择与决策。

二、几种主要融资方式的资金成本计算方法

由于实际工作中不同的筹资方式的筹资成本各不相同，因此在进行融资方案比选时，需要首先计算各种融资方式的资金成本，包括银行借款（长期借款）、发行企业债券、发行股票等形式的资金成本。下面介绍这几种主要形式的资金成本的计算方法。

（一）银行借款的资金成本

银行借款的资金成本主要包括借款利息和筹资费用。由于借款按我国现行制度规定，企业借款利息在所得税税前列支，所以使企业少缴了一笔所得税，其实际负担的借款利息费用应扣除相应的所得税税额，而起到了抵税的作用。银行借款的资金成本的计算公式为：

$$K_i=\frac{I_i(1-T)}{L(1-f_i)}\times 100\%=\frac{R(1-T)}{1-f_i}\times 100\% \tag{7-4}$$

式中：K_i——银行借款的资金成本；I_i——银行借款年利息（按有效年利率计算）；R——银行借款利率；T——所得税税率；L——银行借款融资额（借款本金）；f_i——银行借款融资费率。

（二）债券资金成本

债券资金成本主要包括债券利息和筹资费用，而债券利息与长期借款利息处理基本相同。

$$K_b=\frac{I_b(1-T)}{B(1-f_b)}\times 100\%=\frac{R(1-T)}{1-f_b}\times 100\% \tag{7-5}$$

式中：K_b——债券资金成本；I_b——银行借款年利息（按有效年利率计算）；R——银行借款年利率；T——所得税税率；B——银行借款融资额（借款本金）；f_b——银行借款融资费率。

（三）股票的筹资成本

（1）普通股成本。普通股成本属于权益筹资成本。权益资金的占用费是向股东分派的股利，以所得税后的净利支付，故不能抵减所得税。

普通股成本计算公式为：

$$K_s = \frac{D_c}{P_c(1-f_c)} + G \quad (7\text{-}6)$$

式中：K_s——普通股成本；D_c——预期年股利额；P_c——普通股筹资额（每股票面价值）；f_c——普通股筹资费用率（即手续费率，按发行价的一定百分比计算）；G——普通股股利年增长率；$P_c(1-f_c)$——实收普通股金额。

（2）优先股成本。优先股的优先权利为优于普通股分得股利，优先股的股利不能在税前扣除。

优先股成本计算公式为：

$$K_p = \frac{D_p}{P_p(1-f_p)} = \frac{P_p \cdot i}{P_p(1-f_p)} = \frac{i}{1-f_p} \quad (7\text{-}7)$$

式中：K_p——优先股成本；D_p——年支付优先股股利；P_p——优先股筹资额（每股票面价值）；f_b——优先股筹资费用率（即手续费率，按发行价的一定百分比计算）；$P_p(1-f_p)$——企业实收优先股金额；i——股息率。

（四）综合资金成本的计算

由于资金的筹集有多种来源，而且从不同来源取得的资金成本各不相同，又由于各种条件的限制，项目不可能仅从某种资金成本最低的来源筹集资金，而需将各种筹资方式有机组合。因此，为了进行筹资和投资决策，就需要计算全部资金来源的综合资金成本率。

综合资金成本率（亦称总资金成本率）是筹资方案中各种资金筹集方式的单项资金成本的平均值。统计学意义上的综合资金成本率是以各种融资方式的资金成本为变量，以各种融资方式的筹资额占项目筹资总额的比重为权重，进行加权算术平均计算的结果。其计算公式如下：

$$K_w = \sum_{i=1}^{n} W_i \cdot K_i \quad (7\text{-}8)$$

式中：K_w——综合资金成本率；K_i——第i种单项筹资方式的资金成本率；W_i——第i种单项筹资金额占全部筹资总额的比重（权重）；n——筹资方式的种类。

三、项目融资方案的比选方法及应用

所谓对融资方案的比选，就是对各种不同资金来源组合的筹资方案进行比较计算，选择综合资金成本率最低、符合国家规定要求和实际需要，而且能够提供最方便的资金获取方式和收到最佳投资效益的方案。

在融资方案比选之前，需要对项目各种筹资方案的安全性、经济性和可靠性进行进一步分析论证。其中，安全性是指筹资风险对筹资目标的影响程度；经济性是指筹资成本最低；可靠性是指筹资渠道有无保证，是否符合国家政策规定。最后对资金筹措方案进行综合分析，提出最优融资方案。

融资方案的优选应区别以下两种情况加以优选：

（一）资金来源比例未定的优选分析

这种情况是指各项资金成本率已经确定，但有几种资金来源比率方案可供选择，要求经过优选分析，选择最优方案。

【例7-1】某项目经过分析测算，决定从申请贷款、发行债券和股票三个方面筹集资金，其资金成本率已经确定，但还需从四种组合中优选一种。有关资料见表7-1。

表7-1 资金成本率已定的优选

资金来源	待定资金来源结构（%）				已定资金成本率（%）
	第一种组合	第二种组合	第三种组合	第四种组合	
贷款	30	20	25	30	6
债券	20	40	30	40	8
股票	50	40	45	30	9

解：根据表7-1的资料，各种组合情况的综合资金成本率计算如下：

第一种组合的综合资金成本率 = 0.3×0.06 + 0.2×0.08 + 0.5×0.09=7.9%

同理，第二、第三、第四种组合的综合资金成本率分别为8.0%、7.95%、7.7%。计算结果表明，第四种组合的综合资金成本率（7.7%）最低，因此，应以30%贷款、40%债券和30%股票为最优融资方案。

（二）资金成本率未定的优选分析

资金成本率未定的优选分析即资金来源比例已经确定，但各项资金成本率有几种可能，要求经过优选分析，使综合资金成本率最低。

【例7-2】某项目决定在所筹资金中，贷款、债券、股票的比例分别为50%、30%、20%，但各项资金成本率尚待从四种组合中优选。有关资料见表7-2。

表7-2 资金成本率未定的优选

资金来源	待定资金成本率（%）				已定资金来源结构（%）
	第一种组合	第二种组合	第三种组合	第四种组合	
贷款	6	6.5	7	6.5	50
债券	8	7.5	8	7	30
股票	9	8	8.5	9.5	20

解：根据表7-2，各种组合情况的综合资金成本率计算如下：

第一种组合的综合资金成本率 = 0.5×6% + 0.3×8% + 0.2×9% = 7.2%

同理，可计算出第二、第三、第四种组合的综合资金成本率分别为7.1%、7.6%、7.25%。计算结果表明，第二种组合的资金成本率（7.1%）最低，故其为最优资金筹措方案。

第三节 项目融资环境分析

一、项目融资的法律环境

在融资方案设计之前，需要对投融资方面的立法进行调查。成功的项目融资的操作需要建立一套相应的法律框架，项目的融资活动必须遵守国家和地方的各项法律法规。完整明确而又有效的法规可以保证项目的正常实施运营，充分保证项目的预期服务效用，保证投资各方的利益；而不合理的规章和法律体系会破坏有关各方所签合同的威信和有效性。法律环境之所以能在投资环境的诸因素中占据主要位置，是因为它能将投资的政治环境、经济环境用法律形式体现出来，并用法律手段确保各项投资政策和措施得以实施。可见，东道国的法律和政策环境应该是企业决定是否在该国进行投资、进行何种投资、投资多大规模的最重要的因素之一。因此，重视调研东道国的法律和政策，是确保跨国经营正确决策和维护合法权益的重要保障。对于任何一个国家来讲，引进外资的首要条件便是在本国创造有利的、优惠的投资环境。融资过程涉及的法律结构包括公司法、银行法、证券法、税法、合同法、担保法，以及投资管理、资本市场管理等方面的规定，这些法律法规的完善与否将直接影响到项目融资的开展与执行状况。

（一）东道国法律以及法规建设的研究

成功的项目融资需要建立一套完整的法律体系，主要包括以下内容：适合项目融资的基本法律条款；及时地和可预见地领取许可证的规定；合同的法律效力规定和公正而高效的纠纷处理规定等。一般来说，在考察东道国法律和法规建设情况时，应着重考查以下几个方面的问题：

（1）如果出现纠纷，是否有完善的商业法律体系来提供仲裁，解决纠纷。

（2）是否有独立的司法制度和一套严格的法律执行体系来执行法院的裁决结果。

（3）项目融资中政府部门的作用和职责。

（4）项目投资者取得许可证或特许经营权的保证。

（5）有关价格和税收的法规和管理。

（6）对外商投资企业的干预和控制法规。

（7）对所有者红利支付的限制。

（8）劳动法规和管理。

（9）与房地产投资相关的法规，如用房地产入股的有关规定。

（10）环境与安全法规和管理。

（11）合同的执行和拒绝执行，如合同法的有关规定。

以上这些基本的法律和法规不仅应该足够清楚明了，并且必须具有可操作性。如果法律和法规条款的说明过于模糊，对项目融资来说就存在很高的政治风险。

（二）项目融资的法律特征

从法律上讲，项目融资一般具有以下特征：

1.受多个法律调整

项目融资过程涉及本国法和外国法、程序法和实体法。项目所在国的法律具有很强的根据意义，许多法律关系是国内经济法律关系，受国内法律的调整，如项目的立项和审批、项目公司的组建、建设用地的批准、担保和抵押的设定、税款的征收、外汇的汇兑等。但项目融资安排中有大量的涉外因素，如融资企业可能是外资企业，设备租赁厂家和债券投资者可能是外商，项目贷款可能是中外银团贷款等。因此，在项目融资中涉及国内法的应用，同时也涉及外国法的应用，在纠纷发生时，也可能要遵循国际法的规则。

2.以合同法为基础

项目融资中有多个合同人和参与方，存在着复杂的法律关系，而基本的法律关系则是合同（或协议）关系。通过一系列的合同（或协议）安排，明确各当事人之间的权利与义务关系。合同法是调整项目融资的基本法。

（1）当事人涉及国家主体和国际机构。我国政府通过对项目融资提供各种支持、授予特许权等形式参与到项目融资中。一些国际机构，如亚洲开发银行、世界银行等，也常作为项目融资的资金提供方参与到项目融资中来。当主体是国家政府和国家机构时，就会产生复杂的法律适用问题。

（2）合同不仅可以调整各方的利益关系，还能有效分担项目风险。项目融资中各方主体的利益是相互冲突的，但与此同时，各方利益的实现又依赖于对方，各方只有通过相互合作，才能彼此获取应得利益。因此，这一活动之所以有复杂的合同安排，也正是出于各方分担风险和调整各方利益的需要。

（3）经常出现法律创新。项目融资中的一系列协议、契约和合同安排可以弥补法律的不足。如“无论提货与否均需付款”合同，突破了传统买卖合同的内容。担保法律制度主要由一系列的合同安排和合同权益转让构成。

（三）法律体系

国家是否有足够完备的法律结构在很大程度上决定着项目融资的成功与否。一套明确、全面、有效的法规将有利于融资活动的开展，而不合理的规章和法律结构会破坏有关各方所签合同的威信和有效性。涉及项目投融资的一些基本法律包括有关政府管制的规定、担保立法、促进外国投资的立法、特别立法、证券法、公司法和合同法等。不同类别的法律所要解决的法律问题是不同的。

1.政府管制

政府对市场的管制是经济治理整体结构中的一种治理机制，主要是关于对价格管制、补贴、税收、政府采购管制、进入管制、外汇管制等方面的规定。这些不仅是融资项目中的基本问题，也是国内外投资者较为关心的问题，其法律框架决定着国家政治风险的程度。20世纪70年代末以来，经济发达国家，如美国、德国、英国、日本对交通运输、电力、电信、煤气等基础设施产业纷纷实行了重大的政府管制体制改革，促进了市场竞争机制力量的强化，提高了基础设施产业的运行效率。

2.担保法

担保对项目融资的进行有着至关重要的影响，如果法律缺乏关于担保安排的必要规定，就会影响银行对融资的参与程度。在项目融资中，常见的担保形式主要包括物权担保，诸如不动产物权担保（建筑物、土地等财产）；特许权、动产物权担保，如特定的股份等；政府的承诺与支持；权益转让，转让如建筑合同、产品销售协定及其他合同规定的权益；信用担保，如当事人履行各种义务的履约保证书等。

3.促进有关外国投资的立法

这方面的立法明确规定了将本国货币兑换成外国货币的权利，外汇以合理汇率的可兑换性以及外汇的自由汇出，简化进口许可手续和外籍人员入境手续，外国投资者在我国建立项目公司的权利，外国投资的纳税办法，政府对项目国有化、收购和征收的规定及赔偿等。

4.特别立法

对项目融资进行特别立法有诸多好处。它会给潜在的投资者和有关政府部门一个强烈的积极信号，政府会支持这些项目，它会帮助外国投资者相对容易地在一部法律中找到相关的法律规定，可以澄清与之相关的申请、操作程序等，明确投资者和借贷人的权利，使政府提供的支持和鼓励措施具有法律效力，以减少谈判项目的费用和时间，并确保国家获得最起码的利益。

5.证券法

证券法是调整证券发行和流通中发生的资金融通关系的法律规范的总称。证券法对于规范证券发行和交易行为，保护投资者的合法权益，规范政府债券、证券投资基金份额的上市交易，保障投资者利益和证券市场的稳健发展发挥着重大作用。

6.公司法

公司法是适应建立现代企业制度的需要，为确认和规范公司的组织和行为而制定的法律。公司法对公司从产生到消灭的整个过程中的组织和行为关系均做出规定，包括：公司组织和行为的一般原则，公司的设立、变更、解散，公司的能力，公司的资本和财产、组织机构、公司章程、财务会计，以及公司与股东、股东相互之间的关系等。在项目投融资中，公司法主要解决的法律问题包括如何对待内外资项目公司、如何对项目公司进行控制、如何清理公司等。

7.合同法

项目依赖于一整套复杂的基本合同安排，而这些合同又受制于合同法。所以，合同法必须确保项目融资中各方当事人之间的合同（或协议）在法律上具有约束力并得到执行。其主要解决的法律问题包括如何建立合同、如何中止合同、违约如何赔偿、合同各方在什么情况下可以免除责任等。

8.劳动法

劳动法是调整劳动关系以及与劳动关系密切联系的社会关系的法律规范的总称。其内容主要包括：劳动合同的订立、变更与解除程序的规定；项目雇用劳工情况；劳动者的主要权利和义务；劳动就业方针政策及录用职工的规定；集体合同的签订与执行办法；劳动报酬制度；社会保险与福利制度，如对第三方的责任和对工人的赔偿；劳动卫生和安全技术规程；劳动争议的解决程序；对执行劳动法的监督、检查制度以及违反劳动法的法律责任等。此外，还包括工会参与协调劳动关系的职权的规定。

9.社会责任法

社会责任法主要包括环境保护和安全、社会道德以及公共利益等方面，由经济责任、持续发展责任、道德责任和法律责任等构成。这些规定直接影响到项目的设计和成本。项目发起人和贷款人除了了解环境法律的标准和要求以外，还应认识到违反此种规定的后果，如环境法变化增加的费用由哪方承担等。

10.其他方面的规定

其他方面的规定包括保护知识产权和财产权的法律、破产立法、租赁立法、商业银行和保险法、对外国投资的鼓励措施、政府采购手续和规定、税法，以及承认和执行外国裁决的有关规定等。

（四）法律环境的作用

法律环境的作用主要包括直接作用、间接作用以及潜在投资者眼中的可信赖因素。

1.直接作用

东道国通过法律环境对外国投资者施加各种影响，如鼓励、保护、限制等，从而在符合本国利益的基础上吸收和引进外资。

2.间接作用

法律环境对国际投资的间接作用主要表现为其通过对其他因素（政治、经济、文化等）

的作用，创造有利于引进外资的良好环境。法律在一国具有最高的效力，是改变一国其他条件的强有力工具。一国各种条件的改变也只在符合法律规定时才能发生。同时，由于法律的规范性、统一性和可预测性，更能使这种变化有计划、有步骤地进行，避免因政策和行政命令的不稳定性而中途夭折的情况发生。这种改变的结果也能得到法律的保护和确认，使投资环境逐步趋于良好而不会时好时坏。

3.从对潜在投资者的作用来看，法律环境是值得信赖的因素

外国投资者只有在确认了一国的法律环境是稳定、可信赖的，自身权益可以得到法律保护，并且能够明确自己在东道国的权利义务的情况下，才有可能进行投资决策。由于法律的稳定性、权威性特点及其在投资环境中的主导地位，它成为外国潜在投资者的最可信赖因素。

二、项目融资的经济环境

一个国家或地区的经济环境对项目的实施及成败有着至关重要的影响，项目的成功需要良好的项目经济环境，不利的经济环境可能导致项目的失败。良好的经济环境主要包括合理的经济和产业政策、发达的经济和适当的增长速度、发达的配套产业、有效的资本市场、良好的基础设施、完善的市场机制、规范的税收体系和银行体系、适宜的生活和生存环境等。项目融资方案研究应着重分析经济环境对融资的限制和影响。这些影响将作用于融资方案，影响融资成本和融资风险。

（一）东道国经济条件的研究

东道国经济条件的考查内容主要有价格水平、国内资本市场和信用等级以及利率水平等，这些经济条件都是保障项目融资成功的必备条件。

1.价格水平

一个国家价格水平及价格管理的现状对于项目产品的市场风险将产生重要影响。比如，在电力项目融资中，如果国内电力价格过低，就会影响项目公司产生现金流量的能力。

2.国内资本市场和信用等级

国内资本市场的发育程度是影响项目融资发展前景的一个重要方面。同时，国内投资者的信用等级也会影响到项目融资的成本及规模。

3.国内利率水平

首先，如果国内利率水平已经市场化，则国内投资者对于项目融资的利率及偿还条款就容易理解和接受，这对于项目融资谈判有一定的影响；其次，在进行项目融资时，由于需要一定比例的当地融资，这样，一国利率水平就会在一定程度上影响项目融资的成本。

（二）经济发展水平

一个国家或地区的经济发展水平高、速度快，表明这一国家或地区的收入多、资金需求量大、市场规模大、盈利机会多，因而能吸引到较多的投资。因此，一般来讲，国际资本主要流向那些经济发展速度快、国内市场容量大的国家和地区。工业发达国家相对于发展中国家而言，项目融资要容易得多。

1.国家的宏观经济政策

国家的宏观经济政策是影响项目融资活动的另一个重要因素。这主要表现为宏观经济政策对项目融资活动的引导作用。如果政府鼓励境外融资，优惠政策也会较多，为贷款人提供投资的便利条件也会较多，项目融资就容易开展。例如，在悉尼港口隧道工程项目中，政府

提供支持性贷款用于支付最初的建造成本。

2.通货膨胀与汇率变动

通货膨胀对社会经济生活的各个领域都会产生深刻的影响。通货膨胀对国外贷款人的影响主要表现为两个方面：一方面，通货膨胀将导致融资成本上升，实际收益下降；另一方面，通货膨胀使贷款人所面临的外部环境动荡不安，增加贷款人的风险。因此，贷款人特别重视币值稳定，因为币值稳定与否，直接影响到贷款的风险和收益。对于国际项目融资来讲，大多数项目运营后将取得项目所在国（本国）的货币收益，本国货币必须被用来偿债、偿还股本以及为进口的原料或燃料付款。如果一国经济没有过度的通货膨胀或过快的汇率变动，在这种经济环境下较容易开发项目；反之，如果东道国的币值经常浮动，贬值幅度过大，通货膨胀率过高，则会造成货币实际价值与名义价值的差距扩大，使投资者的投资贬值，给投资者带来损失。一般投资者都把年通货膨胀率是否超过两位数看做币值是否稳定的一个界限。

三、项目融资的金融环境

项目融资是一种金融行为，金融环境的优劣、金融体制的状况、金融市场的完备程度、金融效率的高低、金融产品的规模与多样性等将直接影响项目融资活动的开展。推进金融体制改革、实现金融创新是项目规划的重要内容。为了增强综合服务功能，金融改革创新主要包括在金融企业、金融业务、金融市场、金融开放和金融监管等方面进行改革创新。为了推进金融体制改革，政府和企业可以采取一系列具体措施，其中包括：拓宽直接融资渠道，在搞好地区产业投资基金试点的基础上，积极发展各种产业基金，开展企业债券、短期融资券发行制度改革试点；推进金融机构综合经营，吸引和支持全国性大型金融企业到经济欠发达地区进行综合经营试点，整合各类地方金融企业股权，设立金融控股公司；进行外汇管理改革，改进外汇经常项下监管方式和跨国公司资金管理方式；推进贸易便利化，支持有资质的中外金融机构开办金融业务，建设以产权中心为主体的交易市场体系；优化金融环境，建立国内外大型金融企业后台服务中心；加快信用体系建设，适时组建国际资信管理公司。这些措施将使地区项目融资的金融环境更加“友好”，降低项目融资参与方的金融风险，可以吸引更多的国内外投资者。金融环境主要包括金融市场体系和金融体制。

（一）金融市场体系

金融市场是现代货币信用制度的产物，是以其独特的交易方式和运行机制，由无数子市场组成的市场体系。该市场体系将所有金融机构、一切融资行为联系起来，构成资金融通的综合体系，动员和推进社会资金的运动。在现代金融领域中，金融市场占据日益重要的地位，往往反映出一国金融业及金融体系的发展水平和完善程度。因此，为了保证项目融资的顺畅进行，并取得较好的经济效益，必须有完善的金融市场体系作为保障。

1.金融市场体系的特点

金融市场是实现项目融资的场所，项目融资能否顺利进行受金融市场的发展水平和完善程度的直接影响。完善的金融市场应具有如下特点：

（1）金融市场的多样化。金融市场的多样化特征主要表现为：首先，金融工具品种多样。发行者筹集资金可以推出各种各样金融工具，以满足不同投资者对不同收益、风险等的不同需求。其次，证券交易的类型呈现出多样化。除普通的现货交易外，还有信用交易、期货交易、期权交易等方式。最后，证券投资者表现出多样化，证券的买方不再仅限于个人投资者，还包括机构投资者，并且它们占有极其重要的地位。机构投资者中不仅包括各类企业，更引人注目的是银行、保险以及各类储蓄机构对证券市场的介入。

（2）交易技术的现代化。金融市场通信、服务系统的计算机化，加快了市场行情传递的速度，提高了交易的灵活性和成交业务处理的效率，从而大大扩大了市场规模。

（3）金融市场的国际化。现代金融市场越来越趋于国际化，现代技术的应用更加速了这种国际化趋势。当今世界，各大金融中心的金融市场已相互连接，形成了一个全球性的昼夜24小时连续交易的世界金融市场体系。

2.金融市场体系运行的模式

综观世界各国的金融市场格局，金融市场体系运行模式大体分为三种：

（1）建立在发达的商品经济基础上的“完善型”金融市场。在该模式下，借入资金和提供资金的融资双方，通过金融市场上的交易，灵活融通资金，资金的供给与需求比较容易得到满足。

（2）市场调节资金运行机制与宏观调控资金流向机制相结合的“兼容型”金融市场。在该模式下，资金的供给与需求受到一定的宏观调控政策的影响。

（3）与不发达的商品经济状况相适应的“抑制型”金融市场。在该模式下，经济高度集权，利率受到限制，市场机制在有限的范围内发挥作用，缺乏内在活力。

很显然，在第一种模式下，健全的金融市场可以最大限度地、高效率地筹集和使用资源，有利于项目融资的开展。

3.健全的金融市场体系在项目融资中的作用

（1）健全的金融市场体系，为项目融资提供足够的融资市场。功能齐备、体系完善、国际化的金融市场，可以通过众多的子市场和多种多样的工具，为项目融资双方提供多渠道、多形式的选择机会，提供足够大的融资平台。资金提供者可以提供各种资金来源，最大限度地运用资金；融资者可以根据利率、期限和流动性等条件，最广泛地筹集资金，使资金需求得到最大限度的满足。完善的金融市场体系保障了项目融资的顺利开展；相反，不健全的金融市场体系使得项目融资捉襟见肘，即融资者没有融资渠道，贷款人难以寻找到资金运用场所，闲置资金难以得到充分运用，项目融资将难以开展。

（2）健全的金融市场为融资者提供多样化的融资工具。20世纪80年代以前，国际金融市场上的融资工具十分单一，仅限于债券、股票等，且种类很少。20世纪80年代以后，西方国家金融市场上的融资手段出现了全球性创新，金融工具种类逐渐增加，复合式金融工具相继出现。当今，东京、纽约等金融市场上的融资工具已达成千上百种。恰当地运用衍生工具进行交易，往往可以降低融资风险，使项目融资顺利开展。

（3）健全的金融市场为融资者提供足够的融资规模。金融市场提供的金融产品的规模直接影响到项目融资的额度。利用项目融资模式开发的项目，融资额度一般都相当大。随着国际经济和贸易的发展，为了满足国内外市场的需求，一些项目必然发展成为巨型项目以满足规模效益。其规模之大，从几亿美元、几十亿美元直至上百亿美元。发达的金融市场，可以提供多种多样的信用方式和交易工具，扩大融资额度，提高资金运转效率，保证为贷款人提供足够的资金规模。

（4）发达的金融市场为贷款人提供有效规避风险的途径。在发达的金融市场上，金融产品多种多样，具有高度的可选择性。项目贷款人可以通过各种金融商品的买卖，恰当地运用多种金融工具，通过衍生交易、传统交易与衍生交易的组合，或者若干衍生交易的组合，规避项目融资所需要承担的风险，实现套期保值和规避风险的目的。如贷款人可以通过外汇掉期交易、利率期货交易规避汇率和利率风险。反之，金融市场如果没有提供合适的金融产品，贷款人只能接受汇率或利率风险，这样就会影响贷款人的投资兴趣，使项目融资难以进行。

4.健全的金融市场体系目标

（1）完善的结构。健全、完善的金融市场必须具有完善的市场结构，就是要使金融市场的各个构成部分，即各种市场形式，实现合理配置和协调发展。因此，既要完善国内金融市场，又要发展国际金融市场，加强对外经济技术交流，利用国内和国际两种资源加速我国的经济建设。

（2）健全的机制。金融市场的机制主要是利率机制。利率机制健全，首先要求作为金融市场价格的利率水平要合理，要能够反映市场资金供求状况；其次，这种价格要由市场供求来决定，而不能是强制的计划价格。

（3）高效率的金融机构体系和发达的信用关系。高效率的金融机构体系和发达的信用关系是金融市场形成和发展的前提。发展多种经济形式的金融机构，可以提高金融业效率，从而繁荣和活跃金融市场。扩大深化信用关系，全面发展各种信用工具，能够为金融市场提供灵活多样的交易工具。

（4）有效的管理。加强对金融市场的管理，不应以直接控制为主，而应以间接调控为主，金融政策宽松，如实行自由外汇制度、放松利率管制、非居民与居民待遇相同等。

（5）先进的操作手段和具有较高管理水平的管理人员。操作手段和管理人员素质，决定着金融市场的运营效率及发展趋势。电子计算机技术的发展和广泛应用，以及具有专门知识的高级管理人才，能够为较高水平的金融业务与服务提供保证。

（二）金融体制

金融体制是指金融体系内部，中央银行、各专业银行，以及各类金融机构之间的权限划分和组织形式。金融体制的状况是金融市场体系能否发挥应有效用的关键。金融体制状况对项目融资的影响表现如下：

1.金融体制宽松或严格直接影响项目融资活动

金融体制是封闭还是开放以及开放的程度，市场是萎缩还是发达，都对项目融资产生直接影响。

在高度集中的金融管理体制下，资金运用的规模和方向都听从上级指令，不能自主决策，限制了项目的融资。在宽松的金融体制下，各微观金融组织作为真正的经济主体，在市场机制的引导和调节下，独立地追求自身的经济利益，不受强制性行政干预，可以充分地发挥其积极性、主动性，增强其活力。

在开放的金融市场上，项目融资者可以通过多形式和多样化的金融工具方便地筹措资金，使项目融资得以灵活有效地进行；相反，在严格管制的金融体制下，有效项目融资所需的政策、手段和途径都不具备，项目融资很难进行。

在东道国金融体制中，对经济的限制和干预程度直接影响到项目融资。一般来说，东道国都会采取必要的干预措施来对项目融资活动进行监督和管理，如限定资金的入境条件、控制资金的规模和流向、对贷款利润汇回加以限制等。贷款人很关心东道国对外资贷款的限制和干预程度，如果东道国对项目融资活动限制过于严格，就会影响贷款人投资的积极性，限制项目融资的发展。

2.金融体制的组织形式也是影响项目融资的因素

金融市场在组织上如果能够按照市场运行机制的内在要求，对进入市场的条件、市场主体的行为方式、市场参数的选择和运用等提供规范性的行为准则，就可以为项目融资提供良好的资金来源和筹资形式，有效扩大市场规模，增加金融市场的广度和深度，细化市场结构，建立多层次提供融资工具的金融市场，使项目融资高效有序地进行。

四、项目融资的政治环境

在影响项目融资的因素中，政治环境处于首要地位。项目融资的政治环境是指一个国家的政治状况对项目融资活动产生的外部影响。政治稳定性和政策的连续性是国际项目融资成功的关键所在。这是因为，政治稳定性能增强融资者和投资者的信心，政策的连续性则取决于政治的稳定性。在对项目进行大量的资金投入之前，项目的投资者、开发商和金融机构必须有理由相信东道国政治环境的稳定性和政策的连续性。

政治的可预见性也是国际项目融资成功的另一重要因素。可预见性是建立在一定的政治和经济机制基础之上的。通常来说，发展中国家面临着艰巨的基础设施建设任务，却只拥有较少的发展资本。因此，要想在发展中国家成功地通过项目融资方式进行基础设施建设，就必须要求东道国存在这样一种政治机制，即政府明确承认私人投资者在基础设施项目的开发、建设、经营和拥有等方面的积极作用，并且在制定项目融资法律和法规时都必须及时地反映政府的这些思想。在国际项目融资中，影响项目融资的政治环境包括东道国的政治体制、政治局势稳定程度、政府的信用等级、政策的连续性、政府对外国投资者的态度及政府的对外关系等。

（一）政治体制

东道国国家政权的组织形式及其有关的制度，是项目融资政治环境的基础因素。政治体制对于东道国项目融资环境的重要性，不仅因为它构成了政治环境，而且还因为它与经济制度密不可分。政治体制的健全程度、稳定状况，以及融资双方在这些方面所存在的一致性和差异性，往往会直接表现在政府对项目融资活动的管理方式以及干预和控制的程度上，从而对项目融资产生影响。如果政府遵循客观经济规律，积极调节和干预经济生活，贷款人就可以得到一个稳定的项目融资环境，正常的融资行为也不会受到无端的干预。而在一个民主制度不健全的专制独裁的政权下，政府的经济行为往往不受制度约束，不仅贷款人正常的投资活动会受到过多的干预和控制，而且还会因为潜在的政治动荡给贷款人带来风险。所以，贷款人在考察东道国社会制度及政治体制时，不仅要着眼于社会制度的性质本身，更重要的是，要看东道国政治体制的健全和完善程度以及政体的形式如何。

（二）政局的稳定程度

政治局势是否稳定是贷款人必须考虑的项目融资环境因素。采用项目融资模式建设项目，其建设、运营的周期很长，少则8～10年，多则40～50年，长期的时间跨度要求贷款人在对项目进行投资决策之前，必须有理由相信东道国政治局势的稳定性。如果东道国政局动荡，或者政权更迭频繁，可能导致外国贷款人的资产被冻结和没收，这样的投资环境投资者将很难接受。只有政局稳定、社会安定、讲求效益、致力于和平建设的国家，才能确保贷款的安全，并为投资者经营获利创造必要的前提。

（三）政策的连续性和一致性

东道国政策的连续性直接关系到贷款人收益的稳定性。如果政府政策的稳定程度不够，政策的连续性就难以保证。因为政策的变更很有可能导致项目的融资成本和项目未来收益的不确定，贷款人的投资态度就会非常谨慎。一些工业国家税收制度变动频繁，无论税率、税种还是对不同结构的经济实体的征税方法都经常发生变化，有时由于竞选的政治需要，甚至可能一年变动一次。这些变化会给项目融资带来许多不确定的因素，直接影响到项目的偿债能力或投资收益率。

（四）政府的信用等级

对于采用项目融资建设的项目，其可行性往往需要东道国政府的支持和担保，当这种支持与担保足够多或者显得较为重要时，贷款人就会越发关心东道国政府的信用。就商业贷款人及其各自的出口担保机构而言，对于一个特定国家的一个项目的贷款，其所承受风险的极限可算做是对该国的贷款额。就有些国家而言，如果一个特定的贷款人或机构承受的风险已达到其所能承受的极限，那么他们将不会愿意再为该国以后的项目筹资或担保，而不管是否使用项目融资方式。拥有较高信用等级的发展中国家，如泰国和马来西亚等，比其他信用不太好的国家，似乎拥有更多的机会实施项目融资。信用等级处于中间状态的国家，如印度尼西亚、土耳其等，仍具有足够高的信用等级，因而也能够实施项目融资。

（五）对外关系

当一国受到外部威胁时，它的各项国内外政策都将发生变化，财政经济状况也有可能变得严峻起来。如果发生战争，巨大的开支和严重的破坏则会使该国的项目融资环境在一定时期内变得对贷款人完全不适宜。可见，保持良好的国际关系，对于东道国项目融资环境的稳定是相当重要的。东道国与国外的政治关系因素主要包括遭受他国侵略、发生边境冲突、出现由境外势力操纵的暴乱、直接卷入地区冲突、与主要贸易伙伴发生贸易摩擦和经济战等。它们可能直接源于本国政府与外国政府的关系过于紧张，也可能间接源于本国政府与某一国政府关系过于密切，而受到他国政府政治冲突的株连。东道国政府应保持良好的对外关系，为项目融资创造条件。

（六）投资政策

一国的投资政策对项目投资及融资有着重要影响。国家不定期地发布投资政策，规定鼓励和限制的投资领域。国家限制的投资领域，项目投资风险高，筹资成本和风险较高。政策鼓励的投资项目通常可以得到政府的优惠措施支持，项目的收益可以得到间接的保证，从而降低风险。有些行业受到国家特别的政策保护，通常有较好的融资基础。比如，国家严格管制市场准入的行业（如电信、电网等），投资风险较低，取得低成本融资较为容易。

五、项目投资的税收条件及项目所在地的具体环境分析

（一）项目投资的税收条件

税收体系对项目融资方案有一定影响。不同的国家或地区的税收条件是不一样的，项目投融资研究初期应当对项目所在国或地区的税收条件进行充分的调查。通常一个国家或地区的税收体系对所有的投资人是一致的或公平的，但一些特殊的税费对项目的融资方案有特殊的影响。利润汇出税可能会使境外投资人股权投资成本增加，影响投资方案。利息预提税可能使项目从国外借款融资的成本增加，影响借款来源。部分地区对于外商投资企业给予所得

税优惠，注册成立外商投资企业可以获得额外的优惠。税收优惠是政府的一种调控手段，需要由更加宏观的政策和目标来决定，而不是由项目的融资目标决定。环境保护已经成为国际社会日益关注的重要问题之一。目前，一国从地方到中央各级政府部门都增强了环境保护意识，尤其是在空气污染和污水处理上都给予特别的重视。双边和多边金融机构已将环境保护作为向东道国发放项目贷款的重要依据。因此，项目发起人必须认真分析一国的环境保护法规可能对项目带来的影响，从而决定是否开发该项目。

严格的环境法规，对项目可能带来的影响主要包括：增加项目建设和经营成本；购买环保设备而增加资金成本；遭到公众反对可能需新建公共场所或设施；严重时会受到民事和刑事惩罚等，最终可能导致项目失败。所以，为了避免上述损失的发生，投资者必须格外重视对环境的保护。通常，对于一个项目来说，环境保护成本包括环境治理费用、为预防环境被破坏而投入的费用和给受害者的补偿费用等，这些成本都要由项目本身来承担。

因此，在进行项目可行性分析时，应对项目所在地的具体环境进行全面科学的分析与评价，写出详细的环境分析评价报告，以获得政府、项目发起人和贷款人的认可。

（二）项目所在地的具体环境分析和评价

1.分析与评价报告的内容

分析与评价报告一般需详细说明以下内容：

（1）项目位置。这是项目环境报告的首要条款，包括项目所在位置的地形，建设和经营使土壤侵蚀、下陷的可能性及项目选址计划。

（2）空气。在项目建设期、试生产期和经营期可能排放出的空气污染物及控制措施。

（3）水。项目建设可能会对水造成的污染及成本。如项目建设对地表水如湖水、溪流及河水的影响，为了不污染水资源需改道所花费的成本等。

（4）对植物和动物生态环境的影响。尤其当项目涉及对濒危动植物的影响时，应格外重视对这一内容的说明。

（5）对公众健康的影响。应把对在项目建设或经营中存在的对人类健康造成的潜在危害的分析摆在非常重要的地位。因为许多医学数据表明，诸如空气排放物、电磁体和辐射等会对人类身体健康造成严重危害。

（6）噪声。如果项目位于居民居住区域或人群集中区，噪声可能成为敏感因素。

（7）历史和文化因素。如果项目靠近历史或文化重要区，如名胜古迹等，那么应对这些古迹或文物的影响加以重视。

（8）人口迁移问题。在诸如水利建设项目中，可能会涉及对当地人口的迁移问题，为此，在环境报告中应分析人口迁移的时间和成本，以及迁移地是否被接受等。

对于以上这些环境报告中的内容，必须在取得当地政府的许可后，项目方可实施，同时要对公众公开，以取得公众的支持，为项目的顺利开展提供较好的前提条件。

2.环境影响因素确定及环境影响程度分析

在全面分析项目所在地的环境信息后，就可根据工程项目类型、性质和规模来分析和预测该工程项目对环境的影响，找出主要影响因素，以便进行环境影响程度分析。

（1）工程建设项目对自然环境的影响是指对水、土壤、大气等环境要素的影响。对水质的影响，包括对地下水和地表水的影响（含水的路径、流量、水质和水位影响）。对大气环境质量的影响主要是指排放的气体污染物对人类和动物的健康和生产力产生不利的影响，如酸雨对建筑物的破坏等。对土壤质量的影响，一般包括污染影响、对土壤和土地资源的破坏和土壤沙化这三个方面的影响。

（2）工程建设项目对生态环境的影响，重点是指对动植物造成的影响。例如，动物通常会由于在其生活地区赖以生存的食物或植物遭到破坏而间接受到影响。一般来说，植被和野生生物有可能受到工程项目的不利影响，尤其是珍稀物种。

（3）工程建设项目对美学的影响，是指工程建设项目对与美感有关事物的作用。美感是人们对具有审美价值的客体（环境质量），从耳、眼、鼻感官开始，通过想象、情感、道德等多种心理要素的相互作用，综合而成的一种心理感受状态，如色彩和尺寸的和谐、清新的空气等。有关美学的影响因素，可选择土地、空气、水、生物和人造景物等。前四项因素应强调其美学价值，而人造景物对环境产生影响的主要因素是拟建项目的设计造型与原有景观是否协调。

（4）工程建设项目对社会经济环境的影响，主要是指工程建设项目对人的影响，这些影响既可能是工程建设项目对经济、社会、人类健康和福利产生的直接影响，也可能是间接影响。其中包括对经济的影响、对人口的影响、对厂区服务设施的影响，以及对价值观的影响（即对生活方式和生活质量的影响）。

（三）环境影响因素分析

在分析了工程项目对环境的影响之后，应就项目建设过程中破坏环境、生产运营中污染环境导致环境质量恶化的主要因素进行分析，见表7-3。

表7-3 **环境影响因素一览表**

环境	影响因素	拟建工程考虑的事项
自然环境	水	①无组织排放的污染源是什么 ②河水流量的减少是否受已建工程分流的影响 ③BOD、COD和悬浮物经过污水处理后会降低到国家水环境质量标准吗？情况如何 ④废物处置对地下水的影响是什么
	土地	①将会发生什么样的土地风化？原因是什么 ②建设项目是否符合当地的土地利用条例 ③建设项目的液体和固定废物的处理方法是什么？这些做法在环境上安全吗
	空气	①建设项目周围的空气质量如何 ②由于兴建项目造成人口迁移引起的动力需求增加，会增加SO_2排放量吗 ③固体废弃物处置场地会产生难闻的气味吗
	噪声	①工程的施工爆破是否引起噪声强度的增大 ②拟建项目所增加的卡车和铁路运输会增加周围地区的噪声频率吗 ③项目所增加的噪声能淹没环境的自然声音吗 ④轰鸣声将破坏周围地区的日常生活秩序吗
生态环境	物种与种群	①工程兴建造成的天然饲料场地的迁移对该地区的动物生存有不利影响吗 ②拟建项目的排放物会损害水生生物吗 ③拟建项目对该地区的动植物有重大影响吗
	种群与生态环境	①拟建项目是否会引起珍稀和濒危物种生活环境的破坏 ②项目引起的物种迁移是否会消灭当地生态系统重要的生物群落 ③废物处置场地的渗漏是否会损害土壤层
	生态系统	①拟建项目废水带入的营养物质是否会引起湖泊富营养化 ②拟建项目由于使一个地区城市化，是否会减少原有农业用地和其他土地的产量 ③植被的清除是否会破坏整个生态系统的能量流动

根据对表7-3中列出问题的回答，可以对每个组成成分赋予相应的参数，并结合拟建项目本身的特点进行比较，就可确定出主要的环境影响因素。

第四节 投资使用与资金筹措计划的编制

在项目融资方案确定以后，应根据项目实施进度计划的要求，编制投资使用与资金筹措计划，以便在保证完成项目规划任务的基础上，更合理有效地利用资金。在编制资金使用计划时，必须注意把资金使用的计划安排和融资方案结合起来，使其相互匹配，以保证资金的使用能够满足项目实施进度规划的要求。在编制资金使用计划时，应以分年投资计划为基础。编制投资使用与资金筹措计划，必须注意如下两点：

第一，项目的投资计划应涵盖项目的建设期及建成后的投产试运行期和正式的生产经营期。项目的资金筹措需要满足项目各阶段投资资金使用的要求。

第二，新组建公司的项目，资金筹措计划通常应当先安排使用资本金，后安排使用负债融资，这样既可以降低项目建设期间所承担的利息负担，同时更重要的是有利于建立资信，便于顺利取得债务融资。实践中也有项目的资本金与负债融资同比例到位的安排，或者先投入一部分资本金，剩余的资本金与债务融资同比例到位。

一个完整的项目资金筹措方案，主要由两部分构成：一是项目资本金及债务融资资金来源的构成，每一项资金来源条件均以文字和表格加以详细说明；二是编制分年投资使用与资金筹措计划，使资金的需求与筹措在时序、数量两方面都能达到平衡。

投资使用与资金筹措计划表是为了连接投资估算、融资方案两部分内容，用来平衡投资使用计划及资金筹措计划。表7-4是新设法人投资项目的投资使用与资金筹措计划表，表7-4是既有法人投资项目的投资使用与资金筹措计划表。

表7-4 **投资使用与资金筹措计划表（新设法人投资项目）** 单位：万元

序号	年份/项目	建设期		投产期	达产期	合计
		1	2	3	4	
1	投资使用					
1.1	建设投资					
1.2	建设期利息					
1.3	流动资金					
2	资金筹措					
2.1	资本金					
2.1.1	股东A					
2.1.2	股东B					
2.2	借款					
2.2.1	长期借款					
	X银行借款					
	Y银行借款					
2.2.2	流动资金借款					
2.2.3	其他短期借款					
2.3	发行债券					
2.4	融资租赁					

表 7-5　　投资使用与资金筹措计划表（既有法人投资项目）　　单位：万元

序号	项目＼年份	建设期		投产期	达产期	合计
		1	2	3	4	
1	投资使用					
1.1	建设投资					
1.2	建设期利息					
1.3	流动资金					
2	资金筹措					
2.1	资本金					
2.1.1	自有资金					
	其中：利用原有资产					
2.1.2	股东增加股本投资					
2.2	增加长期借款					
	X银行借款					
	Y银行借款					
2.3	增加流动资金借款					
2.4	增加短期借款					
2.5	发行债券					
2.6	融资租赁					

第五节　项目融资的实施步骤

从项目投资决策开始，至选择项目融资方式为项目建设筹措资金，一直到最后完成该项目融资为止，项目融资大致可分为五个阶段：投资决策分析阶段、融资决策分析阶段、融资结构设计阶段、融资谈判阶段及融资执行阶段。每一阶段的主要工作如图 7-1 所示。

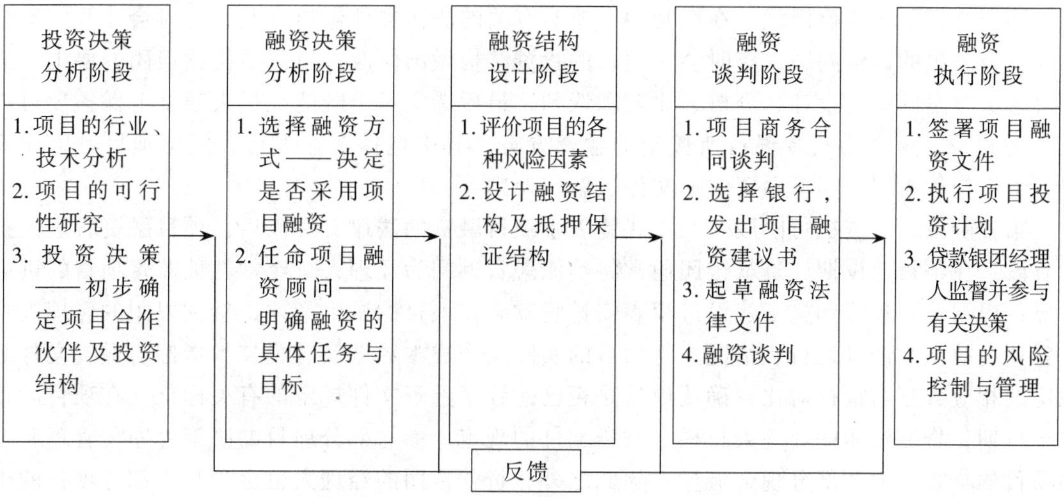

图7-1　项目融资各阶段的主要工作内容

上述五个阶段的具体工作内容与要求如下：

第一阶段，投资决策分析阶段。投资者需要对一个项目进行相当周密的投资决策分析，投资决策分析的结论是投资决策的主要依据。这些分析包括宏观经济形势的趋势判断，项目的行业、技术和市场分析，以及项目的可行性研究等内容。一旦投资者做出投资决策，随后的首要工作就是确定项目的投资结构，项目的投资结构与将要选择的融资结构和资金来源有着紧密的关系。同时，在很多情况下，项目投资决策也是与项目能否融资以及如何融资密切联系的。投资者在决定项目投资结构时需要考虑的因素很多，主要包括项目的产权形式、产品分配形式、债务责任、决策程序、现金流量控制、会计处理和税收结构等方面的内容。投资结构的选择将影响到项目融资的结构和资金来源的选择；反过来，项目融资结构的设计也会对投资结构的安排做出调整。

第二阶段，融资决策分析阶段。这一阶段的主要内容是项目投资者将决定采用何种融资方式为项目开发筹集资金。项目建设是否采用项目融资方式主要取决于项目的贷款数量、时间、融资费用、债务责任分担以及债务会计处理等方面的要求。如果决定选择项目融资作为筹资手段，投资者就需要聘请融资顾问，如投资银行、财务公司或者商业银行中的项目融资部门。融资顾问在明确了融资的具体任务和目标要求后，开始研究和设计项目的融资结构。

第三阶段，融资结构设计阶段。这一阶段的一个重要步骤是对与项目有关的风险因素进行全面的分析、判断和评估，确定项目的债务承受能力和风险，设计出切实可行的融资方案和抵押保证结构。项目融资的信用结构的基础是由项目本身的经济强度以及与之有关的各个利益主体与项目的契约关系和信用保证构成的。项目融资结构以及相应的资金结构的设计和选择，必须全面地反映投资者的融资战略要求和考虑。

第四阶段，融资谈判阶段。在项目融资方案初步确定以后，项目融资进入谈判阶段。首先，融资顾问将选择性地向商业银行或其他一些金融机构发出参加项目融资的建议书，组织银团贷款，并起草项目融资的有关文件。随后，便可以与银行谈判。在谈判中，法律顾问、融资顾问和税务顾问将发挥很重要的作用。他们一方面可以使投资者在谈判中处于有利地位，保护投资者利益；另一方面又可以在谈判陷入僵局时，及时、灵活地采取有效措施，使谈判沿着有利于投资者利益的方向进行。

融资谈判不会一蹴而就，在谈判中，要对有关的法律文件做出修改，有时会涉及融资结构或资金来源的调整问题，有时会对项目的投资结构做出修改，以满足贷款银团的要求。通过对融资方案的反复设计、分析、比较和谈判，最后选定一个既能在最大限度上保护项目投资人的利益，又能为贷款银行所接受的融资方案。其中包括选择银行、发出项目融资建议书、组织贷款银团、起草融资法律文件、融资谈判等。

第五阶段，融资执行阶段。当正式签署了项目融资的法律文件以后，项目融资就进入执行阶段。在项目建设期，贷款银团通常将委派融资顾问为经理人，经常性地监督项目的进展情况，根据资金预算和施工建设进程表安排贷款。在项目的试生产期，贷款银团的经理人将监督项目的试生产（运行）情况，将项目的实际生产成本数据及有关技术指标与融资文件上规定的相应数据与指标对比，确认项目是否已达到了融资文件规定的有关标准。在项目的正常运行期，贷款银团的经理人将根据融资文件的规定，参与部分项目的决策程序，管理和控制项目的贷款投放和部分现金流量。除此之外，贷款银团的经理人也会参与一部分项目的生产经营决策，并经常帮助投资者加强对项目风险的控制与管理。

本章小结

1.建设项目资金需求主要是靠适当的资金来源渠道和筹措方案予以满足。资金来源分析，主要是分析可行性研究报告中提出的各种资金来源是否正当、合理、可靠。

2.从投资者角度来看，项目的筹资渠道主要有两大类：一类是投资者的自有资金，它可形成资本金；另一类是从外部筹资，即借入资金，通常采用借贷或发行债券的方式筹集。

3.自有资金指由企业所有者自筹的资金，企业长期使用而无须偿还，它包括资本金、资本溢价和接受捐赠。

3.新设法人项目资本金的来源渠道和筹措方式主要有如下几种：股东直接投资、股票融资、政府投资、优先股股票、可转换债券。

4.投资项目采用既有法人融资方式，既有法人的资产也是项目投资资金的来源之一。

5.借入资金属于外部资金来源，是项目法人通过向金融机构申请贷款、经批准发行企业债券、进行融资租赁等方式筹集的用于项目建设的资金，具体包括：商业银行贷款、政策性银行贷款、外国政府贷款、外国银行贷款、出口信贷、国际金融组织贷款、企业债券、国际债券、融资租赁、国际项目融资。

5.融资成本是指项目为筹集和使用资金而支付的费用，包括资金筹集费和资金占用费。在其他条件相仿的情况下，融资成本的高低就成了选择项目时需要考虑的主要因素。

6.融资成本计算的基本公式：项目融资成本一般采用资金成本率这一相对数来表示。资金成本率亦称资本成本率，是指使用资金所负担的费用与筹集资金净额之比。

7.国家和地区的融资环境对项目融资的成败及效果有着重要的影响。法律环境在投资环境的诸因素中占据主要位置，政治环境处于首要地位。

8.项目融资方案研究应着重分析经济环境对融资的限制和影响。良好的经济环境主要包括合理的经济和产业政策、发达的经济和适当的增长速度、发达的配套产业、有效的资本市场、良好的基础设施、完善的市场机制、规范的税收体系和银行体系，以及适宜的生活和生存环境等。

9.项目融资是一种金融行为，金融环境的优劣、金融体制的状况、金融市场的完备程度、金融效率的高低、金融产品的规模与多样性等将直接影响项目融资活动的开展。

10.在项目融资方案确定以后，应根据项目实施进度计划的要求，编制投资使用与资金筹措计划，以便在保证完成项目规划任务的基础上，更合理有效地利用资金。

11.在编制资金使用计划时，必须注意把资金使用的计划安排和融资方案结合起来，使其相互匹配。

12.项目融资大致可分为五个阶段：投资决策分析阶段、融资决策分析阶段、融资结构设计阶段、融资谈判阶段及融资执行阶段。

本章能力训练

一、名词解释

自有资金　项目资本金　融资方式　股东直接投资　股票融资　融资租赁　出口信贷　融资成本　融资方案比选　融资环境　投资使用与资金筹措计划

二、思考分析

1.什么是资金来源分析？

2.项目资本金的来源渠道和筹措方法有哪些？

3.项目投资的借入资金来源渠道有哪些？

4.什么是融资成本？如何计算投资项目的融资成本？

5.如何对投资项目的融资方案进行比选？

6.编制投资使用与资金筹措计划应注意哪些方面？

7.项目融资的实施步骤有哪些？

|第八章|

项目融资风险及融资模式分析

案例情景

中国企业家成长与发展专题调查报告显示　支持创新融资渠道亟待畅通

《2015·中国企业家成长与发展专题调查报告》显示，当前我国企业创新面临创新人才短缺、资金结构单一等突出问题的制约，需要通过加强创新支持政策和改善创新环境，进一步提升企业家未来创新投入意愿。

“我国企业创新发展的基本指标总体较好。”中国企业家调查系统秘书长李兰说。不过，企业创新也面临着创新人才短缺、创新资金来源单一、创新绩效不佳、创新环境不完善、企业家创新动力不足等突出问题的制约。调查显示，高达60.7%的企业家认为企业创新人才缺乏；依靠自有资金投入进行创新的企业占90.8%，而通过银行贷款和资本市场获得创新资金的渠道仍不畅通；作为衡量企业创新产出的重要指标之一，新产品销售占销售总额比重的增速有所减缓，表明当前企业创新成效有待进一步提高；鼓励创新的社会环境有待进一步改善、创新风险与收益不对称、知识产权保障不力等，是阻碍创新的主要因素；受宏观经济下行和企业发展面临诸多困难等影响，企业家未来创新动力不足。

“积极推动政府管理体制改革、尽快出台支持创新的具体政策措施、提振企业家对宏观环境的信心，可以有效提升企业创新投入和未来创新意愿。”李兰建议，政府部门应深化教育体制改革以完善创新人才培养体系、加快金融体制改革以完善企业融资渠道、营造鼓励创新的社会环境、加强知识产权保护等激励企业创新；同时，通过放宽市场准入、维护公平竞争、强化市场主体责任、建立信用体系、有效执法等，提升企业家未来创新意愿，更好地实现国家创新驱动发展战略。

资料来源　林火灿．中国企业家成长与发展专题调查报告显示　支持创新融资渠道亟待畅通［N］．经济日报，2015-03-30.

由该案例引出，项目投资资金结构的组成是怎样的？存在哪些融资风险？项目融资模式有哪些？本章将讲解如何分析投资项目的融资结构，如何识别项目融资风险，有哪些项目融资模式。重点是投资项目的融资结构分析。

|第一节|　项目资金结构分析

现代项目的融资是多渠道的，项目融资方案制订的主要任务是将多渠道的资金按照一定的资金结构结合起来。在项目融资方案的设计及优化中，资金结构分析是一项重要内容。公平性、风险性、资金成本等多方面因素决定了资金结构的合理化和优化。项目的资金结构是指项目筹集资金中股本资金、债务资金的形式，各种资金的占比，以及资金的来源，包括项目资本金与负债融资比例、资本金结构和债务资金结构。

融资方案的资金结构分析应包括如下内容：

总资金结构，包括无偿资金、有偿股本、准股本、负债融资分别占总资金需求的比例；

资本金结构，包括政府股本、商业投资股本占比，国内股本、国外股本占比；

负债结构，包括短期信用、中期借贷、长期借贷占比，内外资借贷占比。

一、项目资本金与债务资金比例

资本金（即权益投资）与债务资金比例是项目资金结构的一个基本比例。在项目总投资和投资风险一定的条件下，资本金比例越高，权益投资人投入项目的资金越多，承担的风险越高；而提供债务资金的债权人承担的风险越低，贷款的利率就越低，反之贷款利率越高。当项目资本金比例降低到银行不能接受的水平时，银行将会拒绝贷款。合理的资金结构需要由各个参与方的利益平衡来决定。

权益投资人角度：追求以较少的资本金投资争取较多的债务融资，争取对股东尽可能低的追索。

债权人角度：较高的资本金比例可以承担较高的市场风险，有利于债权得到有效的风险控制。

从经济效率的角度出发，较低的筹资成本可以得到较高的经济效益。一般来说，商业性的股本投资筹资成本较高，银行贷款利率通常要低于股本投资方所要求的投资收益率，而直接向公众发债通常可以有比银行贷款更低的利率。政府的无偿投资虽然可以不要求回报，但政府的资金来源于税收，用于无偿投资会改变社会资源的分配，对资源的有效利用产生影响，过度使用可能会损害市场对资源的有效配置机制。政府的无偿投资应当设定在合理的范围内，至少应当避免发生资源的浪费。

二、项目资本金结构

项目资本金结构包含投资产权结构和资本金比例结构。参与投资的各方投资人占有多大的出资比例，对项目的成败有着重要影响。各方投资比例需要考虑各方的利益需要、资金及技术能力、市场开发能力、已经拥有的权益等。不同的权益比例决定着各投资人在项目及公司中的作用、承担的责任义务和收益分配。由于其背景和特长的不同，不同的投资人对于项目的贡献不同。各个投资人之间的优势互补可以保障项目的成功。但出资比例处理不当，某些方面的利益没有得到合理分配，可能会造成项目实施中的困难。现代企业制度需要避免一股独大的绝对控股公司形式。

一些融入商业资本的基础设施项目可以减轻政府的财政负担，并且可以提供商业资本的管理经验，提高公司的运营效率。发售社会公众流通股可以加强公司的监管、提高公司的透明度、加强对公司管理层的约束，并且可以提高公司的社会信用，增强社会公众对于项目的关心和支持，有益于解决可能由项目引起的社会问题。

既有公司融资下，公司的财务状况和筹资能力影响项目的资金结构。在资本金结构分析中，需要分析项目资本金中的企业自有资金与增加股东的股权投资及股东借款等准资本金结构。企业将自有资金投资于项目，会引起企业的财务流动性降低，同时导致项目投资的借款负债增加，企业的资产负债率上升。企业使用自有资金作为资本金投资于新项目，其投资额度会受到企业自身财务资源的限制。当企业的自有资金不足时，需要股东增加投资，补充公司的资本金，用于项目投资。

三、债务资金结构

债务资金结构分析中要考虑各种债务资金所占的百分比，包括负债的方式及债务期限的配比。合理的债务资金结构需要考虑融资成本和融资风险，合理设计融资方式、币种、期限、偿还顺序及保证方式。

（一）债务期限配比

项目负债结构中，需要合理搭配长短期负债借款。由于短期借款利率低于长期借款，适当安排一些短期融资可以降低总的融资成本，但如果短期融资过多，会降低项目公司财务的流动性，使项目的财务稳定性下降，从而提升了财务风险。长期负债融资的期限应当与项目的经营期限相协调。大型基础设施工程负债融资应当以长期融资为主。

（二）境内外借贷占比

对于借款公司来说，境内外借贷的比重主要取决于项目使用外汇的额度，同时可能主要由借款取得的可能性及方便程度决定。若贷款条件一样，使用境外借款或国内银行外汇贷款，对借款公司来说并没有区别。但是对国家来说，项目使用境外贷款，相对于使用国内银行的外汇贷款而言，国家的总体外汇收入增加，对于当期的国家外汇平衡有利。但对于境外贷款偿还期内的国家外汇平衡会产生不利影响。

从项目的资金平衡利益考虑，如果项目的产品销售无法取得外汇，尽量不要使用外汇贷款，投资中如果需要外汇，可以由投资方注入外汇，或者以人民币购汇。如果项目使用的外汇额度很大，以至于项目大量购汇将会对当期国家的外汇平衡产生难于承受的影响，则需要考虑使用外汇贷款。如果国家需要利用项目从境外借贷融入外汇，改善国家当期外汇平衡，也可以考虑由项目公司在国际上借贷融资，包括向世界银行等国际金融机构借款。项目投资中如果有国外采购，可以附带寻求国外的政府贷款、出口信贷等优惠融资。

（三）外汇币种选择

外汇贷款的借款币种与还款币种有时是不同的。为了降低还款成本，应选择币值较为软弱的币种作为还款币种。当这种外汇币值下降时，还款金额会相对降低。但币值软弱的外汇贷款利率通常较高，这就需要在汇率变化与利率差异之间做出预测权衡和抉择。

偿债顺序安排包括偿债的时间顺序及偿债的受偿优先顺序。通常，在多种债务中，对于借款人来说，在时间上，应当先偿还利率较高的债务，后偿还利率低的。受汇率风险的影响，通常应当先偿还硬货币的债务，后偿还软货币的债务。

多种债务的受偿优先顺序安排对于取得债务融资有着重要影响，提供信贷融资的金融机构如果感觉到资金的债权受偿顺序不利，可能会拒绝提供贷款。一种可行的办法是安排所有的债权人以相同的受偿顺序受偿。受偿优先顺序通常由借款人项目财产的抵押及公司账户的监管安排所限定。融资方案中需要对此妥善安排。

第二节 项目融资风险分析

融资方案的实施经常受到各种风险的影响。为了使融资方案更加稳妥可靠，需要对可能发生的风险因素进行识别、预测。融资风险分析是项目风险分析中非常重要的组成部分，并与项目其他方面的风险分析紧密相关。融资风险分析的基本步骤包括识别融资风险因素、估计融资风险程度、提出融资风险对策。项目的融资风险分析主要包括资金运用风险、项目控制风险、资金供应风险、资金追加风险、利率及汇率风险。

一、资金运用风险

资金运用风险主要是项目运用所筹资金投资失败所带来的风险。项目投资的失败和融资活动有关，但不一定就是融资活动所导致的。项目投资活动的很多方面都可能导致投资失败。投资失败产生的损失往往可以利用融资活动，全部或部分地转移给资金提供者即出资人。

在制订融资方案时，需要详细分析项目的整体风险情况，评估项目投资失败的可能性，进而考虑融资过程中的风险对策和措施。如果风险较大，就可以通过股权融资等方式让更多的出资人来共同承担风险，或利用项目融资模式限定筹资人或项目发起人的风险承受程度。

融资风险与出资风险既是相互联系又是相互区别的，二者最主要的区别是看待风险的角度不同。从筹资人角度看融资风险，从出资人角度看出资风险。如果出资人承受的风险大，就会要求筹资人承担比较高的融资成本；出资人承受的风险较小，筹资人承担的融资成本也相应较低。

二、项目控制风险

融资带来的项目控制风险主要表现在经过融资活动后，筹资人有可能会失去对项目的某些控制权（项目的收益权、管理权、经营权等）。采用涉及项目控制权的资本金融资方式，在获得资金的同时，筹资人会相应地失去一定的项目控制权，也可能会丧失项目的部分预期收益。若这种收益高于以其他融资方式获得资金的机会成本，就视为筹资人的一种损失。但是，筹资人在丧失这种机会收益的同时，也向股权投资人转嫁了未来这部分投资失败的风险。因此，不同方面的融资风险和风险对策之间存在相互关联性，筹资人需要综合权衡以定取舍。如果未来投资的风险很大，筹资人就可以较多地运用股权融资等方式筹措资金，转移风险；如果未来投资的风险较小，筹资人就应尽量使用不涉及项目控制权的融资方式（如银行借款等债务融资方式）。

三、资金供应风险

资金供应风险是指融资方案在实施过程中，可能会出现资金不到位，导致建设工期拖长，工程造价升高，原定投资效益目标难以实现的风险。可能出现资金供应风险的情况有：已承诺出资的投资者中途变故，不能兑现承诺；原定发行股票、债券计划不能落实；既有法人融资项目由于企业经营状况恶化，无力按原定计划出资；其他资金不能按建设进度足额及时到位。

预定的投资人或贷款人没有实现预定计划或承诺使融资计划失败，是产生资金供应风险的重要原因。为了避免上述情况出现，在项目融资方案的设计中应当对预定的出资人出资能力进行调查分析。影响出资人出资能力变化的因素有：

（1）出资人自身的经营风险和财务能力。

（2）出资人公司的经营和投资策略的变化。

（3）出资人所在国家的法律、政治、经济环境的变化。

（4）世界经济状况、金融市场行情的变化。

考虑到出资人的出资风险，在选择项目的股本投资人及贷款人时，应当选择资金实力强、既往信用好、风险承受能力大、所在国政治及经济稳定的出资人。

四、资金追加风险

项目的资金追加风险是指项目实施过程中会出现许多变化，包括设计变更、技术变更甚至失败、市场变化、某些预定的出资人变更、投资超支等，导致项目的融资方案变更，因此项目需要具备足够的追加资金能力。为规避这方面的风险，一方面，要加强项目前期的分析论证及科学合理的规划，加强对项目实施过程的管理和监控；另一方面，项目需要具备足够的再融资能力。再融资能力体现为出现融资缺口时应有及时取得补充融资的计划及能力。通常可以通过下列三种方式提高项目的再融资能力：

（1）融资方案设计中应考虑备用融资方案。

（2）融资方案设计中考虑在项目实施过程中追加取得新的融资渠道和融资方式。

（3）项目的融资计划与投资支出计划应当平衡，必要时留有一定富余量。

备用融资方案主要包括：项目公司股东的追加投资承诺；贷款银团的追加贷款承诺；贷款承诺高于项目计划使用资金数额，以取得备用的贷款承诺。

五、利率及汇率风险

（一）利率风险

利率风险是指因市场利率变动而给项目融资带来一定损失的风险，主要表现在市场利率的非预期性波动给项目资金成本所带来的影响。银行根据贷款利率是否随市场利率变动，可分为浮动利率和固定利率。浮动利率贷款项目资金成本随未来利率变动，当利率上升时，项目资本成本增大，从而给借款较多的项目造成较大困难，表现在项目融资风险中主要是利率变动后引起项目债务利息负担增加而造成的损失。固定利率下，若未来市场利率下降，项目资金成本不能相应下降，相对资金成本将变高。因此，无论选用浮动利率还是固定利率都存在利率风险。利率的选取应从更有利于降低项目总体风险的角度来考虑。

在项目融资中，降低利率风险最主要的是采取利率互换的方式，互换就是用项目的全部或部分现金流量交换与项目无关的另一组现金流量。利率互换在项目融资中很有价值，因为多数银团在安排长期项目贷款时，只愿意考虑浮动利率的贷款方式，使得项目承担较大的利率波动风险。作为项目投资者，如果根据项目现金流量的性质，将部分或全部的浮动利率贷款转换成固定利率贷款，在一定程度上可以减少利率风险对项目的影响。

（二）汇率风险

汇率风险，是指项目因汇率变动而遭受损失或预期收益难以实现的可能性。项目使用某种外汇借款，未来汇率的变动将使项目的资金成本发生变动，从而产生汇率风险。为了防范汇率风险，对于未来有外汇收入的项目，可以根据项目未来的收入币种选择借款外汇和还款外汇币种，也可以采用汇率封顶和货币利率转换的方法降低汇率风险。

汇率封顶，即在正式签署贷款合同或提取贷款前，项目公司与债权人协商约定一个固定的汇率最高值，还款时，债务人以不超过已协商约定的汇率最高值进行换汇还款。

货币利率转换，是指为降低借款成本或避免将来还款的汇价和利率风险，而将一种货币的债务转换为另一种货币的债务。

第三节 项目融资模式分析

项目融资模式就是在项目融资过程中采取何种形式使得项目的经济强度达到各方投资者要求的融资方式，也是对项目融资要素的具体组合和构造。项目融资模式一般包括项目投资者直接融资模式、项目公司融资模式、设施使用协议融资模式、杠杆租赁融资模式和生产支付融资模式等。

一、直接融资模式

直接融资模式是指由项目投资者直接安排项目的融资，并直接承担起融资安排中相应的责任和义务的一种方式，从理论上讲是结构最简单的一种项目融资模式。当投资者本身的公司财务结构良好并且合理时，这种模式比较适合。另外，对于资信状况良好的投资者，采用直接融资方式可以取得成本相对较低的贷款，因为资信良好的公司的名称对贷款银行来说就是一种担保。但在投资者使用直接融资模式的过程中，需要注意的是如何限制贷款银行对投资者的追索权利问题。贷款由投资者申请并直接承担其中的债务责任，在法律结构上会使实现有限追索变得相对复杂，并使项目贷款很难安排成为非公司负债型的融资。投资者直接安排项目融资的模式，在投资者直接拥有项目资产并直接控制项目现金流量的非公司型合资结构中比较常用。并且，这种融资模式有时也是为一个项目筹集追加资本金时所能够使用的唯一方法。因为大多数的非公司型合资结构不允许以合资结构或管理公司的名义举债。直接融资模式的优点主要体现在：①采用直接融资模式，投资者可根据其投资战略的需要，灵活地安排融资结构。如选择合理的融资结构及融资方式，确定合适的债务比例，灵活运用投资者信誉等，这就给了投资者更为充分的余地。②运用直接融资模式能在一定程度上降低融资成本，由于采用直接融资模式时投资者可以直接拥有资产并控制项目现金流量，这就使投资者直接安排项目融资时，可以比较充分地利用项目的税收减免等条件，降低融资成本。

直接融资方式在结构安排上主要有两种操作思路。

（一）由投资者面对同一贷款银行和市场直接安排融资

在这一融资过程中，首先，投资者根据合资协议组成非公司型合资结构，并按照投资比例合资组建一个项目管理公司，负责项目的建设和生产经营，项目管理公司同时也作为项目发起人的代理人负责项目的产品销售。项目管理公司的这两部分职能分别通过项目的管理协议和销售代理协议加以规定和实现。其次，根据合资协议规定，发起人分别在项目中投入相应比例的自有资金，并统一筹集项目的建设资金和流动资金；但是由每个发起人单独与贷款银行签署协议。在建设期间，项目管理公司代表发起人与工程公司签订工程建设合同，监督项目的建设，支付项目的建设费用。在生产经营期间，项目管理公司负责项目的生产管理，并作为发起人的代理人销售项目产品。最后，项目的销售收入将首先进入一个贷款银行监控下的账户，用于支付项目的生产费用和资本再投入，偿还贷款银行的到期债务，最终按照融资协议的规定将盈余资金返还给发起人。其融资结构如图8-1所示。任何一种融资模式在满足投资者某些方面需要的同时，难免会存在某些方面的缺憾。直接融资模式也是既有其优点，也有其不足。直接融资模式的优点主要体现在：一是选择融资结构及融资方式比较灵活，发起人可以根据不同需要在多种融资模式、多种资金来源方案之间充分加以选择与合并，比如，资信较好的公司可以很便宜地融通到资金，而对于一些小公司来说，却必须付出很高的融资成本；二是债务比例安排比较灵活，发起人可以根据项目的经济强度和本身资金状况较灵活地安排债务比例；三是可以灵活运用发起人在商业社会中的信誉，同样是有限追索的项目融资，信誉越好的发起人就可以得到越优惠的贷款条件。

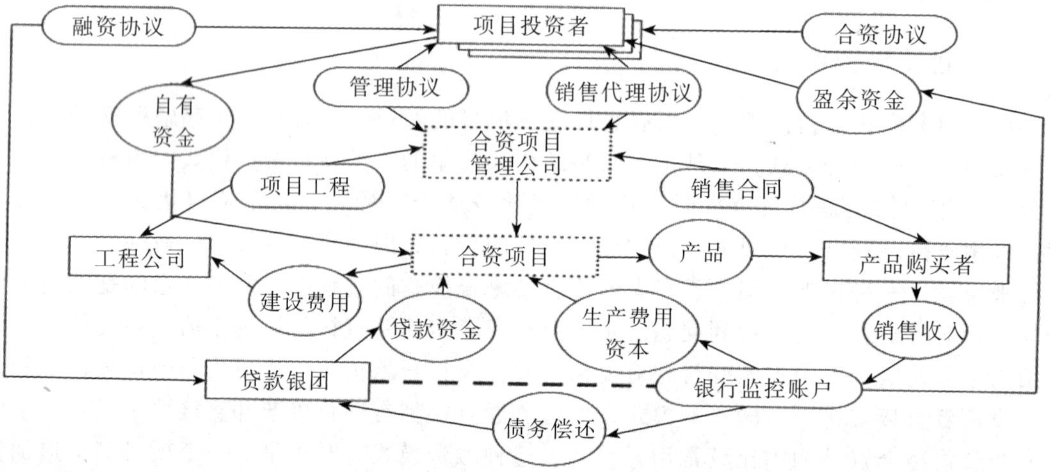

图8-1 投资者面对同一贷款银行的直接安排融资结构

直接融资模式的不足之处主要表现在将融资结构设计成有限追索时比较复杂：一是如果组成合资结构的投资者在信誉、财务状况、市场销售和生产管理能力等方面不一致，就会增加项目资产及现金流量作为融资担保抵押的难度，从而在融资追索的程度和范围上会显得比较复杂；二是在安排融资时，需要注意划清投资者在项目中所承担的融资责任和投资者其他业务之间的界限，这一点在操作上更为复杂，所以，在大多数项目融资中，由项目投资者成立一个专门公司来进行融资的做法比较受欢迎；三是通过投资者直接融资，很难将融资安排成为非公司负债型的融资形式，也就是说，在安排成有追索的融资时难度很大。

（二）由投资者各自独立地安排融资和承担市场销售责任

在这一融资过程中，两个投资者组成非公司型合资结构，投资于某一项目，并由投资者而不是项目管理公司组织产品销售和债务偿还。首先，项目发起人根据合资协议投资合资项目，选择项目管理公司负责项目的建设生产管理。其次，发起人按照投资比例，直接支付项目的建设费用和生产费用，根据自己的财务状况自行安排融资。项目管理公司代表发起人安排项目建设，安排项目生产，组织原料供应，并根据投资此例将项目产品分配给项目发起人。最后，发起人以“或付或取”合同的规定价格购买项目产品，其销售收入根据与贷款银行之间的现金流量管理协议进入贷款银行监控账户，并按照资金使用优先序列的原则进行分配。其融资结构如图8-2所示。

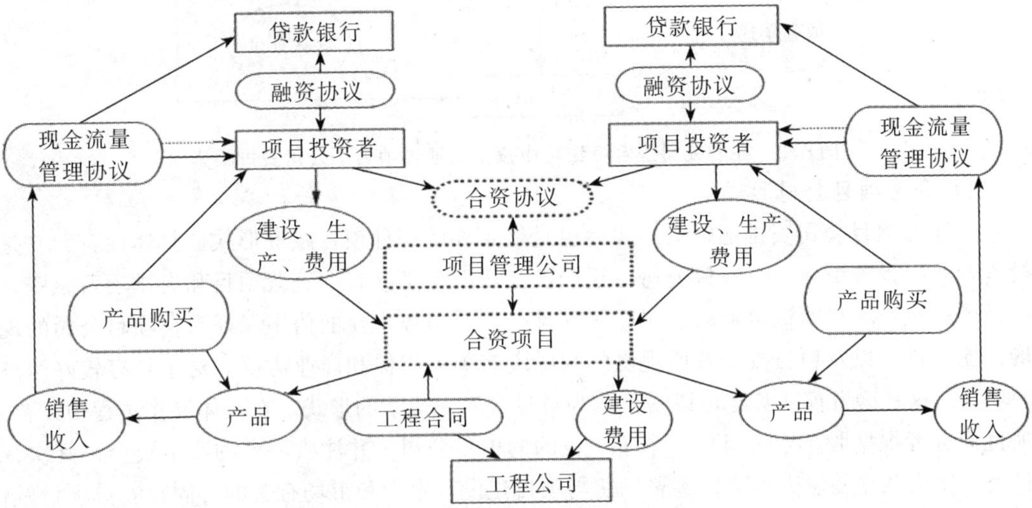

图8-2　投资者各自独立直接安排融资结构

二、项目公司融资模式

这是指投资者通过建立一个单一目的的项目公司来安排融资的一种模式，具体有单一项目子公司和合资项目公司两种基本形式。

（一）单一项目子公司形式

为了减少投资者在项目中的直接风险，在非公司型合资结构、合伙制结构甚至公司型合资结构中，项目的投资者经常通过建立一个单一目的的项目子公司的形式作为投资载体，以该项目子公司的名义与其他投资者组成合资结构安排融资，即所谓单一项目子公司的融资形式。这种融资形式的特点是项目子公司将代表投资者承担项目中全部的或主要的经济责任。但是，由于该公司是投资者为一个具体项目而专门组建的，缺乏必要的信用和经营经历，有时也缺乏资金，所以有时需要投资者提供一定的信用支持和保证，如由投资者为项目子公司提供完工担保和产品购买担保等。采用单一项目子公司形式安排融资，对于其他投资者和合资项目本身而言，与投资者直接安排融资没有多大区别，但对投资者有一定的积极影响，这主要体现在：第一，该融资模式容易划清项目的债务责任，贷款银行的追索权也只能够涉及项目子公司的资产和现金流量，其母公司除提供必要的担保以外，不承担任何直接的责任，融资结构较投资者直接安排融资要相对简单、清晰一些；第二，该项目融资有条件也有可能被安排成为非公司负债型的融资，有利于减少投资者的债务危机。该项目融资模式的主要不足在于：因各国税法对公司之间税务合并的规定有可能使税务结构安排上的灵活性相对差些，并有可能影响到公司经营成本的合理控制。其融资结构如图8-3所示。

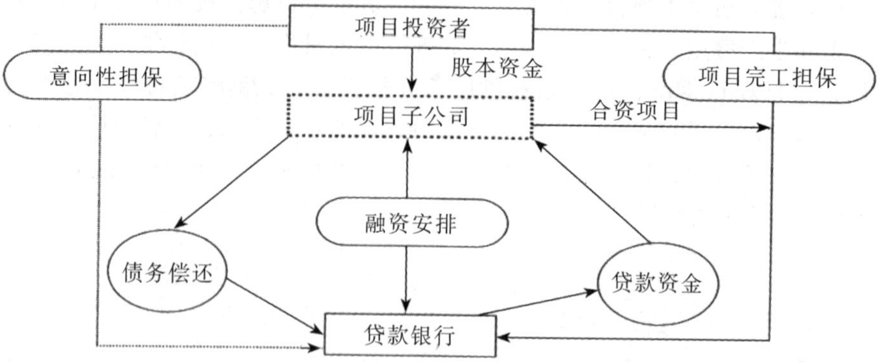

图 8-3　在非公司型合资结构中投资者通过项目子公司安排融资

（二）合资项目公司形式

它是通过项目公司安排融资的形式，也是最主要的一种项目融资形式。具体而言，它是指由投资者共同投资组建一个项目公司，再以该公司的名义拥有、经营项目和安排项目融资。采用这种模式时，项目融资由项目公司直接安排，涉及债务主要的信用保证来自项目公司的现金流量、项目资产以及项目投资者所提供的与融资有关的担保和商业协议。对于具有较好经济强度的项目，这种融资模式甚至可以安排成为对投资者无追索的形式。在具体操作过程中，首先，由项目投资者根据股东协议组建一个单一目的的项目公司，并注入一定的股本资金；其次，以项目公司作为独立的法人实体，签署一切与项目建设、生产和市场有关的合同，安排项目融资，建设经营并拥有项目；最后，将项目融资安排在对投资者有限追索的基础上。需要说明的是，由于该项目公司除了正在安排融资的项目外，无其他任何资产，且该项目公司也无任何经营经历，因此，原则上要求投资者必须提供一定的信用担保，承担一定的项目责任。这也是项目公司安排融资过程中极为关键的一个环节，如在项目建设期间，投资者可为贷款银行提供完工担保；在项目生产期间，如果项目的生产经营达到预期标准，现金流量可以满足债务覆盖比率的要求，项目融资就可以安排成为对投资者的追索贷款。其融资结构如图 8-4 所示。

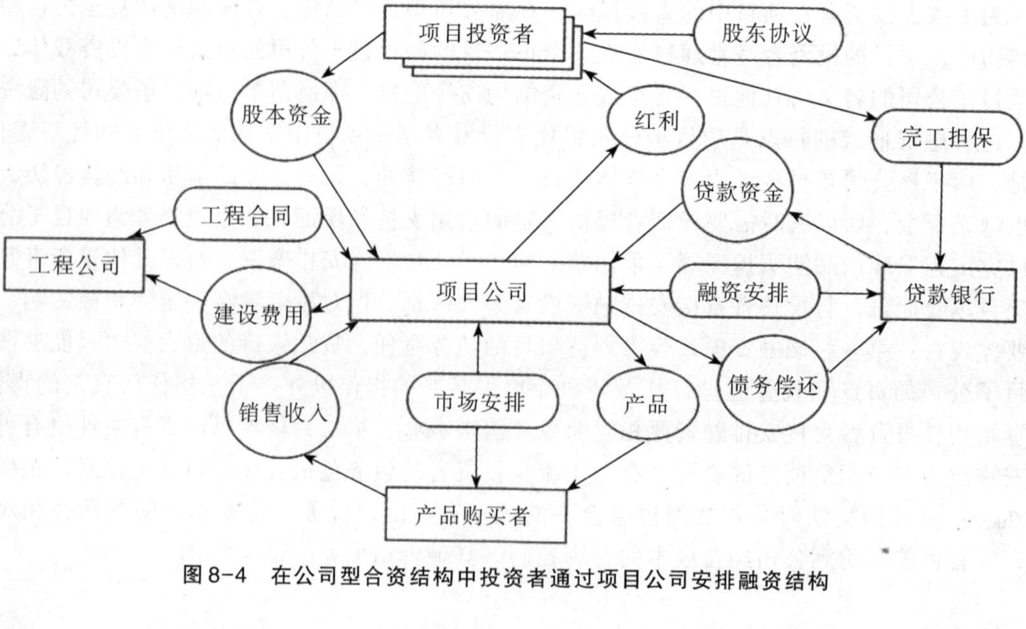

图 8-4　在公司型合资结构中投资者通过项目公司安排融资结构

概括地讲，合资项目公司融资模式作为众多融资模式的一种，既有其优点，也有其不足。其优点主要体现在：

（1）项目公司统一负责项目的建设、生产及市场安排，并整体使用项目资产和现金流量为项目融资抵押和提供信用保证，这在融资结构上容易被贷款银行所接受，在法律结构上也比较简便。

（2）合资项目公司融资模式使项目投资者不直接安排融资，只是通过间接的信用保证形式来支持项目公司的融资，如提供完工担保，签订“无论提货与否均需付款”或“提货与付款”协议等，使投资者的债务责任较直接融资更为清晰明确，也比较容易实现有限追索的项目融资和非公司负债型融资的要求。

（3）该模式通过项目公司安排融资，可更充分地利用投资者中的大股东在管理、技术、市场和资信等方面的优势，为项目获得优惠的贷款条件。在获得融资和经营便利的同时，共同融资也避免了投资者之间为安排融资而可能出现的无序竞争。

该模式的主要缺点是：在某些方面，如税收结构的安排上和债务形式的选择上缺乏灵活性，难以满足不同投资者对融资的各种要求，使在资金安排上有特殊要求的投资者面临一定的选择困难。

三、设施使用协议融资模式

在项目融资过程中，以一个工业设施或者服务性设施的使用协议为主体安排的融资形式称为设施使用协议融资模式。在工业项目中，这种设施使用协议有时也称为委托加工协议，专指在某种工业设施或服务性设施的提供者和使用者之间达成的一种具有“无论提货与否均需付款”性质的协议。设施使用协议融资模式主要应用于石油、天然气管道、发电设施、某种专门产品的运输系统，以及港口、铁路设施等。从国际市场上看，20世纪80年代以来，由于国际原材料市场的长期不景气，原材料的价格与市场一直维持在较低的水平上，导致与原材料有关的项目的投资风险增加，以原料生产为代表的一些工业项目也开始尝试引入“设施使用协议”这一融资模式，并取得了良好的效果。利用设施使用协议安排项目融资，成败的关键在于项目设施的使用者能否提供一个强有力的具有“无论提货与否均需付款”性质的承诺，其内容是项目设施的使用者在融资期间定期向设施的提供者支付一定数量的项目设备使用费。并且这种承诺是无条件的，不管项目设施的使用者是否真正地利用了项目设施所提供的服务，该项费用的支付是必需的。在项目融资过程中，这种无条件承诺的合约权益将转让给提供贷款的银行，并与项目投资者的完工担保共同构成了项目信用保证结构的主要组成部分。一般来讲，事先确定的项目设施的使用费在融资期间应足以支付项目的生产经营成本和项目债务的还本付息额。

在生产型工业项目中，设施使用协议又称为委托加工协议，其具体操作程序为，项目产品的购买者提供或组织生产所需要的原材料，通过项目的生产设施将其生产加工成为最终产品，然后由购买者在支付加工费后将产品取走。以委托加工协议为基础的项目融资在结构上与以设施使用协议为基础的项目融资安排是基本一致的。

设施使用协议融资模式具有以下特点：

（1）在投资结构的选择上比较灵活，既可采用公司型合资结构，也可采用非公司型合资结构、合伙制结构或者信托基金结构。按照项目性质、项目投资者和设施使用者的类型及融资、税收等方面的要求，设计相应的投资结构。

（2）适用于基础设施项目。使用该融资模式时，项目的投资者可以利用与项目利益有关的第三方，即项目设施使用者的信用来安排融资，分散风险，节约初始资金的投入，因而特别适用于资本密集、收益相对较低但相对稳定的基础设施项目。

（3）具有“无论提货与否均需付款”性质的设施使用协议，是设施使用协议融资模式中不可缺少的一个重要组成部分。

签订项目设施使用协议时，在使用费的确定上需要综合考虑项目投资在生产运行中的成本和资本再投入的费用、融资成本、投资者收益等几个方面的资金回收。

采用该种模式进行的项目融资活动，在税收结构处理上比较谨慎。这突出地表现在：虽然国际上有些项目将拥有设施使用协议的公司利润水平安排在损益平衡点上，以达到转移利润的目的，但有些国家的税收制度在这方面有一定的规制要求。

四、杠杆租赁融资模式

杠杆租赁融资模式是指在项目投资者的要求和安排下，由杠杆租赁结构中的资产出租人融资购买项目的资产，然后租赁给承租人的一种融资形式。资产出租人和融资贷款银行的收入以及信用保证主要来自该租赁项目的税收好处、租赁费用、项目的资产以及对项目现金流量的控制。其融资结构如图8-5所示。

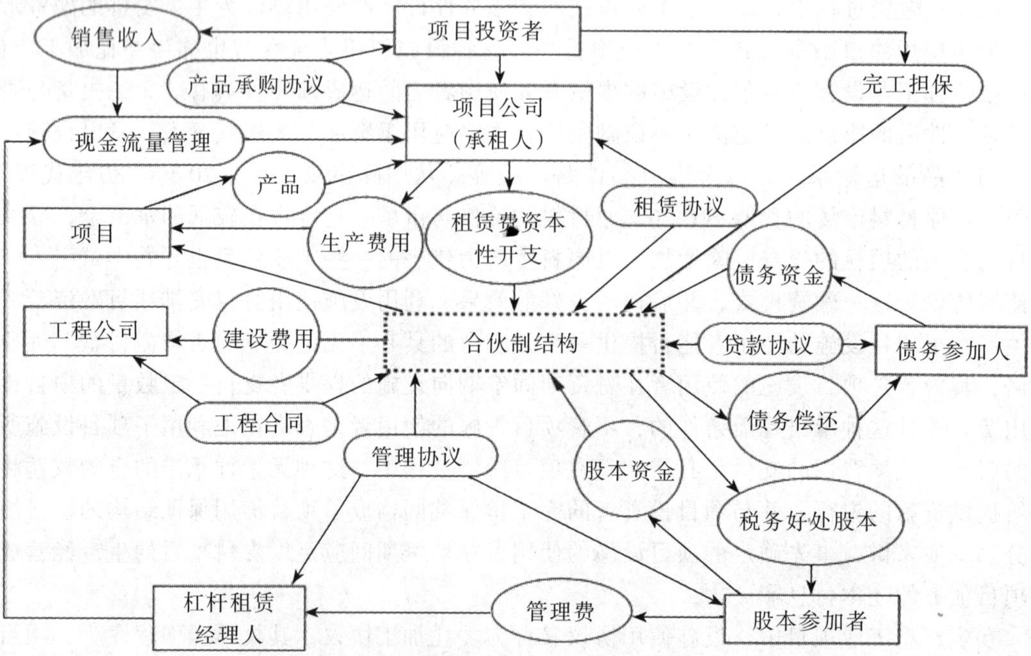

图8-5　以杠杆租赁为基础的项目融资结构

（一）杠杆租赁融资模式的优势分析

从一些国家的情况来看，租赁在资产抵押中使用得非常普遍，特别是在购买轮船和飞机的融资活动中。在英国和美国，很多大型工业项目也采用金融租赁，因为金融租赁尤其是杠杆租赁获取的设备，技术水平先进，资金占用量大，所以它能享受到诸如投资减免、加速折旧、低息贷款等多种优惠待遇，使得出租人和承租人双方都得到好处，从而获得一般租赁所不能获得的更多的经济效益。

对项目发起人及项目公司来说，采用杠杆租赁融资模式具有以下优势：

1.项目公司仍拥有对项目的控制权

根据金融租赁协议，作为承租人的项目公司拥有租赁资产的使用、经营、维护和维修权等。在多数情况下，金融租赁项下的资产甚至被看成由项目发起人完全所有、由银行融资的资产。

2.可实现百分之百的融资要求

在项目融资中，项目发起人总是要提供一定比例的股本资金，以增强贷款人提供有限追索性贷款的信心。但在杠杆租赁融资模式中，由金融租赁公司的部分股本资金加上银行贷款，就可以全部解决项目所需资金或设备问题，项目发起人不需要再进行任何股本投资。

3.较低的融资成本

在多数情况下，项目公司通过杠杆租赁融资的成本低于银行贷款的融资成本，尤其是在项目公司自身不能充分利用税收优惠的情况下。因为在许多国家中，金融租赁可享受到政府的融资优惠和信用保险。如果租赁的设备属于高新技术设备，政府将对租赁公司提供低息贷款。如果租赁公司的业务符合政府产业政策的要求，政府可以提供一定比例的融资等。同时，当承租人无法交付租金时，由政府开办的保险公司甚至可以向租赁公司赔偿一半的租金，以分担风险和损失。这样，金融租赁公司就可以将这些优惠以较低的租金分配一些给项目承租人——项目公司。

4.可享受税前偿租的好处

在金融租赁结构中，项目公司支付的租金可以被当作费用支出，这样，就可以直接计入项目成本，不需缴纳税收。这对项目公司而言，就起到了减少应纳税额的作用。

（二）杠杆租赁融资模式的复杂性

与上述几种融资模式相比，杠杆租赁融资模式在结构上较为复杂，主要体现在：

（1）上述几种融资模式的设计主要侧重于资金的安排、流向、有限追索的形式及其程度，以及风险分担等方面，并将项目的税收结构和会计处理问题放在项目的投资结构中加以考虑和解决；而杠杆租赁融资模式则不同，在结构设计时不仅需要以项目本身的经济强度，特别是现金流量状况作为主要的参考依据，而且也需要将项目的税务结构作为一个重要的组成部分加以考虑，因此，杠杆租赁融资模式也被称为结构性融资模式。

（2）杠杆租赁融资模式中的参与者比上述融资模式要多。它至少需要资产出租者、提供资金的银行和其他金融机构、资产承租者（投资者），以及投资银行（融资顾问）等参与。

（3）杠杆租赁融资模式对项目融资结构的管理比其他项目融资模式复杂。一般项目融资结构的运作包括两个阶段：项目建设阶段和经营阶段。但是杠杆租赁项目融资结构的运作需要五个阶段，即项目投资组建（合同）阶段、租赁阶段、建设阶段、经营阶段和中止租赁协议阶段。杠杆租赁融资结构与其他项目融资结构在运作上的区别主要体现在两个方面：一是在投资者确定组建一个项目的投资之后，就需要将项目的资产及其投资者在投资结构中的全部权益转让给由股本参加者组织起来的杠杆租赁融资结构，然后再从资产出租人手中将项目资产转租回来；二是在融资期限届满或由于其他原因中止租赁协议时，项目投资者的一个相关公司需要以事先商定的价格将项目的资产购买回去。

（三）杠杆租赁融资模式的运作

（1）项目发起人设立一个单一目的的项目公司，项目公司签订项目资产购置和建造合同，购买开发建设所需的厂房和设备，并在合同中说明这些资产的所有权都将转移给金融租赁公司，然后再从其手中将这些资产转租回来。当然，这些合同必须在金融租赁公司同意的前提下才可以签署。

（2）由愿意参与到该项目融资中的两个或两个以上的专业租赁公司、银行及其他金融机构等，以合伙制形式组成一个特殊合伙制的金融租赁公司。因为对于一些大的工程项目来说，任何一个租赁机构都很难具有足够大的资产负债表来吸引和获得所有的税收好处。因此，项目资产往往由许多租赁公司分别购置和出租，大多数情况下是由这些租赁公司组成一个新的合伙制结构来共同完成租赁业务。这个合伙制金融租赁公司就是租赁融资模式中的"股本参与者"，它们的职责是：①提供项目建设费用或项目收购价格的20%～40%作为股本资金投入；②安排债务资金用以购买项目及资产；③将项目及资产出租给项目公司，在这项租赁业务中，只有合伙制结构能够真正享受到融资租赁中的税收好处，它在支付银行债务、税收和其他管理费后，就能取得相应的股本投资收益。

（3）由合伙制金融租赁公司筹集购买租赁资产所需的债务资金，也即寻找项目的"债务参与者"为金融公司提供贷款，这些债务参与者通常为普通的银行和金融机构，它们通常以无追索权的形式提供60%～80%的购置资金。一般来讲，金融租赁公司必须将其与项目公司签订的租赁协议和转让过来的资产抵押给贷款银行。这样，贷款银行在杠杆租赁中就享有优先取得租赁费的权利。

（4）合伙制金融租赁公司根据项目公司转让过来的资产购置合同，购买相应的厂房和设备，然后把它们出租给项目公司。

（5）在项目开发建设阶段，根据租赁协议，项目公司从合伙制金融租赁公司手中取得项目资产的使用权，并代表租赁公司监督项目的开发建设。在这个阶段后，项目公司开始向租赁公司支付租金，租金在数额上应该等于租赁公司购置项目资产的贷款部分所需支付的利息。同时，在大多数情况下，项目公司也需要为杠杆租赁提供项目完工担保、长期的市场销售保证及其他形式的信用担保等。

（6）项目进入生产经营阶段时，项目公司生产出产品，并根据产品承购协议将产品出售给项目发起方或用户。这时，项目公司要向租赁公司补缴在建设期间没有付清的租金。租赁公司以其收到的租金通过担保信托支付银行贷款的本息。

（7）为了监督项目公司履行租赁合同，通常由租赁公司的经理人或经理公司监督或直接管理项目公司的现金流量，以保证项目现金流量在以下项目中按顺序进行分配和使用：生产费用、项目的资本性开支、租赁公司经理人的管理费、相当于贷款银行利息的租金支付、相当于租赁公司股本投入的投资收益的租金支付，以及作为项目发起人投资收益的盈余资金。

（8）当租赁公司的成本全部收回，并且获得了相应的回报后，杠杆租赁便进入第二阶段。在这一阶段中，项目公司只需交纳很少的租金。在租赁期满时，项目发起人的一个相关公司可以将项目资产以事先商定的价格购买回去，或者由项目公司以代理人的身份代理租赁公司，把资产以其可以接受的价格卖掉，售价大部分会当做代销手续费由租赁公司返还给项目公司。

（四）杠杆租赁融资模式的特点

杠杆租赁融资模式的特点主要体现在以下方面：

（1）融资模式比较复杂。由于杠杆租赁融资模式的参与者较多，资产抵押以及其他形式的信用保证在股本参加者与债务参加者之间的分配和优先顺序问题比一般项目融资模式复杂，再加上税收、资产管理与转让等方面的问题，造成组织这种融资模式所花费的时间要相对长一些，法律结构及文件的确定也相对复杂一些，但其特别适合于大型项目的融资安排。

（2）债务偿还较为灵活。杠杆租赁充分利用了项目的税收好处，如税前偿租等作为股本参加者的投资收益，在一定程度上降低了投资者的融资成本和投资成本，同时也增加了融资结构中债务偿还的灵活性。据统计，杠杆租赁融资中利用税收扣减一般可偿还项目全部融资总额的30%～50%。

（3）融资应用范围比较广泛。杠杆租赁融资既可以为大型项目进行融资安排，也可以为项目的一部分建设工程安排融资，这种灵活性进一步增强了其应用范围的广泛性。

（4）融资项目的税收结构以及税收减免的数量和有效性是杠杆租赁融资模式的关键。杠杆租赁模式的税收减免主要包括对设备折旧提取、贷款利息偿还和其他一些费用项目开支上的减免，这些减免与投资者可以从一个项目投资中获得的标准减免没有任何区别。但一些国家对于杠杆租赁的使用范围和税收减免有很多具体的规定和限制，使其在减免数量和幅度上较之其他标准的减免要多，这一点要求我们在设计融资结构时必须了解和掌握当地法律和具体的税收规定。

（5）受上述复杂因素的影响，杠杆租赁融资模式一经确定，重新安排融资的灵活性以及可供选择的重新融资余地变得很小，这也会给投资者带来一定的局限性，投资者在选择采用杠杆租赁融资模式时，必须注意到这一特点。

五、生产支付融资模式

生产支付融资模式是项目融资的早期形式之一，它最早起源于20世纪50年代美国石油天然气项目开发的融资安排。它以项目生产的产品及其销售收益的所有权作为担保品，而不是采用转让和抵押方式进行融资。这种形式主要针对项目贷款的还款方式而言，借款方在项目投产后不以项目产品的销售收入来偿还债务，而是直接以项目产品来还本付息。在贷款得到清偿前，贷款方拥有项目部分或全部产品的所有权。应该明确的是，生产支付只是产权的转移而已，并不是产品本息的转移，因为贷款方储存这些产品是没有任何意义的，所以，他们通常要求项目公司重新购回属于他们的产品或充当他们的代理人来销售这些产品。销售的方式既可以是市场出售，也可以是由项目公司签署购买合同一次性统购统销，但不论采用哪种方式，贷款方都不用接受实际的项目产品。其融资结构如图8-6所示。

生产支付融资模式的特点有：

（1）信用保证结构较其他融资方式独特。在实际操作过程中，生产支付融资模式融资安排是建立在贷款银行购买某一特定矿产资源储量的全部或部分未来销售收入的权益的基础上的。在这一安排中，提供融资的贷款银行从项目中购买到一个特定份额的生产量，这部分生产量的收益也就成为项目融资的主要偿债资金来源。因此，生产支付是通过直接拥有项目的产品和销售收入，而不是通过抵押或权益转让的方式来实现融资的信用保证的。对于那些资源属于国家所有，投资者只能获得资源开采权的国家，生产支付的信用保证主要通过购买项目未来生产的现金流量，加上资源开采权和项目资产的抵押来实现。生产支付融资适用于资源贮藏量已经探明并且项目生产的现金流量能够比较准确地计算出来的项目。理论上讲，生产支付融资所能安排的资金数量应等于生产支付所购买的那一部分矿产资源的预期未来收益在一定利率条件下贴现出来的资产现值。

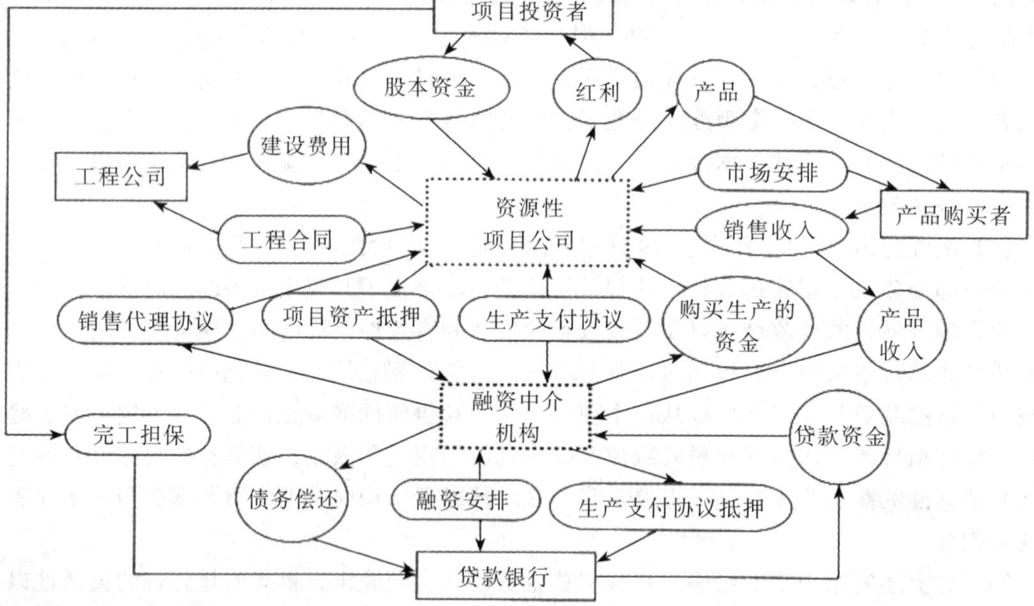

图8-6 以生产支付为基础的项目融资结构

（2）融资容易被安排成为无追索或有限追索的形式。由于所购买的资源储量及其销售收益被作为生产支付融资的主要偿债资金来源，而融资资金数量的多少取决于生产支付所购买的那一部分资源储量的预期收益在一定利率条件下贴现出来的资金现值，所以贷款的偿还非常可靠，融资比较容易被安排成为无追索或有限追索的形式。在生产支付融资模式中，如何计算所购买的资源储量的现值，是安排生产支付融资的一个关键性问题，同时也是实际操作中较为复杂的一个问题，它需要考虑资源总量、资源价格、生产计划、通胀率、汇率、利率及资源税等一系列相关因素来合理确定。

（3）融资期限将短于项目的经济生命周期。

（4）在生产支付融资中，贷款银行一般只为项目的建设和资本费用提供融资，而不承担项目生产费用的贷款，并且要求项目投资者提供最低生产量、最低产品质量标准等方面的担保。

（5）融资中介机构在生产支付融资中发挥重要的作用。在具体操作中，一般由贷款银行或者项目投资者建立一个融资的中介机构，并从项目公司购买一定比例项目资源的生产量，如石油、天然气、矿藏储量等作为融资的基础。然后由贷款银行为融资中介机构安排用以购买这部分项目资源生产量的资金，融资中介机构再根据生产支付协议将资金注入项目公司作为项目的建设和资本投资资金。作为生产支付协议的一个组成部分，项目公司承诺按照一定的公式（购买价格加利息）来安排生产支付，同时，以项目固定资产抵押和完工担保作为项目融资的信用保证。在项目进入生产期后，根据销售代理协议，项目公司作为融资中介机构代理销售其产品，销售收入将直接划入融资中介机构用来偿还债务。需要说明的是，在生产支付融资中也可以不使用中介机构而直接安排融资，但如果那样的话，融资的信用保证结构将会变得较为复杂，增加了项目运作难度。另外，使用中介机构还可以帮助贷款银行将一些由于直接拥有资源或产品而引起的责任和义务限制在中介机构内。

生产支付项目融资的另一种方式是生产贷款，生产贷款广泛应用于矿产资源项目的资金安排中。生产贷款与在项目融资中使用的其他贷款形式没有大的区别，有时甚至可以更灵活地安排成提供给投资者的银行信贷额度，投资者可以根据项目资金的实际需求，在额度范围内安排用款和还款。生产贷款的金额数量根据项目资源储量的价值计算出来，表现为项目资源价值的一定比例，并以项目资源的开采收入作为偿还该部分贷款的首要来源。生产贷款的特点主要表现在两个方面：一是债务偿还安排上的灵活性，生产贷款可以根据项目预期的生产水平来设计融资的还款计划，以适应项目经营在现金流量上的要求，因而可以说生产贷款是一种根据项目在融资期间债务偿还能力设计的有限追索融资；二是设计贷款协议上的灵活性，生产贷款协议可以把债务还款计划表确定在一个具有上下限的范围内浮动，实际的债务偿还根据实际的生产情况在这个范围之内进行调整。

作为一种自我摊销的融资模式，生产支付通过购买一定的项目资源安排融资，可较少地受到常规的债务比例或租赁比例的限制，增强了融资的灵活性。但进行生产支付融资时，会受到项目的资源储量和经济生命期等因素的限制。另外，项目投资者和经营者的素质、资信、技术水平和生产管理能力也是进行生产支付融资设计时不容忽视的重要方面。

本章小结

1.融资方案的资金结构分析应包括如下内容：总资金结构、资本金结构、负债结构。

2.资本金（即权益投资）与债务资金比例是项目资金结构的一个基本比例。

3.项目资本金结构包含投资产权结构和资本金比例结构。

4.合理的债务资金结构需要考虑融资成本和融资风险，合理设计融资方式、币种、期限、偿还顺序及保证方式。

5.项目的融资风险分析主要包括资金运用风险、项目控制风险、资金供应风险、资金追加风险、利率及汇率风险。

6.项目融资模式一般包括项目投资者直接融资模式、项目公司融资模式、设施使用协议融资模式、杠杆租赁融资模式和生产支付融资模式等。

7.直接融资模式是指由项目投资者直接安排项目的融资，并直接承担起融资安排中相应的责任和义务的一种方式，从理论上讲是结构最简单的一种项目融资模式。

8.项目公司融资模式指投资者通过建立一个单一目的的项目公司来安排融资的一种模式，具体有单一项目子公司和合资项目公司两种基本形式。

9.设施使用协议融资模式指在项目融资过程中，以一个工业设施或者服务性设施的使用协议为主体安排的融资形式。

10.杠杆租赁融资模式是指在项目投资者的要求和安排下，由杠杆租赁结构中的资产出租人融资购买项目的资产，然后租赁给承租人的一种融资形式。

本章能力训练

一、名词解释

项目资金结构　项目资本金结构　债务资金结构　项目融资风险　项目融资模式　直接

融资模式　项目公司融资模式　设施使用协议融资模式　杠杆租赁融资模式

二、思考分析

1. 什么是项目资金结构?

2. 融资方案的资金结构分析应包括哪些内容?

3. 什么是项目资本金结构? 什么是债务资金结构?

4. 说明融资风险分析的基本步骤。

5. 什么是项目融资模式?

6. 什么是项目投资者直接融资模式? 什么是项目公司融资模式?

7. 什么是设施使用协议融资模式? 什么是杠杆租赁融资模式?

8. 说明生产支付融资模式的特点。

第九章

项目财务效益与成本费用估算

案例情景

屋顶光伏电站成本计算与效益分析

2017年分布式光伏终于迎来了翘首期盼的发展加速期，前三季度新增装机15.3GW，同比增长4倍，占分布式光伏累计装机的60%。特别是依附于建筑屋顶的分布式光伏电站类型，逐渐走进工商企业的千家万户。

以江西某屋顶光伏电站为例，装机容量2.3474MW，年上网电量2 255.123706MWh，总投资1 359.76万元，建设期利息6.59万元，销售收入总额3 546.48万元，总成本费用2 482.14万元，税金与附加总额47.94万元，发电利润总额1 016.4万元。项目总工期3个月，运营期25年。

资料来源　佚名. 屋顶光伏电站成本计算与效益分析［EB/OL］.［2017-11-10］. http://www.sohu.com/a/203652348_296300.

由该案例引出，如何估算项目财务效益与费用？如何估算项目营业收入与税金及附加和增值税？本章将讲解财务效益与费用估算的程序，介绍财务效益与费用的构成、估算的方法以及项目的经营成本估算方法。重点是总成本费用、经营成本、营业收入以及利润总额估算方法。

第一节　估算基本问题

一、财务效益与费用估算的概念、范围及内容

（一）对财务效益与费用估算的重要性认识

在项目投资评价中，财务效益与费用估算是一项非常重要的工作。财务效益与费用是财务分析的重要基础。财务效益与费用估算是指在项目市场、资源、技术条件分析评价的基础上，从项目或企业的角度出发，依据现行的法律法规、价格政策、税收政策和其他有关规定，对一系列有关的财务效益与费用数据进行调查、搜集、整理和测算，并编制有关的财务效益与费用估算表的工作。财务效益与费用估算是项目财务分析、经济分析、不确定分析和风险分析的基础和重要依据，它不仅为上述分析提供必需的数据，而且对其分析的结果、所采取的分析方法以及最后的决策意见都会产生决定性的影响。

（二）财务效益与费用估算的范围和主要内容

1.财务效益与费用估算的范围

财务分析涉及的效益与费用项目很多，按其作用可以分为两类：一类是计算用数据和参数；另一类是判别用参数，或称基准参数。计算用数据和参数，可分为初级数据和派生数据两类。财务分析需要大量的初级数据，它们大多是通过调查研究、分析、预测，或是通过相关专业人员提供的信息来确定，如人员数量和工资，固定资产折旧和摊销年限，成本计算需用的各种费率、税率、汇率、利率，计算期的长短和运营负荷等。成本费用、营业收入、税金及附加、增值税等进行财务分析所用的数据，是通过初级数据计算出来的，可以称为派生数据。初级数据是最为关键的数据，它们的确定是否合理，将直接影响成本费用、营业收入等派生数据的估算，进而影响到财务分析结果的准确性和可信度。因此，在进行财务分析之前，必须做好初级数据搜集等基础性工作。判别用参数，是指用于判别项目效益是否满足要求的基准参数，如基准收益率或最低可接受收益率、基准投资回收期、基准投资利润率以及偿债备付率等。判别用参数需要通过专门分析和测算得到，或者直接采用有关部门或行业发布的标准值，或者由投资者自行确定。这类基准参数决定着对项目效益的判断，是取舍项目的依据。

2.财务效益与费用估算的主要内容

财务效益与费用估算包括对项目计算期内各年的经济活动情况及全部财务收支结果的估算。其主要内容包括项目总投资和投资资金来源与筹措的估算、项目计算期的确定、总成本费用估算、营业收入与税金及附加和增值税的估算、利润总额及其分配的估算、贷款还本付息的估算等。

二、财务效益与费用估算的原则

（一）以现行经济法律法规为依据的原则

在进行财务效益与费用估算时，必须严格执行国家有关部门制定和颁布的经济法规、条例、制度和规定，遵守现行财务、会计以及税收制度的规定。坚持这一原则的目的在于保证财务测算工作的合法性和可行性。项目评价人员应随时注意搜集和掌握一定时期的相关法律法规和规章制度，搜集现行财务、会计以及税收制度的规定。

（二）真实性原则

财务效益与费用估算，必须体现严肃性、科学性和现实性的统一，应本着实事求是的精神，真实地反映客观情况。对比较重要的数据和参数，项目评价人员应从不同方面进行调查和核实，根据各种可靠的信息，测算效益与费用，不应以假设作为测算的基础。

（三）准确性原则

财务效益与费用估算的准确与否直接关系到经济分析结论的准确与否。因此，项目评价人员必须把握准确性原则。在数据选择上，要注意客观性；在预测和分析时，要注意防止主观性和片面性，还应考虑比较重要的效益与费用数据和参数在项目计算期内的变动趋势，以保证财务效益与费用数据预测和经济分析结果的准确性。

（四）“有无对比”的原则

“有无对比”是国际上项目评价通用的效益与费用识别的基本原则。所谓“有（项目）”是指实施项目后的将来状况；“无（项目）”是指不实施项目时的将来状况。在识别项目的效益与费用时，须注意只有“有无对比”的差额才是由于项目的建设增加的效益与费用。要找出与增量效益相对应的增量费用，真正体现项目投资的净效益。

（五）效益与费用对应一致的原则

财务效益与费用的估算范围应体现效益和费用对应一致的原则。在合理确定的项目范围之内，应该对等地估算财务主体的直接效益以及相应的直接费用，避免高估或低估项目的净效益。

三、财务效益与费用估算的程序

财务效益与费用估算是一项繁杂的工作，为了保证工作效率和测算数据的准确性及可靠性，一般可按下列程序进行：

（一）制订财务效益与费用估算工作计划

由于各个投资项目的背景、条件，以及内部因素和外部配套条件等各不相同，项目评价人员必须对项目的基本概况做全面的了解，熟悉项目概况，针对其特点，制订出财务效益与费用估算的工作计划，以明确估算的重点、时间安排和人员安排等。

（二）搜集相关文件与材料

财务效益与费用的估算涉及的范围很广，需要搜集大量的资料，主要包括：有关部门批准的相关文件，如选址意见书、土地转让的批复等；国家有关部门制定的法律法规、政策、规章制度、办法和标准等；同类项目的有关基础资料。

（三）进行财务效益与费用估算

在搜集、整理和分析有关资料的基础上，测算各项财务效益与费用数据，并按有关规定编制相应的财务效益与费用估算表。

四、财务效益与费用估算表及其相互联系

财务效益与费用估算表主要有：建设投资估算表；投资使用与资金筹措计划表；流动资金估算表；总成本费用估算表；原材料能源成本估算表；固定成本折旧估算表；无形资产与其他资产摊销估算表；营业收入与税金及附加和增值税估算表、利润表与利润分配估算表；借款还本付息估算表。这些估算表依其作用可归纳为三类：①与项目资金来源与使用有关的报表，包括建设投资估算表、流动资金估算表、投资使用与资金筹措计划表；②与项目生产经营有关的报表，包括总成本费用估算表、营业收入与税金及附加和增值税估算表、利润表与利润分配估算表，以及为完成总成本费用估算表，附设的外购原材料能源成本估算表、固定资产折旧表、无形资产与其他资产摊销估算表和工资及福利费估算表等辅助报表；③与项目还本付息有关的报表，包括借款还本付息估算表等。

投资估算和融资方案是财务效益与费用估算的基础，因此根据估算出的投资额和确定的融资方案即可编制第一类报表。根据第一类报表的有关数据和预测的项目市场、规模以及生产经营条件，可以编制第二类报表。通过这类报表可以反映出项目生产经营期的生产经营成果。利用前两类估算表中的有关数据，即可得出项目的建设投资借款数额和偿还借款的资金来源。通过编制项目借款还本付息估算表即可完成项目的还本付息计划。各类财务效益与费用估算表之间的关系如图9-1所示。

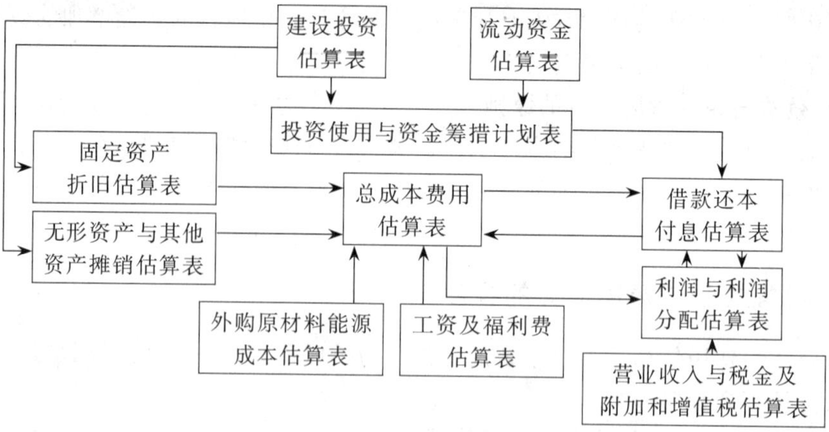

图 9-1 财务效益与费用估算表关系图

第二节 计算期的估算

依据国家发改委和原建设部于2006年7月3日以发改投资〔2006〕1325号文批准发布的《建设项目经济评价方法与参数》(第三版),项目计算期是指经济评价中为进行动态分析所设定的期限,包括建设期和运营期。建设期是指项目从资金正式投入开始到项目建成投产为止所需要的时间,可按合理工期或预计的建设进度确定。运营期是指项目从建成投产年份起至项目报废为止所经历的时间,可分为投产期和达产期两个阶段。投产期是指项目投入生产,但生产能力尚未完全达到设计能力时的过渡阶段。达产期是指生产运营达到设计预期水平后的时间。拟建项目所包括的固定资产种类繁多,使用年限也有很大的差异。

一、固定资产寿命期的几种类型

固定资产的寿命期(亦称使用年限)有自然寿命期和经济寿命期之分。

(一)自然寿命期

自然寿命期是指固定资产从投入使用到不能修理、修复而最终报废为止所经历的时间。随着科学技术的不断发展,固定资产的自然寿命期趋于延长,特别是维修水平的提高,有助于延长固定资产的自然寿命。但是,虽然固定资产自然寿命期不断延长,但是,随着固定资产不断老化,用于维修方面的费用也逐渐增加,这样就会逐步进入恶性使用阶段,即经济上不合理的使用阶段。因此,在项目评价时,一般不能只依据固定资产的自然寿命期来确定项目的运营期。

(二)经济寿命期

经济寿命期是指固定资产投入使用到因继续使用不经济而需要提前更新所经历的时间。固定资产在使用过程中的磨损有两种,即有形磨损和无形磨损。前者是由生产因素或自然因素引起的;后者是由非生产和非自然因素引起的固定资产价值的损失,如技术进步会使生产同种设备的成本降低,从而使原设备价值降低,或者由于技术进步出现新技术、新设备,从而引起原来低效率、技术落后的旧设备贬值或报废等。

固定资产的经济寿命期,充分考虑了上述两种磨损的因素,因此是固定资产在经济上最合理的使用年限。从理论上讲,在进行项目评价时,根据主要固定资产的经济寿命期确定项目运营期是较为合理的。

二、项目运营期的估算

一般来讲，项目的运营期主要取决于项目主要固定资产（如主要设备）的经济寿命期。运营期一般应以项目主要设备的经济寿命期来确定。项目计算期应根据多种因素综合确定，包括行业特点、主要装置（或设备）的经济寿命等。行业有规定时，应从其规定。由于固定资产的自然寿命期没有包含技术进步的因素，所以，以此确定的固定资产折旧年限和项目运营期都偏长。基于此，在进行项目运营期估算时，应充分考虑技术进步对固定资产寿命的影响，以投资项目主要固定资产的经济寿命期作为确定项目运营期的主要依据。

一般工业项目的运营期分为两个阶段：第一阶段是投产期，即项目投入生产，但实际产量没有达到设计能力时的过渡时期；第二阶段是达产期，即生产能力达到设计能力的时期。

三、估算项目计算期的注意事项

项目计算期的长短主要取决于项目本身的特性。计算期不宜定得太长，一方面是因为按照现金流量折现的方法，把后期的净收益折为现值的数值相对较小，很难对财务分析结论产生有决定性的影响；另一方面由于时间越长，预测的数据会越不准确。

计算期较长的项目多以年为时间单位。对于计算期较短的行业项目，在较短的时间间隔内（如月、季、半年或其他非日历时间间隔）现金流水平有较大变化，如油田钻井开发项目、高科技产业项目等，这类项目不宜用“年”作为计算现金流量的时间单位，可根据项目的具体情况选择合适的计算现金流量的时间单位。

由于折现评价指标受计算时间的影响，对需要比较的项目或方案应取相同的计算期。

第三节 总成本费用估算

工业项目总成本费用是指项目在一定时期内（一般为一年）为生产和销售产品而花费的全部成本费用。

一、总成本费用的构成

一般通过分析总成本费用的构成估算总成本费用，通常有以下两种方法：

（一）制造成本加期间费用

制造成本加期间费用方法如下：

总成本费用=制造成本+期间费用 (9-1)

制造成本=直接材料+直接工资+其他直接支付+制造费用 (9-2)

采用这种方法一般需要先分别估算各种产品的制造成本，然后与估算的期间费用相加。

1.制造成本的构成

制造成本亦称生产成本，是指企业生产经营过程中实际消耗的直接材料、直接工资、其他直接支出和制造费用。

(1) 直接材料。直接材料包括企业生产过程中实际消耗的原材料、辅助材料、设备配件、外购半成品、燃料、动力、包装物、低值易耗品以及其他直接材料。

（2）直接工资。直接工资包括企业直接从事产品生产人员的工资、奖金、津贴和补贴等。

（3）其他直接支出。其他直接支出包括直接从事产品生产人员的职工福利费用等。

（4）制造费用。制造费用是指企业各个生产单位（分厂、车间）为组织和管理生产所发生的各项费用，包括生产单位（分厂、车间）管理人员的工资、职工福利费、折旧费、修理费、物料消耗、低值易耗品摊销、劳动保护费、水电费、办公费、差旅费、运输费、保险费、租赁费（不包括融资租赁费）、设计制图费、实验检验费、环境保护费以及其他制造费用。

2.期间费用的构成

期间费用是指在一定会计期间发生的与生产经营没有直接关系或关系不密切的费用，包括管理费用、财务费用和销售费用。期间费用不计入产品的成本，直接体现为当期损益。

（1）管理费用。管理费用是指企业行政管理部门为管理和组织经营活动发生的各项费用，包括公司经费（工厂总部管理人员工资、职工福利费、差旅费、办公费、折旧费、修理费、物料消耗、低值易耗品摊销以及其他公司经费）、工会经费、职工教育经费、劳动保险费、董事会费、咨询费、顾问费、交际应酬费、税金（企业按规定支付的房产税、车船税、土地使用税和印花税等）、土地使用费（海域使用费）、技术转计费、无形资产摊销、开办费摊销、研究发展费以及其他管理费用。

（2）财务费用。财务费用是指企业为筹集资金而发生的各项费用，包括企业生产经营期间的利息净支出（减利息收入）、汇兑损失（减汇兑收益）、相关手续费以及筹资发生的其他财务费用。

（3）销售费用。销售费用是指企业在销售产品、自制半成品和提供劳务等过程中发生的各项费用以及专设销售机构的各项经费，包括应由企业负担的运输费、包装费、保险费、委托代销费、广告费、展览费、租赁费（不包括融资租赁费）和销售服务费用、销售部门人员工资、职工福利费、差旅费、办公费、折旧费、修理费、物料消耗、低值易耗品摊销以及其他经费。

（二）生产要素估算法

项目投资评价中通常采用生产要素估算法来估算总成本费用，按照构成要素内容分别估算。

总成本费用=外购原材料+外购燃料动力+工资及福利费+折旧费+修理费+摊销费+利息支出+其他费用　　(9-3)

这种方法是通过估算各种生产要素的费用汇总得到项目总成本费用，而不管其具体应归集到哪个产品上，即将生产和销售过程中消耗的全部外购原材料、辅助材料、燃料、动力、人工工资及福利、修理等费用要素，加上当年应计提的折旧、摊销、财务费用和其他费用，得到项目的总成本费用。采用这种估算方法，不必计算项目内部各生产环节的成本结转，同时也较容易计算经营成本、可变成本、固定成本和进项税额。在财务分析中通常采用该方法估算总成本费用。总成本费用估算内容详见附表9-1。

按现行会计制度，制造费用、管理费用和销售费用中均包括多项费用，且行业间不尽相同。为了估算简便，财务分析中将其归类估算，如上式其他费用是指由这三项费用中分别扣除折旧费、摊销费、工资及福利费、修理费以后的其余部分。如果管理费用中含有技术转让费、技术开发费和土地使用费等数额较大的费用时，应放在其他费用之外，单独估算。

二、总成本费用的估算

下面以生产要素估算法为例，分步说明总成本费用的估算。

（一）外购原材料成本估算

外购原材料成本是总成本费用的重要组成部分，其估算公式如下：

外购原材料成本=全年产量×单位产品外购原材料成本　　(9-4)

其中，全年产量可根据设计生产能力和预计的投产期各年的生产负荷加以确定，单位产品外购原材料成本根据单位产品外购原材料消耗定额和单价确定。

（二）外购燃料动力成本估算

外购燃料动力成本的估算公式为：

外购燃料动力成本=全年产量×单位产品外购燃料动力成本　　(9-5)

有关数据的确定方法同上。

以上两种成本可依据“外购原材料能源成本估算表”（见附表9-1-1）进行估算。

（三）工资及福利费估算

如前所述，工资及福利费包括在制造成本、管理费用、销售费用之中。财务分析中的工资及福利费是指企业为获得职工提供的服务而给予各种形式的报酬及相关支出，通常包括职工工资、奖金、津贴和补贴，职工福利费，以及医药保险费、养老保险费、失业保险费、工伤保险费、生育保险费等社会保险费和住房公积金中职工个人缴付的部分。在估算时，可把职工工资、奖金、津贴和补贴作为工资进行估算，其他部分均作为福利费进行估算。为便于计算和进行项目分析与评价，需将工资及福利费单独估算。

1.工资估算

工资的估算可以采取以下两种方法：

（1）按全厂职工定员数和人均年工资额计算年工资总额。其计算公式为：

年工资总额=全厂职工定员数×人均年工资额　　(9-6)

（2）按照不同的工资级别对职工进行划分，分别估算同一级别职工的工资，然后再加以汇总。一般可划分为五个级别，即高级管理人员、中级管理人员、一般管理人员、技术工人和一般工人等。若有国外的技术和管理人员，要单独列出。工资总额一般可通过编制“工资及福利费估算表”（见附表9-1-2）完成。

2.福利费估算

福利费一般可按照职工工资总额的一定百分比计算。

（四）折旧费估算

1.计提折旧的固定资产原值

计算折旧，需要先计算固定资产原值。固定资产原值是指项目投产时（达到预定可使用状态）按规定由投资形成固定资产的部分，主要有工程费用、待摊投资（工程建设其他费用中计入固定资产原值的部分）、预备费和建设期利息。

计提折旧的固定资产范围是企业的房屋、建筑物；在用的机器设备、仪器仪表、运输车辆、工具器具；季节性停用和在修理停用的设备；以经营租赁方式租出的固定资产；以融资租赁方式租入的固定资产。计算最低租赁付款额的现值所用的折现率，应首先选择出租人的租赁内含利率，其次使用租赁合同规定的利率，如都无法知悉，应使用同期银行贷款利率。

项目评价中条件不清楚的，也可直接按该资产的公允价值计算。

用生产要素估算法估算总成本费用时，折旧的计算需要以项目全部固定资产原值为基础。如前所述，折旧费包括在制造费用、管理费用、销售费用中，为便于进行财务分析，也需要将折旧费单独估算和列出。

2.固定资产折旧方法

固定资产在使用过程中会有磨损，其价值损失通常通过提取折旧的方式加以补偿。计提折旧，是企业回收固定资产投资的一种手段。按照国家规定的折旧制度，企业把已发生的资本性支出转移到产品成本费用中去，然后通过产品的销售，逐步回收初始的投资费用。我国现行财税制度允许企业逐年提取固定资产折旧，符合税法的折旧费允许在所得税前列支。固定资产折旧可以在税法允许的范围内由企业自行确定，一般采用年限平均法和工作量法。税法也允许采用某些加速折旧法计提固定资产折旧，如双倍余额递减法和年数总和法。

固定资产折旧年限和预计净残值率可以在税法允许的范围内由企业自行确定，与所采用的折旧方法无关。项目评价一般应采用税法明确规定的分类折旧年限，也可按行业规定的综合折旧年限，要视项目的具体情况而定。计算方法主要有如下几种：

（1）年限平均法。年限平均法亦称直线法，即根据固定资产的原值、估计的净残值率和折旧年限计算折旧。其计算公式为：

$$\text{年折旧额} = \frac{\text{固定资产原值} \times (1-\text{预计净残值率})}{\text{折旧年限}} \tag{9-7}$$

预计净残值率是预计的企业固定资产净残值与固定资产原值的比率。根据企业会计制度的规定，企业净残值率按照固定资产原值的3%~5%确定。特殊情况下，净残值率低于3%或高于5%的，由企业自主确定，并报主管财政机关备案。在项目评价中，由于折旧年限是根据项目固定资产的经济寿命期决定的，因此如果固定资产的残余价值较大，净残值率一般可选择10%，个别行业如港口等可选择更高比率。

折旧年限是国家有关部门在考虑到现代生产技术的发展，世界各国实行加速折旧的情况下，为能适应资产更新和资本回收的需要，对各类固定资产折旧的最短年限做出的规定。其中，房屋、建筑物的折旧年限为20年；火车、轮船、机器、机械和其他生产设备的折旧年限为10年；电子设备，火车、轮船以外的运输工具以及与生产、经营业务有关的器具、工具、家具等的折旧年限为5年。若采用综合折旧，项目的生产期即为折旧年限。在项目评价中，对轻工、机械、电子等行业的折旧年限一般可确定为8~15年；有些项目的折旧年限可确定为20年；对港口、铁路、矿山等项目的折旧年限可超过20年。

（2）工作量法。工作量法又分为两种：一是按照行使里程计算折旧；二是按照工作小时计算折旧。

交通运输企业和其他企业专用车队的客货运汽车，按照行使里程计算折旧费，计算公式如下：

$$\text{单位里程折旧额} = \frac{\text{原值} \times (1-\text{预计净残值率})}{\text{总行驶里程}} \tag{9-8}$$

$$\text{年折旧额} = \text{单位里程折旧额} \times \text{年行驶里程} \tag{9-9}$$

大型专用设备可根据工作小时计算折旧费，计算公式如下：

$$\text{每工作小时折旧额} = \frac{\text{原值} \times (1-\text{预计净残值率})}{\text{总工作小时}} \tag{9-10}$$

年折旧额=每工作小时折旧额×年工作小时 (9-11)

(3) 加速折旧法。加速折旧法又称递减折旧费用法，是指在固定资产使用前期提取折旧较多，在后期提取较少，固定资产价值在使用年限内可以尽早得到补偿的折旧计算方法。它是国家的一种鼓励投资的措施，先让利给企业，让企业加速回收投资，增强企业的还贷能力，促进技术进步。因此，只对某些确有特殊原因的企业，才准许采用加速折旧法。加速折旧的方法很多，主要有双倍余额递减法和年数总和法等。

双倍余额递减法是以年限平均法确定的折旧率的双倍乘以固定资产在每一会计期间的期初账面净值，从而确定当期应提折旧的方法。其计算公式为：

$$\text{年折旧率} = \frac{2}{\text{折旧年限}} \times 100\% \tag{9-12}$$

年折旧额=年初固定资产账面原值×年折旧率 (9-13)

实行双倍余额递减法的固定资产，应在其固定资产折旧年限到期前两年内，将固定资产净值扣除预计净残值后的净额平均摊销。

年数总和法是以固定资产原值扣除预计净残值后的余额作为计提折旧的基础，按照逐年递减的折旧率计提折旧的一种方法。采用年数总和法的关键是每年都要确定一个不同的折旧率。其计算公式为：

$$\text{年折旧率} = \frac{\text{折旧年限} - \text{已使用年数}}{\text{折旧年限} \times (\text{折旧年限} + 1) \div 2} \times 100\% \tag{9-14}$$

年折旧额=（固定资产原值-预计净残值）×年折旧率 (9-15)

在计算折旧时，如果采用综合计算折旧的方式，可根据固定资产原值和折旧年限计算出各年的折旧费，一般来讲，运营期各年的折旧费是相等的。如果采用分类计算折旧的方式，要根据“固定资产折旧估算表”（见附表9-1-3）计算各类固定资产的折旧，然后将其相加，即可得出运营期各年的固定资产折旧费。

（五）修理费估算

修理费是指为保持固定资产的正常运转和使用，充分发挥其使用效能，对其进行必要修理所发生的费用。按照修理范围的大小和修理时间间隔的长短，修理费可以分为大修理和中小修理。按现行的财务制度规定，发生的修理费用直接在成本费用中列支，若数额较大可实行预提或摊销的办法。

与折旧费相同，修理费也包括在制造费用、管理费用、销售费用之中。在估算总本费用时，可以单独计算修理费。

在项目评价中，修理费可直接按固定资产原值（扣除所含的建设期利息）的一定百分比估算，百分数的选取应考虑行业和项目特点。实践中，也可以按照折旧费的一定百分比计算，该百分比可参照同类项目的经验数据加以确定。在生产运营的各年中，修理费率的取值一般采用固定值。根据项目特点也可以间断性地调整修理费率，开始取较低值，以后取较高值。

（六）摊销费估算

摊销费是指无形资产和其他资产在一定期限内分期摊销的费用。无形资产和其他资产的原始价值要在规定的年限内，按年度或产量转移到产品的成本费用之中，这一部分被转移的无形资产和其他资产的原始价值，称为摊销。摊销采用直线法计算，不留残值。企业通过计提摊销费，回收无形资产及其他资产的资本支出。

无形资产摊销的关键是确定摊销期限。无形资产应按规定期限分期摊销，即法律和合同或者企业申请书分别规定有法定有效期和受益年限的，按照法定有效期与合同或者企业申请书规定的受益年限孰短的原则确定；没有规定期限的，按不少于10年的期限分期摊销。

其他资产按照财务制度的规定在投产当年一次摊销。这里的其他资产摊销主要是指开办费摊销。其他资产的摊销可采用平均年限法，不计残值，摊销年限应符合税法的要求。

无形资产和其他资产发生在项目建设期或筹建期间，却在运营期分期平均摊入管理费用中，在估算总成本费用时，可单独列出。

若各项无形资产摊销年限相同，可根据全部无形资产的原值和摊销年限计算出各年的摊销费；若各项无形资产摊销年限不同，则要根据“无形资产与其他资产摊销估算表”（见附表9-1-4）计算各项无形资产的摊销费，然后将其相加，即可得到生产期各年的无形资产摊销费。

（七）利息支出估算

按照财务、会计制度规定，财务费用包括利息净支出、汇兑净损失以及相关的手续费等。在大多数项目的财务分析中，通常只考虑利息支出。利息支出的估算包括长期借款利息、流动资金借款利息和短期借款利息三部分。

1.长期借款利息

长期借款利息是指对建设期间借款余额（含未支付的建设期利息）应在生产期支付的利息，项目评价中可以选择等额还本付息方式或者等额还本利息照付方式来计算长期借款利息。

（1）等额还本付息。等额还本付息是指在还款期内，每年偿付的本金和利息之和是相等的，但每年支付的本金数和利息数各不相等。具体可按下列步骤计算：

①计算建设期末或宽限期末的累计借款本金与未付资本化利息之和（I_C）。

②根据等值计算原理，采用资金回收系数计算每年等值的还本付息额A，计算公式为：

$$A = I_C \times (A/P, i, n) = I_C \times \frac{i(1+i)^n}{(1+i)^n - 1} \tag{9-16}$$

式中：i——借款利率；I_C——还款起始年年初的借款余额（含未支付的建设期利息）；（A/P，i，n）——资金回收系数，可自行计算或者通过查表获得；n——规定的还款期。

其中：每年支付利息=年初借款余额×年利率

每年偿还本金=A-每年支付利息

年初借款余额=I_C-本年以前各年偿还的借款累计

（2）等额还本利息照付。等额还本利息照付是指在还款期内每年偿还的本金相等，而利息不等。具体可按下列步骤计算：

①计算建设期末或宽限期末的累计借款本金与未付资本化利息之和（I_C）。

②计算在规定偿还年限内，每年应偿还的本金A′，计算公式为：

$$A' = \frac{I_C}{n}(\text{等额}) \tag{9-17}$$

③计算每年应支付的利息额，计算公式为：

每年支付利息=年初借款本金累计×年利率

④计算各年的还本付息额（A'_t）：

$$A'_t=\frac{I_C}{n}+I_C\times(1-\frac{t-1}{n})\times i \tag{9-18}$$

式中：A'_t——第t年的还本付息额；i和n的含义同上。

其中：每年支付利息=年初借款余额×年利率

即：第t年支付利息$=I_C\times(1-\frac{t-1}{n})\times i$

每年偿还本金$=\frac{I_C}{n}$

2.流动资金借款利息

项目评价中估算的流动资金借款从本质上说应归类为长期借款的方式处理，但目前企业往往与银行达成共识，按期末偿还、期初再借并按一年期利率计息。流动资金借款利息可以按下式计算：

年流动资金借款利息=年初流动资金借款余额×流动资金借款年利率　(9-19)

财务分析中对流动资金的借款可以在计算期最后一年偿还，也可在还完长期借款后安排。

3.短期借款利息

项目评价中的短期借款系指运营期间由于资金的临时需要而短期借款的数额，应在财务计划现金流量表中得到反映，其利息应计入总成本费用表的利息支出中。短期借款利息的计算同流动资金借款利息，短期借款的偿还按照随借随还的原则处理，即当年借款尽可能于下年偿还。

（八）其他费用估算

其他费用包括其他制造费用、其他管理费用和其他销售费用这三项费用，系指由制造费用、管理费用和销售费用中分别扣除工资及福利费、折旧费、摊销费、修理费以后的其余部分。产品出口退税和减免税项目按规定不能抵扣的进项税额也可包括在内。

在项目评价中，其他费用一般是根据总成本费用中前六项（外购原材料成本、外购燃料动力成本、工资及福利费、折旧费、修理费、摊销费）之和的一定百分比计算的，其比率应按照同类企业的经验数据加以确定，也可以分别计算其他制造费用、其他管理费用和其他销售费用。其他制造费用可以按固定资产原值（扣除所含的建设期利息）的百分比估算，也可以按人员定额估算。具体估算方法可遵循行业规定。其他管理费用可以按人员定额或取工资及福利费总额的倍数估算。若管理费用中的技术转让费、研发费用与土地使用税等数额较大，应单独核算后并入其他管理费，或单独列项。其他销售费用可以按照营业收入的百分比估算。另外，对于不能抵扣的进项税额，应计入总成本费用的其他费用或单独列项。

将上述各项合计，即得出运营期各年的总成本费用，可根据“总成本费用估算表（生产要素法）”（见附表9-1）进行估算。

（九）经营成本

经营成本是指项目总成本费用扣除折旧费、摊销费和利息支出以后的成本费用，即：

经营成本=总成本费用-折旧费-摊销费-利息支出　(9-20)

或

经营成本=外购原材料费+外购燃料动力费+工资及福利费+修理费+其他费用　(9-21)

经营成本是工程经济学特有的概念，它涉及产品生产及销售、企业管理过程中的物料、人力和能源的投入费用，反映企业的生产和管理水平。同类企业的经营成本具有可比性。在项目评价的财务分析中，它被应用于现金流量分析。经营成本与融资方案无关，因此在完成建设投资和营业收入估算后，就可以估算经营成本。

计算经营成本之所以要从总成本费用中剔除折旧费、摊销费和利息支出，主要是基于如下两点理由：

第一，现金流量表反映项目在计算期内逐年发生的现金流入和流出。与常规会计方法不同，现金支出何时发生就在何时计算，不作分摊。由于投资已按其发生的时间作为一次性支出被计入现金流出，所以不能再以折旧和摊销的方式计为现金流出，否则会发生重复计算。因此，作为经常性支出的经营成本中不包括折旧费和摊销费。

第二，各项目的融资方案不同，利率也不同，因此，项目投资现金流量表不考虑投资资金来源，利息支出也不作为现金流出。资本金现金流量表中已将利息支出单列，因此，经营成本中也不包括利息支出。

（十）固定成本与变动成本的估算

根据成本费用与产量的关系可以将总成本费用分解为可变成本、固定成本和半可变（或半固定）成本。之所以要把总成本费用划分为固定成本和变动成本，主要目的是为盈亏平衡分析提供数据。

固定成本是指在一定的产量范围内不随着产量变化而等比例变化的成本费用，如按直线法计提的固定资产折旧费、计时工资及修理费等。变动成本是指随着产量增减而成比例变化的各项成本费用，如外购原材料费用、外购燃料动力费用等。

混合成本是指介于固定成本和变动成本之间，即随产量变化又不成正比例变化的成本费用，故又被称为半固定、半变动成本。在线性盈亏平衡分析时，要求对混合成本进行分解，以区分出其中的固定成本和变动成本，并分别计入固定成本和变动成本总额之中。

在项目评价中，为了简化计算，一般将总成本费用中的前两项（即外购原材料费用和外购燃料动力费用）视为变动成本，而其余各项均视为固定成本。长期借款利息应视为固定成本，流动资金借款和短期借款利息可能部分与产品产量相关，其利息可视为半可变半固定成本，为简化计算，一般也将其作为固定成本。

经营成本、固定成本和变动成本根据“总成本费用估算表（生产要素法）”（见附表9-1）直接计算。

第四节　营业收入与税金及附加和增值税估算

一、营业收入与补贴收入

（一）营业收入估算

营业收入是指项目在一定时期内（通常为一年）销售产品或者提供劳务等所取得的收入。

营业收入是项目建成投产后补偿总成本费用、上缴税金、偿还债务、保证企业再生产正常进行的前提。它是进行利润总额和税金估算的基础数据。营业收入的计算公式如下：

营业收入＝产品销售单价 ×产品年销售量　　(9-22)

其中，产品销售单价一般采用出厂价格，也可根据需要采用送达用户的价格或离岸价格。产品年销售量等于年产量。这里需要注意的是，在现实经济生活中，产值不一定等于营业收入，这主要是因市场波动而存在库存变化所引起的产量与销售量的差别。但在项目评价阶段，项目评价人员难以准确地估算出由于市场波动而引起的库存量的变化，因此作了这样的假设，即不考虑项目的库存情况，假设当年生产出来的产品当年全部售出，从而使项目的销售量等于项目的产量，项目的营业收入也就等于项目的产值。这样就可以根据投产后各年的生产负荷确定销售量。如果项目的产品比较单一，用产品单价乘以产量即可得到每年的营业收入；如果项目的产品种类比较多，要根据"营业收入、税金及附加和增值税估算表"（见附表9-2）进行估算，即首先计算每一种产品的年营业收入，然后再汇总在一起，求出项目运营期的各年营业收入。如果产品部分销往国外，应计算外汇收入，并按外汇牌价折算成人民币，然后再计入项目的年营业收入总额中。

（二）销售价格选择

在项目评价中，产品销售价格是一个很重要的因素，因为项目的经济效益变化对它是最敏感的，所以要慎重选择。一般有三种选择办法：

1.选择口岸价格

如果项目产品是直接出口产品、替代进口产品或间接出口产品，则直接以口岸价格定价，或者以口岸价格为基础，参考其他有关因素确定销售价格。以口岸价格定价时，出口产品和间接出口产品可选择离岸价格，替代进口产品可选择到岸价格。

2.选择国内市场价格

如果同类产品或类似产品已在市场上销售，并且这种产品既与外贸无关，也不是计划控制的范围，可选择现行市场价格作为项目产品的销售价格。当然，也可以现行市场价格为基础，根据市场供求关系及未来的变化趋势，上下浮动作为项目产品的销售价格。

3.根据预计成本、利润和税金确定价格

如果拟建项目的产品属于新产品，那么可根据产品的计划成本、计划利润和税金计算出厂价格，作为产品销售价格。其计算公式如下：

产品出厂价格=产品成本费用×（1+成本利润率）　　(9-23)

当确定拟采用的价格时，要对价格的合理性进行说明。当难以确定采用哪一种价格时，可考虑选择可供选择方案中价格最低的一种作为项目产品的销售价格。

（三）按制订的销售（运营）计划计算营业收入

上述营业收入是依据经营确定的负荷率计算的，在进行财务分析时，也可以根据制订的销售（运营）计划计算营业收入。相对而言，这种做法更具合理性，国际上也多采用此法。其主要做法是：根据市场预测的结果，结合项目性质、产出特性和市场的开发程度制订分年运营计划，进而确定各年产出数量，再乘以选定的价格，得出运营期各年的营业收入。

（四）补贴收入

某些项目还应按有关规定估算企业可能得到的补贴收入（仅包括与收益相关的政府补助，与资产相关的政府补助不在此处核算，与资产相关的政府补助是指企业取得的、用于购建或以其他方式形成长期资产的政府补助），包括先征后返的增值税、按销量或工作量等依据国家规定的补助定额计算并按期给予的定额补贴，以及属于财政扶持而给予的其他形式的补贴等。补贴收入同营业收入一样，应列入利润与利润分配表、财务计划现金流量表、项目投资现金流量表与项目资本金现金流量表。以上几类补贴收入，应根据财政、税务部门的规定，分别计入或不计入应税收入。

二、税金及附加估算

税金是根据商品买卖或劳务服务的流转额征收的，属于流转税的范畴。税金包括消费税、城市维护建设税、资源税等。在财务分析中，一般将教育费附加并入税金项内，视同税金处理。

（一）消费税估算

消费税是对工业企业生产、委托加工和进口的部分应税消费品按差别税率或税额征收的一种税。消费税是在普遍征收增值税的基础上，根据消费政策、产业政策的要求，有选择地对部分消费品征税。

消费税的估算有从价定率和从量定额两种方法：黄酒、啤酒、汽油、柴油采用从量定额；其他消费品均为从价定率，税率从3%到45%不等。

若是从价定率，则应纳税额按下式计算：

$$\begin{aligned}\text{应纳税额}&=\text{应税消费品销售额}\times\text{适用税率}\\&=\text{组成计税价格}\times\text{消费税税率}\\&=\frac{\text{营业收入（含增值税）}}{1+\text{增值税税率}}\times\text{消费税税率}\end{aligned}\tag{9-24}$$

若是从量定额，则应纳税额按下式计算：

$$\text{应纳税额}=\text{应税消费品销售数量}\times\text{单位税额}\tag{9-25}$$

应税消费品的销售额是指纳税人销售应税消费品向买方收取的全部价款和价外费用，不包括向买方收取的增值税税款。销售数量是指应税消费品数量。

（二）城市维护建设税估算

城市维护建设税是以纳税人实际缴纳的流转税税额为计税依据征收的一种税，按纳税人所在地区实行差别税率：项目所在地为市区的，税率为7%；项目所在地为县城或镇的，税率为5%；项目所在地为乡村或矿区的，税率为1%。

城市维护建设税以纳税人实际缴纳的增值税、消费税总额为计税依据，分别与上述两种税同时缴纳。其应纳税额计算公式为：

$$\text{应纳税额}=（\text{增值税}+\text{消费税}）\text{的实纳税额}\times\text{适用税率}\tag{9-26}$$

（三）资源税估算

资源税是国家对在我国境内开采应税矿产品或者生产盐的单位或个人征收的一种税。它是针对由于资源生成和开发条件存在差异而客观形成级差收入的情况而征收的。资源税的征收对象为矿产品（如原油、天然气、煤炭、金属矿产品和其他非金属矿产品）和盐（包括固体盐、液体盐）。

资源税的应纳税额，按照应税产品的课税数量和规定的单位税额计算。应纳税额的计算公式为：

应纳税额=应税产品课税数量×单位税额 (9-27)

若纳税人开采或者生产应税产品用于销售的，以销售数量为课税数量；纳税人开采或者生产应税产品为了自用的，以自用数量为课税数量。

（四）教育费附加估算

教育费附加是为了加快地方教育事业的发展，增加地方教育经费的资金来源而开征的。教育费附加纳入预算管理，作为教育专项基金，主要用于各地改善教学设施和办学条件。教育费附加从1986年起在全国开征，1990年经修改而进一步完善、合理。凡缴纳消费税、增值税的单位和个人，都是教育费附加的缴纳人。教育费附加随消费税、增值税同时缴纳，由税务机关负责征收。

教育费附加的计征依据是各缴纳人实际缴纳的消费税、增值税的总额，费率由地方确定。其计算公式为：

应纳教育费附加额=（消费税+消费税）实纳税额×费率 (9-28)

三、增值税估算

增值税是对在中华人民共和国境内销售货物或提供加工、修理修配服务，以及进出口货物的单位和个人，就其商品流转的增值额为课税依据征收的一种流转税。所谓增值额，是指纳税人从事应税货物生产经营或提供劳务而新增加的价值额，大体上相当于购销价差。

财务分析中应按税法计算增值税，但需要注意的是：当采用含（增值）税价格计算营业收入和外购原材料、燃料动力成本时，利润和利润分配表以及现金流量表中应单列增值税科目；采用不含（增值）税价格计算时，利润和利润分配表以及现金流量表中不包括增值税科目。在计算营业收入和增值税时，应明确说明是何种计价方式。

增值税应按增值额计税，可按下列公式计算：

增值税应纳税额=销项税额 − 进项税额 (9-29)

$$\text{销项税额}=\text{销售额}\times\text{增值税税率}=\frac{\text{营业收入（含税销售额）}}{1+\text{增值税税率}}\times\text{增值税税率} \quad (9\text{-}30)$$

$$\text{进项税额}=\frac{\text{外购原材料、燃料及动力费}}{1+\text{增值税税率}}\times\text{增值税税率} \quad (9\text{-}31)$$

第五节 利润总额及其分配估算

一、利润总额的估算

利润是企业在一定时期内生产经营活动的最终成果在财务上的体现，它集中反映了企业生产经营各方面的效益。利润总额的估算公式为：

利润总额=产品营业收入−税金及附加（−增值税）−总成本费用+补贴收入 (9-32)

根据利润总额可计算所得税及净利润的分配。在财务分析中，利润总额还是计算总投资收益率和项目资本金净利润率指标的基础数据。

二、所得税及税后净利润分配的估算

根据税法的规定，企业取得利润后，先上缴所得税，剩余部分在企业、投资者、职工之间分配。

（一）所得税估算

凡在我国境内实行独立经营核算的各类企业或者组织，其在我国境内、境外的生产经营所得和其他所得，均应依法缴纳企业所得税。

纳税人每一纳税年度的收入总额减去准予扣除项目的余额，为应纳税所得额。

纳税人发生年度亏损的，可以用下一纳税年度的所得弥补；下一纳税年度的所得不足弥补的，可以逐年延续弥补，但是延续弥补期最长不得超过5年。

企业所得税的应纳税额按照应纳税所得额和所得税税率的乘积计算，应纳税额的计算公式为：

$$所得税应纳税额=应纳税所得额\times所得税税率 \tag{9-33}$$

所得税统一按25%的比例税率计算。若符合法律、法规和国务院有关规定给予减免税的，依照法律或规定执行。

（二）净利润的分配顺序

营业收入、成本、税金和利润的关系如图9-2所示。

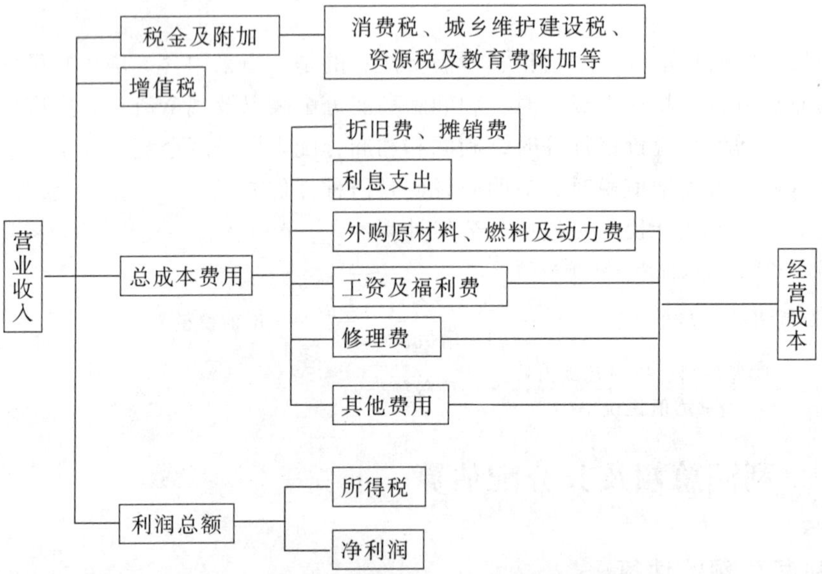

图9-2 营业收入、成本、税金和利润关系图

在图9-2中，利润总额中应加上补贴收入（如有的话）；利润总额减去所得税即为净利润，再加上期初未分配利润即为可供分配的利润；再从可供分配的利润中提取法定盈余公积，即可得到可供投资者分配的利润；投资者考虑应付优先股股利，并提取任意盈余公积，然后按投资比例支付普通股股利，剩余的为未分配利润。

第六节 借款还本付息估算

借款还本付息估算主要是测算各年应偿还的本金和利息，从而考查项目的偿还能力和收益，为财务分析和决策提供依据。

一、还本付息的资金来源

根据国家现行财税制度的规定，偿还借款本息的资金来源主要是项目投产后所取得的利润和摊入成本费用中的折旧费、摊销费以及其他资金来源。

（一）利润

用于归还借款的利润，一般是指未分配利润。项目投产初期，如果用规定的资金来源归还贷款的缺口较大，也可暂不提取盈余公积、公益金。但这段时间不宜过长，否则将影响到企业的扩展能力。

（二）固定资产折旧

项目投产初期还无须固定资产更新，所提取的折旧基金作为固定资产重置准备金，暂时处于闲置状态。为了有效地利用一切可能的资金，以缩短还款期限，可以使用部分新增折旧基金作为偿还贷款的来源之一。一般来说，投产初期可以利用的折旧基金在全部折旧基金中的比例较大，随着时间的推移，可利用的折旧基金比例逐步减小，最终所有被挪用的折旧基金将由未分配利润还贷后的余额回垫，以保证折旧基金从总体上不被挪作他用，在还清贷款后恢复其原有的经济属性。

（三）无形资产及其他资产摊销费

按现行的财务制度，无形资产及其他资产摊销费计入项目总成本费用，但这笔资金并无具体的用途规定，处于闲置状态，因此可以作为还款来源之一。

（四）其他还款资金

其他还款资金主要是指按有关规定可以减免的税金。进行估算时，如果没有明确的依据，这种还款来源可以暂不考虑。

项目在建设期借入的全部建设投资贷款本金及其在建设期发生的借款利息（即资本化利息）构成项目的贷款总额，在项目投产后可由上述资金来源偿还。

在运营期内，建设投资和流动资金的贷款利息，按照现行的财务制度均应作为财务费用计入项目总成本费用。

二、还款方式与利息计算

项目贷款的还款方式应根据不同贷款协议中规定的还款条件来确定。

（一）国外借款的还款方式与利息计算

按照国际惯例，贷款协议中一般对贷款本息的偿还期限均有明确的规定，要求在规定的期限内按规定的数量还清全部贷款的本金和利息，一般采用等额还本付息和等额还本利息照付两种方式。

建设投资国外借款利息应根据不同的还款方式采用不同的计算方法。

1.在规定的期限内等额还本付息

等额还本付息是指在还款期内，每年偿付的本金和利息之和是相等的，但每年支付的本金数和利息数各不相等。具体可按下列步骤计算：

（1）计算建设期末或宽限期末的累计借款本金与未付资本化利息之和（I_C）。

（2）根据等值计算原理，采用资金回收系数计算每年等值的还本付息额A。计算公式为：

$$A = I_C \times (A/P, i, n) = I_C \times \frac{i(1+i)^n}{(1+i)^n - 1} \qquad (9\text{-}34)$$

式中：i——借款利率；（A/P，i，n）——资金回收系数，通过查表可得；n——规定的还款期。

（3）计算每年应支付利息，计算公式为：

每年应支付利息=年初借款余额×年利率 （9-35）

年初借款余额=I_C-本年以前各年偿还的本金累计 （9-36）

（4）计算每年偿还的本金，计算公式为：

年偿还本金=A-每年支付利息 （9-37）

由于此法要求各年还本付息的总额相等，但每年偿还的本金额及支付的利息是不等的，其中利息将随本金的逐渐偿还而逐年减少，相反需要偿还的本金部分却由于利息减少而逐年加大。因此，此法适用于投产初期效益相对较差，而后期效益较好的项目。

2.在规定的期限内每年等额还本利息照付

等额还本利息照付是指在还款期内每年偿还的本金相等，而利息不等，从而每年还本付息的总和也不相等。具体可按下列步骤计算：

（1）计算建设期末或宽限期末的累计借款本金与未付资本化利息之和（I_C）。

（2）计算在规定偿还年限内，每年应偿还的本金A′，计算公式为：

$$A' = \frac{I_C}{n}（等额） \qquad (9\text{-}38)$$

（3）计算每年应支付的利息额，计算公式为：

每年支付利息=年初借款本金累计×年利率

（4）计算各年的还本付息额（A_t）：

$$A'_t = \frac{I_C}{n} + I_C \times \left(1 - \frac{t-1}{n}\right) \times i \qquad (9\text{-}39)$$

式中：i和n的含义同上。

由于此法每年偿还的本金是确定的，计算简便，但是投产初期还本付息额相对较大。因此，此法适用于投产初期效益较好的项目，如果效益不好则需用短期贷款来偿还。

（二）国内借款的还款方式与利息计算

目前国内的借贷双方虽然也在有关的贷款合同或协议中规定了还款期限，但是在实际操作中，主要还是根据项目还款资金的来源情况进行确定，即按实际偿还能力确定。一般做法是先偿付当年需偿还的外汇借款本金，然后用剩余的资金来源按先贷的先还、后贷的后还，利息高的先还、利息低的后还的偿还顺序，或按双方的贷款协议，归还国内借款。

1.建设期贷款利息

因事先无法确定每笔贷款的实际发生时间，所以近似地假定当年贷款均发生在年中，按半年计息，转入以后年度则按全年计息。

每年应计利息=（年初借款本利累计+本年借款额÷2）×有效年利率 （9-40）

2.运营期贷款利息

假定还款都在当年年末，因此还款当年按全年计息，其近似计算公式为：

运营期贷款年应计利息=年初借款累计×年利率 （9-41）

本章小结

1.在项目投资评价中，财务效益与费用估算是一项非常重要的工作。财务效益与费用是财务分析的重要基础。

2.财务效益与费用估算的主要内容包括项目总投资和投资资金来源于筹措的估算、项目计算期的确定、总成本费用估算、营业收入与税金及附加和增值税的估算、利润总额及其分配的估算、贷款还本付息的估算等内容。

3.项目计算期是指经济评价中为进行动态分析所设定的期限，包括建设期和运营期。一般来讲，项目的运营期主要取决于项目主要固定资产（如主要设备）的经济寿命期。

4.工业项目总成本费用是指项目在一定时期内（一般为一年）为生产和销售产品而花费的全部成本费用。通常有两种方法：制造成本加期间费用、生产要素估算法。

5.营业收入是指项目在一定时期内（通常为一年）销售产品或者提供劳务等所取得的收入。它是进行利润总额和税金估算的基础数据。

6.利润是企业在一定时期内生产经营活动的最终成果在财务上的体现，它集中反映了企业生产经营各方面的效益。根据利润总额可计算所得税及净利润的分配。

7.借款还本付息估算主要是测算各年应偿还的本金和利息，从而考察项目的偿还能力和收益，为财务分析和决策提供依据。

本章能力训练

一、名词解释

财务效益　财务费用　计算期　总成本　制造成本　期间费用　经营成本　营业收入　增值税　利润总额　税后净利润

二、思考分析

1.财务效益与费用估算应遵循哪些原则？

2.固定资产有几种寿命期？确定项目运营期应当依据哪一种寿命期？为什么？

3.生产成本由哪几部分构成，各有什么内容？

4.期间费用由哪几部分构成，各有什么内容？

5.计算经营成本为什么要从总成本费用中剔除折旧费、摊销费和利息支出？

6.项目产品销售价格有几种选择？

7.税金及附加包括哪些内容？

8.财务效益与费用按其作用分为哪两类？各包括哪些项目？

9.按照年限平均法提取折旧时应考虑哪些因素？

10.计算利润总额对财务效益分析有哪些作用？

11.在项目分析中，净利润是如何进行分配的？

12. 建设投资国外借款偿还的两种方式的不同点是什么？

13. 建设投资借款本金偿还的主要来源有哪些？

附表 9-1　　**总成本费用估算表（生产要素法）**　　人民币单位：万元

序号	项　目	运营期						合计
		3	4	5	6	…	n	
1	外购原材料							
	…							
2	外购燃料及动力							
	…							
3	工资及福利费							
4	折旧费							
5	修理费							
6	摊销费							
7	利息支出							
8	其他费用							
9	总成本费用 （1+2+…+8）							
	其中：1. 固定成本 2. 变动成本							
10	经营成本 （9-4-6-7）							

注：本表适用于新设法人项目与既有法人项目的“有项目”“无项目”和增量成本费用的估算。

附表 9-1-1　　**外购原材料能源成本估算表**　　人民币单位：万元

序号	项目	规格	单位	消耗定额	单价	成本金额
1	原材料					
	A					
	B					
	C					
	⋮					
2	能源					
	D					
	E					
	F					
	⋮					

注：本表适用于新设法人项目与既有法人项目的“有项目”“无项目”和增量外购原材料能源成本的估算。

附表 9-1-2 **工资及福利费估算表** 人民币单位：万元

序号	项目	合计	计算期					
			1	2	3	4	…	n
1	工人							
	人数							
	人均年工资							
	工资额							
2	技术人员							
	人数							
	人均年工资							
	工资额							
3	管理人员							
	人数							
	人均年工资							
	工资额							
4	工资总额（1+2+3）							
5	福利费							
6	合计（4+5）							

注：本表适用于新设法人项目工资及福利费的估算，以及既有法人项目的“有项目”“无项目”和增量工资及福利费的估算。

附表 9-1-3 **固定资产折旧估算表** 人民币单位：万元

序号	项目	折旧年限	运营期					
			3	4	5	6	…	n
	固定资产合计							
	原值							
	折旧费							
	净值							
1	房屋及建筑物							
	原值							
	折旧费							
	净值							
2	××设备							
	原值							
	折旧费							
	净值							
3	××设备							
	原值							
	折旧费							
	净值							

注：本表适用于新设法人项目固定资产折旧费的估算，以及既有法人项目的“有项目”“无项目”和增量固定资产折旧费的估算。当估算既有法人项目的“有项目”固定资产折旧费时，应将新增和利用的原有部分固定资产分别列出，并分别计算折旧费。

附表 9-1-4　　**无形资产与其他资产摊销费估算表**　　人民币单位：万元

序号	项目	折旧年限	原值	运营期					
				3	4	5	6	…	n
1	无形资产小计								
1.1	土地使用权								
	摊销								
	净值								
1.2	专有技术和专利权								
	摊销								
	净值								
1.3	其他无形资产								
	摊销								
	净值								
2	递延资产（开办费）								
	摊销								
	净值								
3	无形及其他资产合计（1+2）								
	摊销								
	净值								

注：本表适用于新设法人项目无形资产和其他资产摊销费的估算，以及既有法人项目的“有项目”“无项目”和增量摊销费的估算。当估算既有法人项目的“有项目”摊销费时，应将新增和利用的原有部分无形资产和其他资产分别列出，并分别计算摊销费。

附表 9-2　　**营业收入、税金及附加和增值税估算表**　　人民币单位：万元

序号	项目	合计	计算期					
			1	2	3	4	…	n
1	营业收入							
1.1	产品A营业收入							
	单价							
	数量							
	销项税额							
1.2	产品B营业收入							
	单价							
	数量							
	销项税额							
	⋮							
2	税金及附加							
2.1	消费税							
2.2	城市维护建设税							
2.4	资源税							
2.3	教育费附加							
3	增值税							
	销项税额							
	进项税额							

注：1.本表适用于新设法人项目与既有法人项目的“有项目”“无项目”和增量的营业收入、税金及附加和增值税估算。

2.根据行业或产品的不同可增减相应税收科目。

第十章

投资项目财务分析

案例情景

屋顶光伏电站成本计算与效益分析

以江西某屋顶光伏电站为例，装机容量2.3474MW，年上网电量2 255.123706MWh，总投资1 359.76万元。项目总工期3个月，运营期25年。对项目进行经济效益分析，得到如下数据：投资回收期所得税前10.25年，所得税后11.67年。项目全部投资财务净现值所得税前374.982万元，所得税后172.31万元。全部投资内部收益率所得税前8.36%，所得税后6.6%，自有资金内部收益率13%。总投资收益率4.25%，投资利税率3.13%，项目资本金净利润率11.58%，资产负债率80%。

资料来源　佚名．屋顶光伏电站成本计算与效益分析［EB/OL］．［2017-11-10］．http：//guangfu.bjx.com.cn/news/20171110/860819.shtml.

由该案例引出，对于投资项目，有哪些财务效益分析指标？本章将讲解项目财务分析的内容、目标与程序，有哪些财务分析报表以及财务报表之间的联系。重点是投资项目财务分析指标及其计算方法。

第一节　财务分析概述

一、财务分析的概念及作用

（一）财务分析的概念

财务分析是在国家现行会计制度、税收制度和价格体系的前提下，从项目的角度出发，预测估计项目的财务效益与费用，编制财务报表，计算评价指标，分析考察项目财务盈利能力、偿债能力和财务生存能力，据以评价和判定项目在财务上的可行性的一种经济评价方法。

财务分析可分为融资前分析和融资后分析，一般宜先进行融资前分析，在融资前分析结论满足要求的情况下，初步设定融资方案，再进行融资后分析。融资前分析主要是考察项目整个计算期内的现金流入和现金流出，编制项目投资现金流量表，计算项目投资财务内部收益率、财务净现值和投资回收期等指标。

融资后分析排除了融资方案变化的影响，从项目投资总获利能力的角度考察项目方案设计的合理性。融资后分析应以融资前分析和初步的融资方案为基础，考察项目在拟定融资条件下的盈利能力、偿债能力和财务生存能力，判断项目方案在融资条件下的可行性。融资后分析用于比选融资方案，帮助投资者或金融机构做出融资决策。

（二）财务分析的作用

1.财务分析是投资决策的重要组成部分

对投资项目的评价应从多角度、多方面进行，无论是对投资项目的前评价、中评价还是后评价，财务分析都是必不可少的重要内容。在投资决策的各个阶段中，无论是机会研究、初步可行性研究、可行性研究还是项目评价阶段，财务分析都是其中重要的组成部分。

2.财务分析是投资决策的重要依据

在项目决策的范围内，财务分析虽然不是唯一的决策依据，但却是重要的决策依据。在市场经济条件下，绝大部分项目的有关各方根据财务分析结果进行决策，尤其是项目评价阶段财务分析的结果，直接决定了投资于该项目的债权人是否贷款给项目，各级项目审批部门是否批准该项目。可见，财务分析结论是投资决策的重要依据之一。具体来说，财务分析中的盈利能力分析结论是投资决策的基本依据，其中项目资本金盈利能力分析结论同时也是融资决策的依据；偿债能力分析结论不仅是债权人决定贷款与否的依据，也是投资人确定融资方案的重要依据。

二、财务分析的目标与程序

（一）财务分析的目标

财务分析的主要目标是投资项目的盈利能力、偿债能力和财务生存能力。

1.盈利能力

盈利能力主要考查投资项目的盈利水平，是反映项目在财务上可行程度的基本标志。投资项目的盈利能力分析，应当考查拟建项目建成投产后是否有盈利，盈利多少。项目的盈利能力分析主要分析项目各年度投资的盈利能力，以及项目在整个寿命期内的盈利水平。

2.偿债能力

投资项目的偿债能力是指项目按期偿还其债务的能力。项目的偿债能力通常表现为建设投资借款偿还期的长短，利息备付率和偿债备付率的高低，这些指标也是银行进行贷款决策的重要依据。

3.财务生存能力

在项目运营期间，确保从各项经济活动中得到足够的净现金流量是项目能够持续生存的条件。财务分析中应根据财务计划现金流量表，综合考察项目计算期内各年的投资活动、融资活动和经营活动产生的各项现金流入和流出，计算净现金流量和累计盈余资金，分析项目是否有足够的净现金流量维持正常运营，实现财务可持续性。财务生存能力分析亦可称为资金平衡分析。

（二）财务分析的程序

投资项目的财务分析是在项目市场分析和实施条件分析的基础上进行的，它主要是利用有关的基础数据，通过编制财务分析报表，计算各项财务分析指标，进行项目的财务分析，得出评价结论。具体包括以下几个步骤：

1.财务基础数据的准备

根据项目市场分析和实施条件分析的结果，以及现行的有关法律、法规和政策，对项目总投资、资金筹措方案、产品成本费用、营业收入、税金和利润，以及其他与项目有关的一系列基础数据进行分析和估算，并将所得的数据编制成辅助财务报表。

2.编制财务分析基本报表

将分析和估算所得的基础数据进行汇总，编制出现金流量表、利润与利润分配表、资产负债表及借款还本付息估算表等财务分析基本报表。财务分析基本报表是反映项目盈利能力、偿债能力和财务生存能力等财务分析指标的基础。

3.计算与分析财务效益指标

根据编制的财务分析基本报表，直接计算一系列反映项目盈利能力、偿债能力和财务生存能力的指标。反映项目盈利能力的指标包括静态分析指标（总投资收益率、资本金净利润率和投资回收期等）和动态分析指标（财务内部收益率、财务净现值等）；反映项目偿债能力的指标包括借款偿还期、利息备付率和偿债备付率等。

4.进行不确定性分析与风险分析

通过盈亏平衡分析和敏感性分析等不确定性分析和风险分析方法，评价项目可能面临的风险及在不确定条件下适应市场变化的能力和抗风险的能力，得出项目在不确定条件下的财务分析结论或建议。

5.得出财务分析结论

将上述确定性分析和不确定性分析的结果，与国家有关部门公布的基准值，或与经验标准、历史标准和目标标准等加以比较，并从财务的角度做出项目可行与否的结论。

三、财务分析的价格体系

（一）财务分析涉及的价格体系

影响价格变动的因素很多，但归纳起来不外乎两类：一类是相对价格变动因素；另一类是绝对价格变动因素。

相对价格是指商品间的价格比例关系。导致商品相对价格发生变化的因素很复杂，例如，供应量的变化、价格政策的变化、劳动生产率的变化等，都可能引起商品间比价的改变；消费水平变化、消费习惯改变、可替代产品的出现等引起供求关系发生变化，从而使供求均衡价格发生变化，也可以引起商品间比价的改变。

绝对价格是指用货币单位表示的商品价格水平。绝对价格变动一般体现为物价总水平的变化，即因货币贬值（通货膨胀）引起的所有商品价格的普通上涨，或因货币升值（通货紧缩）引起的所有商品价格的普遍低落。

在投资项目财务分析中，要对项目整个计算期内的价格进行预测，这必然会涉及如何处理价格变动的问题，包括通货膨胀因素问题。在整个计算期的若干年内，是采用同一个固定价格，还是各年都变动以及如何变动？这也就是投资项目的财务分析采用什么价格体系的问题。

财务分析涉及的价格体系有三种，即固定价格体系、实价体系和时价体系，相应涉及三种价格，即基价、时价和实价。

基价是指以基年价格水平表示的，不考虑其后价格变动的价格，也称固定价格。如果采用基价，项目计算期内各年价格都是相同的，就形成了财务分析的固定价格体系。一般选择评价工作进行的年份为基年，也有选择预计开始建设年份为基年的。例如，某项目财务分析在2015年进行，则一般选择2015年为基年，若某货物A在2015年的价格为100元，那么其基价为100元，是以2015年价格水平表示的。基价是确定项目涉及的各种货物预测价格的基础，也是估算建设投资的基础。

时价，顾名思义是指某一时期当时的市场价格。它包含了相对价格变动和绝对价格变动的影响，以当时的价格水平表示。以基价为基础，按照预计的各种货物的不同价格上涨率（可称为时价上涨率），分别求出它们在计算期内任何一年的时价。假定货物A的时价上涨率为2%，在2015年基价100元的基础上，2016年的时价应为100×（1＋2%）＝102（元）。若2017年货物A的时价上涨率为3%，则2017年货物A的时价为100×（1＋2%）×（1＋3%）＝105.06（元）。设基价为P_b，时价为P_c，各年的时价上涨率为c_i（i＝1，…，n），c_i可以各年相同，也可以不同，则第n年的时价为：

$$P_{c_n} = P_b \times (1 + c_1) \times (1 + c_2) \times \cdots \times (1 + c_n) \tag{10-1}$$

若各年c_i相同，则有：

$$P_{c_n} = P_b \times (1 + c_i)^n \tag{10-2}$$

实价是以基年价格水平表示的，只反映相对价格变动因素影响的价格，可以在时价中扣除通货膨胀因素影响来求得实价。若通货膨胀率（严格地说，只有当物价总水平上涨超过某个幅度时，才称为通货膨胀，故称物价总水平上涨率更合适些）为3.5714%，则2016年货物A的实价为102÷（1＋3.5714%）=98.5（元）。这可以说明。虽然看起来2016年货物A的价格比2015年上涨了2%，但扣除通货膨胀影响后，货物A的实际价格反而比2015年降低了，这有可能是由于某种原因使得其相对价格发生了变动。如果把实际价格的变化率称为实价上涨率，那么货物A的实价上涨率为：

［（1＋2%）÷（1＋3.5714%）］－1＝－1.5%

只有当时价上涨率大于通货膨胀率时，该货物的实价上涨率才会大于0，此时说明该货物价格上涨超过物价总水平的上涨。设第i年的实价上涨率为r_i，通货膨胀率为f_i，各年的时价上涨率c_i和通货膨胀率f_i都不变，则有：

$$r_i = \left(\frac{1 + c_i}{1 + f_i}\right)^i - 1 \tag{10-3}$$

如果货物间的相对价格保持不变，即实价上涨率为零，那么实价就等于基价，同时意味着各种货物的时价上涨率相同，也即各种货物的时价上涨率等于通货膨胀率。

（二）财务分析的取价原则

1.财务分析应采用预测价格

财务分析是基于对拟建项目未来数年或更长年份的效益与费用的估算，而无论投入还是产出的未来价格都会发生各种各样的变化，为了合理反映项目的效益和财务状况，财务分析应采用预测价格。预测价格应是在选定的基年价格基础上，选择评价当年为基年。至于采用何种价格体系，要视具体情况决定。

2.现金流量分析原则上应采用实价体系

采用实价计算净现值和内部收益率，进行现金流量分析是国际上比较通行的做法。这样做，便于投资者考察投资的实际盈利能力。因为实价排除了通货膨胀因素的影响，消除了因通货膨胀（物价总水平上涨）带来的“浮肿利润”，能够相对真实地反映投资的盈利能力，为投资决策和贷款决策提供较为可靠的依据。如果采用含通货膨胀因素的时价进行盈利能力分析，特别是当对投入和产出采用同一时价上涨率时，就有可能使未来收益大大增加，因此形成“浮肿利润”，夸大项目的盈利能力。

3.偿债能力分析原则上应采用时价体系

用时价进行财务预测，编制利润与利润分配估算表和资产负债表，有利于描述项目计算期内各年当时的财务状况，相对合理地进行偿债能力分析，这是国际上比较通行的做法。

为了满足实际投资的需要，在投资估算中必须包含通货膨胀因素引起投资增长的部分，一般通过计算涨价预备费来体现。同样，在融资计划中也应包括这部分费用，在投入运营后的还款计划中自然包括该部分费用的偿还。因此，只有采用既包含相对价格变化，又包含通货膨胀影响在内的时价表示投资费用和融资数额，并在其基础上进行计算，才能真实反映项目的偿债能力。

4.对财务分析采用价格体系的简化

在实践中，并不要求对所有项目，或在所有情况下，都必须全部采用上述价格体系进行财务分析，多数情况下允许根据具体情况适当简化，可以考虑采取以下几种简化方法：

（1）在建设期间，既考虑通货膨胀因素，又考虑相对价格变化。在建设投资估算中价格总水平变动是通过涨价预备费来体现的。

（2）在项目运营期内，盈利能力分析和偿债能力分析可以采用同一套价格，即预测的运营期初价格。运营期各年采用同一的不变价格。

（3）在项目运营期内，也可根据项目和产出的具体情况，选用固定价格（项目运营期内各年价格不变）或考虑相对价格变化的变动价格（项目运营期内各年价格不同，或某些年份价格不同）。

（4）当有明确要求或通货膨胀严重时，项目偿债能力分析要采用时价。

第二节 财务分析报表的编制

财务分析的主要报表有现金流量表、利润与利润分配表和借款还本付息估算表等。

一、现金流量表

（一）现金流量表的概念与作用

现金流量是现金流入与现金流出的统称，它是以项目作为一个独立系统，反映项目在计算期内实际发生的流入和流出的现金活动及其流动数量。项目在某一时间内支出的费用称为现金流出，记为CO；取得的收入称为现金流入，记为CI；现金流入与现金流出统称为现金流量；同一时点的现金流入与现金流出之差（CI-CO）称为净现金流量。

现金流量表是指反映项目在计算期内各年的现金流入、现金流出和净现金流量的计算表格。按照国家规定，项目的现金流量分析分为三个层次：第一层次为项目投资现金流量分析；第二层次为项目资本金现金流量分析；第三层次为投资各方现金流量分析。因此，现金流量表也可分为项目投资现金流量表、资本金现金流量表和投资各方现金流量表。编制上述现金流量表的主要作用是计算不同层次的财务内部收益率、财务净现值和投资回收期等分析指标。另外，为了进行项目财务生存能力分析，还应该编制财务计划现金流量表。

此外，现金流量表只反映项目在计算期内各年实际发生的现金收支，不反映非现金收支（如折旧费、应收及应付账款等）。

（二）现金流量表的结构

1.项目投资现金流量表

项目投资现金流量表是指在确定项目融资方案前，对投资方案进行分析，用以计算投资项目所得税前后的财务内部收益率、财务净现值及投资回收期等财务分析指标的表格。

项目投资现金流量表的现金流入包括营业收入、补贴收入、回收固定资产余值和回收流动资金。现金流出包括建设投资、流动资金、经营成本、税金及附加和维持运营投资等。项目投资现金流量表见附表10-1。

某些项目在运营期需要投入一定的固定资产才能得以维持正常运营，例如，设备更新费用、油田的开发费用和矿山的井巷开拓延伸费用等。不同类型和不同行业的项目投资的内容可能不同，发生维持运营投资时，应将其列入现金流量表作为现金流出，参与指标的计算；同时，也应该将其反映在财务计划现金流量表中，参与财务生存能力的分析。该投资是否能予以资本化，取决于其是否能为企业带来经济效益且该固定资产的成本是否能够可靠地计量。如果该投资投入后延长了固定资产的使用寿命，或使产品质量有实质性提高，或成本有实质性降低等，即应计入固定资产原值，并计提折旧；否则，该投资只能费用化，不形成新的固定资产原值。在项目投资现金流量表和项目资本金现金流量表中，都要把维持运营投资作为现金流出。

2.项目资本金现金流量表

为了全面考查项目的盈利能力，除了对融资前的项目投资现金流量进行分析外，还需要进行项目资本金现金流量分析，其实质是进行项目融资后的财务分析。

项目资本金现金流量表的净现金流量包括了项目在缴税和还本付息后所剩余的收益（含投资应分得的利润），也即项目的净收益，又是投资者的权益性收益。通过项目资本金现金流量表，可以计算资本金的财务内部收益率，通过资本金财务内部收益率能够从投资者整体角度考察项目的盈利能力。

项目资本金现金流量表与项目投资现金流量表的现金流入内容相同。现金流出包括项目资本金、借款本金偿还、借款利息支付、经营成本、税金及附加、所得税和维持运营投资等。项目资本金现金流量表见附表10-2。

3.投资各方现金流量表

对于某些项目，为了考察投资各方的具体收益，还需要编制从投资各方角度出发的现金流量表，这就是投资各方现金流量表。

通过投资各方现金流量表可以计算投资各方财务内部收益率。投资各方的财务内部收益率，实际上是相对次要的财务效益评价指标。因为在按普通股本比例分配利润和分担亏损与风险的原则下，投资各方的利益一般是均等的，只有在投资者中的各方有股权之外的不对等的利益分配时，投资各方的收益率才会有差异。此外，不按比例出资和分配的合作经营项目，投资各方的收益率也可能会有差异。计算投资各方的财务内部收益率，可以看出投资各方收益的不均衡性是否在合理水平上，有助于促成投资各方达成平等互利的投资方案，从而确定是否值得投资。

投资各方现金流量表的现金流入包括实分利润、资产处置收益分配、租赁费收入、技术转让或使用收入和其他现金流入。现金流出包括实缴资本、租赁资产支出和其他现金流出。投资各方现金流量表见附表10-3。

4.财务计划现金流量表

财务计划现金流量表反映项目计算期内各年的投资、融资及经营活动的现金流入和流出，用于计算累计盈余资金，分析项目的财务生存能力。财务计划现金流量表见附表10-4。

二、利润与利润分配表

（一）利润与利润分配表的概念与作用

利润与利润分配表是反映项目计算期内各年的利润总额、所得税及净利润的分配情况，用以计算总投资收益率和项目资本金净利润率等静态财务分析指标的表格。

（二）利润与利润分配表的结构

1.利润总额

利润总额是项目在一定时期内实现盈亏总额，即营业收入扣除税金及附加和总成本费用再加上补贴收入之后的数额。用公式表示为：

利润总额＝产品营业收入－税金及附加－总成本费用＋补贴收入 （10-4）

营业收入和税金及附加依据“营业收入与税金及附加和增值税估算表”填列，总成本费用依据“总成本费用估算表”填列。

2.项目亏损及亏损弥补的处理

项目在上一个年度发生亏损，可用当年获得的所得税前利润弥补；当年所得税前利润不足弥补的，可以在5年内用所得税前利润延续弥补；延续5年未弥补的亏损，用缴纳所得税后的净利润弥补。

3.所得税的计算

利润总额按照现行财务制度规定进行调整（如弥补上年的亏损）后，作为计算项目应缴纳所得税税额的计税基数。用公式表示为：

应纳税所得额＝利润总额－弥补以前年度亏损 （10-5）

所得税税率按照国家规定执行。国家对特殊项目有减免所得税规定的，按国家主管部门的有关规定执行。所得税计算公式为：

所得税＝应纳税所得额×所得税税率 （10-6）

4.所得税后净利润的分配

（1）当期实现的净利润，加上期初未分配利润（或减去期初未弥补亏损）为可供分配的利润。

（2）以当年净利润为基数计算并提取法定盈余公积，一般为10%，用可供分配的利润减去提取的法定盈余公积金后为可供投资者分配的利润。

（3）可供投资者分配的利润，按下列顺序分配：应付优先股股利（若有优先股的话），它是指企业按照利润分配方案分配给优先股股东的现金股利；提取任意盈余公积，它是指按规定提取的任意盈余公积，提取比例一般由企业自行决定；应付普通股股利，它是指企业按照利润分配方案分配给普通股股东的现金股利，企业分配给投资者的利润也在此核算；经过上述分配后的剩余部分为未分配利润。

另外，还要计算出息税前利润和息税折旧摊销前利润。

息税前利润 = 利润总额 + 利息支出 （10-7）

息税折旧摊销前利润 = 息税前利润 + 折旧 + 摊销 （10-8）

利润与利润分配表见附表 10-5。

三、借款还本付息估算表

（一）借款还本付息估算表的概念与作用

借款还本付息估算表是反映项目借款偿还期内借款支用、还本付息和可用于偿还借款的资金来源情况，用以计算借款偿还期或者偿债备付率和利息备付率指标，进行偿债能力分析的表格。

按现行财务制度规定，归还建设投资借款的资金来源主要是当年可用于还本的折旧费和摊销费、当年可用于还本的未分配利润等。由于流动资金借款本金在项目计算期末一次性回收，因此不必考虑流动资金的偿还问题。

（二）借款还本付息估算表的结构和填列

1.借款还本付息估算表的结构

借款还本付息估算表的结构包括两大部分，即各种债务的借款及还本付息和偿还各种债务本金的资金来源。在借款尚未还清的年份，当年偿还本金的资金来源等于本年还本的数额；在借款还清的年份，当年偿还本金的资金来源等于或大于本年还本的数额。

2.借款还本付息估算表的填列

（1）借款。在项目的建设期，年初借款本息累计等于上年借款本金和建设期利息之和；在项目的运营期，年初借款本息累计等于上年尚未还清的借款本金。本年借款和建设期本年应计利息应根据“投资使用与资金筹措计划表”填列；运营期本年应计利息为当年的年初借款本息累计与借款年利率的乘积；本年还本可以根据当年偿还借款本金的资金来源填列；年末本息余额为年初本息余额与本年还本数额的差。

（2）债券。借款还本付息估算表中的债券是指通过发行债券来筹措建设资金，因此债券的性质应当等同于借款。两者之间的区别是，通过债券筹集建设资金的项目，是向债权人支付利息和偿还本金，而不是向贷款的金融结构支付利息和偿还本金。

（3）还本资金来源。当年可用于还本的未分配利润和可用于还本的以前年度结余资金，可根据“利润与利润分配表”填列，当年可用于还本的折旧和摊销可根据“总成本费用估算表”填列。借款还本付息估算表见附表 10-6。

四、财务报表之间的相互关系

财务分析基本原理就是从财务报表中取得数据，计算财务分析指标，然后与基准值和目标标准值等基本参数进行比较，根据一定的评价标准，决定项目是否可以考虑接受。由此可见，财务报表的编制是项目财务分析体系中重要的组成部分，并且各种财务报表之间有着密切的内在联系。各财务报表之间的相互关系如图 10-1 所示。

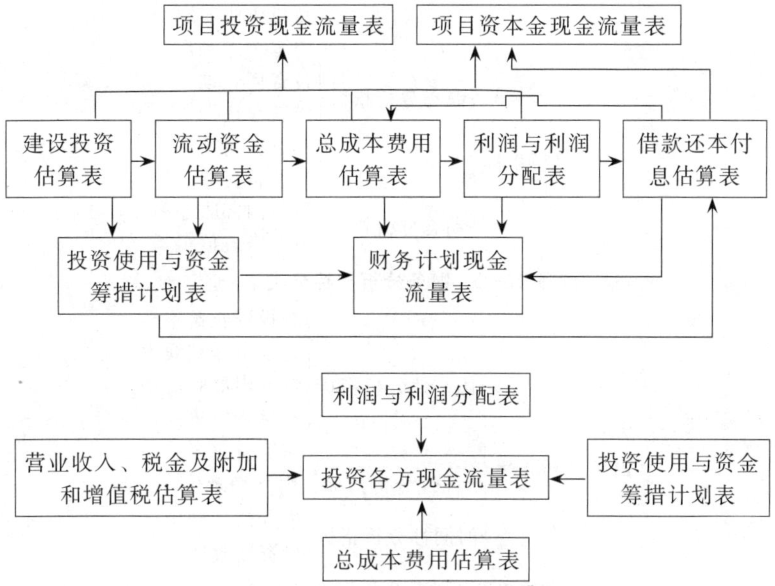

图10-1　财务报表之间的相互关系

“利润与利润分配表”和“现金流量表”都是为进行项目盈利能力分析提供基础数据的报表，所不同的是，“利润与利润分配表”主要为计算反映项目盈利能力的静态分析指标提供数据，而“现金流量表”主要为计算反映项目盈利能力的动态分析指标提供数据，同时“利润与利润分配表”也为“现金流量表”的填列提供了一些基础数据。

“借款还本付息估算表”是为进行项目偿债能力分析提供基础数据的报表。根据“借款还本付息估算表”可以计算借款偿还期、利息备付率和偿债备付率等偿债能力考标。

第三节　项目财务效益指标分析

一、财务分析指标体系

投资项目财务分析的结果，一方面取决于基础数据的可靠性；另一方面则取决于所选取的指标体系的合理性。只有选取正确的指标体系，项目的财务分析结果才能与客观实际情况相吻合，才具有实际意义。一般来讲，投资者的投资目标不止一个，因此项目财务指标体系也不是唯一的。根据不同的评价深度要求和可获得资料的多少，以及项目本身所处条件与性质的不同，可选用不同的指标。这些指标也有主次之分，可从不同侧面反映项目的经济效益状况。

财务分析指标体系根据不同的标准，可作不同的分类。

（一）按是否考虑资金时间价值因素进行分类

按是否考虑资金时间价值因素或是否采取折现方式处理数据进行分类，财务分析指标可分为静态分析指标和动态分析指标，如图10-2所示。

（二）按指标的性质进行分类

按指标的性质进行分类，财务分析指标可分为时间性分析指标、价值性分析指标和比率性分析指标，如图10-3所示。

- 财务分析指标
  - 静态分析指标
    - 总投资收益率
    - 资本金净利润率
    - 投资回收期
    - 借款偿还期
    - 利息备付率
    - 偿债备付率
  - 动态分析指标
    - 财务内部收益率
    - 财务净现值

图 10-2　财务分析指标分类之一

- 财务分析指标
  - 比率性分析指标
    - 总投资收益率
    - 资本金净利润率
    - 财务内部收益率
    - 利息备付率
    - 偿债备付率
  - 价值性分析指标：财务净现值
  - 时间性分析指标
    - 借款偿还期
    - 投资回收期

图 10-3　财务分析指标分类之二

（三）按财务分析的目标进行分类

按财务分析的目标进行分类，财务分析指标可分为反映盈利能力的指标和反映偿债能力的指标，如图 10-4 所示。

- 财务分析指标
  - 盈利能力指标
    - 总投资收益率
    - 资本金净利润率
    - 财务内部收益率
    - 财务净现值
    - 投资回收期
  - 偿债能力指标
    - 借款偿还期
    - 利息备付率
    - 偿债备付率

图 10-4　财务分析指标分类之三

上述指标可以通过相应的财务分析报表直接或间接求得，这些财务分析指标同财务报表的关系如表 10-1 所示。

表 10-1　**财务分析指标与财务报表的关系**

分析内容	财务报表	静态指标	动态指标
盈利能力分析	项目投资现金流量表	投资回收期	项目财务内部收益率 项目财务净现值
	项目资本金现金流量表		资本金财务内部收益率
	投资各方现金流量表		投资各方财务内部收益率
	利润与利润分配表	总投资收益率 资本金净利润率	
偿债能力分析	借款还本付息估算表	借款偿还期 利息备付率 偿债备付率	
其他		价值指标或实物指标	

二、反映项目盈利能力的指标

按照是否考虑资金的时间价值或是否采取折现方式处理数据划分，反映项目盈利能力的指标可分为静态分析指标和动态分析指标。

（一）静态盈利能力指标的计算

静态盈利能力指标是指不考虑资金时间价值因素的影响或者不采取折现方式处理数据而计算的反映盈利能力的指标，主要包括总投资收益率、资本金净利润率和项目投资回收期等。静态盈利能力指标可以根据“建设投资估算表”、“投资使用与资金筹措计划表”、“利润与利润分配表”和“现金流量表”中的有关数据计算。

1.总投资收益率（ROI）

总投资收益率是指项目达到设计能力后正常年份的年息税前利润或运营期内平均年息税前利润与项目总投资之比，它是考查单位投资盈利能力的静态分析指标。其计算公式为：

$$ROI=\frac{EBIT}{TI}\times 100\% \tag{10-9}$$

式中：EBIT——项目正常年份的年息税前利润或运营期内平均年息税前利润；TI——项目总投资。

总投资收益率高于同行业的收益率水平，表明用总投资收益率表示的盈利能力满足要求。

2.资本金净利润率（ROE）

资本金净利润率是项目达到设计能力后正常年份的年净利润或运营期内平均年净利润与项目资本金之比。其计算公式为：

$$ROE=\frac{NP}{EC}\times 100\% \tag{10-10}$$

式中：NP——项目正常年份的年净利润或运营期内平均年净利润；EC——项目资本金。

项目资本金净利润率高于同行业的净利润率水平，表明用项目资本金净利润率表示的盈利能力满足要求。

3.项目投资回收期

项目投资回收期是指以项目的净收益回收项目全部投资所需要的时间，一般以年为单位，并从项目建设起始年算起。若从项目投产开始年计算，应予以特别说明。其表达式为：

$$\sum_{t=1}^{P_t}(CI-CO)_t=0 \tag{10-11}$$

式中：P_t——投资回收期；CI——现金流入量；CO——现金流出量；$(CI-CO)_t$——第t年的净现金流量。

若项目每年的净收益基本相同，可用下式计算，即：

$$项目投资回收期=\frac{总投资}{各项效益之和}$$

若各年的净收益数额差别较大，项目投资回收期可借助项目现金流量表计算，项目现金流量表中累计净现金流量由负值变为零的时点，即为项目的投资回收期。其计算公式为：

$$项目投资回收期=累计净现金流量首次为正值的年份-1+\frac{上年累计净现金流量的绝对值}{当年净现金流量}$$

或

$$P_t=T-1+\frac{\left|\sum_{i=1}^{T-1}(CI-CO)_t\right|}{(CI-CO)_t} \tag{10-12}$$

式中：T——累计净现金流量首次为正值或零的年数。

计算出的项目投资回收期要与行业规定的基准投资回收期或同行业平均投资回收期进行比较，如果计算出的项目投资回收期小于或等于基准投资回收期或同行业平均投资回收期，则认为项目是可以考虑接受的。

总之，静态的盈利能力指标的计算比较简单，但由于没有考虑资金的时间价值，因此在进行项目评价时，还需计算动态盈利能力指标。

（二）动态盈利能力指标的计算

动态盈利能力指标是指考虑资金时间价值因素的影响或者采取折现方式处理数据而计算的反映盈利能力的指标，主要包括财务净现值和财务内部收益率。动态指标需要借助现金流量表计算。

1.财务净现值（FNPV）

财务净现值是指按设定的折现率（一般采用基准折现率 i_c），将项目计算期内各年净现金流量折现，求现值之和。其计算公式为：

$$FNPV=\sum_{t=1}^{n}(CI-CO)_t(1+i_c)^{-t} \tag{10-13}$$

式中：n——计算期；i_c——设定的折现率；$(1+i_c)^{-t}$——第t年的折现系数。

一般情况下，财务盈利能力分析只计算项目投资财务净现值。财务净现值是评价项目盈利能力的绝对指标，它反映项目在满足按设定折现率要求的盈利能力之外，获得的超额盈利的现值。计算出的财务净现值可能有三种结果，即 $FNPV>0$，$FNPV=0$ 或 $FNPV<0$。当 $FNPV>0$ 时，说明项目的盈利能力超过了按设定的基准折现率计算的盈利能力，从财务角度考虑，项目可以被接受；当 $FNPV=0$ 时，说明项目的盈利能力刚好达到按设定的基准折现率计算的盈利能力，项目可以考虑被接受；当 $FNPV<0$ 时，说明项目的盈利能力达不到按设定的基准折现率计算的盈利能力，一般从财务角度判断项目是不可行的。

财务净现值指标计算简便，只要编制了现金流量表，确定好折现率，净现值的计算仅是一种简单的算术方法。另外，该指标的计算结果稳定，不会因算术方法的不同而带来任何差异。

财务净现值虽然考虑了项目计算期的经济数据，全面地反映了项目的盈利能力，但财务净现值指标也有不足，主要体现在两个方面：第一，财务净现值指标是一个绝对数指标，只能反映项目是否有盈利，并不能反映拟建项目的实际盈利水平；第二，需要事先确定 i_c，i_c 一般采用部门或行业的基准收益率，或者也可以是项目事先设定的一个基准收益率，作为计算净现值的折现率。在项目所有经济数据不变的情况下，我们使 i_c 从小到大变化，就会发现作为 i_c 的函数，同一现金流量的净现值随着 i_c 的增大发生由大到小的变化，如图 10-5 所示。

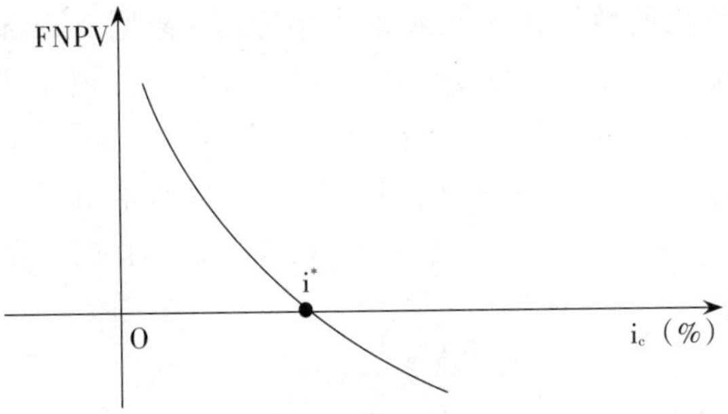

图 10-5　财务净现值与折现率的关系

在 $i_c = i^*$ 处，财务净现值等于零；当 $i<i^*$ 时，财务净现值大于零；当 $i>i^*$ 时，财务净现值小于零。可见，项目选择的折现率过高，可行的项目可能被否定；选择的折现率过低，不可行的项目就可能被选中，特别是对那些投资收益水平居中的项目。所以，在运用财务净现值指标时，要选择一个比较客观的折现率，否则，评价的结果往往“失真”，可能造成决策失误。

为了克服利用财务净现值指标评价方案或筛选方案时可能产生的误差，在财务分析中，往往选择财务内部收益率作为主要的评价指标。

2.财务内部收益率（FIRR）

财务内部收益率是指项目在整个计算期内各年净现金流量现值之和为零时的折现率，也就是使计算期内各年净现值之和等于零时的折现率。它是评价项目盈利能力的一个重要动态评价指标，其表达式为：

$$\sum_{t=1}^{n}(CI - CO)_t(1 + FIRR)^{-t} = 0 \qquad (10\text{-}14)$$

项目投资财务内部收益率、项目资本金财务内部收益率和投资各方财务内部收益率都依据上式计算，但所用的现金流入与现金流出不同。

财务内部收益率与财务净现值的表达式基本相同，但计算程序截然不同。在计算财务净现值时，应预先设定折现率，并以此折现率将各年净现金流量折算成现值，然后累加得出净现值。在计算财务内部收益率时，要经过多次试算，使得净现金流量现值累计等于零。财务内部收益率的计算比较繁杂，一般可借助专用软件的财务函数或有特定功能的计算器完成，如果用手工计算，应先采用试算法，后采用插入法。

运用手工计算财务内部收益率的基本步骤是：

第一步，用估计的某一折现率对拟建项目整个计算期内各年财务净现金流量进行折现，并得出净现值。如果得到的净现值等于零，则所选定的折现率即为财务内部收益率。如所得财务净现值为一正数，则再选一个更高一些的折现率再次进行试算，直至正数财务净现值接近零为止。

第二步，在第一步的基础上，再继续提高折现率，直至计算出接近零的负数财务净现值为止。

第三步，根据上两步计算所得的正、负财务净现值及其对应的折现率，运用插入法计算财务内部收益率。因为财务内部收益率与净现值之间不是线性关系，如果两个折现率之间的差太大，计算结果会有较大的误差，所以，为保证计算的准确性，一般规定两个折现率之差最好在5%之内。

插入法是将试算法得出的数据代入插入法计算公式来求财务内部收益率的一种方法。插入法的计算公式推导如下：设折现率为i_1时，$FNPV_1>0$；折现率为i_2时，$FNPV_2<0$。如图10-6所示，将i_1，i_2，$FNPV_1$，$FNPV_2$表示在直角坐标系中，连接A、C与纵轴相交于D点，在这一点上，$FNPV=0$，即在此点的折现率就是财务内部收益率，用FIRR表示。过C点（$FNPV_1$，i_1）引一条平行于横轴的直线，过A点（$FNPV_2$，i_2）引一条平行于纵轴的直线，两条直线相交于B点（$FNPV_2$，i_1）。

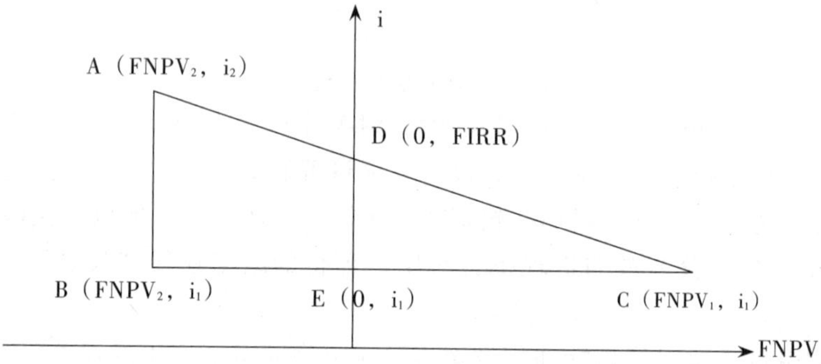

图10-6 财务内部收益率的计算

△ABC与△DEC是两个相似三角形，其对应边成比例，则有：

$$\frac{FIRR - i_1}{i_2 - t_1} = \frac{FNPV_1}{FNPV_1 + |FNPV_2|}$$

将上式整理，得：

$$FIRR = i_1 + (i_2 - i_1)\frac{FNPV_1}{FNPV_1 + |FNPV_2|} \tag{10-15}$$

式中：i_1——偏低折现率；i_2——偏高折现率；$FNPV_1$——正的净现值；$FNPV_2$——负的净现值。

项目投资财务内部收益率是考察项目确定融资方案前，缴纳所得税前后整个项目的盈利能力。计算出的项目财务内部收益率要与行业发布或财务分析人员设定的基准折现率，或投资者的目标收益率（i_c）进行比较。如果计算的FIRR大于或等于i_c，则说明项目盈利能力能够满足要求，因而是可以考虑被接受的；否则，不能满足项目盈利能力的要求，认为该项目从财务角度分析是不可行的。

资本金财务内部收益率是以项目资本金为计算基础，考察所得税后资本金可能获得的收益水平。它反映从投资者整体权益角度考察盈利能力的要求，也即从项目发起人（或企业）角度对盈利能力进行判断的要求。在依据融资前分析的指标对项目基本获利能力有所判断的基础上，项目资本金内部收益率指标体现了在一定的融资方案下，投资者整体所能获得的权益性收益水平。该指标可用来对融资方案进行比较和取舍，是投资者整体做出最终融资决策的依据，也可进一步帮助投资者做出最终出资决策。项目资本金内部收益率的判别基准是项目投资者整体对投资获利的最低期望值，亦即最低可接受收益率。当计算的项目资本金财务内部收益率大于或等于该最低可接受收益率时，说明投资获利水平大于或达到了要求，是可以接受的。

投资各方财务内部收益率是以投资各方出资额为计算基础，考察投资各方可能获得的收益水平。投资各方财务内部收益率也应与出资方最低可接受收益率对比，判断投资方的收益水平。一般来讲，最低可接受收益率的确定主要取决于当时的资本收益水平以及投资者对权益资金收益的要求。它与资金机会成本和投资者对风险的态度有关。

财务内部收益率的概念明晰，反映了项目的实际盈利率，并且计算时不用事先确定基准收益率或者设定一个折现率。但财务内部收益率的计算过程还是比较烦琐的，特别是，财务内部收益率的计算是一个求解高次方程的过程，因此求解财务内部收益率可能出现这样几种情况：解是唯一的、有多个解和无实数解（即无解）。多个解与无解是财务内部收益率计算的重要特性。

为了说明财务内部收益率的多根或无解，有必要了解常规项目与非常规项目的区别。常规项目是指计算期内各年净现金流量在开始一年或数年为负值，在以后各年为正值的项目；非常规项目是指计算期内各年净现金流量的正负符号的变化超过一次的项目。一般来讲，常规项目有唯一实数内部收益率，非常规项目可能会出现多根内部收益率或无实数内部收益率。例如，某拟建项目各年净现金流量如表10-2所示。

表10-2　　拟建项目各年净现金流量　　单位：万元

年份	1	2	3
净现金流量	-100	320	-240

很明显，该项目是一个亏损项目，因为其累计净现金流量为-20，亦即该项目在既定的时期内无法收回全部投资，更谈不上有什么盈利。然而，计算结果表明，该项目有两个财务内部收益率20%和100%。对于任何大于20%而小于100%的折现率，其净现值为正值。当折现率为60%时，净现值达到极大值。

因此，使用财务内部收益率指标需持慎重态度。如果项目有多根财务内部收益率或无实数财务内部收益率，则运用财务内部收益率指标将会使投资决策误入歧途，在此情况下，应当运用其他财务分析指标。

总之，由于动态分析指标考虑了资金的时间价值，因此在项目财务分析过程中，应作为主要的盈利能力评价指标，同时辅以静态指标进行分析。在动态分析指标中，主要指标是项目投资财务内部收益率、项目投资财务净现值和资本金财务内部收益率，其他指标可根据项目的特点及财务分析的目的、要求等选用。

三、反映项目偿债能力的指标

投资项目的偿债能力分析，是指根据有关财务报表，计算反映偿债能力的指标，考察项目借款偿还能力的过程。反映项目偿债能力的指标包括借款偿还期、利息备付率和偿债备付率。采用最大能力偿还方式偿还建设投资借款的项目，计算借款偿还期指标；对于预先设定借款偿还期的项目，即采用等额还本利息照付和等额还本付息偿还方式进行建设投资借款和建设期利息偿还的项目，计算利息备付率和偿债备付率指标。

（一）借款偿还期

借款偿还期是以项目投产后获得的可用于还本付息的资金来源，还清建设投资借款本息所需要的时间，一般以年为单位。偿还借款的资金来源包括按照国家规定当年可用于还本的折旧、摊销费、未分配利润、以前年度结余可用于还本的资金、用于还本的短期借款和其他可用于还款的资金等。借款偿还期依据"借款还本付息估算表"计算。

"借款还本付息估算表"可依据"投资使用与资金筹措计划表"、"总成本费用估算表"和"利润与利润分配表"的有关数据，通过计算进行填列。借款偿还期的计算公式为：

$$借款偿还期=偿还借款后首次出现盈余的年份数-开始借款年份+\frac{当年偿还借款数}{当年可用于还款的资金额} \qquad (10-16)$$

计算出借款偿还期后，要与贷款机构的要求期限进行对比，等于或小于贷款机构提出的要求期限，即认为项目有足够的偿债能力；否则，认为项目的偿债能力不足，可认为项目从偿债能力角度考虑是不可行的。

计算借款偿还期指标，目的是计算项目的最大偿还能力，因此这一指标适用于尽快偿还贷款的项目，不适用于已经约定偿还借款期限的项目，如项目借款中涉及国外借款时，一般采取等额还本利息照付或等额偿还本息的方式。如果借款偿还期限是约定的，则无须计算借款偿还期指标。

（二）利息备付率（ICR）

利息备付率是指项目在借款偿还期内，各年可用于支付利息的息税前利润与当期应付利息费用的比值，它从付息资金充裕性的角度反映项目偿付债务利息的能力。其计算公式为：

$$利息备付率=\frac{息税前利润}{当期应付利息费用} \qquad (10-17)$$

式中：息税前利润——"利润与利润分配表"中未扣除利息费用和所得税之前的利润；当期应付利息费用——计入总成本的本期发生的全部应付利息。

或

$$ICR=\frac{EBIT}{IP} \qquad (10-18)$$

式中：EBIT——息税前利润；IP——计入总成本费用的应付利息。

利息备付率表示项目的利润偿付利息的保证倍率，利息备付率高，说明利息偿付的保证度大。参考国际经验和国内行业的具体情况，根据我国企业历史数据统计分析，一般情况下，利息备付率不宜低于2。若利息备付率低于1，表示没有足够资金支付利息，偿债风险很大。

利息备付率可以按年计算，也可以按整个借款期计算，最好是分年计算。分年的利息备付率更能反映项目的偿债能力。

（三）偿债备付率（DSCR）

偿债备付率是指项目在借款偿还期内，各年可用于还本付息的资金与当期应还本付息金额的比值。其计算公式为：

$$偿债备付率 = \frac{可用于还本付息资金}{当期应还本付息金额} \times 100\%$$

或

$$DSCR = \frac{EBITDA - T_{AX}}{FD} \tag{10-19}$$

式中：EBITDA——息税前利润加折旧和摊销；T_{AX}——企业所得税；FD——还本付息金额。

可用于还本付息的资金，包括可用于还款的折旧、摊销和可用于还款的利润等。当期应还本付息金额包括当期应还贷款本金及计入总成本费用的利息。

偿债备付率可以按年计算，也可以按整个借款期计算。偿债备付率表示项目可用于还本付息的资金偿还借款本息的保证倍率。对于正常运营的企业，最好分年计算，分年计算的偿债备付率更能反映偿债能力。

正常情况下，偿债备付率应当大于1，且越高越好。当指标值小于1时，表示当年资金来源不足以偿还当期债务，需要通过短期借款偿付已到期的债务。偿债备付率低，说明还本付息的资金不足，偿债风险大。参考国际经验和国内行业的具体情况，根据我国企业历史数据统计分析，偿债备付率最低不宜低于1.3。

（四）资产负债率（LOAR）

资产负债率反映了总资产中有多大比例是通过借债来筹集的，可用于衡量企业在清算时，对债权人利益的保障程度。该指标可通过资产负债表按下列公式计算：

$$LOAR = \frac{TL}{TA} \times 100\% \tag{10-20}$$

式中：LOAR——资产负债率；TL——负债总额；TA——资产总额。

公式中的负债总额应包括长期负债和短期负债，而资产总额则是扣除累计折旧后的净额，在对项目进行财务分析时，若长期负债还清，可不再计算资产负债率。该指标也反映了项目各年所面临的财务风险程度与偿债能力，衡量项目投入者承担的风险程度。这一比率越小，说明回收借款的保障程度越大；反之，则说明投资风险越高。适度的资产负债率，表明企业经营安全稳健，具有较强的筹资能力，也表明企业和债权人的风险较小。

对资产负债率指标的分析，应结合国家的宏观经济状况、行业发展趋势以及企业所处的竞争环境等具体条件进行分析。

（五）流动比率

流动比率是流动资产与流动负债之比，用来衡量项目流动资产在短期债务到期以前，可以变为现金用于偿还负债的能力，反映法人偿还流动负债的能力，应按下式计算：

$$流动比率 = \frac{流动资产}{流动负债} \times 100\% \tag{10-21}$$

流动资产指企业项目运营可以在1年或者超过1年的一个营业周期内变现或者运用的资产，主要包括货币资金、短期投资、应收票据、应收账款和存货等。流动负债即短期负债，指将在1年或者超过1年的一个营业周期内偿还的债务，包括短期借款、应付票据、应付账款、预收账款、应付股利、应交税费、其他暂收应付款项、预提费用和1年内到期的长期借款等。

流动比率越高，企业项目资产的流动性越大。但是，比率太大表明流动资产占用较多，会影响经营资金周转效率和获利能力。一般认为合理的流动比率为1.2～2.0。对该指标的分析要结合同行业的平均水平相比较进行判定。

流动比率不仅反映偿还短期负债的能力，而且还可以作为分析企业通过借款与发行债券筹集额外资金时的一种风险指标。

（六）速动比率

速动比率，又称"酸性测验比率"（Acid-test Ratio，Quick Ratio），是指速动资产对流动负债的比率。它是衡量项目流动资产中可以立即变现用于偿还流动负债的能力。速动比率应按下式计算：

$$速动比率=\frac{流动资产-存货}{流动负债}\times 100\%=\frac{速冻资产}{流动负债}\times 100\%$$

$$=\frac{现金+有价证券+应收账款净额}{流动负债}\times 100\% \qquad (10-22)$$

速动资产包括货币资金、短期投资、应收票据、应收账款、其他应收款项等，可以在较短时间内变现。而流动资产中存货、1年内到期的非流动资产及其他流动资产等则不应计入。速动比率过低，企业的短期偿债风险较大；速动比率过高，企业在速动资产上占用资金过多，会增加企业投资的机会成本。但以上评判标准并不是绝对的，在实际工作中，应考虑到企业的行业性质。一般认为，速动比率最好保持在1.0～1.2。在评价速动比率时，还应分析应收账款的质量。

综上，根据项目资产负债表计算的资产负债率、流动比率和速动比率等财务比率指标，很难对不同行业制定统一的标准判据，在项目财务分析中，应根据项目的具体情况并结合行业特点进行分析评价。

四、财务生存能力分析

如前所述，财务生存能力分析应该编制财务计划现金流量表，通过考察项目计算期内的投资、融资和经营活动所产生的各项现金流入和流出，计算净现金流量和累计盈余资金，分析项目是否有足够的净现金流量维持正常运营，以实现财务可持续性。

财务生存能力分析应结合偿债能力分析进行，如果拟安排的还款期过短，致使还本付息负担过重，导致为维持资金平衡必须筹措的短期借款过多，可以调整还款期，以减轻各年还款负担。通常因运营期前期的还本付息负担较重，故应特别注重运营期前期的财务生存能力分析。

通过以下相辅相成的两个方面可具体判断项目的财务生存能力：

其一，拥有足够的经营净现金流量是财务可持续性的基本条件，特别是在运营初期。一个项目具有较大的经营净现金流量，说明项目方案比较合理，实现自身资金平衡的可能性大，不会过多地依赖短期融资来维持运营；反之，维持项目正常运营会遇到财务上的困难，项目方案缺乏合理性，实现自身资金平衡的可能性小，有可能要依赖短期融资来维持运营。

其二，各年累计盈余资金不出现负值是项目财务生存的必要条件。在整个运营期间，允许个别年份的净现金流量出现负值，但不能容许任一年份的累计盈余资金出现负值。一旦累计盈余资金出现负值，应适时进行短期融资，并应体现在财务计划现金流量表中，同时，短期融资的利息也应纳入总成本费用和其后的各项计算。较大或较频繁的短期融资，有可能导致以后的累计盈余资金无法实现正值，从而使项目难以持续运营。

财务分析的内容和步骤以及与财务效益和费用估算的关系如图10-7所示。

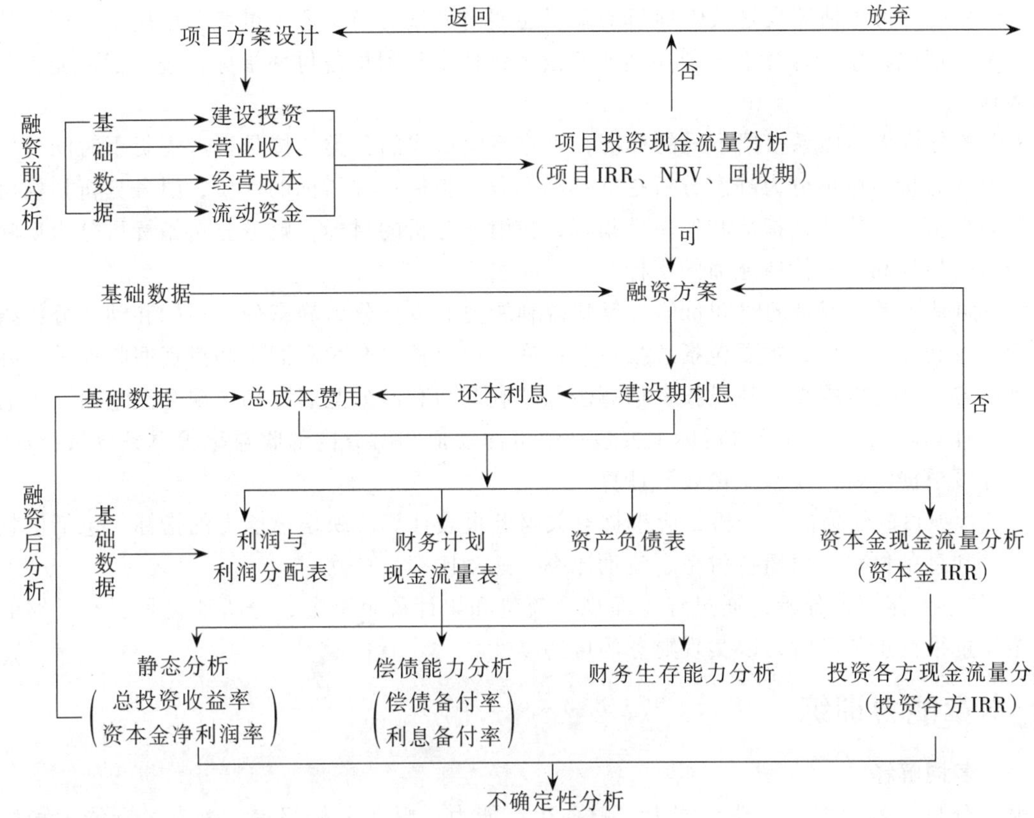

图10-7 财务分析图

本章小结

1.财务分析是在国家现行会计制度、税收制度和价格体系的前提下，从项目的角度出发，预测、估计项目的财务效益与费用，编制财务报表，计算评价指标，分析考察项目财务盈利能力、偿债能力和财务生存能力，据以判断项目财务上的可行性。财务分析是项目评价的核心内容，其评价结论是项目取舍的重要依据。

2.财务分析的主要目标是分析项目的盈利能力、偿债能力和财务生存能力。投资项目财务分析的具体程序为：获取财务分析的基础数据；编制财务报表；计算与分析财务指标；进行不确定性分析和风险分析；得出财务分析结论。

3.财务分析的主要报表有现金流量表、利润与利润分配表、资产负债表和借款还本付息估算表等。

4.现金流量表是指反映项目在计算期内各年的现金流入、现金流出和净现金流量的计算表格。根据投资计算基础不同，现金流量表可分为项目投资现金流量表、项目资本金现金流量表和投资各方现金流量表。编制现金流量表的主要作用是计算财务内部收益率、财务净现值和投资回收期等财务分析指标。

5.利润与利润分配表是反映项目计算期内各年的利润总额、所得税及税后净利润的分配情况，用以计算总投资收益率和项目资本金净利润率等静态财务分析指标的表格。

6.借款还本付息估算表是反映项目借款偿还期内借款支用、还本付息和可用于偿还借款的资金来源情况，用以计算借款偿还期或者偿债备付率和利息备付率指标，进行偿债能力分析的表格。

7.财务分析指标体系根据不同的标准，可作不同形式的分类。按是否考虑货币时间价值因素，财务分析指标可分为静态分析指标和动态分析指标；按指标的性质，财务分析指标可分为时间性指标、价值性指标和比率性指标；按财务分析的目标，财务分析指标可分为反映盈利能力的指标和反映偿债能力的指标。

8.按照是否考虑资金的时间价值，反映盈利能力的指标分为静态分析指标和动态分析指标。静态盈利能力指标，主要包括总投资收益率、项目资本金净利润率和投资回收期等。静态盈利能力指标可以根据“建设投资估算表”、“利润与利润分配表”和“现金流量表”中的有关数据计算。动态盈利能力指标主要包括财务净现值和财务内部收益率等财务分析指标。这些指标可根据“财务现金流量表”计算。

9.进行项目的偿债能力分析，应根据有关财务报表计算反映偿债能力的指标，包括借款偿还期、利息备付率、偿债备付率、流动比率、速动比率。

10.财务生存能力分析，通过计算净现金流量和累计盈余资金，分析项目是否有足够的净现金流量维持正常经营，以实现财务的可持续性。

本章能力训练

一、名词解释

财务分析　盈利能力　偿债能力　财务生存能力　财务分析报表　静态盈利能力指标　动态盈利能力指标　总投资收益率　项目资本金净利润率　投资回收期 财务净现值　财务内部收益率 利息备付率　偿债备付率　流动比率　速动比率

二、思考分析

1.什么是项目财务分析？

2.财务分析应包括哪些内容？ 财务分析的程序是怎样的？

3.财务分析的主要报表有哪些？使用这些报表如何计算和分析财务指标？

4.反映投资项目盈利能力的指标有哪些？如何计算？

5.反映投资项目偿债能力的指标有哪些？如何计算？

6.如何分析项目的财务生存能力？

附表10-1　　**项目投资现金流量表（新设法人项目）**　　人民币单位：万元

序号	项目	计算期								合计
		1	2	3	4	5	6	…	n	
	生产负荷（%）									
1	现金流入									
1.1	营业收入									
1.2	补贴收入									
1.3	回收固定资产余值									
1.4	回收流动资金									
2	现金流出									
2.1	建设投资									
2.2	流动资金									
2.3	经营成本									
2.4	税金及附加									
2.5	维持运营投资									
3	所得税前净现金流量（1－2）									
4	累计所得税前净现金流量									
5	调整所得税									
6	所得税后净现金流量（3－5）									
7	累计所得税后净现金流量									

计算指标：所得税前：财务内部收益率　%　　　所得税后：财务内部收益率　%

财务净现值（i_c=　%）　万元　　　财务净现值（i_c=　%）　万元

投资回收期　年　　　投资回收期　年

附表10-2　　**项目资本金现金流量表（新设法人项目）**　　人民币单位：万元

序号	项目	计算期								合计
		1	2	3	4	5	6	…	n	
	生产负荷（%）									
1	现金流入									
1.1	营业收入									
1.2	补贴收入									
1.3	回收固定资产余值									
1.4	回收流动资金									
2	现金流出									
2.1	项目资本金									
2.2	借款本金偿还									
2.3	借款利息支付									
2.4	经营成本									
2.5	税金及附加									
2.6	所得税									
27	维持运营投资									
3	净现金流量（1－2）									
计算指标：资本金财务内部收益率　%										

注：1.项目资本金包括用于建设投资、建设期利息和流动资金的资本金。

2.本表适用于新设法人项目与既有法人项目“有项目”的现金流量分析。

附表 10-3　**投资各方现金流量表**　人民币单位：万元

序号	项目	计算期								合计
		1	2	3	4	5	6	…	n	
1	现金流入									
1.1	实分利润									
1.2	资产处置收益分配									
1.3	租赁费收入									
1.4	技术转让或使用收入									
1.5	其他现金流入									
2	现金流出									
2.1	实缴资本									
2.2	租赁资产支出									
2.3	其他现金流出									
3	净现金流量（1－2）									
计算指标：投资各方财务内部收益率　　%										

注：本表可按不同投资方分别编制。

附表 10-4　**财务计划现金流量表**　人民币单位：万元

序号	项目	合计	计算期					
			1	2	3	4	…	n
1	经营活动净现金流量（1.1－1.2）							
1.1	现金流入							
1.1.1	营业收入							
1.1.2	增值税销项税额							
1.1.3	补贴收入							
1.1.4	其他流入							
1.2	现金流出							
1.2.1	经营成本							
1.2.2	增值税进项税额							
1.2.3	税金及附加							

续表

序号	项目	合计	计算期					
			1	2	3	4	…	n
1.2.4	增值税							
1.2.5	所得税							
1.2.6	其他流出							
2	投资活动净现金流量（2.1 - 2.2）							
2.1	现金流入							
2.2	现金流出							
2.2.1	建设投资							
2.2.2	维持运营投资							
2.2.3	流动资金							
2.2.4	其他流出							
3	筹资活动净现金流量（3.1 - 3.2）							
3.1	现金流入							
3.1.1	项目资本金投入							
3.1.2	建设投资借款							
3.1.3	流动资金借款							
3.1.4	债券							
3.1.5	短期借款							
3.1.6	其他流入							
3.2	现金流出							
3.2.1	各种利息支出							
3.2.2	偿还债务本金							
3.2.3	应付利润（股利分配）							
3.2.4	其他流出							
4	净现金流量（1 + 2 + 3）							
5	累计盈余资金							

注：1.对于新设法人项目，本表投资活动的现金流入为0。

2.对于既有法人项目，可适当增加科目。

3.必要时，现金流出中可增加应付优先股股利科目。

附表10-5　**利润与利润分配表**　人民币单位：万元

序号	项目	合计	计算期					
			1	2	3	4	…	n
1	营业收入							
2	税金及附加							
3	总成本费用							
4	补贴收入							
5	利润总额（1－2－3＋4）							
6	弥补以前年度亏损							
7	应纳税所得额（5－6）							
8	所得税							
9	净利润（5－8）							
10	期初未分配利润							
11	可供分配的利润（9＋10）							
12	提取法定盈余公积							
13	可供投资者分配的利润（11－12）							
14	应付优先股股利							
15	提取任意盈余公积							
16	应付普通股股利（14－15）							
17	各投资方利润分配							
	其中：××方							
	××方							
18	未分配利润（16-17）							
19	息税前利润（利润总额＋利息支出）							
20	息税折旧摊销前利润（息税前利润＋折旧＋摊销）							

注：1.对于外商出资项目，由第11项减去储备基金、职工奖励与福利基金和企业发展基金后，得出可供投资者分配的利润。

2.第14～16项根据企业性质和具体情况选择填列。

3.法定盈余公积按净利润为基数计提。

附表 10-6　**借款还本付息估算表**　人民币单位：万元

序号	项目	合计	计算期					
			1	2	3	4	…	n
1	借款 1							
1.1	期初借款余额							
1.2	当期还本付息							
	其中：还本							
	付息							
1.3	期末借款余额							
2	借款 2							
2.1	期初借款余额							
2.2	当期还本付息							
	其中：还本							
	付息							
2.3	期末借款余额							
3	债券							
3.1	期初债务余额							
3.2	当期还本付息							
	其中：还本							
	付息							
3.3	期末债务余额							
4	借款和债券合计							
4.1	期初余额							
4.2	当期还本付息							
	其中：还本							
	付息							
4.3	期末余额							
计算	利息备付率（%）							
指标	偿债备付率（%）							

注：1.本表与财务分析辅助表“建设期利息估算表”可合二为一。

2.本表直接适用于新设法人项目，如有多种借款或债券，必要时应分别列出。

3.对于既有法人项目，在按“有项目”范围进行计算时，可根据需要增加项目范围内原有借款的还本付息计算；在计算企业层次的还本付息时，可根据需要增加项目范围外借款的还本付息计算；当简化直接进行项目层次新增借款的还本付息计算时，可直接按新增数据进行计算。

4.本表可另加流动资金借款的还本付息计算。

第十一章

不确定性与风险分析

案例情景

屋顶光伏电站成本计算与效益分析

以江西某屋顶光伏电站为例，装机容量2.3474MW，年上网电量2 255.123706MWh，总投资1 359.76万元。对投资项目进行不确定性分析，盈亏平衡点年产量1 571.09MWh，盈亏平衡点生产力利润率69.67%。投资、电量和电价发生变化对项目的敏感性分析，投资变化±10%时，自有资金内部收益率从8.96%变化到18.65%，变化幅度超过10%；电量或者电价变化±10%时，自有资金内部收益率从18.66%变化到7.96%，变化幅度超过10%，电量对自有资金的内部收益率影响是比较大的、比较敏感。

资料来源 佚名. 屋顶光伏电站成本计算与效益分析［EB/OL］.［2017-11-10］. http: //guangfu.bjx.com.cn/news/20171110/860819.shtml.

由该案例引出，项目不确定性及风险产生的原因是什么？项目不确定性及风险分析的方法有哪些？本章将讲解不确定性及风险的基本概念，分析不确定性及风险产生的原因，以及项目不确定性及风险分析的方法。重点是盈亏平衡分析与单因素敏感性分析方法、项目风险控制对策。

第一节 不确定性及风险分析概述

前面研究的财务分析是在确定条件下进行的，由于项目财务分析所采用的数据大部分是由预测和估算取得的，因而有一定程度的不确定性。为了分析不确定性因素对投资项目经济效益的影响，必须在财务分析的基础上，进行不确定性和风险分析。

一、不确定性与风险

（一）不确定性与风险的含义

1.不确定性的含义

在进行财务分析时，项目评价人员首先要在占有一定信息资料的基础上，进行财务效益与费用（包括投资和资金筹措方案）的估算，然后计算有关指标，分析、评价项目从财务角度看是否可行，而这些基础数据（如投资、成本、产量、价格等）由于受政治、文化、社会、经济环境、资源与市场条件、技术发展情况等因素的影响不断发生变化，并且这些影响因素也是随着时间、地点、条件的改变而不断变化的。因而，尽管在项目评价中，不论是收入和利润，还是投资、成本和税金，都是在确定性条件下估算出来的，但在现实情况中，这些基础数据在预测期是会发生变化的，这种变化是未知的，何况还受评估人员主观预测能力的局限。这些都会使对这些基础数据的估算与预测不可避免地存在误差，从而使投资项目经济效益的预期值与实际值也可能出现偏差。因此，可以这样认为，所谓不确定性就是指一种决策可能有一种以上的可能结果。

2.风险的含义和分类

风险是指未来结果是不确定的，但未来结果出现的可能性，即概率分布是已知或可以估计的。投资项目常见的风险因素主要有：

（1）政策风险。政策风险是指由于政府政策调整，使项目原定目标难以实现可能造成的损失，如税收、金融、环保、产业政策等的调整和税率、利率、汇率、通货膨胀率等的变化都会对项目经济效益造成影响。

（2）市场风险。市场风险是竞争性项目常遇到的重要风险。它的损失主要表现在项目产品销路不畅、产品价格低迷等，以致产量和营业收入达不到预期的目标。细分起来，市场方面涉及的风险因素较多，主要来自三个方面：一是市场供求总量的实际情况与预测值有偏差；二是项目产品缺乏市场竞争能力；三是实际价格与预测价格有偏差。

对市场供求总量偏差进行分析，首先将市场分为供方市场和需方市场，然后各自进一步分解为国内和国外市场。市场风险可能来自区域因素、替代品的出现以及经济环境对购买力的影响等。产品竞争力风险因素，又可细分为品质风险、生产成本风险以及竞争对手风险等。价格偏差因素可分解为诸多影响国内价格和国际价格的因素，随着项目和产品的不同可能有很大的不同。

（3）技术风险。在进行项目评价过程中，虽然对拟采用技术的先进性、可靠性、适用性和可得性进行了必要的论证分析，选定了认为合适的技术，但是由于各种主观和客观原因，仍然可能会发生预想不到的问题，使投资项目遭受损失。

（4）资源风险。在项目评价过程中，我们对地下的资源和地质结构情况尽管有所了解，但限于技术能力的局限性，对地下情况有可能认识不足，使之成为项目的风险源。例如，对于矿山、油气开采等资源开发项目来说，资源因素是个很重要的风险因素。矿山和油气开采等项目的设计规模，一般是根据国家矿产储量委员会批准的地质储量设计的，对于地质结构比较复杂的地区，加之受勘探技术、时间和资金的限制，实际储量可能会有较大的出入，致使矿山和油气开采等项目产量降低。项目建在水资源短缺地区，或者项目本身耗水量大，则水资源风险因素应予以重视。对于制造业或某些基础设施项目，外购原材料和燃料的来源存在可靠性风险问题，运输条件的保障程度也可能是风险因素之一。

（5）工程风险。对于矿山、铁路、港口、水库以及部分加工工业项目，工程地质或水文地质情况十分重要，但限于技术水平，有可能勘探不清，致使在项目的生产运营甚至施工中出现问题，造成经济损失。因此，在地质情况复杂的地区，这方面的风险因素分析是尤为重要的。

（6）投资风险。投资方面的风险因素可以细分为：由于工程量预计不足、设备材料价格上升导致投资估算不敷需要；由于计划不周或外部条件等因素导致建设工期拖延；外汇汇率的不利变化导致投资增加等。这其中有人为因素也有客观因素，应予以仔细识别。

（7）融资风险。投资项目的经济效益与项目的融资成本有关，凡影响融资成本的因素都应仔细识别。此外，资金来源的可靠性、充足性和及时性也应予以考虑。

（8）配套条件的风险。投资项目需要外部配套设施，如供水排水、供电供气、公路铁路、港口码头以及上下游企业、产品的配套等。对此项目规划中虽都做了考虑，但实际上仍然可能存在外部配套设施没有如期落实的问题，致使投资项目不能发挥应有的效益，从而带来风险。

（9）环境与社会风险。对于许多项目，外部环境因素包括自然环境和社会环境因素等都会对其造成影响。如项目选址不当，对项目对社区、生态环境的影响估计不足，或项目环保措施不当，在项目建成后，可能对社区和生态带来严重的影响，导致社区居民和社会的反对，造成直接经济损失等。

（10）其他风险。对于某些项目，还要考虑其特有的风险因素。例如，对于中外合资项目，要考虑合资对象的法人资格和资信问题，还有合作的协调性问题；对于农业投资项目，还要考虑因气候、土壤和水利等条件的变化对收成有不利影响的风险因素等。

（二）不确定性与风险的关系

在投资活动中，“风险”是一个被人们广泛运用的概念。提到风险，人们自然会联想到不确定性。不确定性与风险既有紧密的联系，又有区别。两者的关系可归纳为以下几个方面：

1.不确定性是风险的起因

人们对未来事物认识的局限性、可获信息的不完全性以及未来事物本身的不确定性，使得未来经济活动的实际结果可能会偏离预期目标，这就形成了投资活动结果的不确定性，从而使投资活动的主体可能得到的收益高于或低于预期，甚至遭受一定的损失，导致经济活动“有风险”。

2.不确定性与风险相伴而生

正是由于不确定性是风险的起因，不确定性与风险总是相伴而生的。如果不是从定义上去刻意区分，往往会将它们混为一谈。即使从理论上刻意区分，实践中这两个名词也常常混合使用。

3.不确定性与风险的区别

不确定性的结果可能高于预测，也可能低于预测，而普遍的认识是结果可能低于预期，甚至遭受损失，人们将其称为“有风险”。此外，还可以用是否得知发生的可能性来区分不确定性与风险，即不知发生的可能性时，称之为不确定性；而已知发生的可能性时，就称之为风险。

4.投资项目的不确定性与风险

在经济活动中，风险不以人们的意志为转移而客观存在着，投资项目风险也不例外。正如前文所述，尽管在项目评价的全过程中已尽可能地对基本方案的各个方面进行了详尽的研究，但由于预测结果的不确定性，项目将来经营的状况可能会与设想发生偏离，项目实施后的实际结果可能与预测的基本方案结果产生偏差，有可能使实际结果低于预期，因而使投资项目面临潜在的风险。

二、不确定性与风险产生的原因

由于投资项目评价是建立在评价人员对未来事件的预测、估算和判断的基础上的，所以就会使得投资方案的经济效益评价产生不确定性和风险，即实际情况可能偏离预期目标，产生误差。因此，项目的不确定性可能出于项目内部，也可能来自它的外部，存在于项目构成及对它的评估之中。

（一）不确定性与风险产生的主观原因

1.信息的不完全性与不充分性

分析者掌握的信息是有限的，在质和量两个方面不能完全或充分地满足预测未来的需要，因此，要在此基础上进行推断、预测并得出结论，就不得不做大量假设。此外，为获取完全或充分的信息，需要耗费大量的金钱与时间，这些情况都会影响评估人员及时地做出决策，增加了项目评价中的不确定性。

2.人的有限理性

人的有限理性决定了人不可能准确无误地预测未来的一切。由于人的能力等主观因素的限制，再加上预测工具以及工作条件的限制，决定了预测结果与实际情况不可避免地存在着或大或小的偏差，即具有不确定性。

（二）不确定性与风险产生的客观原因

1.市场供求变化的影响

项目的建设期比较长，投产后的经济寿命也较长。在市场经济条件下，商品供求关系主要靠价值规律调节，人们的需求结构、需求数量、产品供给结构和供给数量变化频繁，难以预测，尽管可以通过分析目前的投入及投入结构来预测未来市场的供给，但要真正做到这点是很困难的。因此，由于市场供求引起的项目投入与产出品价格的变化，成为影响项目经济分析结论的最重要因素。

2.技术变化的影响

当今我们处于知识经济的时代，现代科学技术日新月异，新材料、新技术、新工艺不断涌现，尽管投资者在投资时所采用的技术工艺是最先进的，但可能很快就有更新的技术、工艺来替代它，每一种新技术都会给某些行业带来新的市场机会，同时也会给另一些行业造成生存威胁。因此，在项目评价时，预测技术发展变化的趋势，是一种降低投资风险的手段，但不可能对新技术的出现及其影响做出准确的预测，这就造成了项目的不确定性。

3.经济环境变化的影响

在市场经济条件下，国家的宏观经济调控政策、各种改革措施以及社会经济发展本身对投资项目都有着重要影响，都会影响投资项目的效益，使投资项目具有不确定性。

4.社会、政治、法律、文化等因素的影响

社会、政治、法律、文化等因素构成投资项目的一般环境，尤其是政治因素对项目的影响很大。政治比较稳定的时期，实现项目预期效益的可能性就大；反之，就会影响项目预期效益的实现。我国正处于市场经济制度不断完善的时期，大量新的经济法规公布实施，旧的法规或是重新修订，或是淘汰，这些法规的变化都是影响项目效益的主要因素。因此，在项目评价时，应尽可能考虑这些因素的影响。

5.自然和资源条件的影响

投资项目的建设，必然需要一定的自然条件和一定的资源供给，因此，项目评价必须对项目建设所在地的自然条件以及项目所需资源的供给条件进行认真的分析研究，必须注意分析自然和资源条件变化对项目产生的影响。

当然，还有其他的因素也会影响项目的效益。在不确定性分析中，要找出对项目财务效益和经济效益影响较大的因素，并分析其对工程项目的影响程度，研究预防和应变措施，减少和消除对项目的不利影响，以保证项目顺利实施，实现预期的效益，这是进行不确定性分析更积极的目的。不同类型的项目，其不确定性因素不尽相同，影响的程度也不同。项目评价分析人员应善于根据各项目的特点，以及客观环境变化的趋势，抓住关键因素，做出正确判断，提高分析水平。

三、不确定性与风险分析的方法

（一）不确定性与风险分析的概念

通过分析投资项目各个技术经济变量（不确定性因素）的变化对投资项目经济效益的影响（还应进一步研究外部条件变化如何影响这些变量），分析投资项目对各种不确定性因素变化的承受能力，进一步确认项目在财务和经济上的可靠性，这个过程被称为不确定性与风险分析。对投资项目进行不确定性和风险分析，有助于加强项目风险管理与控制，避免在变化面前束手无策。同时，在不确定性与风险分析基础上做出的决策，可在一定程度上避免决策失误导致的巨大损失，有助于决策的科学化。

因此，不确定性与风险分析就是在完成对投资项目基本方案的财务分析和经济分析之后，分析在不确定性条件下，投资项目效益的可能变化的过程。不确定性与风险分析已经成为项目评价的一项重要内容，也是项目风险管理的前提与基础。在项目评价过程中，必须进行不确定性与风险分析。

（二）不确定性与风险分析方法的选择

常用的不确定性分析方法主要有盈亏平衡分析和敏感性分析等。在具体应用时，要综合考虑项目的类型、特点、决策者的要求，相应的人力、物力和财力，项目对社会经济的影响程度等进行选择。一般来讲，盈亏平衡分析只适用于项目的财务分析，敏感性分析既适用于财务分析，同时也适用于经济分析。

由于投资项目所涉及的风险因素有些是可以量化的，可以通过定量分析的方法对它们进行估计和分析，但同时在客观上也存在着许多不可量化的风险因素，它们有可能给项目带来更大的风险，有必要对不可量化的风险因素进行定性描述。因此，风险分析应采用定性描述与定量分析相结合的方法，对项目面临的风险做出全面估计。另外，投资项目风险分析可根据项目的具体情况和要求选用不同的方式和方法，既可以针对单个风险因素进行分析，也可以针对项目整体进行风险分析，还可以两者兼而有之。从可操作性的角度分析，投资项目风险分析常采用的定量分析方法是概率分析法。

第二节 盈亏平衡分析

一、盈亏平衡分析的基本原理

（一）盈亏平衡分析的含义

盈亏平衡是指当年的营业收入扣除税金及附加以及增值税后等于总成本费用，在这种情况下，项目的经营结果既无盈利又无亏损。

盈亏平衡分析是通过计算盈亏平衡点（BEP）来分析拟建项目费用与效益的平衡关系，判断拟建项目适应市场变化的能力和风险大小的一种分析方法。所以，盈亏平衡分析也称量本利分析。

盈亏平衡点是项目盈利与亏损的分界点，它标志着项目不盈不亏的生产经营临界水平，反映在一定的生产经营水平投资项目的效益与费用的平衡关系。盈亏平衡分析的主要目的在于通过盈亏平衡分析计算，找出和确定一个盈亏平衡点，以及进一步突破此点后增加销售数量、提高价格、增加利润、提高盈利的可能性。盈亏平衡分析有助于发现企业增加盈利的潜力和确定各个有关因素变动对利润的影响程度。

盈亏平衡分析分为线性盈亏平衡分析和非线性盈亏平衡分析。在项目评价中，一般使用线性盈亏平衡分析，所以，这里只介绍线性盈亏平衡分析的理论和方法。

（二）盈亏平衡点的表现形式

盈亏平衡点的表现形式有很多种，可以用盈亏平衡时的产量、产品的销售价格、单位变动成本和年总固定成本等绝对量表示，也可以用某些相对值表示，如盈亏平衡时的生产能力利用率等。在项目评价中，常用的是以产量、生产能力利用率和销售价格表示的盈亏平衡点。以产量、生产能力利用率以及产品的销售价格表示的盈亏平衡点越低，说明投资项目建成投产后，适应市场变化的能力越强，抵御风险的能力也越强。

（三）总成本费用的划分

要进行线性盈亏平衡分析，首先要按照成本的形态进行总成本费用的划分。所谓成本形态，是指成本总额与产量的依存关系。当产量变化后，各项成本有不同的形态，大体可以分为固定成本、变动成本和混合成本。固定成本是指不受产量影响的成本，如企业的固定资产折旧；变动成本是随产量增长而成正比例增长的成本，如原材料的消耗；混合成本是指随产量增长而增长，但不成正比例变化的成本。混合成本介于固定成本和变动成本之间，可以根据具体情况，将其分解成固定成本和变动成本，这样就可以将项目建成投产后各生产年份的总成本费用分为固定成本和变动成本。

当然，对成本的划分不是一成不变的，从长期看，不存在任何固定成本，固定成本不受产量变动影响是有前提条件的，即产量在一定的范围内变动，如果产量超过这一范围，固定成本就会发生跳跃性的变动。

二、线性盈亏平衡分析

所谓线性盈亏平衡分析，是指项目的效益与费用都是产量的线性函数。

（一）线性盈亏平衡分析的假设条件

进行线性盈亏平衡分析需要有一些假设条件，这些假设条件都是以上述产品成本的形态分析为基础前提的，具体包括多个条件：①成本是生产量或销售量的函数；②生产量等于销售量；③单位变动成本随产量等比例变化；④在所分析的产量范围内，固定成本保持不变；⑤某一产品或产品组合的销售价格，在任何销售水平上都是相同的，因此，营业收入是销售价格和销售数量的线性函数；⑥所采用的数据均为正常年份（即达到设计能力生产期）的数据。

（二）线性盈亏平衡分析图和平衡点

根据上述假设条件和有关产品成本的形态分析资料，我们可以形象地用图示的方法，把项目的营业收入、总成本费用和产量三者之间的变动关系反映出来，从而便于比较和分析。

项目的产量、成本、利润之间的制约关系可用图11-1表示。

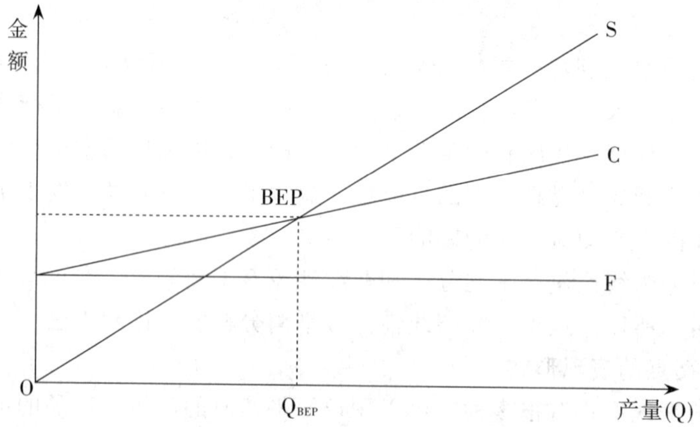

图中：F——固定成本曲线；C——总成本曲线；S——营业收入曲线。

图11-1 盈亏平衡图

盈亏平衡图中用横坐标表示产量，纵坐标表示收入或成本金额。先确定固定成本曲线，再在图上做出总成本曲线和营业收入曲线。在营业收入线与总成本线的相交处，即为盈亏平衡点；从盈亏平衡点画一条垂直线与横坐标相交处，即以产量表示的盈亏平衡点；从盈亏平衡点画一条垂直线与纵坐标相交处，即以金额表示的盈亏平衡点。在盈亏平衡点右侧，营业收入线与总成本线之间的区域，表示企业可能获得利润的区域。在盈亏平衡点左侧，营业收入线与总成本线之间的区域，表示企业可能发生亏损的区域。

由于项目在取得营业收入的同时，要缴纳增值税以及税金及附加，因此，必须对图11-1进行修正，如图11-2所示。

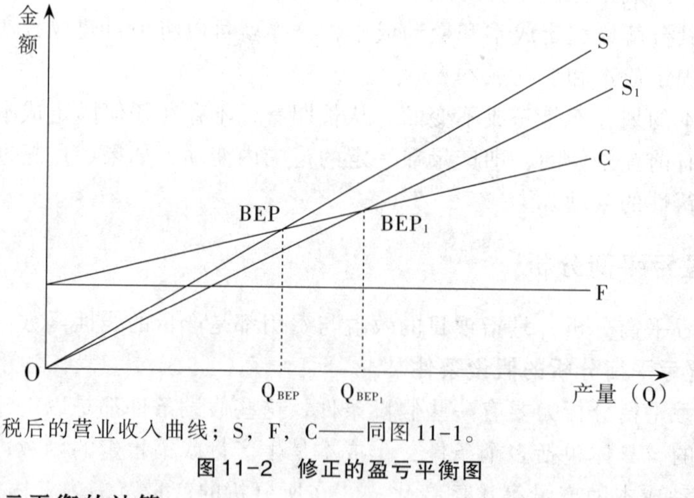

图中：S_1——扣税后的营业收入曲线；S，F，C——同图11-1。

图11-2 修正的盈亏平衡图

（三）线性盈亏平衡的计算

1.盈亏平衡产量的计算

从图12-1可以看出，当企业在小于Q_{BEP}的产量下组织生产，则项目亏损；在大于Q_{BEP}的产量下组织生产，则项目盈利。显然，Q_{BEP}是项目盈亏平衡点的一个重要的表现形式。

根据前述假设条件可知：

$$S=P \cdot Q$$

$$C=F+V \cdot Q \tag{11-1}$$

式中：S——产品营业收入；C——产品总成本费用；P——产品单价；Q——年产量；F——年固定总成本；V——单位产品变动成本。

设t为盈亏平衡点处的单位产品的增值税和税金及附加。由于处在盈亏平衡点上的项目效益正好抵偿其成本费用，因而可得基本损益方程式：

$$S=C+t \cdot Q$$

则：

$$P \cdot Q=F+V \cdot Q+t \cdot Q \tag{11-2}$$

将上式整理，并以Q_{BEP}替代Q，得：

$$Q_{BEP} = \frac{F}{P-V-t} \tag{11-3}$$

上式表明，当产量达到Q_{BEP}时，项目即可达到盈亏平衡。以产量表示的盈亏平衡点，表明企业不发生亏损时必须达到的最低限度的产量，即Q_{BEP}是企业生产达到保本点时的产量。

2.盈亏平衡生产能力利用率的计算

生产能力利用率的盈亏平衡点是指盈亏平衡时的销售量占企业正常销售量的比例。设R_{BEP}为以生产能力利用率表示的盈亏平衡点，得：

$$R_{BEP} = \frac{F}{Q(P-V-t)} \times 100\% \tag{11-4}$$

上式表明，当生产能力利用率达到R_{BEP}时，项目即可达到盈亏平衡点。以生产能力利用率表示的盈亏平衡点，表明企业不发生亏损时必须达到的最低限度的生产能力，即R_{BEP}是企业生产达到保本点时的生产负荷。

进行项目评价时，生产能力利用率表示的盈亏平衡点，常常根据正常生产年份的产品产量或者销售量、变动成本、固定成本、产品价格以及增值税和税金及附加等数据计算，即：

$$R_{BEP} = \frac{\text{年固定成本}}{\text{年销售收入}-\text{年可变成本}-\text{年增值税和税金及附加}} \times 100\% \tag{11-5}$$

3.盈亏平衡价格的计算

如果按项目设计生产能力进行生产和销售的话，盈亏平衡还可以由价格的盈亏平衡点表示。

由基本损益方程式可知：

$$P \cdot Q=F+V \cdot Q+t \cdot Q$$

将上式整理，并以P_{BEP}替代P，得：

$$P_{BEP} = \frac{F}{Q} + V + t \tag{11-6}$$

以销售价格表示的盈亏平衡点，表明企业不发生亏损时必须保持的最低价格，即P_{BEP}是企业生产达到保本点时的价格。

4.盈亏平衡单位产品变动成本的计算

如果按项目设计生产能力进行生产和销售，固定成本和单价为预计值时，盈亏平衡还可以由变动成本的盈亏平衡点表示。

由基本损益方程式可知：

$P \cdot Q = F + V \cdot Q + t \cdot Q$

将上式整理，并以V_{BEP}替代V，得：

$$V_{BEP} = P - t - \frac{F}{Q} \tag{11-7}$$

以变动成本表示的盈亏平衡点，表明不发生亏损时企业允许单位变动成本增加的最大值，若单位变动成本小于V_{BEP}，企业即可盈利，因此V_{BEP}是企业生产达到保本点时的变动成本。

以产量、生产能力利用率和销售价格表示的盈亏平衡点低，说明项目生产少量产品即可不发生亏损，表示项目适应市场变化的能力、抗风险能力都比较强，获利能力大。以变动成本表示的盈亏平衡点高，说明项目生产的单位变动成本的变化幅度可以很大，表示项目适应市场变化的能力和抵抗风险的能力都比较强，获利空间比较大。

通过上述分析我们可以看出，项目的固定成本、产品销售价格和变动成本是确定盈亏平衡点的决定性因素。

【例11-1】某项目年设计能力为5万台，市场预测售价每台为500元，年增值税和税金及附加合计为300万元，年总成本费用为1 600万元，其中固定成本为500万元。假定项目的营业收入、总成本费用均与产量成线性关系，计算该项目的盈亏平衡点。

解：

$$V = \frac{1600 - 500}{5} = 220\text{（元/台）}$$

$$t = \frac{300}{5} = 60\text{（元/台）}$$

$$Q_{BEP} = \frac{F}{P - V - t} = \frac{500 \times 10\,000}{500 - 220 - 60} = 22\,727\text{（台）}$$

$$R_{BEP} = \frac{Q_{BEP}}{Q} \times 100\% = \frac{22\,727}{50\,000} \times 100\% = 45.45\%$$

$$P_{BEP} = \frac{F}{Q} + V + t = \frac{500}{5} + 220 + 60 = 380\text{（元/台）}$$

$$V_{BEP} = P - t - \frac{F}{Q} = 500 - 60 - \frac{500}{5} = 340\text{（元/台）}$$

通过以上盈亏平衡分析，可以判断项目不发生亏损的条件为三个：

如果产品价格、变动成本和固定成本保持不变，则年销售量或者年产量应满足大于22 727台，生产能力利用率应不低于45.45%。由此可以看出，该项目以产量和生产能力利用率表示的盈亏平衡点是比较低的，项目的抗风险能力是比较强的。

如果按设计能力进行生产，且项目的总成本不发生变动，则项目的销售价格应满足不低于380元，即销售价格的变动幅度不大于24%，项目可以实现盈利。

如果按设计能力进行生产，且项目的销售价格保持不变，则项目的单位变动成本应满足不超过340元，即单位变动成本的增加幅度不大于54.55%，项目可以实现盈利。

三、盈亏平衡分析的局限性

通过盈亏平衡分析，可以了解产量、成本、营业收入三者的关系，预测经济形势变化带来的影响，分析项目抗风险的能力，从而为投资方案的优劣分析与决策提供重要的科学依据。但是，盈亏平衡分析也有其局限性，具体表现为：

第一，由于盈亏平衡分析特别是线性盈亏平衡分析，是建立在一系列假设条件基础上的，如果假设条件与实际出入很大，那么分析结果很难准确。

第二，盈亏平衡分析仅仅是分析价格、产量、成本等不确定因素的变化对投资项目盈利水平的影响，却不能从分析中判断项目实际盈利能力的大小。

第三，盈亏平衡分析虽然能对项目的风险进行分析，但难以定量测度风险的大小。

第四，盈亏平衡分析是一种静态分析，没有考虑资金的时间价值因素和项目计算期的现金流量的变化，因此，其计算结果和结论是比较粗略的。

尽管盈亏平衡分析具有很大的局限性，但由于它的计算方法比较简单，在项目评价过程中仍然是一种被广泛使用的方法，但需要与其他方法结合使用，从而提高不确定性分析的准确性。

第三节 敏感性分析

一、敏感性分析的基本原理

（一）敏感性分析的基本概念

敏感性分析是在确定性分析的基础上，进一步分析、预测项目主要不确定因素的变化对项目评价指标的影响，从中找出敏感性因素，确定评价指标对该因素的敏感程度和项目对其变化的承受能力。敏感性分析也称为灵敏度分析。

敏感性分析侧重于对最敏感的关键因素（即不利因素）及其敏感程度进行分析。通常是分析单个因素变化，必要时也可分析两个或多个不确定因素的变化对项目经济效益指标的影响程度。因此，敏感性分析除了单因素敏感性分析以外，还可采用多因素敏感性分析。在项目评价中，一般使用单因素敏感性分析，所以下面只介绍单因素敏感性分析。

（二）敏感性分析的作用

一个投资项目在其建设与生产经营的过程中，由于内外部环境的变化，许多影响因素都会发生变化。一般将产品价格、产品成本、产品数量（生产负荷）、主要原材料价格、建设投资、建设期、汇率等作为考察的不确定因素。

通过敏感性分析，可以研究各种不确定因素变动对项目经济效益的影响程度，了解投资项目的风险根源和风险大小，还可以筛选出若干最为敏感的因素，有利于集中力量对它们进行研究，重点调查和搜集资料，尽量降低因素的不确定性，进而减少方案风险。因此，敏感性分析可以帮助决策者了解不确定因素对评价指标的影响，从而提高决策的准确性。

另外，通过敏感性分析，还可以确定不确定因素在什么范围内变化能使项目的经济效益情况最好，在什么范围内变化使项目的经济效益情况最差等这类最乐观和最悲观的边界条件或边界数值，从而可以启发评估人员对那些敏感的因素重新进行分析研究，以提高预测的准确性。

二、单因素敏感性分析

单因素敏感性分析是指在每次只有一个因素的数值发生变化时，估算单个因素的变化对项目效益产生的影响。

（一）单因素敏感性分析的步骤

1.敏感性分析中不确定因素的选取

不确定因素是指那些在项目评价过程中，对项目效益有一定影响的基本因素。敏感性分析不可能也不需要对项目涉及的全部因素进行分析，而只需对那些可能对项目效益影响较大的、重要的不确定因素进行分析。具体来说，在影响投资项目效益的多个不确定因素中，可以根据以下两条原则选择主要的不确定因素进行敏感性分析：一是预计在可能的变动范围内，该因素的变动将会极大地影响项目效益；二是对在确定性分析中所采用的该因素的数据来源的可靠性、准确性把握不大。对于一般的工业项目，敏感性分析的不确定因素常从下列因素中选定：建设投资、产品价格、产品产销量、经营成本、项目寿命期、寿命期内资产残值和折现率等。不确定因素的选取也可以结合行业和项目特点，根据经验数据加以判断。

2.敏感性分析中效益指标的选取

由于敏感性分析是在确定性分析的基础上进行的，故一般敏感性分析指标应与确定性分析所使用的指标相一致。投资项目有一整套的指标体系，敏感性分析可选取其中一个或者几个主要指标进行。最基本的分析指标是内部收益率（IRR），根据项目的实际情况也可选择净现值（NPV）和投资回收期（Pt）等指标。必要时可同时针对两个或两个以上的指标进行敏感性分析。

3.研究并设定不确定因素的变动范围

敏感性分析通常是针对不确定因素的不利变化进行的，为绘制敏感性分析图的需要也可考虑分析不确定因素的有利变化。一般来说，令所选择的不确定因素按照一定的变化幅度（如±5%，±10%，±15%和±20%等）发生变化，通常选择±10%；对于那些不便用百分数表示的因素，例如建设期，可采用延长一段时间表示，通常延长1年。

4.敏感性分析的计算指标

敏感性分析的计算指标包括敏感度系数和临界值。

（1）敏感度系数。敏感度系数也称灵敏度，是指项目效益指标变化的百分率与不确定因素变化的百分率之比。敏感度系数高，表示项目效益对该不确定因素敏感程度高，提示应重视该不确定因素对项目效益的影响。敏感度系数的计算公式为：

$$\text{敏感度系数}=\frac{\text{评价指标相对基本方案的变化率}}{\text{不确定因素变化率}}\times 100\% \qquad (11\text{-}8)$$

敏感度系数的计算结果可能受到不确定因素变化百分率取值不同的影响，即随着不确定因素变化百分率取值的不同，敏感度系数的数值会有所变化。但其数值大小并不是计算该项指标的目的，重要的是各不确定因素敏感度系数的相对值，借此了解各不确定因素的相对影响程度，以选出敏感度较大的不确定因素。因此，虽然敏感度系数有以上缺陷，但在判断各不确定因素对项目效益的相对影响力大小上仍然具有一定的作用。

（2）临界值。临界值也称临界点，它是指不确定因素的极限变化值。以内部收益率为例，即指该不确定因素使项目内部收益率等于基准收益率或净现值变为零时的变化百分率。临界值也可用该百分率对应的具体数值表示。当不确定因素的变化超过了临界点所表示的不确定因素的极限变化时，项目内部收益率指标将会转而低于基准收益率，表明项目由可行变为不可行。

临界点的高低与设定的基准收益率有关，对于同一个投资项目，随着设定基准收益率的提高，临界点就会变低（即临界点表示的不确定因素的极限变化变小）。而在一定的基准收益率下，临界点越低，说明该不确定因素对项目效益指标影响越大，项目对该因素就越敏感。

可以通过敏感性分析图求得临界点的近似值，但由于项目效益指标的变化与不确定因素变化之间不是直线关系，有时误差较大，因此最好采用计算机的专用函数来求解临界值。

5.确定敏感性因素

各因素的变化都会引起效益指标的一定变化，但其影响程度各不相同。有些因素小幅度的变化，就能引起评价指标发生较大幅度的波动；而另一类因素即使发生了较大幅度的变化，对评价指标的影响也不是很大。我们把前一类因素称为敏感性因素，后一类因素称为非敏感性因素。敏感性分析的目的就是要找出哪些不确定因素是敏感性因素，哪些是非敏感性因素。敏感性因素的确定，可以采取上面介绍的两种方法：一是求敏感度系数，也称相对测定法；二是求各个不确定因素变动的临界值，也称绝对测定法。在实践中，通常是将这两种方法结合起来使用。

6.提出敏感性分析的结论和建议

结合确定性分析与敏感性分析的结果，可以粗略预测项目可能的风险，对项目作进一步评价，并为下一步风险分析打下基础，同时还可以进一步寻找相应的控制风险的对策。如果进行敏感性分析的目的是对不同的投资项目或方案进行比选，一般应选择敏感度小、承受风险能力强、可靠性大的项目或方案。

（二）单因素敏感性分析图

敏感性分析图是通过在坐标图上做出各个不确定性因素的敏感性曲线，进而确定各个因素的敏感程度的一种图解方法。其基本作图方法如下：

第一，以纵坐标表示项目的经济评价指标（项目敏感性分析的对象），横坐标表示各个不确定因素的变化幅度（以百分数表示）。

第二，根据敏感性分析的计算结果做出各个变量因素的变化曲线，其中与横坐标相交角度较大的变化曲线所对应的因素就是敏感性因素。

第三，在坐标图上做出项目评价指标的临界曲线（如FNPV=0，FIRR=i_c等），求出变量因素的变化曲线与临界曲线的交点，则交点处的横坐标就表示该变量因素允许变化的最大幅度，即项目由盈到亏的极限变化值。

图11-3是以内部收益率为指标绘制的敏感性分析图。

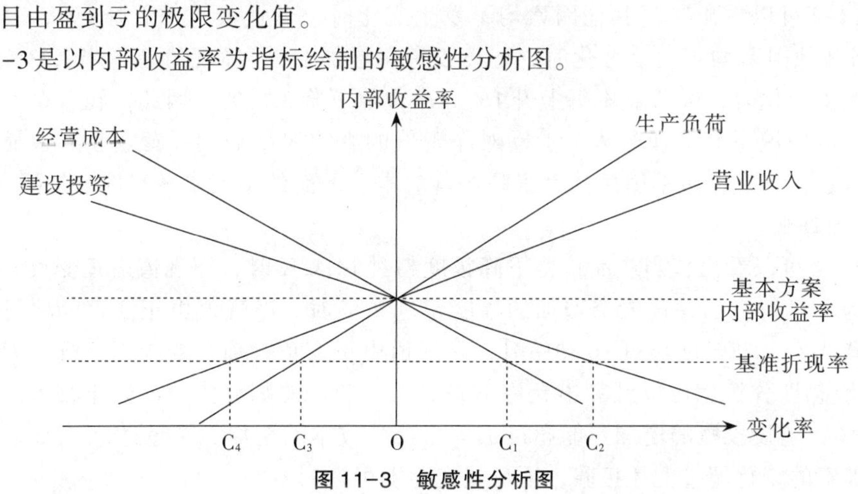

图11-3 敏感性分析图

【例11-2】某项目设计年生产能力为10万吨，建设投资为1 800万元，建设期1年，投资期初一次性投入，产品销售价格为每吨63元，年经营成本为250万元，项目运营期为10年，期末预计设备残值收入为60万元，基准折现率为10%。试就建设投资、产品价格（营业收入）和经营成本等不确定因素对该投资方案进行敏感性分析（假设确定不确定因素的变动范围为±10%）。

解：选择净现值为敏感性分析的对象，根据净现值的计算公式可计算出项目的净现值，即：

FNPV=-1 800+（63×10-250）（P/A，10%，10）+60（P/F，10%，10）=558.07（万元）

由于FNPV>0，从财务分析角度，该项目是可行的。

下面进行敏感性分析：

第一步，选定三个不确定因素：建设投资、产品价格和经营成本。

第二步，为简单起见，选定FNPV作为项目效益分析指标。

第三步，确定不确定因素的变动范围为±10%。

第四步，分别计算相对应的净现值的变化情况，得出结果。

第五步，绘制敏感性分析图，计算临界值和敏感度系数。分析结果见表11-1。

表11-1　**敏感性分析表**

序号	调整项目			分析结果		
	建设投资	营业收入	经营成本	FNPV（万元）	平均+1%	平均-1%
0				558.07		
1	+10%			378.07	-3.23%	
2	-10%			738.07		+3.23%
3		+10%		945.17	+6.94%	
4		-10%		170.96		-6.94%
5			+10%	404.45	-2.75%	
6			-10%	711.98		+2.75%

从表11-1可以看出，当其他因素均不发生变化时，营业收入每下降1%，净现值下降6.94%；当其他因素均不发生变化时，建设投资每增加1%，净现值将下降3.23%；在其他因素均不发生变化时，经营成本每上升1%，净现值下降2.75%。因此，在各个不确定因素变化率相同的情况下，营业收入的变动对净现值的影响程度最大，营业收入是最敏感的因素，其次是建设投资，最不敏感的因素是经营成本。下面的单因素敏感性分析图（如图11-4所示）更加直观。

从图11-4可以看出，当产品价格下降幅度超过14.42%时，净现值由正变负，也即项目由可行变为不可行；当建设投资增加的幅度超过31%时，净现值由正变负，项目变为不可行；当经营成本上升幅度超过36.33%时，净现值由正变负，项目变为不可行。因此，通过图11-4的敏感性分析就可以计算出允许不确定因素变动的临界值，即营业收入的下降不能超过14.42%，建设投资的增加不能超过31%，经营成本的增加不能超过36.33%。如果这三个不确定因素的变化超过上述极限，项目就变为不可行。

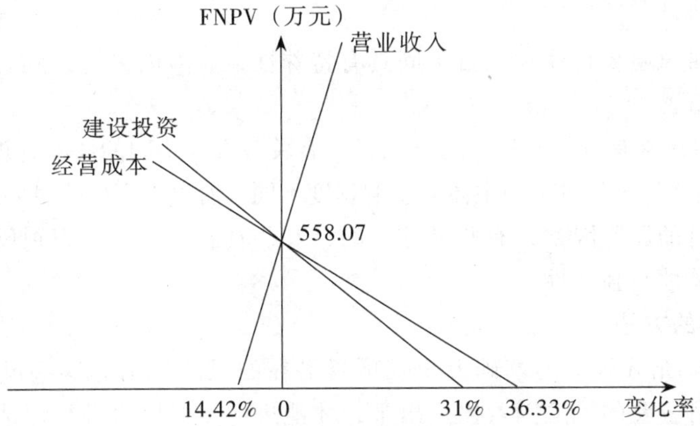

图11-4　单因素敏感性分析图

第六步，根据敏感性分析的结果，提出建议。

根据敏感性分析得知，营业收入是最敏感的因素，因此从项目决策的角度来讲，应当对产品价格进一步做更准确的测算。因为从项目风险的角度来讲，如果未来营业收入发生变化的可能性较大，则意味着这一项目的风险也较大。

三、敏感性分析的局限性

敏感性分析是项目经济评价时经常用到的一种方法，是投资决策中的一个重要步骤，它在一定程度上对不确定因素的变动对项目投资效益的影响作了定量的描述，得到了维持方案在经济上可行所允许的不确定因素发生不利变动的最大幅度，但是，敏感性分析在使用中也存在着一定的局限性，即它不能说明不确定因素发生变动的可能性是大还是小，也就是没有考虑不确定因素在未来发生变动的概率，而这种概率是与项目的风险人小密切相关的。我们经常会碰到这样的情况，某些因素在未来发生不利变动的可能性很小，虽然它可能是一个敏感因素，但实际上它给项目带来的风险并不大；而另外一些因素，虽然它们不太敏感，不是敏感因素，但由于它们在未来发生不利变化的可能性很大，因而实际上给项目带来的风险可能比敏感因素还要大。对于此类问题，敏感性分析是无法解决的，需借助于下面介绍的风险分析。

第四节　风险分析

一、风险因素的识别

进行风险因素识别，首先要认识和确定项目究竟可能会存在哪些潜在的风险，这些风险因素会给项目带来什么影响，具体原因又是什么。同时结合对风险程度的估计，确定项目的主要风险因素。

（一）风险识别的原则

第一，具有不确定性和可能造成损失是风险的最基本特征，要从这个基本特征入手去识别风险因素。

第二，投资项目风险具有阶段性，在项目的不同阶段存在的主要风险有所不同，识别风险因素要考虑其阶段性。

第三，投资项目风险依行业和项目不同具有特殊性，风险因素的识别要注意针对性，强调具体项目具体分析。

第四，投资项目风险具有相对性，对于项目的有关各方（不同的风险管理主体）可能会有不同的风险，或者同样的风险对不同主体的影响程度不同，所以识别风险时要注意其相对性。

第五，投资项目的风险因素，有些是独立的，有些具有相关性，识别风险时还要正确判断风险因素间的相关性与独立性。

（二）风险识别的方法

应在对风险特征充分认识的基础上识别项目潜在的风险和引起这些风险的具体风险因素，只有首先把项目主要的风险因素揭示出来，才能进一步对风险进行评估并确定损失程度和发生的可能性，进而找出关键风险因素，提出防范风险的对策。

风险因素识别要采用分析和分解方法，把综合性的风险分解为多层次的风险。常用的方法主要有系统分解法、流程图法、头脑风暴法和情景分析法等。在系统分解法中，常用的方法是概率树分析法，将风险因素层层剖析，尽可能深入到最基本的风险单元，以明确风险的根本来源。

二、风险评估方法

（一）风险等级的划分

为了评估风险的大小，一般都要对风险程度进行分级。风险程度包括风险损失的大小和发生的可能性两个方面，可以综合考虑这两个方面的因素对项目风险程度进行分类。按照风险因素对项目的影响程度和风险发生的可能性大小进行划分，可将风险程度分为一般风险、较大风险、严重风险和灾难性风险四类。

1.一般风险

风险发生的可能性不大，或者即使发生，造成的损失也较小，一般不影响项目的可行性。

2.较大风险

风险发生的可能性较大，或者发生后造成的损失较大，但造成的损失程度是项目可以承担的。

3.严重风险

严重风险有两种情况：一是风险发生的可能性大，风险造成的损失大，使项目由可行变为不可行；二是风险发生后造成的损失严重，但是风险发生的概率很小，采取有效的防范措施，项目仍然可以正常实施。

4.灾难性风险

风险发生的可能性很大，一旦发生将产生灾难性后果，项目无法承担。

（二）风险评估方法

风险因素的识别应与风险评估相结合，才能得知风险程度。风险评估的方法有很多，主要有简单估计法和概率分析方法。

1.简单估计法

简单估计法包括专家评估法和风险因素取值评估法两种方法。

（1）专家评估法。专家评估法是以发函、开会或其他形式向专家进行调查，对项目风险因素及其风险程度进行评定，将多位专家的经验集中起来形成分析结论的一种方法。由于它比一般的经验识别法更具客观性，因此应用更为广泛。采用专家定性评估时，所聘请的专家应熟悉该行业和所评估的风险因素，并能做到客观公正。为减少主观性，专家人数一般应有20位左右，至少不少于10位。专家评定表的一般格式如表11-2所示，表中风险种类应随行业和项目特点而异，其层次可视情况进行细分，并同时说明重点。

表11-2　　风险因素和风险程度估计表

序号	风险因素名称	风险程度				说明
		灾难性	严重	较大	一般	
1	政策方面					
	税收政策					
	金融政策					
	环保政策					
	产业政策					
2	市场方面					
	市场需求量					
	竞争能力					
	价格					
3	技术方面					
	先进性					
	可靠性					
	适用性					
	可得性					
	匹配性					
4	资源方面					
	资源储量					
	开采成本					
	品位					
	大宗原材料、燃料供应可能性					
	大宗原材料价格					
5	工程方面					
	工程地质					

续表

序号	风险因素名称	风险程度				说明
		灾难性	严重	较大	一般	
	水文地质					
6	投资方面					
	工程量					
	价格					
	工期					
7	融资方面					
	汇率					
	利率					
	资金可靠性					
	资金充足性					
8	配套条件					
	水电气配套条件					
	交通运输配套条件					
	其他配套条件					
9	环境与社会					
	经济环境					
	自然环境					
	社会环境					
	政策					
10	其他					

（2）风险因素取值评估法。风险因素取值评估法是一种专家定量评定方法，是就风险因素的最乐观估计值、最悲观估计值和最可能值向专家进行调查，计算出期望值。再将期望值的平均值与项目评价所采用的值相比较，求得两者的偏差值和偏差程度，据此判别风险程度。偏差值越大，风险程度越高。

2.概率分析方法

概率分析方法常用期望值分析法和概率决策树分析法，在条件许可时也可采用效用分析法及蒙特卡洛模拟法。

（1）期望值分析法。

期望值分析法可以通过计算项目期望值、方差、变异系数以及项目净现值大于或等于零的累计概率，为项目决策提供依据。

①计算项目期望值、方差、变异系数可以按下列公式计算：

$$E(x)=\sum_{i=1}^{n}x_i p_i=x_1p_1+x_2p_2+\cdots+x_np_n \tag{11-9}$$

式中：$E(x)$——变量x的期望值，如期望净现值或者收益率；x_i——随机变量x的取值；p_i——对应所出现变量x_i的概率。

$$\sigma_x^2=\sum_{i=1}^{n}(x_i-\bar{x})^2p_i \tag{11-10}$$

$$V=\frac{\sigma}{E(x)} \tag{11-11}$$

式中：σ_x^2——方差；σ——标准差；$\bar{x}$——随机变量x各种取值的平均值；x_i——随机变量x的取值；p_i——对应所出现变量x_i的概率。

其中，$\sum_{i=1}^{n}p_i=1$，$0\leqslant p_i\leqslant 1$。期望值指随机变量的各个取值，以相应的概率为权数的加权平均数，是随机变量的预期值，也称数学期望或均值；方差指描述变量偏离期望值大小的指标；标准差又常称均方差，是方差的算术平方根，标准差能反映一个数据集的离散程度，标准差越小，说明随机变量取值偏离其期望值的离散程度越小，项目风险就越小，反之则相反；变异系数（离散系数）描述变量偏离期望值的离散程度的指标，变异系数越大，表示风险程度越大。

②计算项目净现值大于或等于零的累计概率。

采用如下步骤：第一步，列出要考虑的各种风险因素，如投资、经营成本等；第二步，设想各种风险因素可能发生的状态，即数值发生变化个数；第三步，分别确定各种状态可能出现的概率，并使可能发生状态概率之和等于1；第四步，分别求出各种风险因素发生变化时，方案净现金流量各状态发生的概率和相应状态下的净现值NPV_i；第五步，求方案净现值的期望值E（NPV）；第六步，求出方案项目净现值大于或等于零的累计概率；第七步，对概率分析结果作说明。

求项目净现值大于或等于零的累计概率可以采用简单插入方法：首先将目标值由小到大排列；其次分别求对应的概率累计；最后用插入法计算目标值大于或等于零的累计概率。净现值大于或等于零的累计概率值越大，方案的风险越小。

【例11-3】某项目建成后生产产品销售情况及各销售情况下的净现值见表11-3。

表11-3 **各销售情况下项目的净现值**

销售情况	优	良	中	可	差
净现值（万元）	3 300	2 900	2 000	1 200	-700
概率	0.175	0.125	0.45	0.10	0.15

①计算该项目净现值的期望值。

②计算该项目净现值大于或等于零的概率，并说明项目风险。

解：①计算项目净现值的期望值：

E（FNPV）=3 300×0.175+2 900×0.125+2 000×0.45+1 200×0.10+（-700）×0.15

=1 802.5（万元）

②构造累计概率表（见表11-4）。

表11-4　　累计概率表

销售情况	差	可	中	良	优
净现值（万元）	-700	1 200	2 000	2 900	3 300
概率	0.15	0.10	0.45	0.125	0.175
累计概率	0.15	0.25	0.70	0.825	1.00

P（FNPV < 0）=0.15+（0.25-0.15）×700÷（700+1 200）= 0.187

P（FNPV≥0）=1- P（FNPV < 0）=1- 0.187=81.3%

由此可见，财务净现值不小于零的概率为81.3%，说明该项目的风险不大。

（2）概率决策树分析法。

概率决策树分析法是假定风险变量之间是相互独立的，在构造概率树的基础上，列出风险变量的各种状态，分别计算每种组合状态下的评价指标值及相应的概率，得到评价指标的概率分布，并统计出评价指标值低于或高于基准值的累计概率，计算评价指标值的期望值、方差、标准差和离散系数。概率决策树分析如图11-5所示。

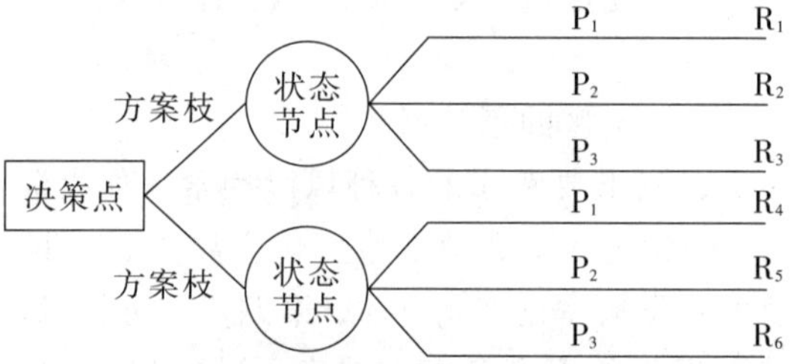

图11-5　概率决策树分析

概率决策树分析法可以用于项目的比选，其基本原理是用决策点代表决策问题，用方案分枝代表可供选择的方案，用概率分枝代表方案可能出现的各种结果，经过对各种方案在各种结果条件下损益值的计算比较，为决策者提供决策依据。如果一个决策树只在树的根部有一决策点，则称为单级决策；若一个决策不仅在树的根部有决策点，而且在树的中间也有决策点，则称为多级决策。

【例11-4】某投资者欲投资兴建一工厂，建设方案有两种：①大规模投资500万元；②小规模投资300万元。两个方案的生产期均为10年，其每年的损益值及销售状态见表11-5。试用概率决策树分析法选择最优方案。假设折现率为10%。

表11-5　　各年损益值及销售状态表

销售状态	概率	损益值（万元/年）	
		大规模投资A	小规模投资B
销路好	0.7	150	100
销路差	0.3	-50	10

解：绘制概率决策树如图11-6所示。

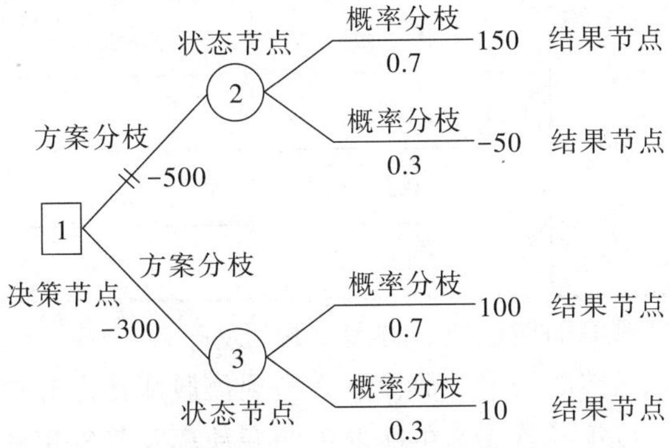

图11-6　概率决策树

节点2净收益=150×（P/A，10%，10）×0.7+（-50）×（P/A，10%，10）×0.3=553（万元）

节点3净收益=100×（P/A，10%，10）×0.7+10×（P/A，10%，10）×0.3=448.5（万元）

A方案的净现值=553-500=53（万元）

B方案的净现值=448.5-300=148.5（万元）

显然应该选择B方案。

也可以通过计算项目净现值的期望值及其分布状况，得出净现值大于或等于零时的累计概率。计算出的累计概率值越大，说明项目承担的风险越小。

概率决策树分析法是管理人员和决策分析人员经常采用的一种行之有效的决策工具，它具有下列优点：

①决策树列出了决策问题的全部可行方案和可能出现的各种自然状态，以及各可行方法在各种不同状态下的期望值。

②能直观地显示整个决策问题在时间和决策顺序上不同阶段的决策过程。

③在应用于复杂的多阶段决策时，阶段明显，层次清楚，便于决策机构集体研究，可以周密地思考各种因素，有利于做出正确的决策。

当然，概率决策树分析法也不是十全十美的，它也有缺点，如使用范围有限，无法适用于一些不能用数量表示的决策；对各种方案出现概率的确定有时主观性较大，可能导致决策失误等。

【例11-5】已知某项目寿命期为10年，基础数据如表11-6所示。基准折现率为10%。

表11-6　**项目基础数据**　单位：万元

项目＼年	0	1~10
投资I	200	
年销售收入S		80
年经营成本C		40

通过统计资料分析和主观预测估计，得知该项目的年销售收入和经营成本两个独立的不确定因素可能发生的变动及相应发生的概率如表11-7所示。

表 11-7　　**项目不确定因素变动率及概率**

变动率 概率	状态 1	状态 2	状态 3
	+20%	0	-20%
年销售收入 S	0.5	0.4	0.1
年经营成本 C	0.5	0.4	0.1

试计算：（1）方案净现值的期望值、方差及标准差；

（2）净现值大于或等于零的概率（假设方案净现值服从正态分布）。

解：根据年销售收入与年经营成本可能发生的变动率及其发生的概率，可以得到它们各自三种状态下的数据及其发生的概率（见表 11-8）。

表 11-8　　**三种状态下的数据**

销售收入（S）（万元）	发生的概率（P_S）	经营成本（C）（万元）	发生的概率（P_C）
S_1=80×（1+20%）=96	0.5	C_1=40×（1+20%）=48	0.5
S_2=80	0.4	C_2=40	0.4
S_3=80×（1-20%）=64	0.1	C_3=40×（1-20%）=32	0.1

（1）借助概率树进行多种不确定因素不同状态的组合，求出方案所有可能出现的净现金流量序列及其发生的概率。

借助概率树，把销售收入 S 的三种不同的状态，分别与经营成本 C 的三种不同状态进行组合，从概率树的根部到每一个分支末端，每一条路径都代表一种状态组合。概率树上形成 $S_1 \cap C_1, S_2 \cap C_2, \cdots, S_3 \cap C_3$ 共 9 个分枝，即代表 9 种不同状态的组合，如图 11-7 所示。$S_1 \cap C_1$ 即“S_1且C_1”，称为 S_1 与 C_1 的积，意味着 S_1 和 C_1 都发生的一种状态组合。该状态出现的概率 $P = P_{S1} \times P_{C1}$。

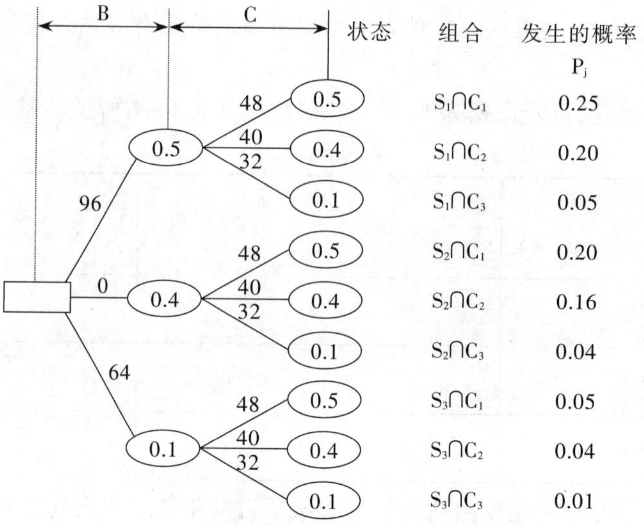

图 11-7　概率树

在上述9种状态组合下，有9种销售收入与经营成本的差（S_1-C_1），就形成了方案1—10年的9种净收益。与不变的初始投资200万元一起，就形成了项目9种不同的净现金流量。我们就可以计算出9种不同状态组合下的9个不同的NPV（见表11-9），借助概率树完成了各个不确定因素的不同状态的组合。

表11-9　　**NPV_j计算表**　　单位：万元

净现金流量		$NPV_j(j=10\%)$	加权NPV_j
0年	1—10年		
−200	96−48=48	94.91	94.9×10.25=23.73
−200	96−40=56	144.06	144.06×0.20=28.81
−200	96−32=64	193.22	193.22×0.05=9.66
−200	80−48=32	−3.39	−3.39×0.20=0.68
−200	80−40=40	45.76	45.76×0.16=7.32
−200	80−32=48	94.91	94.91×0.04=3.80
−200	64−48=16	−101.70	−101.70×0.05=−5.09
−200	64−40=24	−52.54	−52.54×0.04=−2.10
−200	64−32=32	−3.39	−3.39×0.01=−0.03

（2）计算项目或方案NPV的期望值和标准差。

$$E(NPV)=\sum_{j=1}^{m}NPV_j\cdot P_j$$

式中：NPV_j——NPV可能出现的第j个离散值j=1，2，…，m；P_j——各NPV_j出现的概率。

如果用净现金流量NCF来计算，项目或方案NPV的期望值公式为：

$$E(NPV)=\sum_{t=1}^{n}E(X_t)(1+i)^{-t}$$

式中：$E(X_t)$——第t年的净现金流量的期望值（t=0，1，…，n）；n——项目寿命期；i——无风险折现率。

$$E(X_t)=\sum_{j=1}^{m}X_{tj}\cdot P_{tj}$$

式中：X_{tj}——第t年净现金流量的第j个离散值；P_{tj}——相应X_{tj}出现的概率（j=0，1，2，…，m）。

项目NPV的方差为：

$$\sigma^2(NPV)=\sum_{j=1}^{n}\left[NPV_j-E(NPV)\right]^2\cdot P_j$$

为剔除净现值与方差的量纲不同，便于项目之间比较，使用标准差σ来反映随机NPV取值的离散程度。

$$\sigma(NPV)=\sqrt{\sigma^2(NPV)}$$

标准差用于测度和比较方案的相对风险，标准差越小，说明各个r的取值越集中靠近期望值，风险越小。

借助上面的公式可以求出项目的NPV期望值、NPV的标准差为：

$$E(NPV)=\sum_{j=1}^{9}NPV_j\cdot P_j=65.42\ (万元)$$

$$D(NPV)=\sum_{j=1}^{9}[NPV_j-E(NPV)]^2\cdot P_j=5\,314.88\ (万元)$$

$$\sigma(NPV)=\sqrt{D(NPV)}=\sqrt{5\,314.88}=72.90\ (万元)$$

（3）用解析法求出项目NPV大于（或小于）零的概率，从而完成对项目风险的定量分析。

对于连续随机变量X服从参数为μ，σ的正态分布，若令$\mu=\dfrac{t-\mu}{\sigma}$，原正态分布函数可化为标准正态函数：

$$F(X)=\frac{1}{\sqrt{2\pi}}\int_{-\infty}^{\frac{X-\mu}{\sigma}}e^{\frac{\mu^2}{2}}d\mu=\varphi\left(\frac{X-\mu}{\sigma}\right)$$

令$Y=\dfrac{X-\mu}{\sigma}$，由标准正态分布表就可直接查出$X<X_0$的概率值。

$$P\left(Y<\frac{X_0-\mu}{\sigma}\right)=\phi\left(\frac{X_0-\mu}{\sigma}\right)$$

在本例中，如果将项目的NPV看成是连续随机变量，则：

$$P(NPV<0)=P\left(Y<\frac{0-65.42}{72.90}\right)=P(Y<-0.8974)$$

$$=1-P(Y<0.8974)=0.1848$$

项目$NPV<0$的概率为0.1848，因而，$NPV\geq 0$的概率为0.8152，该项目的风险较小。

概率分析的主要优点是可以给出项目NPV小于零的概率，从而定量地测定项目不可行的风险有多大。对于投资者来说，这是进行投资决策的重要信息，但它无法提供一个决定项目取舍的标准或依据。因为任何项目的风险决策都取决于项目本身风险的大小和投资者对风险的态度与承受能力。

三、风险防范对策

如前所述，投资项目可能面临各种各样的风险，因此在项目评价过程中，不仅要了解项目可能面临的风险，而且要提出有针对性的防范对策，避免风险的发生或将风险损失降低到最小限度，才能有助于提高投资的安全性，促使项目获得成功。

在项目评价中，应考虑的风险防范对策主要有以下几种：

（一）风险回避

风险回避是彻底规避风险的一种做法，即断绝风险的来源。例如，风险分析显示产品市场存在严重风险，若采取回避风险的对策，就会做出缓建（待市场变化后再予以考虑）或放弃项目的决策。但这样做固然避免了可能遭受损失的风险，同时也放弃了投资获利的可能。因此，风险回避对策的采用一般都是很慎重的，只有在对风险的存在与发生，以及对风险损失的严重性有把握的情况下才有积极意义。风险回避一般适用于两种情况：一是某种风险可能造成相当大的损失，且发生的频率较高；二是应用其他的风险防范对策代价昂贵，得不偿失。

（二）风险控制

风险控制是针对可控性风险采取的防止风险发生、减少风险损失的对策，也是绝大部分项目采用的主要风险防范对策。风险防范对策应十分重视对风险控制措施的研究，应就识别出的关键风险因素逐一提出技术上可行、经济上合理的预防措施，以尽可能低的风险成本降低风险发生的可能性，并将风险损失控制在最低限度。风险控制措施必须针对项目具体情况提出，既可以是项目内部采取的技术措施、工程措施和管理措施等，也可以采取向外分散的方式来减少项目承担的风险。

（三）风险转移

风险转移是将项目可能面临的风险转移给他人承担，以避免风险损失的一种方法。风险转移有两种方式：一是将风险源转移出去；二是只把部分或全部风险损失转移出去。就投资项目而言，第一种风险转移方式是风险回避的一种特殊形式。第二种风险转移方式又可细分为保险转移方式和非保险转移方式两种。保险转移是采取向保险公司投保的方式将项目风险损失转嫁给保险公司承担，如对某些人力难以控制的灾害性风险就可以采取保险转移方式。非保险转移方式是项目前期工作中涉及较多的风险对策，如采用新技术可能面临较大的风险，可以在技术合同谈判中提出加上保证性条款，如达不到设计能力或设计消耗指标时的赔偿条款等，以将风险损失全部或部分转移给技术转让方，在设备采购和施工合同中也可以采用转嫁部分风险的条款。

（四）风险自担

顾名思义，风险自担就是将风险损失留给项目承担。这适用于两种情况：一是已知有风险但由于可能获利而必须保留和承担这种风险；二是已知有风险，但若采取某种防范措施，其费用支出会大于自担风险的损失，这时常常会选择主动自担风险等。风险自担通常适用于风险损失小、发生频率高的风险。

以上所述的风险防范对策不是互斥的，实践中常常组合使用。在采取措施降低风险的同时，并不排斥其他的风险防范对策，如向保险公司投保等。项目评价中应结合实际情况，研究并选用相应的风险对策。

本章小结

1.不确定性是指一种决策可能有一种以上的结果。而风险是指未来结果是不确定的，但未来结果出现的可能性，即概率分布是已知或可以估计的。

2.常见的风险因素存在于诸多方面，如政策、市场、技术、资源、工程、投资、融资、配套条件和环境与社会等。

3.不确定性与风险产生的原因主要分为主观原因和客观原因。其中主观原因主要指信息的不完全性与不充分性和人的有限理性；客观原因主要包括市场供求变化、技术变化、经济环境变化的影响。

4.常用的不确定性分析方法主要有盈亏平衡分析和敏感性分析等，投资项目风险分析常采用的定量方法是概率决策树分析法。

5.盈亏平衡分析是通过计算盈亏平衡点（BEP），分析拟建项目费用与效益的平衡关系，判断拟建项目适应市场变化的能力和风险大小的一种分析方法。在项目评价中，常用产量、生产能力利用率和销售价格等表示盈亏平衡点。

6.敏感性分析也称为灵敏度分析，是在确定性分析的基础上，进一步分析、预测项目主要不确定因素的变化对项目评价指标的影响，从中找出敏感性因素，确定评价指标对该因素的敏感程度和项目对其变化的承受能力。通常是分析单个因素变化，必要时也可分析两个或多个不确定因素的变化对项目评价指标的影响程度。

7.风险评估的方法有很多，主要有简单估计法和概率分析方法，一般采取概率分析方法中的概率决策树分析法。简单估计法包括专家评估法和风险因素取值评估法。概率决策树分析法可分为三个步骤，即构造概率树、计算净现值的期望值和计算净现值大于或等于零的概率。

8.投资项目可能面临各种各样的风险，因此在项目评价过程中，不仅要了解项目可能面临的风险，而且要提出有针对性的防范对策，避免风险的发生或将风险损失降至最低，才能有助于提高投资的安全性，促使项目获得成功。风险防范对策主要有风险回避、风险控制、风险转移和风险自担等。

本章能力训练

一、名词解释

不确定性　风险　盈亏平衡　可变成本　固定成本　盈亏平衡点　敏感性因素　敏感性分析　风险因素　概率树　风险防范

二、思考分析

1.什么是不确定性？什么是风险？说明二者之间的区别与联系。

2.不确定性与风险产生的原因有哪些？

3.什么是项目资本金结构？什么是债务资金结构？

4.什么是盈亏平衡分析法？如何用公式法与图解法进行盈亏平衡分析？

5.说明敏感性分析的基本原理。

6.说明单因素敏感性分析的步骤。

7.说明风险识别和风险分析的方法。

8.简述概率分析方法。

9.如何防范项目风险？

第十二章

项目投资的经济分析

案例情景

政策引导　社会参与　市场拉动——“库布其治沙模式”调查

近20年来，政府强力主导引领，企业商业化投资，农牧民市场化参与，科研机构提供科技支撑，众力齐发，库布其沙漠生态治理终于发生了人进沙退的历史性转变，实现了沙漠增绿、农牧民增收、企业增效、地方产业发展的梦想。20世纪90年代，鄂尔多斯市和相关旗区明确“植被建设是最大的基本建设”，充分发挥国家和地方生态重点工程的主导引领作用，开发推广各种治沙技术。深受风沙之害的达拉特旗1998年以来，政府性投入约占全旗生态投入的70%，企业和村集体、个人投入分别达到近15%。多元化投入加快了治沙进程，库布其沙漠达拉特段的500多万亩沙漠、沙地，现已治理125万亩，实现了治理面积大于沙化面积。

沙漠腹地中的杭锦旗鼓励企业和个人以承包“五荒”、入股、土地流转、合作经营等方式参与生态工程。对成绩突出的企业和造林大户，优先纳入工程范围。仅2009年以来，企业和农牧民的生态建设投入就达到30多亿元，有效缓解了政府投入压力。允许先造林后纳入生态重点工程范围、鼓励种经济林、培育林沙产业……政策引导之下，农牧民、企业纷纷包地治沙、投资林沙产业，涌现出王果香、乌日更达赖等一批防沙治沙先进个人和以亿利、伊泰、东达等为代表的龙头企业。

目前，库布其沙漠的治理率达到25%，扩展趋势得到有效控制。全国第五次荒漠化和沙化土地监测显示，仅过去5年间，流动沙丘就减少了49万亩，中度、极重度沙化土地减少114万多亩。

生态建设投入大，没有产业和效益驱动，难以持久。多年来，一批企业在政策支持下，投资参与库布其沙漠生态治理，发展林沙产业，探索出一条生态、经济、社会效益多赢之路。

资料来源　李仁虎，任会斌，王靖．政策引导　社会参与　市场拉动——“库布其治沙模式”调查[EB/OL]．[2017-09-14].http：//news.xinhuanet.com/2017-09/14/c_1121661693.htm.

由该案例引出，如何进行项目投资的经济分析？本章将讲解对项目进行经济分析的意义、步骤，经济分析的基本原理，如何识别经济分析中的费用和效益，项目经济分析参数以及价格调整方法，经济分析报表的编制。重点是经济分析指标的计算与判定。

第一节 投资项目经济分析概述

一、经济分析的含义

经济分析是按照资源合理配置的原则，从整个社会经济的角度出发，用一套经济分析参数分析项目对社会经济的贡献，评价项目在宏观经济上的合理性的经济评价方法。经济分析是项目评价的重要组成部分，是从宏观上决定投资项目是否可行的重要依据。

相对于财务分析，经济分析更为复杂。因为财务分析所使用的数据都是在现行的财务会计制度、现行的市场价格和现行的税收政策等基础上估算出来的，只需要对现行的政策和项目投入物及产出物的未来价格走势进行预测，并据此编制一系列表格，计算一系列有关技术经济指标，据以分析、评价该项目给投资者（企业）带来的商业利润。而经济分析则是按照社会资源合理配置的原则，用科学的方法测算出一系列参数，对估算的财务效益和费用进行调整（或换算），再根据调整（或换算）以后的数据，编制相应的表格，并计算一系列技术经济指标，以衡量该项目对社会经济的净贡献。

一个投资项目是否要进行经济分析，主要取决于该项目的实际情况以及在社会经济和社会发展中的作用。一般来讲，在经济和社会发展中无足轻重的中小型投资项目，可以不作经济分析；而对那些在经济和社会发展中具有重要影响的大型投资项目，一般要求进行经济分析。从另外一个角度讲，如果一个投资项目的价格信息失真，有过多的外部性（外部经济性或外部不经济性），也需要进行经济分析。根据国家发改委和建设部发布的《关于建设项目经济评价工作的若干规定》的要求，对于费用效益的计算比较简单，建设期和运营期比较短，不涉及进出口平衡等的一般项目，如果财务分析的结论能够满足投资决策的需要，可不进行经济分析；对于关系公共利益、国家安全和市场不能有效配置资源的经济和社会发展的项目，除应进行财务分析外，还应进行经济分析；对于特别重大的投资项目，尚应辅以区域经济与宏观经济影响分析方法进行经济分析。在实践中，需要进行经济分析的投资项目，一般是在财务分析的基础上进行经济分析，但有的项目是直接进行经济分析。其实，两者并没有本质的区别，是在财务分析的基础上进行经济分析，还是直接进行经济分析，取决于项目评价人员的不同偏好。经济分析的思路和程序与财务分析基本相同，也是通过编制一系列表格，计算一系列技术经济指标评价项目的经济合理性，所不同的主要是在价格和费用及效益的界定上。

二、经济分析的意义

对于大型的投资项目，特别是一些在社会经济和社会发展中举足轻重的大型投资项目，在项目评价中，仅仅作财务分析是不够的，更重要的是要进行经济分析，主要是基于如下几点考虑：

首先，只有进行经济分析，才能保证比较客观地反映一个投资项目的经济效果。财务分析是用现行价格计算项目的效益和费用的，由于各方面的原因，我国有些现行价格严重“失真”，主要表现为比价不合理。如果用这些价格评价项目，不能保证客观地反映项目的经济效果，即不能保证客观地反映投入的资源给整个社会经济所带来的效益。经济分析用调整过的价格，即一套影子价格计算项目的效益和费用，基本克服了“失真”因素。

其次，财务分析只局限于以现行价格计算的项目自身的效益和费用，而没有考虑因项目建成而使社会经济其他部门产生的效益和付出的代价。也就是说，财务分析只考虑了直接效益和直接费用，而没有考虑项目的外部性，即该投资项目产生的间接效益和间接费用。所以，财务分析不能保证全面地反映项目的经济效果。经济分析是把社会经济作为一个整体来考查项目的，即把该项目放在社会经济“一盘棋”上来进行考查和分析，评价其给整个社会经济带来的效益和社会经济为此而付出的代价。这样，不但考查了项目的直接效益和直接费用，而且考查了项目的外部经济或外部不经济所带来的间接效益或间接费用。

最后，拟建的投资项目在经济上是否可行，投资者是否要投入一定的资源，不但要看它能给企业带来多少商业利润，而且要看它能否满足社会经济平衡发展的需要，能否为整个社会经济带来尽可能大的净效益。实际上，从长远考虑，一个投资项目，只有从宏观上把握其合理性，才能真正为企业带来长期的经济利益。在我国现行价格体制、税收体制和利益协调机制还不尽完善的情况下，实施一个投资项目可能会给企业带来一定的商业利润，但不一定能给整个社会经济带来正的净效益；反之亦然。

根据以上分析可以得出如下结论：对于大型的投资项目进行项目评价，不仅要进行财务分析，而且还要进行经济分析，从微观和宏观两个角度考查项目；既要考查一个投资项目给企业带来多少商业利润，还要考察该项目给整个社会经济带来多少净效益。根据财务分析和经济分析的结果来判断一个投资项目的取舍，可能存在四种情况：

第一，如果一个投资项目不仅能给企业带来可观的商业利润，而且可以明显地促进社会经济的增长，那么实施这个投资项目就是十分理想的投资资源配置方式，从经济角度看，该投资项目是可行的。

第二，如果一个投资项目只能给企业创造可观的商业利润，而没有增加社会经济正的净效益，甚至给社会经济带来了负效益，这就违背了经济学的有效率原则，从宏观经济的角度看，该项目是不可行的。因为，该项目可能出现外部不经济，政府也会采取相应的手段进行干预，该项目是不能实施的。

第三，如果一个投资项目没有给企业带来理想的商业利润，但增加了社会经济正的净效益，这说明现行的价格和税收政策有偏差，还没有满足有效率的原则。这种信息的反馈对政府制定政策和进行长远规划都是有帮助的，如果由政府进行决策，该项目是可以实施的。因为，该项目可能出现外部经济性，政府可以通过价格和（或）税收手段对企业进行补偿，使其获得比较理想的投资回报。根据国家发改委和建设部发布的《关于建设项目经济评价工作的若干规定》的要求，对于关系公共利益、国家安全和市场不能有效配置资源的经济和社会发展项目，如果经济分析结论可行，财务分析结论不可行，应重新考虑方案，必要时可提出给予经济优惠的建议，使项目具有财务生存能力。

第四，一个投资项目不但不能使企业取得比较理想的商业利润，而且没有给社会经济带来正的净效益，那么该项目肯定是不可行的，不能实施。

以上四种情况的决策结果如表12-1所示。

表12-1 投资项目评价决策结果

发生情况	财务分析	经济分析	决策结果
第一种情况	可行	可行	可以实施
第二种情况	可行	不可行	不能实施
第三种情况	不可行	可行	可以实施
第四种情况	不可行	不可行	不能实施

三、需要进行经济分析的项目范围

根据国家发改委和建设部发布的《关于建设项目经济评价工作的若干规定》的要求，需要进行经济分析的项目主要包括以下方面：

（一）从项目性质角度确定的范围

1.自然垄断项目

对于电力、电信、交通运输等行业的项目，存在着规模效益递增的产业特征，企业一般不会按照帕累托最优规划进行运作，从而导致市场配置资源失效，需要进行经济分析。

2.公共产品项目

由于市场价格机制只有通过将那些不愿意付费的消费者排除在该产品的消费之外才能得以有效运作，因此，市场机制对公共产品项目的资源配置失灵。

3.具有明显外部效果的项目

产生外部效果的行为主体由于受预算约束，因此常常不考虑外部效果承受者的损益情况。这样，这类行为主体在其行为过程中常常会低效率甚至无效率地使用资源，造成消费者剩余与生产者剩余的损失及市场失灵。

4.对于国家控制的战略性资源开发及涉及国家经济安全的项目

对于国家控制的战略性资源开发及涉及国家经济安全的项目，往往具有公共性、外部效果等综合特征，不能完全依靠市场配置资源。

（二）从投资管理角度确定的范围

第一，政府预算内投资（包括国债资金）的用于关系国家安全、国土开发和市场不能有效配置资源的公益性项目和公共基础设施建设项目、保护和改善生态环境项目、重大战略性开发项目。

第二，政府各类专项建设基金投资的用于交通运输、农林水利等基础设施、基础产业建设的项目。

第三，利用国际金融组织和外国政府贷款，需要政府主权信用担保的建设项目。

第四，法律、法规规定的其他政府性资金投资的建设项目。

第五，企业投资建设的涉及国家经济安全，影响环境资源、公共利益，可能出现垄断和涉及整体布局等公共性问题，需要政府核准的建设项目。

四、经济分析与财务分析的主要区别

经济分析与财务分析的主要区别具体体现在经济目标、价值尺度、折现率和汇率等方面。

（一）经济目标不同

财务分析是站在企业的角度上，只考察企业的商业利益，所追求的经济目标是企业利润的最大化，它要识别项目流入企业的净现金流量，并且评价该企业是否有能力还本付息以及筹措未来所需的投资资金；经济分析是从整个国家或社会的角度来考察项目，评价项目对整个社会经济的影响。

（二）价值尺度不同

财务分析是计算和分析在现行价格下企业的实际盈利水平，度量费用和效益的价值尺度是现行市场价格，或者说是企业为投入物支付的实际价格以及销售产出物收到的实际价格；经济分析要考虑资源的稀缺性和有效使用，以及社会经济的最佳投资方向和投资结构。另外，国内外市场供求关系和市场价格变化也是经济分析所必须考察的因素。作为价值尺度的价格，应当是满足以上要求的合理的价格，即为反映资源的稀缺性和有效使用，追求社会经济结构的合理化，纳入国内国际市场价格体系，在完全竞争的条件下反映市场供求关系的影子价格。

（三）折现率不同

财务分析采用的是各部门、各行业的基准收益率或者是综合平均利率加风险报酬率或者是投资者的最低可接受收益率；经济分析一般采用社会资本的机会成本，也称社会折现率。并且，财务分析的折现率一般不是唯一的，不同的投资项目有不同的折现率；经济分析采用的是全国统一的、反映政府价值取向的社会折现率。

（四）汇率不同

财务分析使用官方汇率，而经济分析使用的是影子汇率。汇率实质是一种外汇价格，官方汇率体现了现行的外汇价格，所以在财务分析中，用官方汇率换算、度量费用和效益。经济分析要求使用一种反映资源稀缺性和市场供求关系的外汇价格，所以要对现行汇率进行调整，用比较合理的影子汇率进行换算和度量。

为了便于比较，表12-2列出了财务分析与经济分析的主要区别。

表12-2 **财务分析与经济分析的主要区别**

项目	财务分析	经济分析
经济目标	企业盈利最大化	经济效益最大化
出发点	投资项目的企业	社会与经济
价格	现行市场价格	影子价格（含影子汇率、影子工资和土地的机会成本等）
折现率	各部门、各行业的基准收益率或综合平均利率加风险报酬率或投资者的最低可接受收益率	全国统一使用的、反映政府价值取向的社会折现率
外部性	不计入	计入
评价指标	财务内部收益率、财务净现值和投资回收期等	经济内部收益率、经济净现值和经济效益费用比等

五、经济分析的步骤

（一）在财务分析的基础上进行经济分析的步骤

1.效益和费用范围的调整

（1）剔除已计入财务效益和费用中的转移支付。

（2）识别项目的间接效益和间接费用，对能定量的应进行定量计算，不可量化的应进行定性分析。

2.效益和费用数值的调整

（1）建设投资的调整。剔除属于转移支付的引进设备、原材料等物料投入的关税、消费税和增值税，并用影子汇率和进口费用等参数对引进设备价值进行重新调整，对于国内设备价值则用其影子价格进行调整；根据建筑工程消耗的劳动力、建材、其他大宗材料、电力等，用影子工资及货物、电力的影子价格调整建筑费用，或通过建筑工程影子价格换算系数直接调整建筑费用；若安装费中的材料费占很大比重，或有进口安装材料，也应按材料的影子价格调整安装费用；用土地的影子价格代替占用土地的实际费用；调整其他费用。

（2）流动资金的调整。调整由于流动资金估算基础的变动引起的流动资金占用量的变动。

（3）经营费用的调整。可以先用货物的影子价格、影子工资等参数调整费用要素，然后加总计算出经济分析中的年经营费用。

（4）营业收入调整。先确定项目产出物的影子价格，然后重新计算营业收入。

3.编制表格与计算指标

编制项目投资经济效益费用流量表（见附表12-1），并据此计算经济内部收益率和经济净现值指标。

（二）直接进行经济分析的步骤

第一步，识别和计算项目的直接效益。对能为社会经济提供产出物的投资项目，首先，根据产出物的性质确定是否属于外贸货物；其次，根据定价原则确定产出物的影子价格；最后，按照项目的产出物种类、数量及其逐年的增减情况和产出物的影子价格计算项目的直接效益。对能为社会经济提供服务的投资项目，应根据提供服务的数量和用户的受益情况，按照愿支付价格计算项目的直接效益。

第二步，用货物的影子价格、土地的影子费用、影子工资、影子汇率、社会折现率等参数直接进行项目的投资估算。

第三步，流动资金估算。

第四步，根据生产经营的实物消耗和各种货物的影子价格、影子工资、影子汇率等参数计算经营费用。

第五步，识别项目的间接效益和间接费用。能定量的应进行定量计算，难以量化的应作定性分析。

第六步，编制有关表格，计算相应的技术经济指标。

第二节 经济分析基本原理

一、费用-效益分析

（一）费用-效益分析的原理

费用-效益分析是20世纪四五十年代在西方经济发达国家发展起来的一种分析方法，主要用于公共项目的评价和决策，只是近20年来才在发展中国家得到广泛应用和推广。我国在进行投资项目的经济分析时也采用费用-效益分析的方法。

费用-效益分析的基本问题是计算影子价格和项目未来的经济效益及费用，估算对未来效益和费用进行折现的社会折现率，并对净效益进行折现，最后对计算出的一系列技术经济指标进行分析和判断。其基本要求是，在费用一定的前提下取得最大的效益，或者是在效益一定的前提下耗用最小的费用。其基本技术经济指标是经济净现值和经济内部收益率等。用社会折现率对各年净效益进行折现，得出经济净现值，只有经济净现值为正值或为零时，该项目才值得实施；经济内部收益率大于或等于社会折现率，方能接受该项目或实施方案。在费用-效益分析中关键是确定影子价格和社会折现率等。

（二）费用和效益

经济分析是把社会经济作为一个整体，考察项目给其带来的效益或使其付出的代价，所以，经济分析中费用和效益的范围比财务分析中的费用和效益要宽得多。

对一个投资项目来讲，费用是指因项目建设而使社会经济所付出的代价，包括项目自身和社会经济其他部门或其他环节所付出的代价。项目的费用分为直接费用和间接费用。直接费用是指用影子价格计算的项目投入物的经济价值；间接费用是指社会为项目付出了代价，而项目本身并不需要支付的那部分费用。在经济分析中，项目的费用一般要求用机会成本来度量。项目投入物作为一种稀缺的资源，它有多种用途，投到该投资项目上，就失去了用于其他用途获得效益的机会，那么，这种投入物用于该投资项目上，使社会经济所付出的代价就是用于其他用途而可能获得的最大效益。机会成本实质上是被放弃的一种效益。用机会成本度量费用，就可以把项目的效益和费用放在一个共同可比的标准上进行度量和评价，即取得的效益与放弃的效益进行比较，前者大于后者，项目是可以接受的，说明项目所投入的资源得到了最佳使用；前者小于后者，项目是不能被接受的，说明项目所投入的资源未得到最佳使用。

项目的效益是指一个投资项目对社会经济所做的贡献。项目效益分为直接效益和间接效益。直接效益是指项目产出物用影子价格计算的经济价值；间接效益是指项目为社会做出了贡献，而该项目的投资者本身并未得到的那部分效益。在经济分析中，项目的效益一般要求用愿支付价格来度量。之所以用愿支付价格来度量，是因为存在消费者剩余。消费者剩余是消费者愿意为一种商品支付的金额与实际支付金额之间的差额。在有些情况下，一个项目不仅能够增加产品或服务的产出量，而且还可以降低消费者购买它的价格。如果项目所创造的效益等于新产出的数量与新价格的乘积，这一估计值就忽略了消费者剩余，即消费者愿意为购买某种产品或服务支付的最大金额与实际支付金额之差。原则上，增加的消费者剩余应视为项目效益的一部分。在有些情况下，即使不发生价格下降，也有可能产生消费者剩余。如果某种产品是以低于消费者愿意支付的价格定量供应，那么，在保持价格不变的同时增加供给就会增加消费者剩余，即超过消费者为供给增加而实际支付价格的金额（公用事业项目可能出现这种情况）。“之所以会产生剩余，是因为我们‘所得到的大于我们所支付的’，这种额外的好处根源于递减的边际效用。我们之所以能享受消费者剩余，基本的原因在于：对于我们所购买的某一物品的每一单位，从第一单位到最后一单位，我们所支付的是相同的价格……但是根据边际效用递减这一基本规律，对于我们来说，前面的各单位都要比最后一单位具有更高的价值。因此，我们就这样从前面的每一单位中享受到了效用剩余。”①

（三）外部性

1.外部性及其特点

外部性也称外部效果、外部效应和溢出效应。在生产和消费过程中，当有人被强加了非自愿的成本或利润时，外部性就会产生。更为准确地说，外部性是一个经济机构对他人福利施加的一种未在市场交易中反映出来的影响。如航空公司制造了大量噪声，它们一般不会因干扰了机场附近的居民而向他们进行补偿。而另外一些公司，因为大量投资于研究和开发，会给社会的其他成员带来许多利益，而这些成员对其并没有任何支付。这些案例说明，一项活动（包括经济活动）可能在市场交易之外有助于或有损于他人的利益，也即存在着根本不发生经济支付的经济交易。外部性的特征为：

（1）外部性是经济活动的一种溢出效应，在受影响者看来，这种溢出效应不是自愿接受的，而是对方强加的。

（2）经济活动对他人的影响并不反映在市场机制的运行过程中，而是在市场运行机制之外。市场机制的基本特征是，如果经济主体的活动引起了其他经济主体收益的增减变化，这一经济主体必须以价格形式向对方索要或支付货币。而如果发生了外部性，并不会有表现为价格形式的货币支付。因此说，外部性发生于市场运行机制之外。

（3）从项目经济评价的角度看，外部性的概念容易理解，但很难度量；很容易描述，但很难界定。

2.外部性的处理方式

外部性表现为多种形式，有些是正的外部性（外部经济性），有些是负的外部性（外部不经济性）。一般说来，对于外部不经济的产品，市场会生产过度；而对于外部经济的产品，市场又会生产不足。在经济分析中，要考察项目的外部性。因为，从整个经济的角度，不论是负的效果还是正的效果，都是有项目以后产生的实际费用和效益，所以在经济分析中应当计入项目的费用或效益。项目所产生的外部经济性作为其间接（外部）效益；项目所产生的外部不经济性作为其间接（外部）费用。一个投资项目的外部性，从项目本身反映不出来，而反映在社会经济的其他部门、其他企业或其他环节。在经济分析中，必须充分考虑项目所产生的外部性，实际上，这也是经济分析的一个主要任务。

项目的外部性可以是有形的，也可以是无形的；有的可量化，有的则不易或不能量化。项目的间接费用是由于项目存在而使项目以外的主体所受到的全部损失，工业项目的“三废”对空气或水的污染就是一个比较典型的例子。工业生产过程中排泄的废物会给社会生产和社会生活带来损失，特别是对周围的农业生产和居民生活造成损失。项目的间接效益是由

① 萨缪尔森，诺德豪斯. 经济学［M］. 萧琛，译. 19版. 北京：商务印书馆，2013.

于项目存在而使项目以外的主体所享有的利益，例如，在建设一个钢铁厂时修建了一条厂外铁路运输线，这条线路除为钢铁厂服务外，还可以为当地的生产和生活服务，降低了该地区的运输费用，使当地工业、农业和居民得益。又如，有一部分企业由于原材料供不应求而不能充分发挥生产能力，而有一个拟建项目所生产的产品正好是这种原材料，这样，项目投产以后可缓解市场的紧张局面，使供需达到基本平衡，从而可以提高这部分企业的生产能力利用率，那么，这些企业所增加的效益的其中一部分应算做该项目所带来的间接效益。

从目前情况来看，对项目所带来的外部性还没有一种令人满意的统一的处理办法。但有一点已形成共识，即不能笼统地予以忽略。在进行经济分析时，要设法鉴别它们，如果确实重要，就要尽力衡量其大小。即使确实不能量化，也要阐述其内容，并作定性分析。所谓“不能量化”有两层含义：①已知要产生的但无法定量的外部性；②不能估价的外部性。在实际工作中，定量和估价的困难通常是并存的。在经济分析中，这种非量化的外部性往往不可忽略。项目评价人员切不可认为可量化的结果比不可量化的结果更重要，因为这样可能会导致决策失误。项目评价报告一定要考虑重要的无法定量和不能估价的外部性，说明它们的性质和范围。虽然经济分析中的效益和费用不能体现这些外部性，但在综合分析中应当考虑到，在某些情况下，它们可能会影响判断和决策。有时，也可以把外部效果内部化，即生产者产生的外部费用或外部效益进入其生产决策，由他们自己承担或“内部消化”，以解决外部性的问题。

二、经济分析参数

经济分析参数是指在投资项目的经济分析中为计算费用和效益，衡量技术经济指标而使用的一些参数。制定经济分析参数，实际上也是政府干预的一种重要方式，所以，从理论上讲，经济分析参数应反映最佳的资源分配、宏观经济目标、政府价值判断和一定时期的经济政策等。经济分析参数既是数量度量标准，也是价值判别标准，在经济分析中有着重要的作用，直接影响着一个投资项目评价和选择的结果。

原则上，经济分析参数对所有部门、地区和投资项目都应是一致的，只是在非常特殊的条件下才有可能不一致。例如，对于一些由于历史和自然条件等原因而比较落后的地区和那些国家急需发展的或从战略考虑比较重要的部门的投资项目，可能不用统一的经济分析参数。

经济分析参数随着时间进程而应不断变化。在不同时期，政府有不同的价值判断、经济发展目标和经济政策，相应地应当有不同的经济分析参数。随着经济的发展，项目经济分析方法和理论体系日臻完善，经济分析参数也要不断地进行测算和修订，力求达到资源的最佳配置，充分反映政府的价值判断、经济和社会发展的目标，以及一定时期的经济政策。

在经济分析中，经济分析参数主要包括社会折现率、影子汇率换算系数、影子工资换算系数和土地影子价格等。其中，社会折现率和影子汇率换算系数是经济分析中必须采用的。根据国家发改委、建设部发布的《关于建设项目经济评价工作的若干规定》的要求，经济分析中采用的社会折现率、影子汇率换算系数等，由国家发改委与建设部组织测定、发布并定期调整。有关部门（行业）可根据需要自行测算，补充经济分析所需要的其他行业参数，并报国家发改委与建设部备案。

（一）社会折现率

社会折现率是指项目经济分析中衡量经济内部收益率的基准值，是计算项目经济净现值的折现率，也是项目经济可行性和方案比选的主要根据。从这个意义上说，社会折现率是投资项目决策的重要工具。适当的社会折现率可以促进资源的合理分配，引导资金投向对社会经济净贡献大的投资项目。原则上，选取的社会折现率应能使投资资金的供需基本平衡。如果社会折现率定得过高，投资资金供过于求，将导致资金积压，也会过高估计货币的时间价值，使投资者偏爱短期项目；如果定得过低，在经济分析中有过多的项目通过检验，将导致投资资金不足，同时也会过低估计货币的时间价值，使投资者偏爱长期项目。

社会折现率应根据国家的社会经济发展目标、发展战略、发展优先顺序、发展水平、宏观调控意图、社会成员的费用效益时间偏好、社会投资收益水平、资金供给状况和资金机会成本等因素综合测定。根据国家发改委和建设部发布的《关于建设项目经济评价工作的若干规定》的要求，目前测定的社会折现率为8%；对于受益期长的投资项目，如果远期效益较大，效益实现的风险较小，社会折现率可适当降低，但不应低于6%。

（二）影子汇率

影子汇率在经济分析中将外汇折算为人民币，对于非美元的其他国家货币，可先按当时国家外汇管理局公布的汇率折算为美元，再用影子汇率折算为人民币。影子汇率影响投资项目决策中的进出口决策，间接影响项目的经济合理性。一般认为，在国家实行外汇管制和没有形成自由外汇市场的条件下，官方汇率（国家公布的正式汇率）往往低估了外汇的价值。所以，经济分析中必须对官方汇率进行调整，选用较能反映外汇真实经济价值的影子汇率，即外汇的机会成本。外汇的机会成本是在一定的经济政策和经济状况下，由于项目投入或产出减少或增加外汇收入而给社会经济带来的净损失或净效益。对于投入物来讲，是指因为投入1美元的外汇，国家实际要支付或要消耗多少人民币；对产出物来讲，是指因为增加1美元的外汇，国家实际所得到的人民币收入。影子汇率通过影子汇率换算系数计算，影子汇率换算系数是影子汇率与国家外汇牌价的比值。影子汇率应按下式计算：

$$影子汇率=外汇牌价\times影子汇率换算系数 \tag{12-1}$$

根据我国外汇收支、外汇需求、进出口结构、进出口关税、进出口增值税及出口退税补贴等情况，目前我国的影子汇率换算系数取值为1.08。

（三）影子工资

在经济分析中，用影子工资度量劳动力费用。影子工资是指拟建项目使用劳动力，而使社会为此而付出的代价。影子工资由两部分组成：一是劳动力的机会成本，即由于所分析项目的建设而使其他部门流失的劳动力的边际产出；二是因劳动力就业或转移所增加的社会资源消耗，如交通运输费用、城市管理费用和安家补偿费等。这些资源是因项目存在而消耗的，但并没有因此提高劳动力的生活水平。

在经济分析中，以影子工资作为劳动力费用，并计入经营费用。从理论上讲，影子工资包括劳动力的机会成本和社会为劳动力的就业或转移所消耗的资源价值。但实际上，劳动力的机会成本是很难计算的，即难以准确地计算出已有的边际劳动力产品，至于后一部分的估算就更加困难了，因为在项目评价阶段，难以预测项目建成或投产时会增加多少社会资源的消耗。所以，一般以财务分析中的现行工资及福利费为基础，乘一个影子工资换算系数，即变换为影子工资。影子工资换算系数是指影子工资与项目财务分析中劳动力工资的比值。影子工资可按下列计算：

影子工资=财务工资×影子工资换算系数 (12-2)

选用影子工资换算系数应坚持的原则为：一般的项目，可选用1.0，对于某些特殊项目，在有充分依据的前提下，可根据项目所在地的劳动力的充裕程度，以及项目技术的特点，适当提高或降低影子工资换算系数，即或者大于1.0，或者小于1.0。若是项目所在地区就业压力大，或所用的劳动力大部分是非熟练劳动力，那么可取小于1.0的影子工资换算系数，如可取0.2~0.8的影子工资换算系数。因为在这种情况下，劳动力的机会成本是相对比较小的。若是占用大量短缺的专业技术人员的投资项目，可取大于1.0的影子工资换算系数。因为在这种情况下，劳动力的机会成本相对比较大，为培训、转移所消耗的社会资源也较多。上述只是给出一个范围，在确定一个具体数值时，还要由项目评价人员根据项目的特点和项目环境，按照上述原则进行分析和选择。根据国家发改委和建设部发布的《关于建设项目经济评价工作的若干规定》的要求，可选择0.5作为非熟练劳动力影子工资换算系数。

第三节 费用与效益的鉴别与度量

一、费用和效益鉴别与度量的原则

（一）费用和效益鉴别的原则

费用和效益的鉴别应遵循以下原则：

1.增量分析的原则

项目经济分析应建立在增量费用和增量效益鉴别与计算的基础之上，不应考虑沉没成本和已实现的效益。应按照“有无对比”增量分析的原则，通过项目的实施效果与无项目情况下可能发生的情况进行对比分析，作为计算机会成本或增量效益的依据。

2.考虑关联效果的原则

项目经济分析应考虑项目投资可能产生的其他关联效应。

3.以本国居民作为分析对象的原则

对于跨越国界对本国之外的其他社会成员产生影响的项目，应重点分析对本国居民新增的费用和效益。项目对本国以外的社会群体所产生的效果，可进行单独陈述。

4.剔除转移支付的原则

转移支付代表购买力的转移行为，接受转移支付的一方所获得的效益与付出方所产生的费用相等，转移支付行为没有导致新增资源的发生。在进行经济分析时，一般不得再计算转移支付的影响。

（二）费用和效益度量的原则

费用与效益的度量应遵循以下原则：

1.支付意愿原则

项目产出物的正面效果的计算遵循支付意愿原则，用于分析社会成员为项目所产生的效益愿意支付的价值。

2.受偿意愿原则

项目产出物的负面效果的计算遵循接受补偿意愿原则，用于分析社会成员为接受这种不利影响所得到补偿的价值。

3.机会成本原则

项目投入的经济费用的计算应遵循机会成本原则，用于分析项目所占用的所有资源的机会成本。机会成本应按资源的其他最有效利用所产生的效益进行计算。

4.实际价值计算原则

项目经济分析应对所有费用和效益采用反映资源真实价值的实际价格进行计算，不考虑通货膨胀因素，但应考虑相对价格变动。

二、费用的鉴别与度量

鉴别和度量费用有以下四种情况：

（一）因项目建设而增加项目所需投入物的社会供应量

因项目大量使用投入物，可能促使社会通过增加生产量来满足这种需求。也就是说，社会为满足增加的需求量消耗了有限的资源。项目所需投入物所带来的费用是为增加社会供给量所消耗的资源的真实成本，也就是作为项目投入物的资源的机会成本。

（二）减少对其他相同或类似企业的供给量

项目所需的投入物可能是由减少对其他企业的供应量而转移过来的。在这种情况下，项目的费用就是这些其他企业因减少该种投入物的供应量而相应减少的产量用影子价格计算的边际效益。

（三）增加进口或减少出口

增加进口是指投资项目建设使国家不得不增加进口，以满足项目对投入物的需要。在这种情况下，项目的费用可看做国家为增加进口而多支付的外汇。减少出口是指因项目使用了国家准备用来出口的商品作为投入物，从而减少了国家的出口量。在这种情况下，项目的费用可看做国家因减少出口而损失的外汇收入。

（四）间接费用

如上所述，经济分析中的间接费用是指负的外部性（也即外部不经济性）。一个投资项目所能产生的间接费用主要是环境污染所造成的损失。环境污染有空气污染、水污染、固体废物的堆积和噪音造成的污染等。对于项目所造成的污染，首先要进行鉴别，并与国家规定的标准进行比较，考察污染的程度。然后，对污染所造成的损失，能用货币量化的尽可能量化，并计入与项目效益对应的费用项中；量化确实有困难的可作定性分析，如果污染确实严重，可以通过定性分析结果否定该项目。量化可以从三个角度考虑：一是为了清除污染或减少污染社会所消耗的资源的价值；二是由环境污染导致的其他企业或有关单位和人群的效益下降；三是项目为其产生的污染所支付的赔偿金和罚款等。

三、效益的鉴别和度量

（一）项目投产后增加社会总的供给量

项目投产后所生产的产品，可能会增加国内的最终消费品或中间产品。从理论上讲，其效益要用消费者或用户的愿支付价格度量。在目前情况下，这种愿支付价格不易确定，可以用依据调价方法调整后的价格度量。当然，在经济分析中，只要稍作努力就可以确定愿支付价格时，还是要用愿支付价格度量。

（二）项目投产后减少其他相同或类似企业的产量

项目投产后所生产的产品，可能并没有增加整个社会经济的该种产品的数量而是替代了其他企业的相同或类似产品，使其产品减少了同等数量。从理论上讲，此种情况下的项目效益是被替代企业因为停产或减少产量而节省的资源价值。这些资源的价值也应当用愿支付价格度量。

（三）增加出口或减少进口

增加出口是指因项目投产后生产的产品而增加了国家出口产品的数量。在这种情况下，项目效益是国家因此而增加的外汇收入。减少进口是指项目投产后生产的产品可以替代进口产品，减少国家等量产品的进口。在这种情况下，项目效益是国家因此而节省的外汇。

（四）间接效益

如上所述，在经济分析中的间接效益是指正的外部性（也即外部经济性）。一个投资项目间接效益的表现形式是多种多样的，在经济分析中所考虑的间接效益主要包括以下几个方面：

1.技术培训和技术推广

在某个地区建设一个使用新工艺或新技术的投资项目，会培养和造就数量众多的工程技术人员和管理人员，这些人才所带来的效益大部分为项目所吸收，但因为人才的流动、技术的交流，这些人才可能会给该地区乃至整个社会经济的发展带来好处。这部分间接效益比较容易鉴别，但很难量化，在经济分析中一般可只作定性分析。

2.给上、下游企业带来的效益

上游企业是指为项目提供原料或半成品的企业；下游企业是项目为其提供原料或半成品的企业。之所以会给上、下游企业带来效益，这是由于项目的“联系效应”所致。所谓“联系”，是指一个部门（或项目）在投入或产出上与其他部门（或项目）之间的关系。一个部门（或项目）和向它提供投入的部门（或项目）之间的联系叫作“后向联系”，也就是项目与上游企业的联系；一个部门（或项目）和吸收它的产出的部门（或项目）之间的联系叫做“前向联系”，也就是项目与下游企业的联系。我们把项目与下游企业的联系产生的效果叫“前联”效果，把项目与上游企业的联系产生的效果叫“后联”效果。产生“前联”效果的项目，一般是指基础工业项目，如原材料工业、能源工业、交通运输业项目等。在整个社会经济中，可能由于原料产品或中间产品缺乏会使一大批有效益的加工和制造项目失去投资的机会，而所评价的基础工业项目投产后，会给这些项目创造投资和取得效益的机会。产生“后联”效果的项目，一般是指加工和制造工业项目，此类项目的建立会刺激和鼓励那些为其提供原料或半成品的工业发展。项目的“前联”和“后联”效果，也即项目对上、下游企业产生的效益主要表现在以下两个方面：

（1）项目投产后，使上、下游企业闲置的生产能力得以充分利用而增加了净效益。如某投资项目，在建设之前，因为为其提供原材料的企业产品的市场需求不足，因而不能充分利用现有的生产能力。该项目投产后，增加了市场需求量，使得上游企业提高了生产能力利用率，增加了净效益。

（2）项目投产后，使上、下游企业的生产规模达到了规模经济。特别是上游企业，因为为了满足对投入物所增加的需求量，不得不增加该种产品的供给，从而使其增加生产规模，达到规模经济。

项目对上、下游企业产生的效益是非常复杂的，在鉴定时要进行充分的分析和论证。对于第一个方面的表现要有两个条件：一是未被利用的生产能力是国内需求不足或供给不足所致，除采取拟建投资项目投资措施外，并没有其他办法可以提高需求量或增加供给；二是只考虑整个项目生产期内这种闲置生产能力被利用所增加的净效益。

对于第二个方面的表现也要有两个条件：一是上游和（或）下游企业的生产规模处于规模不经济状态；二是上、下游企业达到规模经济除采取拟建投资项目投资措施外，别无其他途径可以使其达到规模经济状态。

从实践来看，在计算上、下游企业的效益时，往往重视第一个方面的表现，因为它可能产生较大的可量化的间接效益，而对第二个方面的表现可忽略不计，因为对其鉴别和度量比较困难，产生的影响用数量表示又不是很明显。除非情况特殊，一般不值得花很大的精力考察这部分间接效益。

四、转移支付

如前所述，在鉴别和度量效益与费用时，要剔除转移支付。转移支付是指货币资金在不发生相应货物和服务交换的情况下，在一国居民间的转移，或者是将一部份资源的支配权从一些人手中转移到另一些人手中，同时不增加也不减少经济整体（系统）可用的资源总量。在投资项目的经济分析中，转移支付是指那些既不需要消耗经济资源，又不增加经济收入，只是一种归属权转让的款项，也可以说，涉及投资项目时的转移支付，是指项目费用或效益在项目实施机构向本国其他群体或个人的再分配，主要包括税金、补贴、国内借款及利息等。

（一）税金

税金是企业或个人向政府的转移支付。列为转移支付的税金包括税金及附加、房产税、城镇土地使用税和车船税等。在财务分析中，房产税、城镇土地使用税和车船税在管理费用中列支，计为项目的支付；税金及附加是企业拿出按营业收入的一定比例计算的款项上缴给国家财政，也是项目的支付。但经济分析是站在社会经济角度考察项目，以是否增加社会经济收入来判定费用或效益的，各种税金支付实际上并不耗费任何资源，只是项目所在部门把这笔款项交给政府部门。因而在经济分析中，这些税金一般不应列入项目的费用，否则就会高估项目的经济代价，从而降低项目的效益。但有一些税金往往是校正项目外部效果的一种手段，这类转移支付不可剔除，可以用于计算外部效果。

（二）补贴

补贴是政府向个人的转移支付，在经济分析中，补贴是指根据国家政策的规定给某种产品的价格补贴。我国在价格体系不合理的条件下，往往采取价格补贴的方式，鼓励人们消耗或购买某种产品。这种补贴，对作为使用者的项目来讲，它少支付了相当于补贴金额的款项，意味着项目降低了成本，增加了效益。因此，在财务分析中，这部分价格补贴金额表现的是项目的效益。但从社会经济角度考察项目，可以看出，为生产这些包含价格补贴的产品所消耗的资源并没有因价格补贴而减少，社会经济收入也没有因此而增加。所以，这种补贴实质上是与税金方向相反的转移支付。因而在经济分析中，一般不应把这种补贴作为项目的效益，以免低估项目的经济代价，人为地增加项目的效益。但与税金一样，作为校正项目外部效果手段的补贴不可剔除，可以用于计算外部效果。

(三)国内借款及利息

国内借款及其偿还是一种转移支付，因为借款及还款并不存在资源的消耗，只是资源在金融机构和项目实施机构之间的转移。借款表示资源的所有权从金融机构转移给借款一方；还借款时，借款一方又把资源的所有权转移给了金融机构。在财务分析中，国内借款利息是作为项目的费用来处理的，但从社会经济角度考察项目，它也属于一种转移支付，即由项目拿出一部分款项转付给国内的金融机构。这种转付并没有因此而增加社会经济的收入或增加社会经济的资源消耗。因而，在经济分析中，不应把国内借款利息列入项目费用。

第四节　项目经济分析参数与价格调整

一、货物影子价格

价格是经济分析中的一个关键因素，是度量项目费用和效益的统一尺度。价格合理与否关系到费用和效益计算的正确性，从而关系到分析结果的客观性。合理的价格应当是反映市场供求关系和资源稀缺程度，使资源得到合理配置的价格。随着我国经济的发展、市场化水平的不断提高和贸易范围的不断扩大，相当一部分产品的现行价格基本反映了市场供求关系和资源稀缺程度，但仍然有一部分产品的现行价格不反映或不完全反映上述因素，原因有以下三点：

1.历史原因

为了鼓励工业的优先发展，工业产品，特别是加工工业产品的价格定得偏高。随着劳动生产率的提高，工业产品的社会劳动消耗不断下降，而与此同时，有些资源（如能源、木材和矿物等初级产品）相对紧缺，且开采条件逐渐恶化，社会劳动消耗不断增加，但价格调整不及时，致使加工工业产品的价格偏高，而原材料、能源等初级产品的价格偏低。尽管我国政府不断采取政府干预的方式，提高原材料、能源等初级产品的价格，但相对于加工工业产品的价格，这些产品的价格还是普遍偏低。

2.政府补贴

我国政府为了保障人民的基本生活，对一些生活必需品如水、煤气等实行相对的低价供应，政府为此每年需提供大量补贴。这些物品的低价格使人们低估了它们的边际社会效益。

3.关税保护

多年来，政府为了扶持某些行业（如汽车、计算机等）的发展，对这些工业产品实行进口限制或征收比较高的进口关税，以维持相对较高的国内市场价格。尽管我国已加入世界贸易组织，所有产品和服务的价格都要与国际市场接轨，但对某些产品和服务还要提供一定时期和一定程度的关税保护。

如果用这样的失真价格来分析、评价项目，往往会得出不正确的结论。因为在一个价格被“扭曲”了的市场上，由于价格体系的失真，采用现行市场价格进行经济分析的结果，不足以反映一个投资项目对社会经济的贡献。所以，在经济分析中，要用合理的价格对投入物和产出物的现行价格进行调整，我们借助经济数学的定义，将这种合理的价格称为影子价格。

影子价格的概念是20世纪30年代末40年代初由荷兰数理经济学、计量经济学创始人之一詹恩·丁伯根和苏联数学家、经济学家康特罗维奇分别提出来的。原来意义上的影子价格是指当社会经济处于某种最优状态时，能够反映社会劳动的消耗、资源稀缺程度和对最终产品需求情况的价格。也就是说，影子价格是人为确定的，是比市场交易价格更为合理的价格。这里所说的“合理”的标志，从定价原则来讲，应当能更好地反映产品的价值、市场供求关系和资源的稀缺程度；从产生的效果来讲，应当能使资源配置向优化的方向发展。

这种原来意义上的影子价格是通过线性规划计算出来的，规划从优化资源配置出发，本身并不含资源的价格，但由于对偶规划的存在，一旦实现了资源的最佳配置，各种资源的最优计划价格也就如影随形地产生了。这就是影子价格这一用语的由来，也就是我们通常所说的“影子价格是线性规划对偶解”的含义。这种求影子价格的方法在理论上比较严密，但因为受各方面条件的限制，很难用这种方法计算出来。根据国外的一些做法和我国的实际情况，一般以口岸价格（国际市场价格，下同）为基础确定投入物和产出物的影子价格。

二、调价范围和货物的划分

（一）价格调整的理论基础

在投资项目的经济分析中，需要进行价格调整。在我国目前的市场经济条件下，产品市场不能达到普遍的完全竞争，现行市场价格就不可能反映这些产品的社会价值，那么在进行经济分析时，就必须调整市场价格，使之达到社会最优。同样，如果要素市场不能实现普遍的完全竞争，要素的市场价格就不能反映它们对社会的机会成本，从而实现不了社会的最优状态。如劳动力这样的闲置资源可能被估价过高，资本和外汇这样的稀缺资源可能被估价过低。因此，市场价格必须校正，直到能正确反映这些资源的社会价值。如上所述，从理论上讲，产出物的现行市场价格一般用愿支付价格进行调整，投入物的现行市场价格用机会成本进行调整。但这种理想化的价格调整，将耗费大量的时间和资金，所以，在实际的经济分析中，我们一般考虑用接近合理的价格代替现行的市场价格。

（二）价格调整的范围

如上所述，由于国内的现行价格不能保证都是合理价格，因此需要在进行经济分析时对投入物和产出物的价格进行调整。这里所说的价格不合理，指的是现行价格体系不合理，并不否认有些产品的价格基本合理。另外，有些投入物和产出物在项目的费用和效益中占的比重较大，调整其价格对项目的总费用量或总效益量影响比较大；而有些投入物和产出物在项目的费用和效益中占的比重较小，调整其价格对项目的总费用量或总效益量影响比较小。因此我们可以得出结论，即并不是每一种投入物和产出物都要调价，而是有一个大致的范围，即有两个约束条件：一是价格严重不合理；二是在总费用或效益中占的比重较大。只有符合这两个条件的投入物和产出物，才需要调整其价格。

（三）货物的划分

调整价格就是把不合理的现行价格调整为基本合理的价格——影子价格。在确定影子价格时，我们把项目的投入物和产出物划分为可外贸货物、不可外贸货物和特殊投入物三种类型。

可外贸货物是指其生产、使用将直接或间接影响国家进出口水平的货物。可外贸货物包括所有的外贸货物，以及我国在自由贸易条件下可以进口或出口，但由于存在诸如进口关税这样的贸易壁垒而不能进口或出口的货物。产出物中包括直接出口、间接出口（替代其他企业的产品使其增加出口）或替代进口；投入物中包括直接进口、间接进口（占用其他企业的投入物使其增加进口）或减少出口（占用原可用于出口的国内产品）。

不可外贸货物是指其生产或使用不影响国家进出口水平的货物。除基础设施产品和服务外，它还包括受运输、贸易政策等条件限制不能进行外贸的货物。也可以说，不可外贸货物是指就其性质而言无法外贸的货物，或者是指从经济上讲外贸不合算的货物。

特殊投入物包括劳动力、土地和自然资源。

三、可外贸货物影子价格的确定方法

影子价格属于重要的经济分析参数，一般应由国家权威机构测算并发布。但作为可投入和产出的货物成千上万，因受各方面条件的限制，不可能测算出所有的投入物和产出物的影子价格，大部分还需要项目评价人员自己进行测算。为此，需要了解确定影子价格的基本方法，特别是可外贸货物影子价格的确定方法。

（一）产出物（以出厂价计算）的定价方法

属于可外贸货物的产出物包括直接出口的产出物、间接出口的产出物和替代进口的产出物等。其影子价格的计算公式为：

产出物的影子价格（出厂价）=离岸价格（FOB）×影子汇率-出口费用 （12-3）

式中：离岸价格（FOB）——出口货物运抵我国出口口岸交货的价格；出口费用——货物进出口环节在国内所发生的所有相关费用，包括运输、储运、装卸、保险等各种费用支出及物流环节的各种损失、损耗等。

（二）投入物（以进厂价计算）的定价方法

属于可外贸货物的投入物包括直接进口的投入物、间接进口的投入物和减少出口的投入物等。其影子价格的计算公式为：

投入物的影子价格（到厂价）=到岸价格（CIF）×影子汇率+进口费用 （12-4）

式中：到岸价格（CIF）——进口货物运抵我国进口口岸交货的价格，包括货物进口的货价、运抵我国口岸之前所发生的境外的运输和保险费；进口费用——货物进出口环节在国内所发生的所有相关费用，包括运输、储运、装卸、保险等各种费用支出及物流环节的各种损失、损耗等。

四、不可外贸货物影子价格的确定方法

（一）产出物的定价方法

不可外贸产出物影子价格的确定有以下两种情况：

第一种，增加供应数量满足国内消费的产出物。供求均衡的，按财务价格定价；供不应求的，参照国内市场价格并考虑价格变化的趋势定价，但不应高于相同质量产品的进口价格；无法判断供求情况的，取上述价格中的较低者。

第二种，不增加国内供应数量，只是替代其他相同或类似企业的产出物，致使被替代企业停产或减产的。质量与被替代产品相同的，应按被替代企业相应的产品可变成本分解定价；提高产品质量的，原则上应按被替代产品的可变成本加提高产品质量而带来的社会经济效益定价。其中，提高产品质量带来的效益，可近似地按国际市场价格与被替代产品的价格之差确定。

产出物按上述原则定价后，再计算出厂价格。

（二）投入物的定价方法

不可外贸投入物影子价格的确定有以下三种情况：

第一种，能通过原有企业挖潜（不增加投资）增加供应的，按可变成本分解定价。

第二种，在拟建项目计算期内需通过增加投资扩大生产规模来满足拟建项目需要的，按全部成本（包括可变成本和固定成本）分解定价。当难以获得分解成本所需要的资料时，可参照国内市场价格定价。

第三种，项目计算期内无法通过扩大生产规模增加供应的（即只能减少原用户的供应量），参照国内市场价格与国家统一价格加补贴（如有时）中较高者定价。

投入物按上述原则定价后，再计算进厂价格。

（三）不可外贸货物的成本分解方法

1.成本分解法的基本原理

测算不可外贸货物的影子价格，成本分解法是一种重要的方法。用分解成本作为某些产出物或投入物的影子价格，是基于如下判断：

（1）口岸价格基本代表了国际市场价格，国际市场价格是基本合理的价格，对现行价格进行调整，应以口岸价格为基础。

（2）外贸货物的影子价格以口岸价格为基础进行测算，不可外贸货物也必须以相同的基础来估价，以保证每种产出物和投入物都始终以相同的基础进行估价。当然，不可外贸货物不能直接以口岸价格为基础定价，因为它们不是外贸品。但生产不可外贸货物所用的原材料、零部件、燃料、动力等可能有外贸货物。

为了符合上述判断，要对不可外贸货物的财务成本进行分解，并分别对各生产费用要素进行调价，其中的外贸货物以口岸价格为基础，按照外贸货物的调价方法调价，不可外贸货物用规定的方法调价。

用成本分解法测算影子价格的不可外贸货物，在产出物中仅包括项目产品替代其他同类企业产品，致使被替代企业停产或减产的情况；或在投入物中，除减少原用户的供应量的情况外，通过现有企业挖潜和通过增加投资扩大生产规模来满足项目对投入物的需求的情况，都要用成本分解法调价。分解成本可分解变动成本，还可分解总成本。对于上述的产出物和通过现有企业挖潜满足项目投入物需求的情况，用分解变动成本的方法调价；对通过增加投资扩大生产规模满足项目投入物需求的情况，则用分解总成本的方法调价。

2.成本分解的程序

分解成本，首先，对所分解的投入物或产出物按现有生产该种物品的企业的成本费用要素进行分解，并剔除其中的税金，因为税金属于转移支付，不计入物品的费用。这里的税金主要是指包括在成本中的房产税、城镇土地使用税、车船税、进口原材料的关税、进口增值税等。其次，对分解出来的原材料、燃料、动力及其他物料投入进行分类，分为外贸货物、不可外贸货物、特殊投入物，并按规定的各自调价方法分项进行调价。其中重要的是，在总费用中占比重较大的属于不可外贸货物的物料投入要进行第二轮分解。最后，调整在生产费用中的折旧和流动资金贷款利息。因为折旧是用静态方法计算出来的，并且作为计算基础的建设投资是没有调过价的，对其调整就是要用调过价的建设投资作为计算基础并以动态方法进行计算。流动资金贷款利息调整是基于这样的考虑：在原成本费用中，利息是按照没有调过价的流动资金计算的，所用的利率是现行利率，对其调整，就是要按调过价的流动资金和社会折现率来重新计算。

成本分解的具体步骤为：

（1）按费用要素列出某种不可外贸货物的财务成本、单位货物的建设投资额及流动资金，并列出该项目的建设期限、建设期各年的投资比例。

（2）剔除上述数据中包含的税金。

（3）对外购原材料、燃料和动力等投入物的费用进行调整。其中有些可直接使用给定的影子价格或换算系数。对重要的外贸货物应自行测算其影子价格，重要的不可外贸货物可留待第二轮分解。有条件时，也应对投资中某些占比例较大的费用项目进行调整。

（4）工资及福利费和其他费用原则上不予调整。

（5）计算单位货物总投资（包括建设投资和流动资金）的资金回收费用（M），对折旧和流动资金利息进行调整。其计算公式为：

$$M=(I-S_v-W)(A/P,\ i_s,\ n_2)+(W+S_v)i_s \tag{12-5}$$

又因为$I=I_F+W$，故上式也可写为：

$$M=(I_F-S_v)(A/P,\ i_s,\ n_2)+(W+S_v)i_s \tag{12-6}$$

当$S_v=0$时，则：

$$M=I_F(A/P,\ i_s,\ n_2)+Wi_s$$

式中：I——换算为生产期初的全部投资；I_F——换算为生产期初的建设投资，按可变成本分解时，I_F为零；W——流动资金占用额；S_v——计算期末回收的固定资产余值；i_s——社会折现率；n_2——生产期。

可由下列求得I_F：

$$I_F=\sum_{t=1}^{n_1}I_t(1+i_s)^{n_1-t} \tag{12-7}$$

式中：I_t——建设期第t年调整后的建设投资；n_1——建设期。

（6）必要时对上述分解成本中涉及的重要的不可外贸货物进行第二轮分解。

完成以上各步骤之后，即可得到该种货物的分解成本。

成本分解法是比较复杂的，如果项目评价人员掌握充分的资料，可以采取成本分解法为相应的不可外贸货物定价；如果项目评价人员缺乏必要的资料，可以放弃这种方法，而考虑以下方法：①如果项目处于竞争性市场环境中，可以采用市场价格作为计算项目投入物或产出物的影子价格的依据；②如果项目的投入和产出的规模很大，项目的实施足以影响其市场价格，导致“有项目”与“无项目”两种情况下市场价格不一致，可以取二者的平均值作为测算影子价格的依据。

五、特殊投入物影子价格的确定方法

（一）劳动力影子价格的确定方法

劳动力影子价格即为劳动力的影子工资。其计算公式为：

劳动力的影子价格=财务分析中所用的工资及福利费×影子工资换算系数 （12-8）

影子工资换算系数由国家统一测定发布。如前所述，影子工资换算系数的大小取决于项目所在地区劳动力的充裕程度以及项目所用劳动力的技术熟练程度。项目所在地区劳动力越充裕，项目所用劳动力的技术熟练程度要求越低，影子工资换算系数越低，反之亦然。这里需要注意如下三个方面的问题：

第一，并不是所有的投资项目在进行经济分析时，都要用影子工资换算系数进行换算。如果工资部分在项目的总成本中占有较大的份额，并且是劳动力密集型投资项目时，就必须用影子工资换算系数进行换算，把财务分析中的实际工资额换算成劳动力的真实费用；如果工资部分相对于成本中的其他部分所占的份额很小时，可能就没有必要进行换算了。

第二，计算劳动力的影子价格是一个比较复杂的工作过程，得出一个很精确的数值是非常困难的。因此，可以先根据有限的数据估算出一个大致的近似值，然后再对影子工资（近似值）进行敏感性分析。如果这个分析表明，一个投资项目的经济内部收益率对于影子工资的变化不是太敏感，可以不去作进一步的精算；如果一个投资项目的经济内部收益率对于影子工资相对来说比较敏感，就可能要进一步精算，以计算出劳动力的真实费用。

第三，有些投资项目可能涉及从国外雇用熟练劳动力——管理人员、专业技术人员和技术工人等，向他们支付的所有费用都有机会成本。流向国外的支付款项（包括工资和福利）是一种国外支付，应按实际发生的费用考虑。

（二）土地影子价格的确定方法

土地影子价格是指项目使用土地资源而使社会付出的代价。土地作为投资项目的一项投入，社会经济为此而付出的代价为增加的资源消耗和土地的机会成本。因此，土地影子价格可用社会经济为项目使用土地而增加的资源消耗和土地的机会成本来度量。土地影子价格应按下式计算：

土地影子价格=土地机会成本+新增资源消耗 (12-9)

社会经济为土地投入而增加的资源消耗是指该投资项目所支付的拆迁补偿费和安置补助费等。无项目，不会发生这部分支付；有项目，这部分资源的消耗不可避免。这部分费用在项目的投资中已经支付，经济分析中仍作为费用处理。

对于土地的机会成本有两种考虑：若投入的土地除该投资项目使用外，别无其他潜在用途（如该土地是荒山秃岭），则土地作为一种投入，其机会成本为零；若投入的土壤还可作他用，则土地作为一种投入，其机会成本为已不能再作他用所放弃的净效益。与项目的其他物料投入的机会成本是已不再作他用所放弃的效益不同，土地的机会成本是放弃的净效益。因为其他物料投入作为项目的投入物，既会有费用发生，又会产生效益，而作他用也会有费用发生，有效益产生。取得的效益与放弃的效益中都包括一定比例的费用，所以具有可比性。但是，土地不同，作为一项投入物，它只会产生效益，而不会因此发生费用，而放弃的效益中包括一定比例的费用，这样取得的效益与放弃的效益没有可比性。若把土地的机会成本定义为所放弃的效益，就人为地增加了土地费用。

土地影子价格可根据项目占用土地所处地理位置、项目实际情况以及取得方式的不同分别确定，具体可作如下处理：

第一，通过招标、拍卖和挂牌出让方式取得使用权的国有土地，其影子价格应按财务价格计算；

第二，通过划拨、双方协议方式取得使用权的土地，应分析价格优惠或扭曲情况，参照公平市场交易价格，对价格进行调整；

第三，经济开发区（包括高新技术开发区等）优惠出让使用权的国有土地，其影子价格应参照当地土地市场交易价格类比确定；

第四，当难以用市场交易价格类比方法确定土地影子价格时，可采用收益现值法或以开发投资应得收益加土地开发成本确定。

在经济分析中，以收益现值法计算土地的影子价格作为土地费用有两种处理方法：一是计算项目占用土地期间各年净效益的现值之和，作为一项土地费用计入项目的建设投资中；二是将各年的净效益现值之和换算成等值效益，作为项目每年的费用。一般采用第一种处理方式。

【例12-1】某拟建投资项目，建设期3年，生产期17年，占用水稻耕地100公顷，占用前3年平均每公顷产量为7.5吨，每吨收购价格1 000元，出口离岸价格预计为每吨180美元。设从建设期开始，该地区的稻谷年产量以4%的速度递增，社会折现率取8%，影子汇率取1美元=8.0元人民币，进口费用率取6%，稻谷调价后的生产费用按收购价格的40%计算。运距500千米，运输影子价格0.035元/吨·千米。

根据上述数据计算该土地的机会成本如下：

（1）每吨稻谷按口岸价格计算的影子价格：

离岸价180美元/吨，折合人民币为：

180×8.0=1 440（元）

运输费用=0.035×500=17.5（元）

$$产地影子价格=\frac{1440-17.5}{1+6\%}=1341.98（元）$$

（2）每吨稻谷的生产费用（调价后的）按收购价格的40%计算，即为：

1 000×40%=400（元）

（3）该土地生产每吨稻谷的净收益：

1 341.98−400=941.98（元）

（4）20年内每公顷土地的净效益现值（P）：

$$P=941.98\times7.5\sum_{t=1}^{20}\left(\frac{1+4\%}{1+8\%}\right)^t=108\,563.68（元）$$

（5）项目占用100公顷土地20年内的净效益现值（P）：

P=10.856368×100=1 085.64（万元）

在经济分析中，取该值为土地的机会成本，计入项目的建设投资，但在进行动态计算时，这部分价值不再折现。

或者，计算净效益现值（P）的年等值（A）：

A=1 085.64×（A/P，8%，20）=110.57（万元）

经济分析也可取该值作为每年的土地费用，计入项目的总费用。

项目如需占用农村土地，应以土地征用费调整计算土地影子价格，具体可作如下处理：

对项目占用农村土地，土地征收补偿费用中的土地补偿费及青苗补偿费应视为土地机会成本，拆迁补偿费及安置补助费应视为新增资源消耗，征地管理费、耕地占用税、耕地开垦费、土地管理费和土地开发费等其他费用应视为转移费用，不列为费用。

对于土地补偿费、青苗补偿费和安置补助费的确定，如与农民进行了充分的协商，能够充分保证农民的应得利益，土地影子价格可按土地征收补偿费中的相关费用确定；如存在征地费用优惠，或在征地过程中缺乏充分协商，导致土地征收补偿费低于市场定价，不能充分保证农民利益，土地影子价格应参照当地正常土地征收补偿费标准进行调整。

（三）自然资源影子价格的确定方法

与土地一样，各种自然资源也是特殊的投入物。一个投资项目使用的矿产资源、水资源和森林资源等都是对国家资源的占用和消耗，应当在经济分析中反映出来。自然资源是指自然形成的，在一定的经济、技术条件下可以被开发利用以提高人们生活福利水平和生存能力，并同时具有某种稀缺性的实物性资源的总称，包括土地资源、森林资源、矿产资源和水资源等。项目经济分析将自然资源分为资源资产和非资产性自然资源，在计算中，只考虑资源资产的自然资源。资源资产是指所有权已经界定，或者随着项目的实施可以界定，所有者能够有效控制并能够在目前或可预见的将来产生预期经济效益的自然资源，包括土地资产、森林资产、矿产资产和水资产等。

水和森林等可再生自然资源的影子价格一般按资源的再生费用计算，矿产等不可再生自然资源的影子价格一般按资源的机会成本计算。但如果该种资源的供给有时限性，即在未来的一个有限时间内（如10年或20年）会耗尽，其影子价格就不能用机会成本计算，因为现在耗用这种资源的代价，就是当其枯竭时，用户不得不转向其他费用更高的替代物来满足需求。所以，现在开发使用该种资源的费用是将来必须使用更昂贵替代物的额外费用的现值。

第五节 经济分析报表和指标

一、经济分析报表

（一）经济分析辅助报表

为了调整投资、营业收入、经营费用，估算项目的间接效益和间接费用，在经济分析中需要编制5个辅助报表，即“经济分析投资费用估算调整表”、“经济分析营业收入调整表”、“经济分析经营费用调整表”、“项目间接效益估算表”和“项目间接费用估算表”。

1.经济分析投资费用估算调整表

编制“经济分析投资费用估算调整表”（见附表12-2），主要是调整投资（包括建设投资、建设期利息和流动资金）中价格不合理的部分，以确定经济分析中的投资额。该表是依据与财务分析中各项投资金额的比较而调整投资的，先列出财务分析中各项投资的金额，再列出经济分析中调整以后的各项投资的金额，看经济分析与财务分析中的各项投资金额的增减情况。一般来讲，可能调整的建设投资项目包括建筑工程、设备购置、安装工程和其他费用；可能调整的流动资金项目主要是存货。

2.经济分析营业收入调整表

编制“经济分析营业收入调整表”（见附表12-3），主要是调整价格不合理和在收入中占较大比重的产出物的价格，以确定经济分析中的直接效益。在该表中，经济分析的数据与财务分析的数据是对应的。

3.经济分析经营费用调整表

编制“经济分析经营费用调整表”（见附表12-4），主要是调整价格不合理和在费用中占较大比重的投入物的价格，以确定经济分析中的直接费用。在该表中，经济分析的数据与财务分析的数据是对应的。

4.项目间接效益与间接费用估算表

编制"项目间接效益估算表"（见附表12-5）和"项目间接费用估算表"（见附表12-6），主要是为了识别和计算项目存在的间接效益和间接费用。因为不同的建设项目间接效益和间接费用的项目不同，所以，评估人员可以根据项目的实际情况填列具体的项目。

（二）经济分析基本报表

经济分析基本报表是指可以以此计算所要求的技术经济指标的表格，主要是"项目投资经济费用效益流量表"。

"项目投资经济费用效益流量表"（见附表12-1）不分投资资金来源，以全部投资作为计算基础，用以计算全部投资的经济内部收益率和经济净现值等指标，考察项目的经济盈利能力，为各个投资方案（不论其资金来源如何）进行比较建立共同基础。该表中的效益流量和费用流量中的效益和费用依据前述的辅助报表的各对应项填列。

二、经济分析指标

经济分析以经济内部收益率为主要评价指标。根据项目特点和实际需要，也可计算经济净现值和经济效益费用比等指标。此外，还可对难以量化的外部性进行定性分析。

（一）经济内部收益率

经济内部收益率是反映项目对社会经济净贡献的相对指标。它是指项目在计算期内各年经济净效益流量的现值累计等于零时的折现率。其计算公式为：

$$\sum_{t=1}^{n}(B-C)_t(1+EIRR)^{-t}=0 \qquad (12\text{-}10)$$

式中：EIRR——经济内部收益率；B——经济效益流量；C——经济费用流量；$(B-C)_t$——第t年的经济净效益流量；n——项目计算期。

经济内部收益率等于或大于社会折现率表明项目对社会经济的净贡献达到或超过了要求的水平，这时应认为项目是可以考虑接受的，或者说项目资源配置的经济效率达到了可以被接受的水平。

（二）经济净现值

经济净现值是反映项目对社会经济净贡献的绝对指标。它是指用社会折现率将项目计算期内各年的经济净效益流量折算到建设期初的现值之和。其计算公式为：

$$ENPV=\sum_{t=1}^{n}(B-C)_t(1+i_s)^{-t} \qquad (12\text{-}11)$$

式中：ENPV——经济净现值；i_s——社会折现率。

经济净现值等于或大于零表示国家为拟建项目付出代价后，可以得到符合社会折现率的社会盈余，或除得到符合社会折现率的社会盈余外，还可以得到以现值计算的超额社会盈余，这时就认为项目是可以考虑接受的。

（三）经济效益费用比

经济效益费用比是指项目在计算期内经济效益流量的现值与经济费用流量的现值之比。其计算公式为：

$$R_{BC}=\frac{\sum_{t=1}^{n}B_t(1+i_s)^{-t}}{\sum_{t=1}^{n}C_t(1+i_s)^{-t}} \tag{12-12}$$

式中：R_{BC}——经济效益费用比；B_t——第t期的经济效益；C_t——第t期的经济费用。

如果经济效益费用比大于1，表明项目资源配置的经济效率达到了可以接受的水平。

在完成了经济费用效益分析之后，应进一步分析对比经济费用效益与财务现金流量之间的差异，并根据需要对财务分析与经济分析结论之间的差异进行分析，找出收益或受损群体，分析项目对不同利益相关者在经济上的影响程度，并提出改进资源配置效率及财务生存能力的政策建议。

本章小结

1.经济分析是按照资源合理配置的原则，从整个社会经济的角度出发，用一套经济分析参数分析项目对社会经济的贡献，评价项目在宏观经济上的合理性的经济评价方法。经济分析是项目评价的重要组成部分，是从宏观上决定投资项目是否可行的重要依据。

2.一个投资项目是否要进行经济分析，主要取决于该项目的实际情况以及在经济和社会发展中的作用。需要进行经济分析的项目包括自然垄断项目、公共产品项目、具有明显外部效果的项目、对于国家控制的战略性资源开发，以及涉及国家经济安全，影响环境资源、公共利益的项目。

3.经济分析与财务分析的主要区别具体体现在经济目标、价值尺度、折现率和汇率等方面。

4.经济分析基本原理是采用费用-效益分析的方法。通过计算影子价格以及项目未来的经济效益和费用，估算对未来效益和费用进行折现的社会折现率，并对净效益进行折现，最后对计算出的一系列技术经济指标进行分析和判断。

5.项目的费用是指因项目建设而使社会经济所付出的代价。项目的效益是指投资项目对社会经济所做的贡献。项目费用分为直接费用和间接费用。项目效益分为直接效益和间接收益。

6.经济分析参数是指在投资项目的经济分析中为计算费用和效益，衡量技术经济指标而使用的一些参数。经济分析参数既是数量度量标准，也是价值判别标准。

7.费用和效益鉴别的原则有：增量分析的原则、考虑关联效果的原则、以本国居民作为分析对象的原则、剔除转移支付的原则。

8.社会折现率是项目经济分析中衡量经济内部收益率的基准值，也是计算项目经济净现值的折现率，是项目经济可行性和方案比选的主要判断依据。社会折现率是投资项目决策的重要工具。

9.影子价格属于重要的经济分析参数，一般应由国家权威机构测算并发布。外贸货物的影子价格以口岸价格为基础，加减进出口费用来测算。

10.劳动力的影子价格=财务分析中所用的工资及福利费×影子工资换算系数，土地的影子价格可根据项目占用土地所处地理位置、项目实际情况以及取得方式的不同分别确定。

11.经济分析基本报表是指可以以此计算所要求的技术经济指标的表格，主要是“项目投资经济费用效益流量表”。

12.经济分析以经济内部收益率为主要评价指标。根据项目特点和实际需要，也可计算经济净现值和经济效益费用比等指标。此外，还可对难以量化的外部性进行定性分析。

本章能力训练

一、名词解释

经济分析　费效分析　经济分析参数　社会折现率　直接效益　直接费用　间接效益　间接费用　转移支付　影子价格　经济分析指标

二、思考分析

1.经济分析有什么意义？

2.哪些投资项目需要进行经济分析？

3.经济分析与财务分析的主要区别是什么？

4.费用和效益鉴别的原则是什么？费用和效益度量的原则是什么？

5.经济分析中为什么要用机会成本来度量费用？

6.经济分析中为什么要用愿支付价格来度量效益？

7.经济分析参数应反映哪些因素？

8.价格调整的理论基础是什么？

9.哪些价格需要调整？

10.为什么以口岸价格为基础确定货物的影子价格？

11.项目的间接效益包括哪些方面？怎样鉴别和度量？

12.项目的间接费用包括哪些方面？怎样鉴别和度量？

13.劳动力的影子价格怎样确定？

14.项目占用农村土地，应该怎样计算土地的影子价格？

15.进行经济分析需要计算哪些指标？

16.怎样计算自然资源的影子价格？

附表12-1　　**项目投资经济效益费用流量表**　　人民币单位：万元

序号	项　目	计算期								合计
		1	2	3	4	5	6	…	n	
	生产负荷（%）									
1	效益流量									
1.1	产品营业收入									
1.2	回收固定资产余值									
1.3	回收流动资金									
1 4	项目间接效益									
2	费用流量									
2.1	建设投资									
2.2	流动资金									
2.3	经营费用									
2.4	项目间接费用									
3	净效益流量（1-2）									

计算指标：经济内部收益率：

经济净现值（i_c=　　%）：

附表 12-2　　**经济分析投资费用估算调整表**　　人民币单位：万元

序号	项目	财务分析				经济分析				经济分析比财务分析增减（±）
		合计	其中			合计	其中			
			外币	折合人民币	人民币		外币	折合人民币	人民币	
1	建设投资									
1.1	建筑工程费									
1.2	设备购置									
1.3	安装工程									
1.4	其他费用									
	其中：（1）土地费用									
	（2）专利及专有技术费									
1.5	基本预备费									
1.6	涨价预备费									
2	建设期利息									
3	流动资金									
4	合计									

注：若投资费用是通过直接估算得到的，本表应略去财务分析的相关栏目。

附表 12-3　　**经济分析营业收入调整表**　　人民币单位：万元

产出物名称			投产第一期负荷（%）				投产第二期负荷（%）				…	正常运营年份（%）			
			A产品	B产品	…	小计	A产品	B产品	…	小计		A产品	B产品	…	小计
年产出量	计算单位														
	国内														
	国际														
	合计														
财务分析	国内市场	单价（元）													
		现金收入													
	国际市场	单价（美元）													
		现金收入													
经济费用效益分析	国内市场	单价（元）													
		直接效益													
	国际市场	单价（美元）													
		直接效益													
合计															

注：若营业收入是通过直接估算得到的，本表应略去财务分析的相关栏目。

附表12-4　**经济分析经营费用调整表**　人民币单位：万元

序号	项 目	单位	年耗量	财务分析		经济分析	
				单价	年经营成本	单价（或调整系数）	年经营费用
1	外购原材料						
1.1	原材料A						
1.2	原材料B						
1.3	原材料C						
1.4	…						
2	外购燃料和动力						
2.1	煤						
2.2	水						
2.3	电						
2.4	气						
2.5	重油						
3	工资及福利费						
4	修理费						
5	其他费用						
6	合计						

注：若经营费用是直接估算得到的，本表应略去财务分析的相关栏目。

附表12-5　**项目间接效益估算表**　人民币单位：万元

序号	项 目	合计	计算期					
			1	2	3	4	…	n

附表 12-6　**项目间接费用估算表**　人民币单位：万元

序号	项目	合计	计算期					
			1	2	3	4	…	n

第十三章

项目经济影响分析与社会评价

案例情景

高铁10年，给上海带来什么

铁路是什么？这个问题，孙中山当年曾回答过："交通为实业之母，铁路为交通之母。"铁路能带来什么？这个问题，无数的专家会有无数个答案，而百姓也有着自己的解读，感触最深的，莫过于这些年高铁带来的改变。2007年4月18日，中国首趟时速200千米动车组列车在上海站始发，我国由此迈入了动车时代。10年间，中国高铁从无到有，从备受争议到大力推广，高铁以超乎想象的速度呼啸飞驰，改变着中国，震撼着世界。在中国城市化程度最高、经济最发达的长三角地区，高铁发挥着交通骨干的作用，促进着人流、物流、信息流的加速涌动，也成为以上海为龙头的长三角地区向世界第六大城市群迈进的最强"黏合剂"。速度是交通运输之魂，以速度取胜的高铁，也由此改变了中国的交通运输版图，改变了长三角城市之间的距离。2010年，随着上海虹桥枢纽高铁站投入使用，上海市政府开发建设了虹桥商务区。7年来，虹桥区域化发展效应已经显现。很多企业采用"将中国区或长三角区域总部设于虹桥商务区、将制造工厂挪至长三角城市"的发展模式，借助高铁搭建总部与工厂通道，帮助企业降成本增效率。目前，虹桥商务区已入驻企业超过700家，其中包括30余家开发商总部和上市公司区域总部，累计注册资本37.25亿美元。

产业布局自有市场之手调配，经济要素总会向着效率最大化流动，虹桥商务区正是这一效应的最佳缩影。高铁时代加速了人流、物流的流动，与之相伴的是资金流、技术流和信息流及其产生的辐射力，生产要素动起来，经济也就火起来了。随着高铁开通的延伸效应，上海、杭州、南京、合肥的引领能力不断突出，产业结构不断优化。上海建立自贸区后，不断向高端服务业转型发展，越来越多的企业将生产基地外迁，并将跨国中心、结算中心放在上海，推动上海作为全球城市的非核心功能疏解，以及经济中心、金融中心、贸易中心、航运中心能力的不断提升。

资料来源　唐佳蕾. 高铁10年，给上海带来什么［EB/OL］.［2017-11-28］. http: //news.china.com.cn/2017-11/28/content_41953061.htm.

由该案例引出，如何进行项目的经济影响分析与社会评价？本章将讲解项目经济影响分析的基本概念、经济影响过程、项目经济影响的类别，社会评价的概念、社会评价的过程与内容。重点是项目经济影响分析与社会评价方法。

第一节 项目经济影响分析概述

一、经济影响分析的概念

所谓经济影响分析，就是分析项目生命周期内所发生的费用和生产的效益给区域经济发展、产业发展及宏观经济所带来的影响，为协调项目与宏观经济、区域经济、产业发展之间的关系，促进项目的顺利实施，为提高项目的经济影响效果提出措施建议，具体分析以下内容：

（1）宏观影响分析。其主要是对投资规模巨大、对国民经济有重要影响的项目进行分析，尤其是涉及国家经济安全的项目，应分析拟建项目对国家经济安全的影响及维护国家经济安全的措施。

（2）区域影响分析。从区域经济发展的角度，对区域经济发展会产生重大影响的项目，需要从该区域产业空间布局、财政收支、市场竞争结构等角度进行分析评价。

（3）行业影响分析。其主要分析行业现状和拟建项目在行业中所处地位，并分析该项目对所在行业及相关产业发展、结构调整等的影响。

需要进行经济影响分析的项目主要有以下几种类型：

（1）大规模区域开发项目，该类项目一般在我国国民经济中占有重要战略地位，对整个国民经济健康发展有重大意义，如西部大开发。

（2）重大生态环境保护工程等，该类项目主要对生态和社会影响范围比较广，同时还会影响居民的正常生活，如太湖流域环境治理。

（3）重大科技攻关项目，该类项目通常会对我国技术进步和产业升级有重要的影响，进而影响相关产业的发展，如我国2009年成立的大型客机股份公司。

（4）重大基础设施项目，基础设施项目一般投资规模巨大，建设工期长，对区域经济，甚至整个宏观经济都会有重要影响，如三峡工程、京沪高速铁路等。

（5）重大资源开发项目，如油田开发、气田开发、其他矿藏资源开采，以及长距离运输通道建设等。

通过对项目进行经济影响分析，得出项目对区域经济和整个宏观经济的影响，具体包括对GDP增长和结构改善的作用，以及对就业、收入分配、物价等方面的影响，从而判断项目的建设能否实现所要求的目标，并分析项目潜在的市场风险、社会风险以及环境风险，同时提出具体建议，以便能够更好地利用拟建设的项目，让项目发挥最大的效用。

二、项目经济影响的过程

项目经济影响分析通常是对区域经济或整个国民经济有重大影响的项目进行分析，该类项目通常会从以下三个方面产生影响：

第一，对区域和宏观经济层面的影响。该类项目通常都是为了实现区域经济或整个国民经济重要战略目标而兴建的，因此会对区域国民经济产生重要影响，需要分析拟建设项目是否与区域或国家宏观经济政策协调一致，包括经济增长政策、外汇政策、财政预算政策、扶贫政策、环境政策、就业政策、收入分配政策等。

第二，对产业及部门层面的影响。项目的实施对产业及行业部门的影响，包括项目与区域产业发展政策和结构改革目标是否协调，项目在哪些领域符合（或不符合）正在实施的当地产业结构协调政策等。

第三，对个人层面的影响。项目的实施对社会成员个人的影响表现为各个方面，如个人作为生产因素对项目的人力资本投入、获得的工资收入及对个人权益的损害等，并通过个人传递到区域经济更广的层面。

项目经济影响主要通过以下方式对上述层面产生影响：

（1）价格方面。对于一些重大项目，其投入物和产出物由于数量较大，对供求关系可能产生重大影响，并对相关的产品或服务价格产生重大影响，从而产生相应的宏观及区域经济影响效果。

（2）产业链传递方式。项目的投资建设有可能对上、下游产业链及价值链的构成产生重大影响，并对区域产业结构及价格链空间布局产生影响。通过产业链的整合及资源配置调整，发挥项目对区域或宏观经济影响的效果。

（3）乘数效应。通过利用投资乘数——加速作用原理和投资与经济增长理论来分析项目的实施将对有关生产要素的影响，并分析其对刺激区域和宏观经济运行格局的改变所产生的影响。

在投资经济活动中，一个经济变量发生变化将引起其他变量的连锁反应，并对整个经济起促进或抑制作用。乘数原理是说明一定量的投资如何引起国民收入增加的理论，加速原理则是用来说明国民收入的变动如何引起投资变动的理论。例如，投资I发生变化，将引起产出Y的变化，Y的变化又引起消费C和投资I本身的变化，C和I反过来又影响Y的变化。

投资与经济增长理论采用描述经济增长的简化模型$Y = i/k - n/k(d - u)$进行分析。该模型表明，经济增长率Y主要取决于五大经济变量：投资率i、投资产出系数k、生产性固定资产投资系数n、折旧系数d和生产能力利用改进系数u。由此可见，经济增长与投资有密切的联系。另外，对经济增长具有影响和制约的因素主要有：社会劳动生产增长率、人口自然增长率和经济管理体制三大外生因素；积累与消费的矛盾、劳动力供给状况、国际贸易状况三大内生因素。

（4）技术扩散方式。技术含量较高的项目，会推动高新技术产业化及产业技术进步，推动产业结构调整及区域或宏观经济发展，提升相关产业的竞争力。

（5）瓶颈缓解效应。一些项目的建设可能是另一些产业发展的基础条件，通过项目建设，缓解了瓶颈制约因素，并通过产业关联效应的传递，推动当地空间布局及产业结构的变化。例如，交通运输属于基础设施项目，一些重大交通基础设施项目的建设，直接改变了当地的时空格局，缓解了交通运输的瓶颈制约，促进当地产业布局的调整，带动关联产业的发展。

三、项目经济影响的类别

（一）项目对宏观经济的影响

该类影响主要是通过计算项目的建设对GDP的贡献，包括增加值、净产值、纯收入等指标来评估并分析项目对资源优化配置的贡献，最后分析项目的实施对促进和保障当地经济有序、高效运行和可持续发展的贡献。当然还要分析项目的建设所产生的负面影响，如对生态环境的影响等。

（二）项目对就业和收入分配的影响

（1）项目创造的就业机会，包括直接就业机会、间接就业机会，以及项目建设期、运营期的就业机会。通过计算单位投资创造的就业岗位等指标，进行定量分析。

（2）项目对居民收入增长、改善居民生产生活条件、提高居民生活质量的贡献。

（3）项目的投资效果对不同实体、不同社会阶层、私营企业、公共机构等分配的影响，项目的实施对所在地区经济结构、重大利益格局的影响。

（4）重点分析对贫困地区及贫困人口收益分配情况的影响，结合社会评价提出兼顾社会公平的对策措施。

（5）项目可能产生的新生相对贫困阶层及隐性失业等负面影响。

（三）项目对财政收支平衡的影响

（1）项目需要的当地及国家直接或间接财政资金投入，包括预算拨款、资本金注入、投资补助、贷款贴息等建设性财政资金投入，经营性补贴，需要政府承担的直接或间接借款还本付息责任，以及政府部门需要对项目给予的优惠政策等。

（2）项目对当地及国家财政收入的贡献，包括缴纳的各种税费、政府公共部门投资收益等。

（3）项目的实施对政府部门财政收支状况的影响。

（四）项目对市场竞争结构的影响

项目对市场竞争结构的影响，重点从以下方面进行分析论证：

（1）项目的实施对培育产业市场环境、促进竞争、优化市场经济秩序、提高资源配置效率的贡献。

（2）项目的实施对地区内市场-地区外市场结构、城市市场-农村市场结构调整目标的贡献。

（3）项目的实施可能出现的垄断、破坏正常竞争秩序等的风险。

（五）项目对产业布局的影响

（1）项目与区域发展战略和国家中长期发展规划的关联性及对区域发展战略和国家中长期发展规划的适应性。

（2）项目对当地技术进步及三次产业结构调整的贡献。

（3）项目的产业聚集效应，项目形成的核心产业所带动的相关配套产业聚集和发展，引发产业关联或新产业群出现的可能性及应对性策略。

（4）对产业技术结构（高新技术产业-技术密集型产业-劳动密集型产业）、产业技术装备水平、产业投资结构（新建、更新改造、研究与发展投资）、产业产品技术结构等调整目标的贡献。

（5）项目对城市化及空间布局的影响。

（6）项目对克服经济瓶颈和均衡发展及对增进本地区产业发展的空间区位优势的贡献。

（六）项目对外汇收支的影响

项目对外汇收支的影响，从以下方面进行分析论证：

（1）项目建设及运营过程中对外汇的需求。

（2）项目的产出可能对外汇收入的贡献。

（3）通过定性及定量分析，评价项目对削减外汇赤字、扩大外汇盈余的贡献。

第二节 项目经济影响分析的原则和方法

一、项目经济影响分析的原则

项目的经济影响分析应遵循系统性原则、综合性原则、定量分析与定性分析相结合的原则。

（一）系统性原则

重大项目本身就是一个系统，从国民经济的全局来看，它又是国民经济这个大系统中的一个子系统。子系统的产生与发展，对原有的大系统内部结构和运行机制将会造成冲击。原有的大系统会由于重大项目的加入而改变原来的运行轨迹或运行规律。按照系统协同原理，系统可以按照自身结构与机制，使得原有的大系统能够“容忍”或“接纳”重大项目的存在。这种协调的过程，或者使重大项目与区域经济融为一体；或者重大项目适当改变自己的结构与机制，以适应区域经济大系统的运行规律。而一旦重大项目被排除在区域或宏观经济大系统之外，就意味着重大项目的失败。为了保证重大项目的建设成功和国民经济系统稳定运行，应从全局的观点，用系统论的方法来分析其可能带来的各方面的影响，尤其是对区域经济和宏观经济的影响。

（二）综合性原则

重大项目建设周期长、投资额巨大、影响面广，其在建设期和生产运营期的投入将给原有经济系统的结构（包括产业结构、投资结构、就业结构、供给结构、消费结构、价格体系和空间布局等）、状态和运行带来重大的影响。它不仅影响到经济总量，而且影响到经济结构；不仅影响到资源开发，而且影响到资源利用，以及人力、物力、财力配置；不仅对局部区域有影响，而且对国民经济整体也会产生影响。因此，分析重大项目对区域和宏观经济的影响要坚持综合性原则，进行综合分析。

（三）定量分析与定性分析相结合的原则

重大项目对区域和宏观经济的影响是广泛而深刻的，既包括实实在在的有形效果和经济效果，可以用价值型指标进行量化；也包括更多的无形效果和非经济效果，难以用价值指标进行量化。对于前者要以定量分析为主，对于后者则必须进行定性分析或描述，或者用其他类型指标或指标体系进行描述或数量分析，以便得出可靠结论，为项目决策提供充分依据。

二、项目经济影响分析的方法

项目的经济影响分析，可以采用各种指标，通过各种定性和定量分析的方法进行分析评价，其基本方法包括客观评价法和主观评价法。

（一）客观评价法

客观评价法是指在对项目的产出及其影响后果进行客观分析的基础上，对其影响后果进行预测分析。如通过对项目关联对象产出水平或成本费用的变动的客观量化分析，进一步对项目的区域经济影响进行量化分析计算。

（二）主观评价法

主观评价法是指以真实的或假设的市场行为所揭示的可能后果为依据，通过项目评价人员的主观判断，对项目的区域或宏观经济的影响进行分析评价。这种方法建立在评价人员偏好的基础之上，是人们根据对某种后果的认知程度或所占有的信息量，对某种影响的价值进行的主观判断。

具体采用定量指标分析方法对项目进行经济影响分析。关于对区域经济和宏观经济的影响，可以借助各种指标进行分析判断。通常采用的指标包括总量指标、结构指标、国力适应性指标、就业和收入分配指标。

1.总量指标

总量指标反映项目对国民经济总量的贡献，包括增加值、净产值、社会纯收入、财政收入等经济指标。总量指标可使用当年值、净现值总额和折现年值等。

（1）增加值。增加值是指项目投产后对国民经济的净贡献，即每年形成的国内生产总值。对项目而言，按收入法计算增加值较为方便。

增加值=项目范围内全部劳动者报酬+固定资产折旧+生产税净额+营业盈余　　(13-1)

式中：项目范围内全部劳动者报酬——包括工资、奖金、津贴等；生产税净额——税金及附加、增值税、管理费中包括的各种税等各种上缴税费扣除政府给予的生产补贴后的净额；固定资产折旧——按照有关折旧政策计提；营业盈余——经营净利润加生产补贴。

（2）净产值。净产值为增加值减去固定资产折旧后的余额，用于反映新创造的价值。

（3）社会纯收入。社会纯收入是净产值扣除劳动者报酬（工资及附加费等）后的余额。

在项目经济影响分析中，可以计算项目各年带来的增加值、净产值和社会纯收入，也可以将各年的数值折现成净现值总额，并根据净现值总额折算成年值。

2.结构指标

结构指标反映项目对经济结构的影响，主要包括影响力系数及项目对三次产业的贡献率等指标。

（1）影响力系数。影响力系数也称带动度系数，指重大项目所在的产业，当它增加产出满足社会需求时，每增加一个单位最终需求对国民经济各部门产出增加的影响。

影响力系数大于1，表示该产业部门增加产出对其他产业部门产出的影响程度超过社会平均水平。影响力系数越大，该产业部门对其他产业部门的带动作用越大，对经济增长的影响越大。

（2）项目对三次产业的贡献率。三次产业贡献率可以按各产业增加值计算，反映项目增加的三次产业增加值在全部增加值（国内生产总值）中所占份额的大小及分配比率，分析项目建设对所在地区三次产业增加值变化的贡献情况，评价拟建项目对当地产业结构的影响。

3.国力适应性指标

（1）国力适应性分析的必要性。重大项目的建设规模往往很大，需要耗费大量的人力、物力、财力、自然资源等，自然对国力（或地区经济）的承受能力提出了要求。如果重大项目需要的建设资金过多，就会影响到其他地区、其他部门的建设和发展；如果拟建项目需要占用的资源过多，就会影响其他领域的资源供应，并阻碍其发展。在这种情况下，对重大项目的国力适应性进行分析就显得尤为必要。

（2）国力适应性指标内容。国力适应性指标用于反映国家的人力、物力和财力承担重大项目投资建设的能力，一般用项目占用资源占全部资源的百分比或财政资金投入占财政收入或支出的百分比来表示。

①人力。由于我国劳动力资源极其丰富，因而对国力承担能力即国力适应性的评价主要是分析物力和财力。但应根据项目的具体情况，对特殊技能人才的需求、对人力资源开发和利用的需求进行分析。

②物力。物力是指国家所拥有的物质资源，包括重要产品物资及其储备量、矿产资源储备量、森林、草场以及水资源等。物力取决于国家可供追加的生产资料和消费资料的数量和构成。应分析能源、钢材、水泥和木材等重要物资能否支持项目建设，一般通过项目建设对相关物资的年度需要量占同期可供数量的比重来衡量。

③财力。财力是指一定时期内国家拥有的资金实力，用国内生产总值（或国民收入）、国家财政收入、外汇储备等指标反映，其中最主要的指标是国内生产总值（或国民收入）和国家财政收入。国内生产总值（或国民收入）水平和增长速度反映了国家当前的经济实力及其增长趋势，对重大项目的投资规模具有直接影响。财力承担能力一般通过国内生产总值（或国民收入）增长率，重大项目年度投资规模分别占国内生产总值（或国民收入）、全社会固定资产投资和国家预算内投资等数值的比重来衡量。对于运用财政资金的项目，项目需要财政资金投入占财政收入的比例可以用于反映财政对项目资金需求的承受能力。

4.就业和收入分配指标

（1）就业效果指标。

①总就业效果指标。实现社会充分就业是政府追求的宏观调控目标之一。评价重大项目的就业效果对存在大量过剩劳动力的我国尤其具有重要意义。劳动力就业效果一般采用项目单位投资带来的新增就业人数表示。

$$\text{投资直接就业效果(人/万元)}=\frac{\text{项目新增就业人数(包括直接就业与间接就业)}}{\text{项目总投资}} \tag{13-2}$$

总就业效果包括项目投资所产生的直接就业效果和由该项目所引起的间接就业效果。

②直接就业效果指标，用于评价项目投资所带来的直接就业机会。其计算公式为：

$$\text{投资直接就业效果(人/万元)}=\frac{\text{项目新增直接就业人数}}{\text{项目总投资}} \tag{13-3}$$

③间接就业效果指标，用于评价项目投资所带来的间接就业机会。其计算公式为：

$$\text{投资直接就业效果(人/万元)}=\frac{\text{项目新增间接就业人数}}{\text{项目总投资}} \tag{13-4}$$

（2）收入分配效果指标。收入分配效果指标是指项目在生产经营过程中所产生的净产值在职工、企业、地方和国家等不同方面的分配比例情况，即：

职工收入分配效果=劳动者报酬/项目净产值　　（13-5）

企业收入分配效果=企业营业盈余/项目净产值　　（13-6）

地方收入分配效果=地方税收净额/项目净产值　　（13-7）

国家收入分配效果=国家税收净额/项目净产值　　（13-8）

（3）地区分配效果指标。如果拟建项目属于跨地区投资建设的项目，要进行不同地区之间分配效果的分析，用于评价项目投资建设对协调区域经济发展等方面的贡献，尤其要重点分析贫困地区所获得的项目净产值情况。

三、项目的经济安全影响分析

国家经济安全是国家的经济在不受侵害的条件下正常运行，确保本国最根本的经济利益不受侵害的态势，主要内容包括：一国经济在整体上主权独立、基础稳固、运行健康、增长稳定、发展持续；在国际经济生活中具有一定的自主性、防卫力和竞争力；不会因为某些问题的演化而使整个经济受到过大的打击和遭受过多的损失；能够避免或化解可能发生的局部或全局性的危机。

国家经济安全由国家产业安全、金融市场安全、国际收支安全、市场体系安全、国家外债安全、财政资金安全等众多子系统组成。其中，与投资项目最密切相关的是国家产业安全。项目的投资建设活动，可能会影响到相关产业的安全，进而影响到整个国家的经济安全甚至是国家安全，这种影响可能是正面的，也可能是负面的。

国家经济安全可以用反映经济状态的一系列标准和指标进行分析评价，其中包括对经济发展水平和国际竞争力的分析评价；对资源潜力及其发展能力的分析评价；对资源、人力资本利用效率的分析评价；对经济发展空间完整性的分析评价；对社会稳定和防止、解决社会冲突能力的分析评价。对于可能对国家经济安全产生影响的重大项目，要从维护国家经济安全的高度，对拟建项目的宏观经济影响进行分析评价，确保项目的投资建设有利于维护国家利益，提高我国相关产业的国际竞争力，保证国家经济运行免受侵害。

国家经济安全影响应从产业技术安全、资源供应安全、资本控制安全、产业成长安全、市场环境安全、产业竞争力安全等方面进行分析评价。

（一）产业技术安全评价

对项目的产业技术安全，重点从以下方面进行分析评价：

（1）项目采用的关键技术是否受制于人，是否拥有自主知识产权。对于主要依靠国外进口的核心技术及关键部件，是否可能威胁到国家产业安全。

（2）分析运用技术壁垒对项目法人进行保护的能力。技术壁垒指一国以维护国家安全或保护人类健康和安全、保护动植物、保护生态环境或防止欺诈行为、保证产品质量为由，采取一些强制或非强制性的技术措施，使其成为其他国家商品自由进入该国的障碍，如技术标准与法规、知识产权、检验检疫措施、环境保护和劳工标准、合格评定程序、通关程序、包装和标签等。

（3）分析技术创新能力，包括不断完善和提高产品的各项技术、环保、卫生、安全等标准，拓宽技术标准覆盖领域，通过研究、追踪、借鉴和采用国际标准，缩小本国与国外的差距，促进企业提高产品质量和科技含量，增加低消耗、无污染、高附加值产品生产，保证国家经济、社会、环境全面协调发展的能力。

（4）分析项目涉及的行业组织和企业在推动和参与产品技术标准制定工作方面的参与能力。

（二）资源供应安全评价

对于大量消耗重要战略资源的项目，分析项目建设及运营的资源保证程度。对于需要采取外交、经济及军事措施以保证供应安全的项目，重点分析资源供应及其对国家经济安全可能产生的影响。重点从以下角度进行分析评价：

（1）项目所涉及的资源对国家经济增长的制约程度，评价所在行业的经济增长对这种资源的依赖程度及资源支撑力。

（2）对于依赖国内资源供应的项目，分析经济发展对相关资源的需求增长情况，在矿产资源开发、利用方面存在的问题，对国民经济具有重要影响的矿产资源如原油、铁矿石等的自给能力，枯竭型矿产资源的替代能力等。

（3）重要资源特别是能源和重要原材料等战略资源过于依赖进口的，重点分析受全球供求格局和价格变化的影响，包括打破现有垄断格局、运输线路安全保障等在内的有关国际政治、外交、军事等方面可能存在的问题。

（4）项目所涉及资源的国际市场变动情况及对我国资源供应的影响，以及可能产生的资源供应风险。

（三）资本控制安全评价

对项目的资本控制安全，重点从以下方面进行分析评价：

（1）考察项目的投资方案通过利用国外的资本、市场、技术和人才，对提升我国相关企业竞争力等方面的效果。

（2）项目涉及的产业链各环节中对关键产业资本的控制能力，在关键环节重点考虑对外资等其他资本的依赖程度。

（3）外资以并购等方式控制我国战略性产业的项目，分析引进外资可能对我国产业造成的风险。

（4）分析由于资本的聚积和扩张可能对我国产业造成的垄断、产生不正当竞争等风险。

（四）产业成长安全评价

对项目的产业成长安全，重点从以下方面进行分析评价：

（1）按照科学发展观的要求，分析项目所依托的产业发展在优化结构、提高质量和效益等方面的作用，确保速度、结构、质量和效益相统一。

（2）对于幼稚产业，由于在企业规模、研发能力、产品质量、服务水平等方面无法与发达国家抗衡，离不开国外的先进技术等各种资源的支持，更要寻求对外开放与产业安全之间的平衡，提升国家的自主研发创新能力，促进相关产业发展。

（3）通过实施重大项目，促进产业战略协作关系的建立。战略协作是产业间适应激烈竞争的一种自救方式，对于搭建上、下游产业链之间的合理利益，维护产业安全具有重要作用。通过与上、下游产业建立互利协作关系，在生产、技术、供应链、价格、合资合作、知识产权以及人才方面加强合作，确保产业成长安全，共同提高抵御风险的能力。

（4）项目实施对产业集中度的影响，包括对现有企业实施兼并、重组，形成大型企业集团，加强资本集中，实现产业规模经济效益，提高产业国际竞争力等方面的影响效果。

（五）市场环境安全评价

对项目的市场环境安全，重点从以下方面进行分析评价：

（1）调查研究国外为了保护本地市场，采用反倾销等贸易保护措施和知识产权保护、技术贸易壁垒等手段，对拟建项目相关产业发展设置障碍的情况。

（2）项目所在产业受到进口倾销等手段的损害，市场份额减少，产业受到实质损害，可能导致企业停产、倒闭，职工下岗、待业，产业发展受到阻碍，影响到社会再生产良性循环和产业安全的情况。

（3）对市场准入进行有效控制，避免无序竞争造成的资源浪费情况。分析项目投资是否符合国家相关产业政策、技术政策、环保政策、能源政策和科学发展观的要求，引导调整和优化产业结构，规范竞争秩序，限制、淘汰落后技术，鼓励优势产业和高新技术产业，科学合理地保护和支持国内产业，优化市场环境和竞争秩序的状况。

（六）产业竞争力安全评价

对项目的产业竞争力安全，重点分析项目涉及的企业、行业组织和政府部门在树立产业安全理念、提升产业国际竞争力等方面的情况，主要包括：

（1）拟建项目法人机构在管理创新、成本控制、研发能力等核心竞争力方面的素质，以及在自主知识产权和自主品牌建设方面的竞争实力、创新基础和发展能力。

（2）政府主管部门和行业组织对提升行业竞争力，特别是在贯彻可持续发展战略、市场经济法律体系建设、政府管理和基础设施等方面为企业创造外部环境的情况。

（3）行业组织在树立产业安全理念、维护国家产业经济安全、提升综合竞争能力等方面的情况。

四、经济影响分析模型

（一）定量分析模型

重大项目的区域经济和宏观经济影响分析，可将项目的总产出、总投入、资源、劳动力、进出口总额等作为区域或宏观经济的增量，通过构造各种既有科学依据又反映项目特点的经济数学模型，分别计算“有项目”与“无项目”情况下的总量指标、结构指标、国力适应性指标及收益分配效果指标，并根据有无对比的原则对项目的影响进行分析评价。

常用的经济数学模型有宏观经济计量模型、宏观经济递推优化模型、全国或地区投入产出模型、系统动力学模型和动态系统计量模型等。

1.宏观经济计量模型

宏观经济计量模型是在一定的经济假设下，依据一定的经济理论，建立众多经济变量之间的关系式，利用变量的历史序列数据对关系方程式组成的联立方程组进行回归分析运算，确定方程式中的经济参数和其他参数数值，从而得出方程的确定形式，并在此基础上预测未来经济发展趋势，或者判定经济变量或经济参数对经济发展的影响。模型一般包括生产、收入、投资、消费、劳动力、财政、金融、价格、贸易、能源等模块，能较全面地反映现实经济结构及其数量关系。模型还应包括受拟建重大项目影响的区域经济模型，并进行联立计算求解。利用宏观经济计量模型分析重大项目对区域和宏观经济的影响，主要是考察有无该项目的两种情况下宏观经济计量模型的运算结果，从而判定项目对区域和宏观经济影响的大小和好坏。

2.宏观经济递推优化模型

宏观经济递推优化模型是统筹考虑国家中长期战略目标和近期发展目标的协调配合，在国力约束和供需平衡条件下，以年度国民收入最大化作为目标函数的模型。具体约束条件还包括产业间投入产出均衡、年度产业产出能力、消费年增长水平、积累率上下限、非生产性和更新改造投资比例、外汇平衡能力、进口需要量等。模型通过调整投资、消费结构和状态转移方程，使产业结构趋于合理化，在国力适应性等约束条件下寻求重大项目对宏观经济的有利影响和国民经济发展的合理途径。

3.全国或地区投入产出模型

投入产出模型是指依据著名经济学家列昂惕夫创立的投入产出经济学的原理，利用大量实际经济数据，构造反映国民经济各部门之间关联关系的投入产出表，根据该表计算出各部门的投入系数（即直接消耗系数）和完全消耗系数，并进一步计算各部门的影响力系数和感应度系数，分析判断各部门对国民经济其他部门的影响或其他部门的发展对某一部门的影响，从数量上系统地揭示经济体内部的不同部门之间的相互关系。这个经济体可以是一个国家，甚至是整个世界，也可以是一个省、地区、企业或行业部门。应用投入产出模型可以分析重大项目对国民经济各部门增长和结构的影响。

4.系统动力学模型

经济系统动力学模型可以动态地模拟经济发展的演进趋势。系统动力学建模不是建立纯数学符号的数学模型，而是借助于DYNAMO语言编写计算机仿真程序，再借助计算机的模拟技术定量地进行系统结构、功能与行为的模拟。模型可考虑短缺对国民经济的影响，还可以通过对比其他工程项目，分析其财力承受能力。在处理重大项目时，以不同融资方案或不同投资时机，动态地模拟国民经济发展状况，对比有无该项目情况下的经济发展状态，分析判断国家财力对重大项目的承受能力。

5.动态系统计量模型

动态系统计量模型是专门用于模拟长远发展态势的一种模型。它按照一定的规则，把经济计量模型及系统动力学模型的构模思想和方法，以及优化搜索技术和控制思想组合为一体，使模型能够更加合理地反映系统的长期理性行为，描述系统的长期变化。模型由主导结构、时变参数和决策结构的方程以及控制结构组成，可用来分析评价重大项目对国民经济的长期影响。

（二）多目标综合评价分析模型

对于重大项目的经济影响分析，由于重点关注项目的间接影响、对区域或宏观经济的影响，以及对就业和居民收入的影响和贡献等，因此强调要进行更深入、更广泛的费用效益分析，要求对拟建项目必须站在更高的视野和更广泛的角度进行经济分析，以全面评价其宏观及区域经济影响价值，分析这些影响最终导致的受影响地区的企业、政府、居民及其他社会组织福利增长的效果，强调通过多目标分析方法，对重大项目进行多目标分析评价，评价项目满足环境质量、经济发展、可持续性、社会公平等目标的程度，通常采用德尔菲法、矩阵分析法、层次分析法、模糊综合评价法、数据包络分析法等分析评价方法。多目标综合评价一般都要组织若干专家，包括各行业和各学科的专家学者，根据国家产业政策、当地社会发展水平和区域经济发展目标，结合拟建项目的具体情况，对项目各项指标视其对项目的重要程度赋予一定的权重，并对各个指标进行量化分析，评价拟建项目的综合影响效果。

第三节 项目社会评价概述

社会评价是识别和评价投资项目的各种社会影响，分析当地社会环境对拟建项目的适应性和可接受程度。评价投资项目的社会可行性，其目的是促进利益相关者对项目投资活动的有效参与，优化项目建设实施方案，规避投资项目的社会风险。

投资项目社会评价的应用是基于贯彻和落实科学发展观的需要。新的发展观强调以人为本，强调发展是一个综合的、内在的、持续的过程，强调人的参与在发展中的重要性，这就要求在投资项目的评价中，必须充分考虑社会的、人文的因素，进行投资项目的社会评价。

投资项目社会评价要求应用社会学的一些基本理论和方法，系统地调查和搜集与项目相关的社会因素和社会数据，了解项目实施过程中可能出现的社会问题，以尽量消除和减少因项目的实施所产生的社会负面影响，使项目的内容和设计符合项目所在地区的发展目标、当地具体情况和目标人口的具体发展需要；研究、分析对项目成败可能产生影响的社会因素，提出保证项目顺利实施和效果持续发挥的建议和措施，以便为项目地区的人口提供更多的发展机遇，提高项目实施的效果，并使项目能为项目地区的区域社会发展目标做出贡献，促进经济与社会的协调发展。

一、社会评价的内容

社会评价从以人为本的原则出发，研究内容包括项目的社会影响分析、项目与所在地区的互适性分析和社会风险分析等三个方面。

（一）社会影响分析

项目的社会影响分析在内容上可从国家、地区、社区三个层面展开，包括正面影响和负面影响。

（1）项目对所在地区居民收入的影响。主要分析预测由于项目实施可能造成当地居民收入增加或者减少的范围、程度及其原因；收入分配是否公平，是否扩大贫富收入差距，并提出促进收入公平分配的措施建议。扶贫项目应着重分析项目实施后，能在多大程度上减轻当地居民的贫困和帮助多少贫困人口脱贫。

（2）项目对所在地区居民生活水平和生活质量的影响。分析预测项目实施后居民居住水平、消费水平、消费结构、人均寿命等方面的变化及其原因。

（3）项目对所在地区居民就业的影响。分析预测项目的建设、运营对当地居民就业结构和就业机会的正面与负面影响。其中，正面影响是指可能增加的就业机会和就业人数，负面影响是指可能减少原有就业机会及就业人数，以及由此引发的社会矛盾。

（4）项目对所在地区不同利益相关者的影响。分析预测项目的建设和运营使哪些人受益或受损，以及对受损群体的补偿措施和途径。兴建露天矿区、水利枢纽工程、交通运输工程、城市基础设施等一般都会引起非自愿移民，应特别加强对这项内容的分析，避免产生不必要的社会冲突。

（5）项目对所在地区弱势群体利益的影响。分析预测项目的建设和运营对当地妇女、儿童、残疾人员利益的正面或负面影响。

（6）项目对所在地区文化、教育、卫生的影响。分析预测项目建设和运营期间是否可能引起当地文化教育水平、卫生健康程度的变化以及对当地人文环境的影响，提出减少不利影响的措施建议。公益性项目要特别加强这项内容的分析。

（7）项目对当地基础设施、社会服务容量和城市化进程等的影响。分析预测项目建设和运营期间，是否可能增加或者占用当地的基础设施，包括道路、桥梁、供电、给排水、供气、服务网点，以及产生的影响。

（8）项目对所在地区少数民族风俗习惯和宗教的影响。分析预测项目建设和运营是否符合国家的民族和宗教政策，是否充分考虑了当地民族的风俗习惯、生活方式和宗教信仰，是否会引发民族矛盾、宗教纠纷，影响当地社会安定。

通过以上分析，可对项目的社会影响做出评价，编制项目社会影响分析表（见表13-1）。

表13-1 **项目社会影响分析表**

序号	社会因素	影响的范围和程度	可能出现的后果	措施建议
1	对居民收入的影响			
2	对居民生活水平和生活质量的影响			
3	对居民就业的影响			
4	对不同利益相关者的影响			
5	对弱势群体利益的影响			
6	对地区文化、教育、卫生的影响			
7	对地区基础设施、社会服务容量和城市化进程等的影响			
8	对少数民族风俗习惯和宗教的影响			

（二）互适性分析

互适性分析主要是分析预测项目能否为当地的社会环境、人文条件所接纳，以及当地政府、居民支持项目的程度，考察项目与当地社会环境的相互适应关系。

（1）分析预测与项目直接相关的不同利益相关者对项目建设和运营的态度及参与程度，选择可以促使项目成功的各利益相关者的参与方式，对可能阻碍项目存在与发展的因素提出防范措施。分析内容包括：项目所在地区不同利益相关者参与项目活动的重要性，对当地人群的参与有影响的关键社会因素，在项目社区中是否有一些群体被排斥在项目设计方案之外或在项目方案中没有发表意见的机会，找出项目地区的人群参与项目设计、准备和实施的恰当的形式和方法。

（2）分析预测项目所在地区的社会组织对项目建设和运营的态度，可能在哪些方面、在多大程度上对项目予以支持和配合。首先，分析当地政府对项目的态度及协作支持的力度。尤其是大型项目，在后勤保障等一系列问题上更离不开社会支撑系统。应当认真考察交通、电力、通信、供水等基础设施条件以及医疗、教育等社会福利及生活条件，当地是否能够提供保障。其次，分析当地群众对项目的态度以及群众参与的程度。一个项目只有造福于人类，取信于民众，使群众以各种方式参与到项目的设计、决策、建设、运营和管理中来，才能得到群众的拥护和支持。通过分析项目的受益者及受益面的大小、受损者及其受损程度和补偿方案，寻找共赢方案。

（3）分析预测项目所在地区社会环境、文化状况能否适应项目建设和发展的需要。对于主要为发展地方经济、改善当地居民生产生活条件兴建的水利项目、交通运输项目和扶贫开发项目，应分析当地居民的受教育水平能否适应项目要求的社会环境条件，能否保证实现项目的既定目标。

通过项目与所在地的互适性分析，评价当地社会对项目的适应性和可接受程度，编制社会对项目的适应性和可接受程度分析表（见表13-2）。

表13-2 社会对项目的适应性和可接受程度分析表

序号	社会因素	适应程度	可能出现的问题	措施建议
1	不同利益相关者的态度			
2	当地社会组织的态度			
3	当地社会环境条件及文化状况			

（三）社会风险分析

项目的社会风险分析是对可能影响项目的各种社会因素进行识别和排序，选择影响面大、持续时间长，并容易导致较大矛盾的社会因素进行预测，分析可能出现这种风险的社会环境和条件。如大型水利枢纽工程的建设，就要分析移民安置和受损补偿问题。如果移民群众的生活得不到有效保障或生活水平大幅降低，受损补偿又不尽合理，群众的抵触情绪就会滋生，从而会直接导致项目工期的拖延，影响项目预期社会效益的实现。通过分析社会风险因素，编制项目社会风险分析表（见表13-3）。

表13-3 项目社会风险分析表

序号	社会风险因素	持续时间	可能出现的后果	措施建议
1	移民安置问题			
2	民族矛盾、宗教问题			
3	弱势群体支持问题			
4	受损补偿问题			

二、社会评价的特点

（一）宏观性和长期性

投资项目社会评价所依据的是社会发展目标，考察投资项目建设和运营活动对实现社会发展目标的作用和影响，分析项目的实施是促进了还是阻碍了社会发展目标的实现。社会发展目标是依据国家和地区的宏观经济与社会发展需要来制定的，包括经济增长目标、国家安全目标、人口控制目标、减少失业和贫困目标、环境保护目标等，涉及社会生活的方方面面。在进行投资项目的社会评价时，要认真考察与项目建设相关的各种可能的影响因素，无论是正面影响还是负面影响，直接影响还是间接影响。这种分析和考察应该是全面的，是从所有与项目相关的社会成员的角度进行的，因而是广泛和宏观的。因此，社会评价应高屋建瓴，着眼大局，整体把握，权衡社会影响的利弊。

投资项目的社会影响具有长期性。一般经济评价只考查投资项目大约20年的经济效果，而社会评价通常要考虑一个国家或地区的中期和远期发展规划及要求，有些领域的影响可能涉及几十年、上百年，甚至关乎几代人。如建设三峡工程这样的投资项目，在考查项目对生态环境、人民生活、社会发展的影响时，考查的时间跨度可能是几代人。

（二）目标的多样性和复杂性

财务分析和经济分析的目标通常比较单一，主要就是衡量企业的财务盈利能力及资源配置的经济效率，而社会评价的目标则更为多样和复杂。社会评价的目标分析是多层次的，是针对国家、地方和当地社区各层次的发展目标，以各层次的社会政策为基础展开的。通常低层次的社会目标是依据高层次的社会目标制定的，但各层次在就业、扶贫、妇女地位、文化、教育、卫生保健等方面可能存在不同情况，其要求和重点也可能各不相同。因此，社会评价需要从国家、地方、社区三个不同的层次进行分析，做到宏观分析与微观分析相结合。社会目标层次的多样性，决定了社会评价需要综合考查社会生活的各个领域与项目之间的相互关系和影响，必须分析多个社会发展目标、多种社会政策、多种社会影响和多样的人文环境因素。因此，综合考查项目的社会可行性，通常需要采用多目标综合评价的方法。

在社会评价中，社会学、人类学等多学科理论与方法的引入，使得项目中难以量化的变量能得以更好地描述、解释及预测，从而保证评价者和受影响者能够详细了解项目状况，并加以调整控制，进一步保证项目的预期目标得以实现。社会评价的应用，可以更加有效地调动人们参与项目的积极性，一方面使项目的实施得到内部的支持，另一方面也在项目实施的过程中促进了参与者自身的发展。

（三）评价标准的差异性

社会评价由于涉及的社会环境多种多样，影响因素比较复杂，社会目标多元化和社会效益本身的多样性使得难以使用统一的量纲、指标和标准计算和比较社会影响效果，因而在不同行业和不同地区的项目评价中差异明显。社会评价的各个影响因素，有的可以定量计算，如就业、收入分配等，但更多的社会因素是难以定量计算的，如项目对当地文化的影响、对当地社会稳定的影响，以及当地居民对项目的支持程度等。这些难以量化的影响因素，通常使用定性分析的方法加以研究。因此，在社会评价中，通用评价指标少，专用指标多；定量指标少，定性指标多。这就要求在具体项目的社会评价中，充分发挥评价人员的主观能动性。

三、社会评价的作用

（一）有利于经济发展目标与社会发展目标协调一致，防止单纯追求项目经济效益

如果缺乏对拟建项目的社会评价，项目的社会、环境等问题未能在实施前得以解决，将会阻碍项目预期目标的实现。有些项目具有很好的经济效益，但可能造成严重的生态环境污染，损害当地居民的利益，并引起社会矛盾，将不利于项目的顺利实施；有些项目在少数民族地区建设，没有充分了解当地的风俗习惯，导致当地居民和有关部门的不配合；有些项目由于移民安置解决不好，导致人们生活水平下降等，不利于社会经济的协调发展。实践证明，项目建设与社会发展能够协调配合，是促进经济发展目标和社会进步目标实现的基本前提，是建设和谐社会、实现以人为本的科学发展观的基本要求。

（二）有利于项目所在地区利益协调一致，减少社会矛盾和纠纷

投资项目在客观上一般都存在对所在地区的有利影响和不利影响。有利影响与所在地区利益相协调，对地区社会发展和人们生活水平起到促进和推动作用；不利影响则会给地区的局部利益或社会环境带来一定的损害。分析有利影响和不利影响的大小，判断有利影响和不利影响在项目投资效果中的分布情况，是社会评价中判断一个项目好坏的重要尺度之一。如一个水利工程项目，有利影响包括防洪防涝、发电、灌溉和水产养殖，不利影响主要就是由于库区建设而导致的人口迁移。如果库区迁移人口安置不当，致使当地人群生活水平下降，生活习惯改变，难以适应新的生活环境，可能引起移民的不满或过激行为，对当地社会稳定和项目的顺利进行都会产生不利的后果。因此，社会评价中应该始终把项目建设同当地人群的生活和发展联系起来，充分估计到项目建设可能造成的不利影响，预先采取适当的措施，把由项目建设引起的社会不利影响降至最低。

（三）有利于避免或减少项目建设和运营的社会风险，提高投资效益

项目建设和运营的社会风险是指由于在项目评价阶段忽视了社会评价工作，致使在项目的建设和运营过程中与当地社区发生种种矛盾，且矛盾长期得不到解决，导致工期拖延、投资加大、经济效益低下，偏离当初拟定的项目预期目标。这就要求评价人员在进行社会评价时，要侧重于分析项目是否适合当地人群的文化生活需要，包括文化教育、卫生健康、宗教信仰、风俗习惯等。考察当地人群的需求状况，对项目的态度如何，是支持还是反对。分析要广泛、深入、实际，并提出合理的针对性建议，以减少项目的社会风险。只有消除了项目的不利影响，避免了社会风险，使项目与当地人群的需求相一致，才能保证项目的顺利实施，持续发挥项目的投资效益。

四、社会评价的范围

（一）社会评价的项目范围

任何投资项目都与人和社会有着密切的联系，从理论上讲，投资项目的社会评价适合于各类投资项目的评价。然而，由于社会评价难度大、要求高，并且需要一定的资金和时间投入，因此并不要求任何项目都进行社会评价。一般而言，主要是针对那些使当地居民受益较大的社会公益性项目、对人们生活影响较大的基础设施项目、容易引起社会矛盾的项目以及扶贫项目进行社会评价，包括引发大规模移民征地的项目，如交通、供水、采矿和油田项目，以及具有明显社会发展目标的项目，如扶贫项目、区域性发展项目和社会服务项目（如教育、文化和公共卫生项目等）。

在项目评价中，首先需要进行初步社会评价，根据初步评价的结果，判断是否需要进行详细社会分析。需要进行详细社会分析的项目具有以下特征：

（1）项目地区的居民无法从以往的发展项目中受益或历来处于不利地位。

（2）项目地区存在比较严重的社会、经济不公平等现象。

（3）项目地区存在比较严重的社会问题。

（4）项目地区面临大规模的企业结构调整，并可能引发大规模的失业。

（5）可以预见到项目会产生重大的负面影响，如非自愿移民、文物古迹的严重破坏等。

（6）项目活动会改变当地人口的行为方式和价值观念。

（7）社区参与对项目效果的可持续性和成功实施十分重要。

（8）项目评价人员对项目影响群体和目标群体的需求及项目地区发展的制约因素缺乏足够的了解。

（二）社会评价重点关注的人群范围

社会评价的中心主题是强调以人为本。人是推动发展的主体，也是发展的受益对象。人们在推动发展的同时，也受益于发展过程。从以人为本的思想出发，必然要求在社会评价中将人的因素放在中心位置予以考虑，特别是要重点关注以下弱势群体：

1.非自愿移民

非自愿移民是指由于发展项目建设而导致的被迫移民，其涉及的因素较为复杂，包括社会、经济、政治、文化、宗教、环境以及技术等诸多方面。非自愿移民在没有成为移民之前，他们有可能也是发展的主流，并未被归入弱势群体或者贫困群体之列。但当他们成为非自愿移民后，将可能丧失土地资源，其劳动、生产和管理技能贬值；社会网络和社会资本发生较大改变等。一旦采取的补偿和恢复措施出现偏差，他们就可能成为新的弱势群体，需要社会评价予以重点关注。

国内外的经验表明：非自愿移民是发展项目中易受伤害的主要利益相关者之一，应该给予特别的关注。如果发展项目中的非自愿移民问题处理不当，可能产生迁移人口的次生贫困、社会不公平和其他社会风险；相反，如果处理得好，被迁移的人口可能得到改善生活环境、增加经济收入和提高生活质量的发展机遇。

成功的移民安置不仅仅需要细致的社会经济调查、科学的移民计划、合理的经济补偿和扶持政策，也需要充分了解移民过程中可能存在的各种社会影响及其风险，并且采用妥善的战略和措施，这些都需要社会评价给予足够的重视，以减少相关的风险因素和不确定因素。

2.贫困人口

贫困人口因为贫困，所以其社会影响力明显较弱，如果不特别关注，他们的声音就可能被忽视，他们的权益有可能不被重视。如果这部分人被忽视，就谈不上是以人为本的发展。消除贫困是社会发展的一个主要目标。任何投资项目，其最终目标都是实现社会的发展，社会评价关注贫困人口是与项目目标相一致的。

3.少数民族

如果项目所在区域属于少数民族地区，社会评价就必须特别考虑少数民族的特点，尤其是民族文化的特点。由于少数民族地区的社会经济发展层次通常较低，少数民族区域同时也可能就是贫困地区。保护民族文化多样性的社会发展目标也要求在社会评价中关注少数民族问题。可通过问卷调查的形式，调查当地少数民族的意愿，并针对相关问题提出具体、有效的建议和措施，以保证项目的顺利实施。

4.女性

通常男性和女性由于在社会活动中所扮演的角色不同，在社会生活中所处地位、基本需求、对事物的看法和认识也就会有所不同。一个发展项目往往对男性和女性会产生不同的影响。比如，女性已经成为现代农业生产的主力军，从事农业生产的女性比例要高于男性，因此，土地征用对女性的影响往往比对男性的影响更为严重，所以应该给予足够的考虑。项目的设计力求满足不同性别群体的需要，不仅有助于消除项目对不同性别群体负面影响的差异，提高项目的实施效果，还能对促进社会性别平等这一长远的社会发展目标做出贡献。

五、社会评价的过程

社会评价一般包括调查社会资料、识别社会因素、论证比选方案三个步骤。

（一）调查社会资料

调查了解项目所在地区的社会环境等方面的资料，包括项目所在地区和受影响的社区基本社会经济情况，以及项目影响时限内可能的变化，具体包括：人口统计资料、基础设施与服务设施状况；当地的风俗习惯、人际关系；各利益相关者对项目的反应、要求与接受程度及各利益相关者参与项目活动的可能性，如项目所在地区干部群众对参与项目活动的态度和积极性，可能参与的形式和时间，妇女参与有无特殊情况等。社会调查可采用多种调查方法，如查阅历史文献与统计资料、问卷调查、现场访问与观察、开座谈会等。

（二）识别社会因素

分析从社会调查中获得的资料，对项目涉及的各种社会因素进行分类，一般可分成三类：

（1）影响人类生活和行为的因素，如对就业、收入分配、社区发展和城市建设、居民身心健康、文化教育事业、社区福利和社会保障等的影响因素。

（2）影响社会环境变迁的因素，如对自然和生态环境、资源综合开发利用、能源节约、耕地和水资源等的影响因素，以及由此对社会环境的影响。

（3）影响社会稳定与发展的因素，如对人们风俗习惯、宗教信仰、民族团结的影响，对社区组织结构和地方管理机构的影响，对国家安全和地区发展的影响等。

从这些因素中，识别与选择影响项目实施和项目成功的主要社会因素，作为社会评价和对项目方案进行论证比选的重点。

（三）论证比选方案

对拟定的项目建设地点、技术方案和工程方案中涉及的主要社会因素进行定性、定量分析，比选推荐社会正面影响大、社会负面影响小的方案，主要内容包括以下几点：

1.确定评价目标与评价范围

根据投资项目建设的目的、功能以及国家和地区的社会发展战略，对与项目相关的各社会因素进行分析研究，找出项目对社会环境可能产生的影响，确定社会评价的目标，并分析主要目标和次要目标。分析的范围包括项目影响涉及的空间范围和时间范围。空间范围是指项目所在的社区、县市等。有的大型项目如水利项目，影响区域可能涉及多个省市等较为广泛的地域。时间范围是指项目的寿命期或预测可能影响的年限。

2.选择评价指标

根据评价的目标，选择适当的评价指标，包括各种效益和影响的定性指标和定量指标。所选指标不宜过多，且要便于搜集数据和进行评定。

3.确定评价标准

在广泛调查研究和科学分析的基础上，搜集项目本身及评价空间范围内社会、经济、环境等各方面的信息，并预测评价在项目建设阶段有无可能发生变化，然后确定评价的标准。

4.制订备选方案

根据项目的建设目标、不同的建设地点、不同的资金来源、不同的技术方案等，提出若干可供选择的方案，并采取访问、座谈、实地考察等方式，了解项目影响区域范围内地方政府与群众的意见，将这些意见纳入方案比较的过程中。

5.进行项目评价

根据调查和预测的资料，对每一个备选方案进行定量和定性评价。首先，对能够定量计算的指标，依据调查和预测资料进行测算，并根据评价标准判断其优劣。其次，对不能定量计算的社会因素进行定性分析，判断各种社会因素对项目的影响程度，揭示项目可能存在的社会风险。最后，分析判断各定性指标和定量指标对项目实施和社会发展目标的重要程度，对各指标进行排序并赋予一定的权重。对若干重要的指标，特别是不利影响的指标进行深入的分析研究，制定减轻不利影响的措施，研究存在的社会风险的性质与重要程度，提出防控风险的措施。

6.编制社会评价报告

将对所评价项目的调查、预测、分析、比较的过程和结论，以及方案中的重要问题和有争议的问题编制成一定格式的书面报告。在提出方案优劣的基础上，提出项目是否可行的结论或建议，形成项目社会评价报告，作为项目决策者的决策依据之一。

第四节 项目社会评价方法

一、社会评价方法概述

（一）社会评价方法

项目涉及的社会因素、社会影响和社会风险不可能用统一的指标、量纲和判据进行评价，因此社会评价应根据项目的具体情况采用灵活的评价方法。

1.定性分析和定量分析

项目影响的社会因素比较繁杂。有的社会因素可以采用一定的计算公式定量计算，如就业效益、收入分配效果等；而更多的社会因素则难以计量，更难以采用一定的量纲用统一的计算公式进行计算。因此，社会评价通常采用定量分析与定性分析相结合、指标评价与经验判断相结合的方法，能定量的就进行定量分析，不能定量的则进行定性分析。在评价过程中，也可先定量分析，再通过定性分析进行补充说明。

（1）定量分析方法。定量分析是通过一定的数学公式或模型，在调查分析得到的原始数据的基础上，计算得出结果并结合一定的标准进行的分析评价。定量分析一般要有统一的量纲、一定的计算公式和判别标准。一般认为，定量分析比较客观科学，但是对于项目评价来说，对大量复杂的社会因素进行定量分析显然难度很大。因此，定量分析在社会评价中只作为一种辅助方法。

（2）定性分析方法。定性分析主要采用文字描述为主的形式，详细说明相关的情况、性质、程度、优劣，并据以做出判断或得出结论。定性分析应尽量引用直接或间接的数据，以便更准确地说明问题的性质和影响程度，并且尽可能地对分析对象选定对比的基准，在可比的基础上按照有无对比的原则进行对比分析。

2.初步社会评价和详细社会评价

在项目前期工作阶段，应根据项目研究的深度分别采用初步社会评价和详细社会评价的方法。

（1）初步社会评价。初步社会评价是在预可行性研究阶段进行社会评价常采用的一种简便方法。运用这一方法可大致了解拟建项目所在地区社会环境的基本状况，识别主要的影响因素，粗略地预测可能出现的情况及其对项目的影响程度。初步社会评价主要是分析现有资料和现有状况，着眼于负面社会因素的分析判断，一般以定性描述和分析为主。其主要步骤如下：

①识别主要社会因素。对影响项目的社会因素进行分类，可按其与项目之间的关系和预期影响程度划分为影响一般、影响较大和影响严重三级。应侧重分析评价那些影响严重的社会因素，以尽量降低、控制这些因素可能造成的风险。

②确定利益相关者。对项目所在地区的受益、受损利益群体进行划分，着重对受损利益群体的情况进行分析。按受损程度，划分为受损一般、受损较大和受损严重三级，重点分析受损严重群体的人数、机构，以及对项目的态度和可能产生的矛盾，以尽量化解矛盾，促使工程的顺利进行。

③估计接受程度。大体分析当地现有经济社会条件对拟建项目的接受程度，一般分为高、中、低三级。应侧重对接受程度低的因素进行分析，并提出使项目与当地社会环境相互适应的措施和建议。

（2）详细社会评价。详细社会评价是在可行性研究阶段广泛应用的一种评价方法。其功能是在初步社会评价的基础上，采用定量与定性分析相结合的方法，结合项目的工程技术方案，进一步研究与项目相关的社会因素和社会影响程度，进行详细论证并预测风险程度，系统地评价社会影响。其主要步骤包括：

①识别社会因素并排序。对社会因素按其正面影响与负面影响、持续时间长短、风险度大小、风险变化趋势（减弱或强化）进行分组排序，应着重对那些持续时间长、风险度大、可能激化的负面社会影响进行论证。

②识别利益相关者并排序。对利益相关者按其直接受益或者受损、间接受益或者受损、减轻或者补偿受损措施的代价分组。在此基础上详细论证各受益群体与受损群体之间、利益相关者与项目之间的利害关系，以及可能出现的社会矛盾。

③论证当地社会环境对项目的适应程度。详细分析项目建设与运营过程中可以从地方获得支持与配合的程度，按好、中、差分组。应着重研究地方利益相关者、当地政府和非政府机构的参与方式及参与意愿，并提出协调矛盾的措施。

④比选优化方案。将上述各项分析的结果进行归纳，比选、推荐合理方案。

（二）社会评价指标

为准确反映项目的社会效果，社会评价指标应把社会性指标（如教育、健康、技能开发、信息透明和社会性别等）和经济性指标（如收入增加、新增就业机会、生产率提高、收入分配等）综合在一起，作为分析项目社会影响及效果的辅助工具。

1.社会评价指标分类

社会评价指标，按指标值的取得方式及性质不同，可分为客观指标和主观指标；按其衡量的内容和对象不同，可分为核心指标和辅助指标。

（1）客观指标和主观指标。客观指标反映客观社会现象，适用于衡量项目带来的结构变化。例如，用客观指标衡量贫困时，使用的是官方贫困线以下的家庭数量、人均净收入或人均粮食生产量等可能从客观上获得的数字。主观指标适用于衡量对个人的影响，即他们的福利现状和期望，以及对各种影响的满意程度等。

（2）核心指标和辅助指标。核心指标是指能够直接衡量项目的社会影响，特别是衡量受项目影响人群的收入（收入来源、收入水平、储蓄、信用）和就业状况、社会服务和当地文化状况，以及项目地区的具体目标人群对项目的看法等内容的重要指标。辅助指标是特定行业的、与特定项目目标或具体情况相关的其他一般性指标。

2.社会评价指标的特征

对于不同的项目，社会评价具体采用的指标可能不同，但所有项目的社会评价指标都具有一些共同特征：

（1）应该是可量化计算的。

（2）所依据的信息资料必须是可以得到的，并且能够获得可靠的信息资料。

（3）指标数据的搜集和测算应考虑成本效益因素，搜集数据、分析计算这些指标所花费的代价及时间应在已确定的预算内。

（4）指标应能用来反映随时间变化的动态趋势，并且是根据特定时间内所搜集的数据进行分析测算的。

（5）应有对弱势群体反应灵敏、能显示和衡量与弱势群体社会状况改善有关的评价指标，并且通过这些指标数据易于观察这些变化和趋势。

（6）必须对变化反应灵敏，从而能正确反映现实。

（7）所采用的指标必须是易于理解、便于接受的。

（8）指标体系应具有全面性、综合性特征，既能反映正面影响，又能反映负面影响。

3.社会评价指标体系

社会评价应以各项社会政策（如就业政策、分配政策、扶贫政策、社会福利政策和社会保障政策等）为基础，针对国家与地方各项社会发展目标的贡献与影响进行分析评价。其主要评价指标多而繁杂，在选择社会评价指标时，不同行业、不同类型的项目应有所差别。表13-4列出了一些社会评价的具体指标。

表13-4 **社会评价指标举例**

一级指标	二级指标	三级指标
1.对社会的影响	1.1就业效果 1.2对收入分配的影响 1.3对社区发展和城市建设的影响 1.4对人们身心健康的影响 1.5对社会环境的影响 1.6对社区福利和社会保障的影响 ⋮	1.1.1安排直接就业 1.1.2吸收间接就业 ⋮ 1.4.1增加社区服务设施 1.4.2改善城市基础设施 1.4.3扩大社区住宅面积 ⋮
2.项目的互适性	2.1当地政府对项目的态度 2.2当地群众对项目的态度 2.3当地社会组织对项目的态度 2.4当地的基础设施支持条件 2.5当地的技术支持条件 2.6当地的文化教育水平 2.7群众的参与积极性	2.1.1地方政府财政支持 2.1.2地方政府加强宣传力度 ⋮ 2.6.1当地科研院所众多 2.6.2科技人员素质较高 ⋮
3.项目的社会风险	3.1对弱势群体的影响 3.2对人们风俗习惯、宗教信仰、民族团结及文化多样性的影响 3.3对受损群体的安置和补偿的影响	3.1.1对妇女的影响 3.1.2对儿童的影响 3.1.3对老年人的影响

二、社会分析中的利益相关者分析

（一）利益相关者分析

利益相关者是指与项目有利害关系的人、群体或机构。利益相关者分析在社会评价中用于辨认项目利益相关群体，分析他们对项目的实施及实现目标的影响。利益相关者分析一般按照以下四个步骤进行：

1.识别利益相关者

项目利益相关者一般划分为：项目受益人、项目受害人、项目受影响人；其他利益相关者，包括项目的建设单位、设计单位、咨询单位、与项目有关的政府部门与非政府组织。他们可能会对项目产生重大影响，或者对项目能否达到预定目标起着十分重要的作用。

2.分析利益相关者的利益构成

在对项目的利益相关者进行识别之后，还需要对他们从项目实施中可能获得的利益以及可能对项目产生的影响进行分析。一般应重点分析以下问题：

（1）利益相关者对项目有什么期望？

（2）项目将给他们带来什么样的益处？

（3）项目是否会对他们产生不利影响？

（4）利益相关者拥有什么资源，以及他们是否愿意和能够动员这些资源来支持项目的建设？

（5）利益相关者有没有与项目预期目标相冲突的任何利害关系？

在许多情况下，一个项目对相关机构的影响程度可以通过分析二手数据来获得答案，而对于有些群体和当地的群众，则可能需要进行实地调查访谈，才能获得答案。

3.分析利益相关者的影响力

利益相关者按其重要程度分为以下几类：主要利益相关者，是指项目的直接受益者或直接受到损害的人；次要利益相关者，是指与项目的方案规划设计、具体实施等相关的人员或者机构，如银行机构、政府部门、非政府组织等。对其影响力及重要程度进行分析：①权力和地位的拥有程度；②组织机构的级别；③对战略资源的控制力；④其他非正式的影响力；⑤与其他利益相关者的权力关系；⑥对项目取得成功的重要程度。

4.制订参与方案

在已获得利益相关者的相关信息、明晰了不同利益群体之间的关系之后，重点关注主要利益相关者，制订主要利益相关者参与项目方案制订、实施及管理等方案。

（二）社区基层参与评价

1.社区基层参与评价的活动

社区基层参与评价是调查当地人的期望、态度和偏好的一种方法，是在项目设计和实施阶段对当地社会情况和利益相关者的态度进行调查，识别所存在的社会问题，促进当地社会成员参与项目实施的一种手段，也是沟通项目规划者、实施者和利益相关者的一种重要方式。

社区基层参与评价的过程，重点强调以下活动：

（1）通过与当地个人或家庭会面、召开小组讨论会或召开社区会议等方式，就与项目相关的问题展开讨论。

（2）使用各种辅助工具，以便让文化层次较低的社区群众参与到项目中去。

（3）对问题、偏好、财富等进行排序。

（4）采用趋势图表、日常活动表等分析有关社会经济活动的特征及其变动趋势。

2.社区访谈

进行社区基层参与评价的基本方法就是开展各类社区访谈，可以在一般个人、主要知情者和特定群体之间展开。访谈的提纲或形式应根据所调查问题的不同而有所区别。通过这种方式可以发现他们对一般的或敏感性问题的独特见解，还有可能搜集一些一般公众访谈所得不到的信息。访谈要想取得成功，必须要让被访者坚信他所提供的信息将会被认真对待，这取决于他对访谈者的熟悉程度和信任情况。

3.问题排序

对问题进行排序有多种方法，经常采用问题卡片的形式对问题进行排序。进行这项活动时，参与者每人拿两张卡片，从中选出他们认为比较而言问题最为严重的那张卡片，并记下不同参与者的选择结果，最后通过比较被选择次数来进行问题排序。

4.偏好排序

偏好排序的方法类似于问题排序，一般需要绘制一个矩阵图，纵向表示受访者，横向表示各种偏好选项，要求参与者根据自己的评价来确定相应的选项，从而得到一个比较图表，从中判断参与者对不同选项的偏好，以便更好地理解不同群体的偏好倾向。

5.财富排序

财富排序用于分析社区内不同群体的财富状况并进行排序，用以调查当地人对财富的观点，分析不同人群在社会经济发展中所处的层次。这种排序可以为抽样调查的分层抽样提供依据，也可用于识别贫困家庭。

（三）多因素综合评价方法

1.矩阵分析总结法

矩阵分析总结法是将社会评价的各种定量和定性分析指标列入社会评价综合表，如表13-5所示，并在此基础上进行综合分析和总结评价。

表13-5　**项目社会评价综合表**

顺序	社会评价指标（定量与定性指标）	分析评价结果	简要说明（包括措施、补偿及其费用）
1			
2			
3			
4			
	总结评价		

将各项定量与定性分析的单项评价结果列于矩阵表中，使各单项指标的评价情况一目了然。由评价人员对矩阵中所列的各指标进行分析，阐明每一个指标的评价结果和它对整个项

目社会可行性的影响程度。然后，将一般可行且影响较小的指标逐步排除，重点考察和分析那些对项目影响大而且存在风险的问题，权衡利弊得失，研究说明对其的补偿措施情况。最后，进行分析和归纳，指出对项目社会可行性具有关键影响的决定性因素，评价项目的社会可行性，并提出规避社会风险的对策措施。

2.多目标加权评价法

在分析项目的社会可行性时，通常要考虑项目的多个社会因素和目标的实现，并选用多目标决策分析评价的方法，根据定量与定性分析指标的重要程度，进行指标打分和加权计算，得出综合评价的结论。

本章小结

1.经济影响分析，就是分析项目生命周期内发生的费用和产生的效益对区域经济发展、产业发展及宏观经济所造成的影响，为协调项目与宏观经济、区域经济、产业发展之间的关系，促进项目的顺利实施，提高项目的经济影响效果提出措施建议。

2.项目经济影响分析通常从以下三个方面进行：（1）对区域和宏观经济层面的影响；（2）对产业及部门层面的影响；（3）对个人层面的影响。

3.项目的经济影响分析应遵循系统性原则、综合性原则、定性分析与定量分析相结合的原则，采用定量指标分析方法对项目进行经济影响分析，具体包括总量指标、结构指标、国力适应性指标、就业和收入分配指标。

4.对项目进行国家经济安全影响分析应从产业技术安全、资源供应安全、资本控制安全、产业成长安全、市场环境安全、产业竞争力安全等方面进行分析和评价。

5.社会评价是识别和评价投资项目的各种社会影响，分析当地社会环境对拟建项目的适应性和可接受程度。评价投资项目的社会可行性，其目的是促进利益相关者对项目投资活动的有效参与，优化项目建设实施方案，规避投资项目社会风险。

6.社会评价从以人为本的原则出发，研究内容包括项目的社会影响分析、项目与所在地区的互适性分析和社会风险分析等三个方面。

7.项目社会评价方法主要有定性分析和定量分析、初步社会评价和详细社会评价。同时，还要对项目进行利益相关者分析，即在社会评价中辨认项目利益相关者群体，分析他们对项目的实施及实现目标的影响。

本章能力训练

一、名词解释

经济影响分析　客观评价法　主观评价法　经济安全影响分析　社会评价　社会评价指标　利益相关者

二、思考分析

1.什么是经济影响分析？

2.经济影响分析的过程有哪些？

3.说明经济影响分析的类别。

4.经济影响分析的原则与方法有哪些？

5.项目的经济安全影响分析的内容有哪些？

6.什么是社会评价？其有哪些内容？
7.简述社会评价的特点与作用。
8.对项目进行社会评价应使用哪些方法？

第十四章

基础设施项目的融资模式

案例情景

一滴一滴灌溉，一点一点节水，沐禾节水力补农田水利设施短板

内蒙古自治区国土资源厅在巴林右旗召开高标准农田“投建管服一体化”（PPP模式）现场会，观摩并推广高标准农田建设“京蓝模式”。

为解决高标准农田建设过程中普遍存在的重建轻管等问题，2016年9月份，经内蒙古自治区国土资源厅批准，京蓝沐禾节水装备（集团）有限公司在巴林右旗开展高标准农田“投建管服一体化”项目试点。通过配套建设智慧农业云系统、自动化灌溉系统和水肥一体化系统等五大系统工程，推行“农业管家”服务模式，项目区内不仅实现了农业精准灌溉，农业资源配置也得到了明显优化。统计数据显示，随着当地高标准农田“投建管服一体化”项目的实施，农牧民亩均增收1 000元以上，脱贫致富步伐明显加快；节约用水50%以上，节省化肥30%以上，有效保护了水资源，减少了土地面源污染。

巴林右旗旗长浩毕斯嘎拉图表示，项目成功探索出高标准农田建设新模式，利用“政府+公司+农户”的方式，实现了政府、农牧民、企业三赢。2016年7月份，沐禾节水与河北省威县人民政府共同签署了我国节水灌溉行业第一个PPP示范项目。该项目为财政部和河北省首个高效节水灌溉和水权改革试点项目，投资总额为6.52亿元。专家认为，项目建成后将对沐禾节水商业模式的复制产生示范效应，并将有效推动高效节水灌溉、农业环保和智慧生态等行业的发展。

“沐禾节水正是在国家决定采取综合措施补齐农田水利设施短板、实施水权水价改革的大背景下应运而生的。”沐禾节水董事长、中国水利企业协会副会长乌力吉说，伴随节水灌溉行业的发展，公司迅速壮大，已成为智能节水灌溉整体解决方案提供商。乌力吉说，近年来国家高度重视节水事业，陆续推出“东北节水增粮”“华北节水压采”“西北节水增效”“南方节水减排”四大节水行动。“十三五”期间，节水灌溉PPP项目纳入财政部示范项目，此举意味着政策层面推广节水灌溉PPP已成为大趋势。未来，沐禾节水将通过创新投融资模式、建立信息化农业运维系统，推动高标准农田建设提档升级，并以“生态节水、创新科技”理念助推农业节水灌溉打通“最后一千米”。

资料来源　乔金亮. 沐禾节水力补农田水利设施短板：一滴一滴灌溉　一点一点节水［EB/OL］.［2017-11-01］. https://www.ce.cn/xwzx/gnsz/gdxw/201711/01/t20171101_26716507.shtml.

由该案例引出，基础设施项目的融资模式有哪些？本章将讲解基础设施项目的融资

BOT、PPP、PFI与ABS类型模式，分析这些融资模式的特点、作用以及运作程序。重点是BOT、PPP融资模式的应用方法。

第一节 BOT融资模式

一、BOT融资的基本概念与特点

（一）BOT融资的基本概念

BOT（Build-Operate-Transfer），通常直译为"建设-经营-转让"。BOT实质上是政府与项目公司在签订合同的前提下对基础设施进行投资、建设和经营的一种方式，政府的目的主要是缓解政府的财政压力。BOT融资模式下政府给予融资项目公司一定的特权，融资项目公司可以建设、管理和经营基础设施，在此期间融资项目公司可以对使用的社会公众收取一定的利益报酬。在合同到期时，融资项目公司将基础设施无偿转交给政府。

BOT融资模式是一个广义上的概念，目前还有以下主要形式由各个国家所运用：

BOOT（Build-Own-Operate-Transfer），即"建设-拥有-经营-转让"。BOOT方式相对于BOT方式最大的不同就是以BOOT模式进行的项目建设，融资项目公司在合同期限内对基础设施拥有所有权。而且BOOT方式适合相对大型的基础设施建设，所以其合同期限也比BOT融资模式要长，一般是20~50年。

BOO（Build-Own-Operate），即"建设-拥有-运营"。BOO方式下的基础设施项目建设与BOT方式的最大不同是融资项目公司在合同期限到期时不将基础设施移交给政府或者其他公共部门，即所有权属于融资项目公司所有。这种方式是一种将公共产品私营化的融资方式。

TOT（Transfer-Operate-Transfer），即"转让-经营-转让"，是一种通过出售现有资产以获得增量资金进行新建项目融资的新型融资方式。在这种模式下，首先私营企业用私人资本或资金购买某项资产的全部或部分产权或经营权，然后，购买者对项目进行开发和建设，在约定的时间内通过对项目经营收回全部投资并取得合理的回报，特许期结束后，将所得到的产权或经营权无偿移交给原所有人。

BT（Build-Transfer），即"建设-移交"，指项目发起人通过与投资者签订合同，由投资者负责项目的融资、建设，并在规定时限内将竣工后的项目移交给项目发起人，项目发起人根据事先签订的回购协议分期向投资者支付项目总投资及确定的回报。

BOT的这些衍生方式其实是政府在与BOT融资项目公司对于特许协议的讨论中演变出来的，这些BOT衍生方式在原则和作用方面与典型的BOT融资模式没有区别，都是政府在政府资金短缺的情况下进行基础设施建设的方式，通常将它们统称为BOT融资模式。在社会公众对于基础设施的需求不断增长的前提下，政府运用BOT融资模式吸引项目公司投资到基础设施领域以缓解政府财政资金的不足，这是政府运用BOT融资模式的主要目的。

（二）BOT融资的特点

BOT融资模式的组织结构形式如图14-1所示。

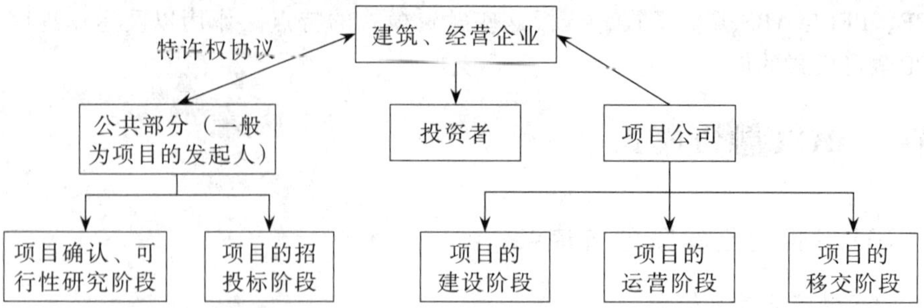

图14-1　BOT融资模式的组织结构形式

除了项目融资的无追索性和有限追索性以外，与传统的公司融资相比较，项目融资还具有以下一些突出的特点：

（1）融资基础：项目导向性，即其融资主要依赖项目的现金流量和资产而不是依赖于项目的投资者或发起人的资信来安排，通过项目的未来盈利预期进行融资。并且，往往以设立项目公司的方式进行财务的独立核算。项目融资的财务结构主要是以项目本身作为一个独立的法人，并以该项目未来的收入流作为贷款的追索对象和放贷的主要评审依据，对借款者自身的资信没有其他的担保要求和追索要求，因而作为借款方的投资者一般不将通过项目融资方式融取的资金作为自己的债务，因此进行这种投资不会对自己的财务状况造成任何不利影响。

（2）会计处理：非公司负债性，即项目融资的债务不作为借款人的债务表现于其资产负债表上。所以，项目融资是资产负债表外融资，使得项目的债务并不出现在项目发起人的资产债表上。这种投资结构和融资结构的设计，其目的在于将发起人各自的财务状况和项目的财务状况相互独立。这样做，一方面可以把项目信贷风险隔离开，从而按照项目本身价值公正评价项目的信贷风险这；另一方面为发起人从事更多的项目开发提供客观的财务依据。而在传统融资方式下，项目债务是投资者债务的一部分，出现在资产负债表里，投资者的其他投资和项目投资之间自然会产生相互的约束。

（3）风险分担：项目的运作存在各种风险，包括信用风险、建设风险、市场风险、金融风险、政治风险、法律风险和环境风险等。在传统融资方式下，风险往往集中于投资者、贷款方和担保方，风险难以分散。而项目融资则捆绑了项目各方，并采用严格的法律合同将不同的风险分散给比较合适或有能力承担的项目各方，从而保证项目融资的顺利实施。项目融资运作方案设计中复杂而有效的风险结构设计，实际上是融资成功的关键。

（4）股债比例：项目融资依靠项目经济强度进行融资安排。所以，项目融资允许投资者采用高度杠杆比率负债的方式为某个项目筹集资金，而不会导致现有资金的摊薄。项目开发的大多数资金都是通过贷款租赁、出口信贷等方式融资实现的，投资者股权所占比例较低。这种安排也是项目融资的一个突出优势。

二、BOT融资的作用

（一）缓解我国基础设施建设投资需求增大与政府资金不足的矛盾

改革开放以来我国经济持续不断地发展，我国居民在收入增加的情况下开始考虑如何提高生活质量，这间接地加大了我国居民对基础设施建设的需求。以往我国的基础设施建设基本是由政府出资建设，或者在我国政府资金不足的情况下通过向外国政府发行建设债券等方式筹措资金进行基础设施建设。无论是政府自身出资建设，还是向外国政府借债都会使政府背负相对沉重的财政负担和债务。这种单纯地依靠政府自身投资建设基础设施不是长久之计，尤其伴随着经济不断发展，我国基础设施领域的投资体制也开始向多元化结构转变，而且每年的投资额增长比率越来越大。我们以西部大开发为例，据国家发改委官网2014年12月25日报道，西部大开发重点基础设施工程33项，投资总规模为8 353亿元。2000—2005年，中国累计在西部大开发基础设施所有项目上的投资总规模约1万亿元。现在在西部大开发中1年的基础设施投资额就要赶上之前5年的投资额，由此可见我国其他地方的基础设施建设的投资额也是不断上升的。西部大开发的成效之一就是增加了当地居民的收入，2014年西部地区生产总值达到9.54万亿元，“十二五”期间地区生产总值年均增长19.4%，居民收入年均增长19.3%。居民收入的提高又进一步加大了对基础设施建设的需求，如此往复，单凭政府出资建设基础设施已无法满足，而且资金缺口会越来越大。“十二五”期间我国在铁路建设这一项基础设施建设中的资金缺口就高达2 500亿元，单纯依靠国家财政投入的铁路建设方式显然不能满足需求。这要求政府以BOT融资模式吸引项目公司投资建设基础设施。

随着我国社会主义市场经济体制改革的深入，我国的民间资本得到了巨大发展，除了在工业、商业和服务业进行投资外，巨额资金仍“游荡”在资本市场上，急需寻找新的投资渠道。开发基础设施市场，运用BOT融资模式引入民间资本进行市场化运作，这是两全其美的做法，既能引导民间资本的投资，又能缓解基础设施的资金“瓶颈”问题。

（二）促进我国政府投资体制改革和投资结构改善

在没有引入BOT融资模式之前我国基础设施建设基本是靠政府投资，政府单方面投资建设就会出现垄断状况，垄断状况下的投资体制就显得单一。单一的投资体制弊端是很明显的，在缺少竞争和监督的情况难免会出现没有科学的管理方法和相对较低的工作效率。有些项目的失败甚至在期初规划的时候就开始了。没有良好的规划和评估使得项目建成运营后，政府仍不得不继续将资金投资到项目中来弥补之前的错误，大大超出了政府的财政预期。随着BOT融资模式的引进，我国在基础设施领域的投资主体从单一向多元化发展。政府不只是停留在政府出资进行基础设施建设，还可以吸引项目公司参与我国基础设施建设，从而实现基础设施建设的外部效应内部化，以降低成本，提高效率。BOT融资模式在我国基础设施领域的运用引入了项目公司所带的竞争机制，可以通过竞争的方式优化我国投资体制。BOT融资模式不但可以使基础设施建设在低成本、高效率的状态下完成，还促进了我国投资体制的改革；打破了政府作为基础设施领域单一投资主体的状况，改善了我国的投资结构；有利于建立基础设施领域的价格体系，避免乱收费情况的发生，同时在价格的激励作用下，提高融资项目公司的工作积极性，进而提高生产效率和服务质量。以BOT融资模式进行基础设施建设可谓一举多得。

（三）借鉴国外经验以提高我国BOT项目管理水平

BOT融资项目本身所具有的特点使得融资项目公司在BOT融资项目的建设和运营中面临着极大的风险。国外政府在这方面相对有经验，政府在BOT融资模式下为项目公司提供了一些便利机制、规则制度并签订合同。融资项目公司为了能够在高质量、高效率和高收益的情况下完成项目建设，客观上要求政府在项目的期初建设阶段就要进行合理的设计规划，在建设和运营的时候对项目公司管理方法和组织方法也有较为严格的要求。这对我国政府在基础设施领域以BOT融资模式与项目公司进行合作起到了带动和示范作用。尤其是在管理方面，如何提高政府的宏观管理水平才是关键。我国在基础设施领域的投资建设的主要教训之一就是政府在项目建设、运营的过程中没有进行有效的宏观管理。国外的BOT融资模式的经验就是政府在BOT项目中要充分发挥宏观管理的作用。BOT融资的项目公司自身先进的管理方法也是我国政府可以学习和借鉴的。我国政府在BOT融资中的主要职能不仅集中在如何形成有利于公平竞争的框架，还可以学习如何选择合适的融资项目公司作为合作伙伴。通过借鉴国外经验，不但有效避免了基础设施建设的盲目性，还可以学习先进的管理技术。

（四）有利于减少政府投资风险和培养BOT专门人才

政府作为单一投资者建设基础设施使政府面临种种风险，包括建筑的风险、项目管理和运营的风险等。一旦风险出现，政府是要单独承担的。运用BOT融资模式吸引项目公司的资本投资基础设施建设，那么在基础设施建设过程中发生的关于建设、运营等的一系列风险，就可以由项目公司和政府共同承担，这样有利于减少政府承担的风险。我国政府在运用BOT融资模式的过程中最重要的是组织专家、学者或者政府相关人员参与BOT融资项目的策划、评估等相关环节，通过BOT融资模式的运用进而培养出一大批BOT融资项目领域的专门人才。这将对我国日后BOT融资模式的发展起到至关重要的作用。

三、BOT项目的运作程序

按照惯例，BOT项目的运作程序主要包括：确定项目方案、项目立项、招标准备、资格预审、准备投标书、评标与决标、合同谈判、融资与审批、实施（包括设计、建设、运营与移交）。

对于发起BOT项目的国内政府及其代理机构而言，从确定方案阶段开始到实施阶段之前的各阶段，是BOT项目的前期工作阶段，需要落实各种建设条件、选定投资人、落实项目资金来源、基本确定建设方案。这一过程可以采用协商方式，也可以采用招标方式。大型的或者复杂的BOT项目，往往采用招标方式来选择投资人。

（一）确定项目方案

这一阶段的主要目标是研究并提出项目建设的必要性、确定项目需要达到的目标。

BOT项目在这一阶段的主要目标是确定项目建设的必要性，并进一步研究确定设计规模和项目需要实现的目标，而不需要确定项目采用的技术、项目投资额或者投资收益水平。因此，在招标文件中不需要详细规定项目的技术方案和实施方案，只需要勾画出项目在规模、技术、经济等方面的轮廓，鼓励投标人在项目构想和设计方面提出新的观点，发挥他们各自的技术和经验优势，从而有利于政府从各投标方案中选择一个最佳方案作为实施方案。当然，一般情况下，为做到心中有数，政府聘请咨询公司或者设计院进行预可行性研究，提出项目技术要求并进行实施方案比较，也是十分必要的。

项目是否具备合理的投资收益，或者说，政府是否允许投资人获得合理的投资回报，是在这一阶段必须确定的原则性问题之一。只有允许投资人获得合理的回报，项目采用BOT方式才可能取得成功。不可能盈利的项目，只能由政府或者公共机构进行投资建设，除非政府能够采取财政补贴等方式保证项目投资人获得合理的回报。

（二）项目立项

项目立项，是指计划管理部门对“项目建议书”或“预可行性研究报告”以文件形式进行同意建设的批复。

BOT项目在发布招标文件之前，按照国家的基本建设程序完成项目立项是非常必要的。已经立项的项目可以降低招标后的项目审批风险，提高投标人参与项目的积极性。在项目没有立项的情况下进行招标工作，如果投资人确定后政府不批准项目，将会给中标人造成很大的损失。因此，项目立项通过的审批文件一般被作为招标的依据。

目前，一般来说，外资BOT项目应该符合《外商投资产业指导目录（2017年修订）》要求，并得到国家发改委批复。超过1亿美元（含1亿美元）的项目要报经国务院批准。内资BOT项目可以由地方政府批复。在前期准备工作不足的情况下，计划管理部门也可不批复“项目建议书”或“预可行性研究报告”，而是批复同意进行项目融资招标，这种批复也可作为招标的依据。

（三）招标准备

项目立项工作完成后，即可着手准备招标工作，主要内容有：

第一步，成立招标委员会和招标办公室。

从已有的BOT项目来看，成立招标委员会和招标办公室，对于落实项目基本条件、加快招标进度和提高工作效率具有十分重要的意义。招标委员会一般由政府主管领导担任主任，计划、财政、税务、土地、价格等主管部门的主要负责人作为委员会的成员。招标委员会的主要职责是研究招标过程中的重大事项并做出决策。招标办公室往往设在负责办理招标具体事宜的单位，可能是行业主管部门，也可能是政府控制的国有企业，其职能是贯彻执行招标委员会做出的决策，牵头落实项目前期准备工作，研究项目在经济、技术等方面的问题，并就重大问题的解决方案向招标委员会提出建议。

第二步，聘请中介机构，包括专业的投融资咨询公司、律师事务所和设计院。

由于BOT项目完全按照国际惯例进行运作，要求政府和投资人在签订合同前，对于项目的经济、技术、法律等方面的问题，做出细致、完整、严密的规定，否则，即使是一个看似微小的疏忽，也可能带来不利的后果，轻者致使项目失去公平，使政府处于不利地位，重者将导致招标失败、项目流产，甚至使政府和国家遭受严重的经济损失。

因此，聘请专业的投融资咨询公司、律师事务所和设计院，发挥它们在国际招投标、国际投融资等方面的经验优势，帮助政府进行充分和细致的招标准备工作，使项目结构设计更加严谨和符合国际惯例，最大限度地降低项目风险，提高项目成功率，是十分必要的。

第三步，进行项目技术问题研究，明确技术要求。

虽然政府在招标前并不需要规定投标人采取何种技术方案，但是，由于项目最终将移交给政府，而且项目多是为大众提高公共服务的基础设施，因此，必须在规划条件、技术标准、工艺和设备水平、环境保护等方面提出明确的要求。为此，政府应该聘请设计院作为技术顾问，对上述问题进行细致和周密的研究，并将经政府确认后的要求在招标文件中详细而清晰地进行说明。

第四步，准备资格预审文件，制定资格预审标准。

资格预审是招标工作中一个很重要的环节，尤其是对于前期工作周期长、情况复杂的BOT项目。在正式投标前进行资格预审，选定少数几家竞争力较强的投标人，邀请他们前来参加投标，能减少招标工作量，提高招标质量。因为，经过资格预审后，只有那些具有较强的技术能力和财务能力的公司才能参加投标，招标人不需耗费大量的时间和精力对那些竞争力不强的标书进行评审，可以认真仔细地对通过了资格预审后的投标人的标书进行评审。如果通过预审的投标者在财力上和技术上是健全和可信的，尽管投标者数量不多，同样能够保证在投标过程中形成激烈竞争的局面。从投标人的角度来看，参加投标的投标者数量越多，中标的机会越小，因此他们可能不愿意花费太多的时间和精力来准备标书。相反，如果他们是少数投标者中的一员，中标的机会增大，就会促使他们认真而努力地提出一份竞争力很强的标书。

因此，政府应该及早准备资格预审文件，在资格预审文件中明确资格预审标准。资格预审的期限可以根据项目前期工作的准备情况适当延长，让更多的潜在投资人获悉项目信息，增加竞争的激烈程度。资格预审文件中的资格要求，应该根据项目的特点和要求进行制定。

第五步，设计项目结构，落实项目条件。

不同地方的政府及其职能部门在管理程序上不尽相同，不同类型的项目具有不同的特点和各种不同的要求，因此，应该针对项目本身的特点，结合政府在本项目上制定的目标，设计合理的项目结构，并根据项目结构，逐项落实项目的各种条件。一个在BOT方面具有丰富经验的咨询公司，能够帮助政府设计和制定合理的项目结构，并帮助政府有计划地、系统地落实各项条件，为确保招标成功打下坚实的基础。

第六步，准备招标文件、特许权协议，制定评标标准。

在确定项目结构、初步落实项目基本条件后，即可开始编制招标文件，拟定特许权协议。在招标文件中，必须详细说明政府在技术、经济、法律等方面的要求，让投标人尽可能充分和准确地领会政府的意图。应该把投标人必须遵守的强制性要求和可由投标人建议的可协商要求区分开来。在特许权协议中，应规定项目涉及的主要事项，明确政府提供的各种支持条件或者承诺。评标标准应该体现政府在选择什么样的投资人和建成一个什么样的项目方面的要求和标准，尤其要对主要目标（例如，最终消费者支付的价格最低，或者公共开支最低，或者对整个经济而言项目的投资费用最低等）有一个清楚的定义。招标文件中规定的评标标准应该尽可能明确和详尽，以便于投标人设计出最符合政府要求的方案。

为了加快进度，招标文件的准备工作往往与资格预审同步进行，只要保证资格预审阶段和招标阶段的时间能够合理安排就行。

（四）资格预审

邀请对项目有兴趣的公司参加资格预审，如果是公开招标则应该在媒体上刊登招标公告。参加资格预审的公司应提交资格申请文件，包括技术力量、工程经验、财务状况、履约记录等方面的资料。招标委员会应该组织资格预审专家组，对这些文件进行比较分析，拟定一个数量不多和参加最终投标的备选名单，并在项目条件基本落实和招标文件基本准备就绪之后，发出资格预审结果通知，同时向通过资格预审的投标人发出投标邀请书。

参加资格预审的投标人数量越多，招标人选择的范围就越大。为了在确保充分竞争的前提下尽可能减少招标评标的工作量，通过资格预审的投标人数量不宜过多，一般为3～5家比较合适。例如，北京第十水厂BOT项目的资格预审通告发布后，共有34家跨国公司或银行购买了资格预审文件，7家联合体（共19家公司）提交了资格申请文件。招标委员会选择了其中的5家联合体参加项目投标。这些公司分别来自法国、英国、日本、意大利和中国香港。

（五）准备投标书

在获得招标委员会的书面邀请后，通过资格预审的投标者，如果决定继续投标，则应按照招标文件的要求，提出详细的建议书（即投标书）。在投标者的建议书中，一般应详细地说明所有关键方面，例如：设施的类型及所提供的产品或服务的性能或水平；建设进度安排及目标竣工日期；产品的价格或服务费用；价格调整公式或调整原则；履约标准（产品的数量和质量、资产寿命等）；投资回报预测和所建议的融资结构与来源；外汇安排（如果是外资BOT）；不可抗力事件的规定；维修计划（这对于BOT项目尤其重要，因为项目的所有权必须在寿命中期移交给政府）；风险分析与分配。

在准备标书阶段，投标人将就标书中的有关内容向招标人提出疑问。招标人应该以标前答疑会等形式进行解答，并将解答内容以书面形式正式通知所有通过资格预审的投资人。为使投标人对项目所处的环境有更加清晰和深入的了解，招标人应该组织一次现场考察。在北京第十水厂BOT项目的招标过程中，5家通过资格预审的联合体在购买了招标文件之后，在准备标书期间陆续提出了100多个问题。招标委员会举行了标前答疑会议，并多次回答了投标人提出的问题。5家联合体最终全部递交了标书，这在国内类似项目中是第一次（其他项目中都有投标人放弃投标的现象）。

（六）评标与决标

投标截止后，招标委员会将组建评标委员会，按照招标文件中规定的评标标准对投标人提交的标书进行评审。评标标准必须在招标文件中做出明确陈述。评标方法的选择将显著地影响到最终的评标结果，因此，一般情况下，招标文件中规定的评标标准不允许更改。

标书中的主要标的应该是评标时重点考虑的核心因素，如果采用评分法评标，则该因素的分值应该占有绝对的权重。北京第十水厂BOT项目评标的标准以水价为主，适当考虑了融资方案、法律方案和技术方案。

评标结果将受下列因素影响：

（1）折现率的选择：如果以投资费用为目标，应该用资金的社会机会成本对未来的费用效益进行折现计算。用资本的市场利率作为财务折现率进行财务费用的比较则较为适宜。

（2）税金处理：在以消费者支付的价格为目标时，税金可以被看作一项费用。但在以公共开支为目标的比较中，税金则可不予以考虑。

（3）免去政府机构所承担风险的意义：将风险转移给私营机构，从整个经济来看，可能并不影响项目的资金费用，但如果把公共开支控制到最小作为评标目标时，项目采取BOT方式将比由政府机构自行建设和运营具有优越性。

（七）合同谈判

决标后，招标委员会应邀请中标者与政府进行合同谈判。BOT项目的合同谈判时间较长，而且非常复杂，因为项目牵涉一系列合同以及相关条件，谈判的结果要使中标人能为项目筹集资金，并保证政府把项目交给最合适的投标人。在特许权协议签订之前，政府和中标人都必须准备花费大量的时间和精力进行谈判和修改合同。如果政府与排名第一的中标候选人不能达成协议，政府可能会转而与排名第二的中标候选人进行谈判，以此类推。

运作良好的BOT项目，由于投标人之间竞争十分激烈，使政府在谈判中的地位非常主动。如北京第十水厂BOT项目，谈判工作共进行了三轮。第一轮主要是了解双方的观点，第二轮解决了水价等核心问题，第三轮解决了遗留问题（主要是对不可抗力的处理）。谈判结果在很多方面突破了国内类似项目的惯例，使中方的利益得到了更好的保护。

政府与私营机构间的合同必须做到：①使中标人按商定的条款，对提供合同上规定的服务承担义务。②给中标人以项目的独占权以及使工程得以实施的各项许可。

如果需要的话，由政府或政府机构承担根据商定的条款购买项目产品或服务的义务，如承担或取或付义务。

特许权协议必须得到同时签署的其他许多协议的支持，并以此为条件，以使中标人能够完成其任务。通常情况下，中标人在谈判结束以后必须签署的相关协议有：①与项目承贷方的信贷协议；②与建筑承包商的建设合同；③与供应商的设备和材料供应合同；④与保险公司的保险合同。

中标人是否能够顺利地签订上述相关合同，取决于其与政府商订的合同条款。因此，从中标人的角度来看，政府应提供项目所需的一揽子基本的保障体系，政府则希望尽可能地减少这种保障。

（八）融资与审批

谈判结束且草签特许权协议以后，中标人应报批“可行性研究报告”，并组建项目公司。项目公司将正式与贷款人、建筑承包商、运营维护承包商和保险公司等签订相关合同，最后，与政府正式签署特许权协议。

至此，BOT项目的前期工作全部结束，项目进入设计、建设、运营与移交阶段。

（九）设计、建设、运营与移交

项目公司在签订所有合同之后，开始进入项目的实施阶段，即按照合同规定，聘请设计单位开始工程设计，聘请总承包商开始工程施工，工程竣工后开始正式商业运营，在特许期届满时将项目设施移交给政府或其指定机构。

需要强调的是，在实施阶段的任何时间，政府都不能放弃监督和检查的权力。因为项目最终要由政府或其指定机构接管并在相当长的时间内继续运营，所以必须确保项目从设计、建设到运营和维护都完全按照政府和中标人在合同中规定的要求进行。

第二节 PPP融资模式

一、PPP融资模式的定义

PPP（Public Private Partnership），即公共部门与私人企业合作模式，是指政府、营利性企业和非营利性企业以某个项目为基础而形成的相互合作关系的模式。从某种程度上说，只要是旨在促进私人企业与政府合作进行基础设施建设的模式都可以归为这一类别。通过这种合作模式，合作各方可以得到比单独行动更有利的结果。合作各方参与某个项目时，政府并不是把项目的责任全部转移给私人企业，而是由参与各方共同承担责任和融资风险。

PPP融资模式让参与公共基础设施项目的私人企业在项目的前期就参与进来，有利于利用私人企业先进的技术和管理经验，以及控制项目的建设成本和运营成本。

PPP融资模式本质上是政府部门和社会投资者之间一系列复杂的合约安排，要平衡公共部门和私人企业不同利益方的利益和要求，以及合理分配各方的责任和应承担的风险。通过协商，明确基础设施项目的建设方案和经营方案，围绕项目的融资活动进行相应的规划，提供各自的支持及配合，并根据这种参与协调的结果，形成特许经营的协议框架，合作各方再根据特许经营协议来实施该项目。

二、PPP融资模式的特点

PPP融资模式的组织结构形式如图14-2所示。

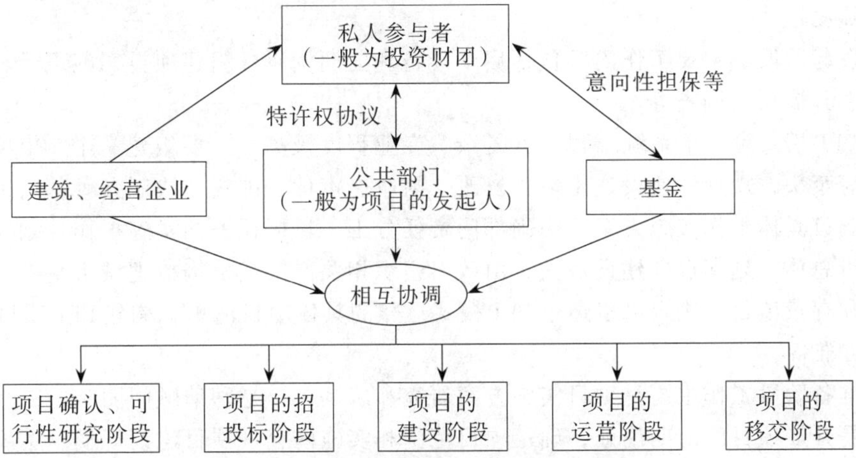

图14-2　PPP融资模式的组织结构形式

PPP融资模式是政府公共服务提供与采购模式不断总结经验、改革创新的结果，通常有以下几个特点：

（1）避免费用超支。私营部门在初始阶段就与公共部门一起参与项目的识别、可行性研究、设计和融资等项目建设过程，从而保证了项目在技术和经济上的可行性，缩短了前期工作周期，并降低了项目费用。在PPP融资模式下，私营部门只有当项目已经完成并得到政府批准使用后才能获利，因此有利于提高效率和降低工程造价，能够消除项目完工风险和资金风险。

（2）促进政府角色转换，减轻财政负担。政府从过去的基础设施公共服务的提供者变成一个监管的角色，保证了项目质量，也可以在财政预算方面减轻政府压力。

（3）投资主体的多元化。利用私营部门提供的资产和服务促进投融资体制改革，并为政府部门提供更多的资金和技能，同时可以利用私人企业的先进技术和管理经验。

（4）政府部门和私营部门优势互补，弥补对方的不足。公私双方形成长期互利目标，用最低的成本为公众提供高质量的服务。

（5）使项目参与各方整合组成战略联盟，对协调各方不同的利益目标起关键作用，使基础设施建设、经营取得更好的效果，能够更好地服务于大众。

（6）风险分配合理。PPP融资模式在项目初期就实现了风险分配，政府分担一部分风险，降低承建商与投资商的风险，从而降低了融资难度，提高了项目融资成功的可能性。政府在分担风险的同时也拥有一定的控制权。

（7）应用类型多样化。该模式突破了目前的引入私人企业参与公共基础设施项目组织机构的多种限制，可适用于城市供热等各类市政公用事业及道路、铁路、机场、医院、学校等的建设。

三、PPP项目的运作程序

PPP项目的实施主要包括项目选择、社会力量合作伙伴确定、组建项目公司、融资、建设、运行管理等过程。

（一）项目前期准备阶段

在PPP模式中，项目前期准备阶段包括项目发起和项目准备两个部分。

1.项目发起

项目发起阶段的主要工作内容包括启动准备和前期调研：组建项目实施班子、制订整体工作计划、开展项目调查等。

实施PPP模式是一个系统工程，其复杂、专业程度极高。一要组建一个PPP项目实施团队，由政府牵头，规划、建设、土地、发改、财政、审计、国资、法制办等部门组成领导小组；二要制订具体工作实施方案，明确部门责任分工、目标任务和实施工作计划安排等；三要根据城市总体规划和近期建设规划，由政府组织相关部门或机构梳理城市基础设施领域拟新建项目和存量项目，决定可以通过PPP模式运作的具体项目清单，构建PPP项目库。

2.项目准备

项目准备阶段工作主要是项目实施方案研究和编制：一是聘请顾问团队；二是拟定项目协议；三是开展项目的前期论证，确定项目范围和实施内容（项目建设规模、主要内容和总投资）；四是前期沟通，研究项目模式，设计项目结构，编制项目实施方案；五是设计项目主要商业原则；六是财务分析，编制财务模型；七是确定投资人比选方式和原则（确定投资人应具备的条件和能力及招标方式，双方的主要权利和义务）；八是组织相关单位讨论方案；九是实施方案公示和报批。

在项目实施的最初阶段，需要考虑项目的可融资方式和财政是否负担得起，并要评估传统方式与PPP方式之间的效率比较，分析该项目是否适合采用PPP方式，拟定项目协议。

（二）项目招投标实施阶段

项目招投标实施阶段包括协议编制、竞争性程序、签署协议三个部分。

1.协议编制

细化研究协议文件编制：研究和分析项目的技术、商务边界条件（如投资、运营成本与收益测算，回购总价、回购期限与方式，回购资金来源安排和支付计划）；落实建设内容分工、投资范围（投资建设期限、工程质量要求和监管措施）；研究和编制项目协议等法律文件（项目移交方式及程序、项目履约保障措施、项目风险和应对措施等）；落实招标条件。

2.竞争性程序

竞争性程序主要包括：发布项目信息；投标人准备投标文件；制定评标标准、评标细则和评标程序；成立评标工作组，开标、组织评标；编写评标报告，推荐候选人；与候选人进行谈判。

3.签署协议

先草签项目协议，中标人在约定时间内办理好项目公司成立的有关事宜，资金到位，政府配合完成资产交割及项目审批有关事宜，正式与项目公司签约。

（三）项目实施阶段

实施阶段包括项目建设和项目运营两个部分。

1.项目建设

首先，项目公司与各联合单位签订正式合同，包括贷款合同、设计合同、建设合同、保险合同以及其他咨询、管理合同等；其次，项目公司组织各相关单位进行项目开发。在开发过程中，政府及相关部门对项目开发的过程进行监督，出现不符合合同的情况及时与项目公司沟通，并确定责任主体。工程验收试运营合格以后，开发阶段结束，项目进入运营阶段。

2.项目运营

政府与项目公司签订特许经营权协议，约定特许经营期限。在整个项目运营期间，项目公司应按照协议要求对项目设施进行运营、维护。为了确保项目的运营和维护按协定进行，政府、贷款人、投资者和社会居民都拥有对项目进行监督的权力。

（四）合同终结阶段

转移中止是项目运作的最后一个阶段，包括项目移交和项目公司解散等内容。

1.项目移交

特许经营期满后，项目公司要将项目的经营权（或所有权与经营权同时）向政府移交。在移交时，政府应注意项目是否处于良好的运营和维护状态，以便保证项目的继续运营和服务提供的质量。

2.项目公司解散

项目移交以后，项目公司的业务随之中止。因此，项目公司应按合同要求及有关规定到有关部门办理清算、注销等相关手续。

四、PPP融资模式的应用

资金不足是我国公共基础设施建设存在的主要问题。公共基础设施的社会效益要高于经济效益，初期建设的投资巨大，单靠运营过程中的收入难以弥补等问题日益突出，这也要求我国在公共基础设施的建设中引入PPP融资模式（即在公共基础设施的建设中引入市场竞争机制，拓宽融资渠道和发展多元化的投资主体）。我国在应用PPP融资模式时应注意以下几点：

（1）政府财政支持投资建设的公共基础设施已经不能满足日益增长的社会、经济发展的需要，而且在基建中政府存在的诸如效率低下等弊病都要求政府所扮演的角色有所改变。政府应由过去在基建中的主导角色，改变为与私营企业合作，扮演提供公共服务中的监督、指导以及合作者的角色。在这个过程中，政府应对公共基础设施建设的投融资体制进行改革，对管理制度进行创新，以便更好地发挥其监督、指导以及合作者的作用。

（2）我国在PPP融资模式的应用上刚刚起步，还不成熟，需要借鉴外国的一些应用实例，并与我国的具体情况相结合，给予政策上的支持，促进PPP融资模式在我国的公共基础设施建设中得到推广和规范。

（3）在PPP融资模式下，参与合作的私营企业一般都是国际上大型的企业或财团。政府在与它们的谈判和合作中，应该完善相关法律，并遵循国际惯例，使其合作模式适应这一新形势发展的要求。

（4）在公共基础设施的建设中，国内一些有实力的企业应抓住机遇，积极与政府合作，参与公共基础设施项目建设。

第三节 PFI融资模式

一、PFI融资模式的定义

PFI（Private Finance Initiative）即“私人主动融资”，是指应用民间资本进行公共工程项目开发的一种融资模式，具体是指政府部门根据社会对公共设施的需求，提出需要建设的项目，通过招投标，由获得特许权的私营部门或其组建的特殊目的机构（SPV）进行公共设施项目的设计、施工与维修保养，并在特许期（15~30年）结束时将所经营的项目完好地、无债务地归还政府，而私营部门则定期从政府部门收取费用以回收成本的一种项目融资方式。在PFI融资模式下，政府部门发起项目，由私人企业负责进行项目的建设和运营，并按事先的规定提供所需的服务；政府部门以购买私营企业提供的产品或服务，或给予私营企业以收费特许权，或政府与私营企业以合伙方式共同运营等，来实现政府公共物品产出中的资源配置最优化，以及效率和产出的最大化。

PFI融资模式是传递某种公共项目的服务，而不是提供某个具体的构筑物。政府采用PFI融资模式的目的在于获得有效的服务，而非获得最终项目的所有权。典型的PFI项目，实质上是一种政府或公众对公共物品生产者提供的公共服务的购买。在PFI融资模式下，公共部门在合同期限内购买私人企业提供的设施或服务的使用权；在合同结束时，有关资产的所有权或者留给私人企业，或者交还政府公共部门，取决于原始合同条款的规定。私人企业的目的在于通过提供服务来获得政府或公众的付费，实现收入和完成利润目标。

二、PFI融资模式的特点

（一）适用领域广泛

PFI融资模式有广泛的适用范围，不仅应用于经营收益性的城市基础设施，还可以用于非营利性的城市公益项目，在医院、学院甚至是监狱等公共项目上也得到了广泛的应用。

（二）拓宽融资渠道，缓解资金压力

PFI融资模式能够广泛影响经济领域的私营部门或非官方投资者，实现投融资方式的多元化，参与公共物品的产出，不仅大大缓解了政府公共项目建设的资金压力，同时提高了政府公共物品的产出水平，又可以适当转移风险。

（三）提高建设效率

在PFI融资模式下，通过引入私人部门的知识、技术和管理方法，可以提高公共项目的效率和降低产出成本，使社会资源配置更加合理化，同时摆脱了长期困扰政府的项目低效率的压力。私人企业追求利润最大化，千方百计应用新技术，采用新材料，高效率地利用资源，减少污染。有统计数据表明，采用PFI融资模式，公共项目可以节约10%的成本。

PFI融资模式最大的优势在于，它是政府公共项目投融资和建设管理方式的重大制度创新。

三、PFI融资模式的作用

（一）可以弥补财政预算的不足

PFI融资模式可以在不增加政府财政支出的情况下，增加基础设施项目的建设和维护资金，政府只需在授权期限内相对比较均衡地支付报酬或租赁费，这使得政府易于平衡财政预算。同时，由于政府不参与项目的建设和运营管理，该模式还可以减少政府机构的人员数量，节省政府支出。

（二）可以有效转移政府财政风险

由于新项目的建设费用完全由投资方负责，政府无须为支付项目费用担忧或为项目提供担保，所以运用PFI融资模式可以将项目的超支风险转移到民营领域，政府不必直接承担项目建设期的各种风险。

（三）可以提高公共项目的投资效率

PFI项目投资方的收益是根据该项目的适用情况来确定的，所以，项目建设的工期和质量与私营部门的收益有直接的关系。项目完工越早，其获得收益越早；工程质量越高，其运营期所需要的维护成本越低，收益越高。因此，私营部门承担着设施收益率的风险，这就迫使其必须按时完工，并按一定标准来经营和维护所承建的设施。这可以有效避免由政府部门直接进行项目建设时常出现的工期拖延、工程质量低下等问题。

（四）可以增加私营部门的投资机会

对私营部门的投资主体而言，PFI项目的“收入”直接来自于政府，比较有保障。在当前缺乏良好投资机会的情况下，这种投融资模式对稳健型非政府投资主体具有较大吸引力。

第四节 ABS融资模式

一、ABS融资模式的定义和产生背景

ABS（Asset-backed Securitization）是以项目所属的资产为支撑的资产证券化融资模式，是资产证券化的简称。具体表述为：以某一目标项目所拥有的资产为基础，以项目资产所产生的独立的、可识别的未来收益（现金流量或应收账款）作为抵押（金融担保），通过在资本市场上发行具有固定收益率的高档债券来筹集资金的一种项目融资方式。

ABS融资模式起源于美国住宅抵押贷款的证券化（实质是金融资产的证券化）。20世纪70年代初，美国的三大抵押公司——政府国民抵押协会、联邦国民抵押协会和联邦住宅贷款抵押公司，从金融机构的手中收购了大量的住宅抵押贷款，按照一定标准进行划分和重组，并以此组合为担保或抵押，发行抵押贷款债券，从而实现了房地产抵押贷款的证券化。随着ABS融资模式的发展，就基础资金而言，它已出现了两种形态：一种是以金融资产为基础的证券化，如抵押贷款、贸易应收款、信用卡贷款、汽车贷款等，可称为“二级证券化ABS”；另一种是以实物资产为基础的证券化，如基础设施甚至唱片销售收入等，可称为“项目融资型ABS”。近年来，为了满足现状的需要，将为基本建设项目初期融资而进行的债券或其他证券发行也包含进此概念。但不论哪一种资产证券化，其实质都是将资产的未来收益以证券的形式预售的过程，其基本交易结构都是资产的原始权益人将要证券化的资产剥离

出来，出售给一个特设机构，该机构以其获得的这项资产的未来现金收益为担保，发行证券，以证券发行收入支付购买证券化资产的价款，以证券化资产产生的现金流向证券投资者支付利息。

二、ABS融资模式的结构及基本要素

完整的ABS融资模式结构包括以下几个基本要素：发起人、发行人、投资者、投资银行、资信评级机构、信用增级机构或担保机构、管理机构、受托管理机构及律师等。

ABS融资模式基本运行过程如下：

（1）原始权益人将其所有的证券化资产在真实销售的条件下出让给特设机构（SPV），按购买价获得现金收入。

（2）SPV作为发行人，通过承销商在资本市场上向投资人发行资产支撑证券。为了适应投资者的不同偏好，实际发行的证券通常分解为优先级证券和次级证券，用筹得的现金收入支付资产购买价款。

（3）在资产证券化之前，投资人委托服务商根据交易契约约定，向原始权益人收取由证券化资产所产生的收入现金流，将其支付给SPV。

（4）SPV用所得到的收入支付投资者投资本息和专业服务费用，还要在储备账户上保有一定的现金存款，以应付流动性等风险，保证SPV能够正常履行其规定的义务。

（5）由于证券化交易的复杂性，原始权益人通常聘用专业的服务机构参与交易活动。专业服务机构主要包括财务顾问、交易安排人、信用评级机构、金融担保公司、承销商、会计师事务所和律师事务所等。

ABS融资模式基本结构如图14-3所示。

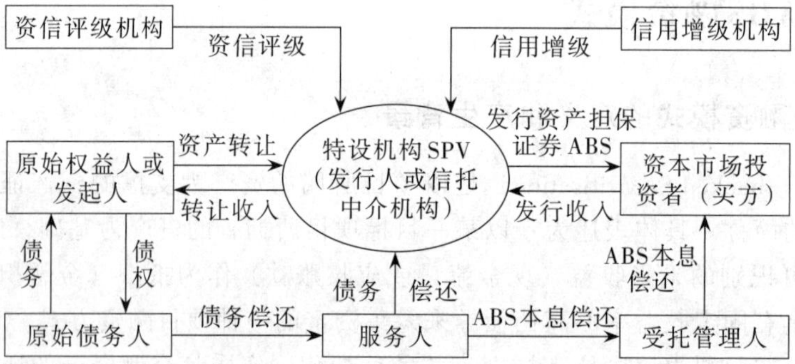

图14-3　ABS融资模式基本结构

三、ABS融资模式的使用范围及种类

（一）ABS融资模式的使用范围

证券成本与收益之间的关系决定了一种资产能否证券化，因此，从原始权益人的角度来看，并不是所有的资产都可以证券化。只有当证券的收益大于资产的成本时，才有可能使用ABS融资模式融资，即证券化。根据以往交易的实践，一种可证券化的资产应具有以下特征：能在未来产生可预测的稳定的现金流；资产的历史记录良好，即违约率和损失率较低；本息的偿还分摊于整个资产的存续期间；金融资产的债务人有广泛的地域和人口统计分布；原所有者已持有该资产一段时间，信用记录良好；金融资产的抵押物易于变现，且变现价值

高；金融资产具有标准化、高质量的合同条款。

近年来，ABS融资模式已经被应用于基础设施项目等大型工程项目融资中，并且取得了一些成功的经验。我国的基础设施项目，如水电、住房、道路、桥梁、铁路等项目的共同特点是收入安全、持续、稳定，适合ABS融资模式的基本要求，可以采取ABS融资模式进行融资。而且，一些出于某些考虑不宜采用BOT融资模式的重要的铁路干线、大规模的电厂等基础设施项目，也都可以考虑采用ABS融资模式进行融资。

（二）ABS融资模式的种类

ABS融资模式通过构建一个严谨、有效的交易结构来保证证券发行和融资的成功。随着证券化金融资产种类的增多，资产证券化交易的组织结构也越来越复杂。按照不同的标准，资产证券化可被划分为不同类型，具体见表14-1。

表14-1　**资产证券化类型**

分类依据	类型
基础资产	住房抵押贷款证券化与资产支持证券化
现金流处理与偿付结构	过手型证券化与转付型证券化
借款人数	单一借款人型证券化与多借款人型证券化
金融资产的销售结构	单宗销售证券化与多宗销售证券化
发起人与SPV的关系	单层销售证券化与双层销售证券化
贷款发起人与交易发起人的关系	发起型证券化与载体型证券化
证券化载体的性质	政府信用型证券化与私人信用型证券化
证券构成层次	基础证券化与衍生证券化
基础资产是否从发起人资产负债表中剥离	表内证券化与表外证券化

四、ABS融资模式的特点

（1）ABS融资模式区别于其他融资方式的一个显著特点就是通过在证券市场发行债券来筹集资金，证券化融资则代表着项目融资的未来发展方向。

（2）债券可以在证券市场上流通，由众多投资者购买，因而ABS融资模式在很大程度上分散了投资风险。

（3）资产证券的投资者或持有人在证券到期时，可以获得本金和利息的偿付。偿付资金来源于证券化基础资产所创造的现金流量，即资产债务人偿还的到期本金和利息。ABS证券投资风险只取决于可以预测的现金收入，而不是项目原始收益人自身的信用状况，并且不受原始权益人破产等风险的牵连。

（4）用于资产证券化的资产通常都是不能随时出售变现，但根据合同或事先约定而具有可预见、稳定的未来现金收入的资产。通过资产证券化，发起人能将流动性低的资产转换为流动性高的、标准化的证券工具。因此，资产证券化可以增强资产的流动性。

（5）ABS融资模式可以利用成熟的项目融资改组技巧，将项目资产的未来现金流量包装成高质量的证券投资对象，能充分显示金融创新的优势。

（6）ABS通过证券市场筹集资金，操作比较规范，并且与BOT等项目融资模式相比，ABS融资涉及的机构少，从而大幅度地减少了酬金、差价等中间费用，并且使融资费用降至较低水平。

（7）ABS融资债券是一种高档投资证券，因此，虽然其利息率一般较低，但比普通储蓄的投资回报率要高。

（8）ABS融资模式以SPV为载体，SPV发行高档投资级债券募集资金，但这种负债不反映在原始权益人自身的资产负债表上，从而避免了原始权益人资产质量的限制。

（9）ABS融资模式特别适合于在国际市场上筹集大笔资金。

五、ABS融资模式的作用

从融资方来说，ABS属于项目融资，成本较低，并且可以吸收外国或当地的长期投资，以达到筹措资金的目的；ABS可以为项目主办单位提供一个能使其重新调整资产结构的机会，原始权益人也能够保留完整的决策权和大部分资产收益能力，并可以为项目主办单位分散项目的各种风险，保守本企业的财务信息和商业机密，还可以有效地将风险分配给那些能够对其进行最有效管理的机构和专家；通过表外处理，原始权益人能够保持和增强自身借款能力，原始权益人能盘活本企业部分非流动性资产，加速资产周转率和资金循环，在相同资产基础和经营时间内创造更多收益，从而提高资产收益率。

从投资者方面来说，ABS融资模式能够获得按期还本付息的保证；能够获得专业化、高质量的风险管理服务，得到较高的投资回报，以有限的风险获得较高的投资回报；国际资信评估机构对获得担保的债券做出投资级别的评级，增强了债券的流动性和可兑换性，降低了投资者的风险损失；由SPV的风险评估专家利用丰富的经验和专业能力对其所担保的ABS融资债券的资产负债项目进行长期性监控，减少了债券到期不能按时偿还的风险。

本章小结

1.BOT实质上是政府与项目公司在签订合同的前提下对基础设施进行投资、建设和经营的一种方式，政府的目的主要是缓解政府的财政压力。

2.BOT融资的特点除了项目融资的无追索性和有限追索性以外，与传统的公司融资相比较，项目融资还具有：（1）融资基础：项目导向性。（2）会计处理：非公司负债性。（3）风险分担：将不同的风险分散给比较合适或有能力承担的项目各方。（4）股债比例：项目融资依靠项目经济强度进行融资安排。

3.BOT融资的作用：缓解我国基础设施建设投资需求增大与政府资金不足的矛盾；促进我国政府投资体制改革和投资结构改善；借鉴国外经验以提高我国BOT项目管理水平；有利于减少政府投资风险和培养BOT专门人才。

4.按照惯例，BOT项目的运作程序主要包括：确定项目方案、项目立项、招标准备、资格预审、准备投标书、评标与决标、合同谈判、融资与审批、实施（包括设计、建设、运营与移交）。

5.PPP，即公共部门与私人企业合作模式，是指政府、营利性企业和非营利性企业以某个项目为基础而形成的相互合作关系的模式。

6.PPP融资模式是政府公共服务提供与采购模式不断总结经验、改革创新的结果，通常有以下几个特点：（1）避免费用超支；（2）促进政府角色转换，减轻财政负担；（3）投资主体的多元化；（4）政府部门和私营部门优势互补，弥补对方的不足。

7.PPP项目的实施主要包括项目选择、社会力量合作伙伴确定、组建项目公司、融资、建设、运行管理等过程。

8.PFI即“私人主动融资”，是指应用民间资本进行公共工程项目开发的一种融资模式，具体是指政府部门根据社会对公共设施的需求，提出需要建设的项目，通过招投标，由获得特许权的私营部门或其组建的SPV进行公共设施项目的设计、施工与维修保养，并在特许期（15~30年）结束时将所经营的项目完好地、无债务地归还政府，而私营部门则定期从政府部门收取费用以回收成本的一种项目融资方式。

9.ABS是以项目所属的资产为支撑的资产证券化融资模式，是资产证券化的简称，具体表述为：以某一目标项目所拥有的资产为基础，以项目资产所产生的独立的、可识别的未来收益（现金流量或应收账款）作为抵押（金融担保），通过在资本市场上发行具有固定收益率的高档债券来筹集资金的一种项目融资方式。

本章能力训练

一、名词解释

BOT　PPP　PFI　ABS

二、思考分析

1.什么是BOT融资？

2.BOT融资的特点与作用有哪些？

3.简述BOT融资的运作过程。

4.什么是PPP融资？

5.PPP融资的特点与作用有哪些？

6.简述PPP融资的运作过程。

7.什么是PFI融资？简述其融资特点。

8.什么是ABS融资？简述其融资特点。

第十五章

证券投资分析

案例情景

美媒：中国在全球金融市场的影响力与日俱增

据美国彭博新闻社网站报道，过去30多年来，中国崛起为经济超级明星，中国的经济规模在全球经济中所占比例超过七分之一，然而它在国际证券投资中的分量却很小，海外投资者拥有的中国股票和债券不到2%。报道称，中国长期以来是世界工厂，但是现在它还谋求成为最大的购物中心，因此它对全球经济的影响越来越显而易见。衡量世界经济健康状况的市场晴雨表也越来越多地跟踪中国。美国国债是战略师们用来评估全球增长前景的可依赖资产，与中国的采购经理人指数（衡量制造业行情的一个标准）同步已有时日。

报道称，在全球通货膨胀陷入老一套的时代，中国出厂价格的变动已经成为世界成本趋势的主要推动力。这正进入到全世界的政策制定、风险偏好和投资者选择中去。报道表示，考虑到中国的经济影响与其市场影响之间的差距，中国的目标是到2020年“提升”人民币“可兑换程度”，而且谋求人民币国际化。自2010年以来，随着人民币新的交易中心设立和越来越多地用于交易，人民币在全球货币市场上所占的份额几乎翻了一番。彭博新闻社网站认为，北京也开始推动扩大世界第二大证券市场的准入，尤其是通过所谓的“沪深港通”交易链接。6月份明晟公司决定开始将中国内地的股票纳入其全球基准体系是一个重要动向，因为这将使大批新的投资者了解中国内地股票。这不是外国人购买中国内地股票的唯一途径，因为很多中国内地公司也在国外上市。

报道称，从2018年开始，222只中国内地股票，其中多数为大盘股，将纳入明晟公司的指数，使得跟踪这家指数编制公司指数的共有基金和养老基金能够第一次了解中国内地的股票。报道认为，明晟公司打开了解中国内地股票之门是一个重要的进展。明晟公司曾经表示，内地股票纳入其指数的范围将来可能扩大，将包括更多在6月份决定中忽略的股票，多数为中盘股。这可能使明晟公司指数跟踪者可了解的内地股票再增加236只。报道还称，中国11万亿美元的债券市场也将开放，海外持有中国债券大增的可能性增加。在中国人民银行2016年为大多数投资者放宽银行间债券交易准入后，2017年又开通了内地与香港之间的“债券通”。

美媒评论道，中国庞大的市场凭着自己的实力成为全球领导者只是时间问题。

资料来源　刘宗亚．美媒：中国在全球金融市场影响力与日俱增［EB/OL］．［2017-10-17］．https：//www.chinadaily.com.cn/interface/360/53005269/2017-10-17/cd_33355834.html.

由该案例引出，如何进行证券投资分析？本章将讲解证券投资的作用，证券投资的双重性，证券的种类，证券投资的主体、目的及类型。重点是证券投资分析方法。

第一节 证券投资的作用

一、证券投资与微观企业

（一）证券投资是股份有限公司建立的基础

企业是由投资者投资设立的，企业资金的来源、性质、结构和各种投资者的权益-责任关系决定了企业的性质、产权关系、治理结构和基本的经营目标。依据投资者与企业间的关系，企业法人分为单个投资主体的独资公司与多个投资主体的股份有限公司和有限责任公司。其中，股份有限公司是现代企业制度的典型形式。股份有限公司是将其全部资本分为等额股份，股东以其所持有的股份为限对公司承担有限责任；公司内部管理体制通常由股东大会、董事会和监事会、经理等高级管理人员三个层次构成，股东通常不直接从事管理和经营，而是通过股东大会选举产生董事会负责公司的经营和管理，并由董事会委托公司经理等高级管理人员负责具体的经营和管理事务。它是一种产权清晰、责权明确、政企分开、管理科学的企业组织制度。股份有限公司产生的基础是股份投资，没有股份投资也就没有股份制的现代企业。

（二）证券投资的数量影响企业的规模

企业从事生产经营必然需要一定数量的资金，这些资金分为股权资金和债务资金。企业的资产等于股权资金与债务资金之和。股权资金又称资本金，它是企业设立或扩大营运规模时，由投资者投入并在工商行政管理部门登记注册的，能够保障企业运行的最基本需要和担保债务偿还的基础性资金。没有资本金，企业就不能作为法人设立；企业的债务资金必须限制在资本所能承受的范围之内。投资者投入企业的资本数量实际上决定了企业经营规模的扩张界限。股权投资为实业投资供给资金，企业将利用股权证券发行所筹集的资金用于购买生产资料时，证券投资就转化为实业投资的资本金。企业的债务资金可以来源于银行借款或债券发行两种渠道。前者是间接融资方式，后者是直接融资方式。在其他条件不变的情况下，证券投资规模扩大可以增加实业投资的资金供给。

（三）证券投资影响企业的资本结构

企业的资本结构指企业股权资金与债务资金的比例，又称资本负债比例。按财务杠杆的基木原理，在长期资金总额不变的条件下，企业从营业利润中支付的债务成木是固定不变的，当营业利润增多或减少时，单位利润所负担的债务成本就会相应地减少或增大，从而给单位普通股带来额外的收益和损失。只有当负债资金的利息率低于预期总资金利润率时，负债投资才能使股权资金利润率高于总资金利润率，这即是财务杠杆的正效益；而当负债利息率高于总资金利润率时，负债投资将使股权资金利润率低于总资金利润率，这是财务杠杆的负效益。至于正效益和负效益的大小，取决于负债率及总资金利润率与负债利息率的高低。负债率越高，总资金利润率大于负债利息率的差额越大，则财务杠杆的正效益越大；相反，负债率越高，总资金利润率小于负债利息率的差额越小，财务风险越大。为了充分利用财务杠杆的正效益，可以通过发行债券，增加企业的资本总量。但是，为了防范财务风险，企业必须保持充足的资本金。

二、证券投资与宏观经济

（一）证券投资实现储蓄向实业投资的转化，可促进国民经济增长

在储蓄主体与实业投资主体分离的现代经济条件下，一方面可能存在资金盈余的单位，另一方面可能存在资金短缺的单位。促进经济增长，必须将资金盈余单位的储蓄尽可能多地转化为资金短缺单位的投资。

储蓄转化为投资可以通过间接融资市场和直接融资市场两条途径来实现。间接融资是通过银行贷款来实现储蓄向投资的转化；直接融资主要是通过股票和债券投资实现储蓄向投资的转化。依据发达国家的经验，随着经济的发展，直接融资的比重呈现上升的趋势。证券投资的作用不仅在于它可以通过证券的发行和购买将储蓄转化为投资，还可以通过证券市场的q效应、非对称信息效应、财富效应及流动性效应等刺激实业投资需求和消费需求。

我国是个发展中的人口大国，为了实现充分就业和提高人民生活水平，必须维持一定的经济增长速度。实行改革开放政策以来，随着我国收入分配结构的变化，储蓄构成已转变为以居民和企业部门为主体，储蓄与投资主体分离的程度逐渐提高。但是间接融资在金融市场仍然占据主导地位而且主要集中于国有控股的商业银行。为促进经济增长，必须大力发展证券投资。

（二）证券投资受资本市场的调节，可以优化资本的配置

经济发展不仅取决于投入社会再生产的资本数量，还取决于资本配置的效率。证券投资不仅可以促进储蓄向投资的转化，还可以通过证券市场机制，引导资本向绩效较高的企业和行业流动，促进产业结构的合理化和资本配置效率的提高。

在证券市场上，证券投资者购买何种股票或债券、购买多少、何时购买，主要依据证券投资预期收益率的高低而定，而证券投资预期收益率的高低主要决定于股票和债券的价格。无论是股票的价格还是债券的价格则主要受发行企业的资金需求及市场上的资金供给影响。资金供过于求，股票、债券交易价格上涨；资金供不应求，股票、债券价格下降。

在资金供求总量一定的条件下，各种股票和债券价格的高低则取决于发行企业实业投资及经营效率的高低。

企业的效益好，股利相对较高，或可以相对较高的利息发行债券融资；相反，企业效益不好，股利和债息就相对较低。在资本市场完善的条件下，证券投资者为了获取较高的收益，无疑优先将资金用于能提供丰厚股利和债息的高效企业和产业部门。某个部门或企业的效益好，股利和债息高，证券投资就会增加，该部门就会得到较快发展；相反，某部门的股利和债息低，证券投资减少，该部门的发展就会受到制约。当某个部门或企业的股利下降时，持有该部门或企业股票的投资者还会将手持股票转让甚至抛售出去，从而会使该部门和企业的股票交易价格下跌。该部门或企业的新股发行或配股都会受到影响。这就形成了对发行企业的激励和约束机制，促使其不断提高企业的经济效益和资金的使用效率。

（三）证券投资影响货币市场与商品市场的平衡，促进宏观调控方式转换

证券投资是货币与资本凭证的交易。证券投资的出现，使货币需求不再局限于作为商品交易的支付手段，由此必然影响到货币的需求量和供给量的均衡，进而会影响货币市场与商品市场的均衡。宏观调控的重要目标是实现货币市场与商品市场的均衡，其主要手段是财政

政策和货币政策。在缺乏证券市场的条件下，政府财政主要通过税收、政府直接投资和补贴调控经济；在存在证券市场的条件下，政府财政可以通过发行和回购债券实行对经济的间接调节。

货币政策不同于财政政策，必须通过一系列的传导机制，才能对实际经济产生影响。在市场经济国家，货币政策一般通过货币渠道和信贷渠道传导。在缺乏证券市场的条件下，货币政策的传导只能通过信贷渠道进行。随着资本市场的建立与发展，货币政策的传导也从单一的信贷渠道向以信贷为主的双渠道转变；货币政策调控的中介目标相应地从贷款额度转向货币供应量。随着公开市场操作的实施，货币政策的调控方式也由直接调控转向间接调控。

三、证券投资作用的双重性

证券投资要发挥实际的作用，要求发行证券的企业必须将所筹集到的资金有效地用于实业投资。如果发行证券的企业不将所筹集到的资本用于产业投资，则不能对真实经济的增长起到促进作用。债券、股票等有价证券都是虚拟资本，它们本身并不具有价值，如果企业的实业投资效益不好，对该企业的证券投资的收益必然受到影响。

在证券市场上，一些证券是可以流通的，在企业的实业投资终止后，该企业的股票和债券在流通市场上继续被买卖，证券投资活动并没有终结。因此，证券投资存在着脱离实业投资的可能。如果证券的市场价格不能真实地反映其所代表的真实资产的价值以及资本的供求关系，造成股市价格与真实资产价值的严重偏离和股市泡沫，证券投资不仅不能有效地促进实业投资，还可能削弱实业投资，并导致实业投资结构的扭曲。

第二节 证券的种类

证券是各种权益凭证的总称。它有广义和狭义之分。广义的证券包括商品证券、货币证券、资本证券和其他证券。商品证券为证明有领取商品权利的证券，如提货单等。货币证券是对货币享有请求权的证券，如本票、汇票等。资本证券则是能按期从发行者处领取收益的权益性证券，如股票、债券等。除此之外的有价证券，如土地、房产所有权证等，则属于其他证券。狭义的证券指资本证券。本书所使用的证券概念基本上是狭义的。

资本证券是证券市场的交易工具，也是证券投资的对象。它是代表资本所有权或债权，并能给持有者带来收益的凭证。资本证券本身没有价格，也不能在生产过程中直接发挥作用，但能给持有者带来资本的增值，可以在证券市场流通，可以通过出售转化为货币，并能给持有者带来价差收益。因此，资本证券本质上是虚拟资本。资本证券包括股票和债券两大类。

一、股票

（一）股票的性质

股票是股份公司发给股东，证明其持有公司资产所有权的凭证。股票作为投资工具有如下几个特点：

一是永久性。投资者购入股票后，在公司的存续期内，不能直接向公司退股，只能通过市场交易转让给其他投资者。通过股票投资进入公司的资金可以成为资本金，公司可以运用这些资金来保证生产经营和发展的稳定性。

二是流动性。股票持有者可以按一定的价格将股票出售给愿意购入该股票的其他投资者。通过转让，股票持有者可以收回投资并获得卖出价高于购入价的差额收益。

三是风险性。股票持有者作为公司的所有者，可分享公司的收益，但同时要承担公司的风险。股票收益的高低取决于公司收益的多少，如果公司出现亏损，股票持有者将承受损失。

（二）股票的形式

1.记名股票与无记名股票

记名股票指股票上记有股东姓名和住址，并将其列入公司股东名册的股票。记名股票除所有者和其正式的委托代理人或合法继承人外，其他人不能行使股东权。记名股票转让必须办理过户手续。我国目前发行的股票为记名股票。无记名股票指股票上和公司股东名册上均不记载股东姓名和住址的股票，持有股票即可行使股东权利。

无记名股票转让时不需办理过户手续，交易简便，能节省交易时间和费用。记名股票与无记名股票在股东权利内容上没有差异，只是记载方式、权利行使方法和对股东的通知方法有别。持有记名股票，在行使权利时，证明其股东资格的方式是股东向公司（或代理人）呈示股票，公司或代理人核查股东名册；持有无记名股票，在行使权利时，作为证明股东资格的唯一方法就是向公司出示股票。公司向记名股票的股东发出通知时，按股东名册上记载的姓名、住址发送便可；而对于无记名股票，公司只能采取公告的形式发布通知。

2.面额股票和无面额股票

面额股票是公司章程和票面上都载明股份金额的股票。面额又称票面价值，票面金额每股均等，表示每一股在公司资本中所占的比例。公司所发行的股票的总金额代表股东所认缴的股本总额。公司的实际资本不能低于票面总金额。

发行面额股票可以为股票交易提供开盘参考价格，防止与公司内部人员相关的投资者以低价获取新股票的舞弊行为。无面额股票是票面上不标明金额的股票。它又分为两种：一是纯无面额股票，即股票和公司章程中均不载明票面金额；二是记载式无金额股票，即在票面没有但在公司章程中载有金额的股票。

无面额股票出现的原因：一是股票面额实质也是代表每股所拥有的股权比例，与每股内含价值和市场价格均无关系；二是在股票发行市场，时价发行的比例不断扩大，票面金额也逐步失去了存在的意义；三是面额股票不能以低于面额的价格发行，无面额股票则无此限制，发行者可灵活掌握发行价格；四是面额股票有最低面额限制，无面额股票则无此制约，这样发行者可适时进行股票分割，提高股票流通性。

3.有形股票和无形股票

有形股票指按一定规格制成的股票，票面一般载有如下内容：股票编号；公司成立日期及公司名称；股票类别；每股金额（面额股票）；股票发行的年、月、日；公司董事长、财务负责人及过户机构负责人的签名盖章；主管机构或审批发行机构的签证。无形股票是采取收据或股票账户形式发行的股票。

无形股票又可分为两种：一种由发行公司开出收据或记入股票账户，并在股东名册上作记载。这实际上是由发行公司代保管股票的形式。另一种由发行公司在股东名册上作记载，股票移交中介机构进行保管，然后再由保管机构开具保管收据或记入股票账户。无形股票的流通采用转账结算的办法。

股东持有有形股票往往容易发生丢失、被盗等危险，且挂失、领取新股票等手续很烦琐，要解决这些问题，实行不发行有形股票制度较好。我国现行的股票基本上是无形股票，且由证券公司保管。

（三）股票的种类

1.根据股东权益的差异来分

根据股东权益的差异来分，股票可分为普通股和特殊股。普通股是在权利内容上不附加任何条件的股票，所以被当做标准股。特殊股是在权利内容上附加一些条件的股票，这些附加条件或是给予一些新的权利，或是限制一些权利，主要目的是利于筹集资金。特殊股票包括优先股、后配股、混合股等。

（1）普通股。普通股是股票中最普遍的一种形式，是股份公司必须发行的一种基本股票。现在股份公司发行的股票，大部分是普通股。证券市场上所称的股票，一般是指普通股。普通股具有如下特点：第一，股息不固定。普通股的股息来自于公司的净利润。公司利润在支付优先股股息后，需要提取适当的公积金，剩余的利润才能由普通股股东按股份平均分配。因此，普通股的股息不固定，收益的多少取决于企业的经济效益及股权结构。第二，权利广泛。普通股股东按所持股票在股份总数中的比例，完全平等地享有所有者的一切权利：一是参与经营权，包括出席股东大会、选举董事会等权利。二是收益分配权。公司的利润在支付优先股股息后，为普通股股东所有。三是资产分配权。在公司解散或清算时，普通股股东有权按持有股份的比例来获得财产剩余，但分配顺序后于优先股股东。四是优先认股权。股份公司在增发新股时，普通股股东有优先购买新股的权利。五是股份转让权。投资者可以将股份转让出售，收回本金，结束其对该股份公司的投资。第三，收益与风险较高。普通股的收益包括股息收入与转让差价收入，前者取决于公司的经营业绩，后者还受市场供求的影响。公司经营业绩和市场行情好，股票收益高；相反，公司经营业绩不佳或市场行情不好，普通股持有者可能损失巨大。

（2）优先股。优先股是在公司的收益分红和剩余财产分配上较普通股享有优先权的股份。优先股一般在发行时规定固定股息，其股息支付先于普通股。在公司破产清算时，优先股有权按照票面价值的规定先于普通股从拍卖所得的资金中得到清算。由于优先股比普通股安全，这对重视安全性的投资者较有吸引力。优先股在表决权的行使上受到一定限制，只有在直接关系到优先股股东利益的表决时，才能行使表决权，如公司发生严重财务困难、选举新董事、解散公司、修改公司章程等。一些国家的公司法规定可以在公司设立或增发新股时发行优先股，但一些国家规定在特殊情况下如增发新股或清偿债务时，才能发行优先股。

（3）后配股。后配股与优先股正好相反，在股息分配的顺序上位于普通股之后。收益分配请求权的顺序为：优先股、普通股、后配股。后配股的股息是不确定的，视公司收益情况而定，而且通常在股票发行后的一定时期内不支付股息，以使其他股东能增加收益。后配股一般是向公司的发起人或经营者发行。后配股持有者承担的投资风险大于普通股，发行后配股的目的主要是调动投资者的积极性，以利筹措资金。后配股可分为两类：一是股息和剩余财产的分配均排在普通股之后；二是剩余财产的分配与普通股相同，只是在股息分配的顺序上位于普通股之后。

（4）混合股。混合股是在公司分红上比普通股具有优先权，但在剩余财产的分配上则处于劣后地位的股票，它兼有优先股和后配股的某些特点。公司一般不发行此种股票。

2.根据股东身份不同来分

根据股东身份不同来分，股票分为国有股、法人股、个人股和外资股。国有股由国有资产形成，并由政府部门持有。法人股由法人机构资产形成或由法人投资购入，并由法人持有。如果持有法人股的法人为国有独资公司，该法人股本质上还是国有股。个人股由个人投资购入并持有。个人股按投资者与公司关系的不同分为社会公众股和内部职工股。社会公众股面向社会公众发行，发行后可以立即上市交易；内部职工股面向公司职工发行，在规定的托管期限内不能上市交易。外资股由国内公司发行，我国香港、澳门、台湾地区或外国投资者用外币购买，以人民币标明面值。

3.根据发行和上市地区的不同来分

根据发行和上市地区的不同来分，股票分为人民币普通股票和人民币特种股票。人民币普通股票又称A股，由中国境内公司在境内发行，由持有国内身份证的投资者用人民币购买，并在境内证券交易所上市交易。人民币特种股票，由中国境内公司在境外发行，由境外投资者以外币购买，在境内或境外证券交易所上市交易，以外币标明面值。根据股票上市地区的不同，人民币特种股票又分为B股、H股和N股等。B股由中国境内公司在境外发行，由投资者以外币购买，在境内证券交易所上市交易，以人民币标明面值并折合为外汇。H股由中国境内公司在境外发行，由境外投资者以外币购买，在香港联合证券交易所上市交易，以港元标价。N股由中国境内公司在境外发行，由境外投资者以外币购买，在纽约证券交易所上市交易，以美元标价。

4.其他种类股票

（1）按股票是否进入交易市场分为流通股和不流通股。流通股指可进入交易市场交易的股票；不流通股指不可进入交易市场交易的股票。

（2）按股票在市场的表现分为热门股、冷门股、领导股。热门股是指交易量大和交易周转率高、股票流通性强、股价变动幅度大、受人追捧的股票。冷门股是指交易量小和周转率低甚至经常没有交易、股价变动小、无人追捧的股票。领导股是指对股票市场的股价变化趋势具有领导作用的股票。

（3）按股票价值和价格背离状况分为投资股与投机股。投资股是指发行公司经营状况较好、获利能力强、股息高、股价不高及较稳定的股票。投机股是指股价因人为因素造成涨跌幅度较大的股票。

（4）按股票是否除权除息分为含权股和除权股。含权股是指尚未向股东分配上一年度股息和新股认购权的股票；除权股是指已向股东分配上一年度股息和新股认购权的股票。

（5）按股票获息多寡分为高息股、低息股和无息股。高息股指每年均能派发较多股息的股票；反之，称为低息股；发行公司多年未派发股息的股票称为无息股。

（6）按股票流通受限与否分为有限售条件股和无限售条件股。有限售条件股是指股份持有人依照法律、法规规定或按承诺有转让限制的股份；无限售条件股是指流通不受限制的股份。

二、债券

（一）债券的性质

债券是债务人在收到债权人所提供的信用资金后，向其出具的承诺按一定利率和日期支付利息，并在特定期限偿还本金的债务证书。债券的发行人为债务人，承担着到期还本付息的法律义务；债券的投资者为债权人，有权按约定向债务人索取本息，债券契约规定了债权债务的金额、期限、利率、支付方式及债权人与债务人各自应有的权益。

债券对发行人而言，同银行贷款一样是一种债务，都要还本付息，但也有区别。债券为直接融资；银行贷款为间接融资。债券的持有人可以是个人、机构或政府；银行贷款只能由银行发放。债券的协议条款由发行人事先制定，发行后不能变更；银行贷款的条款由借贷双方谈判商定，贷款发放后，经双方同意后，可补充或修改。债券公开发行，须经有关部门审批，按法定程序办理：贷款只需借贷双方同意。债券可由发行人回购；贷款虽然可以提前偿还，但须征得银行的同意。对于债权人来说，债券类似于存款，可以按期回收本金，并获得利息收益。但两者也有不同。债券可以持有、转让或抵押，流通性强于一般存款（可转让存款除外)；债券不能提前要求还本付息，而银行存款可提前支取；债息率一般高于同期存款利率。

对于公司而言，发行债券可以广泛筹措资金，并可以保持股权结构不变，因而不影响公司的控制权。在公司利润率高于债息率的条件下，可以提高公司的资本收益率，增加股东利益。

（二）债券的种类

债券同样有许多品种，按一定的标准可以分为不同的类型。不同种类债券的发行条件和对象不尽相同，收益和风险也不同。债券常见的主要有以下几种：

1.按发行主体的不同来分

按发行主体的不同来分，可将债券分为政府债券、金融债券和公司债券。政府债券是由政府发行的债券。其发行的目的主要是满足财政开支的需要，或弥补财政赤字及偿还政府到期债务。由于这种债券的发行者是政府，信用保障程度高，因而在国外被视为无风险债券，其利率水平一般也较其他种类的债券低。政府债券又可分为中央政府债券和地方政府债券。中央政府债券，又称国库券，是由中央政府发行并由中央政府负责偿还的债券；地方政府债券是由地方政府发行并由地方政府偿还的债券。

金融债券是由银行或其他金融机构为筹借中长期贷款资金而发行的债券。其利率一般略高于同期限的银行储蓄存款利率。由于金融机构一般资力都较雄厚，故其债券的风险虽大于政府债券，但相对于公司债券是较小的。

公司债券是由企业作为债务人发行的债券。公司债券的期限一般较长，可以自由地流通转让。在债券体系中，公司债券的风险相对较大，因而其利率一般也较政府债券和金融债券为高。

2.按本金的偿还方式不同来分

按本金的偿还方式不同，可将债券分为到期还本债券、偿债基金债券、分期偿还债券和通知偿还债券等。到期还本债券指根据债券发行时的规定由发行人在债券到期时一次性向债权人偿付本金的债券。我国近年发行的债券为此种债券。偿债基金债券指发行人须根据债券契约规定在债券到期前的若干年准备一定数额的基金用于偿债的债券。建立偿债基金有利于增强投资者的信心。分期偿还债券指发行人分期向债权人偿还本金的债券，包括按序号偿还债券和按比例分期偿还债券两类。通知偿还债券，又称可赎回债券。这种债券附有可赎回的条款。在债券到期前，发债人可按规定的条件通知债券持有人提前偿还本金和利息。

3.按付息方式的不同来分

按付息方式的不同，可将债券分为有息票债券和无息票债券、分期付息债券和一次性付息债券、固定利率债券和浮动利率债券。有息票债券是在到息期（通常是每年的规定月份）领取利息凭证的债券。这种债券一般偿还期较长，为大部分公司所采用。无息票债券在债券上不附息票，按票面值打折扣发行，到期按面值十足还本，一般期限较短。分期付息债券指按发债时规定的利率每年支付利息的债券。这种债券一般为中长期债券。一次性付息债券指按发行时规定的日期一次还本付息的债券。固定利率债券指按照发债时的固定利率到期一次性支付利息的债券。浮动利率债券指发行后可根据物价水平予以利率调整的债券，如我国曾发行过的保值补贴国债。

4.按债券券面形态来分

按债券券面形态，可将债券分为实物债券、凭证式债券和记账式债券。实物债券是一种具有标准格式实物票面的债券；凭证式债券是债权人认购债券的一种收款凭证，根据认购额填写实际的缴款金额；记账式债券是没有实物形态的票券，利用证券账户通过计算机系统完成债券发行、交易及兑付的全过程。

5.按有无抵押担保条件来分

按有无抵押担保条件，可将债券分为抵押债券、有担保债券和信用债券。抵押债券指为保证按期还本付息，而将特定的资产作为抵押品所发行的债券。有担保债券指由发行主体提供的财产作抵押，以保证偿还的债券。信用债券指仅凭发行主体本身的信用，在无任何资产作抵押担保品的情况下发行的债券。有担保债券相对信用债券来说，在风险性上自然要小，因为作为担保物的财产要作抵押，一旦公司不能履行债务、按承诺还本付息，债权人就有权要求以公司抵押财产偿还。相比之下，信用债券的发行者在还本付息方面提供的保障就不是很可靠。一般只有那些信誉卓著的大公司、大企业才可能被允许发行无担保债券。

6.按还本付息期限的长短来分

按还本付息期限的长短，可将债券分为短期债券、中期债券和长期债券。按我国的规定，还本期限在1年或1年以内的债券为短期债券；还本期限在1年以上5年以内的债券为中期债券；还本期限在5年以上的债券为长期债券。在投资风险上，长期债券较高，中期债券次之，短期债券最低。

7.按是否能上市交易来分

按是否能上市交易来分，可将债券分为可上市债券和非上市债券。可上市债券指可以在证券交易所进行买卖的债券。可上市债券必须符合一定条件，并提出申请，经证券交易所批准后才能挂牌交易。非上市债券指未向证券交易所申请登记因此不能在证券交易所内进行买卖交易的债券。可上市债券流动性较强，但要向证券交易所支付交易费并呈送财务报表；非上市债券不需支付交易费和呈送财务报表，但流动性较差。

8.按与股票的类似性来分

按与股票的类似性，可将债券分为收益公司债、分红公司债、附认股权公司债和可转换公司债。收益公司债指根据公司收益状况支付利息的债券。分红公司债指除能获得固定债息外，还能参与公司利润分配的债券。附认股权公司债指可按一定条件（通常要比市场价格低）从发行公司认购新股的债券。认股权包括四项内容：有权认购股票的种类、数额；此种股票的购进价格；认股权的有效期限；认股权的形式。可转换公司债指可以转换为公司股票的债券。可转换公司债应规定：转换股票的种类及形式；转换价格；请求转换时间。

三、股票、债券的联系与区别

股票和债券作为资本证券的两种典型形式既相互联系，又相互区别。

（一）股票和债券的联系

两者同属于有价资本证券，都代表发行者与投资者之间的一种契约关系。对于发行者来说，无论是发行股票，还是发行债券，都是为了筹集资金。对于投资者来说，无论是购买股票，还是购买债券，都是为了获取收益。作为投资对象的证券必须是依照法律程序发行的合法证券，同时具有投资的价值，能给投资者带来收益。在证券市场上，股票价格和债券价格是相互影响的。从长期趋势看，股票的平均收益水平上升，债券的平均利率也将随之上升；反之亦然。

（二）股票和债券的区别

1.权利不同

股票持有者是企业股东，对股份公司的资产具有所有权，可参与企业的经营管理，并承担投资风险；债券的持有者与发行者之间仅仅是一种债权债务关系，债券的持有者是发行者的债权人，只有追回债务的权利。

2.目的不同

发行股票的目的是满足公司创立和追加资本的需要，筹措的资金列入公司资本金；发行债券的主体包括政府、金融机构和公司企业，目的是增加可供支配使用的资金，不能列作资本金。

3.风险程度不同

股票持有人能够分到多少红利，取决于公司的经营状况；债券的持有人则不同，无论公司是盈利还是亏损，都必须按事先约定的时间和利率向债券持有人支付利息。从公司的分配顺序来看，必须在支付债券利息后，才能核算盈亏，向股票持有人分红。在公司破产清算时，也必须首先清偿债券持有人的债券本息。

4.获利能力不同

股票与债券相比，具有更强的获利能力，股票红利率与股份公司的利润多少成正比，而债券的利率是固定的，与企业经营好坏无关。所以，在社会经济景气、企业经济效益良好的时期，股票红利可能要比按照固定利率计算的债券利息高几倍。不仅如此，在有价证券的买卖方面，股票持有人也可能比债券持有人获利多。债券市场价格的最高限是债券的到期收益，而股票的市场价格没有这个最高的限制。因此，股票与债券相比，虽然风险大些，但获利能力也要大得多。

5.期限不同

股票是无期限的，股票持有者不能退股，只能转让；债券则有规定的期限，发行者到期必须还本付息。

第三节 证券投资的主体、目的及类型

一、证券投资的主体

证券投资主体指向证券市场投入资金以获得预期收益的自然人和法人。他们和其他投资主体一样，需要有可供投资的资金，能够自主地进行投资决策，可以享受证券的收益权，并相应地承担投资的风险。证券投资主体可以分为四类：

（一）个人投资者

个人投资者主要指从事证券投资的境内外居民个人，也包括居民合伙投资者，俗称散户。个人投资者的资金主要来源于个人或家庭的储蓄。个人证券投资规模的大小主要取决于居民的收入水平，国家的税收政策和福利政策，居民的储蓄倾向、投资习惯、资产流动偏好，证券的供求状况，利率以及通货膨胀率等因素。

（二）机构投资者

机构投资者主要指投资基金、养老保险基金、商业保险公司、投资信托公司等法人投资主体。这些机构的资金大多是从分散的顾客手中集聚而来，通常拥有大量可用于证券投资的资金，由有经验和技术专长的管理者专门从事证券的经营和管理，可能将资金分别投资于多种证券，并进行资产组合。机构投资者作为代理投资人只收取一定的管理费，投资收益归原投资人。

（三）企业投资者

企业投资者指各类以营利为目的的工商企业。它们用于证券投资的资金主要是企业积累资金或暂时闲置的营运资金。

（四）政府投资者

政府投资者包括中央政府、地方政府和政府部门投资者。政府作为主体进行证券投资，主要有三类情况：一是回购政府债券，调节货币供求，以期实现国民经济的宏观调控目标。二是对企业进行参股和控股，以支持地方或企业发展。三是在个别特殊情况下，政府直接进入证券市场，买卖股票，对股市进行直接干预。

二、证券投资的目的

不同的证券投资主体有不同的投资目的，同一投资者在不同的时期也可能有不同的目的。就非政府投资主体而言，从事证券投资的目的主要有以下几方面：

（一）获取利润

获取利润，而且要尽可能地使证券投资的利润最大化，是证券投资者普遍的、基本的目的。理性的证券投资者，无论是个人还是法人企业，是否投资、投资多少以及投资何种证券，决策的基本标准为投资是否盈利以及获利的大小。利润越大，证券投资者的积极性越高；相反，不能获利，理性的证券投资者就会停止投资。

（二）获取控制权

通过证券投资获得证券发行公司经营管理的控制权，主要是部分法人投资者从事股份投资的目的。这类投资者获取证券发行企业的控制权，出发点大体有这样几种情况：一是要让证券发行企业与投资企业形成公司集团，开展纵向一体化或横向一体化的经营；二是获得可靠的资金供给（对金融机构控股）、原材料供给、技术供给或产品销售市场；三是取得董事职务及企业的领导权，避免投资因经营管理不当而受损。

（三）分散风险

通过证券投资包括投资于多种证券，实现资产多元化，以规避投资风险或将投资风险控制在一定限度内。在证券市场上，各种证券的收益和风险程度是不同的，投资于不同的证券，收益高的证券可以弥补另一部分证券可能出现的亏损，这样便可以达到分散风险的目的。

（四）保持资产的流动性

资产的流动性是指资产的变现能力。流动性最强的资产是现金及活期存款，但手持现金不能获利；活期存款的利息率很低。产业投资则具有不可逆性，所形成的资产变现能力差。证券资产的变现能力介于存款与产业资产之间。保持资产的流动，证券持有者可以等待有利的投资机会，一旦遇到较高收益的投资机会，可立即将所持证券出售，而进行新的投资；同时也可以将所持证券转换为现金，以应急需，避免因持有大量现金或低息存款而减少收入。

三、证券投资的类型

证券投资按一定的划分标准可以分为不同的类型，各种不同的证券投资的性质、目的和运行过程不尽相同。

（一）股权证券投资与债权证券投资

股权证券投资的对象是股权证券；债权证券投资的对象是债权证券。股权投资者是发行股票企业的所有者，可以享受企业的股利收益，当然也要承担企业经营的风险。股票投资在企业存续期内不能直接从企业退出，但可以通过在股票市场上进行交易而实现投资的回流并获得差价收益。债权投资不能获得发行企业的所有权，发行企业必须按预先的约定如期还本付息，因而不承担企业的经营风险，但可能遭受发行企业违约的风险。

（二）直接证券投资与间接证券投资

直接证券投资指投资者直接到证券市场上去购买证券。间接证券投资指投资者购买金融机构本身所发行的证券，而这种金融机构是专门从事证券交易以谋利的。间接证券投资的典型例子是购买投资公司所发行的股票。投资公司为了筹集资本而发行股票，所得股金全部用于证券交易，赚得的盈利按股以股息名义分配给股票持有者。投资者购买的是这种机构的股票，而不是到证券市场上直接购买工商企业的股票，其资金要先流入投资公司，然后再由投资公司通过购买工商企业的股票从证券市场流入生产过程。

（三）长期投资与短期投资

长期投资指购买长期债券或股票，并长期持有。短期投资指购买短期债券或购买长期债券、股票但短期内又转手卖出。长期投资的目的主要在于获取当时收入或经常收入（Current Income），即债券按期支付的债息收入，或股票按期支付的股息收入；短期投资的目的主要在于获取资本增值收益（Capital Gains），即因所持证券价格的升降所带来当初购买证券的本金的升值。实际中，长短期一般以1年为界，1年以上的投资为长期投资，1年以内的投资为短期投资。

（四）固定收入投资和不定收入投资

固定收入投资指投资购买收入固定的证券；不定收入投资则指投资购买收入不固定的证

券。世界各国发行的债券一般为固定利率债券，这种债券到期后，持续按约定的利率还本付息，投资和收益不因发行企业效益的好坏而变动，所以为固定收入债券，购买此类证券为固定收入投资。普通股则不同，股息支付多少，何时支付，每年由发行公司的董事会根据企业经济效益的高低以及是否继续扩大企业规模等情况综合研究后加以确定，各年有高有低，甚至不派发股利。可见，普通股的收入是不固定的，购买普通股的投资是不定收入投资。值得注意的是，并非所有债券都为固定收入证券，股票也不都为非固定收入证券。债券中有一种为浮动利率债券，其收入是不固定的；股票中有一种为优先股，其股利是预先约定的，而且发行公司在支付优先股股利后，才能支付普通股股利。固定收入和不定收入都是指名义收入，因物价水平的变动，固定收入证券的实际收入也可能发生变化。

四、证券投资与投机

在证券交易中，投机有广义与狭义之分。广义的投机者指证券买卖的积极参与者，他们按有关的规章制度办事，既不能操纵市场价格，也不能欺骗伪造，违法乱纪。那些用不法手段操纵市场而牟取暴利的行为称为操纵（Manipulation），而不是投机（Speculation）。狭义的投机是指在商业或金融交易中，甘冒特殊风险，希望获取特殊利润的行为。证券投机则是甘冒风险而希望从证券价格波动中获得高额利润的证券交易行为。证券投资与投机的对象都是证券，但投机一般是买入证券后短期内转手卖出；投机的目的是获取资本增值收入；投机者一般只注意市场价格的变动，并愿意承担较高的风险。投资者则以长期投资为主；目的主要是获取经常收入；注重对证券内在价值的分析。当然，投机与投资的区分是相对的，其界线究竟应划在哪里，在实际生活中很难确定。

投机活动可以分为三种基本形式：倒卖、套利和买空卖空。倒卖，俗称抢帽子，是倒卖者随时观察价格的变动，发现较低时买进，发现较高时卖出，从各笔交易的差价中获利。套利是证券商利用某种有价证券在不同市场上的差价，或利用同种证券现货与期货的差价获利。买空卖空指投机双方先以即期价格达成协议，约定到期交割。若到期的价格上涨，买方获利；若价格下跌，则卖方获利。这种交易方式无须进行真实的交割付现，只需双方轧平股价的价差。

投机在证券交易中既有积极作用，又有消极作用。投机的积极作用：①具有平衡价格的作用。投机者在贱买贵卖的活动中，能把价格在不同市场、不同品种、不同时间上不正常的高低拉平，使价格基本上趋于平衡。②有助于证券交易的流动性。投机者准备随时买进或卖出，投资者若想买进或卖出某种证券就能很快实现。③有利于证券市场的连续运行。若投资者都长期持有证券以获取经常性收入，证券市场的交易就可能中断。④有利于分担价格变动的风险。投资者可以通过期货交易、期权交易等手段，将价格变动的一部分风险转移给投机者来承担。投机的消极作用：投机者可能会利用时机，竞相哄抬价格，推波助澜，造成市场混乱。在规章制度不健全、管理不严的情况下，投机更易产生消极作用。

第四节　证券投资分析

一、证券投资分析概述

这里所说的证券投资分析，是指运用一定方法，分析个别证券或证券组合的风险与预期收益水平，为投资决策提供依据。证券投资分析一般有两种基本方法：基本分析和技术分析。

（一）基本分析

基本分析，又称基本面分析，是证券投资决策分析的重要方法之一。它以证券的内在价值为依据，着重于对影响证券价格及其走势的各项因素的分析，以此决定投资购买何种证券及何时购买。

基本分析的假设前提是：证券的价格是由其内在价值（Intrinsic Value）决定的，价格受政治的、经济的、心理的等诸多因素的影响而频繁变动，很难与价值完全一致，有时高于价值，有时低于价值，但总是围绕价值上下波动，不致相距太大。理性的投资者应根据证券价格与价值的关系进行投资决策，包括决定选择何种证券及何时购买所选股票或债券。就选择何种证券而言，根据基本分析理论应选择市场上内在价值较高的证券；就购买时机而言，当证券的市场价格低于其内在价值时，适合于投资购进；当证券价格高于其内在价值时，则应卖出持币；当证券价值与价格相等达到均衡点时，则可以持币观望。

证券基本分析有两项基本任务：一项任务是评估证券的内在价值，其作用在于为判断证券市场价格的高低确立一个参照标准。另一项任务就是因素分析，它试图通过对与证券价格存在逻辑联系的各种因素的分析，探索证券价格决定及变动的内在原因，并在此基础上对证券价格的走势进行判断。证券价格与各项因素的逻辑因果联系，是通过证券的预期收益、市场供求关系的中介作用而结成的。因为，证券价格取决于证券的内在价值及市场供求关系，而内在价值又主要取决于证券的预期收益水平，所以，一切影响证券预期收益水平及供求关系的因素，都属于证券价格因素分析的对象。因素分析的任务在于：首先对影响证券价格的各种因素进行认识和分解；其次探讨这些因素与证券的盈利水平及供求水平的逻辑联系，并在此基础上弄清各项因素与证券价格的因果关系；再次对各项因素可能发生的变化进行推断；最后根据因素与价格的逻辑联系及因素可能发生的变化，判断证券价格的走势。

基本分析方法的基本特点是：以价值分析理论为基础，定性分析与定量分析相结合；以统计方法和现值计算方法为主要手段，侧重于中长期趋势分析。基本分析的优点主要是能够比较全面地把握证券价格的基本趋势，便于寻找具有投资价值的行业和公司。在证券市场相对成熟的条件下，基本分析的结论对中长期投资者把握证券投资的时机、选择投资的行业和公司具有较强的指导作用。

决定和影响证券价格的因素纷繁复杂。按内容分，有政治、经济、社会、自然、政策、战争、市场、心理因素等；按层次分，有宏观经济、行业和公司等多个层面的因素；按地域分，有国内、国际因素；按发生时间分，有已发生、正在发生和将要发生的因素；按影响广度分，有影响整个市场、影响局部市场和影响个别证券价格的因素；按信息的充分程度分，有确定性、不确定性和风险性因素；按发生状态分，有常态和突发因素；按对价格变化方向所起作用不同分，有利多、利空、中性因素；按影响对象不同分，有影响债券、股票、期货、期权价格因素等。这些因素变化多端，交织在一起影响证券行市。

（二）技术分析

所谓技术分析，是运用图表技术和统计指标，研究证券价格及成交量的变动模型，并利用这些模型来预测价格的变动趋势，以此作为证券投资决策的依据。

1.技术分析的主要假设

（1）市场行为能反映一切信息。

技术分析者认为市场的投资人在决定交易行为时，已经仔细考虑影响价格的各项因素。股价上涨，表明有利好信息在起作用；股价下降则说明有利空信息在起作用。因此，只要研究这些市场行为就能了解目前的市场状况，而无须搜寻分析背后的影响因素。这项理论假设隐含的前提是：一切影响股市运行的因素都必然会影响到股价的变化；股价是由买卖双方充分竞争形成的，不存在操纵市场、内幕交易或垄断等行为；买者和卖者的预期是合理的，行为是理性的；信息披露是及时、准确和充分的。否则，技术指标与图形分析方法不能产生正确和良好的判断结果。

（2）价格呈趋势形态变动。

趋势是技术分析上的一个重要观念。根据物理学上的动力法则，趋势的运行将会继续，直到有反转的现象发生为止。技术分析专家认为，证券价格虽呈上下波动，但终究是朝一定的方向（上升、下降或盘整）运行的，而且存在着某种惯性，使这种运动持续一定时间。因此，技术分析者希望利用技术指标或图形分析，尽早确认目前的价格趋势及发现反转的信息，以掌握时机进行交易并获利。价格呈趋势形态变动是技术分析的关键性假设，其隐含的前提是：证券市场的规则是完善而且稳定的；不存在政府随意的直接干预；不存在突发事件的严重干扰。如果股价运行的规律被扰乱，技术分析就会失效。

（3）历史经常重演。

技术分析派人士认为，证券投资无非是一种追求利润的行为，无论是昨天、今天或是明天，这个目的都不会改变。在这种心理状态下，人类的证券交易行为将趋于一定模型，而导致历史经常重演。一旦目前的价格变动方式呈现出过去价格变动模型的特征，可能兆示其价格变动趋向会与历史上的一致。所以。证券的市场价格和个别证券的价格可通过图形或指标来预测。这一假定隐含的前提是：决定证券市场价格变动的基本因素没有大的变动；市场参与者及人们的行为方式也没有大的变动，因而仍按过去的经验行事。只有这样，证券市场的历史才能按有涨必有跌、有跌必有涨这样的规律不断循环往复。

2.技术分析的基本要素

证券市场中的价格、成交量、时间和空间是技术分析所依据的四项基本要素。正确理解和把握它们之间的相互关系，是正确进行技术分析的基础。

（1）价格和成交量是市场行为的基本表现。

市场价格是证券市场上买方和卖方需求与供给的曲线相互作用的均衡点，成交量则表明买卖双方对价格的认可程度。实际中，价格与成交量可有多种不同的组合，如价涨量增、价涨量减、价跌量减、价跌量增以及价稳量变等。根据这些不同的组合，可以判断市场行情的走势。例如，当价格上升时成交量随之增加，表明投资者购买意愿较强，价格将继续上升；相反，若成交量不再增加，则表明价格上升到了较高水平，投资者购买意愿减弱，价格上升的趋势将随之减弱。当价格下降时，成交量放大，表明股票持有者出售股票的意愿较强，价格可能进一步下降；相反，成交量在萎缩到一定程度后不再萎缩，表明价格已经进入底部，股票持有者惜售，价格下降的趋势可能发生变化。

（2）时间和空间是市场潜在能量的表现。

这里的时间是指一个波段或一个循环周期所经历的时间。技术分析的基本假定是价格的运动会有一定的惯性，一个已经形成的趋势在短期内不会发生根本性的变化，而会持续一定时间。但是，证券市场的运动方向又不会永远不变，经过一定时间后，又会有新的趋势形成。投资者不仅要掌握证券价格的运动形态，更重要的还在于把握证券价格何时上升以及何时下降，这样才能准确地把握投资的有利时机。因此，技术分析离不开对时间维度的分析。

这里的空间是指市场价格上升或下降所能到达的上限和下限。空间的大小反映市场每次发生变动的幅度，表明市场潜在的上升或下降的能量的大小。某个趋势的波幅大，持续的时间长，对今后价格趋势的影响和预测作用就大；相反，某个趋势的波幅小，持续的时间短，对今后价格趋势的影响和预测作用就小。因此，价格波动的空间在技术分析中也起着重要的作用。

（三）技术分析与基本分析的比较

技术分析与基本分析的区别主要表现在如下几个方面：

1.思维方式不同

基本分析属推理性思维方式。它首先分析出各方面、各层次影响证券价格的诸多因素，然后分析这些因素及其变动可能会对证券价格造成何种影响。如基本分析派比较注重对客观经济走势、行业环境以及个别企业的盈利能力、销售增长、利润增减等因素及其与证券价格关系的研究，注重对证券价格变动的原因进行解释。而技术分析派认为，各种影响证券价格的因素，不管它们是什么，都会反映在证券价格及成交量的变动之中，没有必要而且也不可能全面准确地分析各种影响因素，简捷的办法就是分析研究证券价格和成交量本身，看它属于哪种类型或模型，再依模型过去的演变轨迹来把握市场趋势。所以，技术分析总体属于模型或经验性思维方式。

2.理论假定前提不同

基本分析认为证券的价格围绕其内在价值波动，证券价格的长期平均值与其内在价值相一致。技术分析的基本假定则是，证券市场的价格、成交量或涨跌只数、涨跌时间长短等市场行为本身可以反映一切有关证券市场的信息，证券价格总是按一定趋势变动，而且可持续一定的时间，证券市场的历史会在今天重演。

3.研究对象和方向不同

基本分析研究的对象是现存的或潜在的可能影响证券价格的各种外部制约因素，如宏观因素、产业因素和公司因素等，分析这些因素可能的变化以及对证券价格的影响，属于前向研究；而技术分析直接从证券市场入手，着重研究历史上已经发生的各种证券价格和成交量变动模型，根据这种模型预测证券价格的变动，属于后向研究。因此，基本分析具有一定的前瞻性，而技术分析具有一定的滞后性。

4.分析手段不同

基本分析综合运用定性分析和定量分析的方法，以计量模型和财务分析为主，分析多种因素与市场价格的内在逻辑联系。技术分析主要运用图表分析和统计分析方法：图表技术分析包括K线图分析、切线分析、形态分析、缺口分析等；统计分析方法主要包括移动平均线分析、相对强弱指标分析、随机指标分析和指数平滑异同移动平均线分析等。因此，基本分析涉及的变量多，技术分析涉及的变量少；基本分析着重于质的分析，技术分析着重于量的分析。

5.分析的作用不同

基本分析侧重于证券内在价值和价格长期变动的研究，建议投资者长期持有优质证券，而不必去关心那些难以捉摸的短期变动。而技术分析派认为，交易成功与否的关键不在于证券价值的优劣及持有期的长短，而在于对于市场趋势的预测，在市场的短期波动中进行交易较长期持有有利。基本分析较适合长线投资，而技术分析较适合短线投资。技术分析有助于短期市场变动的发现和投资时机的把握，而市场的长期变动及投资品种的选择仍必须依靠对盈利、股息、利率、政治和经济情况以及其他有关因素的基本分析得出。

尽管技术分析在实践中被广泛运用，但缺乏有说服力的理论支持；各种图表、指标的解释缺乏统一的标准；其实际绩效也缺乏实证检验的支持。

二、证券的投资价值

对于基本分析而言，要确定某项资产的市场价格是否被低估或高估，并判断其未来的变动趋势，首先必须对其进行估价。

（一）风险证券投资价值评估的基本模型

我们知道，股票是持有者对其所代表的股份公司的资本拥有所有权的凭证。股票本身并无真正的价值，股票的价格取决于它所代表的股份资本的价值，或者说取决于股份公司资产的价值。

在会计核算中，有三个反映公司资产价值的指标：一是资产净值，即公司总资产减去负债后的资产价值额。公司资产净值为股东权益。在正常情况下，公司股票的市值一般不会低于公司资产净值。但是，股票市值低于公司资产净值的现象也时有发生。这反映投资者并不总是按照会计资料静态地来看待公司资产的价值。二是清算价值。它是企业破产出售资产清偿债务后的剩余资金额，可以分配给股东。因此，清算价值可以说是企业股票价值的底线。三是重置价格。它指重新购置同样数量和质量的企业资产所应支付的市场价格。理论上，企业市值应趋向于与重置价格相等。但是，现实中企业的市值与重置价格往往并不相等。企业的价值不等于企业单件资产重置价格的简单加总。

事实上，企业资产之所以具有价值，是因为它已经或将要投入生产过程，可以带来剩余价值或利润。按照马克思的理论，股票作为“这个资本所实现的剩余价值的相应部分的所有权证书”，其投资价值也就取决于它所带来的剩余价值或股利的多少，“会随着它们有权索取的收益的大小和可靠程度而发生变化”。另外，作为虚拟资本，股票投资又不完全由现实资本的收益决定，而是由预期可以得到的、预先计算的收入决定的。它的投资价值始终只是资本化的收益，因而必然受到市场利率的影响，并且与利息率成反比。这里马克思实际上已经提到了决定股票投资价值的三个因素：一是预期收益；二是收益的可靠程度；三是市场利率。

与马克思的收益资本化理论相类似，一些西方经济学家认为证券的价值主要是由证券的预期收益水平和风险程度所决定的。价值与预期收益成正比例关系，而与风险水平成反比例关系，因而可利用证券的预期收益及风险决定证券的内在价值。持这种观点的学者，一般使用的是资本红利贴现模型（又称现值法、折现法等）来确定证券的内在价值，即通过一定折现率或风险调整率把未来一连串收入折算成为现在价值，并以此确定证券的内在价值。其数学表达式为：

$$V_0=\sum_{t=1}^{n}\frac{R_t}{(1+r)^t} \tag{15-1}$$

式中：V_0——证券的内在价值；R_t——证券第t时期可能获得的预期收益，是一种现金流入，包括证券未来的利息、红利、利息再投资收益、收回的本金以及价格变动差价；r——折现率，又称收益的风险调整率，可以依据CAPM模型来确定。

从CAPM模型可知，当股票市值处于均衡水平时，投资者能够期望获得的投资收益率为$r_f+\beta\left[E(r_m-r_f)\right]$，即证券的预期收益率或风险调整折现率，取决于无风险资产的收益率、市场组合的平均收益率及该股票的贝塔系数三个变量。

证券的内在价值受多种因素的影响和制约，随着时间和条件的不同，处于不断变化之中。因此，要十分精确地评估风险证券的价值，不是一件容易的事情，计算的结果也只能是真实价值的一个适度范围。

（二）优先股的投资价值

优先股是一种性质较特殊的证券，它同时包含了债券和普通股的一些特性。如它每年有约定股息，这点和债券一样。然而，优先股没有明确的到期日，不能要求抽回本金，这点与普通股相同。优先股与普通股相比，其“优先权”主要表现为红利分配优先权、剩余财产求偿优先权等。此外，对累积优先股，公司必须先付清该付而未付的累积股息；参加优先股，除应得的约定股息外，对剩下要分派给普通股的股息，还可以参加某一特定限额的配息；还有些优先股，可转换为普通股，或可被公司收回。

由于优先股同时具有普通股与债券的一些特性，因此，优先股的评价较普通股单纯。下面以非参加和参加优先股为例，分别说明优先股的评价方法。

1.非参加优先股的评价

$$V_0=\frac{d}{r} \tag{15-2}$$

式中：V——非参加优先股价值；d——每年约定股息；r——风险折现率，即投资人期望的收益率。

例如，面额100元的非参加优先股，年约定股息为8元，投资期望的最低收益率为12%，则该优先股的价值评价为：

$$V_0=\frac{8}{12\%}=66.67(\text{元})$$

2.参加优先股的评价

对于参加优先股，除每年约定股息外，尚需考虑额外分派的股息。其评价方法为：

$$V_0=\frac{d}{r}+\sum_{t=1}^{\infty}\frac{D_t}{(1+r)^t} \tag{15-3}$$

或 $$V_0=\frac{d+E(D_t)}{r} \tag{15-4}$$

式中：D_t——第t期的额外股息；$E(D_t)$——t时期D_t的期望平均值；其他符号含义与上同。

例如，某参加优先股，面额100元，约定股息8元/年，近些年额外股息平均为2元，则评估价值为：

$$V_0=\frac{8+2}{12\%}=83.33(\text{元})$$

如果该优先股的市场价格低于83.33元，表明其价值被低估，投资者可以买入；相反，如果该优先股的市场价格高于83.33元，表明其价值被高估，投资者宜卖出。

（三）普通股的投资价值

1.基本评价模型

普通股的价值主要取决于预期的股息、红利收入和股价的升值，其评价一般采用收益还原法，即将预期股利折算的现值作为普通股的内在价值。股票与债券相比有两个重要区别：一是年收益不固定；二是无偿还期限，本金不能抽回。此两点又决定了普通股的风险较债券要大得多，属风险性证券。假定股票没有固定持有期限，股利也具有永久性质，因而我们不考虑出售股票的收益，则普通股投资价值的评价方法为：

$$V_0=\sum_{t=1}^{\infty}\frac{D_t}{(1+r)^t} \tag{15-5}$$

设股利每期都不变，为一常数，即 $D_t=D$，则：

$$V_0=D\sum_{t=1}^{\infty}\frac{1}{(1+r)^t}=\frac{D}{r} \tag{15-6}$$

式中：V_0——普通股内在价值；D_t——第t期股利；r——风险调整折现率，即投资者期望收益率。

实际运用中，评估普通股的价值具有相当难度，这主要是因为用以评价的各项参数都是未知数，不易恰当确定。上列公式中，D、r都是未知数，需要进行预测。预期盈利的估算有很多方法，通常采用每股盈利增长趋势法、销售与利润回归预测法、销售利润率法等。折现率可以根据CAPM模型进行预测。为了简便起见，实际中有两种预测折现率的变通办法：一是根据普通股历史上长期的收益率资料，计算出平均收益率，把它近似地看作普通股的折现率；二是参照债券的收益率决定折现率，在债券收益率的基础上加上一定比率作为风险补偿，增加的幅度为25%～50%。

例如，某普通股面值1元，每年获利0.08元，无风险资产的收益率6%，市场组合的平均收益率10%，该股票的贝塔系数1.5。依据CAPM模型可知，该股票投资预期风险收益率为 $6\%+1.5\times(10\%-6\%)=12\%$，其投资价值评价为：

$$V_0=\frac{0.08}{12\%}=0.67(\text{元})$$

如果该股票当前的市场价格为1元，说明该公司的股票被高估了。理性的投资者为了避免股票价格下跌，可能卖出他所持有的股票。

2. 成长型普通股的价值评价模型

普通股的价值取决于股利收入及相应的风险水平，而股利收入又取决于公司的盈利水平和股利支付率。由于盈利每年不尽相同，导致每年股利收入也不一样，因此，在评价普通股价值时，假定每年盈利为一常数是不实际的，而必须考虑其动态变化。对成长型股票而言，盈利和股利都呈增长趋势。为便于计算，我们假定每年盈利以某一固定速度g增长，且股利支付率S每年相同，则无固定持有期成长型普通股的评价模型可推演如下：

$$V_0=\frac{S\times E_0(1+g)}{1+r}+\frac{S\times E_0(1+g)^2}{(1+r)^2}+\cdots+\frac{S\times E_0(1+g)^{\infty}}{(1+r)^{\infty}}$$

设 $D_0=S\cdot E_0$，则：

$$V_0=\frac{D_0(1+g)}{1+r}+\frac{D_0(1+g)^2}{(1+r)^2}+\cdots+\frac{D_0(1+g)^{\infty}}{(1+r)^{\infty}} \tag{15-7}$$

设r>g，公式两边同乘以$\frac{1+r}{1+g}$，得：

$$V_0 \times \frac{1+r}{1+g} = D_0 + \frac{D_0(1+g)}{1+r} + \cdots + \frac{D_0(1+g)^{\infty-1}}{(1+r)^{\infty-1}} \tag{15-8}$$

以式（15-8）减式（15-7）得：

$$V_0 \times \frac{1+r}{1+g} - V_0 = D_0 - \frac{D_0(1+g)^{\infty}}{(1+r)^{\infty}}$$

因为r>g，则：$\frac{D_0(1+g)^{\infty}}{(1+r)^{\infty}} = 0$

所以 $$V_0 = \frac{D_0(1+g)}{r-g} = \frac{D_1}{r-g} \tag{15-9}$$

式中：V_0——评估价值；D_0——起始期股利；g——盈利或股利增长率；r——风险调整折现率；D_1——第1年股利。

假定某普通股面值1元，基年盈利0.50元/股，盈利成长率5%，股利支付率85%，折现率10%，则其评估价值为：

$$V_0 = \frac{85\% \times 0.50 \times (1+5\%)}{10\% - 5\%} = 8.93(\text{元})$$

3.变动型普通股的价值评价模型

上述模型中，假定盈利或股利的增长率固定不变，而实际上股利的增长率并非一成不变，每年均不一样，且大部分的股票都属于变动型股票。为了便于说明这种变动型股票的评价模型，假定股利增长率在持有期间维持在异常高或异常低的水平g_a，而一直到持有期结束时才恢复为正常增长率g_0。在这样的假设条件下，变动型普通股的评价模型推演如下：

$$V_0 = \sum_{i=1}^{N} \frac{D_0(1+g_a)^t}{(1+r)^t} + \sum_{m=N+1}^{\infty} \frac{D_N(1+g)^{m-N}}{(1+r)^{m-N}} \times \frac{1}{(1+r)^N}$$

第二项为无穷级数，可简化为：

$$\sum_{m=N+1}^{N} \frac{D_N(1+g)^{m-N}}{(1+r)^{m-N}} \times \frac{1}{(1+r)^N} = \frac{D_{N+1}}{r-g} \times \frac{1}{(1+r)^N}$$

则：

$$V_0 = \sum_{i=1}^{N} \frac{D_0(1+g_a)^t}{(1+r)^t} + \frac{D_{N+1}}{r-g} \times \frac{1}{(1+r)^N} \tag{15-10}$$

假定某股票面值1元，基年股利为0.4元，未来3年的增长率为10%，在第3年结束后再以正常比例5%增长，预期投资收益率为12%，则该股票的评估价值为：

$$V_0 = \sum_{t=1}^{3} \frac{0.4 \times (1+10\%)^t}{(1+12\%)^t} + \frac{0.4 \times (1+10\%)^4}{12\% - 5\%} \times \frac{1}{(1+12\%)^3}$$

$$= \frac{0.4 \times 1.1}{1.12} + \frac{0.4 \times 1.21}{1.2544} + \frac{0.4 \times 1.331}{1.1049} + \frac{0.4 \times 1.4641}{12\% - 5\%} \times \frac{1}{1.4049}$$

$$= 7.11(\text{元})$$

投资者应以其内在价值7.11元为基准，来判断是否应该买进。

4.股利增长率的估计

股利增长率是公式（15-9）和公式（15-10）中的重要变量。要正确评估股票的投资价值，无疑需要正确预测股利增长率。为此，我们假设：①企业的投资全部来源于留存利润；②企业股权收益率（税后利润/股东权益）与投资收益率相等，并保持不变；③企业利润用于付息的比率不变。这样，企业下一年度的股利为：

$$D_1 = D_0 + D_0R(1-S)$$

$$g = \frac{D_1}{D_0} - 1 = R(1-S) \tag{15-11}$$

式中：g——股利增长率；R——投资收益率；S——付息率；(1-S)——利润留存率。

例如，某公司实现的投资收益率为10%，付息政策为S = 50%，代入式（15-11），则股利增长率g = 10%×(1-50%) = 5%。如果公司考虑到业务的发展，将付息政策调整为S = 30%，则股利增长率g = 10%(1-30%) = 7%。由此可见，在投资收益率不变的情况下，降低付息率，可提高股利增长率，这充分说明尽管投资者在眼前减少了股息收入，但可在今后获得更多股息。

必须指出，付息率并非越低越好，股利增长率也不是越高越好。只有在企业有好的投资项目，且再投资的收益率高于投资者要求的收益率时，降低付息率和提高股利增长率，才能带来企业价值的增加。实际评估中，还可根据本公司、本行业或市场过去正常的股利增长率估算未来股利的增长率。

（四）市盈率

1.市盈率的基本模型

市盈率是每股市值与每股税后净利润的比率。每股市值是指股票在证券市场上的买卖价格。市盈率的计算公式为：

$$\frac{P}{E} = \frac{\text{每股市值}}{\text{每股净利润}} \tag{15-12}$$

这一指标反映股票市场价格与当期税后净利润的关系。与股利贴现模型相比，市盈率模型在投资价值分析中使用更早，而且十分普遍。其突出的优点是模型中只有两个变量，预测分析所需的资料容易获得，计算简便；当股票不支付股息，我们不能应用红利贴现模型时，仍可以应用市盈率模型。

市盈率模型可直接应用于不同收益水平的股票价格之间的比较分析。假定A、B两只股票的其他条件相同，A股票市值10元，每股净利润0.5元，市盈率为20；B股票市值15元，每股净利润0.5元，市盈率为30。这表明B股票的价格相对高于A股票。在正常条件下，投资者可能选择A股票。

市盈率模型还可以用来预测股票的出售价格。这需要根据历史和现实的市盈率，并假定未来时期市盈率不变，同时还需要预测公司未来时期的盈利水平。假设A股票的市盈率为20，1年后市盈率不变，其每股盈利预计增加为0.6元，则，1年后的出售价格预计可达到12元。

但是，市盈率是个相对值，而不是一个绝对量，在进行不同股票的横向比较分析时，必须综合考虑其他因素的影响。

2.股利零增长的市盈率

在股利零增长的条件下，股票的内在价值取决于股利和折现率两个因素。假定付息比率等于1，将P=D/r和D=E·S=E代入公式（15-12），可得：

$$\frac{P}{E}=\frac{1}{r} \tag{15-13}$$

如果依据CAPM模型确定折现率，运用公式（15-13）所计算出来的市盈率则是市场均衡条件下，股利零增长时股票的市盈率，我们将它称为标准市盈率。如果实际市盈率高于标准市盈率，表明股票的实际市场价格被高估；相反，如果实际市盈率低于标准市盈率，表明股票的实际市场价格被低估。例如，假设A股票的股利零增长，折现率为10%，标准市盈率则为10，若该股票的实际市盈率为20，实际市盈率高于标准市盈率，表明该股票的价格被高估。

3.股利固定增长的市盈率

在股利以固定速度增长的条件下，股票的内在价值取决于股利、股利增长率和折现率三个因素。这时，$P=D_1/(r-g)$，$D_1=E\times S$，$E=D_1/S$。将它们代入公式（15-12），可得：

$$\frac{P}{E}=\frac{D_1}{r-g}\bigg/\frac{D_1}{S}=\frac{S}{r-g} \tag{15-14}$$

由公式（15-14）可知，股利增长条件下标准市盈率取决于折现率、付息率和股利增长率三个因素，与折现率成反比，与付息率和股利增长率成正比。在其他条件不变时，一只股票的市盈率高于另一只股票，可能表明该股票具有较高的成长性，因而投资者愿意支付的价格较高。假设A为成长型股票，付息率为50%,，股利增长率为8%，折现率为10%，A股票的标准市盈率为：

$$\frac{P}{E}=\frac{50\%}{10\%-8\%}=25$$

若A股票的实际市盈率为20，表明该股票的实际价格被低估。但是，如果市场过热，投机气氛浓厚，A股票的实际市盈率超过25，如实际为30，则表明A股票的实际价格被高估，投资风险较高。

上面的价值评估模型，无论是红利贴现模型，还是市盈率模型，都对影响股票价值的现实经济因素作了高度的抽象和概括，我们所说的折现率、股利增长率、付息率等本身都取决于多种因素，如折现率决定于无风险资产收益率、市场组合收益率和所计算股票的贝塔系数；股利增长率则取决于股东权益收益率和付息率，其中股东权益收益率又取决于总资产收益率、资产负债比率和税率等。要正确地评估股票的投资价值，需要对上述因素进行逐层深入细致的分析。在实际评价中，由于我们所需要的资料大多来自会计核算资料，会计核算方法的差别及核算资料的真实性和准确性，无疑会影响我们的评估结果。为了保证评估的客观性、公正性和准确性，需要剔除虚假会计信息的影响，并且需要对公认的会计准则、会计核算方法进行调整，使其具有可比性。在现实中，企业的盈利水平、市场的投资收益率都不是固定不变的，我们评估中所涉及的各项经济指标，都会受到经济周期、通货膨胀与通货紧缩、行业特征和企业不同成长阶段等多种因素的影响。只有综合考虑这些因素的影响，才能得出正确的结论；否则，就可能得出错误的结论，并误导投资者。

三、宏观经济分析

影响整个证券市场走势的经济因素被称为宏观经济因素。宏观经济因素包括宏观经济运行和宏观经济政策两个方面。在现代经济条件下，各个市场和各个企业之间的相互联系日趋紧密，宏观经济因素的变动必然影响整个证券市场的发展与变动，而行业因素和公司因素影响的只是一类或某种证券。同时，宏观经济因素是影响证券市场的最基本因素，上市公司经济效益的好坏和市场价格预期的高低无不受到宏观经济因素的影响和制约。此外，宏观经济因素的变动常常持续的时间长，决定和影响着证券市场的中长期趋势；而一些非经济因素可以影响证券市场的短期或中期趋势，但很难改变证券市场的长期趋势。因此，宏观经济因素对证券行市的影响具有面广、带根本性和持续时间长的特点。宏观经济分析的意义在于：把握证券市场的总体变动趋势；判断整个证券市场的投资价值；掌握宏观经济政策对证券市场的影响力度和方向。证券投资中长期走势的把握比较注重对宏观经济因素的分析。

影响证券市场的宏观经济因素较多，这里仅就主要方面分析：

（一）宏观经济运行对证券市场的影响

反映宏观经济运行状态的基本变量有国内生产总值与经济增长率、消费总量、投资总量、货币供应量、财政收支、失业率、通货膨胀率利率、国际收支和汇率等。宏观经济运行状态主要通过两条途径影响证券市场的变动：一是影响上市企业的实际投资的预期收益、融资成本及经营效益；二是影响居民的可支配收入以及投资者对证券收益的预期。

1.国内生产总值及增长速度

国内生产总值（GDP）及增长速度是衡量宏观经济运行状态的综合性指标。从理论上看，在上市公司的行业结构和该国的行业结构基本不变的条件下，股票平均价格的变动与GDP的变动应呈现一致。当GDP以较快速度增长时，一方面表明社会财富在急剧增长，而社会财富增长的基础是企业利润的上升。以企业利润增长为基础，上市企业的股息和红利可以提高，实际投资的预期收益水平也随之提高，投资的整体风险下降。这将使证券的内在价值不断增加。另一方面，国内生产总值的增长，意味着国民收入的增加，居民可支配的资金量在扩大，相应也就增加了对证券的需求。两方面共同作用的结果，必然促使证券行市看涨，尤其是使股票价格看涨。反之，如果经济增长放慢，国内生产总值的增长停滞不前，则意味着经济前景看淡，投资者的预期下降，投资风险增加，同时居民可支配收入减少，对证券的需求不足，从而会导致证券行市的下跌。

从实证研究结果看，日本日兴证券公司研究了经济合作与发展组织的主要国家在1953—1961年间GDP增长率（X）与股价增长率（Y）的相关关系，得出的结论是，它们的相关公式为Y=2.445X-4.7492；美国经济学家所罗门（Solomon）在分析了美国1974—1995年的国内生产总值变化与425种工业股票价格的标准普尔指数变化后，得出的结论是，从长期看，股价增长率与国内生产总值增长率之比大约等于2：3。两个研究结果都表明，股票价格的变动与国内生产总值的变化存在着密切的相关性。

除通过分析国内生产总值增长率与股价指数的对比关系来预期股市的变动趋势外，还可以通过国内生产总值与股票流通市值总额的关系来判断证券市场的趋势。依据雷蒙德·W.戈登史密斯的金融结构理论，金融相关比率（FIR）即一定时点上现存金融资产存量与国民财富之比是衡量一国金融发展水平的重要指标。随着金融化程度的提高，FIR有提高的趋势。但是，FIR的提高是有一定限度的，在达到某一限度后，该比值就会趋于稳定。同样，股票流通市值与国内生产总值之间也有密切的关系。在股票市场发展初期，随着上市公司的增加，股票流通市值对国内生产总值的比率提高，是金融化程度及金融结构水平提升的表现。但是，在上市公司价值一定的条件下，股票流通市值对国内生产总值的比率过高，则表明股市过热，可能存在“经济泡沫”。

2.经济周期

宏观经济运行因受多种因素的影响而呈现出周期性变化的特征。人们可能减弱经济波动的强度，但很难从根本上消除经济周期波动。宏观经济的周期波动可以用图15-1来表示。

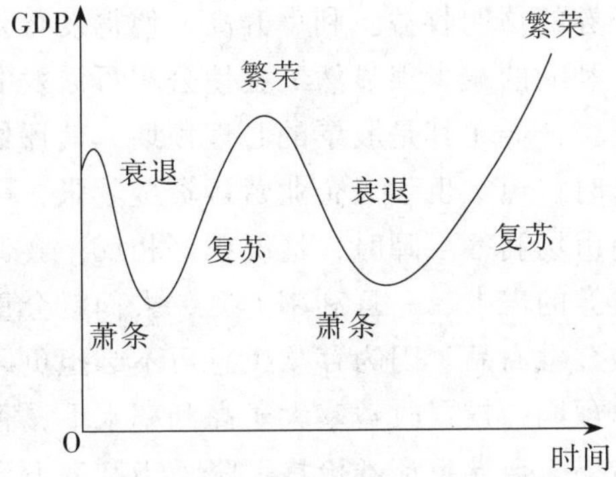

图15-1　宏观经济周期

从中长期看，证券行市的波动与宏观经济周期变化应该是一致的，经济运行是周期性循环的规律，从而导致证券行市也呈现出周期性变化的特征：在经济处于萧条时期，由于企业真实投资萎缩，资金需求缓和，而政府为刺激经济重新启动，会采取信用扩张政策，市场利率低，这时证券价格会从低谷开始上升；在复苏阶段，经济活动慢慢开始活跃起来，经济增长的前景逐渐变好，投资者的心理预期开始趋好，加上政府信用扩张政策的实施已初显成效，这时证券价格呈现持续上涨的趋势；在繁荣阶段，企业投资活动频繁，资金需求日益增加，市场利率也逐步升高，人们对未来收益的预期已达到被人为夸大的程度，此时证券价格将连创新高，投机气氛浓厚，同时敏感的投资者开始意识到其中潜伏的危机；在衰退时期，企业的经营投资活动大幅减少，倒闭破产的消息时有所闻，使投资者的心理预期大大下降，人们纷纷抛售股票，证券市场开始步入空头行情，市场沉寂。

证券投资是一种购买预期收益的行为，投资者是根据自己对经济的前景预期行事的。在经济周期实际发生变动之前，投资者一般就会在证券市场上提前对之做出反应。因此，证券市场突破中长期底部，形成上升趋势，然后在达到中长期顶部后，形成向下趋势，在时间上都比经济周期的阶段性变动有所提前。正因为如此，证券市场具有经济运行“晴面表”的功能，股票价格成为经济景气循环的先行指标。

从上面的分析中可以看出，利用经济周期与证券行市波动的相关关系判断证券价格的变动趋势，首先必须掌握经济周期的变化规律；其次必须正确判断目前经济处于经济周期的哪个阶段；最后必须注意经济周期与证券市场周期性变动的时间序列。经济周期的分析涉及众多的变量和指标，一些综合部门和研究机构通常用大型计量经济模型进行预测。一般投资者可以把这些综合部门和研究机构的预测报告作为参考，还可以依据一些重要指标进行观测，如零售物价指数和投资增长率等。

（二）货币政策对证券市场的影响

货币政策是政府进行宏观管理的重要工具。政府运用货币政策调节宏观经济运行的基本途径是通过控制货币供应量，调节市场利息率，然后通过利率的升降调节经济运行。为了把握货币政策对证券市场的影响，首先要了解证券市场与利率及货币供应量的关系，然后再考察中央银行货币政策对证券市场的影响。

1.证券市场与利率

证券价格对市场利率最为敏感。一般而言，证券价格与利率成反向运动，市场利率升高，证券价格便会下降；相反，利率下降，证券价格便会上升。其原因有以下几方面：

（1）利率的升降影响证券的预期收益。利率升高，使得发行公司的贷款利息增加，财务负担加重，获利能力降低。利润的减少很显然又会使公司可派发的股息红利减少，甚至不发股利，如此则会降低人们投资证券尤其是股票的心理预期，其评估价值相应下降，从而导致价格下跌。同时，利率高涨时，通常也代表企业营运资金紧张，影响资金周转，增加经营难度，不利于生产与销售。当市场利率下降时，情况正好相反，会促使证券价格上升。

（2）利率的升降影响证券的需求。一旦利率上升，人们就会重新进行投资选择，抛售证券，将资金运用于收益高的金融商品。因为存款生息可不必担负风险，而证券投资，尤其是股票投资的风险较大，除非预期的投资收益率大于高利率水平，否则不会吸引投资者。人们纷纷抛出证券另作选择的结果，会导致证券价格下降。当利率下降时，情况则相反，证券价格上升。

（3）利率的升降影响信用交易。在允许信用交易的证券市场，利率上升，将增加融资者的投资成本和风险，减少预期收益，促使投资者抛售证券，价格下降。利率下降时，情况相反。值得注意的是，利率对证券价格的影响具有超前性，即当人们预计或意识到利率将提高时，就会先行卖出证券，从而使价格回落；当人们预计或意识到利率将调低时，就会抢先买进证券，导致价格上升。当利率真正发生升降之时，证券行市可能对之反应甚微，因为这种利多或利空消息已提前消化了。

2.货币供应量与证券市场

货币的供应量应与货币的需求量相等。在一定范围内，货币供应量的增加，会推动物价上涨，甚至造成轻度的通货膨胀，证券价格一般会随之上涨。其原因如下：

首先，货币投放量的增加，会推动物价上涨，开始时能刺激经济增长，提高公司的销售额及盈利水平，从而使得公司可派发的股息红利增加。股息的增加显然使得股票更具吸引力，推动股价上涨。

其次，货币供应量的增加，使得市场的资金充裕，市场利率随之下调，流入证券市场的资金逐渐增加，从而推动证券价格上涨。

最后，在通货膨胀、物价上涨的情况下，公司资产的重估价值大大升值，从而使股票的净资产含量提高，在一定程度上起到保值的作用，推动股价上涨。实行保值贴补的债券，其价格也会因物价指数的上升而上涨。

但是，货币供应量过大，超过一定的范围，出现严重的通货膨胀，则会造成证券市场的反向运动。这是因为：

（1）一旦出现严重的通货膨胀，证券资产相对贬值，投资者可能转向进行不动产等保值功能强的投资，从而导致证券市场上的资金供应量减少。

（2）严重的通货膨胀，增加了证券投资收益的风险，并可能严重影响公众的心理预期。当公众的货币幻觉消失时，投资收益预期急剧下降，从而引发证券价格下跌。

（3）当物价急剧上升，通货膨胀超过公众的心理承受能力时，政府会采取提高利率、紧缩银根、平抑物价等措施，证券价格随之下跌。

如果货币供应量不足，导致通货紧缩，一般情况下会引起证券价格下降。这是因为，通货紧缩，意味着一般商品物价的普遍下降，而物价的下降会造成上市公司利润的减少以及实际投资预期收益的下降，从而会引起证券价格下降。同时，货币供应量不足，还会使证券市场上资金供给量减少，从而也会引起证券价格的下降。

3. 货币政策与证券市场

中央银行的货币政策手段主要有三种：一是调整法定准备金率；二是再贴现政策；三是公开市场业务。当社会总需求不足时，为了刺激经济增长，中央银行通常会实施扩张性货币政策，其主要措施是降低法定准备金率，降低中央银行的再贴现率或在公开市场上买入国债，以扩大货币供应量，降低市场利率，从而会刺激证券市场价格上升；相反，在社会总需求过大时，为了避免出现严重的通货膨胀，中央银行通常会实施紧缩性货币政策，其主要措施是提高法定准备金率，提高中央银行的再贴现率或在公开市场上卖出国债，以减少货币供应量，提高市场利率，从而会抑制证券市场价格的上升。

值得指出的是，货币政策对宏观经济运行的影响是广泛而复杂的，以上所述是货币政策影响证券市场运行的基本机制。在现实中，可能存在通货膨胀与经济停滞并存以及通货紧缩与经济增长并存的情形。在这两种情形下，货币政策影响证券市场的机制都会发生变化，需要具体情况具体分析。

（三）财政政策对证券市场的影响

财政政策也是政府进行宏观管理的重要工具。政府实施财政政策的基本途径是通过财政收入和支出的变动来影响实际的投资和消费，从而调节宏观经济的运行。为了把握财政政策对证券市场的影响，首先要了解证券市场与财政收入和支出的关系，然后再考察政府财政政策对证券市场的影响。财政收支与证券市场的关系，可从如下几个方面分析：

1. 财政收入与证券市场

当政府通过降低税率或取消某些税种而降低宏观税负时，意味着公司的税后利润相对增加，股息红利也相应增加，债券利息也可相应提高，从而推动证券价格上涨；反之，如果财政采取增税措施，则会使证券价格下跌。

2. 财政支出与证券市场

当政府通过增加政府采购或转移支付而增加财政支出时，有效需求扩大，从而刺激经济增长，提高投资收益预期水平，促使证券价格上涨；反之，如缩减财政支出，会使有效需求减少，抑制经济增长，会促使证券行市下跌。

3. 财政收支平衡关系与证券市场

如果财政赤字是通过向中央银行透支弥补，则会引发通货膨胀，刺激证券价格上涨；如果是通过发行债券弥补，则会一方面增加债券供应量，另一方面减少证券市场中的有效需求，促使债券价格下降。另外，巨额的财政赤字，往往会挫伤人们对经济前景看好的信心，降低收益预期水平，导致证券价格下降。

中央政府的财政政策手段主要有三种：一是调整税率；二是改变政府转移支付水平；三是改变政府购买水平。当社会总需求不足时，为了刺激经济增长，中央政府通常会实施扩张性财政政策，其主要措施是降低税率，增加政府的转移支付，增加政府购买和投资，从而会刺激证券市场价格上升；相反，在社会总需求过大时，为了避免出现严重的通货膨胀，中央政府通常会实施紧缩性财政政策，其主要措施是减少政府投资和购买，减少转移支付，提高税率，从而会抑制证券市场价格的上升。

值得指出的是，现实中财政政策工具的组合也可能是多种多样的，不同的政策组合，可能对证券市场产生不同的影响。同时，财政政策对证券市场的影响也受其他多种经济条件的影响，还存在与其他经济政策如何配合的问题。这些也需要具体情况具体分析。

（四）国际经济因素对证券市场的影响

随着经济全球化的日趋明显，国际因素对证券市场的影响也逐渐增强。国际经济因素对证券市场的影响主要表现在如下几方面：

1. 国际收支对证券市场的影响

国际收支逆差，政府便会实施紧缩银根的政策，经济增长受到抑制，进而促使证券价格下跌；反之，国际收支顺差增大，政府会采取放松银根的政策，刺激经济增长，其结果是证券价格趋升。

2. 汇率对证券市场的影响

汇率的变动对企业特别是对那些进出口量较大的企业的股票价格影响较大：当本币升值时，出口企业的产品在国际市场上的价格优势就会减弱，从而销售下降，盈利减少，其债券和股票行市要下跌；而进口原材料较多的那些企业将因此使生产成本降低，盈利水平提高，其证券价格会随之上升。同时，当本币过度升值时，中央银行会采取低利率政策，从而刺激证券价格上涨。当本币贬值时，对于出口企业而言，将使其产品在国际市场上更具价格竞争优势，从而增加盈利，有利于公司证券价格的上涨；而对于进口企业而言，将使其生产成本相对增加，其证券行市看跌。另外，本币过度贬值，中央银行会采取高利率政策，从而导致证券价格下降。汇率的变动不仅对公司的利润具有巨大的影响力，也对国际资本的流向起重要引导作用。例如，本币升值，会引导外国资本进入本国，这些蜂拥而至的"热钱"，除坐享升值利益外，更会介入证券市场，刺激证券价格上升；相反，本币看跌，会使外国投资者变得谨慎，出售证券增多。

3. 国际证券市场对国内证券市场的影响

随着国与国之间的资本流动越来越频繁，金融渗透越来越广泛，海外经济动向对本国证券市场走势的影响力也愈来愈大，国际证券市场与国内证券市场的相关性越来越强。因此，在进行证券分析时，必须考虑到海外经济动向对国内证券市场走势可能带来的影响。例如，在国外尤其是经济发达国家利率上升从而与国内利率差拉大时，本国投资者为有效使用资金，便会积极地向利率高的国家进行债券投资。其结果，导致国内债券供求发生变化，给国内债券行市带来消极影响；反之，当本国和外国的利率差距缩小时，外国投资者向本国债券的投资增加，引起本国市场对债券需求的增加，使债券价格上涨。另外，国外证券市场，尤其是具有影响力的国际证券市场，其行市的动态变化也往往会波及本国证券市场，影响其走势。

四、行业分析

宏观经济是由各个行业部门构成的，每个行业部门都是宏观经济的一个构成部分，但宏观经济不是各个行业部门的简单总和。宏观经济的发展水平反映各行业的平均发展状况，但每个行业部门都有自己的特点，有的行业部门可能与宏观经济增长同步，有的行业部门的增长可能较快，有的行业部门则可能较慢。通过宏观政治、经济、市场等因素的分析，也许能把握证券行市的基本走势，但不能决定应该投资哪些行业部门的证券。要对证券投资的行业类别加以选择，就得进行行业因素分析。所谓行业因素，是指影响某一行业证券行市的各种因素。行业因素分析的目的和任务就是对影响特定行业证券预期收益风险水平和供求关系的各种因素及其变化进行逻辑推理分析，在此基础上对特定行业证券的投资价值及价格走势进行判断，进而做出证券投资方向的选择。影响特定行业预期收益水平及供求关系的因素有很多，这里仅就主要的方面分析如下：

（一）行业分类

联合国经济和社会统计局将国民经济分为10个门类，我国国家标准将国民经济分为16大门类，这是为适应国民经济管理的特定需要所进行的规范性划分。中国证监会于2001年4月4日公布了《上市公司行业分类指引》，以国家统计局的行业分类为主要依据，借鉴联合国的产业分类和北美行业分类体系的有关内容，将上市公司分为13个门类。2007年5月上海证券交易所与中证指数有限公司公布了调整后的沪市上市公司行业分类，共分为金融地产、原材料、工业、可选消费、主要消费、公用事业、能源、电信、医药卫生、信息技术十大行业。

1.按市场结构分类

市场结构指市场竞争或垄断的程度。依据市场结构的不同，上市公司行业可分为完全竞争行业、垄断竞争行业、寡头垄断行业和完全垄断行业。

（1）完全竞争行业。完全竞争行业指企业和消费者在产品的买卖行为和价格等方面不受任何干扰的行业。其主要特点是：该行业内存在众多的企业，生产要素可以自由采购和自由流动；产品是同质的、无差别的；没有任何企业可以影响价格；企业是价格的接受者，而不是价格的制定者；企业和消费者充分掌握市场信息，自由进入或退出市场。在这类行业中，企业的利润主要取决于市场供求关系的变化，当市场需求旺盛时，企业利润丰厚，其股票价格上升；相反，市场需求减少，企业利润水平下降，其股票价格也会随之下降。

（2）垄断竞争行业。垄断竞争行业指既存在一定程度的垄断又存在比较充分竞争的行业。其主要特点是：企业众多，彼此间存在激烈的竞争；产品同种但不同质，即同种产品在性能、规格、形状、外观等方面存在差异；由于产品差异性的存在，企业对其提供的产品价格有一定的控制能力，因而形成一定程度的垄断。在这类行业中，生产具有优良差异性产品的企业可以获得较高的利润，其股票价格也较高；相反，企业生产的产品品质或外形设计落后，则利润水平较低，其股票价格也较低。

（3）寡头垄断行业。寡头垄断行业指少数几家企业提供的产品占有相当大的市场份额的行业。在这样的行业中，由于寡头企业提供的产品数量较大，因而它们对产品的价格有一定的操纵能力，并且会对其他企业的生产经营活动产生影响。其他企业则随起领导作用的寡头企业定价和经营方式的变化而相应地进行调整。在这类行业中，起领导作用的少数寡头企业可以获得较高的利润，其股票价格通常也领先于其他企业。

（4）完全垄断行业。完全垄断行业指基本由独家企业提供某种特质产品的行业。这种行业分为两种类型：一是政府垄断的行业，如铁路、邮电和军工行业。二是政府授权的特许经营、根据专利权产生的独家经营，以及由于资本雄厚、技术先进而建立的排他性垄断经营行业。这类行业的主要特点是：垄断企业可以根据市场的供需情况和经营目标制定价格和产量，在高价少销和低价多销之间进行选择，以获取最大的利润；垄断企业在制定价格与产量方面的自由度受政府和反垄断法的限制。在这类行业中，企业的收入比较稳定，利润的高低与政府政策的关系密切，其股票价格的变动受政府政策的影响也较大。

2.按与经济周期的关系分类

各行业都可能受宏观经济周期的影响，但受影响的程度又不尽相同，据此可将行业部门分为成长性、周期性和防御性三类。

（1）成长性行业。成长性行业指基本不受经济周期影响而持续增长的行业。这种行业主要是依靠技术进步发展起来的新兴行业部门。由于采用新技术，推出新产品，在宏观经济出现衰退时，这些行业仍能保持以较高的速度增长。在过去的几十年间，计算机制造业就是典型的成长性行业。这类行业部门企业的股票价格在宏观经济衰退时通常仍有较好的表现。

（2）周期性行业。周期性行业指与宏观经济周期直接相关，而且与宏观经济保持同步变动的行业。这主要是一些需求弹性较大的行业部门，如珠宝、耐用消费品制造业等。当经济处于上升期时，由于产品需求增长较快，周期性行业也增长较快；相反，当经济处于衰退期时，由于产品需求缩减较快，周期性行业也相应衰退。这类行业部门企业的股票价格可能随经济周期的变化而表现出周期性变化的特征。

（3）防御性行业。防御性行业指基本不受经济周期影响而保持稳定的行业。这种行业部门的需求相对稳定，如食品加工业。当宏观经济处于上升期时，由于需求弹性小，防御性行业部门增长较慢，可能赶不上经济增长的总体水平；当宏观经济处于衰退期时，由于产品需求的刚性，防御性行业部门仍然可以维持稳定或继续缓慢增长。这类行业部门企业的股票价格通常比较稳定。

（二）产品的生命周期

随着社会生产力水平的提高，生产关系的变革，有些产品在兴起，有些产品在衰退、消失。刚刚兴起或处于成长阶段的产品，市场需求旺盛，发展前景广阔，预期收益水平高，其证券价格呈上升趋势；而处于衰退阶段的产品，市场需求逐渐萎缩，发展前景黯淡，预期收益水平低，其证券价格将呈下降趋势。因此，充分了解各行业的产品发展阶段和趋势，对投资者是非常重要的。

每种产品都要经历一个由成长到衰退的发展演变过程，而且这种演变总是按一定规律进行的。一般而言，产品生命周期分为四个阶段，即开创期（Pioneering Stage）、扩张期（Expansion Stage）、稳定期（Stabilization Stage）和衰退期（Decline Stage）（如图15-2所示）。这四个阶段的投资收益预期、风险及供求关系都是不相同的，由此决定了这四个阶段中证券的价格走势和内在价值也是有区别的。

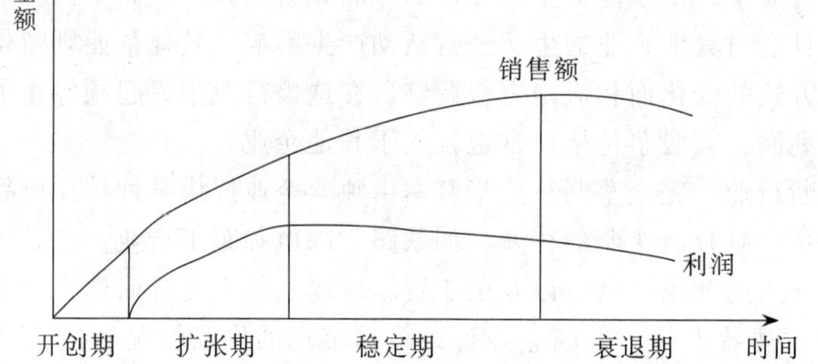

图15-2 产品的生命周期

在开创期，由于产品刚刚推出，只有为数很少的创业公司投资于这种新产品，可能存在丰厚的创业利润；同时，由于新产品性能尚不完善，研究开发费用较高，消费者对其又缺乏了解，市场需求较小，收益不是很稳定，投资风险较大。处于开创期的产品，其证券价格一般变化较大。

在扩张期，新产品经过试产和广泛的宣传，逐渐为消费者所接受，市场需求开始上升，销售额逐渐扩大，利润相应增加，其证券价格总体上呈上升趋势。

在稳定期，少数大厂商通过各自占有一定的市场份额，形成了对产品市场的垄断。各厂商的竞争手段由价格手段转向非价格手段，如提高产品质量，改进经营管理和加强售后服务等。产品的利润由于一定程度的垄断，达到了很高的水平，而风险却因市场份额相对稳定，新企业难以进入而下降。处于稳定期的产品，其证券价格变化相对平稳。

在衰退期，由于新产品、新替代产品的出现，原产品的市场需求下降，本行业的资金开始向其他行业流动，整个行业出现厂商数量减少、利润下降的萧条景象。这种萧条景象的进一步发展，就会导致原产品的解体。处于这一阶段的产品，其证券价格的市场表现一般不是很好。

以上关于产品生命周期的描述，是就一般情形而言的，实际上各个产品的发展过程是较复杂的。例如，投资少、见效快的轻工业产品或手工业产品在初创期就可能盈利；处于衰退期的产品由于某种外界因素的刺激可能会重新复苏，如全球性石油短缺和油价暴涨导致传统的煤炭工业重新复苏。因此，投资者在分析特定产品及其证券价格的走势时，必须全面考察各种内在、外在因素及其变化。

（三）选择证券投资行业部门应考虑的主要因素

1.技术进步

在科学技术日新月异的时代，一些行业的发展前景和命运在很大程度上取决于科学技术进步的状况。新技术在不断推出新行业，新技术也在不断淘汰旧行业；某项新技术的运用可能给某些旧行业带来致命的打击，同时也可能给有些正处于衰退的行业带来新的希望和生机。第二次世界大战后的几十年来，一系列新兴的高科技行业如原子能工业、高分子合成工业、生物工程、遗传工程相继兴起。因此，作为证券投资者必须密切注意现代科学技术的发展动向，恰当评估其可能对各行业发展的影响，在此基础上对各行业证券的价格走势做出判断。

2.供求关系的变化

不同行业的供求状态是有差异的。需求大于供给的行业，发展前景看好，预期收益高，其证券价格将呈上升态势；供给大于需求的行业，发展受到市场的限制，预期收益低，其证券价格将呈疲软态势。行业的供求关系变化主要是由社会消费结构的演变所决定的。在社会经济发展过程中，消费结构的变化必然引起需求结构的改变，导致对有些行业的需求会逐渐增强，而对另一些行业的需求会相对变弱。行业的供求关系除受消费结构演变影响外，还受到社会经济发展过程中一些人为因素的影响，如不恰当的经济发展战略和不完善的资源配置体制等。

3. 政府的行业政策

政府的行业政策对特定行业的发展及行业证券的价格走势将产生重大影响。通常一个国家的支柱行业、基础行业、高科技行业和新兴行业会受到国家的重点保护和扶持，政府会在税收、融资、技术等各方面给予一些优惠条件，使得这些行业具有良好的发展前景，提高其投资收益预期，相应地这些行业的证券价格将呈上升趋势。

4. 其他因素

除上述因素外，影响各行业证券价格的因素还有很多，诸如行业在国民经济中的地位、行业的平均利润率水平、行业的市场竞争特征、行业的生产要素特征、行业的风险特征、行业的劳动分工状况、行业的对外开放程度、行业的区域特征、行业的所有制特征等，均可能成为行业证券价格决定及其变动的原因之一。

（四）行业选择的主要方法

由于投资者对收益和风险的态度不同，选择证券投资行业部门的标准也不尽相同。大多数投资者一般倾向于选择正处于扩张期而受经济周期影响较小的成长性行业；稳健型投资者还可以选择垄断性和防御性的行业部门；积极型投资者则可以选择处于开创期的成长性行业进行风险投资。选择成长性行业可用两种分析方法：

1. 行业增长比较分析

判断一个行业部门是否为成长性行业，可利用该行业的销售额或营业收入与国民经济综合指标进行对比。具体的分析步骤如下：

（1）判断该行业是否为周期性行业。为此，首先要确定宏观经济的周期性特点。如果国内生产总值连续几年逐年上升，表明宏观经济处于繁荣阶段；相反，国内生产总值连续几年下降，则表明宏观经济处于衰退阶段。其次要考查同一时期该行业部门的销售额或营业收入是否与国内生产总值保持同步变化。如果该行业部门的销售额或营业收入在宏观经济繁荣阶段与国内生产总值保持同步上升，并且在宏观经济衰退阶段与国内生产总值保持同步下降，则该行业便是周期性行业。

（2）比较该行业的增长率与国内生产总值增长率。如果在大多数年份中，该行业的年增长率高于国内生产总值的年增长率，则该行业可能是成长性行业。

（3）计算该行业销售额占国内生产总值的比重。如果该行业销售额占国内生产总值的比重逐年上升，说明该行业增长比国民经济平均增长快，也可判断该行业为成长性行业。

2. 行业增长趋势预测

行业增长比较分析所反映的是过去和现在的情况，而投资者要了解未来的情况，还需要对行业未来的增长趋势进行预测。预测的方法主要有两种：一种方法是找出决定行业发展的关键性因素，构造计量分析模型，然后运用计量模型进行预测；另一种方法是利用该行业部门历年的增长率资料，运用统计分析方法或自我回归模型进行分析。无论采取何种方法均需要有足够的样本。

五、公司分析

个别证券的投资价值和价格走势，除受宏观和行业因素影响外，还受到证券发行公司或企业本身的特殊因素的影响。因此，为了进行证券投资，做出正确的投资决策，投资者除了进行宏观经济分析和行业分析外，还要进行公司分析。公司分析，就是通过对公司经营状况的分析，对其所发行证券的投资价值及市场走势做出客观的评价和判断。

（一）公司竞争力分析

公司竞争力分析指对公司在本行业中的竞争能力进行分析，目的在于对公司的基本素质和竞争能力做出基本判断。市场经济是竞争的经济，一个公司的好坏关键在于它的竞争能力如何。公司竞争能力强，其股票就有投资价值；否则，投资就具有较大的风险。公司竞争力分析主要包括如下方面：

1.产品优势分析

产品优势分析主要看公司是否能适应市场需求的变化不断推出具有异质性的产品；公司产品的品牌是否具有较高的市场知名度；公司产品的品质是否优于其他公司；公司的产品成本是否低于其他公司；公司产品的市场占有率的高低。如果一个公司能够适应市场需求的变化不断推出具有异质性的产品，其产品品牌具有较高的市场知名度，产品的品质优于其他公司，产品成本低于其他公司，并拥有较高的市场占有率，则可以判断这家公司的产品具有较强的竞争力；否则，这家公司的产品竞争力就差。

2.技术优势分析

技术优势分析主要看公司是否比同行业企业拥有更强的技术人才、技术装备以及研究与开发新产品的能力。在技术日新月异的条件下，公司要保持持久的竞争能力，必须拥有较强的技术实力。技术实力首先表现在技术人才上，其次表现在技术装备上，而研究与开发新产品的能力则是公司技术实力的综合反映。一个公司拥有雄厚的技术人才资源，技术装备先进，研究与开发新产品的能力强，则拥有技术优势；反之，技术上就处于劣势地位，而技术上处于劣势地位的公司是没有发展前途的。

3.区位优势分析

一个公司是否具有区位优势主要看三个方面：一是所在的地区经济增长是否快于其他地区；是否是经济增长极或增长点；如果是经济增长极，其辐射范围如何。二是所在地区的自然资源、基础设施、市场需求状况、协作配套条件、文化环境等条件是否优良。三是所在地区政府的政策是否对公司的发展有利，政府的行政管理是否高效等。以上三个方面的分析必须结合公司的行业特点及公司经营特点进行。

（二）公司经营管理能力分析

公司经营管理能力分析可从以下几方面展开：一是公司管理人员的素质和能力；二是公司的管理风格及经营理念；三是公司的管理创新能力。

（三）公司财务分析

股份公司上市后，必须遵守财务公开的原则。各种公开的财务报表是公司经营状态的综合反映，也是投资者了解该企业最基本的途径。公司财务分析的重点在于评价公司财务报表中各会计账户之间的相互关系，可从以下几方面进行：

1.获利能力分析

获利能力就是公司赚取利润的能力。证券投资者的动机是获得股息、债息和价格差价，而股息、债息是从公司盈利中支付的，证券价格差价的大小也主要取决于公司盈利增长情况。因此，投资者为获得较满意的投资收益，他必须对一个公司的盈利水平、稳定性和增长率有一个客观的评价。一般说来，企业的盈利能力只涉及正常的营业情况，非正常的营业情况也会带来利润（亏损），但只是特殊情况下的个别结果，不说明企业的能力。因此，关于盈利能力的分析，应当排除诸如非正常或非经常性项目、特别项目、会计准则和管理制度变更带来的影响等因素。

在评估公司获利能力时，要在总盈利额中对因非正常情况引起的盈亏变化额度予以调整，计算出公司的正常盈利，作为评价公司获利能力的依据。有很多指标可以反映公司获取利润的能力和投资效益，其中主要有如下一些：

（1）销售利润率。销售利润率是交纳所得税后的利润净额与销售总收入的比值。其计算公式为：

$$销售利润率 = \frac{税后利润}{销售收入} \times 100\% \tag{15-15}$$

这一指标反映每单位销售收入带来净利润的程度，该比值越高越好。

（2）成本利润率。成本利润率是利润额与产品成本的比值。这里的利润指税后利润；成本指产品的全部成本，包括销售成本、销售费用、管理费用、财务费用。其计算公式为：

$$成本利润率 = \frac{税后利润}{成本总额} \times 100\% \tag{15-16}$$

这一指标反映企业所得与所耗的比率，比值越高越好。

（3）资产收益率。资产收益率是公司盈利与平均资产的比值。这里的盈利，是指企业利润总额；平均资产是年初资产占用与年末资产占用的平均额，或是全年资产的加权平均额。其计算公式为：

$$资产收益率 = \frac{利润总额}{平均资产} \times 100\% \tag{15-17}$$

（4）净资产收益率。净资产收益率是利润额与净资产的比值，也称权益报酬率。这里的利润额是指税后利润，净资产是企业全部资产减全部负债后的净额。净资产收益率有两种指标，其计算公式分别为：

$$全面摊薄净资产收益率 = \frac{净利润}{期末净资产} \times 100\% \tag{15-18}$$

$$加权平均资产收益率 = \frac{P}{E_0 + N_P \div 2 + E_i \times M_i \div M_0 - E_j \times M_j \div M_0} \times 100\% \tag{15-19}$$

式中：P——报告期利润；N_P——报告期净利润；E_0——期初净资产；E_i——报告期新增净资产；E_j——报告期减少净资产；M_0——报告期月份数；M_i——新增净资产下一月份起至报告期末的月份数；M_j——减少净资产下一月份起至报告期末的月份数。

前一个指标主要反映计算期末公司股东所持权益的盈利能力；后一个指标侧重反映计算期内公司股东权益的综合收益水平。

净资产可取计算期末的净资产，也可取一定时期的加权平均值，依分析目的而定。这一指标反映的是股东权益的收益水平，指标值越高，说明投资带来的收益越高。

（5）每股收益。每股收益是衡量股份公司盈利能力的指标，是净利润与公司发行在外普通股总数的比值。每股收益有两种指标，其计算公式分别为：

$$全面摊薄每股收益 = \frac{净利润}{期末发行在外普通股总数} \times 100\% \tag{15-20}$$

$$加权平均每股收益 = \frac{P}{S_0 + S_1 + S_i \times M_j - S_j \times M_j \div M_0} \times 100\% \tag{15-21}$$

式中：P——报告期利润；S_0——期初股份总数；S_i——报告期新增股份数；S_j——报告期减少股份数；M_i——增加股份下一月份起至报告期末的月份数；M_j——减少股份下一月份起至报告期末的月份数；M_0——报告期月份数。

这一指标反映每一股份的获利水平，指标值越高，每一股份可得的利润越多，股东投资效益越好；反之，则越差。

（6）每股股利。每股股利是股份公司用于分配股利的总额与股份总数的比值。其计算公式为：

$$每股股利 = \frac{股利总额}{股份总额} \times 100\% \tag{15-22}$$

这一指标反映的是每份股票获取股利的大小，指标值越大，表示股本获利能力越强。

以上所述各种指标，是分别从销售、资产运用、资本投入等角度来综合反映公司的获利能力。它本身没有一个绝对标准，必须与同行业中的其他公司，尤其是那些领先的公司进行比较，才能评比出公司盈利能力的强弱。

盈利的多寡，是表现一个公司经营好坏的主要标志。但是，过去、现在的盈利额只能表示公司过去的经营成果，而不能说明公司将来盈利的情况。而决定公司证券价值和价格的，不是现在的盈利水平，而是未来盈利的增长趋势及能力，投资者更关心的是公司未来利润的增长。因此，除了研究分析公司过去及现在的盈利大小和盈利能力的高低外，还须进一步对公司以后的盈利的变动趋势进行预测。预计未来盈利的方法有很多，一般都是根据过去的资料来推算未来的增长，或根据过去销售额与盈利之间的关联进行推测，或根据利润率和预测的销售额进行估计等；可采用模拟核算法，也可采用趋势分析法等。

2.偿债能力分析

投资公司证券，不仅要看其获利能力的大小，而且要评估其投资的风险。如果盈利水平高，但盈利很不稳定，经营中面临重大风险，这种证券的投资价值相应就要大打折扣。投资者进行投资决策的原则是：在获利水平相同时，选择风险较小的证券；在风险水平相同时，选择获利水平高的证券。因此，评估公司的经营风险，是投资者进行公司分析不可缺少的一项内容。

公司的经营风险有多种多样，有市场风险、利率风险、汇率风险和债务风险等。有些风险属系统性风险，是个别公司无法回避的，而有些风险是非系统性风险，与个别公司的经营好坏有密切关系，是可以规避的。公司分析主要是针对公司的非系统性风险进行分析。

在公司的非系统性风险中，公司的债务风险首当其冲。公司的债务，若到期不能连本带息偿还，小则损害债权人或债券投资者的利益，大则使公司面临破产倒闭的危险。因此，对公司偿债能力的分析，不仅对公司债券的投资者至关重要，对公司股票的投资者也是不可忽视的。

（1）短期偿债能力分析。

公司的短期偿债能力，是指支付短期债务的能力。短期偿债能力对公司至关重要。如果公司无法保持一定的短期偿债能力，同时意味着企业在偿还长期债务方面也存在问题；不仅不能满足短期债权人的需要，也不能满足长期债权人乃至股东的需要。即使一个盈利不错的企业，也存在着由于资金调度不灵，偿还不了短期债务而破产的危险。

企业短期偿债能力的强弱，表现为资产变现能力的强弱。变现能力的强弱则主要表现为一个营业周期内，公司流动资产与流动负债的比例。一般作为测度公司短期偿债能力的指标主要有营运资本、流动比率、速动比率以及其他影响短期偿债能力的因素。下面分别说明如下：

①营运资本。营运资本是流动资产超过流动负债的部分，即：

营运资本=流动资产-流动负债

营运资本是衡量企业短期偿债能力的重要指标，营运资本越大，表明公司越有能力偿还即将到期的流动负债。但这并不意味着营运资本越多越好。过多地持有营运资本，说明资金运用效率欠佳，资金呆滞，失去了扩大经营、获取更多利润的机会。因此，流动资产与流动负债之间应保持恰当的比例。

②流动比率。流动比率是将流动资产除以流动负债的比值。其计算公式为：

$$流动比率 = \frac{流动资产}{流动负债} \tag{15-23}$$

与营运资本相比，流动比率更能反映短期偿债能力。这是因为营运资本是绝对数，而流动比率是相对数，更适合于不同企业和不同历史时期的比较。

在通常情况下，流动比率为2比较适当，即流动资产是流动负债的2倍。但是，在分析一个公司的流动比率时，有必要与公司的历史水平和同行业平均水平相比，以判断其是高还是低。在计算流动比率时，还应当计算出应收账款周转指标和存货周转指标，有助于说明流动比率高或低的原因。另外，营业周期也与流动比率有关。一般营业周期越短，正常的流动比率就越低；营业周期越长，正常的流动比率就越高。

③速动比率。速动比率又称酸性试验比率，是从流动资产中扣除存货部分，再除以流动负债的比值。这是因为在流动资产中存货的变现能力最低，且变现时有可能发生损失，将其扣除后，即是用变现能力较强的流动资产与流动负债相比，结果更为可信。其计算公式为：

$$速动比率 = \frac{速动资产}{流动负债} = \frac{流动资产 - 存货}{流动负债} \tag{15-24}$$

除了存货外，还可以从流动资产中扣除预付货款、待售资产及其他杂项，因为这些项目与当期变现能力无关或关系不大。

通常速动比率不能低于1，否则，短期偿债能力就会偏低。不过，不同行业的情况不完全相同，应收账款少的，速动比率可低些，反之应高些。

④其他影响短期偿债能力的因素。对公司短期偿债能力的评价，除财务报表中的流动资产因素外，尚有一些其他因素需要一并考虑。如公司拟出售的长期资产的多少、公司偿债能力的声誉、未做记录的或有负债、为他人债务提供的担保等，都影响到公司短期偿债能力的评价。

（2）长期偿债能力分析。

企业的长期偿债能力，是指支付长期债务的能力。从长远观点看，公司的利润与长期偿债能力有紧密的联系，公司的长期债务最终是通过获取的收益来偿还的，因此，分析偿债能力时不能不重视公司的获利能力。此外，偿还债务的能力与资本的结构也密切相关。如果全部资产中债务所占的比例很大，说明大部分经营风险转移到了债权人身上；公司资本结构中债务的比例越高，无力偿还债务的可能性也就越大。常用来测度长期偿债能力的指标有资产负债率、净利对利息倍数、杠杆比率以及其他影响长期偿债能力的因素。

①资产负债率。资产负债率是负债总额与资产总额的比值。其计算公式为：

$$资产负债率 = \frac{负债总额}{资产总额} \times 100\% \tag{15-25}$$

这一指标一方面反映了在总资产中有多大比例是通过借债而筹集的，另一方面可用来衡量公司在清算时保护债权人利益的程度。从长期偿债能力看，资产负债率越低越好。

②净利对利息倍数。举债经营的原则是对债务所付出的利息必须小于使用债务所能赚取

的利润，否则对外借债得不偿失。举债经营的风险就在于应付的债务利息有可能超过借入资本的盈利。这种风险的程度可用净利对利息的倍数加以衡量。这里的净利是指税后利润加所得税与利息费用之和。其计算公式为：

$$净利对利息的倍数=\frac{税后利润+利息费用+所得税}{利息费用} \tag{15-26}$$

这一指标反映的是从所借债务中获得的收益为所需支付的债务利息的多少倍。只要这一倍数足够大，就表明公司有充足的能力偿还债务。

③杠杆比率。杠杆比率是负债总额与股东权益之比，又称产权比率或债务股权比率。其计算公式为：

$$杠杆比率=\frac{负债总额}{股东权益}\times 100\% \tag{15-27}$$

这一指标表明由债权人提供的资本与股东提供的资本的相对关系，反映公司基本财务结构的强弱。另外，其也反映债权人投入的资本受到股东权益保障的程度。从企业长期偿债能力看，杠杆比率越低越好。

④其他影响长期偿债能力的因素。除长期负债外，对公司长期偿债能力可能构成压力的因素还有融资租赁、为长期债务所做的担保、或有收益与负债等。

3.经营能力分析

公司的获利能力和偿债能力，最终取决于公司的经营能力。经营能力强，获利水平就高，也敢于承担债务风险，否则，获利和偿债都无保障。因此，证券投资者为获得预期收益和承担较小风险，就必须进一步对公司的经营能力进行分析。公司的经营能力主要表现为获得最大利润而运用各项资产的效率，因此对经营能力的分析主要是通过销售收入与各项资产的比率关系来判断，常用的分析指标有总资产周转率、净资产周转率、营运资本周转率、固定资产周转率、存货周转率和应收账款周转率等。

（1）总资产周转率。总资产周转率是测算一定时期总资产运用效率的指标。其计算公式为：

$$总资产周转率(次)=\frac{销售收入}{总资产} \tag{15-28}$$

这一指标越高，表明资本运用效率越高，获利可能性就越大。

（2）净资产周转率。净资产周转率是测量净资产运用效率的指标。其计算公式为：

$$净资产周转率(次)=\frac{销售收入}{净资产(或股东权益)} \tag{15-29}$$

这一指标越大，表明自有资本运用效率越高。但指标过高，可能是过度运用债务资本所致，则反映其中包含较大的偿债风险。

（3）营运资本周转率。营运资本周转率反映公司营运资本的运用效率。其计算公式为：

$$营运资本周转率(次)=\frac{销售收入}{营运资本} \tag{15-30}$$

这一指标越高，表明公司能以较少的营运资本即可获得较多的销售收入。但如果过高，可能反映的是公司营运资本不足。

（4）固定资产周转率。固定资产周转率反映公司所拥有的固定资产的利用程度和效率。

其计算公式为：

$$固定资产周转率(次)=\frac{销售收入}{固定资产} \tag{15-31}$$

这一指标越高，表明固定资产利用越充分。但如果过高，也可能反映固定资产不足。

（5）存货周转率。存货周转率主要反映流动资产的运用效率。其计算公式为：

$$存货周转率(次)=\frac{销售收入}{存货} \tag{15-32}$$

这一指标越高，反映积压产品较少，市场销售状况较好，流动资金运用效率高；反之，则表明公司资金周转不灵，产品有积压滞销现象。

（6）应收账款周转率。应收账款周转率是销售收入与平均应收账款的比值，反映年度内应收账款转为现金的平均次数。其计算公式为：

$$应收账款周转率(次)=\frac{销售收入}{平均应收账款} \tag{15-33}$$

应收账款周转率越高，一般说明应收账款的收回越快。但影响该指标的因素较多，需要与行业平均水平进行比较以及进行不同时期的比较，才能较好地判断该指标的高低。

（四）现金流量分析

财务比率分析的数据均来自公司公布的利润表和资产负债表。上市公司除公布利润表和资产负债表外，还需公布现金流量表。在市场经济条件下，公司经营、投资和筹资活动必然有与之相伴随的现金流，现金流量表是公司经营、投资和筹资活动的综合反映。通过对现金流量表的分析，可以较全面地了解公司经营、投资和筹资活动的效率。

我国的会计准则将现金流量分为三类：经营活动所产生的现金流量、投资活动所产生的现金流量以及筹资活动所产生的现金流量。现金流量表采用直接法进行编制，即通过现金收入和支出的主要类别反映来自企业经营活动的现金流量。在直接法下，公司三大活动所产生的现金流量项目如表15-1所示。

表15-1 **现金流量表的项目**

项目	经营活动所产生的现金流量	投资活动所产生的现金流量	筹资活动所产生的现金流量
现金流入	销售商品、提供劳务收到的现金 收到的租金 收到的增值税销项税额和退回的租金 收到的除增值税以外的其他税收返还 收到的其他与经营活动有关的现金	收回投资所收到的现金 分得股利或利润所收到的现金 取得债权利息收入所收到的现金 处置固定资产、无形资产和其他长期资产收到的现金净额 收到的其他与投资活动有关的现金	吸收权益性投资所收到的现金 发行债权所收到的现金 借款所收到的现金 收到的其他与筹资活动有关的现金
现金流出	购买商品、接受劳务支付的现金 经营租赁所支付的现金 支付给职工及为职工支付的现金 支付的增值税税款 支付的所得税税款 支付的其他税费 支付的其他与经营活动有关的现金	购建固定资产、无形资产和其他长期资产所支付的现金 权益性投资所支付的现金 债权性投资所支付的现金 支付的其他与投资活动有关的现金	偿还债务所支付的现金 发生筹资费用所支付的现金 分配股利或利润支付的现金 偿付利息所支付的现金 融资租赁所支付的现金 减少注册资本所支付的现金 支付的其他与筹资活动有关的现金

公司现金流量分析重点应注意如下几个问题：

（1）公司经营活动所产生的现金流入量与流出量相减后为净流入还是净流出。在正常情况下，公司经营活动所产生的现金流入量减去流出量后应为净流入，且净流入越大，表明企业财务状况越好。如果出现净流出，则需查明其原因。原因主要有：一种情况是公司处于成长期，公司为扩大下年度的经营和销售规模，在存货、广告和人员工资上支出较多，其缺口资金通常要由借入债务资金来弥补；另一种情况则是公司出现了经营亏损。

（2）公司经营活动所产生的现金流量与净收益的关系。净收益采用权责发生制计算，包括应收账款扣除成本后可能形成的净收益在内，而现金流量是当期公司收到的现金，不含应收账款。如果公司的现金流量与净收益之间存在较大的差额，可能是应收账款增加所致，还有可能是由出售对外投资股权、处置固定资产以及资产评估增值所引起的。这些原因形成的净收益增加是一次性的，不能反映公司经营的长期趋势，在公司的价值评估和业绩预测中应予剔除。

（3）公司经营活动所产生的净流量与利息支出的关系。如果公司经营活动所产生的净流量大于当期利息支出额，表明公司具有较强的偿债能力；否则，表明企业偿还债务存在困难。

（4）公司投资的流向。公司投资的流向应与发展战略以及招股说明书中所声明的资金用途相一致。

（5）公司投资的来源。公司的投资主要来源于内部积累，表明公司的发展能力强；否则，公司的自我发展能力较弱。

（6）公司筹资的资本结构。一般而言，公司投资中债权资金比重高，财务风险较大；但如果公司的盈利能力较强，较高的债权资金比重可以提高股权资金的收益率。

（五）公司经济附加值分析

公司经济附加值（Economic Value Added，EVA）分析是20世纪80年代兴起于美国，并在90年代获得广泛应用的一种财务分析方法。其首创者为Stern Stewart管理咨询公司。公司经济附加值分析的基本出发点是，上市公司的最终目标是实现股东价值的最大化。因此，衡量上市公司的业绩指标应该准确反映公司为股东创造的价值。公司每年为股东创造的价值等于收入减去全部成本和费用后的剩余。

1.传统业绩指标的局限性

传统的业绩指标如税后净利润、每股收益、净资产收益等都无法准确反映公司为股东创造的价值，其原因有两个：

（1）传统的业绩衡量指标计算中没有扣除股权资本的成本。在传统的财务指标设计中，公司的财务成本是指经营成本和债务资金成本，没有包含股权资本的成本，从而导致成本计算不完全，股东价值计算中没有扣除股权资本的成本。实际中，公司的债务资金和股权资金都是有成本的。债务资金必须定期支付利息，这是显性的成本；股权资金要求支付股利，则是隐性的成本。对投资者来说，如果不向某股份公司投资，而将资金投入其他项目获利，这种获利的可能性就是他使用资金的成本。股份公司给股东的资本回报必须大于至少等于其机会成本。因此，公司收入在扣除经营成本、债务资金成本和股权资本成本后的余额才是公司为股东创造的价值。不考虑股本资金成本，追求公司利润的最大化，可能偏离为股东创造最大价值的目标。例如，某公司目前的税后利润为5 000万元，股权资本为4亿元，单位股权资本成本为8%，股本总成本为3 200万元，公司每年为股东创造1 800万元的价值。现在公司通过配发股票筹集资金2亿元，投资于收益率为6%的项目。这时，公司的税后利润增加为6 200万元，股权资本总额增加为6亿元，股本总成本提高为4 800万元，公司每年为股东创造的价值下降为1 400万元，减少了400万元，因而背离了为股东创造最大价值的目标。

（2）传统的业绩衡量指标对公司资本和利润的反映存在部分失真。传统指标都是根据会计报表信息直接计算出来的，而会计报表的编制以各国的会计准则为依据。各国会计准则从债权和监管者的角度出发，要求公司在编制会计报表时遵循稳健性原则。所谓稳健性原则，是指公司确认收入和费用时应采取保守的态度，尽可能充分地确认费用，而对收入的确认留有余地。这样就可能低估公司的资本和利润。遵循稳健性原则对于保证债权人的利益是有利的，但是，对股东来说，无论是低估了公司的资本还是低估了公司的利润，都可能使公司的经营背离为股东创造最大价值的目标。例如，根据会计准则的规定，公司的研发支出必须在发生当年列作期间费用一次性予以核销。这部分支出实际上是为公司长远发展进行的投入，对公司今后多年的收益都有贡献，应分年摊销。目前的处理方法夸大了当期的费用，低估了当期的利润，使经营者的当期业绩受到影响，从而使经营者不愿意进行研发投入。这对于公司的长远发展是不利的，不符合为股东创造最大价值的目标。

2.经济附加值指标及其特点

经济附加值指标就是针对传统公司业绩指标的局限性提出的。所谓经济附加值，就是公司税后净营业利润减去全部资本成本后的净值。其计算公式为：

$$\begin{aligned} EVA &= \text{税后净营业利润} - \text{资本成本} \\ &= \text{税后净营业利润} - \text{加权平均资本成本}(\%) \times \text{资本总额} \end{aligned} \quad (15\text{-}34)$$

由上式可知，经济附加值的大小取决于三个基本变量：税后净营业利润、资本总额和加权平均资本成本。这个指标与传统的业绩评价指标相比有两个特点：

（1）资本成本不仅包括债务资本成本，还包括股权资本成本。当公司税后净经营利润超过资本成本时，经济附加值为正，表明公司的经营收入扣除所有经营成本和资本成本后仍有剩余，股东获得的收益超过其投资的机会成本，公司的经营增加了股东的利益。但是，当公司税后净经营利润小于资本成本时，经济附加值为负，表明公司的经营收入不足以补偿所有经营成本和资本成本，股东获得的收益小于其投资的机会成本，公司的经营实际上损害了股东的利益。由于考虑了股权资本成本，能够比较准确地衡量公司在每个报告期内为股东创造或损失的价值，从而较好地体现了为股东创造最大价值的目标要求。

（2）对可能导致信息失真的财务报表账户的处理方法进行调整。项目调整遵循如下原则进行：一是重要性原则，即拟调整的项目涉及金额较大；二是可影响原则，即经理层能够影响被调整的项目；三是可获得性原则，即调整所需的相关数据可以获得；四是易理解原则，即非财务人员能够理解；五是现金收支原则，即尽可能反映公司现金收支的实际情况，避免管理人员通过会计方法的选取操纵利润。

调整的主要项目：一是研究开发费用和开拓费用，即将当期发生的研究发展费用和市场开拓费用作为长期投资加入资产总额。二是将购置其他企业资产因购买价格超过被收购企业净资产所形成的商誉，加入到资本总额中，同时把本期摊销额加回到税后净营业利润中。三是递延税项。如果本年递延税项存在贷方余额，就将增加值增加到本年度的税后净营业利润中；相反，则从税后净营业利润中减去。四是将各种准备包括坏账准备、存货跌价准备、长短期投资的跌价或减值准备等账户的余额加入资本总额之中，同时将准备金余额的当期变化加入税后净营业利润。

本章小结

1.微观上，证券投资是股份有限公司建立的基础，证券投资的数量影响企业的规模，证券投资影响企业的资本结构；宏观上，证券投资实现储蓄向实业投资的转化、可促进国民经济增长，证券投资受资本市场的调节可以优化资本的配置，证券投资影响货币市场与商品市场的平衡，促进宏观调控方式转换。

2.证券投资具有双重性。如果发行证券的企业不将所筹集到的资本用于产业投资，则不能对真实经济的增长起到促进作用。如果证券的市场价格不能真实地反映其所代表的真实资产的价值以及资本的供求关系，证券投资不仅不能有效地促进实业投资，还可能削弱实业投资。

3.股票是股份公司发给股东，证明其对公司资产所有权的凭证。股票作为投资工具有如下几个特点：永久性、流动性、风险性。股票持有者作为公司的所有者，既可分享公司的收益，但同时也要承担公司的风险。

4.债券是债务人在收到债权人所提供的信用资金后，向其出具的承诺按一定利率和日期支付利息，并在特定期限偿还本金的债务证书。债券的发行人为债务人，承担着到期还本付息的法律义务；债券的投资者为债权人，有权按约定向债务人索取本息。

5.基本分析是证券投资决策分析的重要方法之一。它以证券的内在价值为依据，着重于对与证券价格存在逻辑联系的各种因素的分析，从而对证券价格的走势做出判断，以此决定投资购买何种证券及何时购买。

6.资本红利贴现模型是指用一定折现率或风险调整率把未来一连串证券投资收入折算成为现在价值，并以此确定证券的内在价值。

7.市盈率是每股市值与每股税后净利润的比率，反映股票市场价格与当期税后净利润的关系。

8.宏观经济因素是影响证券市场最基本的因素，决定和影响着证券市场的中长期趋势。宏观经济分析的意义在于：把握证券市场的总体变动趋势；判断整个证券市场的投资价值；掌握宏观经济政策对证券市场的影响力度和方向。

9.行业因素分析的目的是对影响特定行业证券预期收益、风险水平和供求关系的各种因素及其变化进行分析，并以此为基础对特定行业证券的投资价值及价格走势做出判断。

10.公司分析的目的是对影响公司证券收益、风险的各种因素及其变化进行分析，并以此为基础对其所发行证券的投资价值及市场走势做出客观判断。公司分析主要包括竞争力分析、经营管理能力分析和财务分析三个方面。

11.经济附加值是公司税后净营业利润减去全部资本成本后的净值，经济附加值的大小取决于三个基本变量：税后净营业利润、资本总额和加权平均资本成本。

本章能力训练

一、名词解释

证券　股票　债券　证券投资主体　直接证券投资　间接证券投资　基本分析　技术分

析　证券投资价值　证券投资分析方法　经济附加值

二、思考分析

1. 比较基本分析与技术分析的差异。
2. 何为收益资本化模型或股利贴现模型？其理论依据何在？
3. 如何确定折现率和股利增长率？
4. 何为市盈率模型？它与股利贴现模型相比在投资价值评价中有何优劣？
5. 试述经济周期与股票价格变动的关系。
6. 试述财政政策与股票价格变动的关系。
7. 试述货币政策与股票价格变动的关系。
8. 试述市场结构与股票投资的行业选择。
9. 试述产品周期与股票价格变动的关系。
10. 试述股票投资行业选择应考虑的主要因素。
11. 如何评估公司的竞争力？
12. 如何评估公司的经营管理能力？
13. 公司财务分析的主要指标有哪些？
14. 试述现金流量分析的特点。
15. 试述公司经济附加值分析的特点及意义。

第十六章

宏观投资总量分析

案例情景

北京发展循环经济要从哪下手?

从本质上说，循环经济是一种由新的制度安排主导而发展起来的新的经济模式，因此要把握循环经济的发展规律，就必须从制度变迁这一主要推动力入手，深刻认识制度与循环经济的关系，才能有效推动其发展。近年来，北京在生活垃圾、餐厨垃圾、建筑垃圾、污泥、园林废弃物等方面制定并出台了50多项法律法规和标准，已经初步建立起固废处理制度体系。但是，北京的固废处理制度体系存在一定程度的缺陷，缺乏制度设计与执行层面的创新，主要表现在以下四个方面：

一是十年来减量化效果较差，说明在垃圾处理的制度体系中，减量化制度设计并不到位，没有发挥出制度的约束性作用。只有把减量化原则贯穿于垃圾产生的源头、分类、运输及末端处置的各个环节，才能从根本上控制需要处理的垃圾总量。

二是静脉产业发展缓慢，产业准入门槛较高，说明在制度设计层面对静脉产业重视不够，抑制了静脉产业的发展。静脉产业，即资源再生利用产业，是将生产和消费过程中产生的废物转化为可重新利用的资源和产品，实现各类废物的再利用和资源化的产业。目前固体废物管理政策法规等制度多是从政府垃圾管理工作角度出发，仅注重部分环节的安全性和高效性，而对真正推动资源循环利用的静脉产业重视不够，导致缺乏发展静脉产业的顶层设计。

三是固废领域市场化程度较低，民企参与度不高，说明制度体系中激励民营企业的制度比较欠缺。静脉产业的发展需要广泛的社会力量参与。当前建筑和餐厨垃圾的收运、处理处置过程基本均为国有企业负责，民营企业寥寥无几。

四是投资需求缺口较大，投资供给严重不足，说明制度体系中缺乏吸引金融机构投资的引导机制。现有的投融资制度安排中，除政府和大型国企以外，缺少引导和激励其他投资主体和商业化融资的有效手段，不能将经济快速增长积累起来的社会资金引向静脉产业或再制造业，无法满足静脉产业多样的和日益增长的投资需求。

资料来源　佚名. 北京发展循环经济要从哪下手？[EB/OL]. [2015-05-17]. http: //scitech.people.com.cn/n/2015/0517/c1057-27011522.html.

由该案例引出，投资需求与投资供给如何平衡？本章将讲解投资的双重功能，投资与储蓄的关系，投资需求与投资供给的关系。重点是需求约束条件下以及资源约束条件下如何实现投资需求与投资供给的平衡。

第一节 投资与储蓄

微观投资是宏观投资的基础及构成要素，但宏观投资并不等于微观投资的简单总和。从宏观的角度来看，证券投资者购买企业的原始股票和债券，其资金支出便转化为产业投资者的资金来源。尽管证券投资的总量及结构会影响产业投资，但是，考察一个社会投资的总量及结构，不能将各种投资主体的产业投资和证券投资加总在一起。为避免重复计算，计算宏观投资的总量和结构，只考察产业投资的总量和结构，而需要舍掉证券投资。只有在研究宏观投资的运行时，才需要考虑证券市场及证券投资的影响。不仅如此，宏观产业投资也不等于微观产业投资的简单总和。在对产业投资进行微观考察时，我们所关心的主要问题是各个投资主体在风险一定的条件下，如何获得尽可能多的盈利，我们所考虑的主要因素是预期收益、投资成本和投资风险。只要预期收益高于投资成本，投资风险在投资者可承受的范围内，就有投资需求。这种投资需求究竟有多大？除追求盈利的动机所引致的投资需求外，还有没有其他动机引致投资需求？我们没有予以详细讨论和回答。另外，尽管我们提到了产业投资者必须考虑社会提供资金、设备和劳动力的可能等因素，但投资者究竟能否获得这些供给？我们也未予以详细讨论和回答。从单个投资主体的角度看，只要投资的净现值为正，增加投资，便能增加投资者的总盈利，从这个意义上可以说，净现值为正的投资越多越好。但是，从全社会的角度看，投资过多，并不一定就是好事。在现实生活中，政府常常要采取控制投资总量的政策。相反，有的国家的政府则需要经常运用刺激投资的政策。投资总量究竟受哪些因素的制约和影响，有何运动规律，怎样才能保持适度的投资，这些便是宏观投资所要研究的问题。

从宏观的角度考察，投资是整个国民经济的一部分，而且是极其特殊的一部分。投资具有创造需求和创造供给的双重功能。一方面，投资创造需求，需要花费掉现期的一部分收入；另一方面，投资创造供给，可以增加未来时期的国民收入。研究宏观投资，必须将投资置于整个国民收入的流程之中来进行。

假定一国经济为封闭型经济，政府不介入经济，而且也不受货币因素的干扰，经济主体可以分为企业和居民户两部分。居民户向企业提供各种生产要素（劳动、资本、土地、企业家才能）；企业运用所得到的生产要素，生产出商品和劳务，卖给居民户；企业向居民户支付生产要素的报酬（工资、利息、地租、利润）；居民户用各自的收入向企业购买商品和劳务。如果没有注入量，也没有漏出量，上述收入循环将持续不已，但社会只能维持简单再生产。若要扩大再生产，居民必须将一部分收入用于储蓄，或把储蓄存入银行及其他金融机构，或用储蓄购买企业发行的有价证券，企业则必须用银行贷款或用证券销售收入作为投资。这时，国民收入的循环流转可用图16-1来表示。

一定时期内的国民收入，可以从供给和需求两个角度来分析。从供给方面看，一国的国民收入是一定时期内各个生产要素供给的总和，其总量等于各个生产要素相应地得到的收入的总和，即工资、利息、地租和利润的总和。而各个生产要素收入中，除了用于消费的那部分收入外，余下的收入都用于储蓄。以Y表示国民收入，以C表示消费，以S表示储蓄，则有：

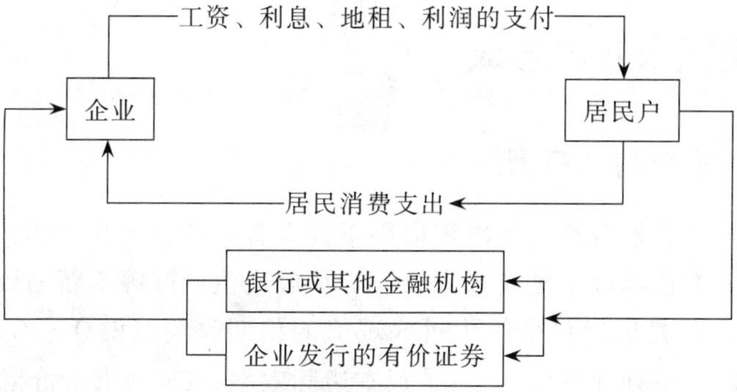

图16-1 国民收入的循环流转

$$Y=C+S \tag{16-1}$$

从需求方面分析，一国的国民收入是一定时期用于消费的支出和用于投资的支出的总和，即等于国内对消费品的需求和对投资品的需求的总和，亦即等于消费和投资的总和。以I表示投资，则有：

$$Y=C+I \tag{16-2}$$

如果设想一国一定时期的总支出能够购买该国一定时期生产的全部产品，那么，总需求必然等于总供给，即：

$$C+S=C+I$$

$$S=I \tag{16-3}$$

上面的投资只是净投资，整个社会的投资中还包括重置投资。重置投资来源于国民生产总值中的折旧。将重置投资考虑在内，并以I_c表示总投资，以I_1表示净投资，以I_2表示重置投资，以D表示折旧。如果设想一国一定时期的总支出能够购买该国一定时期生产的全部产品，那么等式（16-3）可以改写为：

$$C+I_1+I_2=C+S+D$$

即 $$I_c=S+D \tag{16-4}$$

投资和储蓄有意愿量与实现量之分。实现储蓄是一定时期国民收入用于消费后的剩余额，而投资实现量既包括固定资产形成额，又包括存货形成额。在统计上，有一定数额的储蓄就必然有一定数额的投资，而不论投资用于固定资产的形成，还是用于存货的形成，不论这种存货的增加是经济的，还是不经济的，因而一定年份的实现储蓄与该年的投资实现额始终是相等的。但是，意愿投资并不必然与意愿储蓄相等。当意愿投资小于意愿储蓄时，社会上投资不足，就会导致存货的非经济增加。相反，当意愿投资大于意愿储蓄时，或者投资意愿无法实现，或者挤占意愿消费进行强制储蓄。在现实生活中，投资和储蓄受不同因素影响和制约，因而也就产生了投资不足和投资过度的可能性。研究投资总量问题，需要分别研究投资与储蓄各自不同的制约因素。意愿投资和意愿储蓄亦即对投资的需求和供给。为了便于与宏观经济学对总需求及总供给的分析，以及货币需求与供给的分析统一起来，投资与储蓄又可称为投资需求与投资供给。

第二节 投资需求及其形成

一、凯恩斯的投资需求模型

凯恩斯认为，投资者是否投资的决策取决于投资者对利息率和资本边际效率的比较。根据凯恩斯的定义，资本边际效率是使未来收益折算成现值恰好等于新增资本设备重置价格的贴现率。换句话说，就是供给价格等于折成现值的预期收益。设Q_1、Q_2、Q_3、…、Q_n是预期出售产品所得到的一系列连续收入，r是资本边际效率，PV为供给价格，则：

$$PV=\sum_{i=1}^{n}\frac{Q_i}{(1+r)^i} \tag{16-5}$$

例如，某项设备的重置价格为3 000元，可用3年，每年收益分别为1 100元、1 210元、1 331元，那么：

$$3\,000=\frac{1100}{1+r}+\frac{1210}{(1+r)^2}+\frac{1331}{(1+r)^3}$$

在这个例子中，新投资的边际效率r为10%。按凯恩斯的说法，如果资本边际效率大于利息率，投资者认为有利可图，他便进行投资。如果资本边际效率小于利息率，投资者认为不但不能给他带来好处，反而会使他蒙受损失，他必然不去投资。

凯恩斯的投资需求模型和我们前面讨论的内部收益率、净现值等决策标准，本质上是一致的。严格地说，内部收益率法和净现值法就是凯恩斯主义的方法。在投资需求的决定中，凯恩斯着重强调的是，投资决定包括时间和心理因素。一项资本设备可以使用若干年，取得一系列的收益，而收益是在将来，投资决策是在现在，投资者只能对未来收益作心理上的估计，而且要将预期收益折算为现值。投资决策是一种高度的心理现象，会受许多非理性因素的影响。

二、后凯恩斯模型

在凯恩斯的模型中，投资与资本的区分是不明确的。后凯恩斯模型将投资和资本严格区分开来，并认为投资是一种流量，资本是一种存量，相对于资本而言，每年的投资形成生产能力，便成为资本存量的增量。从企业追求成本最小化的基本假定出发，后凯恩斯模型强调的是产量和资本存量对投资需求的决定。假设资本存量与产量的最优比例为V，最优资本存量为K^*，产量为Y，则：

$$K_t^*=VY_t \tag{16-6}$$

假定V为不变量，如果产量增加，资本存量必须按固定比例增加，这样：

$$K_t^*-K_{t-1}^*=VY_t-VY_{t-1}=V(Y_t-Y_{t-1})$$

如果假定资本每一时期的调整都是最优的，则$K_t^*=K_t$，这样：

$$I=K_t^*-K_{t-1}^*=K_t-K_{t-1}=V\Delta Y_t \tag{16-7}$$

式中：$\Delta Y_t=Y_t-Y_{t-1}$；I_t——净投资。值得指出的是，假定各个时期的$K_t^*=K_t$，意味着$I_t^*=I_t$，I_t^*表示意愿投资。

公式（16-7）又称为简单加速模型。它假设企业总处于均衡状态（即没有过剩生产能力），资本品的供给是无限弹性的，所以资本存量的调整没有时滞。事实上，资本存量的调整是有时滞的。

资本存量调整的时滞包括：①决策时滞（Decision-making Lag）。因为当产品需求增加时，企业需要考虑产品需求的增加是否能持续，还要考虑立即调整资本存量是否会增加产品的边际成本。②供给时滞（Delivery Lag）。它是投资者从订购资本品到获得资本品的时间，其长短取决于资本品生产部门的供给弹性。值得指出的是，意愿投资仅受决策时滞的影响，实现投资则既受决策时滞的影响，又受供给时滞的影响。

如果我们假定不同投资者有不同的决策时滞和供给时滞，t时期社会资本存量就取决于以前多个时期的产量，即：

$$K_t = f(Y_t, Y_{t-1}, \cdots, Y_{t-n})$$

如果给以前各个时期的产量以不同的权数，且权重呈几何级数下降，则：

$$K_t = V(1-\lambda)\sum_{i=0}^{\infty}\lambda^i Y_{t-i} \tag{16-8}$$

上式中，(1−λ)，(1−λ) λ，(1−λ) $\lambda^2\cdots$为权数，$(1-\lambda)\sum\lambda^i = 1$，i为时滞。

同理：

$$K_{t-1} = V(1-\lambda)\sum_{i=0}^{\infty}\lambda^i Y_{t-i-1} \tag{16-9}$$

以λ乘以公式（16-9），可得：

$$\lambda K_{t-1} = V(1-\lambda)\sum_{i=0}^{\infty}\lambda^{i+1} Y_{t-i-1} \tag{16-10}$$

再以公式（16-8）减去公式（16-10），则可得：

$$K_t - \lambda K_{t-1} = (1-\lambda)VY_t$$

$$K_t - K_{t-1} = (1-\lambda)VY_t - (1-\lambda)K_{t-1} \tag{16-11}$$

在长期均衡状态下，资本存量将达到其最优水平，这样$K_t^* = K_t = VY_t$，将此代入公式（16-11），可得：

$$K_t - K_{t-1} = (1-\lambda)K_t^* - (1-\lambda)K_{t-1}$$

$$I_t = K_t - K_{t-1} = (1-\lambda)(K_t^* - K_{t-1}) \tag{16-12}$$

公式（16-12）称为灵活加速模型或资本存量调整模型。按照这个模型，净投资是最优或意愿资本存量与以前年度实际资本存量的差额，即两者间的缺口。系数$(1-\lambda)$表示资本存量调整速度的快慢。如果λ为0，$I_t = K_t^* - K_{t-1}^*$，若$K_t^* = K_t$，则又回到了公式（16-7）简单加速模型：$I_t = V\Delta Y_t$。公式（16-12）表示，投资取决于最优资本存量和实际资本存量调整到最优存量的快慢，而调整速度的快慢则取决于需求因素（决策时滞）和供给因素（供给时滞）的影响。

更为复杂的资本存量调整模型，不仅考虑了调整时滞的影响，而且还考虑了调整成本的影响。其中影响调整成本的主要因素有：①利息率。利息率提高，增加调整成本，将减缓调整速度；反之，利息率降低，减少调整成本，将加速调整。②规模经济。如果规模效益递增，调整资本存量有利；边际成本递增，规模效益递减，则调整资本存量不利。③价格预期。产品价格预期上涨，对调整资本存量有利；产品价格预期下降，则对调整资本成本不利。

三、新古典模型

新古典模型是由乔根森（Jorgenson）首先提出的。这个模型也是一个资本存量调整模型。和后凯恩斯模型不同的是，最优资本存量的标准是公司现值的最大化，同时乔根森模型的世界是一个完全竞争的世界。他假定没有调整成本，因而资本存量的调整可以即时完成；没有不确定性，预期变量和实现变量没有差别；金融市场是完善的，企业以不变的利率借贷；资本存量可以得到充分利用；资本和劳动力是同质的投入并产出同质的产量。按照乔根森的上述假定，企业预期收益的现值可用下式表示：

$$P_v = \int_0^{\infty} e^{-rt}[P_t Y_t - W_t L_t - q_t GI_t]dt \tag{16-13}$$

式中：Y_t——产量；P_t——产品价格；L_t——劳动力；W_t——工资；GI_t——总投资；q_t——资本品价格；r——假定不变的利息率；e——用来连续贴现的指数。为了简化，乔根森假定产量Y决定于柯布-道格拉斯生产函数，即 $Y_t = AK_t^{\alpha}L_t^{\beta}$，并假定重置投资与资本存量保持固定的比例，即由δK给出。公司现值最大化的条件为：

$$\frac{\partial Y_t}{\partial L_t} = \frac{W_t}{P_t} \tag{16-14}$$

$$\frac{\partial Y_t}{\partial L_t} = \frac{C_t}{P_t} \tag{16-15}$$

其中：$C_t = q_t(r+\delta) - q'_t$ (16-16)

公式（16-14）和（16-15）称为短视的决策标准，其中公式（16-14）的含义为劳动力在t时间的边际产品应等于该时期劳动者工资与产品价格的比率；公式（16-15）的含义为资本在t时间的边际产品应等于该时期资本使用者成本与产品价格的比率。资本使用者成本是资本的影子价格。其中q_t是在资本商品上投入q的机会成本；$q_t\delta$是折旧成本；q'_t是q的时间导数，如果资本商品增值越快，资本的隐含成本就越低。总体来说，在乔根森看来，企业最优资本存量取决于工资、产品价格和资本使用者成本三个变量，用函数可以简单地表示为：

$$K^* = K^*(W, C, P) \tag{16-17}$$

值得注意的是，按照乔根森的假设，没有调整成本，没有不确定性，市场是完善的，因此，企业总能进行最优的调整，即在任何时点上总有 $K_t = K_t^*$。据此，如果所有的价格（W，C，P）保持不变，则净投资为零，总投资则为δK_t；如果价格变动，净投资非零，则总投资为：

$$GI = G(W, C, P, K, W', C', P') \tag{16-18}$$

为了与实际接近，乔根森还提出一个考虑资本调整时滞的投资需求模型：

$$I_t = \beta_0\left(\frac{\alpha PY_t}{C_t} - \frac{\alpha P_{t-1}Y_{t-1}}{C_{t-1}}\right) + \beta_1\left(\frac{\alpha P_{t-1}Y_{t-1}}{C_{t-1}} - \frac{\alpha P_{t-2}Y_{t-2}}{C_{t-2}}\right) + \beta_i(\cdots) \tag{16-19}$$

式中：β_i——权数；其他符号与前面的符号含义相同。

四、托宾的q理论

q理论是由美国经济学家托宾（Tobin）于1969年提出的。该理论把投资看做资本的市场价值与它的重置价值的比率q的正函数。资本的市场价格原则上可以从对股票的交易价格及企业的债券债务的观察中得到。将产业投资与资本的市场价格联系起来，突出了资本市场对产业投资决定的影响。

按照q理论，在对税收考虑做出应有的调整以后，当q小于1时，企业的资本需求可通过获得现有公司和它们的设备，而不是通过新投资得到较好的满足；当q等于或大于1时，企业就会产生追加新投资的需求，q值越大，投资率应当越大。

托宾与布莱德（Brainard）在1977年进一步将q区分为平均q与边际q。边际q可以定义为资本的边际变动所带来的市值与重置成本之比，真正影响投资的是边际q。

五、不确定条件下的投资需求

卢卡斯（Lucas）与普雷斯科特（Prescott）于1971年发表《不确定条件下的投资》一文，率先对不确定条件下的投资需求决定及其对宏观经济的影响进行专门而系统的研究。卢卡斯与普雷斯科特认为，投资需求研究中的解释变量包含三类：一是测量预期的未来需求的变量，包括销售、利润、股价指数等；二是测量以往决策对现在产生影响的变量，包含滞后的资本存量与投资率等；三是测量目前市场机会的变量，包含利率、要素价格以及利润等。经典的调整成本理论只涉及了后两类因素。为了分析第一类因素对投资需求的影响，卢卡斯与普雷斯科特描述了一个行业局部均衡的情况。在这个部门存在着固定数目、彼此等同的一组企业，每个企业资本的调整都是有成本的，它们面临共同的随机的产品需求线，未来的产品价格是随机变动的，但企业预期的价格与实际的价格具有相同的分布，即企业预期是理性的。虽然企业不能控制产品价格的变动，但是，企业能够对价格的变动做出理性的反应，并且会对资本存量做出最优化的调整。一旦确立代表性企业的最优资本存量规模，然后将这个最优资本存量规模乘以行业企业数目，就可以得到整个行业的最优资本存量规模。卢卡斯与普雷斯科特的模型表明，尽管价格和产业资本调整是随机波动的，但是从预期现值最大化这个意义上看，它们模型的均衡是最优的，情势不可能通过旨在使波动变得平缓的政府干预来获得改善。卢卡斯与普雷斯科特的这篇论文在20世纪70年代中期后兴起的“新古典主义宏观经济学”中具有基础性的地位。此后，投资不确定性及其对宏观经济的影响，受到越来越多的经济学家的高度重视，投资经济学的发展也主要体现在不确定性分析上。

关于不确定性对投资的影响，在20世纪80年代产生了两种相反的观点：一种观点认为，当调整成本为凸性时，对于风险中性的投资者而言，递增的价格的不确定性，将导致更高的现期投资率。产生这种观点的重要原因是没有考虑投资的不可逆性。另一种观点则认为，投资具有不可逆性，投资的机会价值类似于金融看涨期权的价值，不确定性降低了投资的最优水平。

六、科尔内的投资需求理论

科尔内在《短缺经济学》一书中对传统社会主义体制下投资需求的形成作了详细的描述和分析。科尔内认为，传统社会主义体制下，所有企业或非营利机构都想得到投资，有着一种强烈的扩张冲动，但预算约束是软的，因而存在难以满足的投资饥渴症。

在科尔内看来，产生扩张冲动有各种动因：其一是这类组织的自我意识。每个组织的负责人都认为本单位是重要的，应当得到发展。其二是较大的组织可以带来较大的声誉和权力，带来更多的奖金和薪金。所有企业都有着强烈的扩张冲动，只是动因不同而已。

所谓软预算约束，主要是指投资由国家财政无偿拨款供应，无须还本付息，对于需求者是一种赠品。企业既不会因投资新增的产品不能售出而破产，也不会因为产品成本过高而破产。企业在产品销售中的损失总可以通过国家补贴、价格调整或其他方法得到补偿。

在传统的社会主义经济体制下，投资中间管理机构对下级所属企业是投资分配者，而对上级管理机构则是投资需求者，因此具有双重人格。作为投资的需求者，中间管理机构的领导和基层企业的领导一样有着强烈的扩张冲动。因此，在申请投资时，总是提出比真正希望批准的份额更高的要求。作为投资的分配者，由于上级管理部门批准的投资总额有限，面对众多的投资需求者，必须拒绝一些下属单位的投资需求。总之，中层管理机构对上是扩张性的，这和其下属单位之间不知不觉地形成了一种共同对付上级分配者的关系；对下才是限制性的。

七、中国投资需求决定的现实

自1979年实行改革开放政策以来，我国的经济体制发生了巨大的变化。目前，我国已经初步建立起了社会主义市场经济体制。中国投资需求的决定已不完全等同于科尔内所描述的传统社会主义经济体制下投资需求的决定，但同时也不完全等同于凯恩斯模型、后凯恩斯模型、新古典模型、托宾模型、卢卡斯模型及实物期权模型所描述的市场经济条件下的投资决定。

在我国现存的投资体制下，投资主体是多元化的，有企业投资、地方政府投资和中央政府投资。企业又有不同的类型：国有独资企业、以国家控股为主的上市公司、以国家控股为主的非上市股份制企业、非国家控股的上市公司或非上市公司等。它们各自投资需求的决定是不尽相同的。

国有独资企业，企业经理必须完成上级政府所确定的经营任务，其基本的任务是国有资产的保值与增值。经营者是有任期的，通常为3~5年，经营考核指标也有期限规定。因此，企业经营者所追求的主要是任期内的利润和资产增值。

我国上市公司大多存在治理结构不完善的缺陷。在这种情况下，企业的投资决策往往出现两种偏差：一种情形是，上市公司仍然受到来自政府的干预，有的上市公司则由国有控股企业所左右；另一种情形是，企业投资决策权为经营者所控制，并被用于谋取经营者个人或集团利益，在经营中存在严重的“道德风险”。上市公司虽然不会不考虑公司股票的市场价格，但公司大多不会以资产的股市价格为主要依据进行投资决策。

地方政府投资追求的经济目标主要有两个：一是地方财政收入的最大化；二是尽可能地发展地方经济。就前者而言，地方税收分成比例高，或划归地方的税种越多，地方投资的积极性就越高；就后者而言，无论是为了实现本地劳动者的充分就业，还是为了提高本地居民的福利水平，地方政府都希望本地经济发展快一些。

中央政府投资追求的经济目标主要包括维持经济发展的平衡，争取实现充分就业。就维持经济发展的平衡而言，中央政府投资的需求取决于经济结构协调的状况。由于企业不愿投资或无力投资而使某些产业发展滞后的问题越严重，中央政府投资的需求越大。此外，为了保证劳动力的适度就业，中央政府通常希望把投资维持在一定的水平上。

第三节　投资供给及其形成

本节讨论的供给是产品的供给，先撇开货币因素和劳动力的供给。社会产品必须有一部分用于消费和补偿，剩下的才能用于净投资。就净投资而言，投资供给的大小取决于社会产品用于消费和补偿后剩余多少，而后者正是我们所说的储蓄。

只要不断增加生产要素，社会产品的供给就可相应地增加，从这个意义上说供给是无限的，但我们首先所要讨论的是一定时点上的供给问题。为了讨论投资供给的决定因素，先进行静态的分析是必要的。随后我们将进行动态的分析，但同样不能忽略增加供给所需要的时间。如果投资的供给具有无限的弹性，也就无投资经济问题可言了，因为那样投资品供给不再稀缺。

在前面我们已经提到意愿储蓄和实现储蓄的区别。在这里，我们还要区别潜在储蓄、意愿储蓄及实现储蓄。所谓潜在储蓄，是指社会在一定时期进行储蓄的潜力。有劳动者，有自然资源，应该说就有增加产品生产的潜力。但是，劳动者没有必要的技能，如有一定的技能而没有被有效加以利用，自然资源没有开发出来都不能成为现实的供给。潜在供给，从长期看，决定于一国的自然禀赋和劳动力的增长；从短期看，还决定于一国已形成的生产能力的大小及一定时期新增生产能力的大小。而意愿供给和实现储蓄还要受体制、价格等多种因素的制约，通常会小于潜在供给。在这里，我们所要讨论的是意愿储蓄。

一、绝对收入理论

绝对收入理论由凯恩斯于1936年提出。凯恩斯不同意古典学派关于利率可使储蓄供需相等的说法。凯恩斯认为，对一个社会而言，储蓄倾向是具有很大惯性的，在短期内，储蓄量的变化绝不是由储蓄倾向引起的，而决定于总所得量。以 S_{tc} 代表储蓄量，以 Y_{tc} 代表所得，则储蓄函数可以表示为：

$$S_{tc} = S(Y_{tc}) \quad (16-20)$$

而且，凯恩斯认为，有一个简单的事实：当所得增加时，人们将增加消费，但消费增加量不如所得增加量那么大。这样，储蓄的增加则快于所得的增加。这是一个社会储蓄的心理法则，其数学表达式为：$\frac{dS_{tc}}{dY_{tc}} > 0$，$\frac{dS_{tc}/S_{tc}}{dY_{tc}/Y_{tc}} > 1$。反过来，当所得减少时，消费量也会下降，但后者的下降没有前者大，储蓄则快于所得的减少，$\frac{dS_{tc}/S_{tc}}{dY_{tc}/Y_{tc}} > 1$ 依然成立。

至于利率，凯恩斯认为，其变动对消费量的影响是比较曲折的。提高利率表面上看会增加储蓄，但它抑制投资；投资上不去，所得就要减少，导致消费和储蓄下降。因此，提高利率使储蓄和消费同时都下降。利率通过影响投资进而影响所得水平并波及消费和储蓄。这一观点与古典学派的看法完全相左。

二、持久收入假定和生命周期收入假定

绝对收入理论的假定是，居民只是根据当前收入的多少来进行消费和储蓄决策。持久收入假定和生命周期收入假定则认为：家庭以及储贷机构也考虑家庭未来的收入情况，而不仅仅是当前收入。居民不仅预计到他们在未来时区有收入，也预计到在其有生之年，收入会有起伏。他们需要将高收入时区的一些资源转移到低收入时区，以便满足他们相对稳定的消费需求。他们可以在低收入时区向未来的高收入时区借贷，或在高收入时区储蓄以便补充未来低收入时区的消费需求。因此，不仅总资源在消费和储蓄的决策中非常重要，而且消费者对未来收入模式的预期也同样重要。

持久收入假定的创立者弗里德曼（Friedman）将收入分为两类：持久收入和暂时收入。持久收入指家庭的等于净财产现值的恒等的年收入。如果R为总资源，Y_p为持久收入，r为利率，在二时区模型中有：$R = Y_p + Y_p/(1+r)$。暂时收入为当前收入和持久收入之差。弗里德曼认为：如果价格和利率不变，消费者将储蓄固定比例的持久收入。以S_p表示持久储蓄，以K表示持久收入的边际储蓄倾向，则持久储蓄函数为：

$$S_p = KY_p \tag{16-21}$$

暂时收入将全部被储蓄起来，暂时收入的边际储蓄倾向为1。如果暂时收入为正，则储蓄量为正；如果暂时收入为负，则储蓄量为负（实为借贷）。以Y_i表示当前收入，S_t表示暂时储蓄，则暂时储蓄函数为：

$$S_t = Y_i - Y_p \tag{16-22}$$

社会总储蓄等于持久储蓄和暂时储蓄二者的总和。以公式表示则为：

$$S_{总} = S_p + S_t = KY_p + Y_i - Y_p \tag{16-23}$$

持久收入假定理论关于价格和利率不变，持久收入储蓄比例保持不变的假设，与库兹涅茨（Kuznets）实证分析的结论是一致的。库兹涅茨在对美国的商业周期作了一些调整后，计算出美国1870—1940年总的储蓄-收入率几乎保持不变，为0.1左右。对商业周期的调整相当于将暂时储蓄剔除，所计算出的储蓄-收入率相当于持久储蓄对持久收入的比率。事实上，正是库兹涅茨的研究发现了凯恩斯绝对收入理论的不足，从而诱发了持久收入理论和生命周期收入理论的提出。但是一些实证研究的结果不支持持久收入理论关于暂时收入边际储蓄倾向为1的假设，相反表明消费者通常会消费掉一些暂时收入。

三、相对收入理论

相对收入理论由杜森伯里（Duesenberry）创立。杜森伯里认为，一个人的消费效用函数和其他人的效用函数是相互依赖的，人们的消费和储蓄决策不仅决定于他们的总资源（当前的和未来预期的），也决定于他们同一社会集团的消费行为。一个家庭如果比它所认为的同阶层家庭消费得更多，就获得满足；否则，就不满足。根据这一假设，如果家庭收入下降了，家庭仍要保持或超过它原先那个阶层的生活水平。为了做到这一点，家庭会储存较小比例的当前收入。只有当家庭收入的下降持续足够长的时间，家庭才按照收入较低的阶层调整它的消费水平。相反，家庭收入上升时，将迅速提高消费水平，因而将储蓄较低比例的收入。

四、最优储蓄理论

经济学家不仅对储蓄的决定因素作了多方面的探讨，同时对一国的储蓄适度的问题也进行了持久性的研究。其中比较著名的有拉姆齐的无限期界模型和阿莱、萨缪尔森和戴蒙德的世代交叠模型。

拉姆齐模型假设，每个人都具有无限期界，即可以永久地生存下去。这个假设尽管对个人而言是不真实的，但就一国来说，这个假设是有意义的。它意味着个人分散决策所实现的资源配置将与由中央计划者所选择的资源配置相同。拉姆齐还进一步假定，家庭或中央计划者追求的目标是福利最大化或消费效用的最大化。这样，家庭或一个国家的最优储蓄问题，实际上就是，应当消费多少，以及在资本存量上应该增加多少以提供将来的消费，从而使消费效用最大化。在一些约束条件下，求消费效用函数的最优解，便可得到最适度储蓄额。正是沿着这种思路，拉姆齐建立了无限期界模型。按拉姆齐模型，消费增加、保持不变或减少，取决于资本的边际产量是否超过、等于或小于时间偏好率。所谓时间偏好率，即消费的主观贴现率，它决定于消费者对不同时点上消费的喜好程度。资本的边际产量相对于时间偏好率越高，降低目前的消费水平，增加储蓄，在尔后享受更高的消费则越合算。其中，在资本存量条件下，稳态的人均消费达到最大的充分必要条件是：

$$f'(K^*) = Q + n \tag{16-24}$$

式中：K^*——最优资本存量；Q——时间偏好率；n——人口增长率。公式（16-24）也被称为修正“黄金律”（Golden Rule）。其含义为，在稳定状态下，资本的边际产量等于时间偏好率与人口增长率的和。与最优资本存量K^*相对应的稳态消费水平C^*为：

$$C^* = f(K^*) - nK^* \tag{16-25}$$

最简单的世代交叠模型假定个人生存有两期，在任何时点上，经济由两群人或两代人组成：年轻人和老年人。个人只在寿命的第一期中工作，无弹性地提供1个单位的劳动，得到实际工资W_t。他们消费掉第一期中的部分收入，剩余部分储蓄以用做第二期退休的消费。假设时刻t出生的个人在时期t消费C_{1t}，在时期t+1消费C_{2t+1}，其消费效用最大化的问题则为：

$$\max u(C_{1t}) + (1-\theta)^{-1}u(C_{2t+1})$$

满足 $C_{1t} + S_t = W_t$

$$C_{2t+1} = (1+r_{t+1})S_t$$

式中：r_{t+1}——从时期t到t+1对所持储蓄支付的利率；S_t——t时期的储蓄。$C_{2t+1} = (1+r_{t+1})S_t$意味着个人在第二期中将消费掉他的全部财产，无论是利息还是资本。最大值的一个条件为：

$$U'(S_{1t}) - (1+\theta)^1(1+r_{t+1})U'(C_{2t+1}) = 0$$

用S、W、r替换C_{1t}和C_{2t+1}得储蓄函数：

$$S_t = S(W_t, r_{t+1}),\ 0 < S_W < 1 \quad S_r > 0 \text{或} S_r < 0 \tag{16-26}$$

公式（16-26）表明储蓄是工资的增函数。但是，利率的影响很含糊。提高利率使第二期消费的价格降低，导致个人把消费从第一期移到第二期，即用第二期的消费替代了第一期的消费。这是替代效应。但是它也增加了可行的消费趋向，使得有可能在两期中都增加消费，这是收入效应。如果在两期中消费间的替代弹性大于1，那么，在这两期模型中，替代效应就占主导地位，利率的增加将导致储蓄增加。

萨缪尔森等人还认为，动态地看，如果时间T很大，储蓄路径将是：资本在长时间内接近于稳定状态（修正“黄金律”）水平。资本从其初始值迅速上升到一个接近K^*的值，仅当t已经很大，能够满足终端条件时，资本才从此水平下降。最优路径的这种特征叫做大道性质，有关这一特征的理论模型则被称为大道定理。其含义为：即使在有限期界的规划中，经济在大多数时间内应当接近修正的“黄金律”资本存量。

五、卡莱斯基的理论

波兰经济学家卡莱斯基对传统社会主义体制下储蓄的决定作了开拓性的研究。尽管他没有使用储蓄这个概念，而是用了积累这个名词，但他的研究是从供给方面展开的。卡莱斯基指出，积累率的提高具有两重性：一是决定长期增长率的提高；二是导致短期消费率的下降。这是积累与消费矛盾内含的长期利益与短期利益的冲突。假设要把增长率从r提高到r+△r，积累率必须提高△i，则消费必须减少△i/（1+i），因此，提高国民收入增长率获得的净利益为：

$$\triangle r-\omega\frac{\triangle i}{1-i}$$

其中，ω是一个系数。社会（消费者）对减少短期消费的反对越强烈，它就越高。假定i和i_0间的差距越大，ω就越高，ω是i的增函数，则上面的表达式可写成：

$$\triangle r-\frac{\omega(i)}{1-i}\triangle i$$

令 $\triangle r-\frac{\omega(i)}{1-i}\triangle i=0$

则 $$\frac{\triangle r}{\triangle i}=\frac{\omega(i)}{1-i} \tag{16-27}$$

公式（16-27）便是决定社会主义适度积累率的条件。按这一条件，积累率变动带来的长期增长利益恰好弥补短期消费损失。如果积累率变动带来的长期增长利益小于短期消费的损失，这个积累率是过高的。相反，积累率变动带来的长期增长利益大于短期消费的损失，则可进一步提高积累率。

第四节 投资需求与投资供给的平衡

一、关于投资需求与供给关系的争论

投资需求与投资供给的关系是经济学说史上长期争执不休的问题。古典学派的大多数经济学家把储蓄的决定等于投资的决定。按照萨伊定理，供给创造需求，投资则决定于储蓄。边际主义经济学家对意愿投资和意愿储蓄的平衡进行了分析。在他们看来，投资与利率逆相关，而储蓄与利率正相关，利率的变化可以自动地调节投资与储蓄达到平衡。

与古典经济学家和边际主义经济学家不同，凯恩斯认为，不是储蓄决定投资，而是投资决定储蓄，而且储蓄和投资之间的均衡力量不是利率，而是收入水平保证储蓄与投资相等。凯恩斯不仅没有明确区分意愿储蓄、投资和实现储蓄、投资，相反认为投资与储蓄是恒等的。他所要研究和解决的问题是如何刺激投资，使其达到充分就业的均衡状况。他所说的投资不足，是指以充分就业为标准的投资不足，而不是相对储蓄而言的投资不足。

二、需求约束条件下投资需求与投资供给的平衡

在凯恩斯看来，需求约束条件下投资需求不足的原因主要是资本边际效率递减和流动偏好两个因素综合作用的结果。所谓资本边际效率递减，是指资本边际效率呈长期下降的趋势。凯恩斯认为，它的下降是由于供给价格的上涨和预期收益的下跌。预期收益下跌则是由于资本生产出的产品变得更充裕了。所谓流动偏好，是指人们宁愿用不生利的货币形式来保持资产的一种心理状态。由于流动偏好的存在，如果市场上一批投机者预料到利息率将来可能上涨，他们就宁愿保持现金而不去购买债券。这样，市场现金供应减少，银根吃紧，利率就要上升。反过来，如果这一批投机者预期利率会下跌、债券价格会上涨，他们就不愿保持现金而去购买债券，结果银根松动，利率就要跌落，最后将停留在保持一定数量现金的愿望

刚好被利率的引诱力所抵消这一点上。所以，利率总是要高到足以克服一部分人的流动偏好，使得货币的供求趋于平衡。总体来看，由于资本边际效率呈长期下降趋势，而利息率下降总有一定限度，不及资本边际效率下降的程度大，于是投资引诱削弱了，投资不能达到实现充分就业的要求。

在我们看来，凯恩斯理论所提示的是市场经济条件下的一般规律。其中，平均消费倾向递减、边际投资收益率递减和流动偏好所表现的是市场经济条件下人类消费行为和投资行为的一般心理特征。而只要有这三个心理规律成立，就会发生有效需求不足的问题。

随着社会经济的发展，市场范围越大，经济结构越复杂，社会需求变动越快，未来不确定的程度就越高；伴随着居民用于耐用消费品的支出增多，居民在消费支出决策方面"等待"的平均时间趋于延长；伴随着固定资产使用成本提高、专用性增强以及经济使用年限缩短，投资的不可逆性加大，企业在投资决策方面"等待"的平均时间也趋于延长。这些因素会使需求的增长受到约束。另外，由于固定资产存量的增多，社会生产能力不断扩大；由于计算机的普遍运用和生产自动化程度提高，产品的设计时间和生产周期逐渐缩短；由于通信的便利和运输的发达，产品的流通时间缩短，流通费用也相应减少；由于技术的进步和制度安排的改进，资源的利用效率大大提高。这些则使社会产品的供给弹性呈增大趋势。可见，社会经济越发达，社会的供给能力越强，社会总需求的变动对于国民收入水平的决定和经济发展速度越有着决定性的意义，同时出现需求不足的可能性也越大。

尽管人们对凯恩斯的理论是否正确仍存在不同的看法，存在意愿投资需求不足这种现象却是不争的客观事实。当意愿投资小于意愿储蓄时，社会上就会出现产品的供过于求和库存积压。资本主义发生经济危机时，一方面存在大量的失业工人，另一方面则存在大量的产品相对过剩。而且，之所以存在大量失业工人，是因为企业开工不足，而企业开工不足的原因则是产品找不到销路。在意愿储蓄大于意愿投资的情况下，产品市场是否能够出清，劳动力能否达到充分就业，都取决于意愿投资是否能够增加，意愿储蓄与意愿投资是否平衡。关键取决于意愿投资这一方，在这个意义上，是投资决定储蓄。

三、资源约束条件下投资需求与投资供给的平衡

与凯恩斯不同，科尔内对资源约束型经济中投资过度的原因作了较为深入的分析。按科尔内的分析，在传统的社会主义经济体制下，企业和地方政府都有着一种难以满足的对投资的需求。中央政府是投资的供给者，其行为在正常状态下是受社会总储蓄能力约束的。如果中央政府的计划投资率等于社会总储蓄率，就不会出现投资供给的紧张。但是，中央政府并不能真正做到，这是由下面的原因造成的：

第一，在计划分配中，分配者受到巨大的压力。每个要求者都一再声称自己的投资项目是必不可少的。几乎所有的要求者都低估投资的预期成本。低估成本对投资需求者是有利的，因为预期成本越小，投资项目获得批准的可能性就越大。因此，实际中总是出现实际投资需要超计划的现象，由此导致投资紧张。

第二，实际中总会有计划外的项目加到最初业已批准的投资项目中去，从而要求在早已用完的分配额之外再追加投资。这里有许多因素在起作用，例如，一家新的工厂已经开工兴建，结果发现还需要与此配套的工程和附属工程；政界领导在计划外要求上自己许诺的项目，等等。

第三，投资一旦开始，就必须以某种方式在某一时期结束，已经开始的投资项目绝不会彻底停止。

总之，在传统的社会主义经济体制下，由于预算约束软弱，基层企业和非营利机构都有着难以满足的投资扩张冲动，而没有内在的约束力量。中层管理机构虽然对下是限制性的，但对上也是扩张性的，在这种状态下，中央政府的限制是无力的，投资紧张也就成为一种不可避免的现象。

四、需求不足与资源约束同时并存的现实

随着我国改革开放的逐步推进，从20世纪末期开始，我国总需求与总供给的对比关系发生了由总供给不足到总需求不足的巨大变化。就业不足、生产能力过剩和物价普遍下跌，一时成为经济生活中的突出问题，中央政府不得不采取积极的财政政策，以刺激投资需求和扩大社会总需求。然而，事隔不久，我国经济中又出现了投资增长过快和投资率过高的问题，投资需求的扩张遇到了能源、原材料和交通供给不足的制约。

必须指出的是，经济发展是非均衡的，任何经济中都可能既出现供给不足，又出现需求不足。问题是何种非均衡的形态是经常性和普遍性的。在我们看来，我国总需求与总供给非均衡的经常性和普遍性的形态已由过去的总供给不足转变为总需求不足。其主要原因有两个方面：

（一）我国已初步建立起社会主义市场经济体制的基本框架

这主要表现为：

（1）我国在坚持以公有制为主体的同时，大力发展混合所有制经济，积极推进投资主体的多元化，股份制经济已成为公有制的主要实现形式，非公有制经济也得到长足的发展，并已成为国民经济的重要组成部分。

（2）初步建立起了包括资本市场在内的比较完整的生产要素市场体系。我国在积极发展股份制商业银行的同时，积极推进国有商业银行的股份制改革，证券市场也得到了长足的发展。

（3）市场机制开始对资源配置发挥基础性调节作用，宏观调控方式已开始由直接调控为主转向以间接调控为主。

（二）我国基本国情的影响

（1）我国是一个有着儒家文化传统的国家。在消费方面，人们崇尚节俭，储蓄是一种美德；在投资方面，绝大多数人是风险规避型的。在我国这种特定的文化背景下，市场经济体制一旦确立下来，更容易出现有效需求不足的问题。

（2）我国是一个人口众多的国家，劳动力供给十分充裕，社会潜在的供给能力巨大。要实现劳动力的充分就业，固然需要增加资本、提高技术水平和不断改革经济体制，但必须相应地增加社会总需求。相对于实现劳动力充分就业的要求而言，我国社会总需求扩张的空间是很大的。在没有达到充分就业之前，我们所面对的问题，不是要不要扩张社会总需求，而是以何种速度、通过何种途径、向哪些产业部门以及怎样扩张社会总需求。

（3）我国是一个发展中国家，随着对外开放程度的提高，我国市场与国际市场的联系将日趋紧密。这加大了维持我国社会总需求与总供给的难度。由于技术落后，一方面，国内产品在国际市场上竞争力不强，国内的社会总供给主要靠国内的总需求来吸纳；另一方面，国

外收入弹性和价格弹性大的产品大量涌入我国，国内市场有相当一部分被国外产品或外资企业所挤占。这就使国内企业生存和发展的市场空间变得更加狭小。

但是，我国的有效需求不足主要表现为有效消费需求不足。自实行改革开放政策以来，我国居民收入增长迅速，但是由于以下几方面原因，居民消费需求的增长受到限制：①我国城乡居民收入增长速度差异大。城乡居民收入的差别在20世纪80年代初期和中期曾一度缩小，但到80年代后期便又呈现出扩大的趋势。②我国城市不同地区、不同行业、不同企业之间居民收入存在很大的差别，一般工薪收入者的收入水平还很低，其消费购买力不强。③居民收入分配不规范，一部分高收入阶层的收入不是依法、公开获得，从而出现有钱不敢花的问题。④我国在个人消费体制上采取了一些改革措施，如住房私有、医疗费用自理、高等教育自费和人寿保险市场化等，从而影响到了人们的消费预期。

就投资需求而言，我国的投资体制改革仍然没有到位。这主要表现在如下几个方面：①不仅政府投资承担了绝大部分的重大基础设施投资建设的任务，而且国有企业投资至今仍在竞争性领域占有相当的比重。②间接融资依然是投资资金的主要来源，国有银行是投资资金的主要供给者。③上市公司主要为国有企业控股，而且企业治理结构和资本市场还很不完善。在这种情况下，政府政策的导向对投资需求的扩大和收缩具有明显的影响。政府扩大财政投资，放松银根，鼓励国有商业银行贷款和国有企业及国有控股企业扩大投资，不仅可以迅速见效，往往还可能导致投资过度。这是近年来我国经济中重新出现投资增长过快和投资率过高的主要原因。

我国近年来出现的供给短缺也不是普遍性的短缺，而是由自然、技术等因素决定的资源性供给短缺，一般产品特别是消费品的供给并不短缺，还有相当比例的供给过剩。我国人均资源占有量低于世界平均水平，资源供给与需求的矛盾将长期存在。因此，我们将要面临的是由市场经济本性决定的有效需求不足与自然、技术等因素决定的资源供给不足同时并存的现实。

本章小结

1.从宏观的角度考察，投资是整个国民经济的一部分，而且是极其特殊的一部分。投资具有创造需求和创造供给的两重功能。一方面，投资创造需求，需要花费掉现期的一部分收入；另一方面，投资创造供给，可以增加未来时期的国民收入。

2.凯恩斯认为，投资者是否投资的决策取决于投资者对利息率和资本边际效率的比较。从企业追求成本最小化的基本假定出发，后凯恩斯模型强调的是产量和资本存量对投资需求的决定。

3.q理论把投资看做资本的市场价值与它的重置价值的比率q的正函数。当q等于或大于1时，企业就会产生追加新投资的需求，q值越大，投资率应当越大。

4.科尔内认为，传统社会主义体制下，所有企业或非营利机构都想得到投资，有着一种强烈的扩张冲动，但预算约束是软的，因而存在难以满足的投资饥渴症。

5.意愿投资并不必然与意愿储蓄相等。当意愿投资小于意愿储蓄时，社会上投资不足，就会导致存货的非经济增加。相反，当意愿投资大于意愿储蓄时，或者投资意愿无法实现，或者挤占意愿消费进行强制储蓄。在现实生活中，投资和储蓄受不同因素影响和制约，因而也就产生了投资不足和投资过度的可能性。

6.中国投资需求的决定已不同于科尔内所描述的传统社会主义经济体制下投资需求的决定，但同时也不完全同于凯恩斯模型、后凯恩斯模型、新古典模型、托宾模型、卢卡斯模型及实物期权模型所描述的市场经济条件下的投资决定。

7.社会产品必须有一部分用于消费和补偿，剩下的才能用于净投资。就净投资而言，投资供给的大小取决于社会产品用于消费和补偿后剩余多少，而后者正是我们所说的储蓄。

8.投资和储蓄的决定离不开特定的经济条件。经济条件不同，投资与储蓄的关系也就不同。现实的经济可以分为两种基本类型：一种是需求约束型经济；另一种是资源约束型经济。在需求约束型经济中，投资决定储蓄；在资源约束型经济中，储蓄决定投资。

9.我国总需求与总供给是非均衡的，经常性和普遍性的形态已由过去的总供给不足转变为总需求不足。我国近年来出现的供给短缺不是普遍性的短缺，而是自然、技术等因素决定的资源性供给短缺，一般产品特别是消费品的供给并不短缺。

本章能力训练

一、名词解释

投资需求　投资供给　凯恩斯模型　后凯恩斯模型　q理论　意愿储蓄　意愿投资　绝对收入理论　相对收入理论　最优储蓄理论　需求约束　资源约束

二、思考分析

1.简述投资与国民收入决定的关系。

2.简述投资与储蓄的关系。

3.简述投资需求决定的凯恩斯模型、后凯恩斯模型、新古典模型、托宾模型。

4.有效需求不足是否为市场经济的一般特征？

5.简述我国实行改革开放政策以来总需求与总供给对比关系的变化及其与投资的关系。

第十七章

宏观投资结构

案例情景

从结构调整看质量提升

“十三五”以来，通过实施创新驱动发展战略，加快推进供给侧结构性改革，实施“三去一降一补”的重点任务，我国经济增长的质量和效益明显提升，可持续发展能力得到增强。从近年来结构调整的变化可以反映出，我国经济已稳步回升，产业正在朝着调新调优的方向转型升级，稳增长、调结构、促转型已经取得成效。

服务业成为支撑经济增长的主要动力，服务业主导的产业结构日趋稳固。2017年上半年第三产业增长7.7%，分别高于第一、二产业增速4.2个百分点和1.3个百分点；对经济增长的贡献率为59.1%，高于第二产业21.3个百分点；全国服务业生产指数同比增长8.3%，说明服务业在经济增长中起主要拉动作用。

当前，我国经济增长正在从投资拉动向消费拉动转变，消费对经济增长的贡献作用明显上升。2017年上半年最终消费对经济增长的贡献率为63.4%，比资本形成总额高30.7个百分点。总体来看，近两年投资增速呈现回落态势，但投资结构更趋合理，投资效益和质量逐渐提高。

先进制造业和服务业投资比重上升。2017年上半年制造业投资增长达5.5%，高于第二产业增速1.1个百分点；第三产业投资增长11.3%；高技术制造业和高技术服务业投资同比分别增长21.5%和22.3%。这些变化反映出越来越多的资金逐渐进入实体经济，脱实向虚的倾向有所好转，尤其是高端制造业和高端服务业成为投资者关注的热点，推动产业结构向中高端迈进。

资料来源　王晓红. 从结构调整看质量提升［EB/OL］.［2017-09-02］. https://item.btime.com/033ehnhgj5l8or0d9lvol07o3t0.

由该案例引出，如何进行投资结构分析？本章将讲解投资结构的含义、分类，投资结构的决定因素，规划投资结构的方法，我国投资结构的演变特点。重点是投资结构的演变规律与优化。

第一节　投资结构概述

一、简要的理论回顾

在分析投资总需求和总供给以及投资的周期性波动时，我们有一个基本的假定：只存在单一的产品。这样，对不同产品的需求可以集合为一个只有量的差别的需求；不同产品的供给则可以汇集为只有量的差别的总供给。单一产品假设为我们集中分析投资总量问题提供了方便，但也容易使我们不自觉地离开现实世界。事实上，投资需求和供给都包含着许多具体的类别，投资增长的过程同时也是其结构的转换过程。

投资结构的研究可以溯源到古典经济学派。17世纪的英国重商主义者托马斯·孟等认为：财富的直接源泉是商业和贸易，为了增加贸易，必须通过国家干预来促进本国的生产和出口。他们认为，政府应采取的主要措施有：实行高关税，以限制外国商品的输入；保护航运业，规定沿海贸易必须使用英国船舶；扶助出口工业等。重农学派认为，只有农业才是生产劳动，农民劳动才创造财富，为了发展农业，魁奈认为，必须吸引更多的资本到农业中来，用于经营农业的资本愈多，农业所需的人就愈少。这样，农业就能更加繁荣，提供的收入就会多。亚当·斯密将资本的用途划分为四种：一是获得原生产物；二是制造原生产物；三是运输生产物和制品；四是分散原生产物和制造物。第一种用途大体包括农业、矿业和渔业等产业部门；第二种指加工制造业；第三种用途指运输业；第四种指商业。在斯密看来，上述四种用途的资本有着密切的联系，互相依存，缺一不可。

在近代，占主流地位的经济学派关心的主要是总量问题，但重视结构分析的也不乏其人。如熊彼特认为：资本主义经济发展本质上是“不断地从内部革新经济结构，即不断地破坏旧的，不断地创造新的结构”的动态过程。他以“创新”理论解释资本主义经济的发展及周期性波动。他所说的创新包括：①引进新产品；②引进新技术，即新的生产方法；③开辟新市场；④控制原材料的新的供应来源；⑤实现企业的新组织。罗斯托在考察经济成长阶段及其依次更替时，明确指出，经济成长总是由某一个部门采用先进技术而始的，采用了先进技术的部门降低了成本，扩大了市场份额，增加了利润积累，扩大了对其他一系列部门的产品的需求，加大了对地区的经济成长的影响，从而带动了整个国民经济的发展。起这种带动作用的部门被称为主导部门。科林·克拉克将全部经济活动划分为第一产业、第二产业和第三产业，并研究了经济发展同产业结构变化之间的规律。他根据大量统计资料进行时间序列分析得出：随着经济的发展，第一产业的人口比重将不断减少，而第二、第三产业的就业人口比重将增加。这一发现被称为“配第-克拉克定律”。库兹涅茨在克拉克研究的基础上，从国民收入和劳动力在农业部门、工业部门和服务部门间的分布这两个方面，对伴随经济发展的产业结构变化做了分析。其基本结论为：农业部门所实现的国民收入，随着年代的延续，在整个国民收入中的比重和农业劳动力在全部劳动力中的比重一样，处于不断下降之中。工业部门的国民收入的相对比重，大体来看是上升的；然而，工业部门劳动力的相对比重，将世界各国的情况综合起来看是大体不变或略有上升的。服务部门劳动力的相对比重，差不多在所有的国家都是上升的，但是，服务部门实现的国民收入的相对比重是大体不变或略有上升的。

发展经济学家对结构问题更为重视。在20世纪50年代，曾发生过一场关于发展中国家应该采取平衡增长还是不平衡增长的争论。提倡平衡增长的主要有纳克斯、罗森斯坦·罗丹等人。他们认为资本形成不充分是经济发展的约束条件，而影响资本形成的主要因素是投资有效需求的欠缺。他们主张按消费者的偏好平衡地生产，对各种产业部门同步投入资本，通过各个部门的平衡增长，形成具有互补性质的国内市场和足够的投资引诱，从而实现持续稳定的增长。不平衡增长的主要倡导者是赫希曼等人。赫希曼认为，束缚经济发展的主要因素是决策能力或企业家才干。他批评平衡增长论者为了强调国民经济各部门的均衡发展和各项产品的广大市场的全面形成，而过低地估计了建设项目可能迟迟难于建成、建成之后生产又缺乏效率的情况。从产业关联度的概念出发，他主张应当集中力量发展那些关联效应比较大的产业部门，以它们为动力逐步扩大对其他产业部门的投资。这样，发展中国家会获得比平衡发展更快的发展。刘易斯把发展中国家的经济划分为传统部门和现代部门，认为传统的农业部门和现代工业部门同时并存是发展中国家经济的基本特征。农业中劳动边际产出为零甚至为负，这既使发展中国家劳动的供给是无限的，又使农业部门极少有储蓄和再投资。储蓄和再投资只能发生在工业部门中。发展中国家的经济发展要靠工业部门获取利润，不断追求投资，提高工业部门的劳动生产率，吸收农村中的剩余劳动力。只有当农业劳动者的边际生产率提高到与工业部门劳动者相同水平时，经济才进入现代化阶段。霍利斯·B.钱纳里、M.塞尔奎因等人吸收了克拉克和库兹涅茨的研究成果，并将研究领域进一步扩展到低收入的发展中国家，分析比较了1950—1970年期间101个国家（地区）经济结构转变的全过程。这种结构变换不仅包括生产、需求、贸易、资源使用和人口等方面的结构变化，而且包括城市化和收入分配等过程的变动。他们认为，投资和储蓄只是经济发展的必要条件，而不是充分条件，就发展而言，重要的是需要进行全面的结构转变。与此相关，他们强调应对结构变动过程中的各种制约因素展开分析，这些因素包括收入水平、资源禀赋、人口规模、政府的政策和发展目标，以及国际资本、国际先进技术和国际贸易环境等。在对结构转变和影响结构转变的各种因素进行深入分析的基础上，他们揭示了经济发展的标准（平均）模型和不同类型国家经济发展的不同特点。

在马克思的再生产理论中，总量分析和结构分析浑然一体。马克思正是通过将社会再生产按产品的最终用途划分为生产和消费资料生产两大部类，才科学地揭示了社会再生产顺利进行所必须具备的条件。马克思指出：在简单再生产条件下，第一部类的可变资本加剩余价值，必须和第二部类的不变资本相等，用公式来表示就是 $\text{I}(V+m)=\text{II}C$。对于扩大再生产来说，第一部类必须有积累，在补偿了两个部类所消耗的生产资料之外，再生产出一个余额 $\triangle V$，以满足扩大再生产对生产资料的需求；第二部类的产品除补偿两大部类所消耗的消费资料之外，要再生产一个余额 $\triangle C$，以满足扩大再生产对追加消费资料的需求。如果以 $\frac{x}{m}$ 表示剩余价值用于消费的部分，那么，两大类的关系是 $\text{I}(V+\triangle V+\frac{x}{m})=\text{II}(C+\triangle C)$。马克思在明确地分析两大部类之间所存在的相互依存、相互促进的关系的同时，还指出：随着资本主义生产的发展，投在机器和原料上的资本部分在增加，花在工资上的资本部分在减少。以后，列宁把马克思的这一思想引进其再生产公式，提出了生产资料优先增长规律，即在扩大再生产过程中，增长最快的是制造生产资料的生产资料生产，其次是制造消费资料的生产资料生产，最慢的是消费资料生产。

二、投资结构的实质与分类

广义地说，投资结构是投资整体的各部分之间的相互关系及其数量比例。结构分析的主要特征是它把考察对象当作一个系统，而且认为系统的功能不等于各个子系统功能的简单加总，各子系统的关联方式不同，系统的总体功能也就不同。投资是一个社会经济系统，它由许多子系统组合而成。各类投资之间的相互关系直接影响投资的效益，投资结构不同，投资的效益也就迥然不同。国内外大量事实表明，只有正确处理各类投资之间的关系，才能取得良好的投资效益，促进整个国民经济的发展。

投资既是物质资料的生产和再生产，也是生产关系的生产和再生产，其中既有人与物之间的关系，又有人与人之间的关系。首先，各种投资之间的技术经济联系受生产力发展水平的制约，随着生产力发展水平的变化而变化。其次，投资结构又受一定的生产关系的制约。人与人之间只有结成一定的生产关系才能进行投资。离开了生产关系，投资结构合理与否的标准、投资结构的调节机制等问题都难以得到科学的说明。

投资是一个复杂的多层次的社会经济系统，其内在的结构可以从多种不同的角度进行考察：

（一）投资需求结构与投资供给结构

投资需求结构指各类投资需求间的相互关系及其数量比例。投资供给结构指各种投资品间的相互联系及其数量比例。为了保持投资及整个经济的稳定、持续和协调发展，投资的总需求必须与总供给相等。但是，投资需求和投资供给不是同质的，各自都包含着许多不同的种类。例如，农业部门的投资需求和工业部门的投资需求虽然都是一种有货币支付能力的需求，但是，进行农业和工业投资所需要的生产资料及对劳动者技术素质的要求大不相同。从供给角度看，如果不考虑结构因素，有储蓄便可以进行投资 。但是，各产业部门所提供的储蓄的物质内容是极不相同的。例如，农业部门储蓄的增加意味着农业部门剩余产品的增加，而工业部门储蓄的增加则意味着工业部门剩余产品的增加。

静态地看，在一定时点上，投资供给结构是一定的，投资需求结构必须与供给结构相适应，这样，才能使资源得到最大限度的利用，使投资规模达到最大限度；相反，如果投资需求结构与供给结构不一致，必然造成部分资源闲置，而部分投资需求又得不到满足，从而出现短缺与过剩并存的现象，资源不能得到充分利用。动态地看，投资需求结构的变化，可以带动供给结构的变化。当某一部门的投资需求扩大时，如果与之相对应的投资供给不足，就会拉动该供给部门的价格上涨，从而促进该部门投资供给的增长。可见，投资供给结构与需求结构是相互影响、相互制约的。

从投资需求及供给各自的内部关联看，投资需求与供给可以进一步分为替代性投资需求与供给及互补性投资需求与供给。例如，对水电投资的需求与对煤炭能源投资的需求是替代性的，对地铁的投资需求与对城市公路投资的需求也是替代性的。在总需求为一定的条件下，对水电投资的需求和对地铁投资的需求增加将减少对煤炭能源及城市公路投资的需求。又如，对家用电器工业的投资需求与对水电投资的需求，以及对地铁投资的需求与对地铁机车工业投资的需求则是互补性的。增加对家用电器工业的投资及对地铁的投资，就相应地要求增加对水电及地铁机车工业的投资。投资需求及供给内部的替代性及互补性对投资总需求与总供给平衡的影响是不同的。替代性为投资总需求与总供给的平衡提供了回旋余地，互补性则将加大投资总需求与总供给平衡的难度。当替代性投资品供给短缺与闲置并存时，可用闲置的投资品去替代短缺的投资品；但是，如果短缺和闲置的是互补性的投资品，就不能以闲置的资源去补足短缺资源的不足。

（二）投资来源结构、投资使用结构、投资回流结构与投资主体结构

投资来源结构指各种投资来源间的相互联系及数量比例。从价值形态看，投资来源于储蓄及固定资产的补偿资金。从储蓄的供给主体看，投资来源于政府部门、企业、居民个人和国外资本的流入。从储蓄供给的途径看，有直接的投资，也有经过银行及其他金融机构中介的间接投资。从物质形态看，投资来源于不同的物质生产部门，投资来源结构也就是投资的供给结构。

投资使用结构指各种投资使用间的相互关系及其数量比例。投资使用结构是由投资需求结构与投资供给结构共同决定的。投资使用结构包括：投资部门结构、投资地区结构、投资固流结构、投资时期结构、投资项目规模结构、投资技术结构和投资再生产结构。其中，投资部门结构指各部门投资间的相互关系及其数量比例；投资地区结构指各地区投资间的相互关系及其数量比例；投资固流结构指固定资产投资与流动资产投资间的相互关系及数量比例；投资时期结构指为当年服务的投资和为以后年度服务的投资间的相互关系及数量比例；投资项目规模结构指不同项目规模投资间的相互关系及其数量比例；投资技术结构指建筑安装投资、设备和工具投资、垫底原材料投资及其他投资间的相互关系及其数量比例；投资再生产结构指外延性投资与内含性投资间的相互关系及数量比例。

投资回流结构是指具有不同回流期限的投资间的相互关系及其数量比例。要保持投资不断地循环周转并以不断扩大的规模进行，投资必须回流并增值。但是，投资回流的时间是不同的，一般地说，小型项目、加工业项目，投资回流快，而大型项目及基础产业项目投资回流慢。既不能只搞回流快的项目而影响长远的发展，也不能只搞回流慢的项目而影响当前生产和生活的正常进行，两者必须保持适度的比例。

投资主体结构是指各投资主体之间的相互关系及其数量比例。从所有制形式看，投资主体有国家所有制单位、集体所有制单位、私营单位、个人及外商。按管理层次的不同，国家所有制单位又可以分为中央直管、部门管理和地方管理三种类型。投资主体结构是否既调动投资主体的积极性，同时又保证投资总体的协调，是投资体制改革中的关键性问题。

（三）投资流量结构与投资存量结构

投资流量结构是指一定时期所完成的投资之间的相互关系及数量比例；投资存量结构是指一定时点投资累积所形成的资产之间的相互关系及数量比例。

投资流量结构与存量结构是相互联系、相互制约的。一定时期内完成的投资，经过勘察、设计和施工过程，竣工交付使用后即转化为生产过程中的固定资产和流动资产。要增加固定资产和流动资产存量的数量，从而扩大生产能力，就必须进行投资；要更新改造原有固定资产，从而提高生产的效率，也必须进行投资。这就是说，一方面，流量最终要归入存量之中，存量只能经由流量而增加；另一方面，投资需要相应的人力、物力和财力，这些只能从现有社会生产中取得，而现有社会生产能力的大小主要取决于资产存量总额及其质量。换句话说，投资流量来自资产存量。

投资流量的可塑性大。投资总量一定，但具体投资用于何种产业部门和地区有着很大的选择性。而投资存量结构却有较强的刚性。投资一经转化为固定资产，就要固定在一定地点长期发挥作用，生产某种产品。随着收入水平的提高，人们的消费结构会不断变化，要求产业结构和产品结构随之变动并不断高级化，这就会与投资存量刚性发生矛盾。为了适应消费结构的变化，必须通过投资流量结构的变化带动存量结构的变动。为此，投资时必须考虑消费结构变化和现有资产存量的结构，同时也必须看到投资流量调整产业结构和产品结构的局限性。投资存量是多年投资积累的结果，数量巨大，而投资流量受现有社会可能提供的人力、物力和财力的限制，数量极其有限。仅通过投资流量结构的变化难以实现产业结构和产品结构的合理化。为了适应消费结构的变化，还必须及时淘汰不适合社会消费需要的资产存量；否则，那些不适合社会消费需要的资产存量要求不断追加维持生存的投资，将对投资流量结构的调整产生拖拽作用。

三、投资结构与投资总量的关系

投资结构合理是投资总量平衡的基础，从需求的角度看，投资结构合理，可以使经济资源得到充分利用；相反，如果投资结构不合理，经济资源就得不到充分利用。不仅如此，不同类型的投资在投资周期上的差别也会影响投资需求，投资供给一定，如果将较多的投资用于投资周期短的项目，就可以安排较多的在建项目，扩大在建投资总规模；相反，就要缩小在建投资总规模。从投资供给来看，如果投资结构合理，能够将较多的投资用于短线产业部门，迅速增加这些部门的供给，可以使长线产业部门闲置的生产能力得到利用，从而增加社会总的供给能力，为扩大投资总量提供物质条件。投资结构合理，投资回流速度快，则可以迅速收回投资，增加下一轮可用于投资的资金来源。

另外，投资总需求与总供给的平衡又是投资结构合理的前提条件。如果投资需求过大，通常会拉动投资品生产部门的过快增长，造成消费品生产供给不足，或基础产业部门供给不足；如果投资需求过小，则会阻碍投资结构的演进。

第二节 投资结构的决定因素

投资结构的形成及变动受多种因素的影响和制约。下面我们将从微观、宏观及开放经济三个方面分析市场条件下投资（产业）结构的决定因素。

一、投资结构决定的微观因素

投资结构的决定与经济制度的安排紧密相关。在传统的计划经济体制下，中央政府直接掌握着全社会的投资分配，投资结构的变化无疑受到政府偏好的影响。在市场经济条件下，投资由企业自主决策，投资用于何种产业部门，则取决于企业的行为，包括进入和退出行为。

（一）企业投资进入的产业决定

一般而言，企业以利润率或资本边际效率为决策标准，投资进入何种产业部门，取决于各部门利润率或资本边际效率的高低。事实上，在不同市场和不同风险条件下，不同类型资产及不同企业类型的投资进入决定是不尽相同的。

1.市场结构与企业的投资进入

市场依据其竞争的充分程度可分为从完全竞争到垄断的多种不同类型。在完全竞争市场条件下，决定企业预期资本收益高低的价格运动主要取决于各产业部门的供求状况。如果产品供不应求，市场价格高于均衡价格，生产该种产品可以获得较高的利润，企业会增加对该种产品的投资；反过来，企业投资增加，产品供给扩大，又会使该种产品的价格下降。当供给等于需求时，该产品的市场价格等于其均衡价格。如果不考虑一部分企业的退出，企业的投资扩张将持续到该产品的市场价格等于其均衡价格为止。超过这一点，该产业部门的投资就会过度。但是，在现实中，企业的投资扩张并不会就此停止。如果某一产业部门的生产成本具有规模递减的特征，企业为了在市场竞争中获胜，将会进一步投资，扩大生产规模，以降低产品的生产成本，或进一步投资更新技术和推出性能更优的产品。自由竞争的结果将导致垄断。

在垄断市场条件下，独占企业的供给便是市场供给，因而可以通过控制供给量来规定市场价格，从而使市场价格偏离均衡价格。从长期看，独占企业可以通过投资调整它的生产规模，使边际收入等于短期边际成本和长期边际成本，短期平均成本等于长期平均成本，从而使它的长期利润达到最大。

在寡头垄断市场条件下，企业投资不仅会考虑市场的需求及本企业的生产成本，还会考虑竞争对手的投资决策。企业只有在明确竞争对手是否投资及投资多少后才能决定自己是否投资及投资多少。反过来，其竞争对手的投资决定亦是如此。在这种情况下，企业的投资决策将是寡头企业间的博弈过程。寡头企业间可能通过签订具有约束力的协议进行合作博弈。但是，在多种情况下，它们将面对非合作博弈的局面。对于不同的产业部门来说，企业的博弈规则是不尽相同的。

2.资产类型与企业的投资进入

依据企业资产的内在联系，可以将企业的资产分为不可分性资产和可分性资产两类。不可分性资产如大坝、桥梁等，需要企业一次性投资较多，企业投资必须达到一定的限额，并经历较长的时期，才能将项目建成投入使用。企业投资这类资产的难度较大，仅仅靠个别企业的资本积累常常难以完成这类资产的投产，企业需要通过资本市场融入资本。因此，资本市场的完善程度及融资成本的高低，对企业是否进行这类资产投资具有重要意义。可分性资产如普通机床、纺织机等，这些资产可以单独发挥作用，亦可将多台资产集合在一起进行规模生产。企业投资这类资产既可通过资本的积累逐渐追加投资，亦可集中相当数量的资本进行大规模的投资，因而投资进入的难度相对较小，对资本市场的依赖程度也相对较弱。

3.企业类型与企业的投资进入

企业可以分为国有企业和非国有企业，这里所要分析的是非国有企业。为了分析的简便，我们将非国有企业分为两类：一类为上市企业；另一类为非上市企业。传统的企业为非上市企业。这类企业的所有者通常既是投资者，也是投资经营决策者。企业所有者投资的目的是通过形成或增加某种产品的生产能力，获取该种产品的销售利润，从而实现投资的增值。对这类企业而言，各产业部门预期的资本边际收益率的差异，直接影响到它们选择进入何种产业部门。上市企业是现代企业的典型形式。这类企业的投资者是股东，企业投资的经营者是经理。股东的投资收益有两种来源：一是股利收入；二是股份的转让收益。前者直接取决于企业每年度的经营利润收益的高低；后者则取决于企业股票的市场价格。从长期来看，企业股票的市场价格固然与企业的利润率相关，但并不完全决定于企业的利润率，还取决于许多其他市场因素。对这类企业而言，投资进入何种产业部门，不会仅仅考虑该部门资本预期收益率的高低，而会着重考察进入该部门后企业市场价值的高低。进入何种部门后企业的市场价值高，企业投资就可能优先进入该产业部门。

4.风险与企业的投资进入

风险分为系统性风险和非系统性风险。系统性风险影响投资的总量，而不会影响企业投资进入的产业决定；非系统性风险则将影响企业投资的产业决定。一般而言，各个产业部门的投资收益与投资风险是相对称的，即投资风险高的产业部门投资收益也高；相反，投资风险低的产业部门，投资收益也较低。在这种情形下，风险在企业投资进入的产业决定中将成为与收益相反的约束因素。风险规避型企业，可能将投资投于风险小和收益低的产业部门。在现实经济中，投资风险与投资效益可能出现不对称的情形，如果这样，企业将投资进入风险较低而收益高的产业部门。

5.政府管制与企业的投资进入

如果政府基于某种理由而对某些产业部门进行管制，这些产业部门的投资进入必然受到政府行为的影响。政府管制的形式和方式不同，所产生的作用也会不同。在政府通过定价进行管制的条件下，如果政府定价高于市场均衡价格，将会导致企业对该产业部门投资过度；相反，如果政府定价低于市场均衡价格，则将导致企业对该产业部门的投资不足。在政府通过利润控制进行管制的条件下，如果政府所规定的利润率高于社会平均利润率，将鼓励企业对该产业部门进行投资；相反，如果政府规定的利润率低于社会平均利润率，则会抑制企业投资。在政府直接投资和直接经营的条件下，进入某一个产业部门的投资多少将直接取决于政府的偏好。

（二）企业投资退出的产业决定

在经济学中，一般假定企业可以在市场价格的调节下根据市场供求的变化决定其投资的产业进入和退出。企业的退出不会遇到任何障碍，不需要任何成本。事实上，各产业部门的投资都具有某种程度的不可逆性，企业的退出需要支付调整成本。调整成本越低，企业的退出越容易；相反，调整成本越高，企业的退出越困难。决定企业退出调整成本的主要因素包括产品生命周期、资产类型、资本市场、劳动力市场、政府保护等。

1.产品生命周期与企业投资退出

产品生命周期一般分为开创、扩张、稳定和衰退四个阶段。但是，不同产品生命周期的长短及各阶段起伏变动的程度是有很大差异的。一些居民生活必需的产品可能经久不衰，而且市场需求有不断增长的趋势，如电力、供水；一些产品的市场需求可能相对减少，但始终为市场所需，如粮食；一些产品可能只是风靡一时，如“呼啦圈”。对于第一类产品来说，只有在两种情况下要求企业投资退出：一是企业投资过度超过当前时期的市场需求，企业通常采取停产的方法来进行调整；二是以新的技术替代原有的技术，这要求采取新技术的收益大于调整成本。对于第二类产品来说，如果没有超过当前市场需求的过度投资，也没有技术进步，企业则不需要从原有的产业部门退出。对于第三类产品来说，随着消费时尚的变化，产品进入衰退期后，企业则需要从原有产业部门逐步退出。

2.资产类型与企业投资退出

资产按其用途可以分为专用性资产和通用性资产。完全的专用性资产，指该资产只有单一用途，若企业从原有产业部门退出，该类资产只能全部报废，企业的调整成本等于该资产的净值减残值收益；完全的通用性资产，指该资产具有多种用途，企业从原有产业退出时，无须对该资产加以改造或搬迁便能让其继续发挥作用，企业的调整成本为零。现实中大量的资产介于完全专用性资产和完全通用性资产之间。这类资产可以改变其用途，但必须追加改造费用或搬迁。采用专用性资产较多的部门，企业的退出就比较困难；相反，采用通用性资产较多的部门，企业的退出则相对容易。

3.资本市场与企业投资退出

资本市场不仅是企业筹资的重要渠道，同时也是企业进行产权交易的中介。在缺乏资本市场的情况下，企业退出原有的产业，只能将其资产作报废处理，或通过一对一的谈判将资产转移给其他厂商。这样，企业需要支付较高的信息搜寻费用和谈判费用。在资本市场上，企业可能通过产权交易实现资产的重组，从而可降低企业的退出成本。

4.劳动力市场与企业投资退出

企业的顺利退出要以劳动力的自由转移为前提。如果劳动力的需求和供给都具有充分的弹性，工资能够灵敏地反映劳动力供求的变化，企业退出就不会遇到来自劳动力方面的障碍。但是，在现实中，劳动力工资具有一定的刚性，企业并不能随意降低劳动者的工资，更不能随意解雇员工。这样，企业退出就会遇到来自劳动力方面的障碍。企业退出的调整成本与劳动力市场的流动性成反方向变化，劳动力市场越完善，企业退出的调整成本越低；反之，劳动力市场越是不完善，企业退出的调整成本越高。

5.政府保护与企业投资退出

在企业出现亏损的情况下，政府出于维护社会公平和稳定的考虑，可能对企业采取保护措施，包括提供补贴、发放低息贷款、减免税收等，甚至还可能运用行政手段阻止所辖区域外的企业进入本地市场等。政府保护会使一些本来应该退出的企业不能及时退出，从而将会导致资源配置效率的损失。

必须指出的是，企业的退出决定和进入决定是相互影响的。企业在决定进入何种产业部门时，必然会同时考虑退出该部门的难易程度。一般地说，投资的不可逆性越强，企业退出的调整成本越高，企业的进入越谨慎；企业退出的调整成本低，企业的进入也越容易。

二、投资结构决定的宏观因素

以上我们着力考察了决定企业投资进入或退出何种产业部门的一些基本因素。这里仅考虑了企业投资的行为动机及企业投资决策对市场需求变化的反应。至于市场需求会如何变化，我们并没有考虑。而且，我们还假定企业投资进入何种产业部门不会受到生产要素供给不足的限制。要考虑这些因素，就必须从宏观经济的角度对投资结构的决定加以考察。

（一）需求结构是决定投资结构的重要因素

从宏观层面上说，国民经济各产业部门必然保持与社会需求结构相适应的比例关系。社会需求结构是不断变化的，要保持产业结构与社会需求相适应，就要求投资结构随消费结构的变化而变化。如果投资结构与需求结构不相适应，必然导致一些产业部门的产品供不应求，而另一些产业部门的产品则供过于求。一方面，一些社会需求得不到满足；另一方面，则有一些社会资源被闲置浪费。对居民、企业而言，其投资的根本目的是实现资本增值，投资回流和增值的前提条件是产品能够顺利销售出去。在竞争性市场上，产品的价格决定于社会对该产品的有效需求和供给。当产品的供给等于需求时，该产品的市场价格等于均衡价格，投资的报酬将取决于资本的边际生产率；如果产品的需求大于供给，该产品的市场价格高于均衡价格，居民和企业投资的收益就高；如果产品的需求小于供给，该产品的市场价格低于均衡价格，居民和企业投资就不能盈利甚至亏损。虽然不能说企业投资适应社会需求就一定能够盈利，但如果投资不适应社会需求，必然会给企业带来先天性的不足，造成居民和企业投资回流的困难，这是确定无疑的。

从事投资活动，除要有需求外，无疑还要有相应的资本、劳动力、技术和土地等资源。但是，在市场经济条件下，资源可以在全国乃至全世界范围内流动。居民和企业进行投资不仅可以用自有资本，还可以通过资本市场筹资；一国的资本不足，可以通过国际资本市场引入资本。如果不能主动地适应社会需求结构的变化，即使在资源禀赋方面具有某种优势，也可能逐渐丧失；相反，如果主动适应社会需求的变化，即使在资源禀赋方面存在某些不足，也可以在发展中赢得竞争的优势。第二次世界大战后日本经济发展成功的经验就是最好的例证。从这个意义上可以说，投资供给方面的因素和需求方面的因素相比，后者更具有决定性意义。

社会需求包括对生产资料和生活资料的需求，生产资料是生产生活资料的手段，前者是中间需求，后者是最终需求，对生产资料的需求是由对生活资料的需求派生出来的。投资结构与需求结构相适应，重要的是要与消费需求相适应。瞄准消费需求，根据消费需求来决定对生活资料的投资，消费需求的增长就可以带动生产资料的生产和整个社会经济的发展；相反，如果投资结构与消费结构不相适应，生产资料部门的投资结构就不可能有合理的参照系。

在市场经济条件下，对企业投资决定产生决定性作用的是市场需求，即有支付能力的需求，而支付能力的大小与收入分配结构密切相关。我们知道，不同收入水平的社会成员的消费需求结构是不同的。依据恩格尔定律，随着收入水平的提高，用于食品的支出占总消费支出的比例呈递减趋势，而用于非食品的支出占总消费支出的比重则将逐步增加。很显然，如果收入的分配过于平均，将导致消费结构变动的同步振荡。但是，如果收入的分配过于集中于少数人，而大多数人的收入仅仅能满足最基本的生活需要，消费需求则将出现两极分化：一极是对高档消费品或奢侈品的需求，另一极则是对低等生活必需品的需求。这就是说，没有收入分配结构的合理化，就不可能有消费需求结构的合理化；没有消费需求结构的合理化，也就不可能有投资结构的合理化。

（二）现存产业结构对投资结构决定的影响

产业结构对投资结构的影响表现在两方面：一方面，投资于不同的产业部门需要有不同的投资品，而投资品的供给只能来源于现有的生产。如果企业有进入某个产业部门的意愿，但没有相应的投资品的供给，企业还是不能进入该产业部门。另一方面，现存的产业结构会影响和决定社会对投资的需求结构。在社会需求总量一定的情况下，社会对投资的需求取决于现有生产满足社会需求的程度。现有生产满足社会需求的程度越高，对投资的需求就越小；相反，现有生产越是不能满足社会需求，对投资的需求就越大。上述两个方面的作用相比较，第二个方面的作用比第一个方面的作用往往更为重要。这是因为，静态地看，一种物品往往有多种用途，如同一种钢铁既可用做建筑材料，也可用作生产机器。动态地看，某种投资品供给不足，正好表明过去时期对该产业部门的投资不足，社会不应简单地根据现有产业结构提供投资品的可能来决定投资结构，而应根据需求结构的变化来确定投资结构，并通过投资结构的变化带动产业结构的变动。可见，投资结构是社会需求的正函数，同时也是现有产业结构的反函数。

如果我们将投资结构与社会需求结构、现有资产存量结构联系起来进行考察，随着社会需求结构的变动，三者间的搭配可能出现三种情况：一是社会需求增长，并且超过现有资产的供给能力，要求追加投资；二是社会需求不变，现有资产的供给能力正好与社会需求相适应；三是社会需求减少，现有资产存量的供给能力大于社会需求，这时不仅不能追加投资，反而要求一部分现有资产存量退出原有产业部门。无论在哪种情况下，投资结构都取决于社会需求结构与现有资产存量结构的对比关系。

从长远看，现存的产业结构是过去时期投资的结果，现期的投资结构又塑造着未来时期的产业结构。因此，投资结构和产业结构的演进方向是相同的。例如，第一产业的资本存量占全社会资本存量的比重呈逐渐下降趋势，该部门的投资占社会总投资的比重也呈下降趋势。这种变化是社会需求结构变化的结果。但是，就某一个时点或某一段时期而言，产业结构与投资结构又可能有很大差异。例如，钢铁工业资本存量的比重较高，但目前世界范围内的钢铁工业生产能力相对过剩，除了增加必要的技术改造投资外，一般不宜进行大规模的新建投资，其投资比重占全社会投资的比重必然较低。此外，产业结构与投资结构的差异也与各产业部门的生命周期密切相关。一般说来，处于成长期的产业部门，其资本存量比重相对较低，但投资比重则相对较高。在资本存量比重和投资比重的上升过程中，投资周期短的产业部门的资本存量比重上升速度将快于周期长的产业部门。进入成熟期后的产业部门，资本存量的比重相对较高，但投资的比重将相对较低。进入衰退期后，一些产业部门还会出现负投资的情形，资本存量的比重也会相对下降。

现存产业结构对投资结构的影响要通过市场比价关系来传递。在竞争性市场上，现存产业结构的均衡程度可以通过市场价格与均衡价格的偏离程度来表现。某个产业部门的供给与社会需求的偏差越大，其产品的市场价格与均衡价格的偏差也越大。如果市场价格高于均衡价格，企业有利可图，将增加投资；相反，如果市场价格低于均衡价格，企业出现亏损，将减少投资或从原有产业部门退出。

（三）技术进步是推动投资结构变化的动力

考察经济发展的历史不难看出，新的产业部门、新能源、新材料和新工艺的出现，都是技术进步的结果。没有三次技术革命浪潮的冲击，人类社会便不可能由农业社会走向工业社会，继而迈入信息社会。技术进步可以从两个方面推动投资结构的演进。

从需求方面看，技术进步不断改变着人们的消费观念、消费对象和消费方式，从而不断创造出新的消费需求。在20世纪，人们还只能像现在想象“星球大战”一样想象有“千里眼”“顺风耳”，不可能有对电视、电话和互联网的现实需求。近年来，电视、电话和电脑成为居民消费的热点，无疑是技术进步的结果。

从供给方面看，技术进步直接推动着生产对象、生产方法和生产方式的创新，从而促使劳动生产率提高和生产成本降低。如果没有技术进步，生产方法和生产方式长期不变，人们只能年复一年地重复原有的生产。这样，即使有生产规模的简单扩大，投资结构也不可能有大的变化。

（四）市场范围与市场容量对投资结构决定的影响

在市场经济条件下，要使资源配置达到帕累托最优，收入的分配要由各种生产要素的边际生产率来决定，其前提条件则是生产要素在不同产业部门间具有充分的流动性，而且资本和劳动依据其价格比例可以相互替代。如果生产要素市场处于分割状态，自由流动受阻，资本和劳动也不能依据其价格比例得到替代，收入分配就不可能合理，资源配置也不可能达到最优状态。

斯密在《国民财富的性质和原因的研究》一书中就曾专门探讨分工与市场范围的关系。他明确指出：“分工受市场范围的限制。”投资结构的演进归根到底是社会分工不断深化的结果。既然社会分工受市场范围的限制，投资结构的变动自然也受市场范围的限制。

我国古代有素称发达的农业和手工业，宋元明清时期，工商业便有长足的发展，但现代经济的发展落于西方国家之后，其重要原因之一就在于封建制度对市场范围的束缚。宋元明清时期，中国国内到处关卡林立，过一关卡要交一次税。如明代长江上顺流而下的货船，一路上要交五六次税。这种关卡林立、重叠征税的局面，对现代经济的发展是严重的阻碍。

市场范围和市场容量还对投资项目规模结构有着直接的影响。假定其他条件不变，如果一国市场不存在区域分割，某一产业的市场范围覆盖全国，市场容量为该国对该产业产品社会需求的总和，这时，企业可以根据全社会的需求来确定本企业的投资与生产规模，从而降低单位产品的生产成本。相反，如果一国市场存在区域分割，每个区域内企业的投资与生产规模都受到本地区市场容量的限制，因而往往不能达到规模经济的要求。

三、开放经济对投资结构决定的影响

在世界经济日趋全球化的条件下，一国为了加速经济发展，提高其国民福利水平，必须充分利用国际市场。我国作为一个发展中国家尤其需要重视对国际市场的利用。为此，在分析投资结构的决定及变动时，就必须考虑国际贸易和国际资本流动的影响。

（一）国际贸易的影响

在封闭条件下，一国某一产业的需求就等于该国居民、企业和政府需求的总和，对该产业部门投资多少则视国内需求的大小而定。而在开放条件下，对某一部门投资多少，不仅要看国内需求的大小，还要考虑国际需求的大小。对某一产业部门产品的总需求可用下面的公式表示：

对某一产业产品的总需求=国内需求+出口需求-进口需求

很显然，对某一产业产品的总需求是大于或是小于对该产业产品的国内需求，就取决于该产业进口需求和出口需求的对比。如果某一产品的出口需求大于进口需求，则对该产品的总需求大于其国内需求；相反，如果某一产品的出口需求小于进口需求，则对该产品的总需求小于其国内需求。

国际贸易对一国投资结构的影响主要取决于以下几方面因素：

1.一国的经济规模

库兹涅茨在20世纪60年代曾把15个发达国家按国民收入从高到低排列，发现随着国民收入的减小，进出口总额对国民收入的比率趋于上升。考虑到用对外贸易比率衡量一个国家对外开放程度的局限性，世界银行应用贸易体制和贸易政策来衡量一个国家的对外开放程度，同样发现一国经济规模与其对外开放程度密切相关。根据世界银行的研究，发展中经济按贸易战略的性质可以分为四大类：坚定的外向型经济、一般的外向型经济、一般的内向型经济和坚定的内向型经济。据世界银行对41个发展中经济的分析，选择坚定的外向型经济的只有中国香港、韩国、新加坡这样一些地区和国家。其原因在于这些国家和地区资源缺乏，国（区）内市场小，国（区）内分工限制大。相反，大国很少选择坚定的外向型经济。其原因在于这些国家资源丰富，国内市场大，国内产业间和地区间的贸易可以进行适当的专业化分工，为获得规模经济效益提供了余地。

2.一国的资源禀赋

按照赫尔歇克-俄林模式，国际贸易首先是由不同国家之间的商品价格差异引起的。如果甲、乙两国有A、B两种商品，A商品在甲国的价格比在乙国便宜，而B商品在乙国的价格较在甲国低廉，那么必定发生甲国以A商品交换乙国B商品的贸易行为。甲、乙两国A、

B两种商品价格存在差异，是因为两国生产A、B两种商品的成本不同，而生产成本的不同又是由生产要素的价格引起的，生产要素价格的差别则在于两国生产要素禀赋的差异。因而总的来看，生产要素的差异对于国际贸易具有决定性的意义。值得指出的是，资源禀赋的差异不是固定不变的，而是不断变化的。这是因为，随着经济发展水平的提高，产业结构不断发生变化，而不同的产业对资源的需求不尽相同。同时，各种不同的生产要素在经济发展的不同阶段中的重要性也是不尽相同的。在工业化时期，物质资本对各国的经济发展起着重要的作用，随着技术的不断进步，人力资本的重要性则越来越明显。

3.一国的竞争能力

如果说传统的国际贸易主要是以资源禀赋差异为特征的互补性的贸易，那么，随着国际经济日趋全球化，竞争性贸易也越来越普遍。而且，国际贸易的范围日趋扩大，多边贸易不断增多。同时，生产要素在国家间的流动性也有不断增强的趋势。在这种情况下，一国的国际竞争能力对于其经济发展具有越来越重要的意义。一国的国际竞争能力固然与该国资源禀赋有关，但资源禀赋不是决定一国国际竞争力的唯一因素。首先，一国的国际竞争能力取决于该国企业对国际市场需求变动的回应能力。因为一国能否扩大出口，取决于该国能否生产出国际市场所需要的产品。只有对准国际市场上供求的缺口，才有可能扩大出口。如果能够做到人无我有，人有我优，人优我转，就可以在国际市场竞争中立于不败之地。其次，一国的国际竞争能力还来源于该国产品的异质性。在现代经济中，企业不能单纯地适应市场需求的变化，还应积极主动地推出具有异质性的产品，引导消费需求，创造市场需求。只有在国际市场需求一定、产品品质相同的情况下，产品生产成本的高低对一国的国际竞争能力才具有决定性意义。但必须指出的是，产品生产成本的高低也不完全取决于资源禀赋，还取决于企业的组织结构。在资源禀赋一定的条件下，企业组织结构合理，可以获得规模经济效益，从而可以增强该国的竞争能力；否则，企业组织结构不合理，将削弱该国的竞争能力。

（二）国际投资的影响

国际投资对一国投资结构的影响是十分明显的。静态地看，假设某一产业的投资需求总量一定，该产业的国内投资需求量则可以下面的公式来表示：

某一产业部门的国内投资需求 = 该产业的投资需求总量-外商投资

很显然，当投资需求总量为一定时，外商投资多，某一产业部门的国内投资需求就缩小；相反，如果外商投资少，该产业部门的国内投资需求就较大。

动态地考察，外商投资对一国投资结构的影响取决于众多因素，其中最为重要的是外商投资对东道国国际贸易的影响。外商投资既可能促进东道国的进出口贸易，也可能减少东道国的进出口贸易。西方学者一般将起到减少东道国进出口作用的外商投资称为贸易替代型或贸易挤出型、逆贸易型投资，把起促进东道国进出口贸易作用的外商投资称为贸易互补型或贸易创出型、顺贸易型投资。如果进一步细分，外商投资对东道国进口和出口的影响也是不尽相同的，一项外商投资，可能带动原材料的进口而同时生产出与国内企业在国内市场相竞争的产品，也可能利用东道国的原材料而生产出替代进口的产品或增加东道国的出口。

第三节 投资结构的演变规律

随着生产力发展水平的提高，投资结构遵循一定规律，处在不断运动变化之中。下面着重阐述几种主要投资结构的变动趋势。

一、投资部门结构的演变

一般而言，随着生产力的发展和人均国民收入水平的提高，投资首先由第一产业向第二产业转移。当人均收入水平进一步提高时，投资便向第三产业转移。在生产力不发达的农业时代，第一产业的投资比重占绝对优势，第二产业和第三产业的比重很低。在农业向工业化转变的时代，投资结构转换速度加快，第一产业的投资比重下降，第二产业的投资比重迅速上升，第三产业的投资比重也有所提高。在工业时代，第二产业投资比重占绝对优势，第一产业和第三产业投资比重较小。在后工业时代，第三产业的投资比重迅速上升。引起这种变化的主要原因有：

（一）消费需求结构的变化

第一产业主要是农业，农产品主要是人们生活必需的消费资料。农业投资比重的高低主要取决于人们对生活必需消费资料的需要。依据恩格尔定理，随着人均收入水平的提高，居民用于食品消费的支出占总支出的比重呈下降趋势，而用于非食品消费如住宅、交通、文化、娱乐等方面的开支占总支出的比重则呈上升趋势。农业部门的低收入弹性使农产品在价格和获得附加价值上处于不利地位，这使农业部门的投资的预期收益率由高变低，而汽车、交通运输、房地产、旅游、文化和娱乐等部门的投资预期收益率则由低变高，由此必然影响投资者的决策，从而使第一产业部门的投资比重由高到低，而第二、三产业部门的投资比重则由低变高。这样，投资在三次产业间的分配比例就会随消费结构的变化而变化。

（二）科学技术进步

三次产业不仅需求的收入弹性不同，生产率提高率也不相同。农业生产具有周期长和受自然影响大的特点，农业投资增加到一定程度，就可能出现报酬递减，即随着产量的增加，单位产量的生产费用反而上升，以致增产不增收。工业生产受自然因素的影响较小，工业生产的发展速度和劳动生产率在很大程度上取决于科学技术的进步。随着工业投资增加，生产规模扩大，单位成本下降的潜力很大。第三产业受自然影响也很少，科学技术的进步可不断提高第三产业所提供的服务的质量并拓宽第三产业的范围。因此，科学技术的进步促进第三产业的发展。

（三）三次产业的相互关系

三次产业相互联系、相互制约、相互促进。第一产业是整个经济发展的基础，人们只有在满足衣、食、住、行的基本需要以后，才谈得上改善劳动条件和提高生活质量。同时，在经济发展的初期阶段，人们的生产工具极为简陋，技术水平低下，也只能从事种植业、养殖业和矿业，以满足人们对衣、食、住、行的需要。因此，最初第一产业的投资比重占绝对优势。

随着社会生产力的发展，人们对衣、食、住、行的要求有所提高。一方面，人们开始不满足于对谷物和棉花的粗加工，而要求精加工，不满足于食饱、穿暖，而要求食好、穿好。

另一方面，技术的发展也为满足这种需要提供了必要的手段。例如，纺织机的出现使棉花可以纺成棉纱并织成布匹，食品业的发展则使谷物可制作成各种糕点和饮料。与此同时，人们对第一产业的劳动工具也提出了越来越高的要求。要使第一产业的手工劳动转化为机械劳动，就必须靠机械加工工业的发展；要增加土地的肥力和预防病虫害对农业的影响，又需要化学工业的发展。这就是说，第一产业的发展本身要求第二产业的发展，而科学技术的进步则为这种发展提供了可能。

第三产业的主要职能是为第一产业和第二产业提供服务，同时也提供生活性服务，因此，它的发展是以第一产业和第二产业的发展为基础的。随着第一产业和第二产业的发展，生产组织之间的分工协作关系日益深化，商业、运输业、金融业、通信业也要求相应地发展。因此，第三产业的发展是第一产业和第二产业发展的内在要求。同时，第一产业和第二产业的发展也为提高生活质量提供了条件，使家庭劳动出现了社会化的趋势，也使人们对娱乐、艺术创造与欣赏以及其他文化生活的需求增加，这就促进了相关第三产业的发展。

上面所说的投资产业结构演变的规律是就一般趋势而言的，这种变化是有条件的。至于各个国家在特定的历史时期应如何安排投资产业结构，必须视具体条件而定。例如，第三产业的发展速度必须视第一、二产业发展的需要和提供的可能而定；否则，即使在一定时期内通过强制发展的方式提高了第三产业的比重，最终还会因第一、二产业的承受能力不足而影响第三产业的发展。又如，第二、三产业投资比重逐渐提高，绝不意味着可以任意减少对第一产业的投资。从绝对量上看，第一产业的投资应随社会对其产品需求量的扩大而不断增加。从相对量上看，第一产业的投资比重虽然会逐渐下降，但必须以保证满足社会对其产品的需求为前提。

二、工业部门投资结构的演变

近代经济的发展过程是工业化的过程，工业在各国经济中的地位越来越重要。随着工业化的进展，投资结构也发生相应的变化。大体而言，整个工业化的过程可以归纳为三个阶段：

（一）重工业化阶段

在这一阶段，工业投资由以轻工业为中心向以重工业为中心推进。发达工业国家的工业化过程是从轻工业起步的，如英国的产业革命就是从纺织工业开始的。这是由经济发展的内在规律所决定的。轻工业主要提供人民生活所必需的生活资料，它所需要的原料主要由第一产业提供，而它对生产技术和资金的要求较低。随着生产力的发展和科学技术的进步，轻工业的发展规模日趋扩大，对重工业的发展也提出了越来越高的要求，如纺织工业的发展要求重工业提供日益增多的精良的纺织机械，而纺织机械的发展要求有钢铁等冶金工业的发展。除此以外，纺织工业的发展还对建筑业、动力、交通等产业部门的发展提出要求，由此推动工业投资由以轻工业为中心转向以重工业为中心。

（二）高加工度化阶段

在这一阶段，工业投资由以原材料工业投资为中心向以加工、组装工业为中心推进。这是由原材料工业和加工、组装工业的内在联系及其发展所决定的。原材料工业是加工业和组装工业发展的基础，加工业和组装工业的发展是原材料工业的深化。如钢铁和有色冶金业的发展为普通机械、电气机械、运输工具、精密仪器和金属制品业的发展提供其所需的原材料，是这些行业发展的基础，而后者的发展则增加了钢铁和有色冶金产品的价值。投资结构高加工度化还是提高原材料利用率的客观要求。工业的发展要求有日益增多的原材料，但原材料主要来源于第一产业和采矿业，首先，其供给的潜力受到自然因素的制约，如农业受土地的限制，矿业受自然储量的限制；其次，在技术水平一定的条件下，这些部门的投资报酬率有递减的趋势。因此，无论是扩大经济发展的规模，还是提高经济效益，都要求尽可能提高原材料的利用效率，增加原材料的加工深度。

（三）技术集约化阶段

在这一阶段，所有工业部门的投资将越来越多地用于高级技术、工艺和实现自动化，以技术密集为特征的高新技术产业投资的比重也将逐渐提高。伴随着经济的发展和科学技术进步的加快，高新技术产业的发展已经成为促进各国经济发展越来越重要的动力，高新技术产业投资的多少则已成为一国经济竞争实力的重要标志。20世纪70年代中期以来，以信息技术为主要标志的高新技术投资在各发达国家以及新兴工业化国家和地区获得了超常规的发展，加速了这些国家产业结构的升级和转型。

三、投资固流结构的演变

投资固流结构即固定资产投资和流动资产投资的比例，主要受以下因素的影响：

（一）周转速度

固定资产投资和流动资产投资各有不同的周转特点。在生产过程中，固定资产的价值随其使用价值的耗用而逐渐转移到产品上去，只有当其使用价值不能继续使用或经济上不宜继续使用时，才需要再生产出新的固定资产来替换。与固定资产的周转相比，流动资产周转的基本特点是它的价值存在同它的使用价值存在合二为一：它整个地参加每一个生产过程，当劳动对象被活劳动在生产过程中消费掉时，它的实物形态转化为新的产品形式，并离开生产过程；在产品被销售以后，需要用销售收入重新购买劳动对象，以保证生产过程的继续进行。

由于流动资产和固定资产的周转特点不同，在整个生产过程中，固定资产周转一次，流动资产要周转多次，因此投资固流结构的决定性制约因素是固定资产和流动资产的周转速度。固定资产的周转速度慢，流动资产的周转速度快，固定资产投资的比重就高；相反，流动资产投资的比重就高。

（二）投资部门结构的变化

因为各部门原有的物质技术基础不同，生产工艺过程不同，所拥有和需要的劳动资料与劳动对象不同，所以固流结构也就不同。在其他条件不变的情况下，只要部门结构发生了变化，整个国民经济的投资固流结构也必然发生相应的变化。

（三）技术进步的状况

技术进步既可能提高固定资产投资的比重，也可能提高流动资产投资的比重。这在不同的发展阶段中有所不同。在以机器代替手工劳动为主的技术进步阶段，开采和加工每一单位的普通原料要求有更多和更复杂的技术装备，这就可能促进固定资产投资比重的提高。在以更高效率的机器代替低效率机器的技术进步阶段，单位固定资产投资所加工的劳动对象的数量增加，又会促使流动资产投资比重提高。

（四）流通状况

流动资金，如产成品，只有在保证生产正常进行的限度内，储存一定数量的产成品才是必要的。随着交通运输的发达、商业网络的扩张和通信联络的快捷，企业力求将存货降低到最低限度，因而用于流动资金的投资比重呈下降趋势。

此外，投资固流结构还受固定资产交付使用率的制约。直接生产过程追加的流动基金是为满足当年生产发展需要的，固定资产交付使用率高，流动资产投资的比重就会提高；相反，流动资产投资的比例则降低。

总的来看，制约投资固流结构的因素比较复杂，有些因素作用的方向甚至相反。

一般而言，在工业化的过程中，固定资产投资的比重呈上升趋势，而流动资产投资的比重呈下降趋势。进入工业化后期，由于高效率机器对低效率机器的替代和固定资产交付使用率的提高，固定资产投资与流动资产投资比重的升降速度会放慢，逐渐趋于稳定。

四、投资项目规模结构的演变

投资项目规模结构主要受社会分工程度和科学技术进步状况的制约。社会分工的发展和科学技术进步要求投资项目规模结构发生相应的变化。

在社会分工不发达的自然经济形态下，生产规模极其有限。资本主义工场手工业的发展，把同类手工业者联合起来，扩大了生产和投资项目规模，大大促进了早期资本主义生产的发展。在机器出现以后，生产的专业化达到新的高度和深度。机器的使用使专业分工成为生产的必需条件，使生产和投资项目规模进一步扩大。

科学技术的进步对投资项目规模的影响也十分明显。工业发展史表明，科学技术每发展一步，专业化生产就前进一步，投资项目规模结构也就随之发生变化。18世纪七八十年代，由于蒸汽机的发明和使用，机器制造、冶金和煤炭等工业成为独立的工业部门，并且有了很大的发展，极大地提高了生产要素的集中程度和规模经济效益；19世纪七八十年代，由于电力的发明和使用，出现了大型、高效能的设备，以及电解、电热、电镀等新工艺，使生产要素的集中程度、规模效益都达到了新的高度；20世纪初，现代科学技术的发展出现了加速现象，相继出现了原子能、宇航等新兴工业部门，生产要素有进一步集中的趋势。近年来，以微电子计算机的发展及广泛应用为特征的新技术革命的浪潮正在世界范围内兴起，使信息的搜集、传递和处理日益迅速，而消费需求在高度发达的生产力基础上开始出现追求个性的倾向，新技术革命可能改变投资项目规模扩大的趋势，而使其向缩小的方向发展。

投资项目规模要受投资主体结构、投资者的进入能力的限制。投资者自我积累能力强或筹集资金的能力强，可以投资兴建较大的工程项目；如果投资者自找积累能力差，或资金市场不发达，投资者的进入能力有限，就很难按社会分工和科学发展水平及时调整投资主体结构、开拓资金市场，从而难以适应投资项目规模变化规律的要求。

五、投资再生产结构的演变

投资再生产结构是指内含性投资和外延性投资的比例关系，它主要受原有固定资产规模、技术水平及其结构的制约，受科学技术发展速度的制约，受劳动对象和劳动力供应状况的制约，受对外贸易的影响。从历史角度来考察，内含性投资比重呈现上升趋势。在工业化初期，消费需求比较简单而且相对稳定，自然资源和劳动力供给相对富足，技术进步速度慢，新的产业部门有待建立，新的生产基地有待开发，外延性投资是投资的主要方式。随着工业化程度的提高，资产存量规模逐渐扩大，产业门类逐渐齐全，生产布局逐渐在全社会范围内展开，外延扩大再生产的任务逐渐缩小。同时，经济增长的基数逐渐扩大，为了维持原有增长速度所必需的资产、自然资源、劳动力等越来越多，而能够投入物质生产的资源有限，其增长速度呈下降趋势。为了寻求相对增加物质资源的途径，必然要求推动科学技术的发展。随着收入水平的提高，消费结构变化的速度也呈加快的趋势。为了适应消费结构的变化，必须对原有资产进行改造和调整。随着原有资产规模的扩大，重置投资的需要也逐渐增加。这样，客观上要求提高内含性投资的比重。科学技术进步的速度加快，则为提高内含性投资的比重提供了可能。因此，内含性投资的比重伴随着原有固定资产规模的扩大和科技发展速度的加快而逐渐上升。如美国固定资产更新投资占总投资的比重1949—1950年为55%。1971—1978年达77%，20多年间提高了22%。

外延性投资比重的下降趋势以及内含性投资比重的上升趋势，都是就投资再生产结构演变的一般态势而言的，不能作绝对的理解。事实上，由于科学技术的不断发展进步，原有的主导产业不断被新的主导产业所取代，由此引起新产业投资的急剧增加。这就是说，当新科学技术革命引起产业革命时，外延性投资比重在一定时期又会上升，而内含性投资比重则会在这一时期下降。外延性投资比重的下降趋势及内含性投资比重的上升趋势还会受到新兴生产基地开发的影响。当科学技术的发展使开发新的生产基地有利时，用于新兴生产基地的外延性投资会迅速增加，外延性投资的比重则会在一定时期内再次上升。总的来看，外延性投资的比重是波动式下降的，而内含性投资的比重则是波动式上升的。

第四节 规划投资结构的方法

一、筱原基准法

筱原基准法是日本在20世纪五六十年代规划产业结构和投资结构的方法。筱原基准即“收入弹性基准”和“生产率上升率基准”。这两个基准以其倡导者——日本经济学家筱原三代平的名字命名。

某种产品的收入弹性，是指该产品社会需求的增长率与国民收入增长率之比。它反映着该种产品的需求随着国民收入的增长而增长的趋势。以C_n代表收入弹性，M和Q分别代表收入和需求量，则需求收入弹性的公式为：

$$C_n = \frac{\Delta Q}{Q} / \frac{\Delta M}{M} \tag{17-1}$$

不同的社会产品往往收入弹性不同，其中收入弹性相对较高的产品，说明它的社会边际需求相对较高。根据收入弹性基准，该部门就应列为优先投资的对象，该部门的投资比重应提高，同时还要求增加相关部门的投资。

某种产品的生产率是指该产品计算期生产率与基期生产率之比。它反映该种产品生产率上升的快慢程度。以R表示某一部门的生产率上升率，以P_0表示该部门基期的生产率，以P_i表示计算期的生产率，生产率上升率的计算公式则为：

$$R = (P_i - P_0) / P_0 \tag{17-2}$$

生产率上升率基准的前提是各个产业部门生产率提高的差别。造成这种差别的原因包括一个国家的资源状况、劳动力的技术构成等因素，但根本原因还在于技术进步的速度不同。一般来说，在价格结构一定的条件下，生产率上升快，即为技术进步快的产业，成本下降也快，能创造的国民收入就相对多，优先向这些部门投资，就可以提高国民收入的增长速度。

筱原基准的提出是以日本的基本国情及其所处的国际环境为基础的。日本是一个资源短缺型的国家，大多数矿产资源和农产品资源都要靠进口，其中国内石油产量还不到需要量的1/10。为了推动日本经济的发展，必须大力发展国际市场上收入需求弹性高且技术进步快的产品和产业，增强其在国际市场上的竞争能力，扩大出口，以此摆脱资源短缺的限制，促进整体经济的发展。因此，筱原基准得到了日本政界和产业界的认同，并成为日本制定产业政策的重要依据。以后尽管作了一些补充，增加了防止过度密集和丰富劳动的内容两个基准，但筱原基准仍是日本制定产业政策和投资结构政策的最基本的原则。但是，这种方法也有局限性：其一，收入弹性基准和生产率上升率基准只是合理确定投资结构的两个主要原则，而非全部，如果仅考虑这两方面的要求，而不考虑其他方面的要求，是不全面的。其二，对规划投资结构来说，要紧的是对未来的计算，收入弹性和生产率上升率的计算要通过预测获得或参照先进国家的历史统计资料进行估计，计算难度大。其三，此种方法所能确定的是重点投资产业部门，但还不能具体确定每个产业部门、地区应投入的资金数量。

二、经验判断法

这种方法的基本思路是：通过对现有投资结构及其演变过程的定性和定量分析，揭示现存产业结构质的方面和量的方面的基本特征，并依据世界工业化进程中各阶段上投资结构的演变规律，判断本国投资结构已经达到的阶段和水平，指出中长期变化的趋势和方向，从而选择重点投资部门、地区等，以此作为结构确定的依据。这种方法的基本程序是：其一，根据世界经济发展和本国经济发展的历史经验，研究和寻找投资结构演变的一般规律；其二，根据本国经济发展状况与世界工业化过程的对比，确定本国投资结构已经达到的阶段和水平；其三，判断一定时期投资结构中长期变化的趋势和方向，选择重点投资部门和地区等。

这种方法的优点是：能够比较直观地大体把握投资结构演变的一般趋势，使投资结构的演变趋势同经济发展、消费结构变化及技术进步的趋势相适应；对数据资料和计算方法的要求不是很高；能对投资结构的急剧性变化做出反应。我国正处在经济转轨时期，宏观管理水平还不高，许多投资参数变化剧烈，运用其他方法难以预测和规划，而运用这种方法辅助于专家的判断，其实际意义较大。

但是，这种方法也有一定局限性：其一，投资结构的演变受多种因素的制约，其变化趋势不是绝对的，尤其是具体的数量比例更不是绝对的。其二，与世界工业化过程的对比也有许多困难。可能运用的方法是与某几个国家和某个经济发展较快的国家进行对比，或者用若干国家的数据计算出一个标准的结构，以此作为参照系，但不同的国家之间具有许多不可比因素。其三，对投资结构急剧性变化的反应，在很大程度上要借助于专家的经验和判断，预测的准确程度与专家的素质及组织方式有密切的关系。

三、动态投入产出和最优规划法

这种方法的基本思路是综合运用动态投入产出和最优规划两种方法，确定最优的投资部门结构。其基本程序是：其一，根据生产力水平确定合理的消费结构和社会最终产品的需求量；根据历史资料并考虑计划期的变动因素，计算并确定国民经济各部门产品生产对资产的直接占用系数和完全占用系数；根据最终产品需求量和资产完全占用系数，确定计划时期各部门的资产需要；根据投资的时滞和投资资产形成率确定计划期各部门所需的投资量。其二，综合考虑各种制约因素，如石油、煤炭等自然资源，劳动力供给，建筑业生产能力，瓶颈产品的供给等，列出约束方程。其三，确定目标函数。投资目标函数可有如下几种：国民收入数量达到最大；国民生产总值达到最大；消费数量达到最大；社会福利达到最大等。目标函数还可以是多目标的。如要求投资结构的安排使国民收入和就业人数同时达到最大，这就是所谓的多目标规划问题。多目标规划的求解方法很多，通常可采取主要目标法、线性加权法、分层序列法和目标规划法等。其四，求解最优规划，确定投资部门结构方案。这种思路的优点是比较具体和精确，能够比较全面地反映优化投资资源配置的要求，能够具体而准确地计算出各个部门应分配的投资数量。但是，这种思路也存在缺陷。它以认可现有产业结构的既定比例关系及其基本特征作为计算和预测的基础，并要以某种价值标准作为最优规划的目标函数。除此之外，这种方法的最大难点还在于如何获得大量的可靠数据。

值得指出的是，上述方法只能用于对投资结构变动趋势的预测或用于制定指导性的投资结构发展规划，如果用来制订自上而下的指令性计划，常常会导致事与愿违的结果。优化投资结构主要应依靠完善的市场调节机制，政府对投资结构的调节也应主要运用经济手段。

第五节 我国投资结构的演变与优化

一、我国投资结构的演变

1949年以来，我国投资结构的变化可以分为两大阶段：第一个阶段是1949—1978年传统社会主义经济体制下投资结构的演变；第二个阶段是从1979年实行改革开放政策以来投资结构的演变。

（一）传统社会主义经济体制下投资结构的演变

在传统的社会主义经济体制下，政府是投资的分配者，投资结构的变动主要取决于政府的偏好。当政府的宏观决策失误，造成严重的比例失调，致使一些部门因投资不足而出现供给严重短缺时，政府则要以“救火”的方式被迫进行调整。伴随着政府宏观政策的变化，投资结构的演变又可分为如下几个时期：

1.“优先发展重工业”和兼顾其他行业的“一五”建设时期

我国在1949年前是一个落后的农业国。据估计，抗日战争前，现代工业产值在工农业总产值中约占10%，重工业产值在工业产值中的比重仅为23%左右。相对于重工业，轻工业的基础要稍好一些。经过1949—1953年的恢复后，轻工业的生产能力没有得到充分利用。轻工业的增产问题，主要还不是增加投资的问题，而是原料问题。在这种情况下，政府确定了重点发展重工业的建设方针，围绕苏联援建的156个项目及其配套工程，展开了大规模的工业建设。工业基本建设投资比重平均达到42.5%，其中重工业基本建设投资比重高达36.2%。

在优先发展重工业的同时，政府还相应地照顾了农业、轻工业、运输邮电、文教卫生和其他行业。从各计划时期国民经济行业基本建设投资比重来看，“一五”时期，工业和重工业基本建设投资比重在诸计划时期里都是较低的，农业、轻工业、运输邮电等行业的投资比重则是较高的。

2.“以钢为纲”的“大跃进”和继后的五年调整时期

尽管党中央在关于发展国民经济的第二个五年计划的建议中适当提高了轻工业的投资比重，但是，后来实际上没有按照这个方针执行。为了实现“大跃进”，执行“以钢为纲”的方针，投资结构进一步向重工业尤其是钢铁工业倾斜。工业投资比重由1957年的42.8%猛升为1958年的56.2%，整个“二五”时期达54%，为历史最高水平。在工业内部，投资比重提高最快的是冶金，其基本建设投资占工业投资的比重由1957年的19.4%一跃为1958年的27.3%，上升7.9%。这种高度倾斜的分配结构使农业、轻工业及服务业的投资受到严重挤占。在重工业内部，煤炭、石油、电力和机械等基础工业的投资落后于钢铁工业。在钢铁工业内部，矿山建设、采掘工业和轧钢能力的投资落后于冶炼工业。其结果造成了部门发展的严重不平衡，使农业、轻工业、交通运输业、能源和原材料的供给严重不足，最后不得不进行结构的大调整。

在1961—1965年的调整时期，我国在压缩投资总规模的同时，大力调整投资结构，主要措施是：压生产性投资，增加非生产性投资；压重工业投资，增加农业投资和支农工业的投资；调整重工业内部的投资结构，将投资重点用于填平补齐、成龙配套，使各行各业的综合生产能力尽快得到发挥。同时还通过采取“关、停、并、转”等措施，对资产存量结构进行调整。1963—1965年同1958—1962年相比较，全民所有制非生产性基本建设投资占基本建设投资总额的比重由14.6%提高20.6%，重工业投资比重由54%下降为45.9%，农业投资比重由11.3%上升为17.6%。

3.以“三线建设”和建立地方工业体系为重点的建设时期

自1966年开始，我国投资的重点转向大规模的“三线建设”。1966—1970年，“三线地区”累计完成投资482亿元，占同期全国基本建设投资总额的52.7%。在投资的行业结构上，“三线建设”集中于冶金、能源和军事工业，从而在较大程度上决定了此时投资结构向冶金、电力和机电部门倾斜。

1970年以后，国际、国内政治、经济形势发生变化，除了内地的“大三线建设”，又提出各地区进行“小三线建设”，要求建立自成体系的地方工业。计划体制也由以部门为主转向以地区为主。各地竞相发展建立地方工业所需的机械工业和钢铁工业，使机械工业基本建设投资比重在“四五”时期达到22%的历史最高水平，冶金工业的投资比重也迅速上升。

由于投资结构高度向工业尤其是重工业倾斜，第一产业和第三产业投资不足，结果使我国工业获得了超前发展，而第一产业和第三产业的发展则严重不足。世界银行曾经将我国的经济结构与“标准结构”和“大国模型”相比较，其结果是：我国制造业比重比900美元的中等收入国家的“标准结构”还高0.9%，比300美元的低收入国家的“标准结构”和“大国模型”分别高11.1%和8.9%。但是，第一产业的比重比300美元的“标准结构”和“大国模型”低3.2%和3.8%，第三产业的比重与300美元和900美元的“标准结构”相比，分别低16.9%和23.4%。

上面我们的分析主要集中在投资的部门结构上。传统社会主义经济体制下，我国投资结构中还有如下一些问题：①在投资主体结构上，片面强调以国有经济为主体，而忽视企业、个人在投资主体中的地位和作用，使投资主体结构过于单一；②在投资来源结构上，单纯以工农产品的“剪刀差”和财政手段动员和集中资金，并主要通过财政无偿拨款供给资金，压抑了金融中介作用和企业的自我积累发展，使投资来源渠道过于狭窄；③在投资固流结构上，往往只注重增加固定资产投资，而忽视增加流动资产投资；④在投资项目结构上，“大而全”“小而全”的投资项目和企业同时并存，不能在大范围内通过分工深化和资源替代而提高效率，不仅使现有资源得不到充分利用，还不断产生不合理的需求；⑤在投资的技术结构上，建筑安装及其他投资比重偏高，而设备投资比重偏低；⑥在投资回流结构上，投资效率过低，投资回流缓慢；⑦在投资再生产结构上，长期忽视技术进步和内含性投资，企业普遍设备老化、产品更新换代缓慢；⑧在投资存量结构上，缺乏有效的调节手段，投资存量结构刚性化。

（二）实行改革开放政策以来投资结构的演变

自1979年实行改革开放政策以来，我国采取了发展非国有经济、扩大国有企业自主权、培育和发展各类市场、缩小指令性计划调节范围等措施。经过30多年的改革，投资结构发生了一系列变化：

（1）伴随着所有制结构的变化和企业自主权的扩大，投资领域形成了国有单位、集体单位、城乡个人、混合所有制单位等多种投资主体同时并存的格局。其变化的基本趋势是国家所有的投资比重逐渐下降，而集体所有、城乡个人和混合所有制单位投资比重逐渐上升。

（2）伴随着分配制度的改革和融资渠道的拓展，投资领域形成了国家财政投资、银行贷款投资、发行股票债券融资、企业内部自筹投资和利用外资多种融资渠道同时并存的格局。其变化的趋势是国家财政投资的比重逐步下降，而银行贷款投资、发行股票债券融资、企业内部自筹投资和利用外资的比重逐步上升。

（3）三次产业之间的投资比例趋于合理，产业结构水平不断提升。改革开放以来，我国采取了一系列政策措施促进第一、三产业的发展和第二产业的内部协调。由于集体经济、个体经济、私营经济和外贸投资主要集中在第三产业和轻加工业，使这些产业获得了迅速发展。在第一产业内部，林业、畜牧业以及水产、蔬菜、水果和花卉等产业得到了较大发展，农业机械化程度也有所提升；在工业内部，由以发展轻纺工业为主，发展到以家用电器为主，现已步入重化工业阶段，汽车工业已成为重要的支柱性产业，以信息技术为代表的高新技术产业获得了长足的发展；在第三产业内部，交通运输业发展迅速，金融、保险、证券、旅游、电子商务、现代物流业不断壮大，教育、文化、体育、医疗卫生和公用事业成为新的投资热点，房地产业已成为国民经济的重要支柱。这一时期，投资部门结构的变化主要是由市场需求推动的。

（4）投资结构的调节由过去单一的指令性计划调节转变为计划与市场双重调节。国家投资在实现宏观发展战略目标的同时，开始兼顾投资的经营目标；地方投资在追求政绩目标的同时，兼顾社会福利、缓解就业压力和增加地方财政收入等目标；企业则开始在盈利动机的驱动下，考虑市场的需求及其变化。从计划和市场调节的范围来看，由国家计划指令调节的主要是中央政府投资，国家主要运用产业政策，并配合以财政政策调节全社会的投资结构，国有企业、股份制企业、集体企业、个人及外商投资主要由市场调节，它们投资什么、投资多少主要依据市场需求的变化。

（5）兼并收购投资发展迅速，资产存量结构调整加快，企业组织结构有所优化。我国企业并购活动的发展，大致可以划分为两个阶段。从20世纪80年代中期到1992年期间是我国企业并购的初步发展阶段。在这一时期，企业并购主要是在政府的主导下完成的。1992年以后，我国确立了建立社会主义市场经济体制的改革方向，企业并购获得迅速发展，政府在企业并购活动中不再起主导作用，企业的强强联合逐渐展开，跨国并购的比重大幅度上升。随着证券市场的建立和发展，上市公司通过股权交易进行的并购逐渐增多。

二、我国投资结构的演进中存在的问题

我国投资结构的演进中也存在许多问题，其突出的表现是：

（一）城乡分割制度导致农业投资不足

随着居民收入水平的提高，食品消费支出比例下降，农业产值在GDP中的比重下降应该是正常的。我们说农业投资不够，并不是说由于投资少而造成了农业产值在GDP中的比重偏低，而是说农业资本对农业劳动力的替代不够。目前，我国农业劳动力占劳动力总额的比重仍接近50%，15%左右的产值由近50%的劳动力创造，从根本上制约了农业劳动生产率和农民收入水平的提高。

（二）市场结构不合理导致投资过度和投资不足同时并存

我国的市场结构总体上说是过度垄断与过度竞争并存。目前，许多领域仍由国家垄断经营，民营投资只能够进入有限的非垄断部门。这种市场结构对投资的均衡增长和结构优化极为不利。一方面，它造成民营投资和外资企业投资领域过窄，一旦有新的需求和盈利空间，大家一哄而上。可见，正是垄断造成了开放市场领域的过度竞争和投资多度增长。另一方面，垄断部门可能出现两种情况：垄断利润丰厚，垄断企业盲目扩张投资规模，并诱使民营企业千方百计挤入；或者是价格管制，国有企业投资不足，如公共交通、城市供水等，或者采取事业制，这都需要政府不断地进行投资，且投资效率较低。

（三）重化工业的发展过度依赖于投资增长的拉动

1998年以来出现的重化工业投资比重的提升，主要是依赖于投资增长的拉动。伴随着投资的迅速增长，对钢铁、水泥、电解铝以及煤电油运的需求不断扩大，市场供给趋紧，这些部门的投资预期收益率上升，便自然成为投资的热点，由此带动重化工业的迅猛扩张。

（四）汽车和房地产业发展中存在隐忧

根据国际经验，在人均GDP处于1 000~3 000美元的发展阶段，是消费需求结构快速变动时期。目前，我国人均GDP已突破3 000美元，消费需求水平提高十分迅速，汽车、住房已成为新的消费热点。但是，汽车和住房的发展受到两大因素的制约：一是能源供给。如我国石油、天然气资源的人均占有量都排在世界80位以后。二是土地资源。我国人均耕地面积只及世界平均水平的1/4。更为严重的是，近年来由于生态退耕、灾害毁损、建设占用等诸因素，我国耕地面积有所减少。汽车和房地产业过度发展，必然加大能源供给与需求以及农业部门的人地矛盾。

（五）自主创新和发展能力不足

改革开放以来，外商投资和外国先进技术的输入，极大地促进了我国经济的发展。但是，在外商投资和外国产品的冲击下，国内企业大量出现亏损和倒闭，不少拥有知名品牌的国内企业也被外商并购，外资企业已在一些重要的产业领域占有垄断地位。拥有自主知识产权的国内企业不多，许多中小企业要靠“三来一补”或贴牌生产等方式维持生存和发展；一些大型企业集团的关键技术也掌握在外商手中。

（六）企业并购面临诸多的制约

国有企业产权不清晰，企业并购依然可能受到来自政府的不当干预；资本市场不够完善，国有股流通不畅，企业退市困难；社会保障体系有待完善，被并购企业职工的安置难度大；规范运作的机构极度匮乏；企业并购的法律不完善。

三、我国投资结构的优化

（一）优化我国投资结构的基本思路

在对外开放条件下，优化我国的投资结构有两种可供选择的基本思路：一种是比较优势战略；另一种是以增强国际竞争力为基本导向。

比较优势战略是以李嘉图的古典贸易理论和俄林等人的新古典贸易理论为基础的。按照比较优势战略，应根据我国的比较优势来安排投资结构，并根据比较优势的变化来调整投资结构。我国劳动力供给比较充裕而资本供给相对稀缺，因此，应充分利用市场的作用，依据市场上所反映的生产要素的相对价格信号，优先发展劳动密集型产业，然后再随劳动力价格的上升而提高资本密集型产业的比重。

基于传统经济发展战略的弊端而强调充分利用市场机制的作用和比较利益，无疑是有意义的，但是，比较优势战略也存在不足。首先，传统的比较优势理论只注意到了由劳动力成本或资源禀赋引起的产品生产成本和价格差异的影响。其次，比较优势战略着眼于依据经济资源的供给情况安排来调整投资结构，而忽略了对市场需求及其变动的研究，或者说是以供给适合于市场需求为其假定前提的。但是，现实中，无论是劳动密集型产业还是资本密集型产业都含有众多的门类，究竟发展哪一种劳动密集型或资本密集型产业都要依据市场需求而定，而市场需求又是不断变化的，仅仅依据资源禀赋差异所决定的生产成本差异来安排投资、投资结构是不够的。最后，传统的比较优势理论是以充分竞争为其假定条件的，而国际市场实际上不是完全竞争市场，各国政府都会在不同程度上对经济进行干预。如果政府能够正确选择某些有发展前途并能充分发挥本国资源优势的产业，实行“战略性贸易保护”，通过政策支持，使其达到一定生产规模，对本国利益和发展是有益的。

我们主张以增强国际竞争能力为基本导向来安排和调整我国的投资结构。这种主张包括以下基本要点：首先，必须对准市场的空缺，依据国际和国内市场的需求来安排投资的结构，并依据市场需求结构的变化调整资产存量结构。为此，企业在决定是否投资时，不仅要考虑国内市场供求对比的情况，还要考虑国际市场供求对比的情况。其次，必须着力于提高劳动生产率。劳动生产率的高低，不仅取决于企业的技术装备水平，还取决于劳动者的基本素质、企业的经营管理水平、企业的组织结构等多种因素。再次，必须促进技术创新，推动技术进步。通过技术创新，建立高新技术产业部门，或用新技术改造传统产业部门，一方面可以提高社会劳动生产率，另一方面可以推出具有异质性的产品，从而增强一国产业的国际竞争力。最后，必须将投资结构的调整和企业组织结构的调整结合起来，充分利用企业规模效益和行业规模效益来增强产业的国际竞争能力。

以增强国际竞争能力为导向，并不否定充分利用我国劳动力资源丰富的优势，也不反对适度发展劳动密集型产业部门。我们强调的是，首先，发展劳动密集型产业也必须依据市场需求而定。例如，轻纺工业相对于重工业而言，属于劳动密集型产业，旅游、居民生活服务同样也属于劳动密集型产业。在经济发展的初期，重点发展轻纺工业是必要的，但随着人均国民收入水平的逐步提高，发展旅游业和居民服务业，不仅可以增加就业机会，而且可以创造较多的国民收入。其次，发展劳动密集型产业同样需要注重提高劳动生产率。因为产品生产成本的高低不仅取决于使用劳动和资本的相对量，还取决于单位产品的劳动耗费量。最后，发展劳动密集型产业同样需要注重技术创新。我们不应把发展劳动密集型产业简单地等同于传统产业，一些高技术产业和新兴产业也属于劳动密集型产业，计算机软件设计便是典型的例子。如何提高劳动力素质，将劳动力资源转换为人力资本，将发展劳动密集型产业与发展高技术产业和新兴产业结合起来，是我国需要予以高度重视的。

（二）优化我国投资结构的政策措施

优化我国的投资结构，需要有科学的产业政策和投资政策指导企业的投资行为，同时还必须推进经济体制的改革和对外开放，充分发挥市场机制对投资配置的基础性调节作用。为此，应采取如下一些措施：

1.增加对农村、农业和农民的投入，发展优质、高效农业

根据国际经验，经济发展到一定阶段后，必须由农业支持工业转变为工业反哺农业。我国已明确提出统筹城乡发展，推进社会主义新农村建设的战略任务。为了建设现代农业，发展农村经济，增加农民收入，应改革农村公共产品的提供方式，加大政府对农村交通道路、供电、供水等基础设施的投资力度；应设立农业科技开发基金和农业科技成果推广基金，积极推进农业科技进步；增加对农业机械投资的补贴，鼓励农业机械购置和使用；应在普及农村九年义务制教育的基础上，增加对农民的技术培训投资，提高农民的素质和技能等。

2.加大对自主创新的投资，促进创新型国家的建设

提高自主创新能力，建设创新型国家，是国家发展战略的核心，是提高综合国力的关键。自主创新投资具有很大的风险性，为了加大自主创新投资，应积极发展风险投资，建立健全自主创新投资风险分散与转移的机制。必须建立健全知识产权制度，严格保护知识产权的正当收益权。应为发展自主创新提供财政税收、金融政策支持。

3.优化第一、第二、第三产业投资的比例，推动产业结构优化升级

提升高新技术产业投资比重，积极发展信息、生物、新材料、航空航天、海洋等产业；提高现代服务业的投资比重，积极发展现代服务业，提高服务业比重和水平；投资振兴装备制造业，以高新技术改造传统加工业。

4.将竞争机制引入政府投资的基础产业、基础设施和事业部门

政府不仅应从竞争性产业部门退出，还应尽量从基础产业、基础设施等领域退出，并积极推进科研、出版、影视等事业部门的改革。同时，应加快国有经济垄断部门的改革和投资体制改革，缩小政府行政审批范围，扩大民间资本投资领域，积极鼓励民间资本投资发展运输、物流、金融、旅游、教育等第三产业，给予民间资本以国有企业或事业单位的同等待遇。

5.尽量减少对紧缺性资源的占用和消耗，增加环境保护投资

应严格控制对商品房特别是高档住宅、别墅用地的供给；对投资性住房购置实行限制政策；积极发展铁路交通和城市轨道交通；积极发展可再生性能源，尽量减少对非再生性能源的消耗；鼓励采取节约资源耗费的技术设备，增加污水、废气、废渣处理的投资和生态环境建设投资。

6.优化外商投资结构，创新对外投资和合作方式

应放宽外商投资领域，简化外商投资进入的行政审批程序，在进入领域和行政审批方面给外商以国民待遇；创新利用外资方式，优化利用外资结构，积极鼓励外商投资采用先进技术，包括在我国设立研发中心；减少在所得税、土地批租等方面给外商的优惠。积极发展我国的对外投资，以能源、矿藏资源开发，国际市场开拓和技术研发利用等为重点，支持我国企业跨国投资。

本章小结

1.投资需求和供给都包含着许多具体的类别，投资增长的过程同时也是其结构的转换过程。

2.广义地说，投资结构是投资整体的各部分之间的相互关系及其数量比例。投资结构可以从多种不同的角度进行考察：投资需求结构与投资供给结构；投资来源结构、投资使用结构、投资回流结构与投资主体结构；投资流量结构与投资存量结构。

3.在市场经济条件下，投资由企业自主决策，投资用于何种产业部门，则取决于企业的行为，包括进入和退出行为。

4.社会需求结构是不断变化的，要保持产业结构与社会需求相适应，就要求投资结构随消费结构的变化而变化。没有收入分配结构的合理化，就不可能有消费需求结构的合理化；没有消费需求结构的合理化，也就不可能有投资结构的合理化。

5.从长远看，现存的产业结构是过去时期投资的结果，现期的投资结构又塑造着未来时期的产业结构。

6.技术进步是推动投资结构变化的动力，技术进步从供给与需求两个方面推动投资结构的演进。

7.投资结构的演进归根到底是社会分工不断深化的结果，投资结构的变动受市场范围的限制。

8.在开放条件下，某一产业产品的总需求=国内需求+出口需求-进口需求；某一产业部门的国内投资需求=该产业的投资需求总量-外商投资。

9.一般而言，随着生产力的发展和人均国民收入水平的提高，投资首先由第一产业向第二产业转移。当人均收入水平进一步提高时，投资便向第三产业转移。

10.在重工业化阶段，投资由以轻工业为中心向以重工业为中心推进；在高加工度化阶段，工业投资由以原材料工业投资为中心向以加工、组装工业为中心推进；在技术集约化阶段，所有工业部门的投资将越来越多地用于高级技术、工艺和实现自动化，以技术密集为特征的高新技术产业投资的比重也将逐渐提高。

11.规划投资结构的方法主要有筱原基准法、经验判断法、动态投入产出和最优规划法。

12.实行改革开放政策以来，我国的投资结构发生了下列变化：投资主体逐渐多元化；投资资金来源渠道不断加宽；三次产业之间的投资比例趋于合理，产业结构水平不断提升；投资结构的调节由过去单一的指令性计划调节转变为计划与市场双重调节；兼并收购投资发展迅速，资产存量结构调整加快，企业组织结构有所优化。

13.在对外开放条件下，优化我国的投资结构应以增强国际竞争能力为基本导向，需要有科学的产业政策和投资政策指导企业的投资行为，同时还必须推进经济体制改革和对外开

放，充分发挥市场机制对投资配置的基础性调节作用。

本章能力训练

一、名词解释

投资结构　投资供给结构　投资需求结构　投资结构决定因素　投资固流结构　筱原基准法　经验判断法　最优规划法　投资结构优化

二、思考分析

1. 何为投资结构？投资结构包括哪些内容？
2. 试述投资结构的微观决定因素。
3. 试述投资结构变动与收入分配及需求结构的关系。
4. 试述投资结构变动与技术进步的关系。
5. 试述投资结构变动与资产存量结构的关系。
6. 试述投资结构变动与国际贸易及国际投资的关系。
7. 试述投资产业结构的变动规律。
8. 投资产业结构规划的主要方法有哪些？
9. 试述我国投资结构演变的历史及其经验教训。
10. 我国的投资结构存在哪些主要问题？
11. 如何优化我国的投资结构？

第十八章

投资体制与投资的宏观管理

案例情景

从结构调整看质量提升　振兴实体经济仍是重中之重

实体经济困难仍是我国经济发展面临的重大挑战。因此，未来宏观经济政策的着力点应放在支持实体经济上。振兴实体经济需要处理好：

提升制造业发展活力，重点在于提升自主创新与转型升级能力。制造业是实体经济的支柱和吸纳就业的主要渠道。2016年我国制造业实现增加值214 214亿元，占GDP的比重为28.8%，规模以上制造业吸纳就业8 221.1万人，约占就业人口的10.6%。当前，我国制造业面临发达国家重振制造业和发展中国家低成本制造竞争的双重挑战日益加剧，制造业投资仍处于低位。对此应积极实施振兴制造业战略，通过实施创新驱动发展战略，转方式、调结构、补短板、降成本，推进“中国制造2025”战略的实施，切实推动制造业实现“三个转变”，提升国际竞争力。

提升民营经济发展活力，重点在于通过深化体制改革提振信心。民营经济是支撑经济增长的主要动力和新动能的主体，也是实现稳增长、促就业的主要力量。民营经济占GDP比重超过一半，创造税收超过国企，吸纳就业占比超过2/3，在外贸出口、对外投资、创新创业中均发挥主力军作用，已成为国民经济实实在在的“半壁江山”。应把为民营经济创造公平竞争环境作为深化改革的重点，扫除政策歧视和体制障碍，进一步焕发民营经济活力。

提升中小微企业发展活力，形成“大企业顶天立地，小企业铺天盖地”的企业生态。中小微企业占我国企业数量的70%和吸纳就业的70%以上。企业生态的好坏关键看中小微企业是否有发展活力和后劲，创新生态的好坏关键也要看中小微企业的创新活力是否能够得到释放。要做到“铺天盖地”，一要生存环境好；二要发展环境好。应加强各类服务平台建设，加大税收减免力度，破除行业垄断，为中小企业营造良好的创新环境、市场环境和竞争环境。

资料来源　王晓红. 从结构调整看质量提升［EB/OL］.［2017-09-01］.http://theory.people.com.cn/n1/2017/0901/c40531-29508364.html.

由该案例引出，什么是投资体制与投资的宏观管理？本章将讲解投资体制的含义，我国投资体制的历史演变过程，完善我国投资体制的发展方向，投资的宏观管理对象、目标及手段，投资宏观管理的财政政策与金融政策。重点是投资体制的完善与投资宏观管理政策的协调。

第一节 投资体制的含义

投资总是在一定的体制下进行的，不同投资体制下投资的决定是不同的。投资体制在中国一般指固定资产投资活动运行机制和管理制度的总称，是经济体制的重要组成部分。投资体制主要包括：投资主体的确立及行为方式、投资资金的筹借途径、投资利益的划分、投资管理权限的划分、项目决策程序以及宏观调控方式和机构设置等。

经济体制决定投资体制。投资体制是经济体制的重要组成部分，与经济体制是完全对应的。有什么样的经济体制模式必然会有什么样的投资体制模式。因此，可以借鉴经济体制模式的划分方法来考察投资体制。经济体制是指在一定的社会经济制度下，生产关系的具体形式、国民经济的运行方式以及组织、管理和调节国民经济制度的方式方法的总称。其主要内容包括所有制结构、经济决策结构、经济调节机制、激励机制、经济管理组织结构等。

从数学角度看，投资体制是经济体制的子集。投资体制与金融体制两者之间是并集关系，都是经济体制的重要组成部分。之所以要考察投资体制与金融体制之间的关系，缘于投资活动与金融活动之间的联系非常广泛：①银行也是投资主体之一。②投资资金的筹措和运用往往离不开金融工具和金融市场，如建设债券的发行、企业股票的上市和流通等，均需要通过金融市场来实现。③金融调控是投资调控的主要方法，在市场经济条件下，国家对投资的宏观调控主要通过货币政策、信贷政策等金融手段来实现，即使是在高度集中的计划经济体制下，国家的预算拨款也要通过银行这个渠道来实现。

投资活动与金融活动紧密相联，投资体制与金融体制相适应，经济就会健康增长；反之，如果金融体系不健全，则必然会影响正常的投资活动，导致投资畸变，从而影响经济的发展。

西方资本主义国家的投资体制可以理解为，投资主体以私人投资为主；投资方式以证券、金融买卖方式为主。投资的微观与宏观管理：微观上以可行性研究为主要决策基础；宏观上主要通过财政和银行来实现。社会主义国家投资体制较为复杂，并且由于改革的进行，投资体制的变动较大，较为典型的主要有三种投资体制模式：

1.高度集权型投资体制模式

苏联以及中国改革开放以前均属于这一模式。这种模式的主要特征是：企业投资全部纳入国家统一计划，以行政投资方式为主，国家是唯一的投资主体，投资领域各单位和经济实体之间的联系非商品化。国家不仅决定关系国民经济结构的新建项目的决策，而且决定原有企业本身的扩建和改建，甚至包揽企业固定资产更新资金使用，企业没有固定资产扩大再生产的自主投资决策权。预算拨款是投资资金的主要来源，计划亏损以及低利企业由国家财政予以补助。

集权型投资体制排斥市场机制的作用，不仅实行高度集中的投资决策制度，还实行直接调控指令性计划体制、直接调拨的物资配给体制以及资金的中央集中制和无偿分配制。这种投资体制模式，在社会主义制度建立初期，曾经起过很大的积极作用，但随着经济的发展，它逐渐地成为阻碍经济发展的体制性因素，成了体制改革的重要内容。

2.分散型投资体制模式

南斯拉夫的投资体制属于这一类型，其基本特征是：国家彻底放弃一切投资决策权，投资决策完全交给企业自主掌握。投资品由市场提供，企业资金来源由自有资金和银行贷款来解决。分散型投资体制模式有利于刺激经济单位的积极性，但不利于宏观调控，会产生盲目投资、规模膨胀以及项目小型化等弊病。

3.综合型投资体制模式

综合型投资体制模式的基本特征为，划分国家和企业的投资范围，中央政府负责关系整个国民经济产业结构和社会消费结构的项目投资，地方政府负责关系地方产业、经济结构的新建项目的决策，企业再生产方面的一切决策权全部由企业自主行使，形成了中央、地方、企业三个层次的投资主体；投资调控主要通过税收杠杆、信贷杠杆以及发布投资信息引导三种方式来实行。综合型投资体制模式具有集权型投资体制模式所没有的优点，同时在一定程度上解决了分散型模式的弊病。但是，综合型投资体制模式必须以企业产权的明晰化和比较发达的市场机制为前提，否则就会导致企业投资行为的某种紊乱，产生周期性的经济振荡，形成放权与收权的怪圈。

第二节 我国投资体制的历史演变过程

从中华人民共和国成立至今，我国经济建设已走过60多年的历程。随着客观条件和主观条件的变化，投资体制发生了一系列变化，经历了以下四大阶段：

一、社会主义改造时期的投资体制（1949—1956年）

从1949年10月中华人民共和国成立到1956年，是我国从新民主主义到社会主义的转变时期。这一时期，按照生产资料所有制的性质划分，存在全民所有经济、集体所有经济、公私合营经济、私营经济和个体经济五种经济成分。多种经济成分并存，决定了多种投资主体并存。

在多种投资主体并存的情况下，投资决定具有多种不同方式。全民所有制投资决策权基本上集中于国家。企业没有扩大再生产的投资权，保持简单再生产的投资决策也需要经过主管部门批准。计划中将投资项目分为限额以上和限额以下两大类。限额以上项目建设单位的设计任务书的批准权集中于政务院，限额以下两类项目也由中央主管部门和地方工业部门审批。列入计划的项目，其年度投资额、主要建设内容和建设进度都作为指令性指标，部门和企业无权改变。全民所有制企业的资金主要集中于国家财政，投资所需的资金由财政部门按批准的投资计划统一分配，并由中国人民建设银行统一拨款供应。投资所需的物资也基本实行计划统一分配调拨。在对国有制投资实行直接计划管理的同时，对其他经济成分的投资主要通过政策措施和经济办法，实行间接管理。在农业方面，1955年以前对小农经济实行估算性计划，1956年农业合作化以后，也只规定方向性控制指标。国家主要利用价格政策、农贷政策、预购合同和税收政策调节农民的投资和生产。在城市，对于一些急需扩大生产的行业，国家在政策上允许和鼓励私营企业进行投资扩大生产。

在完成对资本主义工商业和手工业的社会主义改造之前，我国不仅取缔了外资银行的特权，没收了官僚资本银行，而且还关闭了证券交易所，完成了对私人钱庄的改造，从而建立起了高度集中的单一化的国家银行体系，以及纵向的、封闭的、单一渠道的、供给制的资金供应体制。这样，间接投资也就失去了存在的经济条件，投资方式变为单一的直接投资。

二、传统计划经济时期的投资体制（1957—1978年）

经过对个体农业、手工业和私人资本主义工商业的社会主义改造，1957年在我国国民收入中，全民所有制经济所占比重上升到32.2%，集体所有制经济所占比重上升到56.4%，公私合营经济所占比重上升到7.6%，个体经济所占比重下降到3.8%，私营经济已经消失。1966年9月，国家停止对原资本家支付定息，使公私合营企业完全变成社会主义全民所有制企业。生产资料所有制结构的重大变革，使投资基本上变为单一的公有制投资，其中全民所有制投资在整个国民经济中占据支配地位。

全民所有制投资管理的基本方法是：计划定（项目），财政拨（款），银行管（中国人民建设银行按计划、预算、程序、进度管理财政拨款，保证项目计划完成）。全民所有制投资项目由政府按规模大小分级决策，企业基本上没有扩大再生产的投资决策权；企业投资所需的资金基本上由财政拨款供应，无偿使用，国家拨款投资占全民所有制基本建设投资的比重达73.7%~91.8%；投资盈利以税利形式上缴财政；投资风险也由国家承担。在这种体制下，预算约束是软的，企业具有永无止境的投资扩张冲动，而无内在的约束机制，因而，反复多次出现宏观上投资规模膨胀，微观上企业投资效率低下的现象。

为了克服投资决策权限过度集中造成的问题，我国在1957—1978年这一时期对投资决策权限作过两次较大的调整变动。一次是1957—1958年，另一次是1970年前后。这两次调整变动的初衷都是扩大地方和企业投资的决策权限，调动地方和企业进行经济建设的积极性，但两次投资权限的调整都以失败而告终。其根本原因是，这两次扩权都是行政分权，而不是经济分权。首先，这两次扩权主要是在中央与地方政府之间进行权力的再分配，而没有把权力放给企业。其次，这两次扩权都没有触及投资分配体制，企业投资所需的资金还是由财政无偿拨款供给，因而没有在扩权的同时建立起相应的风险约束机制。概而言之，投资决策模式虽几经变动，但始终没有改变以国家投资为主体，以投资的无偿使用为基本特征，以高度统一的计划管理为主要内容的基本框架。

在这一时期，投资决策权的收放变动总是和经济的涨落周期变动联系在一起。每当经济形势好转，投资体制改革的要求便被提出，而行政性投资分权又带来更强烈的投资数量冲动，因此导致投资规模膨胀，国民经济的正常发展遭到破坏。为了保证国民经济的正常发展，必须压缩投资规模，而在原有经济体制的基本框架中，只能借助于强制性行政手段，由此导致新的集中。这时国民经济得以恢复并逐渐走向上涨，随后新的循环又会开始。

二、由计划经济向市场经济转变时期的投资体制（1979—2003年）

1978年我国确定了发展多种经济成分，对国有企业实行简政放权的基本改革思路。随后，在农村实行了联产承包责任制；在城市逐渐展开了扩大国有企业经营管理权，企业利润分成，中央和地方财政划分收支、分级包干等改革试点，投资领域内开始试行国家预算内拨款改贷款。

1984年5月，全国六届人大二次会议首次明确提出了改革建筑业和基本建设管理体制的要求，并将改革建筑业和基本建设管理体制，大力提高投资效益，作为加快城市改革的一项重大战略部署，作为经济体制改革的突破口。同年9月，国务院颁发了《关于改革建筑业和基本建设管理体制若干问题的暂行规定》。10月，国务院批转国家计委《关于改进计划体制的若干暂行规定》，从三个方面放宽了固定资产投资计划管理权限，即下放基本建设和技术改造项目的审批权限；放宽对地方部门自筹投资的计划管理权限；简化基本建设项目的审批手续。同时规定在基本建设实施过程中实行投资包干制、招标承包制、勘察设计单位企业化等一系列改革。

1988年7月，国务院原则批准了国家计委提出的《关于投资管理体制的近期改革方案》。这个方案的基本思路是：适当划分中央、地方、企业等各类主体的投资范围，将政府投资主要用于基础设施、基础产业、防洪排涝、重点建设等投资项目；改革政府投资的分配方式和经营方式，主要措施是建立基本建设基金制度和成立国家专业投资公司。

1990年和1991年上海证券交易所和深圳证券交易所相继宣告成立，标志着我国证券市场正式建立，证券市场加速发展，证券投资规模逐渐扩大。

1993年11月，中国共产党第十四届三中全会通过了《中共中央关于建立社会主义市场经济体制若干问题的决定》，国家将投资项目划分为竞争性、基础性和公益性三大类，明确政府投资主要用于公益性和部分基础性项目的投资，竞争性项目则由企业投资。

1996年国务院颁发《关于固定资产投资项目试行资本金制度的通知》，要求经营性投资项目必须首先落实资本金，然后才能建设。同年，国家计委颁布《关于实行建设项目法人责任制的暂行规定》，要求国有单位经营性基本建设大中型项目在建设阶段必须组建项目法人，对项目的策划、资金筹措、项目实施、生产经营、债务偿还和资产的保值增值，实行全过程监控。

1998年12月，我国第一部《证券法》正式颁布，并于1999年7月实施，由此确立了资本市场的法律地位，证券投资进入规范化发展轨道。

2001年12月，我国加入世界贸易组织，投资领域全面对外开放，不仅外商直接投资加速发展，外资还获准参股我国基金管理公司和证券公司，2003年首家合格境外机构投资者获准进入我国。

经过这一时期的改革，我国初步建立起了社会主义市场经济的基本框架，投资领域初步形成了投资主体多元化、投资来源多渠道、投资决策多层次、投资方式多样化、项目实施市场化、投资范围由国内扩展到国际的新格局，市场机制开始发挥重要调节作用。但是，我国的投资体制还很不完善，存在许多有待解决的问题，主要表现在以下几方面：一是国有投资的比重仍然过高，而且产业分布不合理，不仅在非竞争性部门占有绝对支配地位，而且在竞争性部门还占有相当比重。二是企业治理结构不尽合理，投资激励与风险约束机制没有真正建立起来。三是资本市场发展不足，资本市场优化资源配置的功能还没有得到有效发挥。四是与市场经济要求相适应的投资法律体系、监管体系以及宏观经济调控体系还不健全。我国固定资产投资在这一时期保持了较高的增长速度，但波动较大。1993年，固定资产投资增长速度高达61.8%，此后我国实行紧缩性财政政策和紧缩性货币政策。1997年，受亚洲金融危机影响，我国实行积极的财政政策，以增加财政投资为主要手段，扩大国内需求，同时采取鼓励发展非国有投资的政策，起到了促进经济发展的作用。但是，2003—2004年又出现了新一轮投资增长过热。我国的证券投资发展迅速，但市场价格起伏跌宕。从2001年开始，股票市场步入持续4年的调整期。

四、完善社会主义市场经济体制时期的投资体制（2004年至今）

以中共十六届三中全会颁布《中共中央关于完善社会主义市场经济体制若干问题的决定》为标志，我国进入完善社会主义市场经济体制的新时期。为了促进投资体制改革，我国出台了一系列新的措施。

2004年1月31日，国务院颁布了《国务院关于推进资本市场改革开放和稳定发展的若干意见》，对资本市场的发展进行了整体部署，提出的主要政策措施包括：健全市场体系，丰富证券品种；提高上市公司质量，促进规范运作；促进中介机构规范发展；提高资本市场监管水平；防范和化解市场风险以及积极稳妥地推进对外开放等。

2004年7月19日，国务院颁发了《关于进一步完善投资体制的决定》。该文件确立的改革指导思想是在国家的宏观调控下，充分发挥市场配置资源的基础作用。改革的重点：一是改革政府对企业投资的管理制度，确立企业在投资活动中的主体地位，按照“谁投资、谁决策、谁收益、谁承担风险”的原则，落实企业的投资自主权；二是合理界定政府投资职能，提高投资决策的科学化、民主化水平，建立投资决策责任追究制度；三是健全投资宏观调控体系，改进调控方式，完善调控手段；四是加强投资监管，维护规范的投资和建设市场秩序，加快投资领域的立法进程。

在上述两个文件颁布后，企业不使用政府资金的项目，一律不再实行审批制，区别不同情况实行核准制和备案制，政府主要运用产业投资指导目录、环境保护标准、安全标准、能耗水耗标准和产品技术质量标准引导企业投资。社会资本开始大量进入基础设施、公用事业以及基础产业部门。政府投资降低了竞争性领域的比重；改革了政府投资预算编制方法；项目决策引入了咨询中介机构评估论证、专家评议、项目公示和责任追究等制度；加大了对政府投资项目的审计；政府投入采取直接投资、资本金注入、投资补助、转贷和贷款贴息等多种方式。

在证券市场，我国于2005年起实行股权分置改革，开始着手解决国有股、法人股与社会公众股同股不同权以及同股不同利的问题。同年10月，全国人大修订了《中华人民共和国公司法》和《中华人民共和国证券法》，并于2006年1月1日开始实施。此后，我国相继颁布了《上市公司证券发行管理办法》和《上市公司信息披露管理办法》等一系列法规，开展了旨在提高上市公司质量的专项活动；对证券公司实施综合治理；进一步改革了证券发行制度；强化了信息披露制度；扩大了境内合格投资者对外投资的范围。

2004年以来，我国在改革投资体制的同时，对国有商业银行实行股份制改革，并积极推进利率、汇率制度的改革，促进了投资决定市场化程度的提高。财税制度、国有资产管理体制等方面的改革，对投资体制的改革也起到了促进作用。

第三节　完善我国投资体制的方向

目前，我国仍处在改革过程中，投资决定的市场化程度还不高，市场发挥调节资源配置的基础性作用还不充分。同时，市场失灵的问题也逐渐显露出来。按照加入世界贸易组织的承诺，我国还将进一步提高对外开放程度，包括放宽外商直接投资进入领域和对外开放资本市场。这既可以促进我国投资的发展，又会增大我国投资的风险。我国经济增长基数扩大，继续保持投资高速增长、实现充分就业与资源供给的矛盾逐渐加大，对环境的压力也逐渐加大。这些对我国投资体制的改革提出了新的要求。

一、完善投资体制的目标

完善整个经济体制包括投资体制的根本目标是发展生产力，促进经济社会可持续和谐发展。为此，必须同时解决好四个基本问题：效率、公平、经济稳定增长和人与自然和谐发展。效率是指资源配置的效率，即合理配置社会经济资源，以实现社会福利的最大化；公平是指社会财富的分配合理，避免出现贫富差别悬殊；经济稳定增长是指宏观经济持续增长，避免出现经济增长的大起大落；人与自然和谐发展主要指自然资源能够得到合理有效利用，生态环境能够得到有效保护和改善。

二、完善投资体制的意义

（一）完善投资体制与微观经济效率

资源配置达到帕累托最优必须满足关于交换效率、生产效率和产品组合效率的条件。产业投资是企业进行生产经营的物质前提，投资什么，投资多少，在什么地方投资，决定了企业的生产规模、方向、技术水平和所在地点，对企业生产的效率及产品是否适合市场需求有着决定性的影响。要实现资源的最优配置，必须充分发挥产品市场和生产要素市场特别是资本市场对企业投资的基础性调节作用。

（二）完善投资体制与宏观经济稳定增长

投资是宏观经济的关键性变量，既影响社会总需求，又影响社会总供给，不仅影响国民经济的增长速度，而且影响国民经济产业结构、技术水平和生产力布局，是涉及国民经济全局和长远发展的战略问题。保持宏观经济稳定增长，必须保持产业投资总量和结构适当，而且必须保持证券投资的发展与实体经济的要求相适应。

（三）完善投资体制与社会公平

居民家庭只有在取得收入后，将一部分消费剩余用于产业投资或证券投资，才能形成财富的逐渐积累，并获得新的财产性收入。产业投资主体的多元化和资本市场的发展，为普通居民家庭增加财产性收入提供了可能。但是，必须防止资本收入与劳动收入比例失调，资本收入向少数人集中；否则，将加剧社会的不公平。

（四）完善投资体制改革与可持续发展

实现社会经济的可持续发展，要求投资者在决策中充分考虑资源节约和环境保护的要求。为此，在投资体制中，必须建立起有效的激励与约束机制，鼓励企业能够采用节约资源消耗、减少污染排放及有利于生态平衡的技术，并有效地解决负外部性的问题。

三、完善投资体制的主要内容

完善投资体制涉及众多的方面，其中具有决定意义的有以下几个方面：

（一）推进投资主体多元化

在企业发展史上，由个人业主制企业、合伙制企业发展到现代企业，其实质的变化是企业由单一投资主体走向多元投资主体。

按照投资多元化的要求，除极少数企业继续采取国家独资的存在方式外，大量的国有经济将采取国家绝对控股、相对控股和参股三种存在形态；在这三种形态中，国有经济应尽可能采取相对控股和参股的方式。同时，必须大力发展和积极引导非公有制经济发展：要放宽市场准入，允许非公有资本进入法律法规未禁入的基础设施、公用事业及其他领域，从而将非公有制经济的发展由一般竞争性部门推向基础设施、公用事业及其他领域。对非国有经济的发展不应有人为限制，而应让其在与国有经济平等竞争的基础上充分发展。只有这样，才能发挥各种所有制的优势，避开其劣势。从宏观上看，未来将形成平等竞争的多元化的投资主体；从微观上看，各种所有制投资形式将互相渗透、互相融合。

（二）构建有效的投资激励与约束机制

1.建立健全现代产权制度

按现代产权理论，完整意义上的产权主要是指对一种物品或资源排他性的支配使用权、自由转让权以及剩余产品的收益权。产权包括物权、债权、股权和知识产权等各类财产权。

在有限责任公司和股份有限公司，出资人拥有股权，凭借股权，出资人可以享受企业的收益，参与股东大会并通过股东大会参与公司重大事项的决策，同时还可以通过转让股权获取投资收益和规避投资风险。但是，拥有股权者并不能直接干预公司的生产经营，企业的生产经营要由股东大会选举产生董事会，然后由董事会选聘经理层负责组织实施。没有股权和企业法人产权，就没有现代企业制度。

随着科学技术的进步和市场竞争的加剧，知识产权、商标和信誉等无形产权在企业经营和经济发展中具有越来越重要的作用，没有对知识产权等的保护，也就不能有效地推动技术进步和维持正常的市场秩序及良好的社会信用。

2.完善公司治理

公司治理是一套制度安排，用以支配若干在公司中有重大利害关系的团体——投资者(股东和贷款人)、经理人员、职工之间的关系，并从这种联盟中实现经济利益。其核心是要建立一套有效的激励与约束机制，以解决所有权与经营权分离条件下由于信息不对称引起的委托代理问题，从而使投资者利益得到有效保护。

由于政治、经济、文化等条件的差异，不同国家和地区的公司治理存在差异。西方国家的公司治理的典型模式有两类：英美模式和德日模式。英美模式以美国和英国为代表，是一种市场导向的公司治理模式，即主要依靠高效运行的资本市场来监督和激励企业的经营者。德日模式以德国、日本为代表，属于内部人为主的模式，因银行在公司治理中有着特别重要的作用，因而也被称为银行主导型的治理模式。在我国，企业治理还很不完善，必须按照现代企业制度要求，规范公司股东大会、董事会、监事会和经营管理者的权责，完善企业领导人的聘任制，形成权力机构、决策机构、监督机构和经营管理者之间的制衡机制。

（三）发展和完善资本市场

在市场经济条件下，资本市场的意义不仅在于融通资金，促进储蓄转化为投资，更重要的还在于优化资源配置。在资本市场上，资本的价格应根据资本供求关系的变化而上下浮动，这样就可以起到灵敏调节资本供求平衡的作用。资本市场上通行的是择优分配的原则，在市场机制的作用下，资本将流向边际效益高的行业和项目，使资本可以得到最佳使用，从而引导社会资源实现最优配置。

必须指出的是，金融市场发挥优化资源配置的功能，必须具备一系列前提条件，如产权明晰；市场的交易者都是平等的、理性的经济人；市场信息充分，而且交易双方之间的信息对称；资本市场体系完备，资产品种多样化，交易者有多种不同的选择，而且竞争是充分的。否则，资本市场的过度投机和波动，将影响资源优化配置和实体经济的稳定。

在我国，发展和完善资本市场，必须发展多层次的资本市场，完善资本市场体系，包括发展和规范创业板市场、企业债券市场、市政债券市场和场外交易市场；增加金融工具，包括发展股指期货交易等，满足日趋多样化的金融需求；加快股票发行制度改革，更多地发挥市场机制的作用；不断完善上市公司治理结构，规范大股东行为，切实保护投资者特别是中小投资者的利益；改进机构投资者的结构，健全机构投资者的治理结构；大力发展中介组织，并规范其行为。

（四）完善投资监管制度

在产业投资中，监管的作用在于维护市场正常秩序，依法保护投资者的合法权益，促进投资主体合理、公平、有序竞争；弥补市场机制在微观领域的失效，防止或减少因垄断、信息不对称、外部效应等原因导致投资利益相关者及社会公众利益受损。为此，必须进一步健全与投资有关的法律和法规，对于违反法律、法规的行为，予以惩处；依据各行业的不同情况，科学制定环保标准、安全标准、卫生标准、耗水标准、技术标准和产品质量标准，建立有效的行业准入制度；科学制定土地利用规划，加强对投资用土地使用的监督；健全有关规制垄断和不正当竞争、环境保护和食品安全等方面的法律和法规，并加大执行力度；尽快制定和实施与基础设施和公用事业特许经营相关的法律和法规。

在资本市场上，监管的目的是保护投资者特别是中小投资者的合法权益；保证资本市场的公平、效率和透明度，维护证券交易的正常秩序，防止人为操纵、欺诈等不法行为；降低系统性风险。监管的核心是信息监管。提供充分、有效、准确和及时的信息，提升市场的透明度，是解决信息不对称问题、减少市场噪音、促进投资者理性决策的基本手段，是维护市场公平交易的前提，同时也是政府实施有效监管的必要条件。必须健全资本市场规则，提高执法效率。

在我国，政府投资与国有经济投资仍占相当比重，必须健全政府投资与国有经济投资的监督机制，特别要防止利用政府投资及资产谋取个人或集团的不正当利益。除加强政府和国有资产管理部门的监督外，必须加强社会对政府投资与国有经济投资的监督。

（五）完善投资宏观调控体系

纵观各市场经济国家发展历史，可以看到这样的倾向：在经济起飞之后，在市场经济已有一定基础的条件下，由于独立的微观经济主体呈跳跃性增长，经济决策日趋分散，以及国民经济活动日趋复杂和多样化，计划部门已没有能力对经济运行实行实质性调控，其不可避免的趋势是逐渐转向勾画远景和提供政策指导。而财政和金融则相互交织着对经济运行发挥实质性调控作用。财政收入以其总量决定微观经济主体的可支配收入总量，并以其结构影响后者的支出结构；财政支出中投资支出的总量和结构直接影响全社会投资的总规模及结构。货币金融部门则通过扩张和收缩货币供应总量和信贷规模，决定各经济主体投资资金的可得性，并通过对利率的调节，决定各经济主体取得资金的成本和引导社会资金的流向。市场经济是一种货币经济，投资宏观调控的首要任务是寻求储蓄与投资货币供求的总量及结构平衡，然后则是寻求储蓄与投资的货币供求与商品供求的平衡，财政和金融通过调节资金流动，可以起到调节整个投资运行的作用。鉴于产业投资与证券投资联系日趋紧密，必须加强对产业投资宏观调节与对证券投资宏观调节的协调。

第四节 投资的宏观管理

一、投资的宏观管理对象、目标及手段

（一）投资宏观管理的对象

按照市场经济的要求，政府对投资的管理应该是间接的，而不应直接干预居民和企业的投资活动。间接管理和直接干预的区别首先表现在政府调节的对象不同。在传统的计划体制下，政府将投资规模和结构的指标层层分解到企业，政府直接以企业为管理调节对象。在市场经济体制下，政府应以市场为管理调节对象，通过市场调节企业的投资行为。

（二）投资宏观管理的目标

投资宏观管理的基本目标是保持投资供给和需求的平衡，包括总量的平衡和结构的平衡，实现投资资源在全社会范围内的优化配置，促进经济持久、快速发展和人民生活水平不断提高。投资总量平衡与否，投资结构合理与否，客观上都会通过市场表现出来，市场变量是宏观经济运行状况的指示器，同时也是居民和企业经济活动的重要参数。因此，政府可以通过对市场变量的预期、监测和分析来了解宏观经济运行状况，并通过对市场变量的调节来引导企业的投资行为。

（三）投资宏观管理的手段

为了保持投资总量和结构的平衡，政府对市场的管理和调节应包括两个方面：一是市场制度与规则的安排与调整；二是对市场变量的调节。前者要求积极推进经济体制改革，并借助于国家法律的力量，通过制定、颁布有关的法律规则，保护投资者的产权，维护社会正常的投资秩序，从而为市场机制发挥有效作用创造必要的条件。只有确立一个良好的市场制度和规则，才能有效地对市场变量进行调控。但是，市场制度和规则一旦确立下来就具有相对的稳定性，政府的主要任务就是在现有制度和规则的框架内，对市场变量进行经常性的调节和控制，并通过市场变量的变化引导居民和企业的经济行为。

就投资总量平衡而论，投资规模合理与否，不能简单地以本年度投资额比上年度增加多少来判断，而应看市场上的意愿投资与储蓄是否相等。如果两者相等，投资就是有保证的。相反，意愿投资与储蓄不等，投资规模不是过大，就是过小。投资和储蓄固然受多种因素的影响，但主要的是受利率及产品价格的影响。在利率市场化条件下，如果意愿投资大于意愿储蓄，利率就会上升，从而起到抑制投资和鼓励储蓄的作用。在产品市场健全的条件下，投资品供求平衡状况则会引起投资品价格的变动。总之，投资规模合理与否可以通过利率和投资品价格的变动来反映。据此，政府可以将利率和投资品价格作为调节投资总量的中间参数。

在投资总量一定的条件下，投资究竟流向哪一个产业部门，主要受各部门投资预期收益率的调节。某个部门的投资预期收益率高，投资就会较多地流向这个部门。部门投资预期收益率的高低，又取决于该部门的价格水平、单位产品的投资需要量及投资周期。其中，单位产品的投资需要量及投资周期由该部门的技术特点决定，而价格水平则是由该部门产品的供求决定的。据此，政府可以将各部门的投资预期收益率作为调节投资结构的中间参数，通过调节各部门的投资预期收益率来调节投资结构。

在市场经济条件下，投资运动是以货币为媒介的。投资必须预先垫支足够数量的货币资金，没有足够数量的货币资金垫支，投资就不能进行。从这个角度看，垫付于投资的货币资金的数量及使用方向制约着全社会投资的总规模及结构，因而可以从资金形成过程入手进行投资的宏观管理。投资资金尽管在现实生活中可以通过多形式、多渠道来筹集，但从价值源泉看，只能来自国民生产总值。国民生产总值在扣除折旧后，经过初次分配就形成物质生产部门的劳动报酬和企业的纯收入，在此基础上再经过一系列的再分配。在分配和再分配过程中，财政和信贷平衡与否，对于产品市场的平衡、货币市场的平衡及产品市场与货币市场的综合平衡有着举足轻重的作用。政府可以运用财政政策和金融政策调节利率、投资品价格及各产业部门的预期收益率。财政政策和金融政策是投资宏观管理的两个主要手段。

二、投资宏观管理的财政政策

财政本质上是国家在参与社会总产品分配过程中形成的分配关系。财政的基本职能是满足社会对公共产品的需要，通过分配调节社会总需求与总供给的总量平衡及总需求与总供给的结构平衡，维护社会公平。财政通过收入和支出两个方面直接或间接地制约着投资规模及结构。财政调节投资总规模及结构的主要政策有：

（一）公共财政经常性收入

公共财政经常性收入的主要形式是税收和财政性收费，主要包括增值税、所得税、资源税和土地使用费等。税率和费率的高低不仅影响企业投资的成本，还会影响企业投资的预期收益以及企业税后可支配的资金，从而会直接影响企业投资的数量及结构。国家可以通过税负总水平的变化调节投资的总规模，还可以通过设置适当的税种调节投资的结构。

（二）折旧政策

折旧是企业重置投资的主要资金来源。折旧率的高低，不仅影响企业折旧基金的多少，还会影响企业应缴纳所得税的税基。通过规定折旧率，国家可从资金来源上制约企业的投资规模。对不同的企业实行差别折旧率，则可以从资金来源方面起到调节企业投资结构的作用。

（三）财政支出政策

从财政投资对投资规模的影响看，全社会投资可以分为预算内投资和非预算投资两部分。预算内投资规模的变化必然引起全社会投资的变化。如果财政收支平衡，财政分配的作用就是将一部分企业和个人所创的收入转移到另一些企业和个人，不会引起总需求和总供给在总量上的失衡。但是，如果财政收小于支，出现赤字，就需要通过发行公债来弥补赤字，由此就可能影响社会总需求与总供给的平衡。如果靠过量的货币发行来支持透支，由此就创造出了没有物资保证的需求。

从财政投资对投资结构的作用看，财政可以从社会整体利益和整体效益出发，将投资用于国家急需发展而不能直接盈利的产业部门、地区和项目。如由国家财政投资建设大型能源、交通、原材料工程，修筑大型农业水利设施，支援经济落后地区的开发建设等，是实现投资结构合理化，从而促进经济资源合理配置的重要手段。

财政支出政策对全社会投资规模和结构制约作用的大小，不仅要看财政投资数量比重的大小，更重要的还在于质量。财政投资是受国家直接控制的变量。在企业投资总量和结构一定的情况下，国家可以通过财政投资总量和结构的变化来实现社会投资总规模和结构的合理化。同时，国家预算投资还会对企业投资产生示范效应和带动效应。因此，财政支出对投资制约作用的大小，关键在于如何运用财政支出这个杠杆。

（四）财政补贴

财政补贴可以看是一种负税，用它不仅可以调节投资资金的形成，还可直接调节投资的使用。当某种产品如粮食的生产因价格过低发生亏损时，国家给予适当补贴，可以增加农民的收入，从而增加其投资资金来源；如果国家对农民购置大型农业机械给予适当补贴，则可以直接刺激农民购置农业机械的积极性。

（五）财政信用

财政可以通过信用方式筹集部分国家投资资金，同时也可运用信用方式供应部分国家投资资金。在民间投资需求不振的条件下，国家运用其他经济手段不能有效地扩大投资需求时，财政通过发行债券，将所筹集的资金用于公共部门的投资，不仅可以扩大投资需求，还可以改善投资结构。以信用方式向农村集体经济提供水利设施、大型农业机械等投资资金，可以促进农村集体经济的发展；为高新技术开发提供贷款贴息、设立风险投资引导基金等，可以促进高新技术的发展。

上述财政政策手段的主要功能在于调节投资的结构。财政政策手段对投资总量调节作用的大小要综合财政投资对企业、个人投资的“挤出效应”来考查。在西方经济学中，所谓“挤出效应”，是指因财政投资支出增加导致私人部门支出尤其是私人部门对利率具有敏感性的投资性支出的减少。在利率市场化的条件下，政府以举债的方式增加投资支出，可能导致市场利率提高，导致私人投资成本增加，从而将减少私人投资。在我国利率尚未完全市场化的条件下，当财政通过提高税率等手段增加预算收入、扩大预算内投资规模时，企业的税后利润减少，可能相应收缩企业和个人的投资规模。相反，当财政通过降低税率等手段减少预算收入、收缩预算内投资规模时，企业的税后利润增加，可能相应扩大企业和个人的投资规模。如果财政投资率和企业投资率相等，而且财政通过税收手段等增加收入或减少收入后不改变原来的支出结构比例，财政政策手段就可能起到调节投资结构的作用，而起不到调节投资总量的作用。若要以财政手段调节投资总量，在投资规模严重膨胀的条件下，财政可以采取提高税率的办法，以减少企业投资资金来源或增加企业投资成本，同时还要降低财政投资率，缩小财政投资规模。相反，在投资需求不足时，要以财政手段调节投资总量，财政可以采取降低税率的措施，增加企业投资资金来源或降低企业投资成本，同时还要保持财政投资率不下降，避免财政投资规模相应缩小。

三、我国财政总量政策的选择

在1997年以前，我国经常出现的问题是需求过度，而供给相对不足，财政分配的基本任务是制约需求的过度扩张，促进供给的增加。从总体上看，我国执行的是平衡性财政政策。从1997年起，我国总需求与总供给对比关系发生了由总供给不足到总需求不足的变化，我国开始实施积极的财政总量政策。到2003年，鉴于投资的增长速度过快，我国适时地转向中性的财政政策。从2008年下半年开始，受美国次贷危机的影响，我国为了保持经济可持续发展，实施积极的财政政策，大规模扩大财政投资。

在未来时期，我国投资的周期波动是不可避免的，宜采取“相机抉择”方法，灵活运用扩张性财政政策、紧缩性财政政策或平衡性财政政策。要以财政收支平稳投资的周期波动，必须注意以下几点：

（1）应以总需求和总供给的平衡为最终目标。在安排财政计划时，不能单纯追求经常性财政收入与支出的平衡，而应充分考虑以财政收支调节全社会投资的需要。在社会总需求不足时，可以扩大财政投资，通过财政支出的乘数效应带动社会总需求的扩张；当社会总需求过大，经济增长过热时，则应减少财政投资。

（2）应充分发挥财政“自动稳定器”的作用。在财政收入中，所得税具有“自动稳定器”的作用。当经济衰退时，收入减少，累进所得税会自动随之递减，可以起到防止经济过度衰退的作用。在财政制度设计中，应逐步提高所得税占财政收入的比重。

（3）应优先考虑运用间接调控手段。例如，为压缩全社会投资规模，国家可以提高税率，减少财政补贴，以限制企业投资。相反，为适当增加全社会投资规模，国家可以降低税率，增加财政投资贷款贴息等，以刺激企业投资。只有当其他手段失效时，才考虑使用财政投资手段来调节总需求与总供给的平衡。

（4）无论采取扩张性财政政策还是紧缩性政策，在安排投资项目时，投资项目所需资金必须打足，不能留有缺口。当中央财政与地方财政、财政与银行、财政与企业共同出资建设时，必须落实其他来源的资金，防止相互“钓鱼”。不仅要考虑固定资产投资的需要，还必须考虑流动资产垫底资金的需要。

（5）在制订财政投资在建总规模计划，决定上多少新项目时，必须准确预测以后年度财政投资的需要和可能。新项目上马时往往需要少量投资，而进入施工高峰期后就需要大量投入。如果新项目上马过多，投资高峰过分集中，就会超过财政提供资金的能力，并可能引发投资过热。

（6）财政总收入不能计算得过紧，财政支出必须留有余地。因为投资计划和财政计划在执行过程中经常会遇到一些始料未及的问题，并由此引起财政收入减少和支出增加。尽管政府可以通过发行债券筹集资金，但如果收入计算得过紧，临时追加发行计划，也会影响财政的筹资成本。

（7）财政投资必须讲究使用效益。动态地看，只有使用效益好，才能带来税收的增加，才能偿还财政债务的本息，形成良性循环；否则，使用效益不好，税收不能增长，债务负担就会成为沉重的包袱。

四、我国财政投资体制

1979年以来，我国先后实行了财政投资拨款改贷款、投资包干和基本建设基金制等一系列改革，虽然取得了一定成效，但与原定的改革目标还有距离。

为了提高财政投资效益，必须明确政府投资的职能和范围，提高投资决策的科学化、民主化水平，严格依法管理，并建立严格的投资监督和责任追究制度。

（一）合理界定政府投资范围

政府投资主要用于关系国家安全和市场不能有效配置资源的经济和社会领域。能够由社会投资建设的项目，尽可能利用社会资金建设。应合理划分中央政府与地方政府的投资事权。中央政府投资主要应用于跨地区、跨流域以及对经济和社会发展全局有重大影响的项目。

（二）健全政府投资项目决策机制

进一步完善和坚持科学的决策规则和程序，提高政府投资项目决策的科学化、民主化水平；政府投资项目一般都要经过符合资质要求的咨询中介机构的评估论证，咨询评估要引入竞争机制，并制定合理的竞争规则；特别重大的项目还应实行专家评议制度；逐步实行政府投资项目公示制度。

（三）规范政府投资资金管理

编制政府投资的中长期规划和年度计划，统筹安排、合理使用各类政府投资资金，包括预算内投资、各类专项建设基金、统借国外贷款等。政府投资资金按项目安排，根据资金来源、项目性质和调控需要，可分别采取直接投资、资本金注入、投资补助、转贷和贷款贴息等方式。以资本金注入方式投入的，要确定出资人代表。要针对不同的资金类型和资金运用方式，确定相应的管理办法，逐步实现政府投资的决策程序和资金管理的科学化、制度化和规范化。

（四）简化和规范政府投资项目审批程序，合理划分审批权限

按照项目性质、资金来源和事权划分，合理确定中央政府与地方政府之间、国务院投资主管部门与有关部门之间的项目审批权限。对于政府投资项目，采用直接投资和资本金注入方式的，从投资决策角度只审批项目建议书和可行性研究报告，除特殊情况外不再审批开工报告，同时应严格政府投资项目的初步设计、概算审批工作；采用投资补助、转贷和贷款贴息方式的，只审批资金申请报告。

（五）加强政府投资项目管理，改进建设实施方式

规范政府投资项目的建设标准，并根据情况变化及时修订完善。按项目建设进度下达投资资金计划。加强政府投资项目的中介服务管理，对咨询评估、招标代理等中介机构实行资质管理，提高中介服务质量。对非经营件政府投资项目加快推行代建制。增强投资风险意识，建立和完善政府投资项目的风险管理机制。

（六）引入市场机制，充分发挥政府投资的效益

各级政府要创造条件，利用特许经营、投资补助等多种方式，吸引社会资本参与有合理回报和一定投资回收能力的公益事业和公共基础设施项目建设。对于具有垄断性的项目，试行特许经营，通过业主招标制度，开展公平竞争，保护公众利益。已经建成的政府投资项目，具备条件的经过批准可以依法转让产权或经营权，以回收的资金滚动投资于社会公益等各类基础设施建设。

（七）建立政府投资项目的社会监督机制和责任追究制度

完善政府投资制衡机制；完善重大项目稽查制度，建立政府投资项目后评价制度，对政府投资项目进行全过程监管；建立政府投资项目的社会监督机制，鼓励公众和新闻媒体对政府投资项目进行监督。

五、投资宏观管理的金融政策

在市场经济条件下，投资的运动是以货币为媒介的，投资按比例分配的前提条件是有货币支付能力的投资需求与社会可以供给的投资品在总量上和结构上相适应。为此，货币的供给量必须与其必要量相一致。所谓货币的必要量，指的是流通过程中对于流通手段和支付手段的必要量。它主要取决于社会商品的可供量和货币的流通速度。货币的供应则是投入流通中的货币数量。货币供应量有多层次的指标。世界上通行的货币供应量的统一口径是国际货币基金组织认定的口径，即货币供应是指现金（包括钞票和硬辅币）加活期存款。在银行存款中，除活期存款外，定期存款、外币存款等大多不准许签发支票，即不能立即用于购买，但定期存款到期可以转为活期存款或现钞，外币存款可通过兑换变成本国货币存款。因此，国际货币基金组织称之为“准货币”。在我国统计上，现金以M_0标示；M_0加活期存款以M_1标示；M_1加准货币以M_2标示。M_1为现实的货币供应量，准货币为潜在的货币供应量。现实的货币供应量以一定的速度不断周转，就形成一定的有支付能力的社会需求。因此，货币供给量与必要量的平衡本质上是社会购买力与商品供应量的平衡。

在现实生活中，影响货币供应量的因素有很多。在市场经济条件下，投资的过程也是货币投入流通的过程，投资回流的过程则是货币回流的过程。每一项投资都可能影响货币流通。因此，社会能以多大的规模进行投资，必须考虑货币供应量与必要量平衡的要求。反过来看，正因为投资离不开货币，我们可以通过对货币供求的管理来调节投资的总量及结构，尤其是调节投资总量。

（一）金融政策目标

在经济发达的市场经济国家，货币政策（金融政策）一般实行多重目标：经济增长，稳定货币，充分就业，维持国际收支平衡。同时实现这四大目标非常困难，比较现实的目标是在上述四个目标中寻求一种令人满意的组合。

从世界各国的发展经验看，在经济增长、稳定货币、充分就业和维持国际收支平衡这四大目标中，经济增长和充分就业是同方向变化的，稳定货币和维持国际收支平衡是一致的。因此，科学确定金融政策目标的关键是正确处理稳定货币与经济增长的关系。从理论上讲，推动经济发展，必须注入适量的货币，适量的货币供应是促进经济发展的必要条件；反过来，经济发展了，社会商品的供给丰富，则可以为稳定货币创造坚实的物质基础。但是，在现实中，经济的高速增长往往伴随着一定程度的通货膨胀，而紧缩通货，则会使经济增长速度下降。

经济增长与通货膨胀之间有多种组合：一是低通胀，高增长；二是低通胀，中速增长；三是低通胀，低增长；四是中度通胀，低增长；五是中度通胀，中速增长；六是中度通胀，高增长；七是高通胀，高增长；八是高通胀，中速增长；九是高通胀，低增长。其中，社会可以接受的组合有一、二、六这三种，显然比较好的是第一种组合。

2003年修订的《中华人民共和国中国人民银行法》第三条规定：“货币政策目标是保持货币币值的稳定，并以此促进经济增长。”在1997年以前，我国总体上是资源约束型经济，供给不足，曾多次发生高位通货膨胀。因此，货币政策的首位目标定为稳定物价，防止通货膨胀。但是，在1997年后，我国经济中一度出现了通货紧缩，社会总需求不足，物价持续走低，经济增长缓慢。2003年以后，我国相继出现了经济增长过热、流通性过剩的问题。2008年下半年开始，受美国次贷危机的影响，出口需求减少，资产价格下挫，消费品和投资品价格回落。这表明，我国的货币政策既要防止高位通货膨胀再次发生，又要防止通货紧缩。

（二）金融政策手段

以金融调节投资，不仅要有正确的目标，还必须运用有效的手段。在传统的计划经济体制之下，我国调节货币的供应量是靠直接控制信贷规模来实现的。但是，随着改革的深入，这种控制方法已越来越难以奏效。西方市场经济国家，金融宏观调控总体上看是间接的，其基本特点是由中央银行增加或减少货币供应量，从而影响利率，然后通过利率的升降来增加或减少投资，使总需求与总供给趋于一致。市场经济体制下的金融政策手段主要有：

1.法定存款准备率

所谓法定存款准备率，是商业银行按法律规定必须向中央银行缴存的准备金占其所吸收存款的比率。商业银行的自有资金是有限的，其放款的资金主要来源于吸收存款。为了应付存款人随时提取存款，商业银行不能把吸收来的存款全部贷放出去，而必须保留一定的准备金。当中央银行提高存款准备率时，商业银行吸收的存款中交存中央银行的数量就扩大，本身运用的部分就减少；反之，当中央银行降低存款准备率时，商业银行吸收的存款中交存中央银行的数量就减少，本身运用的部分就扩大。如果不考虑货币创造过程中的渗出，货币供应量与存款准备率之间的关系可以用下式表示：

$$M_1 = \frac{R(1+K)}{r} \tag{18-1}$$

式中：R——基础货币；K——居民手持现金与活期存款的比例；r——存款准备率，$\frac{1}{r}$则称为货币乘数。公式（18-1）表明，货币供应量与存款准备率的高低成反比。在社会总需求小于总供给的情况下，中央银行降低法定存款准备率，可以使商业银行在活期存款额不变的条件下扩大放款，增加市场上的货币量，降低利率水平，促进企业投资，从而增加总需求；相反，在总需求大于总供给的情况下，中央银行提高法定存款准备率，将迫使商业银行不得不收缩放款，减少货币供应，提高利率水平，限制企业投资，从而减少总需求。

2.贴现率

这里所说的贴现率是中央银行向商业银行的贷款利率或再贴现率。向中央银行借款和以未到期票据向中央银行办理贴现，是商业银行取得资金的重要来源。中央银行向商业银行的贷款利率或再贴现率直接影响到商业银行的资金成本，因此，贴现率的高低将引起商业银行向中央银行借款或贴现的数量。在总需求小于总供给的情况下，中央银行降低贴现率，促进商业银行向中央银行借款。这样，商业银行可以扩大对企业的贷款，由此使货币供应量增加，利率降低，从而可以促进企业投资，增加总需求。相反，在总需求大于总供给的情况下，中央银行提高贴现率，限制或减少商业银行向中央银行借款，这样会迫使商业银行收缩放款，放款的收缩减少了货币供应量，提高了利率水平，限制了企业投资，从而减少总需求。

3.公开市场业务

公开市场业务指中央银行通过在市场上买卖政府债券以调节货币供应量及利率，从而影响企业投资。在总需求小于总供给时，央行通过公开市场购进政府债券，货币供应量增加，利率水平下降，促进企业投资，从而增加总需求；在总需求大于总供给时，央行通过公开市场卖出政府债券，货币供应量减少，利率水平上升，抑制企业投资，减少总需求。

西方传统的金融政策手段受到了以弗里德曼为代表的货币主义学派的批评。弗里德曼认为，传统的“相机抉择”的货币政策只能在很有限的时期内限定利率和失业率，而实施这种政策却是弊大于利，很难收到预期效果。例如，由于货币政策生效往往要经过1年或1年以上，这就会引起政策执行者在扩大或收缩信贷流量时难免做过了头，从而导致与愿望相反的结果，更加促成经济的不稳定性。又如，为了压低利率和刺激投资而运用公开市场业务过度地扩大货币供应量，虽可奏效一时，但经过 ·年半载，至多两年，随着公私开支的扩大，人们的收入也相应增加，同时还可能使物价上涨，结果又会使利率重新上升。因此，弗里德曼主张“单一规则”的货币政策。他说：“我始终强调一个不变的、既定的货币数量增长率比之准确变化的增长率数值更为重要。”美国和英国一度采取货币主义的货币政策，但实践并不成功，现在又转而采用传统的调节利率的货币政策。

（三）金融调节机制

中央银行以存款准备率、再贴现率和公开市场业务调节企业投资，主要是通过利率传导的。利率是金融市场的核心，它既调节资金的供给，又调节对资金的需求。在储蓄小于投资的情况下，一方面，利率提高，社会储蓄增加，存入商业银行及其他金融机构的存款相应增多，存款准备率不变，商业银行可以扩大投资贷款，同时，用于购买股票和各类债券的资金亦可能增加；另一方面，利率提高还会提高投资成本，进而抑制投资需求。这样就会促使社会总储蓄与总投资逐渐达到平衡。与此同时，利率还可以起到调节投资流向的作用，在利率市场化的条件下，投资将流向边际效益率较高的部门和项目。一个部门和项目的投资收益率如果小于或等于市场利率，投资将无利可图，理性的投资者就不会投资。

在存在资本市场的条件下，资本市场价格的变动亦会影响投资。关于货币政策传导机制与资本市场关系的研究理论有以下一些：

1.托宾的q理论

按照托宾的理论，在存在资本市场的条件下，货币供给的变动会通过利率结构的变动而改变货币与真实资产的相对吸引力，从而使资产发生明显替代，最终导致投资以及收入的变化，即货币供给与经济增长之间的传导机制为M—r—q—I—Y。其中，M为货币供给；r为货币利率；q为真实资产的当期证券市场价格与当期重置成本的比率；I为真实投资；Y为真实产出。货币供给M增加引起货币利率r的下降，使公众的资产偏好转向证券市场，引起真实资产的市场价格上涨，即q值上升，从而会刺激真实投资I的增长，进而会带动Y的增加。

2.非对称信息理论

非对称信息指的是资本市场上证券的供给者即发行人与购买者所掌握的信息充分程度不同，而对于信息不对称，资本市场上便会出现逆向选择和道德问题。当货币供给量增多、股票价格上涨时，企业净值提高，这意味着贷款人实际拥有较多的担保品，股份公司违约逆向选择的概率降低，减少了贷款人的风险，从而鼓励对投资支出的融资贷款。同时，企业较高的净值意味着所有者在企业投入较多的股本，而股本投入越多，所有者从事风险项目的意愿越低，也不会将公司的贷款投资于对个人有利但不能增加公司利润的项目，从而就减少了道德风险。因此，股价上升，企业的净值提高，逆向选择和道德风险较少，可以导致较高的投资支出，从而促进经济增长。非对称信息理论的货币政策传递机制是：M—股价—净值—逆向选择—道德风险—贷款—I—Y。

3.财富效应理论

最早提出财富效应理论的是莫迪尼亚。他认为，消费不同于消费支出，因为前者不包括花在耐用消费品上的支出。消费者会按时间均匀地安排他们的消费，因此，决定消费支出的不是当前的收入，而是消费者毕生的资财，其中包括金融财富。当股价上升时，消费者的毕生财富增加了，消费支出也会随之增加。财富效应理论的货币政策传导机制是：M—股价—

财富—毕生资财—消费—Y。

4.流动性效应理论

流动性效应理论认为，企业或居民在决定持有何种资产时会考虑流动性的要求。耐用消费品诸如汽车、住宅等不具有流动性，当发生财务困难而必须出售这些资产时，不可能完全收回它们的价值；相反，金融资产如银行存款、股票或债券，可以很容易地按完全市场价值出售而收回现金。当消费者持有的金融资产与负债相比为数很多时，他们对财务困难的可能性的估计会很低，因而较为乐意去购买耐用消费品。因此，当股票价格上升时，金融资产的价值提高，发生财务困难的概率估计也很低，耐用消费品支出会增加。流动性效应理论的货币传导机制是：M—股价—金融资产价值—财务困难的可能性—耐用消费品支出—Y。

（四）金融体制

有效的货币政策必须有两个前提条件：一是经济运行的微观基础健全，微观经济主体能够对货币政策信号做出灵敏的反应；二是货币政策的传导机制通畅，货币政策信号在传递过程中不会出现扭曲和梗阻。在经济制度改革不配套、经济运行的微观基础不健全的条件下，货币政策难以达到预期的效果。同时，货币政策是短期的，而且调节的对象主要是宏观经济总量。它虽然可以通过一定的传导机制作用于经济结构和微观经济主体，但这种作用的大小归根结底取决于市场机制和微观主体的反应。为了有效地利用金融政策调节投资，我国必须积极推进金融体制改革，其中主要的有以下几点：

第一，加强和改善金融调控。中央银行必须超脱于商业银行之上，其首要任务是稳定货币，为经济发展和就业的增加创造稳定的环境。应稳步推进利率市场化，建立健全由市场供求决定的利率形成机制，中央银行通过货币政策工具引导市场利率和调节资本市场价格。应完善人民币汇率形成机制，保持人民币汇率在合理、均衡水平上基本稳定。

第二，继续推进金融机构的改革，着力完善股份制商业银行的治理结构；积极发展中小银行特别是民营的中小银行，改善银行的组织结构；规范和发展农村金融组织；大力发展非银行业金融机构，健全多元化的金融体系；同时还应改进和加强对银行及非银行信贷机构的监管。

第三，加快金融市场制度的改革，维护金融市场的稳定和发展。必须建立多层次资本市场体系，完善资本市场结构，丰富资本市场产品。必须改革公司上市和退市制度，提高股票发行的市场化程度，加速劣质企业的退市。必须完善上市公司的治理结构，既要规范国有大股东的行为，又要切实保护股东特别是中小股东的权益。应完善证券市场的监管制度，规范上市公司的信息披露行为，严厉打击操纵市场、内幕交易和虚假信息披露等违法犯罪行为。

在深化金融体制改革的同时，还必须积极推进企业制度的改革。企业是投资的需求主体，如果企业不承担投资风险，企业对投资就有无限的需要，而不会对利率的变化做出灵敏的反应。企业制度的改革、现有商业银行的股份制改造、资本市场制度的完善与金融宏观调控方式的转变必须同步进行，它们互为条件、缺一不可。

六、投资宏观管理政策的协调

上面论述了如何以财政政策和金融政策对投资进行宏观调节，从中可以看出，财政和银行是影响投资总量和结构的两个重要部门。这两个部门在现实经济生活中是紧密联系、互为影响的。要有效地运用财政、金融政策对投资进行调节，还必须做好财政政策与金融政策的协调，同时还要做好财政、金融政策与其他政策的协调。

（一）财政政策与金融政策的区别与联系

财政政策和金融政策都是稳定经济的工具，而且都是通过对投资资金供给与需求的影响来调节投资的总量平衡及结构合理化，但两者又有许多不同的方面。

1.财政政策和金融政策的区别

（1）调节的主要领域不同。财政的基本职能是进行非市场经济部门的资源配置，以弥补市场调节的不足，满足社会公共需要。财政投资支出主要用于社会公共部门，如国防、大江大河的治理；自然垄断性部门，如省际铁路、城市基础设施等；具有明显外部效益的部门，如环境保护工程等。金融活动本质上是一种市场交易行为，基本职能是充当社会储蓄与投资的中介。如果没有财政贴息，信贷投资客观上只能用于市场经济部门，在市场机制的作用下，会优先用于预期收益高的部门；否则，如果信贷投资不能通过市场交易实现其回流，其资金的循环周转就会终止。从这个意义上可以说，财政政策调节的主要领域是非市场经济部门，金融政策调节的主要领域是市场经济部门。

（2）调节的手段不同。财政政策的主要手段是税收、财政支出、折旧、补贴和国债发行等。其中，税收是以国家的行政权力为依据的，具有强制性；财政支出由国家决定其使用的限度和方向，可以直接反映国家的偏好；折旧方法和折旧率也是由国家规定并强制执行的；补贴、国债和财政支出一样，亦可直接反映国家的偏好。金融政策的主要手段包括公开市场业务、贴现率、存款准备率、中央银行存贷款利率、中央银行外汇操作、贷款限额等。金融政策工具对微观经济组织的作用都是间接的，不具有强制性，它们所直接影响的是市场利率和资本市场价格，其作用效果要通过企业和个人投资者对市场利率和资本市场价格的反应来实现。

（3）政策操作的难易程度不同。财政政策中的税收政策和折旧政策一旦确定下来，通常要在一个较长的时期内保持其稳定性，不可能在年度内频繁变动；财政支出和补贴虽然有一定的弹性，但是其总额受财政收入水平的制约，至于用于哪个部门和哪些具体项目通常是在项目上马之前或每年初确定的，此后也不能轻易变动。如果财政投资项目已经上马，中断财政资金的供应，就会迫使项目半途而废，造成巨大的损失浪费。金融政策的操作可以根据宏观经济的运行状况相机抉择，较之财政政策的操作灵活得多。

（4）政策时滞不同。财政政策调整困难，但一旦调整变动，就可以在较短的时期内见效，政策时滞短。金融政策调整容易，但对真实投资的影响并不一定会很快反映出来，通常要经历一个较长的时期，甚至要在长达1年以上的时间内才能逐渐显露出来。

（5）政策效果不同。财政政策的主要作用在于调节投资结构，对投资总量的调节作用有限。政府增加投资总量，可能对非政府部门的投资产生挤出效应；政府减少投资，可能带动企业增加投资。金融政策主要调节投资总量，对投资结构的调节作用有限。金融政策不可能调节非市场导向部门的投资。在市场经济部门，金融政策可以通过利率的变动调节企业和居民个人的投资流向，但如果利率过高，只有那些高收益和高风险的部门才能承受高利率负担，由此可能产生劣等投资挤占优等投资的现象，如将投资从收益稳定但回收期较长的基础产业部门转向股市和房地产投机。正因为财政政策和金融政策有如上差异，实践中财政政策主要用于对公共部门投资的调节，用于长期调节和对投资结构的调节；而金融政策则主要用于对非公共部门投资的调节，用于短期调节和对投资总量的调节。

2.财政政策和金融政策的联系

（1）财政与金融部门的业务联系使财政政策和金融政策相关联。两部门的业务联系主要有：银行代理国库；财政结余存入中央银行；财政向银行借款；财政向中央银行征收货币发行税；财政向银行征收增值税和所得税；银行代理财政投资拨款等。在银行代理国库的条件下，财政收入和绝大部分支出是通过银行来进行的，有银行的紧密配合，财政收支才能顺畅进行，否则，财政收支就有被截流和挪用的可能。财政结余存入央行构成其资金来源，财政结余多少，是否动用结余，直接影响货币的供应。反之，财政向银行借款则构成银行资金运用。财政向银行征收货币发行税、增值税、所得税，其税率高低直接影响银行信贷资金量。银行在代理财政投资拨款时是否按规定用途使用，直接关系到财政投资的政策效果。

（2）财政与金融部门的职能作用使财政政策和金融政策相关。财政、金融同处于社会再生产中的分配环节，财政分配和金融分配都表现为货币资金的运动，其结果都会影响社会有支付能力的需求与社会商品有效供给的对比关系。只有将财政政策和金融政策合理搭配起来，方可有效地调节投资总需求与总供给及其结构的协调。

（二）财政政策与金融政策的配合

财政政策与金融政策的搭配可有以下类型：

一是双紧搭配，即实行紧的财政政策和紧的金融政策。这一搭配运用于社会总需求大于总供给并已出现高位通货膨胀的情况。实行双紧政策时，财政一方面可以通过提高税收，抑制企业投资，另一方面可以通过压缩财政投资规模，直接减少投资需求。中央银行可以通过提高存款准备率、贴现率等减少货币供应量，提高市场利率，抑制商业银行的投资信贷和企业对信贷投资的需求。

二是双松搭配，即实行松的财政政策和松的金融政策。这种搭配运用于社会总需求小于总供给并已出现经济严重衰退的情况。实行双松政策时，一方面财政可以通过降低税率，刺激企业投资；另一方面通过发行债券筹资，扩大财政投资。中央银行则相应放松对货币供应量的控制，使货币供应量较大地超过实际需要的货币量，借以刺激投资回升。

三是松金融、紧财政，即在实行扩张性金融政策的同时，实行紧的财政政策。其运用的条件是社会总需求小于总供给，其中社会总需求不足主要表现为企业和居民的投资需求和消费需求不足，但公共部门的投资需求已超过其储蓄供给能力。这种政策搭配将在扩张需求的同时，促进投资向市场经济部门的流动。

四是松财政、紧金融，即在实行扩张性财政政策的同时，实行紧的金融政策，减少货币供应量。其通常运用于社会总需求大于总供给，但财政投资不足的情况。这种政策搭配将在缩减需求的同时，促进投资向公共部门、基础产业部门和具有明显外部效应的部门转移。

随着我国经济体制市场化改革的深入，在未来时期，我国社会总需求与总供给对比关系的经常性状态将是总需求不足。但是，我国劳动力资源丰富，就业压力大，人均自然资源的占有量低，而且仍处在工业化和城市化进程之中。在总体态势处于总需求小于总供给的条件下，不排除个别年度总需求大于总供给的情况出现，也不排除经济增长过程中出现结构性的供给短缺。因此，每个具体年度应采取何种政策搭配也要视具体情况而定，尤其是要将总量政策与结构性政策进行合理的搭配。

（三）财政政策、金融政策与其他政策的配合

改进投资的宏观调控，不仅要科学运用财政和金融手段，还必须综合运用经济的、法律的和必要的行政手段。

一是要科学制定国民经济中长期发展规划、产业政策和重要领域的发展建设规划，包括必要的专项发展建设规划。制定并适时调整国家固定资产投资指导目录、外商投资产业指导目录，明确国家鼓励、限制和禁止投资的项目。建立投资信息发布制度，及时发布政府对投资的调控目标、主要调控政策、重点行业投资状况和发展趋势等信息，引导全社会投资活动。

二是建立科学的行业准入制度。规范重点行业的环保标准、安全标准、能耗水耗标准和产品技术及质量标准，防止低水平重复建设。

三是严格和规范土地使用制度，充分发挥土地供应对社会投资的调控和引导作用。

四是加强和改进投资信息、统计工作。加强投资统计工作，改革和完善投资统计制度，及时、准确、全面地反映全社会固定资产存量和投资的运行态势，并建立各类信息共享机制，为投资宏观调控提供科学依据。建立投资风险预警和防范体系，加强对宏观经济和投资运行的监测分析。

五是建立企业投资监管体系。国家相关部门要依法加强对企业投资活动的监管，凡不符合法律、法规和国家政策规定的，不得办理相关许可手续。各级政府投资主管部门要加强对企业投资项目的事中和事后监督检查，对于不符合产业政策和行业准入标准的项目，以及不按规定履行相应核准或许可手续而擅自开工建设的项目，要责令其停止建设，并依法追究有关企业和人员的责任。建立企业投资诚信制度，对于在项目申报和建设过程中提供虚假信息、违反法律、法规的，要予以惩处，并公开披露，在一定时间内限制其投资建设活动。

六是加强对投资中介机构的监管。各类投资中介服务机构均应坚持诚信原则，加强自我约束，为投资者提供高质量、多样化的中介服务。鼓励各种投资中介服务机构采取合伙制、股份制等多种形式进行改组改造。健全和完善投资中介服务机构的行业协会，确立法律规范、政府监督、行业自律的行业管理体制。打破地区封锁和行业垄断，建立公开、公平、公正的投资中介服务市场，强化投资中介服务机构的法律责任。

七是建立健全与投资有关的法律、法规。依法保护投资者的合法权益，维护投资主体公平、有序竞争，投资要素合理流动，市场发挥配置资源的基础性作用的市场环境，规范各类投资主体的投资行为和政府的投资管理活动。认真贯彻实施有关法律、法规，加强执法检查，培育和维护规范的建设市场秩序。

本章小结

1.投资总是在一定的体制下进行的，不同投资体制下投资的决定是不同的。

2.投资体制主要包括：投资主体的确立及行为方式、投资资金的筹借途径、投资利益的划分、投资管理权限的划分、项目决策程序以及宏观调控方式和机构设置等。

3.完善整个经济体制包括投资体制的根本目标是发展生产力，促进经济社会可持续和谐发展。必须同时解决好四个基本问题：效率、公平、经济稳定增长和人与自然和谐发展。

5.我国投资决定模式的变迁大致经历了以下四个阶段：社会主义改造时期（1949—1956年）；传统计划经济时期（1957—1978年）；由计划经济向市场经济转变时期（1979—2003年）；完善社会主义市场经济体制时期（2004年至今）。

6.完善投资制度的主要内容：推进投资主体多元化；构建有效的投资激励与约束机制；

发展和完善金融市场；完善投资监管制度；完善投资宏观调控体系。

7.投资宏观管理的基本目标是保持投资供给和需求的平衡，包括总量的平衡和结构的平衡，实现投资资源在全社会范围内的优化配置，促进经济持久、快速发展和人民生活水平不断提高。

8.为了保持投资总量和结构的平衡，政府对市场的管理和调节应包括两个方面：一是市场制度与规则的安排与调整；二是对市场变量的调节。

9.投资宏观管理的财政政策的主要功能在于调节投资的结构，政策手段有公共财政经常性收入、折旧政策、财政支出政策、财政补贴、财政信用等。

10.为了提高财政投资效益，必须明确政府投资的职能和范围，提高投资决策的科学化、民主化水平，严格依法管理，并建立严格的投资监督和责任追究制度。

11.投资宏观管理的金融政策手段有法定存款准备率、贴现率、公开市场业务等。

12.我国必须积极推进金融体制改革：第一，加强和改善金融调控。第二，继续推进金融机构的改革，着力完善股份制商业银行的治理结构；积极发展中小银行特别是民营的中小银行。第三，加快金融市场制度的改革，维护金融市场的稳定和发展。

本章能力训练

一、名词解释

投资体制　综合型投资体制模式　财政政策　金融政策　财政投资体制　投资宏观管理政策的协调

二、思考分析

1.什么是投资体制？如何构建有效的投资激励与约束机制？

2.我国应如何进一步完善投资体制？

3.投资的宏观管理对象、目标及手段有哪些？

4.投资宏观管理的财政政策有哪些？

5.如何完善我国财政投资体制？

6.投资宏观管理的金融政策有哪些？

7.说明财政政策与金融政策的区别与联系。

8.财政政策与金融政策的配合类型有哪些？

9.目前我国采取的财政政策与金融政策配合属于哪类？

主要参考书目

［1］周颖，孙秀峰．项目投融资决策［M］．北京：清华大学出版社，2010.

［2］张中华．投资学［M］．4版．北京：高等教育出版社，2017.

［3］周慧珍．投资项目评估［M］．5版．北京：东北财经大学出版社，2013.

［4］张青．项目投资与融资分析［M］．北京：清华大学出版社，2012.

［5］王立国．项目评估理论与实务［M］．4版．北京：首都经济贸易大学出版社，2016.

［6］博迪，等．投资学［M］．汪昌云，等，译．9版．北京：机械工业出版社，2014.

［7］亚历山大，夏普，贝利．投资学基础［M］．赵锡军，改编．3版．北京：中国人民大学出版社，2013.

［8］佩因曼．财务报表分析与证券定价［M］．林小驰，等，译．3版．北京：北京大学出版社，2013.

［9］王国刚．资本市场导论［M］．2版．北京：社会科学文献出版社，2014.

［10］王勇．投资项目可行性分析——理论精要与案例解析［M］．3版．北京：电子工业出版社，2017.

［11］李海涛．投资项目可行性研究［M］．天津：天津大学出版社，2012.

［12］米什金．货币金融学［M］．郑艳文，荆国勇，译．9版．北京：中国人民大学出版社，2011.

［13］刘雅娟，等．财务管理实务［M］．北京：清华大学出版社，2016.

［14］迪克西特平迪克．不确定条件下的投资［M］．朱勇，等，译．北京：中国人民大学出版社，2013.

［15］马克维茨．资产组合选择：投资的有效分散化［M］．张扬，译．2版．北京：人民邮电出版社，2017.

［16］郑立群．工程项目投资与融资［M］．2版．上海：复旦大学出版社，2011.

［17］熊惠平．项目投资实务［M］．杭州：浙江大学出版社，2012.

［18］曲娜，陈顺良．工程项目投资控制［M］．北京：北京大学出版社，2013.

［19］马瑞清．企业融资与投资［M］．2版．北京：中国金融大学出版社，2017.

［20］韦伯，阿尔芬．基础设施投资策略、项目融资与PPP［M］．罗桂连，孙世选，等，译．北京：机械工业出版社，2016.

［21］盛和太，王守清．特许经营项目融资（PPP/BOT）：资本结构选择［M］．北京：清华大学出版社，2015.

［22］尹福生．风险投资与创业企业融资研究［M］．广州：暨南大学出版社，2016.

［23］姚海明．中国储蓄向投资转化的结构与效率［M］．北京：中国金融出版社，2007.

［24］派若斯，平托．投资决策经济学：微观、宏观与国际经济学［M］．韩复龄，等，

译. 北京：机械工业出版社，2016.

[25] 亚伯. 宏观经济学 [M]. 任曙明，译. 北京：机械工业出版社，2014.

[26] 刘元春，闫衍，刘晓光. 供给侧结构性改革下的中国宏观经济 [M]. 北京：中国社会科学出版社，2016.

[27] 苏益. 投资项目评估 [M]. 3版. 北京：清华大学出版社，2017.

[28] 王晋，丁琳. 投资项目评估 [M]. 3版. 北京：中国物资出版社，2014.

[29] 任淮秀. 投资经济学 [M]. 5版. 北京：中国人民大学出版社，2017.

[30] 史本山，等. 中国商业银行贷款组合理论与方法 [M]. 成都：西南交通大学出版社，2015.

[31] 博迪，等. 金融学 [M]. 影印版，2版. 北京：中国人民大学出版社，2011.

[32] 科特勒，等. 市场营销原理 [M]. 李季，赵占波，译. 亚洲版，3版. 北京：机械工业出版社，2014.

[33] 耿殿明，杨建华. 生产运营管理 [M]. 北京：北京大学出版社，2015.

[34] 焦若静，杜雯翠. 环保投资的经济效应分析 [M]. 北京：中国环境出版社，2014.

[35] 黄少卿，施浩. 基础设施投资：资金来源、投资效率与地方财政风险 [M]. 上海：格致出版社，2014.

[36] 杨飞虎. 促进中国经济长期持续均衡增长的公共投资问题研究 [M]. 北京：人民出版社，2016.

[37] 于立新. 国家战略："一带一路"政策与投资——沿线若干国家案例分析 [M]. 杭州：浙江大学出版社，2016.